AF831791

Personenversicherungen in der Insolvenz des Versicherungsnehmers

Schriften zum Zivilverfahrensrecht
und Insolvenzrecht

Herausgegeben von Martin Ahrens

Band 7

PL ACADEMIC RESEARCH

Christoph Buchholz

Personenversicherungen in der Insolvenz des Versicherungsnehmers

Schwerpunkt Lebensversicherung

PL ACADEMIC RESEARCH

Bibliografische Information der Deutschen Nationalbibliothek
Die Deutsche Nationalbibliothek verzeichnet diese Publikation in der Deutschen Nationalbibliografie; detaillierte bibliografische Daten sind im Internet über http://dnb.d-nb.de abrufbar.

Zugl.: Göttingen, Univ., Diss., 2016

D 7
ISSN 2192-4953
ISBN 978-3-631-67431-4 (Print)
E-ISBN 978-3-653-06861-0 (E-Book)
DOI 10.3726/978-3-653-06861-0

© Peter Lang GmbH
Internationaler Verlag der Wissenschaften
Frankfurt am Main 2016
Alle Rechte vorbehalten.
PL Academic Research ist ein Imprint der Peter Lang GmbH.

Peter Lang – Frankfurt am Main · Bern · Bruxelles · New York · Oxford · Warszawa · Wien

Das Werk einschließlich aller seiner Teile ist urheberrechtlich geschützt. Jede Verwertung außerhalb der engen Grenzen des Urheberrechtsgesetzes ist ohne Zustimmung des Verlages unzulässig und strafbar. Das gilt insbesondere für Vervielfältigungen, Übersetzungen, Mikroverfilmungen und die Einspeicherung und Verarbeitung in elektronischen Systemen.

Diese Publikation wurde begutachtet.

www.peterlang.com

Vorwort

Die vorliegende Arbeit ist von der Juristischen Fakultät der Georg-August-Universität Göttingen im Wintersemester 2015/2016 als Dissertation angenommen worden. Danach erschienene Rechtsprechung und Literatur sind bis einschließlich März 2016 berücksichtigt.

Mein Dank gilt in besonderem Maße meinem Doktorvater, Herrn Prof. Dr. Martin Ahrens. Er hat nicht nur dieses Thema angeregt und betreut. Er war mir auch stets ein hervorragender akademischer Lehrer. Von der Zeit, die ich als Mitarbeiter an seinem Lehrstuhl verbringen durfte, werde ich mein gesamtes Leben lang profitieren. Ihm danke ich zudem für die Aufnahme in seine Schriftenreihe.

Herrn Prof. Dr. Torsten Körber LL.M. danke ich für die äußerst zügige Erstellung des Zweitgutachtens.

Besonders bedanke ich mich bei meiner zukünftigen Ehefrau, Alina Freund, die mir auch in den schwierigsten Zeiten liebe- und verständnisvoll beigestanden, die viel zurückgesteckt und mich, wie auch sonst in meinem Leben, immer bedingungslos unterstützt hat. Hierfür zolle ich ihr meinen größten Respekt.

Zudem danke ich meinen Geschwistern, Christina und Martin Buchholz, die stets ein offenes Ohr für mich hatten und mir zu jeder Zeit aufmunternd und motivierend zur Seite standen.

Der größte Dank gebührt selbstverständlich meinen Eltern, Brunhild und Dr. Heinrich Buchholz. Ohne ihre großartige Unterstützung, gleich in welcher Hinsicht, wäre diese Arbeit nicht entstanden. Ich danke ihnen für ihre bedingungslose Liebe, für ihre ständige Motivation, für ihren festen Glauben an mich sowie für ihr Verständnis und für das Ertragen sämtlicher Launen. Meinen geliebten Eltern widme ich diese Arbeit.

Hannover, im März 2016 Christoph Buchholz

Inhaltsverzeichnis

Literaturverzeichnis

Ahrens, Martin: Anmerkung zu OLG Düsseldorf, Urt. v. 25.3.2011 – I-7 U 148/09, VuR 2012, S. 195–196.

–: Zwangsvollstreckung in die Einkünfte Selbständiger, NJW-Spezial 2011, S. 341–342.

–: Die private Berufsunfähigkeitsversicherung in der Insolvenz, VuR 2010, S. 445–449.

–: Pfändbarkeit einer privaten Berufsunfähigkeitsversicherung, NJW-Spezial 2010, S. 597–598.

–: Veränderter Vollstreckungsschutz aus § 850i ZPO, ZInsO 2010, S. 2357–2363.

Ahrens, Martin / Gehrlein, Markus / Ringstmeier, Andreas (Hrsg.): Fachanwaltskommentar Insolvenzrecht, 2. Auflage, Köln 2014 (zitiert: A/G/R-*Bearbeiter*).

Andres, Dirk / Leithaus, Rolf / Dahl, Michael: Insolvenzordnung, Kommentar, 3. Auflage, München 2014 (zitiert: Andres/Leithaus/*Bearbeiter*).

Arbeitskreis für Insolvenz- und Schiedsgerichtswesen e.V., Köln (Hrsg.): Kölner Schrift zur Insolvenzordnung, Das neue Insolvenzrecht in der Praxis, 2. Auflage, Köln 2000 (zitiert: *Bearbeiter*, in: Kölner Schrift zur Insolvenzordnung).

Armbrüster, Christian: Privatversicherungsrecht, Tübingen 2013.

–: Abtretung von Ansprüchen aus Lebensversicherung bei Verbindung mit Berufsunfähigkeitsversicherung, Anmerkung zu BGH, Urt. v. 18.11.2009 – IV ZR 39/08, LMK 2010, 297030.

Armbrüster, Christian / Pilz, Knut: Schicksal des Lebensversicherungsvertrages in der Insolvenz des Versicherungsnehmers, KTS 2004, S. 481–504.

Asmuß, Martin: Massezugehörigkeit einer bedingt pfändbaren Berufsunfähigkeitsversicherung, Anmerkung zu BGH, Urt. v. 3.12.2009 – IX ZR 189/08, NZI 2010, S. 143–144

Bales, Klaus: Kein Anspruch des Insolvenzverwalters auf Auszahlung der Versicherungsprämie aus einem Restschuldversicherungsvertrag bei verbundenem Geschäft, ZInsO 2010, S. 1787–1790.

Bamberger, Heinz Georg / Roth, Herbert (Hrsg.): Kommentar zum Bürgerlichen Gesetzbuch, Band 1, §§ 1–610, CISG, 3. Auflage, München 2012 (zitiert: Bamberger/Roth/*Bearbeiter*).

– (Hrsg.): Kommentar zum Bürgerlichen Gesetzbuch, Band 2, §§ 611–1296, AGG, ErbbauRG, WEG, 3. Auflage, München 2012 (zitiert: Bamberger/Roth/*Bearbeiter*).

Baroch Castellví, Manuel: Anmerkung zu BGH, Urt. v. 18.6.2003 – IV ZR 59/02, BGH Report 2003, S. 993.

–: Anmerkung zu AG Hechingen, Urt. v. 8.5.1998 – 6 C 176/98, VersR 1999, S. 570–571.

Breuer, Wolfgang: Insolvenzrecht, Eine Einführung, 3. Auflage, München 2011.

Brox, Hans / Walker, Wolf-Dietrich: Zwangsvollstreckungsrecht, 10. Auflage, München 2014.

–: Erbrecht, 26. Auflage, München 2014.

Bruck, Ernst: Reichsgesetz über den Versicherungsvertrag nebst dem zugehörigen Einführungsgesetz vom 30. Mai 1908, 7. Auflage, Berlin u.a. 1932.

–: Das Privatversicherungsrecht, Mannheim u.a. 1930.

Bruck, Ernst / Dörstling, Theodore: Das Recht des Lebensversicherungsvertrages, 2. Auflage, Mannheim u.a. 1933.

Bruck, Ernst / Möller, Hans (Hrsg.): Kommentar zum Versicherungsvertragsgesetz, Erster Band, 8. Auflage, Berlin 1961 (zitiert: Bruck/Möller/*Bearbeiter*, 8. Aufl.).

Bruns, Alexander: Privatversicherungsrecht, München 2015.

Buchholz, Christoph: Anfechtbarkeit eines widerruflichen Bezugsrechts gem. § 134 I InsO, Anmerkung zu BGH, Urt. v. 27.9.2012 – IX ZR 15/12, VIA 2013, S. 3–4.

–: Keine Anfechtung der Umwandlung einer Lebens- in eine Rentenversicherung, Anmerkung zu OLG Stuttgart, Urt. v. 15.12.2011 – 7 U 184/11, VIA 2012, S. 21–22.

Buck, Stefano: Pfändungsschutz für sonstige Einkünfte, Anmerkung zu BGH, Urt. v. 26.6.2014 – IX ZB 88/13, FD-InsR 2014, 360710.

Büchner, Franz: Der Begriff der „Gegenseitigkeit" und seine mehrfache Bedeutung im Versicherungswesen, ZVersWiss 1965, S. 435–464.

Bühren, Hubert W. van (Hrsg.): Handbuch Versicherungsrecht, 6. Auflage, Bonn 2014 (zitiert: *Bearbeiter*, in: van Bühren).

Bülow, Peter: Anmerkung zu OLG Köln, Urt. v. 14.1.2009 – 13 U 103/08 und OLG Oldenburg, Urt. v. 15.1.2009 – 8 U 122/08, WuB I E 2. § 358 BGB 1.09.

Bülow, Peter / Artz, Markus: Verbraucherkreditrecht, Kommentar, 8. Auflage, München 2014 (zitiert: Bülow/Artz/*Bearbeiter*).

Busch, Dörte: Anmerkung zu OLG Schleswig, Urt. v. 30.12.2014 – 16 W 168/14, VuR 2015, S. 272–274.

–: Ein dreistufiger Vollstreckungsschutz der privaten Altersvorsorge (§ 851c Abs. 1 ZPO), VuR 2011, S. 371–377.

Busch, Dörte / Kothe, Wolfhard: Anmerkung zu LAG Rheinland-Pfalz, Urt. v. 3.11.2006 – 3 Sa 414/06, VuR 2007, S. 396–398.

Busch, Hansjörg: Die private Krankenversicherung in der Insolvenz – Rechtsprechungsübersicht, ZVI 2013, S. 303–306.

Cranshaw, Friedrich L.: Reichweite des Pfändungsschutzes für „eigenständig" erwirtschaftete Einkünfte in der Insolvenz des Schuldners, Anmerkung zu BGH, Urt. v. 26.6.2014 – IX ZB 88/13, jurisPR-InsR 20/2014 Anm. 1.

–: Private Rentenversicherung als zu verwertendes Vermögen, jurisPR-InsR 16/2010 Anm. 5.

Dahl, Michael: Privater Krankheitskostenversicherungsvertrag in der Insolvenz, NJW-Spezial 2014, S. 407.

–: Erforderlichkeit einer Kündigung der Kapitallebensversicherung, NJW-Spezial 2012, S. 119.

Dauernheim, Jörg: Das Anfechtungsrecht in der Insolvenz, Neuwied 1999.

Dauner-Lieb, Barbara / Langen, Werner (Hrsg.): NomosKommentar, BGB, Schuldrecht, Band 2/1: §§ 241–610, 2. Auflage, Baden-Baden 2010 (zitiert: NK-BGB/*Bearbeiter*).

David, Peter: Tips zur Pfändung von Lebensversicherungsansprüchen, MDR 1996, S. 24–25.

Dawe, Christian: Verbraucherdarlehen und Restschuldversicherung im Insolvenzverfahren, NZI 2008, S. 513–518.

Deutsch, Erwin / Iversen, Thore: Versicherungsvertragsrecht, 7. Auflage, Karlsruhe 2015.

Dierck, Ralf / Morvilius, Theodor / Vollkommer, Gregor (Hrsg.): Handbuch des Zwangsvollstreckungsrechts, München 2009 (zitiert: *Bearbeiter*, in Dierck/Morvilius/Vollkommer).

Dietzel, Alexander: Eintritt des Pfändungsschutzes bei Umwandlung eines Versicherungsvertrags, Anmerkung zu BGH, Urt. v. 22.7.2015 – IV ZR 223/15, VIA 2015, S. 84–85.

–: Der Pfändungsschutz der privaten Altersvorsorge nach den §§ 851c und 851d ZPO, Göttingen, Diss., 2014.

–: Pfändungsschutz bei Rentenversicherungsvertrag, Anmerkung zu LG Stuttgart, Urt. v. 13.8.2014 – 18 O 82/14, NZI 2014, S. 962.

–: Anfechtung der Umwandlung einer Lebensversicherung nach § 167 VVG, Anmerkung zu AG Köln, Urt. v. 31.5.2012 – 130 C 25/12, VIA 2012, S. 64.

–: Pfändungsschutz von Berufsunfähigkeitsrenten Selbständiger, Anmerkung zu BGH, Urt. v. 15.7.2010 – IX ZR 132/09, VIA 2010, S. 76.

–: Pfändungsschutz von Berufsunfähigkeitsrenten Selbständiger, Anmerkung zu OLG Hamm, Urt. v. 20.5.2009 – 20 U 135/08, VIA 2009, S. 6.

Dörner, Heinrich / Ebert, Ina / Hoeren, Thomas / Kemper, Rainer / Saenger, Ingo / Schreiber, Klaus / Schulte-Nölken, Hans / Schulze, Reiner / Staudinger, Ansgar (Hrsg.): Bürgerliches Gesetzbuch, Handkommentar, 8. Auflage, Baden-Baden 2014 (zitiert: Hk BGB/*Bearbeiter*).

Dreher, Meinrad: Die Versicherung als Rechtsprodukt: Die Privatversicherung und ihre rechtliche Gestaltung, Tübingen, Habil., 1991.

Dubischar, Roland: Die Lebensversicherung im Schnittfeld von Zivil-, Wirtschafts- und Verbraucherrecht, Jura 2004, S. 361–367.

Eckert, Hans-Georg: Kurzkommentar zu OLG München, Urt. v. 9.10.1991 – 3 U 3059/91, EWiR 1991, S. 1223–1224.

Ehrenzweig, Albert: Kleine Beiträge zum deutschen Versicherungsrecht, VersR 1951, S. 25–26.

Eichler, Hermann: Versicherungsrecht, Karlsruhe 1966.

Eisenecker, Hans-Günter: Versorgungsausgleich und Privatversicherungsrecht, Karlsruhe, Diss., 1983.

Eitelberg, Oliver: Lebensversicherung und Drittrechte, Köln, Diss., 2002.

Elfring, Claus: Die Verwertung gepfändeter und abgetretener Lebensversicherungsansprüche in der Insolvenz des Versicherungsnehmers, NJW 2005, S. 2192–2195.

–: Versicherungsverträge im Insolvenzrecht, BB 2004, S. 617–621.

–: Das System der drittbezogenen Ansprüche bei der Lebensversicherung, NJW 2004, S. 483–485.

–: Die Lebensversicherung im Erbrecht, ZEV 2004, S. 305–310.

–: Drittwirkungen der Lebensversicherung, Karlsruhe, Diss., 2003.

Ernst, Irene Marianne: Entwicklung des Pfändungsschutzes der privaten Altersvorsorge, § 851 c Abs. 1 ZPO, JurBüro 2012, S. 405–409.

Fasshauer, Stephan / Rieckhoff, Christian: Die aktuelle Entwicklung der zusätzlichen Altersvorsorge und ausgewählte Neuerungen, RVaktuell 2008, S. 15–23.

Fischer, Gero: Der maßgebliche Zeitpunkt der anfechtbaren Rechtshandlung – Das Verständnis von § 140 Abs. 1 und 3 InsO in der höchstrichterlichen Rechtsprechung, ZIP 2004, S. 1679–1684.

Flatow, Beate: Pfändungsschutz für Einkünfte aus Nießbrauch, Verpachtung und Vermietung nach neuem Vollstreckungsrecht, Anmerkung zu BGH, Urt. v. 26.6.2014 – IX ZB 88/13, jurisPR-MietR 19/2014 Anm. 5.

Fliegner, Robert: Kurzkommentar zu BGH, Urt. v. 3.12.2009 – IX ZR 189/08, EWiR 2010, S. 331–332.

Fliegner, Robert / Fehst, Dennis: Kurzkommentar zu OLG Köln, Urt. v. 14.1.2009 – 13 U 103/08, EWiR 2009, S. 231–232.

Flitsch, Michael: Lebensversicherungsverträge und Altersvorsorge als Teil der Insolvenzmasse, ZVI 2007, S. 161–165.

Flitsch, Michael / Herbst, Christoph: Lebensversicherungsverträge in der Insolvenz des Arbeitgebers, BB 2003, S. 317–324.

Floeth, Michael: Anmerkung zu BGH, Beschl. v. 12.12.2007 – VII ZB 47/07, FamRZ 2008, S. 1247–1248.

–: Kurzkommentar zu OLG Düsseldorf, Beschl. v. 9.4.2008 – I-12 U 131/07, EWiR 2008, S. 725–726.

Flöther, Lucas F. / Looff, Franziska: Widerruf von Restschuldversicherungsverträgen durch den Insolvenzverwalter bzw. Treuhänder, Anmerkung zu LG Düsseldorf, Urt. v. 12.08.2009 – 8 O 70/09, jurisPR-InsR 23/2009 Anm. 5.

Flöther, Lucas F. / Pfotenhauer, Erik: Recht des Insolvenzverwalters zur Einziehung einer Versicherungssumme aus Unfallversicherung trotz bestehendem Aussonderungsrecht der versicherten Person, Anmerkung zu OLG Köln, Urt. v. 05.12.2014 – 20 U 100/14, jurisPR-InsR 6/2015 Anm. 2.

Foerste, Ulrich: Lösungsklauseln bei Insolvenz im Lichte der BGH-Entscheidung v. 15.11.2012, ZInsO 2015, S. 601–613.

–: Insolvenzrecht, 6. Auflage, München 2014.

–: Pfändbarkeit von Unterhaltsansprüchen trotz § 850b ZPO, NJW 2006, S. 2945–2947.

Freitag, Robert: Die Unanwendbarkeit der bürgerlich-rechtlichen Verbundvorschriften (§§ 358, 359 BGB) auf die Restschuldversicherung, VersR 2009, S. 862–866.

–: Verbraucherdarlehens- und Restschuldversicherungsvertrag als verbundene Geschäfte?, ZIP 2009, S. 1297–1301.

Frels, Harro: Mitteilungspflichten des Lebensversicherers gegenüber dem Begünstigten oder einem Zessionar, Pfandgläubiger und Pfändungsgläubiger des VN?, VersR 1970, S. 984–989.

Frey, Andreas: Lebensversicherung und Nachlaßinteressen, Tübingen, Diss., 1996.

Frind, Frank: Praxishandbuch Privatinsolvenz, Köln 2014.

Fuchs, Maximilian: Zur Einführung: Bürgerlichrechtliche Grundlagen der Lebensversicherung, JuS 1989, S. 179–182.

Ganter, Hans Gerhard: Anmerkung zu BGH, Beschl. v. 25.9.2014 – IX ZB 117/12, WuB 2015, S. 87–88.

–: Die betriebliche Altersversorgung in der Unternehmensinsolvenz, NZI 2013, S. 769–774.

–: Die Rechtsprechung des BGH zum Insolvenzrecht im Jahr 2012, NZI 2013, S. 209–236.

Gebert, Yvonne: Anmerkung zu BGH, Beschl. v. 27.4.2010 – IX ZR 245/09, NZI 2010, S. 647–648.

Geist, Stefanie / Tyzak, Anja: Kommentar zu BGH, Urt. v. 15.12.2009 – XI ZR 45/09, BB 2010, S. 465–466.

Gerhardt, Walter: Insolvenzanfechtung einer Bezugsberechtigung aus einer Kapitallebensversicherung – Aussonderungsrecht in der Insolvenz des Anfechtungsgegners, Anmerkung zu BGH, Urt. v. 23.10.2003 – IX ZR 252/01, LMK 2004, S. 34–35.

–: Interessenkonflikte bei der Lebensversicherung zugunsten Dritter. Rechtsvergleichend nach deutschem, schweizerischem und französischem Recht, Karlsruhe, Diss., 1981.

Hatwig, Thorsten: Die Prüfung von Ansprüchen aus Lebensversicherungen in Insolvenzverfahren auf Massezugehörigkeit – Teil 1, InsbürO 2013, S. 350–355.

–: Die Prüfung von Ansprüchen aus Lebensversicherungen in Insolvenzverfahren auf Massezugehörigkeit – Teil 2, InsbürO 2013, S. 438–446.

Hauss, Fritz / Schmidt, Reimer (Hrsg.): Festschrift für Ernst Klingmüller, Karlsruhe 1974 (zitiert: *Sieg*, in: FS Klingmüller).

Haymann, Franz: Leistung und Gegenleistung im Versicherungsvertrag, Eine Grundfrage des Privatversicherungsrechts, Berlin u.a. 1933.

Heilmann, Hans: Die Begünstigung in der Kapitallebensversicherung, VersR 1972, S. 997–1001.

–: Der Vertrag zugunsten Dritter im Insolvenzrecht, KTS 1972, S. 14–23.

–: Die Schenkungsanfechtung im Konkurs des Ehegatten, KTS 1969, S. 40–43.

–: Der Anspruch auf die Lebensversicherungssumme als Bestandteil der Konkursmasse, KTS 1966, S. 79–86.

–: Die Neuregelung des Pfändungsschutzes für Ansprüche aus Lebens-, Unfall- und Krankenversicherungen durch die Lohnpfändungverordung 1940, DR 1941, S. 168–170.

Heinig, Jens: Anwendbarkeit der Vorschriften über verbundene Verträge auf Verbraucherdarlehens- und Restschuldversicherungsverträge, VersR 2010, S. 863–869.

Helwich, Günther: Pfändungsschutz zur Alterssicherung Selbständiger, JurBüro 2007, S. 286–290.

–: Das Zusammentreffen von Lohnpfändung und Verbraucherinsolvenz, NZI 2000, S. 460–463.

Hempler, Ulf: Die Einschränkung des Gutglaubensschutzes von Lebensversicherern im Insolvenzverfahren des Versicherungsnehmers, ZInsO 2007, S. 423–426.

Henckel, Wolfram: Anfechtung im Insolvenzrecht, Kommentar, Berlin 2008 (zitiert: *Henckel*, Insolvenzanfechtung).

Henckel, Wolfram / Gerhardt, Walter (Hrsg.): Jaeger, Insolvenzordnung, Großkommentar, Band 1, §§ 1–55, Berlin 2004 (zitiert: *Bearbeiter*, in: Jaeger).

– (Hrsg.): Jaeger, Insolvenzordnung, Großkommentar, Band 2, §§ 56–102, Berlin 2007 (zitiert: *Bearbeiter*, in: Jaeger).

– (Hrsg.): Jaeger, Insolvenzordnung, Großkommentar, Band 3, §§ 103–128, Berlin 2014 (zitiert: *Bearbeiter*, in: Jaeger).

– (Hrsg.): Jaeger, Insolvenzordnung, Großkommentar, Band 4, §§ 129–147, Berlin 2008 (zitiert: *Bearbeiter*, in: Jaeger).

Henkel, Andreas: Kurzkommentar zu BGH, Urt. v. 27.9.2012 – IX ZR 15/12, EWiR 2013, S. 83–84.

Henning, Kai: Anfechtbarkeit der Bildung einer nach § 851c ZPO geschützten Altersvorsorge, VIA 2009, S. 17–19.

Herberger, Maximilian / Martinek, Michael / Rüßmann, Helmut / Weth, Stephan (Hrsg.): jurisPraxisKommentar, Band 2.1, Schuldrecht (Teil 1: §§ 241 bis 432), 7. Auflage, Saarbrücken 2015 (zitiert: *Bearbeiter*, in: jurisPK-BGB).

Herrmann, Anne: Sicherungsabtretung und Verpfändung der Ansprüche aus dem Lebensversicherungsvertrag durch den Versicherungsnehmer, Mannheim, Diss., 2003.

Hess, Harald: Insolvenzrecht, Großkommentar, Band I, §§ 1–128 InsO, 2. Auflage, Heidelberg 2013 (zitiert: *Hess*).

–: Insolvenzrecht, Großkommentar, Band II, §§ 129–359 InsO, InsVV, AnfG, Insolvenzgeld (SGB III, Auszug), BetrAVG (Auszug), EGInsO, Stichwortverzeichnis, 2. Auflage, Heidelberg 2013 (zitiert: *Hess*).

–: Anmerkung zu BGH, Urt. v. 11.7.2002 – IX ZR 262/01, WuB VI C. § 166 InsO 1.02.

Heuermann, Bernd / Brandis, Peter (Hrsg.): Blümich, EStG, KStG, GewStG, Kommentar, Stand: März 2015 (zitiert: Blümich/*Bearbeiter*).

Heyn, Michaela: Rentnerinnen und Rentner in der Insolvenz, InsbürO 2014, S. 115–121.

Hintzen, Udo: Anmerkung zu BGH, Beschl. v. 4.7.2007 – VII ZB 68/06, WuB VI D. § 850b ZPO 1.08.

–: Zuständigkeitsfragen im Verbraucherinsolvenzverfahren, Rpfleger 2000, S. 312–316.

Hintzen, Udo / Wolf, Hans-Joachim: Zwangsvollstreckung, Zwangsversteigerung und Zwangsverwaltung, Handbuch, Bielefeld 2006 (zitiert: *Bearbeiter*, in: Hintzen/Wolf).

Höring, Gustav: Die neuere Rechtsprechung zu § 844 Abs. 2 BGB (Theorie und Praxis), VersR 1952, S. 334–336.

Hoffmann, Karl-Heinz: Der Vertrag zugunsten Dritter von Todes wegen, AcP 158 (1959/1960), S. 178–222.

Hofmann, Edgar: Privatversicherungsrecht, 4. Auflage, München 1998.

Holzer, Johannes: Der Hinterbliebenenbegriff im Gesetz zum Pfändungsschutz der Altersvorsorge, ZVI 2007, S. 113–116.

–: Das Gesetz zum Pfändungsschutz der Altersvorsorge, DStR 2007, S. 767–771.

Holzhauser, Guido: Versicherungsvertragsrecht, München 1999.

Homberger, Christoph: Kurzkommentar zu LG Mannheim, Urt. v. 16.3.2012 – 8 O 213/11, EWiR 2012, S. 475–476.

Honsell, Heinrich (Hrsg.): Berliner Kommentar zum Versicherungsvertragsgesetz, Berlin 1999 (zitiert: BK/*Bearbeiter*).

Horn, Norbert / Lwowski, Hans-Jürgen / Nobbe, Gerd (Hrsg.): Bankrecht – Schwerpunkte und Perspektiven, Festschrift für Herbert Schimansky, Köln 1999 (zitiert: *Nobbe*, in: FS Schimansky).

Huber, Michael: Anfechtungsgesetz (AnfG), Kommentar, 10. Auflage, München 2006 (zitiert: *Huber*).

–: Anfechtung bei widerruflichem Bezugsrecht eines Dritten aus Lebensversicherung – Insolvenz des Anfechtungsgegners, Anmerkung zu BGH, Urt. v. 23.10.2003 – IX ZR 252/01, NZI 2004, S. 81–82.

Hülsmann, Christoph: Zur Abtretung aller Ansprüche einer Lebensversicherung mit eingeschlossener Berufsunfähigkeitszusatzversicherung, VersR 1996, S. 308–310.

–: Zur Unstatthaftigkeit eines Blankettbeschlusses bei Pfändung gem. § 850b ZPO, NJW 1995, S. 1521–1525.

–: Berufsunfähigkeitszusatzversicherung: Unpfändbarkeit gemäß § 850b I Nr. 1 ZPO, MDR 1994, S. 537–539.

Ismar, Philipp / Janca, Marcus: Darlehensverträge mit Restschuldversicherung in der Insolvenz – ein Masseträger?, InsbürO 2009, S. 180–183.

Jacoby, Florian: Lösungsklauseln in der Insolvenz, ZIP 2014, S. 649–657.

Jaeger, Ernst: Konkursordnung, Großkommentar, 9. Auflage, Berlin 1997 (zitiert: Jaeger/*Bearbeiter*).

Janca, Marcus: Der Lebensversicherungsvertrag im Insolvenzverfahren, ZInsO 2003, S. 449–453.

Jauernig, Othmar / Berger, Christian: Zwangsvollstreckungs- und Insolvenzrecht, Ein Lehrbuch, 23. Auflage, München 2010.

Joachim, Norbert / Lange, Niels: Zivilrechtliche Aspekte der Sterbegeldversicherung, ZEV 2012, S. 126–129.

Joseph, Ulrich: Lebensversicherung und Abtretung, Hamburg, Diss., 1989.

Kayser, Godehard: Die Lebensversicherung in der Insolvenz des Arbeitgebers; Zugleich ein Beitrag zur Erfüllungswahl und Erfüllungsablehnung, Köln, Diss., 2006.

–: Die Lebensversicherung im Spannungsfeld der Interessen von Insolvenzmasse, Bezugsberechtigtem und Sicherungsnehmer – eine Zwischenbilanz, ZInsO 2004, S. 1321–1327.

Kaiser, Dagmar / Schnitzler, Klaus / Friederici, Peter / Schilling, Roger (Hrsg.): Bürgerliches Gesetzbuch, Kommentar, Familienrecht, Band 4: §§ 1297–1921, 3. Auflage, Baden-Baden 2014 (zitiert: NK-BGB/*Bearbeiter*).

Kalischko, Norbert: Das Schriftformerfordernis des § 13 Abs. 3 ALB, VersR 1988, S. 118–120.

Keller, Christoph: Anmerkung zu BGH, Urt. v. 27.9.2012 – IX ZR 15/12, WuB VI A. § 140 InsO 1.13.

Keller, Ulrich (Hrsg.): Handbuch Zwangsvollstreckungsrecht, Berlin 2013 (zitiert: *Bearbeiter*, in: Keller).

Kellner, Martin Rudolf: Der in § 850 b Abs. 1 Ziff. 4 ZPO normierte Pfändungsschutz von Lebensversicherungen, VersR 1979, S. 117.

Keltenich, Manfred: Die rechtliche Bedeutung und Tragweite der Abtretungsanzeige in der Lebensversicherung nach § 13 Abs. 3 ALB, VersR 1965, S. 412–415.

Kemperdick, Christian: Anfechtung der Umwandlung einer Lebensversicherung, ZInsO 2012, S. 2193–2197.

–: Altersvorsorge als strafbarer Bankrott? Stellt die Umwandlung einer Lebensversicherung kurz vor Eröffnung des Insolvenzverfahrens oder bei drohender Zwangsvollstreckung eine strafbare Beiseiteschaffung von Vermögenswerten dar?, ZInsO 2009, S. 2099–2102.

Kindl, Johann / Meller-Hannich, Caroline/ Wolf, Hans-Joachim (Hrsg.): Gesamtes Recht der Zwangsvollstreckung, Handkommentar, 3. Auflage, Baden-Baden 2016 (zitiert: Hk-ZV/*Bearbeiter*).

Kirchhof, Hans-Peter: Gemeinsamkeiten von sowie Unterschiede zwischen Insolvenz- und Einzelgläubigeranfechtung, ZInsO 2013, S. 1813–1816.

Kirchhof, Hans-Peter / Eidenmüller, Horst / Stürner, Rolf (Hrsg.): Münchener Kommentar zur Insolvenzordnung, Band 1, §§ 1–79 InsO, InsVV, 3. Auflage, München 2013 (zitiert: MüKoInsO/*Bearbeiter*).

– (Hrsg.): Münchener Kommentar zur Insolvenzordnung, Band 2, §§ 80–216 InsO, 3. Auflage, München 2013 (zitiert: MüKoInsO/*Bearbeiter*).

Kirchner, Sven: Insolvenzanfechtung bei Auszahlung einer Risikolebensversicherung, Anmerkung zu OLG Schleswig, Urt. v. 29.10.2014 – 9 U 50/14, jurisPR-InsR 3/2015 Anm. 2.

Kisch, Wilhelm: Handbuch des Privatversicherungsrechts, 2. Band, Die Lehre von der Versicherungsgefahr, München u.a. 1920.

Kleinschmidt, Axel / Burchard, Johann F.: Auswirkungen des Verbundcharakters von Kreditvertrag und Restschuldversicherung in der Insolvenz des Darlehensnehmers, ZInsO 2011, S. 513–519.

Kloth, Andreas: Private Unfallversicherung, 2. Auflage, München 2014.

Kluth, David: Pfändungsschutz im Insolvenzverfahren für Einnahmen auf Grund eines Nießbrauchs, Anmerkung zu BGH, Urt. v. 26.6.2014 – IX ZB 88/13, NZI 2014, S. 899–901.

Knof, Béla: Insolvenzbedingte Lösungsklauseln auf dem Prüfstand, DB 2013, S. 1769–1776.

Knops, Kai-Oliver: Darlehens- und Restschuldversicherungsvertrag als verbundene Geschäfte – Rechtsfolgen für die Praxis, ZIP 2010, S. 1265–1273.

–: Restschuldversicherung im Verbraucherkredit, VersR 2006, S. 1455–1459.

Koch, Christine Maria: Die Insolvenz des selbstständigen Rechtsanwalts, Köln, Diss., 2007.

Koch, Raphael: Mittel für Krankenversicherungsschutz als unantastbarer Teil des Schuldnervermögens, Anmerkung zu OLG Hamm, Beschl. v. 19.9.2012 – I-20 W 9/12, KTS 2013, S. 80–85.

Koenig, Michael: Die Drittbegünstigung in der Kapitallebensversicherung im deutschen und englischen Recht. Eine Bestandsaufnahme in beiden Rechtssystemen, Münster, Diss., 1997.

Köke, Jens: Einwand des Rechtsmissbrauchs bei Umwandlung eines Rentenversicherungsvertrags gem. § 167 VVG, Anmerkung zu LG Stuttgart, Urt. v. 13.8.2014 – 18 O 82/14, VIA 2015, S. 12–13.

–: Keine Anwendung des § 103 InsO auf privates Krankenversicherungsverhältnis, Anmerkung zu LG Köln, Urt. v. 15.5.2013 – 23 S 29/12, VIA 2014, S. 6–7.

–: Zum Pfändungsschutz bei Zahlungen einer Krankentagegeldversicherung, Anmerkung zu AG Cloppenburg, Beschl. v. 5.3.2009 – 6 IN 160/07, VIA 2009, S. 22–23.

König, Bernhard: Das Eintrittsrecht in den Lebensversicherungsvertrag (§ 177 öVVG / dVVG) im Konkurs des Versicherungsnehmers, NVersZ 2002, S. 481–484.

Könnecke, Christian: Umfang der Angaben zu Lebens- und Rentenversicherungsverträgen bei Abgabe der Eidesstattlichen Versicherung gemäß §§ 807, 900 ZPO, DGVZ 2012, S. 17–25.

Kohler-Gehrig, Eleonora: Der Versicherungsvertrag im Konkurs des Versicherungsnehmers, Tübingen, Diss., 1983.

Konen, Johannes / Lehmann, Rolf: Allgemeine Unfallversicherungs-Bedingungen (AUB 88), Motive und Erläuterungen, Karlsruhe 1990.

Kohte, Wolfhard: § 850 i ZPO – beachtliche Karriere einer lange Zeit unbekannten Norm, VuR 2014, S. 367–370.

Kohte, Wolfhard / Beetz, Claudia: Anmerkung zu BGH, Beschl. v. 12.12.2007 – VII ZB 47/07, VuR 2008, S. 318–319.

Kohte, Wolfhard / Busch, Dörte: Pfändbarkeit von Beiträgen auf eine sog. „Riester-Rente“, Anmerkung zu LArbG Mainz 3. Kammer, Urt. v. 3.11.2006 – 3 Sa 414/06, jurisPR-ArbR 40/2007 Anm. 4.

Krebs, Ottomar: Zur Pfändbarkeit von Schadenersatzforderungen, VersR 1962, S. 389–393.

Kreft, Gerhart (Hrsg.): Heidelberger Kommentar, Insolvenzordnung, 7. Auflage, Heidelberg 2014 (zitiert: HK/*Bearbeiter*).

–: Die Gläubigerbenachteiligung – Eine unterschätzte Anfechtungsvoraussetzung?, KTS 2012, S. 405–418.

Kretschmer, Hansjörg: Der Schuldbefreiungsanspruch im Konkurs des Befreiungsgläubigers, Freiburg, Diss., 1977.

Krings, Hannah: Anfechtung der Auszahlung einer Lebensversicherungssumme im Todesfall bei gespaltenem Bezugsrecht, Anmerkung zu BGH, Urt. v. 27.9.2012 – IX ZR 15/12, GWR 2013, S. 24.

Krüger, Wolfgang / Rauscher, Thomas (Hrsg.): Münchener Kommentar zur Zivilprozessordnung, Band 2, §§ 355–1024, 4. Auflage, München 2012 (zitiert: MüKoZPO/*Bearbeiter*).

Kübler, Bruno M. / Prütting, Hanns / Bork, Reinhard (Hrsg.): Kommentar zur Insolvenzordnung, Köln, Stand: November 2015 (zitiert: KPB/*Bearbeiter*).

Kühl, Christophe: Der Einsatz von Lebensversicherungen als Kreditsicherungsmittel in Deutschland und Frankreich, Hamburg, Diss., 2005.

Kühlmorgen, Karl Wilhelm: Die Lebensversicherungsverträge zugunsten Dritter, Leipzig, Diss., 1927.

Kuckenburg, Bernd: Lebensversicherung im familienrechtlichen System, FuR 2008, S. 588–591.

Kuhnert, Barbara: Anmerkung zu OLG Karlsruhe, Urt. v. 16.3.1988 – 7 U 275/87, VersR 1989, S. 613–614.

–: Die Funktion der Abtretungsanzeige in der Lebensversicherung gem. § 13 Abs. 3 AVB, VersR 1988, S. 1218–1222.

Kummer, Joachim / Schäfer, Berthold / Wagner, Eberhard: Insolvenzanfechtung, Fallgruppenkommentar, 2. Auflage, Köln 2014 (zitiert: K/S/W/*Bearbeiter*).

Kurzka, Wieland: Der Zugriff Dritter auf den Rechtsschutzversicherungsanspruch, VersR 1980, S. 12–14.

Lachner, Constantin M. / Lexa, Carsten: Die Rechte des Käufers eines Lebensversicherungsvertrages in der Insolvenz des Versicherungsnehmers, NJW 2007, S. 1176–1181.

Lange, Martin / Schmidt, Patrick: Restschuldversicherung und verbundenes Geschäft, BKR 2007, S. 493–497.

Lange, Oliver: Die D&O-Versicherung in der Insolvenz der Versicherungsnehmerin (Erster Teil), RuS 2014, S. 209–219.

–: Die D&O-Versicherung in der Insolvenz der Versicherungsnehmerin (Zweiter Teil), RuS 2014, S. 261–271.

Lange, Thomas: Lebensversicherung und Insolvenz, ZVI 2012, S. 403–411.

Langheid, Theo / Wandt, Manfred (Hrsg.): Münchener Kommentar zum Versicherungsvertragsgesetz, Band 1, §§ 1–99, VVG-InfoV, 2. Auflage, München 2016 (zitiert: Langheid/Wandt/*Bearbeiter*).

– (Hrsg.): Münchener Kommentar zum Versicherungsvertragsgesetz, Band 2, §§ 100–191 VVG, München 2011 (zitiert: Langheid/Wandt/*Bearbeiter*).

Moll, Rudolf Richard: Die Behandlung von Versicherungsansprüchen des Gemeinschuldners im Konkurs, DB 1954, S. 969–970.

Mülbert, Peter O. / Wilhelm, Alexander: Rechtsfragen der Kombination von Verbraucherdarlehen und Restschuldversicherung, WM 2009, S. 2241–2255.

Müller, Henning: Die Lebensversicherung in der Zwangsvollstreckung, Frankfurt a.M., Diss., 2005.

Müller-Feldhammer, Ralf: Die Lebensversicherung in der Insolvenz des Versprechensempfängers, NZI 2001, S. 343–350.

Münstermann, Walter / Hannes, Rudi: Verbraucherkreditgesetz, Kommentar, Münster 1991.

Musielak, Hans-Joachim / Voit, Wolfgang (Hrsg.): Kommentar zur Zivilprozessordnung, 12. Auflage, München 2015 (zitiert: Musielak/Voit/*Bearbeiter*).

Nerlich, Jörg / Kreplin, Georg (Hrsg.): Münchener Anwalts Handbuch, Insolvenz und Sanierung, 2. Auflage, München 2012 (zitiert: MAH Insolvenz und Sanierung/*Bearbeiter*).

Nerlich, Jörg / Römermann, Volker (Hrsg.): Insolvenzordnung, Kommentar, München, Stand: Januar 2015 (zitiert: Nerlich/Römermann/*Bearbeiter*).

Nerlich, Jörg / Niehus, Christoph: Anfechtungsgesetz (AnfG), München 2000 (zitiert: *Nerlich/Niehus*).

Neuhaus, Kai-Jochen: Aktuelle Probleme in der Personenversicherung, RuS 2009, S. 309–319.

Neuhaus, Kai-Jochen: Berufsunfähigkeitsversicherung, 3. Auflage, München 2014.

Neuhaus, Kai-Jochen / Köther, Lutz: Pfändungsschutz bei umgewandelten Lebensversicherungen – Neue Vorschriften, neue Streitpunkte, ZfV 2009, S. 248–252.

Neußner, Anette: Kurzkommentar zu BGH, Urt. v. 23.10.2003 – IX ZR 252/01, EWiR 2004, S. 1099–1100.

Neyses, Andrea: Die Insolvenzanfechtung in Mehrpersonenverhältnissen, Tübingen, Diss., 2012.

Niehus, Christoph: Die Insolvenzanfechtung in der Bundesrepublik Deutschland und den Vereinigten Staaten von Amerika, Köln, Diss., 1999.

Niewiesch, Ernst-Wilhelm: Die Zwangsvollstreckung in die Rechte aus einem Lebensversicherungsvertrag, Hamburg 1939.

Nill, Volker: Anmerkung zu BGH, Urt. v. 10.3.2010 – IV ZR 2079/08, VersR 2010, S. 938–939.

Oellers, Fritz: Inanspruchnahme von Versicherungsansprüchen durch Gläubiger, JW 1937, S. 2937–2940.

Palandt, Otto (Begr.): Bürgerliches Gesetzbuch, Kommentar, 75. Auflage, München 2016 (zitiert: Palandt/*Bearbeiter*).

Pannenbecker, Arnd: Die Private Krankenversicherung (Krankentagegeld- und Krankheitskostenversicherung) des Interesses Dritter als Versicherung für fremde Rechnung nach §§ 74 ff. VVG oder als „schlichter" Vertrag zugunsten Dritter gem. §§ 328 ff. BGB?, VersR 1998, S. 1322–1330.

Pape, Gerhard / Uhlenbruck, Wilhelm / Voigt-Salus, Joachim: Insolvenzrecht, 2. Auflage, München 2010.

Pataki, Tibor S.: Der Geschäftsbesorgungsgedanke im Versicherungsvertragsrecht, Hamburg, Diss., 1998.

Perleberg-Kölbel, Renate: Familieninsolvenzrecht seit 2011, FuR 2012, S. 171–178.

Peters, Achim: Die Lebensversicherung als echter Vertrag zugunsten Dritter, MDR 1995, S. 659–665.

Peters, Horst: Handbuch der Krankenversicherung, Teil II – Sozialgesetzbuch V, 19. Auflage, Stand: Juni 2015 (zitiert: *Bearbeiter*, in: Peters).

Petersen, Jens: Die Lebensversicherung im Bürgerlichen Recht, AcP 204 (2004), S. 832–854.

Ponath, Gerrit: Vermögensschutz durch Lebensversicherungen, ZEV 2006, S. 242–248.

Prahl, Albert: Die rückständige Folgeprämie in der Insolvenz des Versicherungsnehmers und § 38 VVG, ZInsO 2015, S. 2565–2568.

–: Pfändungsschutz in der Altersvorsorge unter Einbeziehung der „Riester"- und „Rürup"-Rente sowie sozialrechtlicher Anrechnungsschutz unter besonderer Berücksichtigung der Lebensversicherung, RV 2007, S. 121–126.

–: Der Prämienanspruch des Lebensversicherers in der Insolvenz des Versicherungsnehmers bei beiderseits nicht erfülltem Vertrag, VersR 2006, S. 884–894.

–: Eintrittsrecht und Anfechtung bei der Kapitallebensversicherung, VersR 2005, S. 1036–1042.

–: Zum Soforterwerb des Rückkaufswerts durch den unwiderruflich Bezugsberechtigten in der gemischten Kapitallebensversicherung, NJW 2003, S. 3743–3745.

–: Der Anspruch auf den Rückkaufswert einer gemischten Kapitallebensversicherung – Rechtliche Zuordnung und selbständige Abtretbarkeit, NVersZ 2000, S. 502–505.

Priebe, Klaus: Kurzkommentar zu BGH, Beschl. v. 27.4.2010 – IX ZR 245/09, EWiR 2010, S. 787–788.

Prölss, Erich R.: Der Eintritt Dritter in den Lebensversicherungsvertrag nach § 177 neue Fassung des Versicherungsvertragsgesetzes, DR 1940, S. 772–774.

Prölss, Erich R. / Martin, Anton (Hrsg.): Versicherungsvertragsgesetz, 29. Auflage, München 2015 (zitiert: Prölss/Martin/*Bearbeiter*).

Prütting, Hanns / Gehrlein, Markus (Hrsg.): ZPO, Kommentar, 7. Auflage, Köln 2015 (zitiert: PG/*Bearbeiter*).

Prütting, Hanns / Wegen, Gerhard / Weinreich, Gerd (Hrsg.): BGB, Kommentar, 10. Auflage, Köln 2015 (zitiert: PWW/*Bearbeiter*).

Raab, Hans: Fehlende Massezugehörigkeit von Altersvorsorgevermögen schon vor Inanspruchnahme staatlicher Förderungsmöglichkeiten, Anmerkung zu LG Aachen, Urt. v. 8.4.2014 – 3 S 76/13, jurisPR-InsR 10/2014 Anm. 4.

Rauscher, Michael: Die Insolvenz des VN in der privaten Krankenversicherung, VersR 2014, S. 295–298.

Reichold, Klaus / Hüßtege, Rainer / Seiler, Christian: Thomas/Putzo, Zivilprozessordnung, Kommentar, 36. Auflage, München 2015 (zitiert: Thomas/Putzo/*Bearbeiter*).

Reifner, Udo: Die Restschuldversicherung im Ratenkredit, WM 2008, S. 2329–2339.

Reinicke, D. / Reinicke, G.: Lebensversicherung und Nachlaßgläubiger, NJW 1956, S. 1053–1055.

Richter, Arnt: Privatversicherungsrecht, Stuttgart 1980.

Robrecht, Friedrich H.: Unwiderrufliche Begünstigung eines Ehegatten aus Lebensversicherungsverträgen, insbesondere im Konkurs des anderen Ehegatten, DB 1967, S. 453–456.

Römer, Wolfgang: Die kapitalbildende Lebensversicherung nach dem neuen Versicherungsvertragsgesetz, DB 2007, S. 2523–2529.

Römer, Wolfgang / Langheid, Theo / Rixecker, Roland: Versicherungsvertragsgesetz, Kommentar, 4. Auflage, München 2014 (zitiert: Römer/Langheid/*Bearbeiter*).

Rüffer, Wilfried / Halbach, Dirk / Schimikowski, Peter (Hrsg.): Versicherungsvertragsgesetz, Handkommentar, 3. Auflage, Baden-Baden 2015 (zitiert: Hk-VVG/*Bearbeiter*).

Runge, Julia: Anmerkung zu BGH, Urt. v. 20.12.2012 – IX ZR 21/12, NZI 2013, S. 261–263.

Rupprecht, Stephanie: Zwangsvollstreckung in Altersvorsorgeansprüche, Osnabrück, Diss., 2014.

Säcker, Franz Jürgen / Rixecker, Roland / Oetker, Hartmut / Limperg, Bettina (Hrsg.): Münchener Kommentar zum Bürgerlichen Gesetzbuch, Band 1, Allgemeiner Teil, §§ 1–240, ProstG, AGG, 7. Auflage, München 2015 (zitiert: MüKoBGB/*Bearbeiter*).

– (Hrsg.): Münchener Kommentar zum Bürgerlichen Gesetzbuch, Band 2, Schuldrecht – Allgemeiner Teil, §§ 241–432, 7. Auflage, München 2016 (zitiert: MüKoBGB/*Bearbeiter*).

– (Hrsg.): Münchener Kommentar zum Bürgerlichen Gesetzbuch, Band 3, Schuldrecht – Besonderer Teil I, §§ 433–610, Finanzierungsleasing, CISG, 7. Auflage, München 2016 (zitiert: MüKoBGB/*Bearbeiter*).

– (Hrsg.): Münchener Kommentar zum Bürgerlichen Gesetzbuch, Band 5, Schuldrecht, Besonderer Teil III, §§ 705–853, PartGG, ProdHaftG, 6. Auflage, München 2013 (zitiert: MüKoBGB/*Bearbeiter*).

– (Hrsg.): Münchener Kommentar zum Bürgerlichen Gesetzbuch, Band 6, Sachenrecht, §§ 854–1296, WEG, ErbbauRG, 6. Auflage, München 2013 (zitiert: MüKoBGB/*Bearbeiter*).

– (Hrsg.): Münchener Kommentar zum Bürgerlichen Gesetzbuch, Band 7, Familienrecht I, §§ 1297–1588, VersAusglG, GewSchG, LPartG, 6. Auflage, München 2013 (zitiert: MüKoBGB/*Bearbeiter*).

Saenger, Ingo (Hrsg.): Zivilprozessordnung, Handkommentar, 6. Auflage, Baden-Baden 2015 (zitiert: Hk-ZPO/*Bearbeiter*).

Sänger, Marc / Wigand, Martin: Die Rechtsfolgen eines Widerrufs verbundener Verträge i.S.d. § 358 BGB nach Eröffnung des Insolvenzverfahrens über das Vermögen des Darlehensnehmers, ZInsO 2009, S. 2043–2047.

–: Darlehensvertrag und Restschuldversicherung als verbundene Verträge i.S.d. § 358 Abs. 3 BGB – Oder wer dient hier eigentlich wem?, ZGS 2009, S. 447–453.

Salten, Uwe / Gräve, Karsten: Gerichtliches Mahnverfahren und Zwangsvollstreckung, 5. Auflage, Köln 2013.

Sauer, Hans-Joachim / Meiendresch, Uwe: Zur Pfändbarkeit von Pflegegeldansprüchen, NJW 1996, S. 765–766.

Schäfer, Berthold: Insolvenzanfechtung anhand von Rechtsprechungsbeispielen, 4. Auflage, Köln 2013 (zitiert: *Schäfer*).

Scherer, Stephan: Die Gläubigeranfechtung der Bezugsberechtigung und der Prämienzahlung beim Lebensversicherungsvertrag zu Rechten Dritter, Mainz, Diss., 1991.

Schildt, Charlotte: Die Insolvenz des Freiberuflers, Hamburg, Diss., 2005.

Schimikowski, Peter: Versicherungsvertragsrecht, 5. Auflage, München 2014.

Schirmer, Helmut: Zur Versicherbarkeit des Sachersatzinteresses in der Sachversicherung, ZVersWiss 1981, S. 637–743.

Schmalz-Brüggemann, Gernot: Die Rechtsstellung des Bezugsberechtigten aus einem Lebensversicherungsvertrag nach testamentarischem Widerruf der Bezugsberechtigung, ZEV 1996, S. 84–90.

Schmidt, Andreas (Hrsg.): Hamburger Kommentar zum Insolvenzrecht, 5. Auflage, Köln 2015 (zitiert: HambKomm/*Bearbeiter*).

Schmidt, Karsten (Hrsg.): Insolvenzordnung, Kommentar, 19. Auflage, München 2016 (zitiert: K.Schmidt/*Bearbeiter*).

Schmidt, Wolfgang: Alterssicherung und Zwangsvollstreckung. Zum Vollstreckungsschutz von Anwartschaften und Beiträgen in der Alterssicherung, RVaktuell 2009, S. 13–17.

Schmidt-Rimpler, Walter: Die Gegenseitigkeit bei einseitig bedingten Verträgen, insbesondere beim Versicherungsvertrag – zugleich ein Beitrag zur Lehre vom Synallagma, Stuttgart 1968.

Schmitt, Jochem: Entgeltfortzahlungsgesetz und Aufwendungsausgleichsgesetz, Kommentar, 7. Auflage, München 2012 (zitiert: *Schmitt*).

Schnepp, Winfried: Anmerkung zu BGH, Urt. v. 18.7.2013 – IX ZR 311/12, NZI 2013, S. 887–888.

–: Nochmals: Zur Wirkung der nicht angezeigten Abtretung von Lebensversicherungsforderungen, VersR 1991, S. 949–953.

Schramm, Volker: Anmerkung zu AG München, Urt. v. 12.6.2009 – 121 C 33038/08, BKR 2009, S. 421–422.

Schrehardt, Alexander: Pfändungsschutz in der privaten und betrieblichen Altersversorgung, DStR 2013, S. 472–478.

Schubach, Arno: Verhältnis von § 173 VVG a.F. (§ 167 VVG) zu den insolvenzrechtlichen Vorschriften, jurisPR-VersR 3/2012 Anm. 5.

Schubach, Arno / Jannsen, Günther: Private Unfallversicherung, Kommentar zu den AUB 2008 und den §§ 178 ff. VVG, München 2010 (zitiert: Schubach/Jannsen/*Bearbeiter*).

Schürnbrand, Jan: Reichweite des Widerrufsdurchgriffs bei Darlehensverträgen mit Restschuldversicherung, BKR 2011, S. 309–313.

Schulz, Dietmar: Kurzkommentar zu BGH, Urt. v. 15.12.2009 – XI ZR 45/09, EWiR 2010, S. 351–352.

Schulz, Steffen: Die Basisrente und der Pfändungsschutz – ein Märchen?, ZfV 2012, S. 217–218.

Schuschke, Winfried: Anmerkung zu BGH, Urt. v. 23.10.2003 – IX ZR 252/01, BGH-Report 2004, S. 198–200.

Schuschke, Winfried / Walker, Wolf-Diedrich (Hrsg.): Vollstreckung und vorläufiger Rechtsschutz, Kommentar, 6. Auflage, Köln 2016 (zitiert: Schuschke/Walker/*Bearbeiter*).

Schwarz, Annegret / Facius, Franziska: Auswirkungen des Gesetzes zum Pfändungsschutz der Altersvorsorge für das pfändbare Einkommen, ZVI 2009, S. 188–193.

Schwintowski, Hans-Peter: Die Rechtsnatur des Versicherungsvertrages, JZ 1996, S. 702–710.

Schwintowski, Hans-Peter / Brömmelmeyer, Christoph (Hrsg.): Praxiskommentar zum Versicherungsvertragsrecht, 2. Auflage, Münster 2011 (zitiert: Schwintowski/Brömmelmeyer/*Bearbeiter*).

Senger, Christian / Finke, Eckhard: Dauerschuldverhältnisse unter besonderer Beachtung der Privaten Krankenversicherung, ZInsO 2012, S. 997–1002.

Sieg, Karl: Der Versicherungsvertrag als Vertrag zugunsten Dritter, ZVersWiss 1995, S. 697–706.

–: Allgemeines Versicherungsvertragsrecht, 3. Auflage, Wiesbaden 1994.

–: Die Lebensversicherung als Versorgungsinstrument, kritische Betrachtungen zum juristischen Befund, ZVersWiss 1974, S. 97–106.

–: Übertragbarkeit von Ansprüchen aus der Familien-Krankenversicherung, VersR 1956, S. 743–745.

Siegmann, Matthias: Anmerkung zu OLG Celle, Urt. v. 19.1.2011 – 3 U 140/10, WuB I E 2. § 358 BGB 2.11.

Sieprath, Christoph: Der Lebensversicherungs-Zweitmarkt – Eine Kurzbetrachtung aus versicherungsrechtlicher und steuerrechtlicher Sicht, DRiZ 2008, S. 49–53.

–: Der Handel mit gebrauchten Lebensversicherungen aus versicherungsvertragsrechtlicher, aufsichtsrechtlicher und steuerrechtlicher Sicht, Karlsruhe, Diss., 2007.

Smid, Stefan: Einordnung der privaten Krankenversicherung als insolvenzfreies Schuldverhältnis, jurisPR-InsR 21/2013 Anm. 3.

–: Handbuch Insolvenzrecht, 6. Auflage, Berlin 2012.

–: Pfändungsschutz bei Altersrenten, FPR 2007, S. 443–446.

–: Anhebung der Pfändungsfreigrenzen, NJW 1992, S. 1935–1936.

Sodan, Helge (Hrsg.): Handbuch des Krankenversicherungsrechts, 2. Auflage, München 2014 (zitiert: *Bearbeiter*, in: Sodan).

Soergel, Theodor (Hrsg.): Bürgerliches Gesetzbuch mit Einführungsgesetz und Nebengesetzen, Band 2, Allgemeiner Teil, §§ 104–240, 13. Auflage, Stuttgart 1999 (zitiert: Soergel/*Bearbeiter*).

– (Hrsg.): Bürgerliches Gesetzbuch mit Einführungsgesetz und Nebengesetzen, Band 5/3, Schuldrecht 3/3, §§ 328–432, 13. Auflage, Stuttgart 2010 (zitiert: Soergel/*Bearbeiter*).

– (Hrsg.): Bürgerliches Gesetzbuch mit Einführungsgesetz und Nebengesetzen, Band 17/1, Familienrecht 1/1, §§ 1297–1588, 13. Auflage, Stuttgart 2012 (zitiert: Soergel/*Bearbeiter*).

Staudinger, Ansgar / Halm, Wolfgang / Wendt, Domenik (Hrsg.): Fachanwaltskommentar Versicherungsrecht, Köln 2013 (zitiert: FAKomm-VersR/*Bearbeiter*).

Staudinger, Julius von (Begr.): Kommentar zum Bürgerlichen Gesetzbuch mit Einführungsgesetz und Nebengesetzen, Buch 1, Allgemeiner Teil, §§ 134–138, Anh zu § 138, ProstG, Berlin 2011 (zitiert: Staudinger/*Bearbeiter* (2011)).

– (Begr.): Kommentar zum Bürgerlichen Gesetzbuch mit Einführungsgesetz und Nebengesetzen, Buch 2, Recht der Schuldverhältnisse, §§ 328–345, Berlin 2015 (zitiert: Staudinger/*Bearbeiter* (2015)).

– (Begr.): Kommentar zum Bürgerlichen Gesetzbuch mit Einführungsgesetz und Nebengesetzen, Buch 2, Recht der Schuldverhältnisse, §§ 346–361, Berlin 2012 (zitiert: Staudinger/*Bearbeiter* (2012)).

– (Begr.): Kommentar zum Bürgerlichen Gesetzbuch mit Einführungsgesetz und Nebengesetzen, Buch 2, Recht der Schuldverhältnisse, §§ 362–396, Berlin 2011 (zitiert: Staudinger/*Bearbeiter* (2011)).

– (Begr.): Kommentar zum Bürgerlichen Gesetzbuch mit Einführungsgesetz und Nebengesetzen, Buch 2, Recht der Schuldverhältnisse, §§ 397–432, Berlin 2012 (zitiert: Staudinger/*Bearbeiter* (2012)).

– (Begr.): Kommentar zum Bürgerlichen Gesetzbuch mit Einführungsgesetz und Nebengesetzen, Buch 2, Recht der Schuldverhältnisse, §§ 812–822, Berlin 2007 (zitiert: Staudinger/*Bearbeiter* (2007)).

– (Begr.): Kommentar zum Bürgerlichen Gesetzbuch mit Einführungsgesetz und Nebengesetzen, Buch 3, Sachenrecht, §§ 1204–1296; SchiffsRG, Berlin 2009 (zitiert: Staudinger/*Bearbeiter* (2009)).

– (Begr.): Kommentar zum Bürgerlichen Gesetzbuch mit Einführungsgesetz und Nebengesetzen, Buch 4, Familienrecht, §§ 1353–1362, Berlin 2012 (zitiert: Staudinger/*Bearbeiter* (2012)).

– (Begr.): Kommentar zum Bürgerlichen Gesetzbuch mit Einführungsgesetz und Nebengesetzen, Buch 4, Familienrecht, §§ 1741–1772, Berlin 2007 (zitiert: Staudinger/*Bearbeiter* (2007)).

Steder, Brigitte: Behandlung des Arbeitseinkommens und sonstiger laufender Bezüge im eröffneten Insolvenzverfahren, ZIP 1999, S. 1874–1881.

Stegmann, Achim / Lind, Thorsten Patric: Der Lebensversicherungsvertrag in der Insolvenz, NVersZ 2002, S. 193–203.

Stein, Friedrich / Jonas, Martin (Hrsg.): Kommentar zur Zivilprozessordnung: ZPO, Band 8, §§ 828–915h, 22. Auflage, Tübingen 2004 (zitiert: Stein/Jonas/*Bearbeiter*).

Steinmann, Otto Christian: Der Rückversicherungsvertrag im Konkurs des Erstversicherers, Regensburg, Diss., 1976.

Stephan, Guido: Massemehrung im Verbraucherinsolvenzverfahren – der Widerruf von Restschuldversicherungen, VIA 2009, S. 9–11.

–: § 850f Abs. 1 ZPO im Verbraucherinsolvenz- und Restschuldbefreiungsverfahren, ZInsO 2000, S. 376–381.

Stöber, Kurt: Forderungspfändung, 16. Auflage, Bielefeld 2013.

Stürner, Rolf (Hrsg.): Jauernig, Bürgerliches Gesetzbuch, Kommentar, 16. Auflage, München 2015 (zitiert: Jauernig/*Bearbeiter*).

Süss, Theodor: Vorvertragliche Anzeigepflicht, insbesondere bei der Krankenversicherung, VersR 1952, S. 185–188.

Surminski, Arno: Konkurs des Versicherungsnehmers in der Krankenversicherung, VersR 1971, S. 1109–1110.

–: Pfändungsschutz für Leistungen der privaten Krankenversicherung, ZfV 1964, S. 72–73.

Terbille, Michael / Höra, Knut (Hrsg.): Münchener Anwaltshandbuch, Versicherungsrecht, 3. Auflage, München 2013 (zitiert: Terbille/Höra/*Bearbeiter*).

Thiel, Sven-Markus: Der Prämienzahlungsverzug in der D&O-Versicherung, VersR 2015, S. 946–950.

–: Die Anfechtung der (Um-)Benennung des Bezugsberechtigten für die Todesfallversicherung gemäß § 134 Abs. 1 InsO, ZIP 2002, S. 1232–1237.

Thiele, Heino: Lebensversicherung und Nachlassgläubiger, Ein Beitrag zur Problematik erbrechtlicher und anfechtungsrechtlicher Zugriffsmöglichkeiten für die Gläubiger des verstorbenen Versicherungsnehmers hinsichtlich des Versicherungsanspruchs aus einer Lebensversicherung auf den Todesfall, Hamburg, Diss., 1968.

Thole, Christoph: Das Absonderungsrecht aus § 110 VVG – sprachliche Verwirrungen und offene Fragen, NZI 2013, S. 665–670.

Thüsen, Ernst von der: Anmerkung zu LG Schweinfurt, Urt. v. 16.5.1951 - 1 O 114/50, VersR 1951, S. 169–170.

Tilch, Horst / Arloth, Frank (Hrsg.): Deutsches Rechts-Lexikon, 3. Auflage, München 2001 (zitiert: Tilch/Arloth/*Bearbeiter*).

Uhlenbruck, Wilhelm: Insolvenzrechtsreform: Flucht der Schuldner aus dem „Modernen Schuldturm“ auf Kosten der Unterhaltsberechtigten?, FamRZ 1998, S. 1473–1477.

Uhlenbruck, Wilhelm / Hirte, Heribert / Vallender, Heinz (Hrsg.): Insolvenzordnung, Kommentar, 14. Auflage, Müchen 2015 (zitiert: Uhlenbruck/*Bearbeiter*).

Vallender, Heinz: Die Entwicklung des Regelinsolvenzverfahrens im Jahr 2012, NJW 2013, S. 1348–1354.

Vallender, Heinz / Undritz, Sven-Holger (Hrsg.): Praxis des Insolvenzrechts, Köln 2012 (zitiert: Vallender/Undritz/*Bearbeiter*).

Veith, Jürgen / Gräfe, Jürgen / Gebert, Yvonne (Hrsg.): Der Versicherungsprozess, 3. Auflage, München 2016 (zitiert: Veith/Gräfe/Gebert/*Bearbeiter*).

Viertelhausen, Andreas: Kurzkommentar zu KG Berlin, Urt. v. 15.11.2011 – 6 U 7/11, EWiR 2012, S. 213–214.

Voit, Wolfgang: Die Mitversicherung von Ehegatten in der privaten Krankenversicherung, NJW 2006, S. 2225–2227.

Vorwerk, Volkert / Wolf, Christian (Hrsg.): Beck'scher Online-Kommentar ZPO, München, Stand: 1.12.2015 (zitiert: BeckOK ZPO/*Bearbeiter*).

Wagner, Eberhard: Anmerkung zu BGH, Urt. v. 15.12.2009 – XI ZR 45/09, WuB I E 2. § 358 BGB 2.10.

–: Zur Wirkung der nicht angezeigten Abtretung von Lebensversicherungsforderungen, VersR 1991, S. 622–626.

Wagner, Rüdiger: Wem steht der Anspruch auf den Rückkaufswert einer kapitalbildenden Lebensversicherung bei Vorliegen einer Abtretung (nur) der Todesfallansprüche zu – dem Zessionar oder dem VN bzw. dessen Pfändungsgläubigern?, VersR 1998, S. 1083–1085.

Walker, Wolf-Dietrich: Kurzkommentar zu BGH, Beschl. v. 15.11.2007 – IX ZB 34/06, EWiR 2008, S. 383–384.

Wall, Fabian: Das Valutaverhältnis des Vertrags zugunsten Dritter auf den Todesfall – ein Forderungsvermächtnis, Mainz, Diss., 2009.

Wandt, Manfred: Versicherungsrecht, 5. Auflage, Köln 2010.

Wandt, Manfred / Reiff, Peter / Looschelders, Dirk / Bayer, Walter (Hrsg.): Kontinuität und Wandel des Versicherungsrechts, Festschrift für Egon Lorenz zum 70. Geburtstag, Karlsruhe 2004 (zitiert: *Präve*, in: FS Lorenz).

Wedemann, Frauke: Beschränkung der Vermögenssorge bei Lebensversicherungen, FamRZ 2009, S. 1197–1203.

Wegener, Burghard: Schenkungsanfechtung der Bezugsberechtigung, Anmerkung zu OLG Frankfurt a.M., Urt. v. 11.1.2012 – 13 U 90/11, VIA 2012, S. 45–46.

Weis, Ditmar: Kostenpauschalen für die Insolvenzmasse bei Verwertung von Lebensversicherungen, ZInsO 2002, S. 170–176.

Weiß, Christian: Kein Zahlungsanspruch des Treuhänders trotz wirksamen Widerrufs eines verbundenen Vertrags?, ZInsO 2011, S. 903–904.

–: Einen neuen Fernseher zur WM: Lassen sich verbundene Verträge dank BGH und AG Schöneberg inzwischen rechtssicher massemehrend widerrufen?, ZInsO 2010, S. 1130–1134.

Weiß, Rüdiger / Müller, Peter: Kurzkommentar zu BGH, Urt. v. 26.1.2012 – IX ZR 191/10, EWiR 2012, S. 491–492.

Wendt, Domenik Henning: Zum Widerruf im Versicherungsvertragsrecht – Motive, Probleme und Lösungen, Münster, Diss., 2012.

Werber, Manfred / Winter, Gerrit: Grundzüge des Versicherungsvertragsrechts, Heidelberg 1986.

Werner, Rüdiger: Die Auswirkungen der Insolvenz der Versicherungsnehmerin auf die D&O-Versicherung, ZInsO 2014, S. 1940–1946.

Westermann, Harm Peter / Grunewald, Barbara / Maier-Reimer, Georg (Hrsg.): Erman, Bürgerliches Gesetzbuch, Handkommentar mit AGG, EGBGB (Auszug), ErbbauRG, LPartG, ProdHaftG, VBVG, VersAusglG und WEG, Band I, §§ 1–758, 14. Auflage, Köln 2014 (zitiert: Erman/*Bearbeiter*).

– (Hrsg.): Erman, Bürgerliches Gesetzbuch, Handkommentar mit AGG, EGBGB (Auszug), ErbbauRG, LPartG, ProdHaftG, VBVG, VersAusglG und WEG, Band II, §§ 759–2385, 14. Auflage, Köln 2014 (zitiert: Erman/*Bearbeiter*).

Westphalen, Friedrich Graf von / Emmerich, Volker / Rottenburg, Franz von: Verbraucherkreditgesetz, Kommentar, 2. Auflage, Köln 1996 (zitiert: *Bearbeiter*, in: v. Westphalen/Emmerich/v. Rottenburg).

Wieczorek, Bernhard / Schütze, Rolf A. (Hrsg.): Zivilprozessordnung und Nebengesetze, Großkommentar, Zehnter Band, Teilband 1, §§ 803–863, 4. Auflage, Berlin 2015 (zitiert: Wieczorek/Schütze/*Bearbeiter*).

Wienandts, Ines: Eine Frage aus dem Lebensversicherungsvertrag zugunsten Dritter. Welche Leistungen kann der Konkursverwalter im Konkurs des Versicherungsnehmers gemäß § 32 KO anfechten?, Köln, Diss., 1934.

Wilhelm, Marco: Anmerkung zu BGH, Urt. v. 1.12.2011 – IX ZR 79/11, BB 2012, S. 347–348.

Wilmes, Jan (Hrsg.): Bach/Moser, Private Krankenversicherung, Kommentar zu den MB/KK und MB/KT, 5. Auflage, München 2015 (zitiert: Bach/Moser/*Bearbeiter*).

Wimmer, Klaus (Hrsg.): Frankfurter Kommentar zur Insolvenzordnung, 8. Auflage, Köln 2015 (zitiert: FK-InsO/*Bearbeiter*).

–: Das Gesetz zum Pfändungsschutz der Altersvorsorge unter besonderer Berücksichtigung der Hinterbliebenenversorgung, ZInsO 2007, S. 281–285.

–: Der Pfändungsschutz des Altersvorsorgevertrages, jurisPR-InsR 7/2007 Anm. 5.

Wimmer, Klaus / Dauernheim, Jörg / Wagner, Martin / Gietl, Josef (Hrsg.): Handbuch des Fachanwalts Insolvenzrecht, 7. Auflage, Köln 2015 (zitiert: FA-InsR/*Bearbeiter*).

Wimmer, Klaus / Stenner, Alexander: Lexikon des Insolvenzrechts, Neuwied 1999.

Winter, Gerrit: Interessenkonflikte bei der Lebensversicherung zugunsten Angehöriger, Karlsruhe 1989.

Wirth, Christian / Mintas, Laila: Die Anforderungen an den Makler bei der Insolvenz des Versicherungsnehmers, ZInsO 2012, S. 1002–1009.

Wittmann, Christian: Keine Massezugehörigkeit von privaten Krankenversicherungsverträgen, Kommentar zu BGH, Urt. v. 19.2.2014 – IV ZR 163/13, EWiR 2014, S. 355–356.

Wollmann, Christian: Der Ansparvorgang des § 851c Abs. 2 ZPO – zugleich eine vergleichende Betrachtung des Pfändungsschutzes von Altersvorsorgeprodukten, ZInsO 2013, S. 902–911.

–: Insolvenzanfechtung der Umwandlung gem. § 167 VVG?, ZInsO 2012, S. 2061–2073.

–: Voraussetzung der Einbeziehung einer Berufsunfähigkeitsrente in die Insolvenzmasse, ZInsO 2010, S. 754–757.

–: Private Altersvorsorge und Gläubigerschutz, dargestellt am Beispiel der Lebensversicherung, Tübingen, Diss., 2010.

–: Berufsunfähigkeitsrenten Selbständiger sind nicht Teil der Insolvenzmasse, ZInsO 2009, S. 2319–2325.

Wolters, Martin / Podewils, Arne: Der Widerruf des mit einer Restschuldversicherung verbundenen Verbraucherdarlehensvertrages, ZVI 2010, S. 209–215.

Wriede, Paul: Anmerkungen zu den Diskussions- und Referentenentwürfen des Bundesjustizministeriums zur gesetzlichen Regelung der privaten Krankenversicherung, VersR 1994, S. 251–254.

Wussow, Werner / Pürckhauer, Hellmuth: AUB, Allgemeine Unfallversicherungsbedingungen, Kommentar zu den AUB in der Neufassung von 1988, 6. Auflage, Köln u.a. 1990.

Zehner, Günter: Versicherungssumme und Nachlaßinteressenten, AcP 153 (1954), S. 424–454.

Zeigner, Erich: Der Einfluß des Konkurses über das Vermögen des Versicherungsnehmers oder des Begünstigten auf privatrechtliche Lebensversicherungsverhältnisse, Erster Teil, ZVersWiss 1913, S. 480–509.

–: Der Einfluß des Konkurses über das Vermögen des Versicherungsnehmers oder des Begünstigten auf privatrechtliche Lebensversicherungsverhältnisse, Zweiter Teil, ZVersWiss 1913, S. 654–705.

Zenker, Wolfgang: Bedingt pfändbare Bezüge in der Insolvenz, Anmerkung zu BGH, Urt. v. 3.12.2009 - IX ZR 189/08, NJ 2010, S. 214.

Zeuner, Mark: Die Anfechtung in der Insolvenz, 2. Auflage, München 2007.

Zimmermann, Walter: Zivilprozessordnung, Kommentar, 10. Auflage, Köln 2016 (zitiert: *Zimmermann*).

Zöller, Richard (Begr.): Zivilprozessordnung, Kommentar, 31. Auflage, Köln 2016 (zitiert: Zöller/*Bearbeiter*).

Versicherungsbedingungen

Allgemeine Bedingungen für die Berufsunfähigkeitsversicherung – BU, Stand: 6.8.2014	Im Internet abrufbar unter: http://www.gdv.de/downloads/versicherungs-bedingungen/allgemeine-bedingungen-fur-die-berufsunfahigkeits-versicherung/
Allgemeine Bedingungen für die Berufsunfähigkeits-Zusatzversicherung – BUZ, Stand: 1.10.2013	Im Internet abrufbar unter: http://www.gdv.de/downloads/versicherungs-bedingungen/allgemeine-bedingungen-fuer-die-berufsunfaehigkeits-zusatzversicherung/
Allgemeine Bedingungen für die kapitalbildende Lebensversicherung – ALB, Stand: 6.8.2014	Im Internet abrufbar unter: http://www.gdv.de/downloads/versicherungs-bedingungen/allgemeine-bedingungen-fuer-die-kapitalbildende-lebensversicherung/
Allgmeine Bedingungen für die Rentenversicherung gemäß § 10 Absatz 1 Nr. 2 Buchstabe b Doppelbuchstabe aa EStG (Basisrente-Alter), Stand: 7.10.2015	Im Internet abrufbar unter: http://www.gdv.de/downloads/versicherungs-bedingungen/allgemeine-bedingungen-fur-die-rentenversicherung-gemas-10-abs-1-nr-2-buchstabe-b-doppelbuchstabe-aa-estgbasisversorgung/
Allgemeine Bedingungen für die Risikolebensversicherung – RiV, Stand: 6.8.2014	Im Internet abrufbar unter: http://www.gdv.de/downloads/versicherungs-bedingungen/allgemeine-bedingungen-fur-die-risikolebensversicherung/
Allgemeine Unfallversicherungs-Bedingungen 2014 – AUB 2014, Stand: 25.3.2014	Im Internet abrufbar unter: http://www.gdv.de/downloads/versicherungs-bedingungen/allgemeine-unfallversicherungsbedingungen-aub-2014/

Allgemeine Versicherungsbedingungen für die Private Pflegepflichtversicherung – MB/PPV, Stand: April 2015	Im Internet abrufbar unter: http://www.pkv.de/service/rechtsquellen/musterbedingungen/
Musterbedingungen 2009 für die Krankheitskosten- und Krankenhaustagegeldversicherung – MB/KK, Stand: Juli 2013	Im Internet abrufbar unter: http://www.pkv.de/service/rechtsquellen/musterbedingungen/
Musterbedingungen 2009 für die Krankentagegeldversicherung – MB/KT, Stand: Juli 2013	Im Internet abrufbar unter: http://www.pkv.de/service/rechtsquellen/musterbedingungen/
Musterbedingungen 2009 für die ergänzende Pflegekrankenversicherung – MB/EPV, Stand: Juli 2013	Im Internet abrufbar unter: http://www.pkv.de/service/rechtsquellen/musterbedingungen/

Abkürzungsverzeichnis

a.A.	andere Ansicht
Abs.	Absatz
AcP	Archiv für die civilistische Praxis
a.F.	alte Fassung
AG	Amtsgericht
AGB	Allgemeine Geschäftsbedingungen
ALB	Allgemeine Lebensversicherungs-Bedingungen
Alt.	Alternative
AltZertG	Altersvorsorgeverträge-Zertifizierungsgesetz
AnfG	Anfechtungsgesetz
Anm.	Anmerkung
AnwZert InsR	AnwaltZertifikat Online – Insolvenzrecht
Art.	Artikel
AUB	Allgemeine Unfallversicherungs-Bedingungen
Aufl.	Auflage
AVB	Allgemeine Versicherungs-Bedingungen
Az.	Aktenzeichen
BAG	Bundesarbeitsgericht
BB	Betriebs-Berater
BeckRS	Beck-Rechtsprechung
Beschl.	Beschluss
BetrAVG	Gesetz zur Verbesserung der betrieblichen Altersversorgung (Betriebsrentengesetz)
BFH	Bundesfinanzhof
BGB	Bürgerliches Gesetzbuch
BGBl.	Bundesgesetzblatt
BGH	Bundesgerichtshof

BGH-Report	Schnelldienst zur Zivilrechtsprechung des Bundesgerichtshofs
BGHZ	Entscheidungen des Bundesgerichtshofes in Zivilsachen
BKR	Zeitschrift für Bank- und Kapitalmarktrecht
bspw.	beispielsweise
BT-Drucks.	Bundestagsdrucksache
BU	Allgemeine Bedingungen für die Berufsunfähigkeits-Versicherung
BUZ	Allgemeine Bedingungen für die Berufsunfähigkeits-Zusatzversicherung
BVerfG	Bundesverfassungsgericht
bzw.	beziehungsweise
DB	Der Betrieb
ders.	derselbe
DGVZ	Deutsche Gerichtsvollzieher Zeitung
d.h.	das heißt
dies.	dieselben
Diss.	Dissertation
DM	Deutsche Mark
DR	Deutsches Recht
DRiZ	Deutsche Richterzeitung
DStR	Deutsches Steuerrecht
DVO/HVG	Verordnung zur Durchführung und Ergänzung des Gesetzes über die Altersversorgung für das Deutsche Handwerk
DZWIR	Deutsche Zeitschrift für Wirtschafts- und Insolvenzrecht
EFZG	Entgeltfortzahlungsgesetz
ErbStG	Erbschaftsteuer- und Schenkungsteuergesetz
EStG	Einkommensteuergesetz
ESUG	Gesetz zur weiteren Erleichterung der Sanierung von Unternehmen
etc.	et cetera

EUR	Euro
e.V.	eingetragener Verein
EWiR	Entscheidungen zum Wirtschaftsrecht
f., ff.	folgende
FA	Fachanwalt Arbeitsrecht
FamRZ	Zeitschrift für das gesamte Familienrecht
Fn.	Fußnote
FoVo	Forderung & Vollstreckung
FPR	Familie, Partnerschaft, Recht
FS	Festschrift
FuR	Familie und Recht
GDV	Gesamtverband der Deutschen Versicherungswirtschaft e.V.
gem.	gemäß
GG	Grundgesetz
ggfs.	gegebenenfalls
GKV-WSG	Gesetz zur Stärkung des Wettbewerbs in der gesetzlichen Krankenversicherung
grds.	grundsätzlich
GrEStG	Grunderwerbsteuergesetz
GWR	Gesellschafts- und Wirtschaftsrecht
Habil.	Habilitationsschrift
HwVG	Handwerkerversicherungsgesetz
i.H.v.	in Höhe von
InsbürO	Zeitschrift für das Insolvenzbüro
InsO	Insolvenzordnung
InVo	Insolvenz und Vollstreckung
i.S.d.	im Sinne des
i.V.m.	in Verbindung mit
JR	Juristische Rundschau

Jura	Juristische Ausbildung
JurBüro	Das juristische Büro
jurisPR-ArbR	Juris PraxisReport Arbeitsrecht
jurisPR-VersR	Juris PraxisReport Versicherungsrecht
jurisPR-InsR	Juris PraxisReport Insolvenzrecht
JuS	Juristische Schulung
JW	Juristische Wochenschrift
JZ	Juristenzeitung
Kap.	Kapitel
KG	Kammergericht Berlin
KKZ	Kommunal-Kassen-Zeitschrift
KO	Konkursordnung
KTS	Zeitschrift für Insolvenzrecht
LAG	Landesarbeitsgericht
LG	Landgericht
lit.	littera
LMK	Lindenmaier-Möhring, kommentierte BGH-Rechtsprechung
LohnPfVO 1940	Lohnpfändungsverordnung von 1940
LPartG	Lebenspartnerschaftsgesetz
LSG	Landessozialgericht
LZ	Leipziger Zeitschrift für Handels-, Konkurs- und Versicherungsrecht
m.a.W.	mit anderen Worten
MB/EPV	Musterbedingungen 2009 für die ergänzende Pflegekrankenversicherung
MB/KK	Musterbedingungen 2009 für die Krankheitskosten- und Krankenhaustagegeldversicherung
MB/KT	Musterbedingungen 2009 für die Krankentagegeldversicherung
MB/PPV	Allgemeine Versicherungsbedingungen für die Private Pflegepflichtversicherung
MDR	Monatsschrift für Deutsches Recht

m.w.N.	mit weiteren Nachweisen
n.F.	neue Fassung
NJ	Neue Justiz
NJOZ	Neue Juristische Online-Zeitschrift
NJW	Neue Juristische Wochenschrift
NJW-RR	NJW-Rechtsprechungs-Report
Nr.	Nummer
n.v.	nicht veröffentlicht
NVersZ	Neue Zeitschrift für Versicherung und Recht
NZA-RR	NZA-Rechtsprechungs-Report Arbeitsrecht
NZI	Neue Zeitschrift für das Recht der Insolvenz und Sanierung
o.g.	oben genannte
OGH	Oberster Gerichtshof
OLG	Oberlandesgericht
OLGR	OLG-Report
PflVersG	Pflichtversicherungsgesetz
PKV	Private Krankenversicherung
ProstG	Prostitutionsgesetz
RGBl.	Reichsgesetzblatt
RG	Reichsgericht
RGZ	Entscheidungen des Reichsgerichts in Zivilsachen
RiV	Allgemeine Bedingungen für die Risikolebensversicherung
Rn.	Randnummer
Rpfleger	Der Deutsche Rechtspfleger
RuS	Recht und Schaden
RV	Die Rentenversicherung
RVaktuell	Fachzeitschrift und amtliche Mitteilungen der Deutschen Rentenversicherung

S.	Satz *(innerhalb von Normenbezeichnungen)*, Seite *(innerhalb von Fundstellennachweisen)*
SGB	Sozialgesetzbuch
sog.	sogenannte(n)
u.a.	unter anderem
Urt.	Urteil
v.	vom
VersR	Versicherungsrecht
VersVG	Versicherungsvertragsgesetz (Österreich)
VG	Verwaltungsgericht
vgl.	vergleiche
VIA	Verbraucherinsolvenz aktuell
VP	Die Versicherungspraxis
VuR	Verbraucher und Recht
VVG	Versicherungsvertragsgesetz (Deutschland)
VW	Versicherungswirtschaft
WM	Wertpapier-Mitteilungen
WuB	Entscheidungssammlung zum Wirtschafts- und Bankrecht
z.B.	zum Beispiel
ZEV	Zeitschrift für Erbrecht und Vermögensnachfolge
ZfV	Zeitschrift für Versicherungswesen
ZGS	Zeitschrift für Vertragsgestaltung, Schuld- und Haftungsrecht
Ziff.	Ziffer
ZInsO	Zeitschrift für das gesamte Insolvenzrecht
ZIP	Zeitschrift für Wirtschaftsrecht
ZPO	Zivilprozessordnung
ZVersWiss	Zeitschrift für die gesamte Versicherungswissenschaft
ZVI	Zeitschrift für Verbraucher- und Privat-Insolvenzrecht
zzgl.	zuzüglich
zzt.	zurzeit

§ 1 Einleitung

Wird über das Vermögen einer natürlichen Person das Insolvenzverfahren eröffnet, findet der Insolvenzverwalter häufig mehrere Vertragsverhältnisse vor, aus denen der Schuldner berechtigt und verpflichtet ist. Hierzu zählen in aller Regel auch Versicherungsverträge, die der Insolvenzschuldner vor der Verfahrenseröffnung abgeschlossen hat. Dies ist schon deshalb anzunehmen, weil in der Bundesrepublik Deutschland im Jahre 2014 um die 426 Millionen Versicherungsverträge bestanden,[1] so dass auf jeden Einwohner etwa 5,2 Versicherungen entfielen.[2]

Ist der Insolvenzschuldner Inhaber von Versicherungsverträgen, entstehen mit der Verfahrenseröffnung sowohl für den Insolvenzverwalter als auch für den Versicherungsnehmer und für sonstige am Versicherungsverhältnis beteiligte Personen entscheidende Fragestellungen, die von unterschiedlichen Interessenlagen geprägt sind.

Der Insolvenzverwalter ist daran intressiert, möglichst viel Vermögen zur Insolvenzmasse zu ziehen. Versicherungsverträge können dabei attraktive Zugriffsobjekte sein. Dies gilt insbesondere – aber nicht nur – für den Bereich der Lebensversicherung, in dem Schuldner vor der Verfahrenseröffnung häufig umfangreiches Deckungskapital angespart haben. Soweit Versicherungsverträge des Insolvenzschuldners massezugehörig sind, kann der Insolvenzverwalter also oft eine (teils beträchtliche) Mehrung der Insolvenzmasse herbeiführen.

Das Interesse des Insolvenzverwalters an einem möglichst vollständigen Zugriff auf Versicherungsverträge kollidiert mit dem Interesse des Versicherungsnehmers, der mit dem Abschluss der Verträge Risiken auf die Versichertengemeinschaft abgewälzt und in vielen Fällen private Vorsorge in Hinblick auf seine Existenzsicherung getroffen hat. Dafür hat er auf Teile seiner Einkünfte verzichtet, in dem er diese für die Versicherungsprämien aufgewendet hat.

Bei der Frage, ob und inwieweit der Insolvenzverwalter auf bestehende Versicherungsverträge zugreifen kann, sind auch die staatlichen Interessen nicht außer Acht zu lassen. Je umfangreicher bspw. private Altersvorsorgeprodukte dem Zugriff des Insolvenzverwalters ausgesetzt sind, desto stärker droht dem Schuldner die Altersarmut. In der Folge wäre der Schuldner im Alter auf staatliche Transferleistungen aus den Sozialkassen angewiesen. Aber auch unabhängig von der Altersvorsorge sind Fallgestaltungen denkbar, in denen Schuldner zur Sicherstellung ihrer Existenz auf Leistungen aus ihren privaten Versicherungsverträgen angewiesen sind, so dass sie im Falle eines Zugriffs des Verwalters staatliche Transferleistungen in Anspruch nehmen müssten. Eine Belastung der Sozialkassen gilt es aus Sicht des Staates aber

1 GDV, Statistisches Taschenbuch der Versicherungswirtschaft 2015, S. 1.
2 Bei einer unterstellten Bevölkerungszahl von ca. 82 Millionen Menschen.

insbesondere dann zu verhindern, wenn der Schuldner eigenständig erwirtschaftete Einkünfte bezieht, mit denen er seine Existenz selbständig sicherstellen kann.

Gerade dieser bestehende Widerstreit zwischen verschiedenen Interessenlagen führt zu der Komplexität und hohen Relevanz des hier behandelten Themengebiets.

Die Bewertung, welches Schicksal einem Versicherungsvertrag in der Insolvenz des Versicherungsnehmers zukommt, ob bspw. Leistungsansprüche dem Zugriff des Insolvenzverwalters ausgesetzt sind, ob Verträge gekündigt werden können oder wer ab der Verfahrenseröffnung die Versicherungsprämien schuldet, ist nicht nur von insolvenz-, sondern in hohem Maße auch von versicherungsrechtlichen Aspekten abhängig. Aufgrund der vielseitigen Verknüpfungen der beiden Rechtsgebiete droht bei der Beurteilung von Fallgestaltungen aus dem Schnittbereich von Insolvenz- und Versicherungsrecht die Gefahr, dass Fachleute der einen Richtung die andere leicht aus dem Blick verlieren. Im Rahmen der vorliegenden Untersuchung sollen daher die insolvenz- und versicherungsrechtlichen Aspekte zusammengeführt und es soll aufgezeigt werden, inwieweit sie sich bedingen und ergänzen.

Aufgrund der Vielzahl der am Markt angebotenen Produkte und der teils erheblichen Strukturunterschiede können mit der vorliegenden Ausarbeitung nicht sämtliche Versicherungsverträge abgedeckt werden. Die Untersuchung ist daher auf Personenversicherungen beschränkt. Darunter fallen Lebens-, Berufsunfähigkeits-, private Kranken- und private Unfallversicherungen.

Die besondere Praxisrelevanz der Personenversicherungen lässt sich schon anhand der Bestandszahlen belegen. Ein Großteil der Insolvenzschuldner wird Inhaber mindestens eines Personenversicherungsvertrages sein. So überstieg die Zahl der bestehenden Lebensversicherungsverträge im Jahre 2014 mit 88,3 Millionen[3] die der Einwohner der Bundesrepublik Deutschland. In der privaten Krankenversicherung bestanden ca. 8,8 Millionen Krankenvoll- und etwa 23,9 Millionen Krankenzusatzversicherungen.[4] Der Bestand von privaten Unfallversicherungen belief sich auf etwa 26,1 Millionen Verträge.[5]

Zudem lässt sich anhand der jeweiligen Versicherungsleistungen erkennen, dass gerade Personenversicherungen für Insolvenzverwalter häufig attraktive Zugriffsobjekte darstellen. So belief sich die Gesamtsumme der von den Lebensversicherungsunternehmen im Jahre 2014 erbrachten Versicherungsleistungen auf beträchtliche 84,4 Milliarden EUR.[6] Die Gesamtheit der ausgezahlten Leistungen

---

3 GDV, Statistisches Taschenbuch der Versicherungswirtschaft 2015, S. 29. Die angegebene Zahl bezieht sich auf Lebensversicherungen im engeren Sinne, d.h. ohne Pensionskassen und Pensionsfonds. Der Bestand von Lebensversicherungen im weiteren Sinne, d.h. einschließlich Pensionskassen und Pensionsfonds, belief sich 2014 auf insgesamt 92,5 Millionen Verträge: GDV, Statistisches Taschenbuch der Versicherungswirtschaft 2015, S. 28.

4 GDV, Statistisches Taschenbuch der Versicherungswirtschaft 2015, S. 48.

5 GDV, Statistisches Taschenbuch der Versicherungswirtschaft 2015, S. 62.

6 GDV, Die deutsche Lebensversicherung in Zahlen 2015, S. 22.

aller privaten Krankenversicherer betrug im Jahre 2014 ca. 24,7 Milliarden EUR,[7] die der privaten Unfallversicherer immerhin etwa 3,2 Milliarden EUR.[8]

Die vorliegende Untersuchung ist nicht nur auf Personenversicherungen, sondern zudem auch auf Insolvenzverfahren über das Vermögen natürlicher Personen begrenzt. Durch diese Beschränkung werden insbesondere Direktversicherungen in der Insolvenz des Arbeitgebers bewusst von der Untersuchung ausgenommen. Zur Lebensversicherung in der Insolvenz des Arbeitgebers wird auf die Arbeit von *Kayser* verwiesen.[9]

7 GDV, Statistisches Taschenbuch der Versicherungswirtschaft 2015, S. 52.
8 GDV, Statistisches Taschenbuch der Versicherungswirtschaft 2015, S. 59.
9 *Kayser*, Die Lebensversicherung in der Insolvenz des Arbeitgebers.

§ 2 Ziel und Gang der Untersuchung

Ziel der vorliegenden Arbeit ist es zu untersuchen, inwieweit die Eröffnung des Insolvenzverfahrens Auswirkungen auf Personenversicherungsverträge des Insolvenzschuldners hat. Dabei sollen sämtliche in diesem Zusammenhang aufkommende Problemstellungen aufgegriffen und Lösungen zugeführt werden. Die Untersuchung soll dabei nicht auf die Fragestellungen begrenzt werden, die allein das Verhältnis zwischen Versicherungsnehmer und Insolvenzverwalter betreffen. Sie soll vielmehr auch auf diejenigen Fragen erstreckt werden, die die sonstigen am Versicherungsverhältnis Beteiligten berühren, wie insbesondere die Versicherungsgesellschaften, Bezugsberechtigte und Angehörige.

Der Aufbau der Arbeit dient der Umsetzung dieses Ziels. So steht am Beginn mit der umfangreichen Untersuchung der Massezugehörigkeit von Leistungsansprüchen aus Lebens-, Berufsunfähigkeits-, Kranken- und Unfallversicherungen die wichtigste Fragestellung, die mit der Verfahrenseröffnung sowohl für den Insolvenzverwalter als auch für den Versicherungsnehmer aufkommt (§ 3 und § 4). Diese Prüfung ist zweigeteilt, weil Leistungsansprüche aus Versicherungsverträgen aus zwei Gründen (teilweise) massefrei sein können. Ist der Leistungsanspruch schon nicht dem Schuldnervermögen zugeordnet, wird er nicht über § 35 Abs. 1 InsO Bestandteil der Insolvenzmasse. Auf die Pfändungsschutzvorschriften der §§ 36 Abs. 1 S. 1, S. 2 InsO, 850 ff. ZPO kommt es in diesen Fällen nicht an. Daher wird zunächst für alle Personenversicherungen unter Berücksichtigung der in diesem Zusammenhang bestehenden Problemfelder der Frage nachgegangen, durch welche Verfügungen oder Vertragsgestaltungen seitens des Versicherungsnehmers der Leistungsanspruch dem Vermögen eines Dritten zugeordnet und dadurch der Insolvenzmasse des Schuldners und Versicherungsnehmers entzogen sein kann (§ 3). Gegenstand der Untersuchung sind dabei Bezugsrechtsbestellungen, Abtretungen und Verpfändungen. Bei der Kranken- und Unfallversicherung kommen die Vorschriften über die Versicherung für fremde Rechnung hinzu, §§ 43 ff. VVG. Im Anschluss wird unter Berücksichtigung der Systematik und des Sinn und Zwecks der §§ 850 ff. ZPO separat für alle Personenversicherungen detailliert herausgearbeitet, inwieweit im Schuldnervermögen stehende Leistungsansprüche dem Schutz der §§ 36 Abs. 1 S. 1, S. 2 InsO, 850 ff. ZPO unterliegen (§ 4). Dabei werden sämtliche in diesem Zusammenhang bestehende Problemfelder in die Untersuchung einbezogen.

Sodann wird der Frage nachgegangen, wann dem Insolvenzverwalter welche Handlungsmöglichkeiten in Hinblick auf die einzelnen Personenversicherungen zustehen (§ 5). Diesbezüglich bestehen noch immer Unklarheiten und Missverständnisse. Sämtliche in diesem Zusammenhang stehende Fragen werden aufgegriffen und Lösungen zugeführt. Im Rahmen der Untersuchung werden neben dem Erfüllungswahlrecht aus § 103 InsO, dem Kündigungs- und dem Recht zum Widerruf von Bezugsrechtsbestellungen auch – und gerade – Insolvenzanfechtungen nach Maßgabe der §§ 129 ff. InsO und deren Rechtsfolgen in den Blick genommen. Gegenstand der Untersuchung ist auch die Frage, ob der Insolvenzverwalter einen mit einer Restschuldversicherung verbundenen Verbraucherdarlehensvertrag widerrufen und ob er in der Folge die aus der Versicherung zurückzugewährenden Beiträge zur Masse ziehen kann. Zudem wird hier auch untersucht, ob ein Käufer, der eine Lebensversicherung auf dem Zweitmarkt erworben hat, durch Handlungen des Insolvenzverwalters Nachteile erleiden kann, wenn der Verkäufer der Versicherung Versicherungsnehmer bleibt und später über das Vermögen des Verkäufers das Insolvenzverfahren eröffnet wird.

Sodann werden die Interessen der Bezugsberechtigten und Angehörigen, denen Rechte am Versicherungsvertrag zustehen, aufgegriffen (§ 6). Dabei wird untersucht, ob und inwieweit Bezugsberechtigten und Angehörigen Möglichkeiten zustehen, mit denen sie Nachteile abwenden können, die ihnen durch die Verfahrenseröffnung in Hinblick auf die Versicherungsleistung entstehen können. Von besonderer Bedeutung ist dabei das Eintrittsrecht des § 170 VVG. Hier wird insbesondere auf die Probleme eingegangen, die durch Kollisionen mit Rechten des Insolvenzverwalters entstehen können.

Anschließend wird herausgearbeitet, wie sich die Eröffnung des Insolvenzverfahrens über das Vermögen des Versicherungsnehmers auf das Versicherungsunternehmen auswirkt (§ 7). Gegenstand der Untersuchung ist die Frage, von wem der Versicherer nach der Verfahrenseröffnung die Prämienzahlungen verlangen kann. Dabei wird für die einzelnen Personenversicherungen jeweils zwischen rückständigen Prämienforderungen aus der Zeit vor der Verfahrenseröffnung und Prämien, die erst nach der Verfahrenseröffnung fällig werden, differenziert. Auch wird auf die Fragestellung eingegangen, ob ein privater Krankenversicherer mit offenen Prämienansprüchen aus der Zeit vor der Verfahrenseröffnung gegen Leistungsansprüche des insolventen Versicherungsnehmers aufrechnen kann. Zudem wird in diesem Abschnitt für den Fall, dass der Versicherungsnehmer weiterhin Prämienschuldner sein sollte, der Frage nachgegangen, ob das insolvenzfreie Vermögen um die laufenden Prämienbelastungen nach Maßgabe der §§ 36 Abs. 1 S. 1, S. 2 InsO, 850 ff. ZPO erhöht wird.

Sodann wird mit § 110 VVG eine der wenigen Vorschriften des Versicherungsvertragsgesetzes betrachtet, die die Insolvenz des Versicherungsnehmers zum Gegenstand haben (§ 8). Die Vorschrift normiert für den Bereich der Haftpflichtversicherung ein Absonderungsrecht zugunsten des geschädigten Dritten, was letztlich auf das im Haftpflichtbereich bestehende Dreiecksverhältnis zurückzuführen ist (Versicherungsnehmer, Versicherer und geschädigter Dritter). Weil auch bei privaten Krankheitskostenversicherungen ein gewisses Dreiecksverhältnis besteht (Versicherungsnehmer, Versicherer und Leistungserbringer), wird die Frage aufgeworfen, ob die Vorschrift des § 110 VVG auf private Krankheitskostenversicherungen zugunsten der Leistungserbringer analog angewendet werden kann.

Abschließend wird § 14 VVG a.F. in den Blick genommen (§ 9). Die Vorschrift, die Versicherern die Möglichkeit eingeräumt hat, sich für den Fall der Insolvenz des Versicherungsnehmers ein Sonderkündigungsrecht in den Versicherungsbedingungen einzuräumen, wurde im Zuge der VVG-Reform 2008 ersatzlos gestrichen. Es wird untersucht, ob sich Versicherungsunternehmen trotz des ersatzlosen Wegfalls des § 14 VVG a.F. weiterhin ein Sonderkündigungsrecht für den Fall der Insolvenz des Versicherungsnehmers ausbedingen können.

Am Ende der Untersuchung erfolgt eine Zusammenfassung der wichtigsten Ergebnisse (§ 10).

§ 3 Massezugehörigkeit von Leistungsansprüchen aus Personenversicherungsverträgen, § 35 Abs. 1 InsO

Am Anfang steht die für Insolvenzverwalter und Versicherungsnehmer besonders entscheidende Frage, ob und inwieweit Leistungsansprüche aus bestehenden Personenversicherungen Bestandteil der Insolvenzmasse sind.

Gemäß § 35 Abs. 1 InsO besteht die Insolvenzmasse aus dem gesamten Vermögen, das dem Schuldner zur Zeit der Verfahrenseröffnung gehört und das er während des Verfahrens erlangt. Zu diesem Vermögen gehören grds. auch die Ansprüche des Insolvenzschuldners aus Versicherungsverträgen.[10]

Versicherungsforderungen können dem Zugriff des Insolvenzverwalters jedoch (teilweise) entzogen sein. Dies ist zum einen der Fall, soweit der Leistungsanspruch nicht im Vermögen des Versicherungsnehmers steht, weil er dann schon mangels Anwendbarkeit des § 35 Abs. 1 InsO nicht in die Insolvenzmasse fällt. Zum anderen, soweit von § 35 Abs. 1 InsO erfasste Leistungsansprüche dem Schutz der §§ 36 Abs. 1 S. 1, S. 2 InsO, 850 ff. ZPO unterliegen.[11]

In der Regel ist ein Versicherungsnehmer kraft seiner Stellung als Vertragspartner selbst Inhaber des Leistungsanspruchs,[12] so dass dieser im Falle seiner Insolvenz als Bestandteil des Schuldnervermögens gemäß § 35 Abs. 1 InsO grds. massezugehörig ist.

Allerdings haben Versicherungsnehmer gerade im Bereich von Personenversicherungen verschiedene Möglichkeiten, um während der Vertragslaufzeit auf die Anspruchsinhaberschaft einzuwirken. Dadurch kann die Versicherungsforderung im Zeitpunkt der Verfahrenseröffnung dem Vermögen eines Dritten zugeordnet sein. Der Leistungsanspruch fällt dann mangels Zugehörigkeit zum Schuldnervermögen nicht über § 35 Abs. 1 InsO in die Insolvenzmasse des Versicherungsnehmers. Auf den Schutz der §§ 36 Abs. 1 S. 1, S. 2 InsO, 850 ff. ZPO kommt es in diesen Fällen nicht an.

---

10 A/G/R-*Ahrens*, § 35 Rn. 85; MüKoInsO/*Peters*, § 35 Rn. 409; *Henckel*, in: Jaeger, § 35 Rn. 39; HK/*Ries*, § 35 Rn. 20; Uhlenbruck/*Hirte*, § 35 Rn. 207; Bruck/Möller/*Johannsen*, Anhang zu § 16 Rn. 6; MAH Insolvenz und Sanierung/*Nasser*, § 16 Rn. 2; *Robrecht*, DB 1967, 453; *Moll*, DB 1954, 969; *Gilbert*, DR 1941, 2356, 2365.

11 Ausführlich zu den Pfändungsschutzvorschriften: § 4 – S. 65 ff.

12 Langheid/Wandt/*Heiss*, § 159 Rn. 132; *Steder*, in: Keller, Handbuch Zwangsvollstreckungsrecht, Kap. 3 Rn. 88; *Müller*, Die Lebensversicherung in der Zwangsvollstreckung, S. 75; *Kohler-Gehrig*, Der Versicherungsvertrag im Konkurs des Versicherungsnehmers, S. 99.

Leistungsanspruchs. Dieser steht während der Vertragslaufzeit allein im Vermögen des Versicherungsnehmers als Vertragspartner des Versicherers. Dem Drittbegünstigten steht bis zum Eintritt des Versicherungsfalls auch keine sonstige gesicherte Rechtsposition zu.[16] Er ist insbesondere nicht Inhaber eines Anwartschaftsrechts,[17] denn der Versicherungsnehmer kann das Bezugsrecht jederzeit einseitig aufheben oder ändern.[18] Bis zum Eintritt des Versicherungsfalls hat der widerruflich Bezugsberechtigte lediglich eine tatsächliche Aussicht auf den Erwerb eines zukünftigen Anspruchs, d.h. eine vage Hoffnung.[19]

Hat der Versicherungsnehmer ein widerrufliches Bezugsrecht bestellt und wird das Insolvenzverfahren vor dem Eintritt des Versicherungsfalls eröffnet, fällt der Leistungsanspruch als Bestandteil des Schuldnervermögens gemäß § 35 Abs. 1 InsO in die Insolvenzmasse.[20] Der Insolvenzverwalter kann somit grds. auf den Rückkaufswert zugreifen.

bb) Unwiderrufliches Bezugsrecht, § 159 Abs. 3 VVG

Anders verhält es sich hingegen, wenn der Versicherungsnehmer vor der Verfahrenseröffnung ein unwiderrufliches Bezugsrecht bestellt hat. Der unwiderruflich Bezugsberechtigte erwirbt den Leistungsanspruch nicht erst mit dem Eintritt des Versicherungsfalls, sondern gemäß § 159 Abs. 3 VVG bereits mit der Bezugsrechtsbestellung. Dem Versicherungsnehmer stehen ab diesem Zeitpunkt keine vermögenswerten Rechte aus dem Vertrag mehr zu. Zwar bleibt er Vertragspartner des Versicherers und Inhaber der Gestaltungsrechte, wie etwa dem Kündigungsrecht.[21]

---

16 BGH ZIP 2014, 2251, 2253; BGH NJW 2013, 232, 233; BGH NJW-RR 2012, 809; *Brömmelmeyer*, in: Beckmann/Matusche-Beckmann, § 42 Rn. 228.

17 BGH ZIP 2014, 2251, 2253; Langheid/Wandt/*Heiss*, § 159 Rn. 70; *Ganter*, NZI 2013, 769, 772; *Kayser*, ZInsO 2004, 1321, 1322; *Bayer*, VersR 1989, 17.

18 *Müller*, Die Lebensversicherung in der Zwangsvollstreckung, S. 41.

19 BGH NZI 2016, 35; BGH NJW 2013, 232, 233; BGH VersR 2010, 1021; BGH VersR 2005, 923; BGHZ 156, 350, 356 = NJW 2004, 214, 215; BGH VersR 2002, 1294; BGH VersR 1993, 689; BAG VersR 2009, 134, 136; BAG VersR 1996, 85; Bruck/Möller/*Winter*, § 159 Rn. 52; *Benkel/Hirschberg*, § 13 ALB 2008 Rn. 341; *Eichler*, Versicherungsrecht, S. 193 f.; *Scherer*, Die Gläubigeranfechtung der Bezugsberechtigung und der Prämienzahlung beim Lebensversicherungsvertrag zu Rechten Dritter, S. 14 f.; *Elfring*, Drittwirkungen der Lebensversicherung, S. 39; *Eitelberg*, Lebensversicherung und Drittrechte, S. 27; *Frey*, Lebensversicherung und Nachlaßinteressen, S. 15 f.; *Niewiesch*, Die Zwangsvollstreckung in die Rechte aus einem Lebensversicherungsvertrag, S. 30; *Ganter*, NZI 2013, 769, 772; *Lange*, ZVI 2012, 403, 410; *Fischer*, ZIP 2004, 1679, 1680; *Armbrüster/Pilz*, KTS 2004, 481, 484 f.; *Oellers*, JW 1937, 2937, 2938.

20 Bruck/Möller/*Johannsen*, Anhang zu § 16 Rn. 7; Staudinger/*Klumpp* (2015), § 328 Rn. 350; *Hatwig*, InsbürO 2013, 350, 352; *Haegele*, JurBüro 1969, 907, 918.

21 Bruck/Möller/*Winter*, § 159 Rn. 165; Prölss/Martin/*Schneider*, § 159 Rn. 20; *Elfring*, Drittwirkungen der Lebensversicherung, S. 45; *Baroch Castellví*, BGH Report 2003, 993; *Frels*, VersR 1970, 984, 985.

Ein durch die vorzeitige Vertragsbeendigung fällig werdender Rückkaufswert steht aber allein dem unwiderruflich Bezugsberechtigten als Inhaber des Leistungsanspruchs zu.[22]

Wurde das unwiderrufliche Bezugsrecht vor der Verfahrenseröffnung bestellt, wird der Leistungsanspruch mangels Zugehörigkeit zum Schuldnervermögen nicht über § 35 Abs. 1 InsO Bestandteil der Insolvenzmasse des Versicherungsnehmers.[23]

Dem unwiderruflich Bezugsberechtigten steht gemäß § 47 InsO ein Aussonderungsrecht an der Versicherungsleistung zu.[24] Auf das Aussonderungsrecht wird es aber in der Regel nicht ankommen, denn als alleiniger Forderungsinhaber kann sich der unwiderruflich Berechtigte direkt an den Versicherer wenden und von diesem die Auszahlung der Versicherungsleistung verlangen. Auf das Aussonderungsrecht des § 47 InsO würde es daher nur dann ankommen, wenn der Versicherer trotz bestehender unwiderruflicher Bezugsberechtigung mit befreiender Wirkung an den Insolvenzverwalter leisten könnte.

Eine solche schuldbefreiende Leistung kommt grds. nur dann in Betracht, wenn der Insolvenzverwalter den Versicherungsschein in Besitz genommen und unter Vorlage des Versicherungsscheins vom Versicherer die Auszahlung der Leistung begehrt hat. Aufgrund der Regelung des § 8 Abs. 2 ALB kann der Versicherer den Inhaber des Versicherungsscheins als berechtigt ansehen, über die Rechte aus dem Vertrag zu verfügen, insbesondere Leistungen in Empfang zu nehmen. Durch die Inhaberklausel wird der Versicherungsschein zu einem qualifizierten Legitimationspapier i.S.d. §§ 4 Abs. 1 VVG, 808 BGB.[25] Der Versicherer kann also grds.

22 BGHZ 45, 162, 167 = NJW 1966, 1071, 1072 f.; *Goll/Gilbert/Steinhaus*, Handbuch der Lebensversicherung, S. 200; *Wandt*, Versicherungsrecht, Rn. 1243; *Frey*, Lebensversicherung und Nachlaßinteressen, S. 17; *Ponath*, ZEV 2006, 242, 245; *Zeigner*, ZVersWiss 1913, 654, 683.

23 A/G/R-*Ahrens*, § 35 Rn. 89; FA-InsR/*Maier*, Kap. 3 Rn. 252; Schwintowski/Brömmelmeyer/*Ortmann*, § 159 Rn. 73; Looschelders/Pohlmann/*Peters*, § 159 Rn. 24; *Brömmelmeyer*, in: Beckmann/Matusche-Beckmann, § 42 Rn. 235; Staudinger/*Klumpp* (2015), § 328 Rn. 351; *Bork*, in: FS Kollhosser, 57, 61; *Wegener*, VIA 2012, 45; *Hasse*, VersR 2005, 15, 27; *Elfring*, BB 2004, 617, 620.

24 A/G/R-*Ahrens*, § 35 Rn. 89; Veith/Gräfe/Gebert/*Schnepp/Gebert*, Der Versicherungsprozess, § 10 Rn. 451; Bruck/Möller/*Johannsen*, Anhang zu § 16 Rn. 7, die irrtümlich § 46 InsO nennt; *Bruns*, Privatversicherungsrecht, § 26 Rn. 72; *Lange*, ZVI 2012, 403, 411; *Armbrüster/Pilz*, KTS 2004, 481, 486; *Stegmann/Lind*, NVersZ 2002, 193, 194.

25 BGH VersR 2010, 936, 937; BGH VersR 2009, 1061; BGH NJW 2000, 2103, 2104; BGH VersR 1999, 700, 701; OLG Brandenburg ZInsO 2012, 2100, 2102; OLG Koblenz VersR 2002, 873; OLG Hamm VersR 1996, 615; OLG Saarbrücken VersR 1992, 1209, 1210; Schwintowski/Brömmelmeyer/*Ebers*, § 4 Rn. 1; Hk-VVG/*Brömmelmeyer*, § 4 Rn. 3; Bruck/Möller/*Knops*, § 4 Rn. 1 und Rn. 3; Langheid/Wandt/*Armbrüster*, § 4 Rn. 1; Römer/Langheid/*Rixecker*, § 4 Rn. 1; Prölss/Martin/*Rudy*, § 4 Rn. 1; Prölss/Martin/*Reiff/Schneider*, § 8 ALB 2012 Rn. 7; BK/*Schwintowski*, § 4 Rn. 3; Looschelders/Pohlmann/*Schneider*, § 4 Rn. 4; *Nill*, VersR 2010, 938; *Hempler*, ZInsO 2007, 423, 424; *Fuchs*, JuS 1989, 179, 180.

mit befreiender Wirkung an den Inhaber des Versicherungsscheins leisten, selbst wenn dieser nicht (mehr) materiell Berechtigter ist. Dies gilt auch für den Rückkaufswert im Falle einer vorzeitigen Vertragsbeendigung.[26] Der Versicherer darf darauf vertrauen, dass der Inhaber des Versicherungsscheins auch tatsächlich Forderungsinhaber ist. Ihn trifft keine generelle Nachforschungspflicht hinsichtlich der tatsächlichen materiellen Rechtslage.[27]

Allerdings kann sich der Versicherer zumindest dann nicht auf die in § 8 Abs. 2 ALB verankerte Legitimationswirkung des Versicherungsscheins berufen, wenn er positive Kenntnis von der fehlenden materiellen Berechtigung hat.[28] Ist dem Versicherer bekannt, dass derjenige, an den er leistet, nicht (mehr) materiell berechtigt ist, hat die Leistung keine schuldbefreiende Wirkung. In diesem Fall kann der materiell Berechtigte weiterhin Leistung vom Versicherer verlangen. Der Versicherer hat nur die Möglichkeit, die erste Leistung beim Inhaber des Versicherungsscheins zu kondizieren.

So verhält es sich im Falle einer unwiderruflichen Bezugsberechtigung. Von der Bezugsrechtsbestellung erlangt der Versicherer zwangsläufig positive Kenntnis, weil die Bezugsrechtsbestellung durch eine einseitige, empfangsbedürftige Willenserklärung gegenüber dem Versicherer erfolgt,[29] die gemäß § 9 Abs. 4 ALB der Schriftform bedarf. Im Rahmen der Bezugsrechtsbestellung wird dem Versicherer

---

26 BGH VersR 2010, 936, 937; BGH VersR 2009, 1061; BGH NJW 2000, 2103, 2105; OLG Bremen VersR 2008, 1056 f.; OLG Koblenz VersR 2002, 873, 874; Prölss/Martin/*Rudy*, § 4 Rn. 1; Langheid/Wandt/*Armbrüster*, § 4 Rn. 8; Hk-VVG/*Brömmelmeyer*, § 4 Rn. 8; Bruck/Möller/*Knops*, § 4 Rn. 3; Looschelders/Pohlmann/*Schneider*, § 4 Rn. 7; Römer/Langheid/*Rixecker*, § 4 Rn. 2.

27 BGH VersR 2010, 936, 937; OLG Hamm VersR 1996, 615; OLG Saarbrücken VersR 1992, 1209, 1210; OLG Karlsruhe VersR 1979, 929, 930; *Benkel/Hirschberg*, § 12 ALB 2008 Rn. 18; Römer/Langheid/*Rixecker*, § 4 Rn. 2; Bruck/Möller/*Knops*, § 4 Rn. 3; Looschelders/Pohlmann/*Schneider*, § 4 Rn. 5; BK/*Schwintowski*, § 4 Rn. 4; Schwintowski/Brömmelmeyer/*Ebers*, § 4 Rn. 4; *Nill*, VersR 2010, 938.

28 BGH VersR 2010, 936, 938; BGH VersR 2009, 1061, 1062; BGH NJW 2000, 2103, 2106; BGH VersR 1999, 700, 701; BGHZ 28, 368, 371 = WM 1959, 198 (allgemein zu § 808 BGB); OLG Koblenz VersR 2002, 873 f.; OLG Hamm VersR 1996, 615; OLG Saarbrücken VersR 1992, 1209, 1210; OLG Köln VersR 1990, 1338, 1339; Langheid/Wandt/*Armbrüster*, § 4 Rn. 12; Prölss/Martin/*Reiff/Schneider*, § 8 ALB 2012 Rn. 9; Prölss/Martin/*Rudy*, § 4 Rn. 2; *Benkel/Hirschberg*, § 12 ALB 2008 Rn. 21; Römer/Langheid/*Rixecker*, § 4 Rn. 2; Schwintowski/Brömmelmeyer/*Ebers*, § 4 Rn. 4; Hk-VVG/*Brömmelmeyer*, § 4 Rn. 13; BK/*Schwintowski*, § 4 Rn. 4; Looschelders/Pohlmann/*Schneider*, § 4 Rn. 9; Bruck/Möller/*Knops*, § 4 Rn. 4; *Nill*, VersR 2010, 938; *Hempler*, ZInsO 2007, 423, 424.

29 Bruck/Möller/*Winter*, § 159 Rn. 90 und Rn. 94; Prölss/Martin/*Schneider*, § 159 Rn. 5; Langheid/Wandt/*Heiss*, § 159 Rn. 21; Römer/Langheid/*Langheid*, § 159 Rn. 8; FAKomm-VersR/*Höra/Leithoff*, § 160 VVG Rn. 3; Hk-VVG/*Brambach*, § 159 Rn. 4; Schwintowski/Brömmelmeyer/*Ortmann*, § 159 Rn. 8; BK/*Schwintowski*, § 166 Rn. 6; Looschelders/Pohlmann/*Peters*, § 159 Rn. 8; *Bayer*, VersR 1989, 17.

auch mitgeteilt, ob das Bezugsrecht widerruflich oder unwiderruflich ausgestaltet ist. Selbst wenn der Versicherer aufgrund der Vorlage des Versicherungsscheins an den Insolvenzverwalter zahlen sollte, hat diese Leistung wegen der positiven Kenntnis des Versicherers von der fehlenden materiellen Berechtigung keine schuldbefreiende Wirkung. Der unwiderruflich Bezugsberechtigte kann weiterhin Leistung vom Versicherer verlangen, so dass er nicht auf das Aussonderungsrecht des § 47 InsO angewiesen ist.

Verstirbt der Bezugsberechtigte vor dem Eintritt des Versicherungsfalls, fällt der Leistungsanspruch in der Regel nicht in das Vermögen des Versicherungsnehmers zurück.[30] Er geht vielmehr als Vermögensbestandteil des Dritten auf dessen Erben über.[31] Etwas anderes gilt nur, wenn das unwiderrufliche Bezugsrecht ausdrücklich unter die auflösende Bedingung des Vorversterbens gestellt wurde.[32] In diesem Fall ist der Leistungsanspruch nach dem Tod des Bezugsberechtigten wieder Bestandteil des Schuldnervermögens und damit auch dem Zugriff seiner Gläubiger ausgesetzt.

b) Gemischte Lebensversicherungen auf den Todes- und Erlebensfall

Hat der Versicherungsnehmer sowohl den Todes- als auch den Erlebensfall versichert, gibt es zwei mögliche Leistungsfälle. In der Regel bestellt der Versicherungsnehmer ein Todesfallbezugsrecht zugunsten eines Dritten und bleibt selbst Inhaber des Erlebensfallanspruchs.[33] Der Versicherungsnehmer kann für den Erlebensfall zwar auch eine dritte Person als Bezugsberechtigten einsetzen. Weil die Erlebensfallleistung zumeist der privaten Altersvorsorge dient bzw. der Versicherungsnehmer selbst über die Erlebensfallleistung verfügen möchte, dürfte es sich dabei aber um die Ausnahme handeln. Der folgenden Untersuchung wird daher der Regelfall zugrunde gelegt, dass der Versicherungsnehmer selbst Inhaber des Erlebensfallanspruchs bleibt. Dies kann er auf zwei Wegen erreichen: Er kann sich selbst ein (widerrufliches oder unwiderrufliches) Erlebensfallbezugsrecht einräumen. In dieser Konstellation handelt es sich um einen Fall der gemischten[34],

30 Bruck/Möller/*Winter*, 8. Aufl., Anm. H 122; Schwintowski/Brömmelmeyer/*Ortmann*, § 159 Rn. 72; *Sieg*, in: FS Klingmüller, 447, 458; *Wollmann*, Private Altersvorsorge und Gläubigerschutz, S. 111 f.; *Könnecke*, DGVZ 2012, 17, 18.

31 Bruck/Möller/*Winter*, 8. Aufl., Anm. H 122; Schwintowski/Brömmelmeyer/*Ortmann*, § 159 Rn. 72; *Wollmann*, Private Altersvorsorge und Gläubigerschutz, S. 111 f.; *Elfring*, Drittwirkungen der Lebensversicherung, S. 45.

32 Bruck/Möller/*Winter*, 8. Aufl., Anm. H 122; *Wollmann*, Private Altersvorsorge und Gläubigerschutz, S. 111.

33 Langheid/Wandt/*Heiss*, § 159 Rn. 81; *Scherer*, Die Gläubigeranfechtung der Bezugsberechtigung und der Prämienzahlung beim Lebensversicherungsvertrag zu Rechten Dritter, S. 4.

34 BGH NJW 2013, 232, 233; *Buchholz*, VIA 2013, 3.

geteilten[35] bzw. gespaltenen[36] Bezugsberechtigung. Sieht er von einer Bezugsrechtsbestellung für den Erlebensfall ab, ist er kraft seiner Stellung als Vertragspartner Inhaber des Erlebensfallanspruchs. In dieser Konstellation handelt es sich um eine geteilte Anspruchsberechtigung.[37]

Auch im Falle der geteilten Bezugs- und der geteilten Anspruchsberechtigung kommt die Frage auf, wessen Vermögen der Leistungsanspruch vor dem Eintritt des Versicherungsfalls zugeordnet ist. Nur wenn der Leistungsanspruch während der Vertragslaufzeit im Vermögen des Versicherungsnehmers steht, ist er im Falle der Eröffnung des Insolvenzverfahrens über § 35 Abs. 1 InsO massezugehörig. Soweit der Leistungsanspruch während der Vertragslaufzeit hingegen dem Vermögen des für den Todesfall Bezugsberechtigten zugewiesen ist, kann der Insolvenzverwalter nicht auf den Rückkaufswert zugreifen.

aa) Geteilte Bezugsberechtigung

Bei der geteilten Bezugsberechtigung kommen insgesamt vier unterschiedliche Konstellationen in Betracht:

- Beide Bezugsrechte sind widerruflich ausgestaltet;
- das Bezugsrecht für den Todesfall ist unwiderruflich, das Bezugsrecht für den Erlebensfall hingegen widerruflich;
- das Bezugsrecht für den Todesfall ist widerruflich, das Bezugsrecht für den Erlebensfall hingegen unwiderruflich;
- beide Bezugsrechte sind unwiderruflich ausgestaltet.

aaa) Doppeltes widerrufliches Bezugsrecht

Die zuerst genannte Fallgestaltung – doppeltes widerrufliches Bezugsrecht – weist hinsichtlich der vermögensrechtlichen Zuordnung des Leistungsanspruchs keine Schwierigkeiten auf. Mangels Anwendbarkeit des § 159 Abs. 3 VVG wird keiner der Bezugsberechtigten mit sofortiger Wirkung Rechtsinhaber. Beide erwerben den Leistungsanspruch erst mit dem Eintritt des Versicherungsfalls, § 159 Abs. 2 VVG. Bis zu diesem Zeitpunkt verbleiben alle vermögenswerten Rechte aus dem Vertrag beim Versicherungsnehmer als Vertragspartner des Versicherers.

Wird vor dem Eintritt des Versicherungsfalls das Insolvenzverfahren eröffnet, ist der Leistungsanspruch als Bestandteil des Schuldnervermögens über § 35 Abs. 1 InsO massezugehörig.

---

35 *Prang*, in: van Bühren, Handbuch Versicherungsrecht, § 14 Rn. 455; FAKomm-VersR/*Höra/Leithoff*, § 159 VVG Rn. 13; NK-BGB/*Teslau*, Anhang zu §§ 328–335: Lebensversicherung Rn. 131; *Goll/Gilbert/Steinhaus*, Handbuch der Lebensversicherung, S. 200.

36 *Armbrüster*, Privatversicherungsrecht, § 36 Rn. 1968; *Hatwig*, InsbürO 2013, 350, 353; *Kuckenburg*, FuR 2008, 588, 589.

37 Bruck/Möller/*Winter*, § 159 Rn. 20.

bbb) Unwiderrufliches Todes- und widerrufliches Erlebensfallbezugsrecht

Die Kollision von unwiderruflichem Todes- und widerruflichem Erlebensfallbezugsrecht war bereits Gegenstand höchstrichterlicher Entscheidungen. Nach Auffassung des II. Zivilsenats des BGH wird der für den Todesfall unwiderruflich Bezugsberechtigte mit sofortiger Wirkung alleiniger Rechtsinhaber.[38] Der für den Erlebensfall widerruflich Berechtigte soll erst und nur dann Anspruchsinhaber werden, wenn die versicherte Person das Ablaufdatum erlebt. Der sofortige Rechtserwerb des für den Todesfall unwiderruflich Berechtigten stehe unter der auflösenden Bedingung, § 158 Abs. 2 BGB, dass die versicherte Person den Ablauf der Versicherung erlebt.[39] Der Rechtserwerb des für den Erlebensfall widerruflich Berechtigten sei entsprechend aufschiebend bedingt, § 158 Abs. 1 BGB.[40] Ein während der Vertragslaufzeit fällig werdender Rückkaufswert würde somit allein dem Todesfallbezugsberechtigten als Inhaber des Leistungsanspruchs zustehen.

Das Urteil des II. Senats hat in der Literatur zu Recht weitestgehend Zustimmung erfahren.[41] Insbesondere unter Berücksichtigung des heute geltenden § 159 VVG ist die Entscheidung das Ergebnis einer klaren und konsequenten Rechtsanwendung. Daher ist es zu begrüßen, dass sich zunächst der VII.[42] und jüngst auch der IX. Zivilsenat des BGH[43] dieser Ansicht angeschlossen haben.

---

38 BGH NJW 1966, 1071, 1072; die Entscheidung des Senats erging zwar noch zu § 166 VVG a.F., der, anders als § 159 Abs. 3 VVG, den sofortigen Rechtserwerb des unwiderruflich Bezugsberechtigten nicht ausdrücklich vorsah. Nach weit überwiegender Auffassung führte die Bestellung eines unwiderruflichen Bezugsrechts aber auch unter Geltung des § 166 VVG a.F. zum sofortigen Rechtserwerb des Bezugsberechtigten: Prölss/Martin/*Kollhosser*, 27. Aufl., § 166 Rn. 7; BK/*Schwintowski*, § 166 Rn. 44; Bruck/Möller/*Winter*, 8. Aufl., Anm. H 34.

39 BGH NJW 1966, 1071, 1072.

40 BGH NJW 1966, 1071, 1072.

41 *Steder*, in: Keller, Handbuch Zwangsvollstreckungsrecht, Kap. 3 Rn. 90; HambKomm/*Rogge/Leptien*, § 134 Rn. 11a; Prölss/Martin/*Schneider*, § 159 Rn. 24; Prölss/Martin/*Kollhosser*, 27. Aufl., § 13 ALB 86 Rn. 25b; Langheid/Wandt/*Heiss*, § 159 Rn. 82; Bruck/Möller/*Winter*, § 159 Rn. 69; *Armbrüster*, Privatversicherungsrecht, § 36 Rn. 1968; *Eitelberg*, Lebensversicherung und Drittrechte, S. 50; *Hasse*, Interessenkonflikte bei der Lebensversicherung zugunsten Dritter, S. 26; *Wollmann*, Private Altersvorsorge und Gläubigerschutz, S. 107 ff.; *Scherer*, Die Gläubigeranfechtung der Bezugsberechtigung und der Prämienzahlung beim Lebensversicherungsvertrag zu Rechten Dritter, S. 13 f.; *Bohn*, in: FS Schiedermair, 33, 37; *Krings*, GWR 2013, 24; *Könnecke*, DGVZ 2012, 17, 19; *Kuckenburg*, FuR 2008, 588, 590; *Hasse*, VersR 2005, 1176, 1180; *Armbrüster/Pilz*, KTS 2004, 481, 489; *David*, MDR 1996, 24; *Frels*, VersR 1970, 984; *Heilmann*, KTS 1966, 79, 84; *Hoffmann*, AcP 158, 178, 215 f.; a.A. *Baroch Castellvi*, VersR 1999, 570 f.; *Baroch Castellví*, VersR 1998, 410 ff.

42 BGHZ 118, 242, 247 = NJW 1992, 2154, 2156.

43 BGH NJW 2013, 232, 233; siehe auch schon BGH NJW 2012, 1510, 1512.

Das Recht auf den Rückkaufswert stellt, wie erwähnt, nur eine andere Erscheinungsform des Rechts auf die Versicherungssumme dar.[44] Der Rückkaufswert gebührt daher demjenigen, der im Zeitpunkt der Kündigung Inhaber des Leistungsanspruchs ist. Weil der Fall der gemischten Bezugsberechtigung nicht gesondert geregelt wurde, ist für die vermögensrechtliche Zuordnung des Leistungsanspruchs § 159 VVG heranzuziehen. Nach § 159 Abs. 3 VVG erwirbt der für den Todesfall unwiderruflich Berechtigte den Leistungsanspruch mit sofortiger Wirkung. Die Versicherungsforderung ist also ab der Bezugsrechtsbestellung dem Vermögen des Drittberechtigten zugeordnet. Der für den Erlebensfall widerruflich berechtigte Versicherungsnehmer wird gemäß § 159 Abs. 2 VVG erst und nur Rechtsinhaber, wenn der Erlebensfall eintritt. Bis zu diesem Zeitpunkt stehen ihm aufgrund der klaren Anordnung in § 159 Abs. 2 VVG keinerlei Rechte aus dem Lebensversicherungsvertrag zu. Während der Vertragslaufzeit kommt es daher nicht zu Überschneidungen. Zur Überschneidung kommt es erst, wenn der Erlebensfall eintritt und der für den Erlebensfall Berechtigte wegen § 159 Abs. 2 VVG den Leistungsanspruch erwirbt. Dies ist problematisch, weil der Leistungsanspruch bereits dem Vermögen des unwiderruflich für den Todesfall Berechtigten zugeordnet ist. Weil der Vertrag aber mit dem Eintritt des Erlebensfalls endet, ein Eintritt des Todesfalls also ab diesem Zeitpunkt nicht mehr in Betracht kommt, ist der Rechtserwerb des für den Todesfall Berechtigten durch den Eintritt des Erlebensfalls auflösend bedingt. Der Anspruch des für den Erlebensfall widerruflich Berechtigten ist entsprechend aufschiebend bedingt.

Wird vor dem Eintritt des Versicherungsfalls das Insolvenzverfahren über das Vermögen des Versicherungsnehmers eröffnet, kann der Insolvenzverwalter somit nicht auf den Rückkaufswert zugreifen. Weil der Leistungsanspruch bis zum Eintritt des Versicherungsfalls allein im Vermögen des für den Todesfall unwiderruflich Bezugsberechtigten steht, ist er mangels Zugehörigkeit zum Schuldnervermögen nicht über § 35 Abs. 1 InsO Bestandteil der Insolvenzmasse.

Etwas anderes ergibt sich auch nicht aus dem Umstand, dass der Rechtserwerb des für den Erlebensfall widerruflich bezugsberechtigten Versicherungsnehmers unter einer aufschiebenden Bedingung steht. Zwar können aufschiebend bedingte Forderungsrechte im Falle der Insolvenz Bestandteil der Insolvenzmasse werden.[45] Dies ist aber nur dann möglich, wenn dem Insolvenzschuldner schon im Zeitpunkt der Verfahrenseröffnung eine vermögenswerte Rechtsposition zustand.[46] Der Insolvenzschuldner muss zum Zeitpunkt der Verfahrenseröffnung Inhaber einer zumindest soweit gesicherten Rechtsposition sein, dass es ihm möglich ist, das Forderungsrecht ohne weiteres Zutun des Schuldners zu erwerben.[47] Diese Voraussetzung ist bei

---

44 BGH NJW 2003, 2679, 2680; BGH NJW 2000, 2103, 2105; BGHZ 45, 162, 167 = NJW 1966, 1071, 1072; OLG Celle ZInsO 2005, 890.

45 Uhlenbruck/*Hirte*, § 35 Rn. 267.

46 *Henckel*, in: Jaeger, § 35 Rn. 90.

47 *Henckel*, in: Jaeger, § 35 Rn. 90.

einer widerruflichen Bezugsberechtigung nicht erfüllt. Dem widerruflich Bezugsberechtigten steht während der Vertragslaufzeit keine gesicherte Rechtsposition, sondern lediglich eine wertlose Anwartschaft zu. Er ist nur Inhaber einer unsicheren Hoffnung, eines Tages Rechtsinhaber zu werden.

ccc) Widerrufliches Todes- und unwiderrufliches Erlebensfallbezugsrecht

Teilweise wird der Leistungsanspruch im Falle eines widerruflichen Todes- und eines unwiderruflichen Erlebensfallbezugsrechts bis zum Eintritt des Erlebensfalls allein dem Inhaber der Todesfallansprüche zugeordnet.[48] Bei einer vorzeitigen Vertragsbeendigung handele es sich um einen vorgezogenen Todesfall.[49] Für die Bewertung der Zugehörigkeit des Leistungsanspruchs während der Vertragslaufzeit komme es entscheidend darauf an, wer Forderungsinhaber wäre, wenn zum Zeitpunkt der Bewertung der Versicherungsfall eintreten würde.[50] Bis zum Erreichen des Ablaufdatums komme als Versicherungsfall allein der Tod der versicherten Person in Betracht. Anspruchsberechtigt sei dann während der gesamten Vertragslaufzeit allein der für den Todesfall Bezugsberechtigte. Der für den Erlebensfall Begünstigte erwerbe lediglich ein durch den Eintritt des Ablaufdatums aufschiebend bedingtes Recht.[51]

Das AG Hechingen[52] und der IV. Zivilsenat des BGH[53] haben den Leistungsanspruch während der Vertragslaufzeit hingegen dem Erlebensfallberechtigten zugeordnet. Dies überzeugt, denn für die vermögensrechtliche Zuordnung der Versicherungsforderung kann nicht darauf abgestellt werden, an wen der Versicherer die Leistung zu erbringen hätte, wenn im Zeitpunkt der Bewertung der Versicherungsfall eintreten würde. Der Versicherungsfall ist ja gerade noch nicht eingetreten. Vielmehr ist festzustellen, wessen Vermögen der Leistungsanspruch bis zum Eintritt des Versicherungsfalls zugeordnet ist. Richtiger Anknüpfungspunkt ist daher die Frage, an wen der Versicherer zu leisten hätte, würde zum Zeitpunkt der

---

48 OLG Frankfurt a.M. VersR 2002, 963 f.; *Prahl*, NVersZ 2000, 502, 505; *Teslau*, in: van Bühren, Handbuch Versicherungsrecht, 2. Aufl., § 13 Rn. 340. In der 3. Auflage verweist *Teslau* in § 13 Rn. 367 lediglich auf die Ausführungen in der 2. Auflage.

49 *Teslau*, in: van Bühren, Handbuch Versicherungsrecht, 2. Aufl., § 13 Rn. 344.

50 *Teslau*, in: van Bühren, Handbuch Versicherungsrecht, 2. Aufl., § 13 Rn. 344.

51 OLG Frankfurt a.M. VersR 2002, 963 f.

52 AG Hechingen VersR 1999, 569 f.; das LG Hechingen hat die Berufung unter Bezugnahme auf die Gründe der erstinstanzlichen Entscheidung zurückgewiesen, sich mithin der Rechtsauffassung des AG Hechingen angeschlossen: LG Hechingen, Urt. v. 11.11.1998 – 3 S 73/98, n.v.

53 BGH NJW 2003, 2679, 2680; zustimmend *Hasse*, VersR 2005, 1176, 1180; wohl auch Hk-VVG/*Brambach*, § 159 Rn. 23; im Ergebnis zustimmend auch *Baroch Castellví*, VersR 1990, 570 f., nach dem der Anspruch auf den Rückkaufswert aber aus anderen Gründen, unabhängig von der genauen Ausgestaltung der Bezugsrechte, immer dem für den Erlebensfall Bezugsberechtigten zustehen soll.

Bewertung der Rückkaufswert fällig werden. Dies ist allein der für den Erlebensfall unwiderruflich Bezugsberechtigte.

Weil das Recht auf den Rückkaufswert nur eine andere Erscheinungsform des Rechts auf die Versicherungssumme darstellt, ist auch bei der Kollision von unwiderruflichem Erlebens- und widerruflichem Todesfallbezugsrecht entscheidend, wem im Zeitpunkt der Kündigung der Leistungsanspruch zusteht. Mangels einer gesonderten Regelung ist auch in dieser Konstellation § 159 VVG heranzuziehen. Gemäß § 159 Abs. 3 VVG wird der für den Erlebensfall unwiderruflich Bezugsberechtigte mit sofortiger Wirkung Rechtsinhaber. Der für den Todesfall widerruflich Berechtigte erwirbt die Versicherungsforderung hingegen erst, wenn der Todesfall eingetreten ist, § 159 Abs. 2 VVG. Bis zum Eintritt des Todes, d.h. während der Vertragslaufzeit, ist der Leistungsanspruch daher allein dem Vermögen des für den Erlebensfall unwiderruflich Bezugsberechtigten zugeordnet. Aufgrund der klaren gesetzlichen Anordnung des § 159 VVG kann der Leistungsanspruch bei einer Kollision von unwiderruflichem Erlebens- und widerruflichem Todesfallbezugsrecht während der Vertragslaufzeit nicht dem Vermögen des Todesfallbezugsberechtigten zugeordnet werden. Die Ansicht, nach welcher der Leistungsanspruch während der Vertragslaufzeit immer dem Todesfallberechtigten zugewiesen sein soll, steht damit in deutlichem Widerspruch zu den in § 159 VVG angeordneten Rechtsfolgen von Bezugsrechtsbestellungen. Schon aus diesem Grund kann der Ansicht nicht gefolgt werden.

Vielmehr handelt es sich bei den Urteilen des IV. Senats und des AG Hechingen um die konsequente Fortführung der Rechtsprechung des II. Senats zur Kollision von unwiderruflichem Todes- und widerruflichem Erlebensfallbezugsrecht. Außerdem ist sie, wie soeben aufgezeigt, die zwingende Folge einer konsequenten Anwendung des § 159 VVG. Aufgrund des klaren Wortlauts der § 159 Abs. 2, Abs. 3 VVG kommt man nicht umhin, dem unwiderruflich für den Erlebensfall Berechtigten einen sofortigen Rechtserwerb zuzusprechen und dem widerruflich für den Todesfall Berechtigten einen sofortigen Rechtserwerb zu versagen. Auch hat das Todesfallbezugsrecht keinen generellen Vorrang vor dem Erlebensfallbezugsrecht.[54] Ein Vorrang ergibt sich nur – dann aber aufgrund der gesetzlichen Anordnung des § 159 VVG – wenn ein unwiderrufliches Todes- mit einem widerruflichen Erlebensfallbezugsrecht kollidiert. Es kommt zwar zur Kollision, sobald der Todesfall eintritt, weil der für den Todesfall widerruflich Berechtigte in diesem Zeitpunkt über § 159 Abs. 2 VVG Rechtsinhaber wird, der Leistungsanspruch aber bereits dem Vermögen des für den Erlebensfall unwiderruflich Bezugsberechtigten zugeordnet ist. Weil der Erlebensfall aber mit dem Eintritt des Todesfalls ausscheidet, lässt sich diese Kollision dahingehend lösen, dass der Rechtserwerb des für den Erlebensfall Berechtigten unter der auflösenden Bedingung des Todes der versicherten Person steht. Das Recht des Todesfallberechtigten ist entsprechend aufschiebend bedingt.

54 BGH NJW 2003, 2679, 2680.

Wird vor dem Eintritt des Versicherungsfalls über das Vermögen des Versicherungsnehmers das Insolvenzverfahren eröffnet, kann der Insolvenzverwalter in dieser Konstellation grds. auf den Rückkaufswert zugreifen. Weil der Leistungsanspruch bis zum Eintritt des Versicherungsfalls allein im Vermögen des für den Erlebensfall unwiderruflich bezugsberechtigten Versicherungsnehmers steht, ist er über § 35 Abs. 1 InsO Bestandteil seiner Insolvenzmasse.

ddd) Doppeltes unwiderrufliches Bezugsrecht

Wessen Vermögen der Leistungsanspruch während der Vertragslaufzeit zugeordnet ist, wenn sowohl für den Todes- als auch für den Erlebensfall unwiderrufliche Bezugsrechte bestellt wurden, war bisher nicht Gegenstand höchstrichterlicher Entscheidungen.

(I.) Sukzessive Bezugsrechtsbestellung

Werden die Bezugsrechte sukzessive eingeräumt, ist diese Kollision durch die Anwendung des Prioritätsgrundsatzes zu lösen.[55] Dies ist letztlich zwingende Folge des § 159 Abs. 3 VVG. Mit der Bestellung des ersten unwiderruflichen Bezugsrechts verfügt der Versicherungsnehmer bereits vollumfänglich über den Leistungsanspruch. Der Bezugsberechtigte wird wegen § 159 Abs. 3 VVG mit sofortiger Wirkung alleiniger Rechtsinhaber. Mangels Forderungsinhaberschaft kann der Versicherungsnehmer in der Folge nicht noch einmal mit sofortiger Wirkung über den Anspruch verfügen. Derjenige, dessen Bezugsrecht zeitlich später bestellt wird, kann daher erst in dem Zeitpunkt Rechtsinhaber werden, in dem der andere Berechtigte den Leistungsanspruch wieder verliert. Somit erwirbt derjenige, dessen Bezugsrecht zeitlich früher bestellt wurde, mit sofortiger Wirkung den vollen Leistungsanspruch, wobei der Rechtserwerb durch den Eintritt des Versicherungsfalls, für den das andere Bezugsrecht eingeräumt wurde, auflösend bedingt ist. Der Rechtserwerb desjenigen, dessen Bezugsrecht zeitlich später bestellt wurde, ist entsprechend aufschiebend bedingt.

Wird im Falle einer sukzessiven Bestellung zweier unwiderruflicher Bezugsrechte vor dem Eintritt des Versicherungsfalls über das Vermögen des Versicherungsnehmers das Insolvenzverfahren eröffnet, ist der Leistungsanspruch nur massezugehörig, wenn das Erlebensfallbezugsrecht zugunsten des Versicherungsnehmers zeitlich früher bestellt wurde als das Todesfallbezugsrecht zugunsten des Dritten. Nur dann ist der Leistungsanspruch als Bestandteil des Schuldnervermögens über § 35 Abs. 1 InsO massezugehörig. Wurde hingegen das unwiderrufliche Todesfallbezugsrecht zeitlich früher bestellt, scheidet ein Zugriff des Insolvenzverwalters aus.

---

55 Bruck/Möller/*Winter*, § 159 Rn. 58; Prölss/Martin/*Schneider*, § 159 Rn. 24; *Benkel/Hirschberg*, § 13 ALB 2008 Rn. 91; *Hasse*, VersR 2005, 1176, 1180; *Baroch Castellví*, VersR 1999, 570.

(II.) Zeitgleiche Bezugsrechtsbestellung

Die sukzessive Bezugsrechtsbestellung ist allerdings die Ausnahme. In der Regel werden die Bezugsrechte zeitgleich eingeräumt.

Teile der Literatur wollen den Leistungsanspruch im Falle zeitgleich eingeräumter unwiderruflicher Bezugsrechte während der Vertragslaufzeit allein dem für den Erlebensfall Berechtigten zuordnen.[56] Der für den Todesfall Berechtigte werde erst und nur Rechtsinhaber, wenn die versicherte Person tatsächlich verstirbt. Eine objektive Auslegung der Bezugsrechtseinräumung auf der Grundlage des Empfängerhorizonts führe im Allgemeinen zu der Annahme, dass der Versicherungsnehmer den Todesfallberechtigten nur für den Fall begünstigen wolle, dass er, der Versicherungsnehmer, verstirbt und den Berechtigten daher nicht mehr selbst versorgen kann.[57] Daher sei der sofortige Rechtserwerb des für den Erlebensfall Berechtigten durch den Eintritt des Todesfalls auflösend bedingt. Der Rechtserwerb des für den Todesfall Berechtigten entsprechend aufschiebend bedingt. Weil die vorzeitige Vertragsbeendigung vor dem Eintritt des Versicherungsfalls keinen vorgezogenen Todes-, sondern einen vorgezogenen Erlebensfall darstelle,[58] liege es nahe, den Anspruch auf den Rückkaufswert allein der für den Erlebensfall bezugsberechtigten Person zuzuordnen.[59]

Andere schlagen für den Fall einer zeitgleichen Bestellung zweier unwiderruflicher Bezugsrechte eine Anspruchsteilung analog § 160 Abs. 1 S. 1 VVG vor.[60] Die beiden Berechtigten seien bis zum Eintritt des Versicherungsfalls (Tod oder Erreichen des Ablaufdatums) zu jeweils 50 % Inhaber des Leistungsanspruchs. Der Wille des Versicherungsnehmers werde bei der Einräumung zweier unwiderruflicher Bezugsrechte im Allgemeinen darauf gerichtet sein, bis zum Eintritt eines der beiden Versicherungsfälle beide Bezugsberechtigte je zur Hälfte zu bedenken.[61]

Seit der VVG-Reform 2008 ergibt sich aus § 159 Abs. 3 VVG klar und unmissverständlich, dass die Bestellung eines unwiderruflichen Bezugsrechts den sofortigen Rechtserwerb des Dritten zur Folge hat. Dies gilt nicht nur für eine Begünstigung auf den Todesfall, sondern in gleichem Maße für eine Begünstigung auf den Erlebensfall.[62] Der in § 159 Abs. 3 VVG angeordneten Rechtsfolge würde es erheblich zuwiderlaufen, würde der Leistungsanspruch während der Vertragslaufzeit bei der zeitgleichen Bestellung zweier unwiderruflicher Bezugsrechte allein dem

---

56 *Benkel/Hirschberg*, § 13 ALB 2008 Rn. 91; *Brömmelmeyer*, in: Beckmann/Matusche-Beckmann, § 42 Rn. 243; *Baroch Castellvi*, VersR 1999, 570 f.; *Baroch Castellvi*, VersR 1998, 410, 415 f.

57 *Brömmelmeyer*, in: Beckmann/Matusche-Beckmann, § 42 Rn. 243.

58 *Brömmelmeyer*, in: Beckmann/Matusche-Beckmann, § 42 Rn. 243.

59 *Benkel/Hirschberg*, § 13 ALB 2008 Rn. 91.

60 Prölss/Martin/*Schneider*, § 159 Rn. 24; Bruck/Möller/*Winter*, § 159 Rn. 503; *Hasse*, VersR 2005, 1176, 1180 f.; ebenfalls für eine Anspruchsteilung, aber ohne Hinweis auf eine analoge Anwendung des § 160 Abs. 1 S. 1 VVG: *Prahl*, NJW 2003, 3743, 3745.

61 *Prahl*, NJW 2003, 3743, 3745.

62 Langheid/Wandt/*Heiss*, § 159 Rn. 75.

unwiderruflich für den Erlebensfall oder allein dem unwiderruflich für den Todesfall Berechtigten zugesprochen werden.

Auch eine Auslegung der beiden Bezugsrechtsbenennungen mit dem Ergebnis, der Versicherungsnehmer wolle den für den Todesfall Berechtigten nur für den Fall des tatsächlichen Todeseintritts begünstigen, ist mit § 159 Abs. 3 VVG nicht vereinbar. Aufgrund der Regelung des § 159 Abs. 3 VVG ist der Wille des Versicherungsnehmers bei der Bestellung eines unwiderruflichen Bezugsrechts dahingehend auszulegen, dass der Begünstigte den Leistungsanpruch sofort erwerben soll.[63] Weil aber kein Bezugsrecht generellen Vorrang vor dem anderen hat,[64] gilt dies bei zeitgleicher Bestellung zweier unwiderruflicher Bezugsrechte sowohl für das unwiderrufliche Todes- als auch für das unwiderrufliche Erlebensfallbezugsrecht.

Auch ist zu berücksichtigen, dass der Versicherungsnehmer dem Erlebensfallberechtigten ohne Probleme den Vorrang vor dem Todesfallberechtigten einräumen könnte. Dazu müsste er lediglich das Bezugsrecht für den Todesfall nicht unwiderruflich, sondern nur widerruflich ausgestaltet. Dann wird der für den Todesfall Bezugsberechtigte aufgrund der gesetzlichen Systematik des § 159 VVG erst mit dem Eintritt des Versicherungsfalls Rechtsinhaber. Bestellt der Versicherungsnehmer jedoch zwei unwiderrufliche Bezugsrechte, hat er sich gerade bewusst gegen diese Rechtsfolge entschieden.

Aufgrund des § 159 Abs. 3 VVG müssen beide Bezugsberechtigte mit sofortiger Wirkung Rechtsinhaber werden. Weil aber keinem Bezugsrecht der Vorrang vor dem anderen zukommt und zwei unterschiedliche Personen nicht zeitgleich über § 159 Abs. 3 VVG vollumfänglich Rechtsinhaber werden können, erscheint es konsequent und sinnvoll, diese Kollision im Wege einer hälftigen Anspruchsteilung aufzulösen. Da ersichtlich eine Regelungslücke für den Fall der gleichzeitigen Bestellung zweier unwiderruflicher Bezugsrechte vorliegt, erscheint eine Analogie zu § 160 Abs. 1 S. 1 VVG interessengerecht. Zum einen ist die Regelungslücke als planwidrig einzustufen. Diese Konstellation wurde schlichtweg übersehen. Zum anderen besteht auch eine vergleichbare Interessenlage. § 160 Abs. 1 S. 1 VVG regelt den Fall, dass der Versicherungsnehmer für denselben Leistungsfall mehrere Bezugsrechte bestellt hat, ohne ihre Anteile zu bestimmen. In diesem Fall sind nach § 160 Abs. 1 S. 1 VVG alle zu gleichen Teilen berechtigt. Die Interessenlage gleicht derjenigen, wenn der Versicherungsnehmer für zwei unterschiedliche Leistungsfälle jeweils unwiderrufliche Bezugsrechte bestellt hat.

Wird vor dem Eintritt des Versicherungsfalls über das Vermögen des Versicherungsnehmers das Insolvenzverfahren eröffnet, kann der Insolvenzverwalter grds. auf die Hälfte des Rückkaufswerts zugreifen. Weil der Leistungsanspruch bis zum Eintritt des Versicherungsfalls zu 50 % im Vermögen des für den Todesfall unwiderruflich bezugsberechtigten Dritten und zu 50 % im Vermögen des für den

63 Bruck/Möller/*Winter*, § 159 Rn. 10.
64 BGH NJW 2003, 2679, 2680.

Erlebensfall unwiderruflich bezugsberechtigten Versicherungsnehmers steht, ist er über § 35 Abs. 1 InsO zur Hälfte Bestandteil der Insolvenzmasse.

bb) Geteilte Anspruchsberechtigung

Im Falle einer geteilten Anspruchsberechtigung hat der Versicherungsnehmer kein Bezugsrecht für den Erlebensfall, sondern nur ein widerrufliches oder unwiderrufliches Todesfallbezugsrecht bestellt. Daher ist der Versicherungsnehmer kraft seiner Stellung als Vertragspartner Inhaber des Erlebensfallanspruchs.

aaa) Widerrufliches Todesfallbezugsrecht

Der für den Todesfall widerruflich Bezugsberechtigte erwirbt den Leistungsanspruch wegen § 159 Abs. 2 VVG erst und nur mit dem Eintritt des Todesfalls. Bis zum Eintritt des Todesfalls ist die Versicherungsforderung daher dem Vermögen des Versicherungsnehmers zugewiesen.

Der Insolvenzverwalter kann somit grds. auf den Rückkaufswert zugreifen, wenn vor dem Eintritt des Versicherungsfalls das Insolvenzverfahren über das Vermögen des Versicherungsnehmers eröffnet wird. Als Bestandteil des Schuldnervermögens ist der Leistungsanspruch gemäß § 35 Abs. 1 InsO grds. massezugehörig.

bbb) Unwiderrufliches Todesfallbezugsrecht

Besteht hingegen ein unwiderrufliches Todesfallbezugsrecht, steht der Leistungsanspruch während der Vertragslaufzeit wegen § 159 Abs. 3 VVG im Vermögen des Bezugsberechtigten. Der sofortige Rechtserwerb ist zwar durch den Eintritt des Erlebensfalls auflösend bedingt. Dies ändert aber nichts daran, dass er während der Vertragslaufzeit dem Vermögen des Versicherungsnehmers entzogen ist.

Wird vor dem Eintritt des Versicherungsfalls das Insolvenzverfahren über das Vermögen des Versicherungsnehmers eröffnet, fällt der Leistungsanspruch mangels Zugehörigkeit zum Schuldnervermögen nicht über § 35 Abs. 1 InsO in die Insolvenzmasse. Der Rückkaufswert kann daher nicht zur Masse gezogen werden.

2. Zuordnung des Leistungsanspruchs nach wirksamer Bezugsrechtsbestellung bei Verfahrenseröffnung nach dem Eintritt des Versicherungsfalls

a) Reine Todes- und reine Erlebensfallversicherungen

Hat der Versicherungsnehmer nur den Todes- oder nur den Erlebensfall versichert, ist es nach dem Eintritt des Versicherungsfalls für die vermögensrechtliche Zuordnung des Leistungsanspruchs und die damit verbundene Frage der Massezugehörigkeit irrelevant, ob das Bezugsrecht widerruflich oder unwiderruflich ausgestaltet wurde. In beiden Fällen kann der Insolvenzverwalter nicht auf die Versicherungsleistung zugreifen.

aa) Widerrufliches Bezugsrecht, § 159 Abs. 2 VVG

Mit dem Eintritt des Versicherungsfalls wird der widerruflich Bezugsberechtigte Forderungsinhaber, § 159 Abs. 2 VVG. Wird das Insolvenzverfahren erst nach dem Eintritt des Versicherungsfalls eröffnet, wird die Versicherungsforderung mangels Zugehörigkeit zum Schuldnervermögen nicht über § 35 Abs. 1 InsO Bestandteil der Insolvenzmasse. Dem widerruflich Bezugsberechtigten steht gemäß § 47 InsO ein Aussonderungsrecht an der Versicherungsleistung zu.[65]

Etwas anderes gilt allerdings, wenn lediglich der Todesfall versichert und die versicherte Person durch eine vorsätzliche, widerrechtliche Handlung des Bezugsberechtigten getötet wurde. In diesem Fall gilt die Bezugsrechtsbestellung als von Anfang an nicht erfolgt, § 162 Abs. 2 VVG, so dass der Leistungsanspruch als Bestandteil des Schuldnervermögens über § 35 Abs. 1 InsO grds. massezugehörig ist.

bb) Unwiderrufliches Bezugsrecht, § 159 Abs. 3 VVG

Wurde während der Vertragslaufzeit ein unwiderrufliches Bezugsrecht bestellt, hat der Eintritt des Versicherungsfalls keine Auswirkungen auf die vermögensrechtliche Zuordnung des Leistungsanspruchs. Der unwiderruflich Berechtigte ist bereits seit der Bezugsrechtsbestellung alleiniger Rechtsinhaber, § 159 Abs. 3 VVG. Wie vor dem Eintritt des Versicherungsfalls ist der Leistungsanspruch auch nach Eintritt des Versicherungsfalls mangels Zugehörigkeit zum Schuldnervermögen nicht über § 35 Abs. 1 InsO massezugehörig. Dem unwiderruflich Bezugsberechtigten steht gemäß § 47 InsO ein Aussonderungsrecht an der Versicherungsleistung zu.[66]

Auch hier gilt: Wurde allein der Todesfall versichert und ist die versicherte Person durch eine vorsätzliche, widerrechtliche Handlung des Bezugsberechtigten ums Leben gekommen, gilt die Bezugsrechtsbestellung als nicht erfolgt, § 162 Abs. 2 VVG. Der Leistungsanspruch ist in diesem Fall als Bestandteil des Schuldnervermögens grds. dem Zugriff des Insolvenzverwalters ausgesetzt.

b) Gemischte Lebensversicherungen auf den Todes- und Erlebensfall

Hat der Versicherungsnehmer sowohl den Todes- als auch den Erlebensfall versichert, ist die vermögensrechtliche Zuordnung des Leistungsanspruchs und damit die Frage, ob der Insolvenzverwalter auf die Versicherungsleistung zugreifen kann, sowohl bei der geteilten Bezugs- als auch bei der geteilten Anspruchsberechtigung davon abhängig, ob der Todes- oder der Erlebensfall eingetreten ist.

---

65 § 3, A., I., 1., a), bb) – S. 12 ff. Die dortigen Ausführungen zur unwiderruflichen Bezugsberechtigung gelten nach dem Eintritt des Versicherungsfalls für die widerrufliche Bezugsberechtigung entsprechend.

66 § 3, A., I., 1., a), bb) – S. 12 ff.

Ist der Erlebensfall eingetreten, ist der Leistungsanspruch sowohl bei der geteilten Bezugs- als auch bei der geteilten Anspruchsberechtigung unabhängig von der genauen Ausgestaltung der Bezugsrechte immer allein dem Vermögen des Erlebensfallberechtigten zugeordnet. Ist der Versicherungsnehmer der für den Erlebensfall Berechtigte, ist die Versicherungsforderung im Falle seiner Insolvenz als Bestandteil des Schuldnervermögens über § 35 Abs. 1 InsO grds. massezugehörig.

Ist die versicherte Person hingegen verstorben, steht der Leistungsanspruch sowohl bei der geteilten Bezugs- als auch bei der geteilten Anspruchsberechtigung immer im Vermögen des Todesfallberechtigten. Auch dies gilt unabhängig von der genauen Ausgestaltung der Bezugsrechte. Wird nach dem Eintritt des Todesfalls über das Vermögen des Versicherungsnehmers das Insolvenzverfahren eröffnet, ist der Leistungsanspruch mangels Zugehörigkeit zum Schuldnervermögen weder bei der geteilten Bezugs- noch bei der geteilten Anspruchsberechtigung über § 35 Abs. 1 InsO massezugehörig.

Etwas anderes gilt allerdings auch hier, wenn der (widerruflich oder unwiderruflich) Todesfallberechtigte die versicherte Person durch eine vorsätzliche, widerrechtliche Handlung getötet hat. In diesem Fall gilt die Bezugsrechtsbestellung als nicht erfolgt, § 162 Abs. 2 VVG, so dass der Leistungsanspruch als Bestandteil des Schuldnervermögens grds. massezugehörig ist.

II. Abtretungen / Verpfändungen

Nicht nur Bezugsrechtsbestellungen können auf die vermögensrechtliche Zuordnung und damit auf die Massezugehörigkeit des Leistungsanspruchs Auswirkung haben. Auch Abtretungen und Verpfändungen können dazu führen, dass die Versicherungsforderung dem Vermögen eines Dritten zugeordnet und damit im Falle der Insolvenz des Versicherungsnehmers dem Zugriff des Insolvenzverwalters entzogen ist. Dass Leistungsansprüche aus Lebensversicherungsverträgen grds. abtretbar und verpfändbar sind, stellen die Versicherungsbedingungen in der Regel ausdrücklich klar, §§ 9 Abs. 3 ALB, 9 Abs. 3 RiV.

1. Abtretungen

Bezüglich der Frage, ob der Insolvenzverwalter nach wirksamer Abtretung auf die Versicherungsleistung zugreifen kann, ist danach zu differenzieren, ob die Massezugehörigkeit der Todes- bzw. der Erlebensfallleistung nach dem Eintritt des Versicherungsfalls in Frage steht oder ob der Insolvenzverwalter vor dem Eintritt des Versicherungsfalls auf den Rückkaufswert zugreifen will.

a) Todes- bzw. Erlebensfallleistung nach Eintritt des Versicherungsfalls

Ist bereits der Versicherungsfall eingetreten und will der Insolvenzverwalter auf die Todes- bzw. Erlebensfallleistung zugreifen, ist zwischen Voll- und Sicherungszessionen zu differenzieren.

aa) Vollzession

Verwendet der Versicherungsnehmer die Lebensversicherung nicht als Kreditsicherungsmittel, sondern tritt er den Leistungsanspruch aus anderen Gründen ab, geht zumindest der Anspruch auf die Todes- bzw. die Erlebensfallleistung mit der Abtretung vollständig in das Vermögen des Zessionars über. Wird in der Folge über das Vermögen des Versicherungsnehmers das Insolvenzverfahren eröffnet, fällt der Leistungsanspruch mangels Zugehörigkeit zum Schuldnervermögen nicht über § 35 Abs. 1 InsO in die Insolvenzmasse.

Wird der Anspruch aus dem Lebensversicherungsvertrag im Wege einer Vollzession wirksam abgetreten, steht dem Zessionar ein Aussonderungsrecht nach § 47 InsO zu.[67] Auf das Aussonderungsrecht wird es aber in der Regel nicht ankommen, denn als alleiniger Forderungsinhaber kann der Zessionar den Anspruch direkt gegenüber dem Drittschuldner geltend machen.[68] Der Zessionar kann sich unmittelbar an den Versicherer wenden und die Auszahlung der Versicherungsleistung begehren.

Auf das Aussonderungsrecht des § 47 InsO würde es nur dann ankommen, wenn der Versicherer trotz wirksamer Vollzession mit befreiender Wirkung an den Insolvenzverwalter leisten könnte.

Eine solche schuldbefreiende Leistung an den Insolvenzverwalter kommt grds. nur dann in Betracht, wenn der Insolvenzverwalter den Versicherungsschein in Besitz genommen und unter Vorlage des Versicherungsscheins vom Versicherer die Leistung verlangt hat. Aufgrund der Regelung des § 8 Abs. 2 ALB kann der Versicherer grds. mit befreiender Wirkung an den Inhaber des Versicherungsscheins leisten, selbst wenn dieser nicht (mehr) materiell Berechtigter ist.[69] Der Versicherungsnehmer kann im Falle einer Vollzession im Besitz des Versicherungsscheins bleiben, weil die Wirksamkeit der Abtretung nicht von der Übergabe des Versicherungsscheins abhängt.[70]

Allerdings kann sich der Versicherer zumindest dann nicht auf die in § 8 Abs. 2 ALB verankerte Legitimationswirkung des Versicherungsscheins berufen, wenn er positive Kenntnis von der fehlenden materiellen Berechtigung hat.[71]

So verhält es sich bei einer wirksamen Vollzession des Leistungsanspruchs aus einem Lebensversicherungsvertrag. Von einer Abtretung des Leistungsanspruchs

---

67 K.Schmidt/*Thole*, § 47 Rn. 51; A/G/R-*Homann*, § 47 Rn. 35; Braun/*Bäuerle*, § 47 Rn. 55; *Henckel*, in: Jaeger, § 47 Rn. 25; Andres/Leithaus/*Leithaus*, § 47 Rn. 7; Gottwald/*Adolphsen*, Insolvenzrechts-Handbuch, § 40 Rn. 23; *Benkel/Hirschberg*, § 13 ALB 2008 Rn. 347; Veith/Gräfe/Gebert/*Schnepp/Gebert*, Der Versicherungsprozess, § 10 Rn. 453; *Elfring*, NJW 2005, 2192, 2194.

68 A/G/R-*Homann*, § 47 Rn. 36; *Boddenberg*, in: Haarmeyer/Wutzke/Förster, Insolvenzordnung, § 47 Rn. 8.

69 § 3, A., I., 1., a), bb) – S. 13 ff.

70 Bruck/Möller/*Winter*, § 159 Rn. 314; Prölss/Martin/*Reiff/Schneider*, § 9 ALB 2012 Rn. 30; *Joseph*, Lebensversicherung und Abtretung, S. 46.

71 § 3, A., I., 1., a), bb) – S. 14 f.

erlangt der Versicherer zwangsläufig positive Kenntnis, weil diese nur und erst Wirksamkeit erlangt, wenn sie dem Versicherer schriftlich angezeigt wird, § 9 Abs. 4 ALB. Weil eine Verletzung des Anzeigeerfordernisses zur absoluten Unwirksamkeit der Abtretung führt,[72] ist es ausgeschlossen, dass der Leistungsanspruch ohne Kenntniserlangung des Versicherers wirksam abgetreten wird.

Selbst wenn der Versicherer aufgrund der Vorlage des Versicherungsscheins an den Insolvenzverwalter zahlen sollte, hat diese Leistung wegen der positiven Kenntnis des Versicherers von der fehlenden materiellen Berechtigung keine schuldbefreiende Wirkung. Der Zessionar kann weiterhin Leistung vom Versicherer verlangen, so dass er nicht auf das Aussonderungsrecht des § 47 InsO angewiesen ist.

bb) Sicherungszession

Im Falle einer Sicherungszession tritt der Versicherungsnehmer den Leistungsanspruch ab, um mittels dieses Anspruchs eine andere Forderung des Zessionars gegen den Zedenten zu sichern.[73] Sicherungszessionen erlangen insbesondere als Kreditsicherungsmittel Bedeutung. Sollte der Zessionar in Hinblick auf die gesicherte

---

72 BGH VersR 2010, 936, 937; BGH NJW-RR 1999, 898, 899; BGH NJW 1997, 2747 f.; BGH NJW-RR 1992, 790 f.; BGHZ 112, 387, 388 ff. = NJW 1991, 559 f.; BAG ZInsO 2012, 1265, 1267; BAG NZI 2011, 777, 780; OLG Brandenburg ZInsO 2012, 2100 f.; OLG Karlsruhe RuS 2007, 161, 162; OLG Köln VersR 1993, 1133; OLG München VersR 1990, 1141; OLG Karlsruhe VersR 1989, 34; OLG München VersR 1987, 810 f.; Bruck/Möller/*Winter*, § 159 Rn. 317; Prölss/Martin/*Reiff/Schneider*, § 9 ALB 2012 Rn. 39; Prölss/Martin/*Kollhosser*, 27. Aufl., § 13 ALB 86 Rn. 59; Römer/Langheid/*Langheid*, Vor §§ 150–171 Rn. 29; Römer/Langheid/*Römer*, 3. Aufl., Vor § 150 Rn. 29; *Brömmelmeyer*, in: Beckmann/Matusche-Beckmann, § 42 Rn. 199; Langheid/Wandt/*Heiss*, § 159 Rn. 114; Schwintowski/Brömmelmeyer/*Ortmann*, § 159 Rn. 62; *Benkel/Hirschberg*, § 13 ALB 2008 Rn. 151; BK/*Schwintowski*, § 166 Rn. 26; Veith/Gräfe/Gebert/*Schnepp/Gebert*, Der Versicherungsprozess, § 10 Rn. 409; *Prang*, in: van Bühren, Handbuch Versicherungsrecht, § 14 Rn. 506; Terbille/Höra/*Höra/Leithoff*, § 25 Rn. 270; MüKoInsO/*Ganter*, § 51 Rn. 190; Beck/Depré/*Exner*, Praxis der Insolvenz, § 16 Rn. 35; *Eitelberg*, Lebensversicherung und Drittrechte, S. 79 ff.; *Herrmann*, Sicherungsabtretung und Verpfändung der Ansprüche aus dem Lebensversicherungsvertrag durch den Versicherungsnehmer, S. 56; *Kühl*, Der Einsatz von Lebensversicherungen als Kreditsicherungsmittel in Deutschland und Frankreich, S. 51 ff.; *Hempler*, ZInsO 2007, 423, 425; *Janca*, ZinsO 2003, 449, 450; *Weis*, ZInsO 2002, 170, 172; *Baukelmann*, EWiR 1991, 133 f.; a.A. (für eine relative Unwirksamkeit): *Bruck/Dörstling*, § 15 Rn. 45; *Bruck*, Das Privatversicherungsrecht, § 48 III 7 S. 728; *Bruck*, Reichsgesetz über den Versicherungsvertrag, Vorbemerkungen vor §§ 159–178, S. 446 Rn. 7; *Goll/Gilbert*, Handbuch der Lebensversicherung, 10. Aufl., S. 97; *Müller*, Die Lebensversicherung in der Zwangsvollstreckung, S. 81 ff.; *Joseph*, Lebensversicherung und Abtretung, S. 26 f.; *Wagner*, VersR 1991, 622 ff.; *Schnepp*, VersR 1991, 949 ff.; *Kuhnert*, VersR 1989, 613 f.; *Kalischko*, VersR 1988, 118; *Kuhnert*, VersR 1988, 1218 ff.; *Winter*, ZVersWiss 1970, 17, 50 f.; *Keltenich*, VersR 1965, 412, 413 ff.

73 Jauernig/*Stürner*, § 398 Rn. 14.

Forderung bei Fälligkeit nicht anderweitig befriedigt werden, kann er auf die sicherungshalber abgetretene Forderung aus dem Versicherungsvertrag zugreifen. Hinsichtlich der gesicherten Forderung soll der Zessionar also primär auf anderem Wege befriedigt werden und nur sekundär durch Verwertung des sicherungshalber abgetretenen Versicherungsanspruchs.[74]

Bei der Sicherungszession ist daher zwischen dem Außen- und dem Innenverhältnis zu trennen. Im Außenverhältnis erlangt der Zessionar zwar die volle Inhaberstellung, er wird also Inhaber der zu Sicherungszwecken abgetretenen Versicherungsforderung.[75] Im Innenverhältnis zum Zedenten wird die im Außenverhältnis unbeschränkte Inhaberstellung des Zessionars aber durch den obligatorischen Sicherungsvertrag mit einem bestimmten Sicherungszweck verknüpft.[76]

Wirtschaftlich betrachtet ist eine Sicherungsabtretung nichts weiter als ein Pfandrecht an einer Forderung.[77] Aufgrund dieser Besonderheiten gegenüber der Vollzession ist der Anspruch auf die Todes- bzw. die Erlebensfallleistung trotz erfolgter Sicherungsabtretung insolvenzrechtlich weiterhin dem Vermögen des Zedenten zugeordnet.[78] Die Insolvenzmasse verliert also wirtschaftlich betrachtet durch die Sicherungsabtretung nicht die Inhaberschaft der Forderung.[79] Anders als bei der Vollzession wird der Anspruch auf die Todes- bzw. Erlebensfallleistung bei der Sicherungszession trotz der erfolgten Abtretung Bestandteil der Insolvenzmasse.[80] Dem Sicherungszessionar steht allerdings gemäß § 51 Nr. 1 InsO ein Absonderungsrecht zu. Soweit die Sicherungsabtretung reicht, kann die Versicherungsforderung also nicht zur Befriedigung der Insolvenzgläubiger verwendet werden.

cc) Tötung der versicherten Person durch den Zessionar

Wurde der Anspruch auf die Todesfallleistung wirksam abgetreten und verstirbt die versicherte Person, kann der Insolvenzverwalter nach dem soeben Gesagten grds. keine Leistung zur Masse ziehen, weil die Versicherungsforderung allein dem Zessionar zusteht.

Etwas anderes gilt jedoch, wenn die versicherte Person durch eine vorsätzliche, widerrechtliche Handlung des Zessionars ums Leben gekommen ist. Diese Konstellation gleicht derjenigen, wenn der Tod durch eine vorsätzliche, widerrechtliche Handlung des Todesfallbezugsberechtigten herbeigeführt wurde. Zu Recht wird

---

74 MüKoBGB/*Roth/Kieninger*, § 398 Rn. 99.

75 Bamberger/Roth/*Rohe*, § 398 Rn. 82; PWW/*Nobbe*, Vor §§ 1273 ff. Rn. 21; *Bayer*, VersR 1989, 17, 18.

76 Bamberger/Roth/*Rohe*, § 398 Rn. 75; Palandt/*Grüneberg*, § 398 Rn. 25; *Bayer*, VersR 1989, 17, 18.

77 Palandt/*Grüneberg*, § 398 Rn. 23; Erman/*Westermann*, § 398 Rn. 32; Staudinger/*Busche* (2012), Einl zu §§ 398 ff Rn. 65; *Nobbe*, in: FS Schimansky, 433, 446.

78 MüKoInsO/*Ganter*, § 51 Rn. 182.

79 BGH NJW 2002, 3475, 3477; *Benkel/Hirschberg*, § 13 ALB 2008 Rn. 350.

80 OLG Hamm ZInsO 2001, 1162, 1164; MüKoBGB/*Roth/Kieninger*, § 398 Rn. 114.

daher von der weit überwiegenden Ansicht eine analoge Anwendung des § 162 Abs. 2 VVG auf den Fall der Abtretung befürwortet.[81]

Kommt die versicherte Person durch eine vorsätzliche, widerrechtliche Handlung des Zessionars ums Leben, gilt die Abtretung analog § 162 Abs. 2 VVG als nicht erfolgt. Die Versicherungsforderung wird dann so behandelt, als wäre sie niemals auf den Zessionar übertragen worden. Im Falle der Eröffnung des Insolvenzverfahrens über das Vermögen des Versicherungsnehmers ist der Leistungsanspruch dann über § 35 Abs. 1 InsO grds. Bestandteil der Insolvenzmasse.

b) Rückkaufswert vor Eintritt des Versicherungsfalls

Erfolgt die Eröffnung des Insolvenzverfahrens vor dem Eintritt des Versicherungsfalls wird für den Insolvenzverwalter die Frage relevant, ob er einen etwaigen Rückkaufswert zur Masse ziehen kann oder ob dieser aufgrund der erfolgten Abtretung dem Schuldnervermögen entzogen ist.

aa) Grundsatz

Hat der Versicherungsnehmer vollumfänglich alle Ansprüche aus dem Lebensversicherungsvertrag abgetreten, umfasst dies auch den Rückkaufswert. Der Zessionar wird dann mit sofortiger Wirkung auch Inhaber des Anspruchs auf den Rückkaufswert.

In diesem Fall kann der Insolvenzverwalter nicht auf den Rückkaufswert zugreifen, weil dieser nicht Bestandteil des Schuldnervermögens und damit nicht über § 35 Abs. 1 InsO massezugehörig ist.

bb) Bei alleiniger Abtretung des Todesfallanspruchs

Fraglich ist, ob der Insolvenzverwalter aber dann auf den Rückkaufswert zugreifen kann, wenn der Versicherungsnehmer lediglich den Anspruch auf die Todesfallleistung abgetreten hat. Dies hängt davon ab, wie weit die Abtretung im Einzelfall reicht.

Die Frage, wie weit eine Abtretung im Einzelfall reicht, ob sie also auch den Anspruch auf den Rückkaufswert erfasst, kann nicht pauschal beantwortet werden.[82] Insbesondere existiert kein genereller Vorrang für eine Zuordnung des Anspruchs auf den Rückkaufswert zu den Todesfallansprüchen.[83] Der Rückkaufswert

---

81 Bruck/Möller/*Winter*, § 162 Rn. 19; Prölss/Martin/*Schneider*, § 162 Rn. 7; Langheid/Wandt/*Mönnich*, § 162 Rn. 10; Looschelders/Pohlmann/*Peters*, § 162 Rn. 5; Schwintowski/Brömmelmeyer/*Ortmann*, § 162 Rn. 12; BK/*Schwintowski*, § 170 Rn. 13; *Benkel/Hirschberg*, § 170 VVG 1908/2007 Rn. 1; *Winter*, ZVersWiss 1970, 17, 51.

82 A.A. BK-InsO/*Amelung/Wagner*, § 35 Rn. 60, nach denen der Rückkaufswert von einer Abtretung der Todesfallansprüche nicht erfasst sein soll.

83 BGH NJW 2012, 1510, 1511; BGH NJW 2007, 2320, 2321; LG Bonn NJW-RR 2008, 475, 476; Bruck/Möller/*Winter*, § 159 Rn. 345; *Prang*, in: van Bühren, Handbuch Versicherungsrecht, § 14 Rn. 513.

ist auch nicht per se den Erlebensfallansprüchen zuzurechnen. Vielmehr ist in jedem Einzelfall anhand des durch Auslegung zu ermittelnden Handlungswillens des Versicherungsnehmers zu beurteilen, ob der Zessionar mit der Abtretung des Todesfallanspruchs auch Inhaber des Rückkaufswertes werden sollte.[84] Besondere Bedeutung kommt dabei dem Wortlaut und der genauen Ausgestaltung der Abtretungsvereinbarung zu.

Keine Probleme ergeben sich, wenn die Zessionsvereinbarung den ausdrücklichen Hinweis enthält, dass mit dem Todesfallanspruch auch der Anspruch auf den Rückkaufswert abgetreten wird. Mit einer solchen Formulierung bringen die Parteien des Zessionsvertrages klar und unmissverständlich zum Ausdruck, dass der Rückkaufswert im Falle einer vorzeitigen Vertragsbeendigung nicht mehr dem Zedenten, sondern allein dem Zessionar zustehen soll. Ähnlich verhält es sich, wenn die Abtretungsvereinbarung ausdrücklich regelt, dass der Anspruch auf den Rückkaufswert nicht von der Abtretung des Todesfallanspruchs erfasst wird bzw. dass der Anspruch auf den Rückkaufswert nur auf den Zessionar übergeht, wenn die Erlebensfallansprüche abgetreten werden.[85] Im Falle einer solchen Formulierung der Abtretungsvereinbarung steht unmissverständlich fest, dass der Anspruch auf den Rückkaufswert beim Zedenten verbleibt, wenn ausschließlich der Todesfallanspruch abgetreten wird.

Problematisch wird es hingegen, wenn die Abtretungsvereinbarung keine ausdrücklichen Hinweise zum Rückkaufswert enthält. Hier kommt es maßgeblich auf die genaue Formulierung im Einzelfall an. Wird in der Abtretungsvereinbarung auf den Rückkaufswert keinen Bezug genommen, findet er also keine (ausdrückliche) Erwähnung, erschöpft sich die Abtretung in der Regel auf die mit dem Tod fällig werdenden Ansprüche.[86] Weil dem Rückkaufswert im Einzelfall ein erheblicher wirtschaftlicher Wert zukommt, ist er nur dann von der Abtretung erfasst, wenn er von den Parteien des Zessionsvertrages ausdrücklich in den Vertragstext aufgenommen wird.[87] Der Rückkaufswert ist aufgrund seines teils erheblichen wirtschaftlichen Wertes schlicht zu bedeutend, als dass er im Regelfall ohne ausdrückliche Nennung abgetreten werden könnte.[88] Auch ist zu bedenken, dass es sich bei den Abtretungsvereinbarungen in der Regel um Allgemeine Geschäftsbedingungen handelt,

---

84 BGH NJW 2012, 1510, 1511; BGH NJW 2007, 2320, 2322; OLG Düsseldorf ZInsO 2006, 1270, 1271; LG Bonn NJW-RR 2008, 475, 476; *Prang*, in: van Bühren, Handbuch Versicherungsrecht, § 14 Rn. 513; Terbille/Höra/*Höra/Leithoff*, § 25 Rn. 273; K.Schmidt/*Büteröwe*, § 35 Rn. 13.

85 OLG Düsseldorf ZInsO 2006, 1270 f.; OLG Dresden ZInsO 2005, 149, 150; OLG Brandenburg DZWIR 2005, 390 f.

86 LG Bonn NJW-RR 2008, 475, 476; *Prang*, in: van Bühren, Handbuch Versicherungsrecht, § 14 Rn. 513; a.A. OLG Celle ZInsO 2005, 890, nach dem der Anspruch auf den Rückkaufswert von der Abtretung erfasst sein soll, wenn er in der Zessionsvereinbarung keine gesonderte Erwähnung findet.

87 LG Bonn NJW-RR 2008, 475, 476.

88 LG Bonn NJW-RR 2008, 475, 476.

bei denen Auslegungszweifel gemäß § 305c Abs. 2 BGB zu Lasten des Verwenders gehen.[89] Ist also zweifelhaft, ob die Abtretungsvereinbarung auch den Rückkaufswert erfasst, ist dies zu Lasten der kreditgebenden Bank als Verwenderin der AGBs zu verneinen.[90]

Neben dem Vertragstext erlangt auch die sonstige Konstruktion und Gestaltung der Abtretungsvereinbarung Bedeutung im Rahmen der Auslegung.[91] Manche Zessionsvereinbarungen beinhalten die Überschrift „im Falle des Todes".[92] Bei einer derartigen Formulierung wird der Versicherungsnehmer in der Regel davon ausgehen dürfen, dass er nur solche Ansprüche abtritt, die erst nach seinem Tode fällig werden. Dies trifft aber auf den zu Lebzeiten fällig werdenden Rückkaufswert nicht zu.

Zu beachten ist auch die Zuordnung des Kündigungsrechts.[93] Verbleibt das Kündigungsrecht beim Versicherungsnehmer, spricht dies eher gegen eine Übertragung des Anspruchs auf den Rückkaufswert auf den Zessionar.[94] Auch wenn das Kündigungsrecht und der Anspruch auf den Rückkaufswert nicht zwingend in einer Hand sein müssen, so hat das Kündigungsrecht doch alleine keinen Vermögenswert. Seine wirtschaftliche Bedeutung erlangt es erst im Zusammenhang mit dem Recht auf den Rückkaufswert. Beinhaltet die Abtretungsvereinbarung darüber hinaus noch den Hinweis, dass der Versicherungsnehmer den Vertrag nur mit Zustimmung des Zessionars kündigen kann, soll der Rückkaufswert in der Regel nicht Gegenstand der Abtretung sein.[95] In diesem Fall ist davon auszugehen, dass der Zessionar dem Zedenten den Anspruch auf den Rückkaufswert belassen wollte.[96] Der Zessoniar ist bei dieser Ausgestaltung hinreichend geschützt, weil der Zedent den Vertrag nicht ohne seine Zustimmung beenden kann.

Abschließend ist bei Verträgen, die vor dem 1.1.2005 abgeschlossen wurden, darauf zu achten, ob die Zessionsvereinbarung einen Hinweis zur steuerschädlichen Auswirkung der Abtretung enthält. Haben die Parteien des Zessionsvertrages diesen Hinweis durchgestrichen, spricht dies erheblich gegen eine Übertragung des Anspruchs auf den Rückkaufswert.[97] Kapitallebensversicherungen, die bis zum 31.12.2004 abgeschlossen wurden, waren unter bestimmten Voraussetzungen steuerlich privilegiert.[98] So konnten insbesondere die Versicherungsbeiträge zu Verträgen

89 BGH NJW 2012, 1510, 1511; *Weiß/Müller*, EWiR 2012, 491, 492.
90 *Güther/Kohly*, EWiR 2007, 567, 568.
91 LG Bonn NJW-RR 2008, 475, 476.
92 LG Bonn NJW-RR 2008, 475, 476.
93 BGH NJW 2012, 1510, 1512; OLG Hamburg ZIP 2008, 33, 34; *Weiß/Müller*, EWiR 2012, 491, 492.
94 BGH NJW 2012, 1510, 1512; *Weiß/Müller*, EWiR 2012, 491, 492.
95 BGH NJW 2012, 1510, 1512.
96 BGH NJW 2012, 1510, 1512.
97 BGH NJW 2007, 2320, 2322; *Güther/Kohly*, EWiR 2007, 567, 568.
98 Zur steuerlichen Behandlung von Lebensversicherungen: *Brömmelmeyer*, in: Beckmann/Matusche-Beckmann, § 42 Rn. 306 ff., m.w.N.

mit einer Mindestlaufzeit von 12 Jahren als Sonderausgaben abgesetzt werden, § 10 Abs. 1 Nr. 2 lit. b dd EStG a.F. Durch den im Zuge des Steueränderungsgesetzes vom 25.2.1992[99] eingeführten § 10 Abs. 2 S. 2 EStG a.F. entfiel diese Privilegierung allerdings, wenn der Versicherungsnehmer die Erlebensfallansprüche zur Kreditsicherung abgetreten hat. Nur wenn allein der Todesfallanspruch Gegenstand der Abtretung war und die Erlebensfallansprüche nebst Rückkaufswert beim Versicherungsnehmer verblieben, kam der Versicherungsnehmer weiterhin in den Genuss der steuerlichen Vorteile.[100] Gemäß § 10 Abs. 1 Nr. 3a EStG gelten die §§ 10 Abs. 1 Nr. 2 lit. b dd, 10 Abs. 2 S. 2 EStG a.F. für die bis zum 31.12.2004 abgeschlossenen Lebensversicherungsverträge auch heute noch fort. Im Falle einer Mindestlaufzeit von 12 Jahren sind sie also weiterhin steuerlich privilegiert, vorausgesetzt die Erlebensfallansprüche wurden nicht zur Kreditsicherung abgetreten. Enthält die Zessionsvereinbarung einen Hinweis auf die steuerschädliche Auswirkung der Abtretung und wurde dieser durchgestrichen, so ist dies dahingehend auszulegen, dass der Anspruch auf den Rückkaufswert nicht auf den Zessionar übertragen wurde, sondern weiterhin dem Vermögen des Versicherungsnehmers zugeordnet ist.[101] Anderenfalls würde es keinen Sinn ergeben den Hinweis zu streichen, weil die Übertragung des Rückkaufswerts aufgrund der § 10 Abs. 1 Nr. 3a EStG i.V.m. § 10 Abs. 2 S. 2 EStG a.F. steuerschädliche Auswirkungen hätte.

2. *Verpfändungen*

Wie § 9 Abs. 4 ALB klarstellt, steht dem Versicherungsnehmer nicht nur die Möglichkeit offen, den Leistungsanspruch aus der Lebensversicherung abzutreten, sondern er kann ihn auch verpfänden, §§ 1273, 1279 BGB.

Wie Sicherungszessionen erfolgen auch Verpfändungen zur Sicherung von Ansprüchen. Wird der Pfandgläubiger hinsichtlich der gesicherten Forderung nicht befriedigt, soll er auf die verpfändete Forderung zugreifen können. Wird er hingegen befriedigt, entfällt der Sicherungszweck und das Pfandrecht erlischt automatisch, §§ 1279, 1252 BGB.

Anders als bei der Abtretung wird die Forderung im Falle einer Verpfändung nicht auf den Dritten übertragen.[102] Der Leistungsanspruch aus dem Versicherungsvertrag ist also auch nach der Verpfändung weiterhin dem Vermögen des Verpfänders, d.h. dem Vermögen des Versicherungsnehmers, zugeordnet.[103] Das verpfändete Recht wird lediglich mit einem beschränkt-dinglichen Recht belastet, das dem Pfandgläubiger im Falle der Nichterfüllung der gesicherten Forderung Befriedigung sichern soll.[104]

---

99 BGBl. Teil I, Jahrgang 1992, Nr. 9, S. 297 ff.
100 *Wagner*, VersR 1998, 1083.
101 OLG Hamburg ZIP 2008, 33, 34.
102 Staudinger/*Wiegand* (2009), § 1274 Rn. 20.
103 Staudinger/*Wiegand* (2009), § 1274 Rn. 20.
104 Staudinger/*Wiegand* (2009), § 1274 Rn. 20.

Auch bei der Verpfändung ist für die Frage der Massezugehörigkeit des Leistungsanspruchs danach zu differenzieren, ob der Insolvenzverwalter nach dem Eintritt des Versicherungsfalls auf die Todes- bzw. Erlebensfallleistung oder ob er vor dem Eintritt des Versicherungsfalls auf den Rückkaufswert zugreifen will.

a) Todes- bzw. Erlebensfallleistung nach Eintritt des Versicherungsfalls

Soweit der Leistungsanspruch wirksam verpfändet wurde, kann der Insolvenzverwalter die Todes- bzw. die Erlebensfallleistung nicht zur Masse ziehen. Zwar ist die verpfändete Forderung weiterhin dem Vermögen des Verpfänders, d.h. dem Vermögen des Versicherungsnehmers, zugeordnet und damit Bestandteil des Schuldnervermögens. Weil es sich aber um ein rechtsgeschäftliches Pfandrecht handelt, steht dem Pfandgläubiger gemäß § 50 Abs. 1 InsO ein Recht auf abgesonderte Befriedigung zu.

Kommt die versicherte Person durch eine vorsätzliche, widerrechtliche Handlung des Pfandgläubigers ums Leben, gilt die Verpfändung analog § 162 Abs. 2 VVG als nicht erfolgt. Es gilt das zur Abtretung Gesagte entsprechend.[105] Der Leistungsanspruch wird dann so behandelt, als sei er zu keinem Zeitpunkt verpfändet worden. Somit ist er im Falle der Eröffnung des Insolvenzverfahrens als Bestandteil des Schuldnervermögens über § 35 Abs. 1 InsO grds. massezugehörig.

b) Rückkaufswert vor Eintritt des Versicherungsfalls

aa) Grundsatz

Wurden sämtliche Ansprüche aus der Lebensversicherung verpfändet, umfasst dies auch den Rückkaufswert. Dann erstreckt sich das Absonderungsrecht des Pfandgläubigers aus § 50 Abs. 1 InsO auch auf den Rückkaufswert.

bb) Bei alleiniger Verpfändung des Todesfallanspruchs

Wurde lediglich der Anspruch auf die Todesfallleistung verpfändet, ist durch Auslegung zu ermitteln, ob auch der Anspruch auf den Rückkaufswert erfasst wird. Insoweit wird auf die Ausführungen zur Abtretung verwiesen.[106] Diese gelten für die Verpfändung entsprechend.

B. Berufsunfähigkeitsversicherungen

Wie der Versicherungsnehmer einer Lebensversicherung hat auch der Versicherungsnehmer einer Berufsunfähigkeitsversicherung die Möglichkeit, seinen Vertrag durch die Bestellung eines Bezugsrechts als echten Vertrag zugunsten Dritter auszugestalten, §§ 176, 159 VVG,[107] § 12 Abs. 2 BU, § 9 Abs. 10 BUZ i.V.m. den

---

105 § 3, A., II., 1., a), cc) – S. 29 f.

106 § 3, A., II., 1., b), bb) – S. 30 ff.

107 FAKomm-VersR/*Gramse*, § 176 VVG Rn. 1; Langheid/Wandt/*Heiss*, § 159 Rn. 7; Langheid/Wandt/*Dörner*, § 176 Rn. 21 ff.; Looschelders/Pohlmann/*Peters*, § 159

Bedingungen der Hauptversicherung. Zudem kommt auch bei Berufsunfähigkeitsversicherungen die Frage auf, ob Leistungsansprüche abgetreten und / oder verpfändet werden können.

I. Bezugsrechtsbestellungen

Für die Beantwortung der Frage, ob und wie sich bestehende Bezugsrechte auf die vermögensrechtliche Zuordnung des Leistungsanspruchs und damit auf die Frage der Massezugehörigkeit auswirken, ist entsprechend der Situation bei der Lebensversicherung zunächst danach zu unterscheiden, ob das Insolvenzverfahren vor oder nach dem Eintritt des Versicherungsfalls eröffnet wird.

1. Eröffnung des Insolvenzverfahrens vor Eintritt des Versicherungsfalls

Zwar entsteht der Leistungsanspruch in der Berufsunfähigkeitsversicherung in der Regel erst mit dem Eintritt des Versicherungsfalls. Im Falle der Berufsunfähigkeit der versicherten Person erbringt der Versicherer Berufsunfähigkeitsrenten und / oder es kommt zu einer Beitragsbefreiung in der Haupt- bzw. in den Zusatzversicherungen. Eine Leistungspflicht des Berufsunfähigkeitsversicherers kann aber im Einzelfall auch schon vor dem Eintritt des Versicherungsfalls entstehen. Wie Lebensversicherer können auch Berufsunfähigkeitsversicherer im Falle einer vorzeitigen Vertragsbeendigung zur Zahlung eines Rückkaufswertes verpflichtet sein.

Bei der Berufsunfähigkeitsversicherung handelt es sich zwar um eine Risikoversicherung, weil der Eintritt des Versicherungsfalls ungewiss ist. Daher entsteht im Falle einer vorzeitigen Vertragsbeendigung grds. kein gesetzlicher Anspruch auf Zahlung eines Rückkaufswertes, §§ 176, 169 Abs. 1 VVG. Etwas anderes gilt aber insbesondere dann, wenn der Versicherer nicht nur zur Leistung bei Eintritt des Versicherungsfalls verpflichtet ist, sondern auch zur unbedingten Beitragsrückgewähr im Falle des Vertragsablaufs.[108] Dann ist die Leistungspflicht des Berufsunfähigkeitsversicherers gewiss, so dass im Falle einer Kündigung über §§ 176, 169 VVG ein Rückkaufswert fällig wird. Aber selbst wenn dies nicht der Fall ist, die §§ 176, 169 VVG also keine Anwendung finden, kann der Berufsunfähigkeits(zusatz)versicherer aufgrund vertraglicher Vereinbarungen zur Zahlung eines Rückkaufswerts verpflichtet sein.

Dies ergibt sich für die selbständige Berufsunfähigkeitsversicherung aus § 15 BU. Begehrt der Versicherungsnehmer die Befreiung von der Beitragszahlungspflicht

---

Rn. 5; Looschelders/Pohlmann/*Klenk*, § 176 Rn. 3; Schwintowski/Brömmelmeyer/*Ortmann*, § 159 Rn. 3; Prölss/Martin/*Lücke*, § 176 Rn. 6 (nur § 159 Abs. 1 und Abs. 3 VVG).

108 BT-Drucks. 16/3945, S. 107; Langheid/Wandt/*Dörner*, § 176 Rn. 52; FAKomm-VersR/*Gramse*, § 176 VVG Rn. 1; Schwintowski/Brömmelmeyer/*Schwintowski*, § 176 Rn. 2; Prölss/Martin/*Lücke*, § 176 Rn. 7; Looschelders/Pohlmann/*Klenk*, § 176 Rn. 6; *Neuhaus*, Berufsunfähigkeitsversicherung, Kap. Q Rn. 20.

oder kündigt er seine selbständige Berufsunfähigkeitsversicherung und erreicht die nach § 15 Abs. 1 BU zu berechnende beitragsfreie Rente den Mindestbetrag nicht, zahlt der Versicherer – falls vorhanden – einen Rückkaufswert entsprechend § 169 VVG.

Etwas anders verhält es sich bei der Berufsunfähigkeitszusatzversicherung. Hier gilt § 9 Abs. 2 BUZ. Danach gilt, dass in der Regel kein Anspruch auf Zahlung eines Rückkaufswertes entsteht, wenn der Versicherungsnehmer allein die Zusatzversicherung kündigt. Etwas anderes gilt, wenn der Versicherungsnehmer nicht nur die Berufsunfähigkeitszusatzversicherung, sondern zusätzlich auch den Hauptvertrag kündigt. In diesem Fall erhält er – falls vorhanden – den Rückkaufswert aus der Hauptversicherung und – falls vorhanden – den Rückkaufswert aus der Berufsunfähigkeitszusatzversicherung.

Wie bei der Lebensversicherung kann der Insolvenzverwalter auch bei der Berufsunfähigkeitsversicherung nur dann auf den Rückkaufswert zugreifen, wenn der Leistungsanspruch dem Vermögen des Versicherungsnehmers zugewiesen ist. Wurde vor der Verfahrenseröffnung ein Bezugsrecht bestellt, ist für die vermögensrechtliche Zuordnung des Leistungsanspruchs danach zu differenzieren, ob dieses widerruflich oder unwiderruflich ausgestaltet wurde.

a) Widerrufliches Bezugsrecht, §§ 176, 159 Abs. 2 VVG

Hat der Versicherungsnehmer ein widerrufliches Bezugsrecht bestellt, wird der Dritte erst mit dem Eintritt des Versicherungsfalls Rechtsinhaber, §§ 176, 159 Abs. 2 VVG. Wie bei der Lebensversicherung ist der Dritte bis zu diesem Zeitpunkt lediglich Inhaber einer vagen Erwerbshoffnung. Bis zum Eintritt des Versicherungsfalls ist der Leistungsanspruch daher dem Schuldnervermögen zugeordnet.

Wird über das Vermögen des Versicherungsnehmers das Insolvenzverfahren eröffnet, fällt der Leistungsanspruch gemäß § 35 Abs. 1 InsO grds. in die Insolvenzmasse.

b) Unwiderrufliches Bezugsrecht, §§ 176, 159 Abs. 3 VVG

Hat der Versicherungsnehmer hingegen ein unwiderrufliches Bezugsrecht bestellt, ist der Dritte ab der Bezugsrechtsbestellung alleiniger Rechtsinhaber, §§ 176, 159 Abs. 3 VVG. Der unwiderruflich Bezugsberechtigte wird über §§ 176, 159 Abs. 3 VVG nicht nur Inhaber des Anspruchs auf Zahlung der Rentenleistungen bei Eintritt des Versicherungsfalls, sondern auch Inhaber des Anspruchs auf Zahlung des Rückkaufswertes bei vorzeitiger Vertragsbeendigung. Wird über das Vermögen des Versicherungsnehmers das Insolvenzverfahren eröffnet, kann der Insolvenzverwalter daher nicht auf den Rückkaufswert zugreifen.

2. Eröffnung des Insolvenzverfahrens nach Eintritt des Versicherungsfalls

Wird das Insolvenzverfahren nach dem Eintritt des Versicherungsfalls eröffnet, ist es für die vermögensrechtliche Zuordnung des Leistungsanspruchs grds. unerheblich, ob das Bezugsrecht widerruflich oder unwiderruflich ausgestaltet wurde.

Hat der Versicherungsnehmer ein unwiderrufliches Bezugsrecht bestellt, ist der Dritte bereits seit der Bezugsrechtsbestellung Inhaber des Leistungsanspruchs. Im Falle einer widerruflichen Bezugsberechtigung ist der Berechtigte mit dem Eintritt des Versicherungsfalls Anspruchsinhaber geworden. In beiden Fällen werden die Rentenleistungen mangels Zugehörigkeit zum Schuldnervermögen nicht über § 35 Abs. 1 InsO Bestandteil der Insolvenzmasse.

Bei der selbständigen Berufsunfähigkeitsversicherung ist allerdings folgende Besonderheit zu beachten: Gemäß § 12 Abs. 2 BU tritt mit jeder Fälligkeit einer Rentenleistung ein eigener Versicherungsfall ein. Die Bezugsberechtigung kann daher auch noch widerrufen werden, wenn der Berufsunfähigkeitsversicherer bereits Rentenleistungen erbracht hat. Der Widerruf gilt nur für im Zeitpunkt des Widerrufs noch nicht fällige Leistungen.[109] Nach einem wirksamen Widerruf sind danach fällig werdende Rentenleistungen Bestandteil des Schuldnervermögens und damit grds. massezugehörig. Die Renten sind ab dem Zeitpunkt des Widerrufs also so zu behandeln, als habe der Versicherungsnehmer kein Bezugsrecht bestellt. Ob und in welchem Umfang die Leistungen Massebestandteil werden, richtet sich dann nach den §§ 36 Abs. 1 InsO, 850 ff. ZPO.

II. Abtretungen / Verpfändungen

Für die vermögensrechtliche Zuordnung des Leistungsanspruchs ist auch relevant, ob Ansprüche aus Berufsunfähigkeitsversicherungen abgetreten und / oder verpfändet werden können.

1. Abtretungen

a) Selbständige Berufsunfähigkeitsversicherungen

Gemäß § 12 Abs. 3 BU kann das Recht auf die Leistung aus der selbständigen Berufsunfähigkeitsversicherung grds. ganz oder teilweise an Dritte abgetreten werden, soweit derartige Verfügungen rechtlich möglich sind.

Die Abtretbarkeit wird in den Versicherungsbedingungen also nicht ausdrücklich ausgeschlossen. Die Bedingungen beinhalten aber bereits den Hinweis, dass Abtretungen nur erfolgen können, „soweit derartige Verfügungen rechtlich möglich sind", d.h. soweit sie rechtlich zulässig sind.[110] Wie sich noch zeigen wird, sind Ansprüche auf Berufsunfähigkeitsrenten gemäß § 850b Abs. 1 Nr. 1 ZPO grds. unpfändbar.[111] Damit sind sie zugleich über §§ 400 BGB, 850b Abs. 1 Nr. 1 ZPO nicht abtretbar.[112] Berufsunfähigkeitsrenten können zwar aufgrund der

---

109 Prölss/Martin/*Lücke*, § 16 BU Rn. 1.

110 *Neuhaus*, Berufsunfähigkeitsversicherung, Kap. S Rn. 37.

111 § 4, B., I., 2. – S. 140 ff.

112 *Benkel/Hirschberg*, § 9 BUZ 2008 Rn. 18a; Langheid/Wandt/*Dörner*, § 172 Rn. 233; Langheid/Wandt/*Fausten*, § 17 Rn. 13; *Rixecker*, in: Beckmann/Matusche-Beckmann, § 46 Rn. 233; *Dunkel*, in: van Bühren, Handbuch Versicherungsrecht,

Umstände des Einzelfalls im Rahmen einer Billigkeitsentscheidung nach § 850b Abs. 2 ZPO ausnahmsweise für (teilweise) pfändbar erklärt werden. Als Regelfall ordnet § 850b Abs. 1 Nr. 1 ZPO allerdings die vollständige Unpfändbarkeit an. Die grundsätzliche Möglichkeit einer von den konkreten Umständen des Einzelfalls abhängigen Billigkeitsentscheidung nach § 850b Abs. 2 ZPO ändert nichts daran, dass Ansprüche auf Berufsunfähigkeitsrenten über §§ 400 BGB, 850b Abs. 1 Nr. 1 ZPO vollständig unabtretbar sind.

Entgegen der von *Gramse*[113] vertretenen Auffassung gilt dies für sämtliche Berufsunfähigkeitsversicherungen, weil der persönliche Anwendungsbereich des § 850b Abs. 1 Nr. 1 ZPO nicht auf Beamte, Arbeitnehmer und arbeitnehmerähnliche Personen begrenzt ist.[114]

Der Anspruch auf den Rückkaufswert aus Berufsunfähigkeitsversicherungen unterliegt hingegen nicht dem Schutz der §§ 850 ff. ZPO. Demnach kann der Anspruch auf den Rückkaufswert grds. abgetreten werden. Weil dies in der Praxis aber kaum der Fall sein wird, soll dem an dieser Stelle nicht weiter nachgegangen werden.

b) Berufsunfähigkeitszusatzversicherungen

Auch Leistungsansprüche aus Berufsunfähigkeitszusatzversicherungen sind unabtretbar. Anders als bei selbständigen Berufsunfähigkeitsversicherungen beinhalten hier bereits die Versicherungsbedingungen einen vertraglichen Abtretungsausschluss, § 9 Abs. 9 BUZ. Die vollständige Unabtretbarkeit von Leistungsansprüchen aus Berufsunfähigkeitszusatzversicherungen ergibt sich somit zum einen aus §§ 399 Alt. 2 BGB, 9 Abs. 9 BUZ, zum anderen – wie bei selbständigen Berufsunfähigkeitsversicherungen – aus §§ 400 BGB, 850b Abs. 1 Nr. 1 ZPO.

2. Verpfändungen

Leistungsansprüche aus Berufsunfähigkeitsversicherungen können auch nicht verpfändet werden. Dies ist zum einen Folge ihrer Unabtretbarkeit, §§ 400 BGB, 850b Abs. 1 Nr. 1 ZPO bzw. für die Berufsunfähigkeitszusatzversicherung §§ 399 Alt. 2 BGB, 9 Abs. 9 BUZ, denn gemäß § 1274 Abs. 2 BGB kann ein Pfandrecht an einem

---

§ 15 Rn. 381 ff.; Terbille/Höra/*Höra*, § 26 Rn. 213; Hk-VVG/*Mertens*, § 9 BB-BUZ Rn. 11; ausdrücklich nur zur Berufsunfähigkeitszusatzversicherung, wobei dies aber auch für die selbständige Berufsunfähigkeitsversicherung gelten muss: OLG Hamm ZInsO 2006, 878, 879; KG Berlin VersR 2003, 490 f.; OLG Jena VersR 2000, 1005; OLG München VersR 1997, 1520; OLG Saarbrücken VersR 1995, 1227, 1228; OLG Oldenburg NJW-RR 1994, 479; LG Köln ZInsO 2013, 1428, 1430; *Neuhaus*, Berufsunfähigkeitsversicherung, Kap. S Rn. 37; Prölss/Martin/*Lücke*, § 9 BUZ Rn. 12; *Hülsmann*, MDR 1994, 537, 538.

113 FAKomm-VersR/*Gramse*, § 9 BUZ 2008 Rn. 9.

114 § 4, A., I., 1., c) – S. 68 ff.

Recht nicht bestellt werden, soweit das Recht nicht übertragbar ist.[115] Zum anderen ordnet § 9 Abs. 9 BUZ für die Berufsunfähigkeitszusatzversicherung ausdrücklich an, dass Ansprüche weder abtretbar noch verpfändbar sind.

C. Private Krankenversicherungen

Bei privaten Krankenversicherungen spielen Bezugsrechte keine Rolle. Hier hängt die vermögensrechtliche Zuordnung des Leistungsanspruchs und die damit verbundene Frage der Massezugehörigkeit vielmehr entscheidend davon ab, ob es sich um eine Krankenversicherung für eigene oder um eine Krankenversicherung für fremde Rechnung i.S.d. §§ 43 ff. VVG handelt. Über § 194 Abs. 3 S. 1 VVG finden die §§ 43 ff. VVG auch auf private Krankenversicherungen Anwendung.[116]

Bei Versicherungen für fremde Rechnung ist der Anspruch auf die Versicherungsleistung nicht dem Vermögen des Versicherungsnehmers, sondern gemäß § 44 Abs. 1 S. 1 VVG dem Vermögen der versicherten Person zugeordnet.[117] Daher wird der Leistungsanspruch aus einer Versicherung für fremde Rechnung mangels Zugehörigkeit zum Schuldnervermögen nicht über § 35 Abs. 1 InsO Bestandteil der Insolvenzmasse, wenn über das Vermögen des Versicherungsnehmers das Insolvenzverfahren eröffnet wird.[118] Der versicherten Person steht an der Versicherungsleistung ein Aussonderungsrecht nach § 47 InsO zu.[119]

115 Langheid/Wandt/*Dörner*, § 172 Rn. 233; Langheid/Wandt/*Fausten*, § 17 Rn. 13; *Rixecker*, in: Beckmann/Matusche-Beckmann, § 46 Rn. 233; Terbille/Höra/*Höra*, § 26 Rn. 214; *Hülsmann*, MDR 1994, 537, 538 (Fn. 13).

116 Zur Frage, inwieweit die §§ 43 ff. VVG durch § 194 Abs. 3 S. 1 VVG modifiziert werden: § 3, C., I., 2., b) S. 46 ff.

117 OGH VersR 1988, 502; OGH VersR 1984, 1196; LG Köln ZInsO 2015, 858, 859; Prölss/Martin/*Klimke*, § 44 Rn. 1; Looschelders/Pohlmann/*Koch*, § 44 Rn. 3; Langheid/Wandt/*Dageförde*, § 44 Rn. 2; Römer/Langheid/*Rixecker*, § 44 Rn. 4; Schwintowski/Brömmelmeyer/*Hübsch*, § 44 Rn. 5; Hk-VVG/*Muschner*, § 44 Rn. 2; FAKomm-VersR/*Schramm/Kassing*, § 44 VVG Rn. 4; Bruck/Möller/*Brand*, § 44 Rn. 4; *Armbrüster*, in: Beckmann/Matusche-Beckmann, § 6 Rn. 91; BK/*Hübsch*, § 75 Rn. 2.

118 BGH WM 2014, 1636 f.; LG Köln ZInsO 2015, 858, 859; *Armbrüster*, Privatversicherungsrecht, § 29 Rn. 1596; wird hingegen über das Vermögen der versicherten Person das Insolvenzverfahren eröffnet, wird der Leistungsanspruch Bestandteil ihrer Insolvenzmasse: FAKomm-VersR/*Schramm/Kassing*, § 44 VVG Rn. 12; Prölss/Martin/*Klimke*, § 44 Rn. 6; Looschelders/Pohlmann/*Koch*, § 44 Rn. 10; Schwintowski/Brömmelmeyer/*Hübsch*, § 44 Rn. 12; Römer/Langheid/*Rixecker*, § 44 Rn. 6; Bruck/Möller/*Brand*, § 44 Rn. 11; Bruck/Möller/*Sieg*, 8. Aufl., §§ 75, 76 Anm. 39; BK/*Hübsch*, § 75 Rn. 6.

119 LG Köln ZInsO 2015, 858, 859; MüKoInsO/*Ganter*, § 47 Rn. 312; FK-InsO/*Imberger*, § 47 Rn. 66; Uhlenbruck/*Brinkmann*, § 47 Rn. 107; Gottwald/*Adolphsen*, Insolvenzrechts-Handbuch, § 40 Rn. 92 f.; *Gundlach*, DZWIR 2000, 309, 310.

Bei Versicherungen für eigene Rechnung ist der Leistungsanspruch hingegen dem Vermögen des Versicherungsnehmers zugeordnet, so dass er über § 35 Abs. 1 InsO grds. Bestandteil seiner Insolvenzmasse wird.

I. Versicherung für eigene und für fremde Rechnung

Ausgangspunkt für die Einordung, ob es sich bei der konkreten Krankenversicherung um eine Versicherung für eigene oder für fremde Rechnung handelt, ist die Frage, ob der Versicherungsnehmer mit dem Vertrag seine eigene Gesundheit versichert hat (versicherte Person und Versicherungsnehmer sind personenidentisch) oder die Gesundheit eines Dritten (versicherte Person und Versicherungsnehmer sind personenverschieden).

1. Versicherung eigener Gesundheit

Sind versicherte Person und Versicherungsnehmer personenidentisch, handelt es sich immer um eine Versicherung eigener Gesundheit für eigene Rechnung, auf welche die §§ 194 Abs. 3 S. 1, 43 ff. VVG keine Anwendung finden. In diesem Fall ist der Leistungsanspruch aus dem Krankenversicherungsvertrag stets dem Vermögen des Versicherungsnehmers zugeordnet, so dass er im Falle seiner Insolvenz über § 35 Abs. 1 InsO grds. in die Insolvenzmasse fällt.

2. Versicherung fremder Gesundheit

Etwas anderes gilt hingegen, soweit versicherte Person und Versicherungsnehmer personenverschieden sind, was § 193 Abs. 1 S. 1 VVG ausdrücklich ermöglicht. Zu denken ist bspw. an den Familienvater, der als Versicherungsnehmer eine private Krankenversicherung für sein Kind und / oder seine Ehefrau abschließt. Bei Versicherungen fremder Gesundheit kann es sich sowohl um Krankenversicherungen für eigene als auch um Krankenversicherungen für fremde Rechnung handeln.

In diesem Zusammenhang kommen bei der privaten Krankenversicherung zwei Fragen auf. Zum einen, wann es sich im Falle fehlender Personenidentität zwischen Versicherungsnehmer und versicherter Person um eine Krankenversicherung für eigene Rechnung handelt und wann eine Versicherung für fremde Rechnung vorliegt. Zum anderen, inwieweit die §§ 43 ff. VVG bei Versicherungen für fremde Rechnung überhaupt auf private Krankenversicherungen anwendbar sind, weil ihre Anwendbarkeit durch § 194 Abs. 3 S. 1 VVG teilweise modifiziert wird. Entscheidend ist dabei die Frage, ob sich die in § 194 Abs. 3 S. 1 VVG enthaltene Modifizierung auf den Grundsatz des § 44 Abs. 1 S. 1 VVG auswirkt, wonach der Leistungsanspruch bei einer Versicherung für fremde Rechnung automatisch dem Vermögen der versicherten Person zugeordnet ist.

a) *Abgrenzung: Versicherung fremder Gesundheit für eigene und für fremde Rechnung*

Zunächst sei darauf hingewiesen, dass die Bezeichnung „Versicherung für fremde Rechnung“ missverständlich ist.[120] So könnte angenommen werden, dass eine solche Versicherung dann vorliegt, wenn die Prämienzahlungspflicht nicht den Versicherungsnehmer, sondern die mit ihm nicht identische versicherte Person trifft.[121] Die Bezeichnung „Versicherung für fremde Rechnung“ beinhaltet jedoch keine Aussage darüber, wer die Kosten der Versicherung zu tragen hat.[122] Vielmehr zeichnet sich eine Versicherung für fremde Rechnung allein dadurch aus, dass im Falle des Nichtbestehens von Versicherungsschutz nicht der Versicherungsnehmer bei Eintritt des Versicherungsfalls einen Schaden erleiden würde, sondern die mit ihm nicht identische versicherte Person.[123] In diesem Fall geht der Schaden „auf fremde Rechnung“.[124]

Für die Einordnung, ob es sich im konkreten Fall um eine Versicherung für eigene oder für fremde Rechnung handelt, kommt es also allein darauf an, ob der Versicherungsnehmer mit dem Abschluss des Vertrages ein eigenes oder ein fremdes wirtschaftliches Interesse versichert hat.[125] Soweit sein eigenes wirtschaftliches Interesse Gegenstand des Vertrages ist, handelt es sich um eine Krankenversicherung für eigene Rechnung. Soweit er hingegen ein fremdes wirtschaftliches Interesse versichert hat, liegt eine Krankenversicherung für fremde Rechnung i.S.d. §§ 194 Abs. 3 S. 1, 43 ff. VVG vor.

Die Feststellung, ob mit dem Versicherungsvertrag ein eigenes oder ein fremdes wirtschaftliches Interesse versichert wurde, hat immer anhand einer Auslegung des konkreten Versicherungsvertrages zu erfolgen.[126] Im Rahmen der Auslegung

---

120 Bruck/Möller/*Brand*, § 43 Rn. 4.

121 Bruck/Möller/*Brand*, § 43 Rn. 4.

122 Schwintowski/Brömmelmeyer/*Hübsch*, § 43 Rn. 9; BK/*Hübsch*, § 74 Rn. 19.

123 Schwintowski/Brömmelmeyer/*Hübsch*, Vorbemerkungen §§ 43 bis 48 Rn. 1 und § 43 Rn. 9; BK/*Hübsch*, § 74 Rn. 19; *Schirmer*, ZVersWiss 1981, 637, 638.

124 Schwintowski/Brömmelmeyer/*Hübsch*, § 43 Rn. 9; BK/*Hübsch*, § 74 Rn. 19.

125 BGH NJW-RR 1988, 727; OLG Frankfurt a.M. VersR 2001, 448; OLG Saarbrücken VersR 1997, 863, 864 f.; Schwintowski/Brömmelmeyer/*Hübsch*, § 43 Rn. 9; Schwintowski/Brömmelmeyer/*Brömmelmeyer*, § 193 Rn. 6; FAKomm-VersR/*Staab*, § 193 VVG Rn. 2; FAKomm-VersR/*Schramm/Kassing*, § 43 VVG Rn. 7; Looschelders/Pohlmann/*Koch*, § 43 Rn. 45; Looschelders/Pohlmann/*Reinhard*, § 193 Rn. 5; Bruck/Möller/*Brand*, Vor §§ 43–48 Rn. 1; Prölss/Martin/*Klimke*, § 43 Rn. 2; Prölss/Martin/*Voit*, § 193 Rn. 1; BK/*Hübsch*, § 74 Rn. 1; Terbille/Höra/*Steinbeck/Terno*, § 2 Rn. 308; *van Bühren*, in: van Bühren, Handbuch Versicherungsrecht, § 1 Rn. 319; Römer/Langheid/*Rixecker*, § 43 Rn. 1; Uhlenbruck/*Brinkmann*, § 47 Rn. 107; *Werber/Winter*, Grundzüge des Versicherungsvertragsrechts, § 19 Rn. 324; *Gundlach*, DZWIR 2000, 309; *Sieg*, ZVersWiss 1995, 697, 701; *Schirmer*, ZVersWiss 1981, 637, 638.

126 BGHZ 175, 374, 380 = VersR 2008, 634, 635; BGH VersR 2003, 1171, 1172; BGHZ 145, 393, 398 = VersR 2001, 94, 96; BGH NJW-RR 1988, 727; FAKomm-VersR/*Schramm/*

ist folgende Kontrollfrage zu stellen: Wer hätte den Schaden zu tragen, wenn der Versicherungsvertrag nicht bestünde?[127] Auf die private Krankenversicherung übertragen: Wer müsste für die Kosten der medizinischen Heilbehandlung, der Medikamente und der medizinischen Heil- und Hilfsmittel aufkommen, würde kein Krankenversicherungsschutz bestehen? Wären die Kosten vom Versicherungsnehmer zu tragen, handelt es sich um eine Versicherung fremder Gesundheit für eigene Rechnung, weil er dann sein eigenes wirtschaftliches Interesse versichert hat. Müsste die versicherte Person die Kosten hingegen selbst tragen, liegt eine Versicherung fremder Gesundheit für fremde Rechnung vor.

Führt eine Auslegung zu keinem klaren Ergebnis, handelt es sich im Zweifel um eine Versicherung fremder Gesundheit für eigene Rechnung, § 43 Abs. 3 VVG. Zwar beinhaltet § 179 Abs. 1 S. 2 VVG für die private Unfallversicherung eine von § 43 Abs. 3 VVG abweichende Zweifelsregelung. Danach handelt es sich bei einer privaten Unfallversicherung im Zweifel um eine Versicherung für fremde Rechnung. Die §§ 192 ff. VVG enthalten eine entsprechende Regelung für die private Krankenversicherung aber nicht. Aufgrund der bewussten Entscheidung, die von § 43 Abs. 3 VVG abweichende Zweifelsregelung des § 179 Abs. 1 S. 2 VVG auf private Unfallversicherungen zu beschränken, kommt eine analoge Anwendung des § 179 Abs. 1 S. 2 VVG auf private Krankenversicherungen nicht in Betracht. Es verbleibt bei privaten Krankenversicherungen somit bei § 43 Abs. 3 VVG, wonach es sich im Zweifel um eine Versicherung für eigene Rechnung handelt.[128]

aa) Versicherung fremder Gesundheit für eigene Rechnung

Der Versicherungsnehmer deckt mit einer Versicherung fremder Gesundheit sein eigenes wirtschaftliches Interesse ab, wenn er im Falle fehlenden Versicherungsschutzes für die Kosten der medizinischen Versorgung der versicherten Person aufzukommen hätte. Dies ist letztlich nur bei sog. Familienversicherungen denkbar, d.h. wenn der Versicherungsnehmer dem versicherten Familienangehörigen gegenüber unterhaltsverpflichtet ist.[129] Würde kein Versicherungsschutz bestehen, müsste

---

Kassing, § 43 VVG Rn. 9; Bruck/Möller/*Brand*, § 43 Rn. 31; Prölss/Martin/*Klimke*, § 43 Rn. 2; Römer/Langheid/*Rixecker*, § 43 Rn. 8; Hk-VVG/*Muschner*, § 43 Rn. 4; Schwintowski/Brömmelmeyer/*Hübsch*, § 43 Rn. 25 und Rn. 27; Terbille/Höra/*Steinbeck/Terno*, § 2 Rn. 304; Looschelders/Pohlmann/*Koch*, § 43 Rn. 45; Looschelders/Pohlmann/*Reinhard*, § 193 Rn. 5.

127 Bach/Moser/*Bach*, 3. Aufl., § 178a Rn. 11.

128 Bruck/Möller/*Brand*, § 43 Rn. 11.

129 OLG Koblenz VersR 2004, 993, 994; OLG Saarbrücken VersR 1997, 863, 865; OLG Köln VersR 1983, 772; OLG Hamm VersR 1980, 137 f.; LG Köln VersR 1994, 464; Römer/Langheid/*Römer*, 2. Aufl., § 74 Rn. 20; Langheid/Wandt/*Kalis*, § 193 Rn. 11; Looschelders/Pohlmann/*Reinhard*, § 193 Rn. 5; Bruck/Möller/ *Wriede*, 8. Aufl., Anm. B 9 und H 4; *Commer*, in: van Bühren, Handbuch Versicherungsrecht, § 17 Rn. 74; *Schüffner/Franck*, in: Sodan, Krankenversicherungsrecht, § 43 Rn. 57; MüKoBGB/

der Versicherungsnehmer grds. aus seiner Unterhaltspflicht heraus die Kosten der medizinischen Versorgung übernehmen.

aaa) Kinder des Versicherungsnehmers

Eine Versicherung fremder Gesundheit für eigene Rechnung liegt zumindest immer dann vor, wenn der Versicherungsnehmer einen Krankenversicherungsvertrag für sein minderjähriges, noch nicht erwerbstätiges Kind abgeschlossen hat.[130] Würde kein Versicherungsschutz bestehen, müsste der Versicherungsnehmer aufgrund seiner Pflicht zur Krankenfürsorge die Kosten der medizinischen Versorgung des unterhaltsberechtigten Kindes tragen. Mit dem Abschluss des Krankenversicherungsvertrages deckt der unterhaltsverpflichtete Versicherungsnehmer daher immer sein eigenes wirtschaftliches Interesse ab.

Besteht ein Krankenversicherungsvertrag zugunsten eines volljährigen Kindes, ist zu differenzieren: Befindet sich das Kind noch in der schulischen oder beruflichen Ausbildung, ist es also selbst noch nicht voll erwerbstätig und daher noch nicht in der Lage sich selbst zu unterhalten, handelt es sich um eine Versicherung fremder Gesundheit für eigene Rechnung.[131] In diesem Fall ist der Versicherungsnehmer weiterhin aufgrund der bestehenden Unterhaltspflicht zur Krankenfürsorge verpflichtet. Ist das volljährige Kind hingegen berufstätig, ist die durch ein Elternteil zugunsten des Kindes abgeschlossene Krankenversicherung als Versicherung fremder Gesundheit für fremde Rechnung zu qualifizieren.[132] Weil das Kind ab diesem Zeitpunkt in der Lage ist, sich selbst zu unterhalten, endet die Unterhaltsberechtigung, §§ 1601, 1602 Abs. 1 BGB, und der Versicherungsnehmer deckt mit dem Vertrag nicht mehr sein eigenes wirtschaftliches Interesse ab, sondern das wirtschaftliche Interesse des Kindes. Befindet sich das volljährige Kind nicht mehr in der Ausbildung, ist es aber auch nicht berufstätig, hängt es von den Umständen des Einzelfalls ab, ob eine Unterhaltspflicht der Eltern gegenüber dem volljährigen Kind besteht

---

Gottwald, § 328 Rn. 114; *Pannenbecker*, VersR 1998, 1322, 1323; *Wriede*, VersR 1994, 251, 252; *Süss*, VersR 1952, 185, 188.

130 OLG Koblenz VersR 2005, 491, 492; OLG Koblenz VersR 2004, 993, 994; OLG Saarbrücken VersR 1997, 863, 865; LG Köln VersR 1994, 464; LG Dortmund VuR 2007, 120; Römer/Langheid/*Römer*, 2. Aufl., § 74 Rn. 20; Prölss/Martin/*Voit*, § 193 Rn. 2; Schwintowski/Brömmelmeyer/*Brömmelmeyer*, § 193 Rn. 6; Hk-VVG/*Muschner*, § 43 Rn. 25; FAKomm-VersR/*Staab*, § 193 VVG Rn. 2; Bruck/Möller/*Brand*, Vor §§ 43–48 Rn. 26; Bach/Moser/*Bach*, 3. Aufl., § 178a VVG Rn. 12; *Commer*, in: van Bühren, Handbuch Versicherungsrecht, § 17 Rn. 69; *Boetius*, § 193 Rn. 52; *Schüffner/Franck*, in: Sodan, Krankenversicherungsrecht, § 43 Rn. 57; *Voit*, NJW 2006, 2225, 2227.

131 Wohl auch Langheid/Wandt/*Kalis*, § 193 Rn. 11; *Commer*, in: van Bühren, Handbuch Versicherungsrecht, § 17 Rn. 69; a.A. *Boetius*, § 193 Rn. 52.

132 Langheid/Wandt/*Kalis*, § 193 Rn. 11; *Boetius*, § 193 Rn. 52; *Commer*, in: van Bühren, Handbuch Versicherungsrecht, 5. Aufl., § 17 Rn. 80.

oder nicht. Je nachdem handelt es sich um eine Versicherung fremder Gesundheit für eigene oder um eine Versicherung fremder Gesundheit für fremde Rechnung.

bbb) Ehepartner des Versicherungsnehmers

Hinsichtlich der Frage, ob es sich bei einer Krankenversicherung zugunsten des Ehepartners um eine Versicherung fremder Gesundheit für eigene oder für fremde Rechnung handelt, wird teilweise differenziert: Ist der Ehepartner selbst erwerbstätig, bezieht er also ein eigenes Einkommen, soll es sich um eine Versicherung fremder Gesundheit für fremde Rechnung handeln, weil der versicherte Ehepartner die Krankheitskosten im Falle fehlenden Versicherungsschutzes aus seinem eigenen Einkommen selbst zu tragen hätte.[133] Im Falle der eigenen Erwerbstätigkeit des versicherten Ehepartners könne mangels Bestehens einer Unterhaltsverpflichtung nicht von der Versicherung eines eigenen wirtschaftlichen Interesses des Versicherungsnehmers ausgegangen werden. Der Versicherungsnehmer decke mit der Krankenversicherung vielmehr das wirtschaftliche Interesse des versicherten Ehepartners. Obliegt dem versicherten Ehepartner hingegen allein die Haushaltsführung, bezieht er also kein eigenes Einkommen und trägt er ausschließlich durch die Tätigkeit im Haushalt zum Familienunterhalt bei, soll es sich um eine Versicherung fremder Gesundheit für eigene Rechnung handeln. In diesem Fall decke der Versicherungsnehmer sein eigenes wirtschaftliches Interesse ab, weil die Krankheitskosten seines einkommenslosen Ehepartners als Teil der Unterhaltspflicht von ihm zu tragen wären.

Dieser Ansicht wird zu Recht entgegengehalten, dass sie ausschließlich die Unterhaltsverpflichtung des Versicherungsnehmers in den Vordergrund rückt.[134] Dabei wird übersehen, dass auch in einer Ehe, in der einer der beiden Ehepartner durch ausschließliche Tätigkeit im Haushalt zum Familienunterhalt beiträgt, dieser Ehepartner vorrangig ein eigenes Interesse daran behält, selbständig seine gesundheitlichen Belange zu regeln.[135] Anders als bei minderjährigen Kindern zielt das Interesse des Versicherungsnehmers bei Abschluss eines Krankenversicherungsvertrages zugunsten seines Ehepartners nicht nur darauf ab, Vorsorge für den bei

---

133 OLG Koblenz VersR 2005, 491, 492; OLG Koblenz VersR 2004, 993, 994; OLG Saarbrücken VersR 1997, 863, 865; OLG Köln VersR 1983, 772, 773; OLG Hamm VersR 1980, 137, 138; LG Münster VersR 1968, 743; Bruck/Möller/*Wriede*, 8. Aufl., Anm. B 9 und H 4; Bach/Moser/*Bach*, 3. Aufl., § 178a VVG Rn. 12; *Pannenbecker*, VersR 1998, 1322, 1324.

134 BGH NJW-RR 2008, 116; BGH NJW 2006, 1434, 1437; OLG Frankfurt a.M. VersR 2001, 448 f.; Römer/Langheid/*Römer*, 2. Aufl., § 74 Rn. 20; *Boetius*, § 193 Rn. 52; Schwintowski/Brömmelmeyer/*Brömmelmeyer*, § 193 Rn. 6; Prölss/Martin/*Voit*, § 193 Rn. 2; Hk-VVG/*Muschner*, § 43 Rn. 24; FAKomm-VersR/*Staab*, § 193 VVG Rn. 2; *Commer*, in: van Bühren, Handbuch Versicherungsrecht, § 17 Rn. 70; *Schüffner/Franck*, in: Sodan, Krankenversicherungsrecht, § 43 Rn. 58; *Voit*, NJW 2006, 2225, 2226 f.

135 BGH NJW 2006, 1434, 1437; OLG Frankfurt a.M. VersR 2001, 448 f.

Krankheit des Partners drohenden Unterhaltsanspruch zu treffen.[136] Vielmehr ist nach dem heutigen Verständnis, wonach die Ehe eine von Zuneigung getragene Lebenspartnerschaft und nicht nur ein Versorgungsinstitut darstellt, regelmäßig davon auszugehen, dass der Versicherungsnehmer aufgrund der persönlichen Beziehung zum versicherten Ehepartner dessen Interesse an der eigenen Krankheitsvorsorge mitversichert und dieses Interesse im Vordergrund steht.[137]

Weil also primär das Interesse des versicherten Ehepartners an der eigenen Krankheitsvorsorge versichert wird und dieses Interesse das des Versicherungsnehmers, Vorsorge für den bei Krankheit des Partners drohenden Unterhaltsanspruch zu treffen, überwiegt, handelt es sich bei einer Krankenversicherung zugunsten des Ehepartners stets um eine Versicherung fremder Gesundheit für fremde Rechnung. Dies gilt unabhängig davon, ob der versicherte Ehepartner selbst einer Erwerbstätigkeit nachgeht oder nicht.

ccc) Eingetragene Lebenspartner i.S.d. LPartG

Gemäß § 5 S. 1 LPartG sind die Lebenspartner einander verpflichtet, durch ihre Arbeit und mit ihrem Vermögen die partnerschaftliche Lebensgemeinschaft angemessen zu unterhalten. Über § 5 S. 2 LPartG finden die §§ 1360 S. 2, 1360a, 1360b und 1609 BGB auf die eingetragene Lebenspartnerschaft entsprechende Anwendung. Auch eingetragene Lebenspartner sind sich also gegenseitig zum Unterhalt verpflichtet.

Bei eingetragenen Lebenspartnern gilt jedoch nichts anderes als bei Ehepartnern. Auch hier trifft der Versicherungsnehmer mit dem Abschluss eines Krankenversicherungsvertrages zugunsten des anderen Lebenspartners nicht nur Vorsorge für den bei Krankheit des Partners drohenden Unterhaltsanspruch. Vielmehr ist auch bei eingetragenen Lebenspartnern davon auszugehen, dass der Versicherungsnehmer aufgrund der persönlichen Beziehung zu seinem Partner dessen Interesse an der eigenen Krankheitsvorsorge mitversichert und dieses Interesse im Vordergrund steht. Auch bei einer Krankenversicherung zugunsten des eingetragenen Lebenspartners handelt es sich daher stets um eine Versicherung fremder Gesundheit für fremde Rechnung.

ddd) Nicht-eheliche Lebensgemeinschaft

Lebt der Versicherungsnehmer in einer nicht-ehelichen Lebensgemeinschaft und schließt er für seinen Partner einen Krankenversicherungsvertrag ab, versichert er dadurch schon mangels bestehender Unterhaltspflicht kein eigenes wirtschaftliches Interesse, sondern allein das wirtschaftliche Interesse der versicherten Person. Es handelt sich daher immer um eine Versicherung fremder Gesundheit für fremde Rechnung.

136 BGH NJW 2006, 1434, 1437; OLG Frankfurt a.M. VersR 2001, 448 f.
137 OLG Frankfurt a.M. VersR 2001, 448, 449.

bb) Versicherung fremder Gesundheit für fremde Rechnung

Nur wenn der Versicherungsnehmer den Vertrag zugunsten eines minderjährigen bzw. nicht erwerbstätigen Kindes abgeschlossen hat, handelt es sich im Falle fehlender Personenidentität um eine Versicherung fremder Gesundheit für eigene Rechnung.

In allen anderen Fällen fehlender Personenidentität von Versicherungsnehmer und versicherter Person handelt es sich hingegen um eine Versicherung fremder Gesundheit für fremde Rechnung i.S.d. §§ 43 ff. VVG.

b) Anwendbarkeit der §§ 43 ff. VVG auf private Krankenversicherungen

Damit steht zwar fest, wann es sich im Falle fehlender Personenidentität von Versicherungsnehmer und versicherter Person um eine Versicherung fremder Gesundheit für fremde Rechnung handelt. Unklar ist aber noch, ob und inwieweit die Grundsätze der §§ 43 ff. VVG, insbesondere § 44 Abs. 1 S. 1 VVG, auf private Krankenversicherungen Anwendung finden.

Zwar verweist § 194 Abs. 3 S. 1 VVG seit der VVG-Reform 2008[138] nun ausdrücklich auf die §§ 43 ff. VVG.[139] § 194 Abs. 3 VVG beinhaltet jedoch gewisse Modifizierungen. Nach § 194 Abs. 3 VVG sind die §§ 43 bis 48 VVG auf die Krankenversicherung mit der Maßgabe anzuwenden, dass ausschließlich die versicherte Person die Versicherungsleistung verlangen kann, wenn der Versicherungsnehmer sie gegenüber dem Versicherer in Textform als Empfangsberechtigten der Versicherungsleistung benannt hat. Die Benennung kann widerruflich oder unwiderruflich erfolgen. Liegt diese Voraussetzung nicht vor, kann nur der Versicherungsnehmer die Versicherungsleistung verlangen. Einer Vorlage des Versicherungsscheins bedarf es nicht.

Fraglich ist, ob und inwieweit sich diese Modifizierung auf die Grundregeln der §§ 43 ff. VVG, insbesondere auf den Grundsatz des § 44 Abs. 1 S. 1 VVG, auswirkt. Der Gesetzesbegründung sind diesbezüglich kaum Hinweise zu entnehmen. Dort heißt es zu § 194 Abs. 3 VVG[140] recht knapp, dass diese neue Vorschrift die allgemeinen Bestimmungen über die Versicherung für fremde Rechnung nun auch

---

138 Zunächst handelte es sich um § 194 Abs. 4 VVG.

139 Anders noch unter Geltung des § 178a Abs. 2 VVG a.F. Dort wurde auf die Vorschriften über die Versicherung für fremde Rechnung, §§ 74 ff. VVG a.F., nicht verwiesen, was gegen eine Anwendbarkeit der Vorschriften sprach. Dennoch hat der IV. Zivilsenat des BGH mit Urteil vom 8.2.2006 (BGH NJW 2006, 1434 ff.) entschieden, dass die Vorschriften über die Versicherung für fremde Rechnung auch auf die private Krankenversicherung anwendbar sein sollen. Auf die Rechtslage vor Einführung des § 194 VVG n.F. im Zuge der VVG-Reform 2008 soll hier jedoch nicht weiter eingegangen werden. Diesbezüglich wird beispielhaft auf die Ausführungen von Prölss/Martin/*Prölss*, 27. Aufl., § 178a Rn. 5 ff. und Langheid/Wandt/*Kalis*, § 194 Rn. 50 ff. verwiesen.

140 Zunächst handelte es sich um § 194 Abs. 4 VVG.

für die Krankenversicherung für anwendbar erkläre.[141] Des Weiteren wird darauf hingewiesen, dass die Vorschrift zugleich die für die Krankenversicherung gegenüber den §§ 43 ff. VVG notwendigen Abweichungen beinhalte.[142] Warum diese Abweichungen notwendig sind und wie (bzw. ob überhaupt) sich § 194 Abs. 3 S. 1 VVG auf die Grundregel des § 44 Abs. 1 S. 1 VVG auswirkt, ist der Begründung nicht zu entnehmen.

Dabei kommt dieser Frage erhebliche Bedeutung zu. Dies gilt insbesondere für das Insolvenzverfahren. Wird über das Vermögen des Versicherungsnehmers das Insolvenzverfahren eröffnet, hängt die Massezugehörigkeit des Leistungsanspruchs entscheidend davon ab, ob er dem Vermögen des Versicherungsnehmers oder gemäß § 44 Abs. 1 S. 1 VVG dem Vermögen der versicherten Person zugeordnet ist. Im ersten Fall würde der Leistungsanspruch gemäß § 35 Abs. 1 InsO grds. in die Insolvenzmasse fallen, so dass die Frage der Massezugehörigkeit von den §§ 36 Abs. 1 InsO, 850 ff. ZPO abhängig wäre. Im zweiten Fall wäre die Versicherungsforderung schon mangels Zugehörigkeit zum Schuldnervermögen vollumfänglich dem Zugriff des Insolvenzverwalters entzogen.

aa) Zweiteilige Prüfung der Anspruchsinhaberschaft?

Teile der Literatur meinen, § 194 Abs. 3 VVG modifiziere § 44 Abs. 1 S. 1 VVG dahingehend, dass die versicherte Person bei einer Krankenversicherung für fremde Rechnung nicht automatisch Anspruchsinhaber werde, sondern nur und erst dann, wenn sie vom Versicherungsnehmer dem Versicherer gegenüber in Textform bezüglich der Versicherungsleistung für empfangsberechtigt benannt wurde.[143] Bis zu diesem Zeitpunkt sei allein der Versicherungsnehmer Inhaber des Leistungsanspruchs.[144] Weil für die Zuordnung der Versicherungsforderung wegen § 194 Abs. 3 S. 1 VVG allein die Benennung der versicherten Person gegenüber dem Versicherer relevant sei, komme § 44 Abs. 1 S. 1 VVG bei der privaten Krankenversicherung kaum Bedeutung zu.[145]

Nach dieser Ansicht wäre auf einer ersten Stufe zunächst festzustellen, ob es sich bei der Krankenversicherung, bei der versicherte Person und Versicherungsnehmer personenverschieden sind, um eine Versicherung für eigene oder um eine Versicherung für fremde Rechnung i.S.d. §§ 43 ff. VVG handelt. Sollte es sich um eine Versicherung für fremde Rechnung handeln, wäre der Leistungsanspruch abweichend

---

141 BT-Drucks. 16/3945, S. 111.

142 BT-Drucks. 16/3945, S. 111.

143 Terbille/Höra/*Schubach*, § 23 Rn. 32; Looschelders/Pohlmann/*Reinhard*, § 194 Rn. 20 ff.; Hk-VVG/*Rogler*, § 194 Rn. 10 ff.; Bach/Moser/*Staudinger*, Einl Rn. 302; *Schüffner/Franck*, in: Sodan, Krankenversicherungsrecht, § 43 Rn. 59; wohl auch FAKomm-VersR/*Staab*, § 194 VVG Rn. 25 f.; *Boetius*, § 194 Rn. 70 ff.

144 Terbille/Höra/*Schubach*, § 23 Rn. 32; *Schüffner/Franck*, in: Sodan, Krankenversicherungsrecht, § 43 Rn. 59.

145 Hk-VVG/*Rogler*, § 194 Rn. 24.

von § 44 Abs. 1 S. 1 VVG nicht automatisch dem Vermögen der versicherten Person zugeordnet. Vielmehr bedürfte es wegen § 194 Abs. 3 S. 1 VVG auf einer zweiten Stufe der Prüfung, ob der Versicherungsnehmer dem Versicherer gegenüber die versicherte Person in Textform als Empfangsberechtigten für die Versicherungsleistung angezeigt hat. Nur wenn dies der Fall ist, wäre die versicherte Person über §§ 194 Abs. 3 S. 1, 44 Abs. 1 S. 1 VVG Anspruchsinhaber. Solange die Anzeige nicht oder nicht in Textform erfolgt ist, wäre der Leistungsanspruch auch dann dem Vermögen des Versicherungsnehmers zugeordnet und damit im Falle seiner Insolvenz über § 35 Abs. 1 InsO massezugehörig, wenn eine Versicherung für fremde Rechnung i.S.d. §§ 43 ff. VVG vorliegt.

bb) Bei Anzeige immer Versicherung für fremde Rechnung?

Voit[146] meint hingegen, die Anspruchsinhaberschaft sei allein danach zu bestimmen, ob die versicherte Person dem Versicherer gegenüber in Textform als empfangsberechtigt angezeigt wurde oder nicht. Ist eine Anzeige erfolgt, sei immer die versicherte Person über §§ 194 Abs. 3 S. 1, 44 Abs. 1 S. 1 VVG Inhaber des Leistungsanspruchs, unabhängig davon, ob der Versicherungsnehmer im konkreten Fall sein eigenes oder ein fremdes wirtschaftliches Interesse versichert hat. Durch die Anzeige gegenüber dem Versicherer werde jede Krankenversicherung zu einer Versicherung für fremde Rechnung, weil sich durch die Benennung gegenüber dem Versicherer das Eigeninteresse der versicherten Person an der Versicherung zeige.[147] Die versicherte Person werde durch die Anzeige gegenüber dem Versicherer also auch dann über §§ 194 Abs. 3 S. 1, 44 Abs. 1 S. 1 VVG Anspruchsinhaber, wenn es sich eigentlich um eine Versicherung fremder Gesundheit für eigene Rechnung handelt, auf welche die §§ 43 ff. VVG keine Anwendung finden.

cc) Bewertung

Entgegen den o.g. Auffassungen hat die Modifizierung des § 194 Abs. 3 S. 1 VVG gegenüber den §§ 43 ff. VVG keine Auswirkungen auf den Grundsatz des § 44 Abs. 1 S. 1 VVG, wonach der Leistungsanspruch bei einer Versicherung für fremde Rechnung nicht dem Vermögen des Versicherungsnehmers, sondern allein dem Vermögen der versicherten Person zugeordnet ist. Die Modifizierung des § 194 Abs. 3 S. 1 VVG gegenüber den §§ 43 ff. VVG wirkt sich vielmehr allein auf die Frage aus, an wen der Versicherer bei Eintritt des Versicherungsfalls mit befreiender Wirkung leisten kann.[148]

Zwar lassen sich die genauen Gründe, warum die §§ 43 ff. VVG auf die private Krankenversicherung nicht uneingeschränkt, sondern nur in modifizierter

---

146 Prölss/Martin/*Voit*, § 193 Rn. 3 und § 194 Rn. 11.

147 Prölss/Martin/*Voit*, § 193 Rn. 3 und § 194 Rn. 11; wohl auch Hk-VVG/*Rogler*, § 193 Rn. 17 f.

148 So wohl auch Bruck/Möller/*Brand*, Vor §§ 43–48 Rn. 26.

Form anwendbar sind, der Gesetzesbegründung nicht entnehmen.[149] Sie ergeben sich aber aus dem Abschlussbericht der Kommission zur Reform des Versicherungsvertragsrechts vom 19.4.2004.[150] Ausweislich des Abschlussberichts würde eine uneingeschränkte Anwendbarkeit der §§ 43 ff. VVG auf private Krankenversicherungen zu erheblichen praktischen Problemen bei der Leistungsabrechnung führen.[151] Um Doppelzahlungen zu vermeiden bzw. eine befreiende Zahlung sicherzustellen, müsste der Versicherer vom jeweils Erstattung verlangenden Versicherungsnehmer oder Versicherten die Vorlage des Versicherungsscheins oder die Zustimmung des Versicherten bzw. Versicherungsnehmers verlangen.[152] Das führe in einem Massengeschäftszweig wie der Krankenversicherung zu unvertretbarem Verwaltungsaufwand und verzögere zum Nachteil des Erstattungsempfängers die Auszahlung der Leistung erheblich.[153] Die notwendige Modifizierung der §§ 43 ff. VVG solle darin bestehen, dass der Versicherte nur dann befreiende Leistung des Krankenversicherers verlangen kann, wenn der Versicherungsnehmer ihn gegenüber dem Versicherer als Empfangsberechtigten der Versicherungsleistung benannt hat.[154] Ohne den Versicherungsschein vorlegen zu müssen sei damit eine eindeutige Empfangsberechtigung gegeben: Bei Benennung durch den Versicherungsnehmer nur der Versicherte und ohne Benennnung nur der Versicherungsnehmer.[155]

Würden die §§ 43 ff. VVG auf die private Krankenversicherung uneingeschränkt anwendbar sein, hätte dies zur Folge, dass der Versicherer in jedem Einzelfall genau prüfen müsste, an wen er bei Eintritt des Versicherungsfalls mit befreiender Wirkung leisten kann, um eine doppelte Inanspruchnahme zu verhindern. Hintergrund ist, dass nicht bei jedem Auseinanderfallen von Versicherungsnehmer und versicherter Person zugleich eine Versicherung für fremde Rechnung i.S.d. §§ 43 ff. VVG vorliegt.[156] Handelt es sich um eine Versicherung für fremde Rechnung, ist die versicherte Person Anspruchsinhaber, § 44 Abs. 1 S. 1 VVG, so dass der Versicherer grds. nur an sie mit befreiender Wirkung leisten kann. Etwas anderes gilt nur, wenn der Versicherungsnehmer den Versicherungsschein vorlegt oder

---

149 BT-Drucks. 16/3945, S. 111.

150 *Lorenz*, Abschlussbericht der Kommission zur Reform des Versicherungsvertragsrechts, S. 167 f.

151 *Lorenz*, Abschlussbericht der Kommission zur Reform des Versicherungsvertragsrechts, S. 168; siehe auch Schwintowski/Brömmelmeyer/*Brömmelmeyer*, § 193 Rn. 9; *Marko*, Private Krankenversicherung, Kap. A Rn. 4.

152 *Lorenz*, Abschlussbericht der Kommission zur Reform des Versicherungsvertragsrechts, S. 168.

153 *Lorenz*, Abschlussbericht der Kommission zur Reform des Versicherungsvertragsrechts, S. 168.

154 *Lorenz*, Abschlussbericht der Kommission zur Reform des Versicherungsvertragsrechts, S. 168.

155 *Lorenz*, Abschlussbericht der Kommission zur Reform des Versicherungsvertragsrechts, S. 168.

156 § 3, C., I., 2. – S. 40 ff.

die versicherte Person einer Leistung an den Versicherungsnehmer ausdrücklich zugestimmt hat, § 45 Abs. 2 VVG. Handelt es sich trotz fehlender Personenidentität zwischen Versicherungsnehmer und versicherter Person um eine Versicherung für eigene Rechnung, ist der Leistungsanspruch mangels Anwendbarkeit des § 44 Abs. 1 S. 1 VVG dem Vermögen des Versicherungsnehmers zugeordnet. Eine Leistung mit befreiender Wirkung kann daher grds. allein an ihn erfolgen. Etwas anderes wäre nur denkbar, wenn die versicherte Person den Versicherungsschein vorlegt.

Weil der Versicherer nicht immer zweifelsfrei feststellen kann, ob es sich im konkreten Fall um eine Versicherung für eigene oder um eine Versicherung für fremde Rechnung handelt, müsste er vor jeder Auszahlung aufs Neue von demjenigen, der die Leistung begehrt, die Vorlage des Versicherungsscheins und / oder die Zustimmung der versicherten Person bzw. des Versicherungsnehmers verlangen, um sicher gehen zu können, dass seiner Leistung schuldbefreiende Wirkung zukommt. Leistet er ohne befreiende Wirkung, kann er vom Berechtigten erneut in Anspruch genommen werden und wäre bezüglich seiner ersten Leistung auf Herausgabeansprüche angewiesen. Dabei droht die Gefahr, dass er diese nicht vollständig durchsetzen kann.

Wie die Kommission in ihrem Abschlussbericht zutreffend anführt, wäre es bei einem Massengeschäftszweig wie der privaten Krankenversicherung mit unvertretbarem Verwaltungsaufwand verbunden, müsste der Versicherer vor jeder einzelnen Auszahlung von demjenigen, der die Leistung begehrt, die Vorlage des Versicherungsscheins oder die Zustimmung der versicherten Person bzw. des Versicherungsnehmers verlangen. Dadurch würde die Auszahlung der Versicherungsleistung zum Nachteil des Empfangsberechtigten teils erheblich verzögert werden. Aus diesem Grunde werden die §§ 43 ff. VVG auf die private Krankenversicherung über § 194 Abs. 3 S. 1 VVG nicht uneingeschränkt, sondern in modifizierter Form für anwendbar erklärt.

Seit der Einführung des § 194 Abs. 3 S. 1 VVG gilt für private Krankenversicherungen Folgendes: Zunächst stellt die Norm nun ausdrücklich klar, dass die §§ 43 ff. VVG auch auf die private Krankenversicherung anwendbar sind. Dies gilt auch und gerade für § 44 Abs. 1 S. 1 VVG.[157] Handelt es sich bei der Krankenversicherung um eine Versicherung für fremde Rechnung i.S.d. §§ 43 ff. VVG, ist die versicherte Person über §§ 194 Abs. 3 S. 1, 44 Abs. 1 S. 1 VVG immer alleiniger Inhaber des Leistungsanspruchs. Würde § 194 Abs. 3 S. 1 VVG keine Besonderheiten gegenüber den §§ 43 ff. VVG enthalten, müsste der Versicherer also in jedem Einzelfall, bei dem versicherte Person und Versicherungsnehmer personenverschieden sind, nachforschen, ob es sich um eine Versicherung für eigene oder für fremde Rechnung handelt und er müsste sich – um die Gefahr der doppelten Inanspruchnahme tatsächlich ausschließen zu können – vor der Auszahlung den Versicherungsschein vorlegen lassen und / oder die Zustimmung des anderen einholen. Genau dies, d.h. zeit- und arbeitsintensive Nachprüfungen des Versicherers und damit einhergehende

157 Veith/Gräfe/Gebert/*Wendt*, Der Versicherungsprozess, § 11 Rn. 11.

Verzögerungen im Rahmen der Leistungsabwicklung, sollten bei dem Massengeschäftszweig der privaten Krankenversicherung verhindert werden. Aus diesem Grund wurde die Leistungsabwicklung erleichtert, in dem in § 194 Abs. 3 VVG die Empfangsberechtigung für die Versicherungsleistung – nicht aber die Anspruchsinhaberschaft – bei privaten Krankenversicherungen für fremde Rechnung abweichend von den Grundsätzen der §§ 43 ff. VVG geregelt wurde.

Abweichend von den §§ 43 ff. VVG gilt für die Empfangsberechtigung Folgendes: Sind versicherte Person und Versicherungsnehmer personenverschieden, muss der Versicherer nicht vor jeder Auszahlung nachprüfen, ob es sich um eine Versicherung für eigene oder um eine Versicherung für fremde Rechnung handelt und an wen er daher mit befreiender Wirkung leisten kann. Er muss sich auch nicht den Versicherungsschein vorlegen lassen. Unabhängig davon, ob die versicherte Person, §§ 194 Abs. 3 S. 1, 44 Abs. 1 S. 1 VVG, oder der Versicherungsnehmer Anspruchsinhaber ist, besteht für den Krankenversicherer wegen § 194 Abs. 3 VVG keine Unklarheit, an wen er mit befreiender Wirkung leisten kann. Benennt der Versicherungsnehmer die versicherte Person gegenüber dem Versicherer in Textform als empfangsberechtigt für die Versicherungsleistung, kann der Versicherer ausschließlich an die versicherte Person mit befreiender Wirkung leisten, § 194 Abs. 3 S. 1 VVG. Einer Vorlage des Versicherungsscheins bedarf es nicht, § 194 Abs. 3 S. 3 VVG. Durch eine Leistung an den Versicherungsnehmer wird der Versicherer nicht von seiner Leistungspflicht befreit. Dies gilt selbst dann, wenn es sich tatsächlich um eine Versicherung für eigene Rechnung handelt und / oder der Versicherungsnehmer den Versicherungsschein vorlegt. Wurde die versicherte Person hingegen nicht gegenüber dem Versicherer in Textform als empfangsberechtigt angezeigt, kann der Versicherer nur an den Versicherungsnehmer mit befreiender Wirkung leisten, § 194 Abs. 3 S. 2 VVG. Auch dies gilt unabhängig davon, ob er den Versicherungsschein vorlegt oder nicht, § 194 Abs. 3 S. 3 VVG. Eine Leistung an die versicherte Person hat in diesem Fall keine schuldbefreiende Wirkung, auch dann nicht, wenn es sich um eine Versicherung für fremde Rechnung handelt und / oder die versicherte Person im Besitz des Versicherungsscheins ist.

Der Versicherer muss also allein darauf achten, ob ihm die Empfangsberechtigung der versicherten Person in Textform angezeigt wurde oder nicht. Sollte dies der Fall sein, hat die Leistung an die versicherte Person wegen § 194 Abs. 3 S. 1 VVG immer schuldbefreiende Wirkung. Mangelt es hingegen an der Anzeige in Textform, kann ausschließlich an den Versicherungsnehmer mit befreiender Wirkung geleistet werden, § 194 Abs. 3 S. 2 VVG.

Ob es sich im konkreten Fall um eine Versicherung für eigene oder für fremde Rechnung handelt, die Versicherungsleistung also der versicherten Person oder dem Versicherungsnehmer zusteht, wird sodann nur zwischen Versicherungsnehmer und versicherter Person relevant. Der Versicherer wird aus diesem Zuordnungsproblem herausgehalten, weil er mit befreiender Wirkung an den Empfangsberechtigten i.S.d. § 194 Abs. 3 VVG leisten kann. Leistet der Versicherer mit befreiender Wirkung an eine Person, die nicht Anspruchsinhaber ist, werden etwaige Herausgabeansprüche allein zwischen dem Versicherungsnehmer und der versicherten Person relevant.

Dies ist bspw. der Fall, wenn der Versicherer bei einer Krankenversicherung für fremde Rechnung mangels Anzeige der Empfangsberechtigung in Textform mit befreiender Wirkung an den Versicherungsnehmer leistet, obwohl die versicherte Person wegen §§ 194 Abs. 3 S. 1, 44 Abs. 1 S. 1 VVG alleiniger Anspruchsinhaber ist.

Für die Insolvenz des Versicherungsnehmers einer privaten Krankenversicherung gilt somit Folgendes: Die Vorschriften über die Versicherung für fremde Rechnung, §§ 43 ff. VVG, sind über § 194 Abs. 3 S. 1 VVG auch auf private Krankenversicherungen anwendbar. Die in § 194 Abs. 3 VVG enthaltenen Abweichungen zu den Grundsätzen der §§ 43 ff. VVG beziehen sich nicht auf die Frage der Anspruchsinhaberschaft, sondern allein auf die Frage, an wen der Versicherer mit befreiender Wirkung leisten kann. Handelt es sich also um eine Versicherung für fremde Rechnung i.S.d. §§ 43 ff. VVG, ist der Leistungsanspruch nicht dem Vermögen des Versicherungsnehmers, sondern über §§ 194 Abs. 3 S. 1, 44 Abs. 1 S. 1 VVG allein dem Vermögen der versicherten Person zugeordnet. Wird über das Vermögen des Versicherungsnehmers das Insolvenzverfahren eröffnet, wird der Leistungsanspruch daher schon mangels Zugehörigkeit zum Schuldnervermögen nicht über § 35 Abs. 1 InsO Bestandteil der Insolvenzmasse. Zahlt der Versicherer aufgrund der o.g. Grundsätze mit befreiender Wirkung an den Versicherungsnehmer bzw. Insolvenzverwalter, steht der versicherten Person ein Aussonderungsrecht nach § 47 InsO zu.

II. Abtretungen / Verpfändungen

Der Versicherungsnehmer kann ihm zustehende Leistungsansprüche aus privaten Krankenversicherungen nicht abtreten. Die Abtretbarkeit wird in §§ 6 Abs. 6 MB/KK, 6 Abs. 5 MB/KT, die in den Versicherungsbedingungen sämtlicher Krankenversicherer übernommen wurden, vertraglich ausgeschlossen, § 399 Alt. 2 BGB. Bedenken hinsichtlich der Wirksamkeit der §§ 6 Abs. 6 MB/KK, 6 Abs. 5 MB/KT in Hinblick auf die §§ 305 ff. BGB bestehen nicht.[158]

Wie sich noch zeigen wird, haben die §§ 6 Abs. 6 MB/KK, 6 Abs. 5 MB/KT aber letztlich nur klarstellende Wirkung, denn unabhängig von dem vertraglichen Abtretungsausschluss ergibt sich die Unübertragbarkeit des Leistungsanspruchs bereits aus § 400 BGB. Danach sind Forderungen nur abtretbar, soweit sie der Pfändung unterworfen sind. Leistungsansprüche aus privaten Krankenversicherungen sind grds. unpfändbar,[159] so dass sie unabhängig vom vertraglichen Abtretungsausschluss bereits wegen § 400 BGB nicht abgetreten werden können.

Gemäß §§ 6 Abs. 6 MB/KK, 6 Abs. 5 MB/KT können Leistungsansprüche aus privaten Krankenversicherungsverträgen auch nicht verpfändet werden. Auch diesbezüglich kommt den §§ 6 Abs. 6 MB/KK, 6 Abs. 5 MB/KT letztlich nur klarstellende Wirkung zu. Dass eine Verpfändung der Leistungsansprüche ausscheidet,

158 OLG Köln VersR 1984, 1165 f.; LG München VersR 1988, 511; LG Köln VersR 1983, 1176; LG Hamburg VersR 1971, 926, 927; Bach/Moser/*Sauer*, § 6 MB/KK Rn. 22.

159 § 4, C., I., 4. – S. 162 ff.

ist schon Folge ihrer Unabtretbarkeit. Soweit ein Recht nicht übertragbar ist, kann ein Pfandrecht an diesem Recht nicht bestellt werden, § 1274 Abs. 2 BGB.

D. Private Unfallversicherungen

Auch für den Versicherungsnehmer einer privaten Unfallversicherung besteht die Möglichkeit, sich selbst oder einen anderen zu versichern, § 179 Abs. 1 S. 1 VVG, Ziff. 12.1 AUB 2014. Wie bei privaten Krankenversicherungen wird daher auch bei privaten Unfallversicherungen für die vermögensrechtliche Zuordnung des Leistungsanspruchs die Unterscheidung zwischen Unfallversicherungen für eigene und Unfallversicherungen für fremde Rechnung i.S.d. §§ 43 ff. VVG relevant.

Zudem kann auch der Versicherungsnehmer einer privaten Unfallversicherung für bestimmte Leistungsarten Bezugsrechte bestellen, §§ 185, 159 VVG. Auch Abtretungen und Verpfändungen kommen in Teilbereichen in Betracht.

I. Versicherung für eigene und für fremde Rechnung

1. Eigenversicherung

Sind versicherte Person und Versicherungsnehmer personenidentisch (Eigenversicherung), handelt es sich immer um eine Versicherung für eigene Rechnung, so dass die Vorschriften über die Versicherung für fremde Rechnung keine Anwendung finden. Im Falle der Personenidentität ist der Leistungsanspruch daher mangels Anwendbarkeit der §§ 43 ff. VVG stets dem Vermögen des Versicherungsnehmers zugewiesen. Wird über das Vermögen des Versicherungsnehmers das Insolvenzverfahren eröffnet, wird der Leistungsanspruch über § 35 Abs. 1 InsO grds. Bestandteil der Insolvenzmasse.

2. Fremdversicherung

Soweit versicherte Person und Versicherungsnehmer hingegen personenverschieden sind (Fremdversicherung), kann es sich sowohl um eine Unfall-Fremdversicherung für eigene als auch um eine Unfall-Fremdversicherung für fremde Rechnung handeln.

Im Falle einer Unfall-Fremdversicherung für fremde Rechnung finden die §§ 43 ff. VVG auf den Unfallversicherungsvertrag Anwendung, § 194 Abs. 1 S. 1 VVG.[160]

---

160 Bruck/Möller/*Leverenz*, § 179 Rn. 142; Prölss/Martin/*Knappmann*, Ziff. 12 AUB 2010 Rn. 1; Langheid/Wandt/*Dörner*, § 179 Rn. 15; Hk-VVG/*Rüffer*, § 179 Rn. 2; Looschelders/Pohlmann/*Götz*, 179 Rn. 3; Römer/Langheid/*Rixecker*, § 179 Rn. 1; Schwintowski/Brömmelmeyer/*Brömmelmeyer*, § 179 Rn. 2 und Rn. 5; Schubach/Jannsen/*Jannsen*, Ziff. 12 Rn. 1 und Rn. 4; FAKomm-VersR/*Hugemann*, § 179 VVG Rn. 4; *Kloth*, Private Unfallversicherung, Kap. C Rn. 25; *Grimm*, Unfallversicherung, Ziff. 12 AUB 2010 Rn. 1; Terbille/Höra/*Hormuth*, § 24 Rn. 11; MüKoBGB/*Gottwald*, § 330 Rn. 4.

Zwar werden die §§ 44 Abs. 2, 45 Abs. 2 VVG durch Ziff. 12.1 AUB 2014 wirksam abbedungen.[161] Dies ändert aber nichts an dem Grundsatz des § 44 Abs. 1 S. 1 VVG, wonach die Versicherungsforderung bei einer Versicherung für fremde Rechnung dem Vermögen der versicherten Person zugewiesen ist.[162] Anders als die §§ 44 Abs. 2, 45 Abs. 2 VVG handelt es sich bei § 44 Abs. 1 S. 1 VVG um zwingendes Recht.[163] Bei einer Unfall-Fremdversicherung für fremde Rechnung ist der Leistungsanspruch daher nicht dem Vermögen des Versicherungsnehmers, sondern allein dem Vermögen der versicherten Person zugeordnet, §§ 179 Abs. 1 S. 1, 44 Abs. 1 S. 1 VVG.[164] Daher ist der Leistungsanspruch im Falle der Eröffnung des Insolvenzverfahrens über das Vermögen des Versicherungsnehmers mangels Zugehörigkeit zum Schuldnervermögen nicht über § 35 Abs. 1 InsO massezugehörig.[165] Der versicherten Person steht hinsichtlich des Leistungsanspruchs gemäß § 47 InsO ein Aussonderungsrecht zu.[166] Dieses Aussonderungsrecht kann die versicherte Person allerdings nicht gegenüber dem Versicherer geltend machen, sondern nur gegenüber dem Versicherungsnehmer bzw. dem Insolvenzverwalter, nach dem dieser die Forderung beim Versicherer eingezogen hat.[167] Dies gilt auch dann, wenn die versicherte Person im Besitz des Versicherungsscheins ist. Im Rahmen von privaten Unfallversicherungen steht das Einziehungsrecht gegenüber dem Versicherer auch bei Versicherungen für fremde Rechnung immer allein dem Versicherungsnehmer bzw. Insolvenzverwalter zu, § 45 Abs. 1 VVG, Ziff. 12.1 AUB 2014.[168] Die §§ 44 Abs. 2, 45 Abs. 2 VVG werden insoweit wirksam

161 Bruck/Möller/*Leverenz*, § 179 Rn. 188; Prölss/Martin/*Knappmann*, Ziff. 12 AUB 2010 Rn. 2; *Mangen*, in: Beckmann/Matusche-Beckmann, § 47 Rn. 108; Terbille/Höra/*Hormuth*, § 24 Rn. 12; *Wussow/Pürckhauer*, AUB, § 12 I Rn. 5; *Grimm*, Unfallversicherung, Ziff. 12 AUB 2010 Rn. 1.

162 Bruck/Möller/*Leverenz*, § 179 Rn. 143 und Rn. 154; Prölss/Martin/*Knappmann*, Ziff. 12 AUB 2010 Rn. 2; Looschelders/Pohlmann/*Götz*, § 179 Rn. 3; Veith/Gräfe/Gebert/*Marlow*, Der Versicherungsprozess, § 12 Rn. 17; BK/*Schwintowski*, § 179 Rn. 18; Bruck/Möller/*Wagner*, 8. Aufl., Anm. H 47.

163 BT-Drucks. 16/3945, S. 73; Looschelders/Pohlmann/*Koch*, § 44 Rn. 33; Hk-VVG/*Muschner*, § 44 Rn. 19; Bruck/Möller/*Brand*, § 44 Rn. 36; Langheid/Wandt/*Dageförde*, § 44 Rn. 1.

164 LG Köln ZInsO 2015, 858, 859; *Grimm*, Unfallversicherung, Ziff. 12 AUB 2010 Rn. 3, der unzutreffend §§ 179 Abs. 1, 75 Abs. 1 VVG nennt, wohl aber §§ 179 Abs. 1, 44 Abs. 1 S. 1 VVG meint.

165 LG Köln ZInsO 2015, 858, 859.

166 LG Köln ZInsO 2015, 858, 859; *Kloth*, Private Unfallversicherung, Kap. R Rn. 2; *Grimm*, Unfallversicherung, Ziff. 12 AUB 2010 Rn. 5.

167 OLG Köln, NJW-RR 2015, 725, 726; *Flöther/Pfotenhauer*, jurisPR-InsR 6/2015 Anm. 2.

168 OLG Köln, NJW-RR 2015, 725, 726; *Flöther/Pfotenhauer*, jurisPR-InsR 6/2015 Anm. 2.

durch Ziff. 12.1 AUB 2014 wirksam abbedungen.[169] Eine Leistung des Versicherers an die versicherte Person hat somit keine befreiende Wirkung.[170]

Anders verhält es sich bei der Unfall-Fremdversicherung für eigene Rechnung. Dort steht der Leistungsanspruch mangels Anwendbarkeit der §§ 43 ff. VVG grds. im Vermögen des Versicherungsnehmers. Wird über das Vermögen des Versicherungsnehmers das Insolvenzverfahren eröffnet, fällt der Leistungsanspruch dann über § 35 Abs. 1 InsO in die Insolvenzmasse.

Die Abgrenzung, ob es sich bei einer privaten Unfallversicherung im Falle fehlender Personenidentität zwischen Versicherungsnehmer und versicherter Person um eine Fremdversicherung für eigene oder für fremde Rechnung handelt, hat, wie bei der privaten Krankenversicherung,[171] anhand der Frage zu erfolgen, ob der Versicherungsnehmer mit dem Abschluss des Unfallversicherungsvertrages ein eigenes oder ein fremdes wirtschaftliches Interesse versichert hat.[172] Dies ist anhand einer Auslegung des konkreten Versicherungsvertrages zu beurteilen.[173]

Führt eine Auslegung zu keinem klaren Ergebnis, handelt es sich im Zweifel um eine Unfallversicherung für fremde Rechnung, § 179 Abs. 1 S. 2 VVG. Der allgemeinere § 43 Abs. 3 VVG, nach dem im Zweifel eine Versicherung für eigene Rechnung anzunehmen ist, wird bei privaten Unfallversicherungen von dem spezielleren § 179 Abs. 1 S. 2 VVG verdrängt.

a) Fremdversicherung für eigene Rechnung

Wie bei der privaten Krankenversicherung[174] kommt eine Fremdversicherung für eigene Rechnung auch bei der privaten Unfallversicherung grds. nur bei Familienversicherungen in Betracht.[175]

---

169 Bruck/Möller/*Leverenz,* § 179 Rn. 188; Prölss/Martin/*Knappmann,* Ziff. 12 AUB 2010 Rn. 2; *Mangen,* in: Beckmann/Matusche-Beckmann, § 47 Rn. 108; Terbille/Höra/*Hormuth,* § 24 Rn. 12; *Wussow/Pürckhauer,* AUB, § 12 I Rn. 5; *Grimm,* Unfallversicherung, Ziff. 12 AUB 2010 Rn. 1.

170 OLG Köln, NJW-RR 2015, 725, 726; *Flöther/Pfotenhauer,* jurisPR-InsR 6/2015 Anm. 2.

171 § 3, C., I., 2., a) – S. 41 ff.

172 Prölss/Martin/*Knappmann,* § 179 Rn. 11; Bruck/Möller/*Leverenz,* § 179 Rn. 134; Langheid/Wandt/*Dörner,* § 179 Rn. 4; Schwintowski/Brömmelmeyer/*Brömmelmeyer,* § 179 Rn. 5; Looschelders/Pohlmann/*Götz,* § 179 Rn. 4; FAKomm-VersR/*Hugemann,* § 179 VVG Rn. 5.

173 Prölss/Martin/*Knappmann,* § 179 Rn. 11; Bruck/Möller/*Leverenz,* § 179 Rn. 133 f.; Looschelders/Pohlmann/*Götz,* § 179 Rn. 4; FAKomm-VersR/*Hugemann,* § 179 VVG Rn. 5; Langheid/Wandt/*Dörner,* § 179 Rn. 3; Schubach/Jannsen/*Jannsen,* Ziff. 12 Rn. 2.

174 § 3, C., I., 2., a) – S. 41 ff.

175 Prölss/Martin/*Knappmann,* § 179 Rn. 11; Looschelders/Pohlmann/*Götz,* § 179 Rn. 4; Römer/Langheid/*Rixecker,* § 179 Rn. 1; FAKomm VersR/*Hugemann,* § 179 VVG Rn. 5; Schubach/Jannsen/*Jannsen,* Ziff. 12 Rn. 1.

Grundvoraussetzung ist, dass der Versicherungsnehmer mit dem Abschluss des Unfallversicherungsvertrages zugunsten eines Familienangehörigen ein eigenes wirtschaftliches Risiko absichern will, was nur der Fall ist, wenn er aufgrund seiner Unterhaltspflicht zur Übernahme der auf dem Unfallereignis basierenden Kosten verpflichtet ist. Insoweit gilt das zur Krankenversicherung Gesagte entsprechend.[176] Eine Unfall-Fremdversicherung kommt bei Familienversicherungen nur in Betracht, wenn der Versicherungsnehmer den Unfallversicherungsvertrag für sein minderjähriges bzw., je nach den Umständen des Einzelfalls, für sein nicht erwerbstätiges Kind abschließt.

Bei privaten Unfallversicherungen ist allerdings die Besonderheit des § 179 Abs. 2 VVG zu beachten. Wird die Versicherung von dem Versicherungsnehmer gegen Unfälle eines anderen für eigene Rechnung genommen, ist zur Wirksamkeit des Vertrages die schriftliche Einwilligung des anderen erforderlich, § 179 Abs. 2 S. 1 VVG. Ist die versicherte Person geschäftsunfähig oder in der Geschäftsfähigkeit beschränkt oder ist für sie ein Betreuer bestellt und steht die Vertretung in den ihre Person betreffenden Angelegenheiten dem Versicherungsnehmer zu, kann dieser die versicherte Person bei der Erteilung der schriftlichen Einwilligung nicht vertreten, § 179 Abs. 2 S. 2 VVG. Für die Einwilligung bedarf es dann der Bestellung eines Ergänzungspflegers, § 1909 Abs. 1 BGB.[177] Liegt die schriftliche Einwilligung nicht vor, ist der Vertrag zwar grds. unwirksam.[178] Er kann aber in der Regel in eine Fremdversicherung für fremde Rechnung umgedeutet werden.[179] In der Regel wird der Versicherungsnehmer beim Abschluss eines Unfallversicherungsvertrages für sein minderjähriges Kind keinen Ergänzungspfleger einschalten, so dass die schriftliche Einwilligung i.S.d. § 179 Abs. 2 S. 1 VVG meist nicht vorliegt. Selbst wenn der Versicherungsnehmer mit dem Unfallversicherungsvertrag zugunsten seines minderjährigen, nicht erwerbstätigen Kindes primär sein sich aus der Unterhaltspflicht ergebendes, eigenes wirtschaftliches Interesse absichern will, handelt es sich dann mangels schriftlicher Einwilligung i.S.d. § 179 Abs. 2 S. 1 VVG um eine Unfall-Fremdversicherung für fremde Rechnung.

Sollte die Einwilligung des Ergänzungspflegers ausnahmsweise vorliegen, handelt es sich um eine Unfall-Fremdversicherung für eigene Rechnung, auf welche die §§ 43 ff. VVG keine Anwendung finden. In diesem Fall ist der Leistungsanspruch im Falle der Insolvenz des Versicherungsnehmers als Bestandteil des Schuldnervermögens über § 35 Abs. 1 InsO grds. massezugehörig.

---

176 § 3, C., I., 2., a) – S. 41 ff.

177 Prölss/Martin/*Knappmann*, § 179 Rn. 7; Langheid/Wandt/*Dörner*, § 179 Rn. 10; FAKomm-VersR/*Hugemann*, § 179 VVG Rn. 12.

178 Langheid/Wandt/*Dörner*, § 179 Rn. 7; Looschelders/Pohlmann/*Götz*, § 179 Rn. 8.

179 Prölss/Martin/*Knappmann*, § 179 Rn. 15; Langheid/Wandt/*Dörner*, § 179 Rn. 7; Looschelders/Pohlmann/*Götz*, § 179 Rn. 8; FAKomm-VersR/*Hugemann*, § 179 VVG Rn. 13; Schwintowski/Brömmelmeyer/*Brömmelmeyer*, § 179 Rn. 10.

b) *Fremdversicherung für fremde Rechnung*

In der Regel handelt es sich im Falle fehlender Personenidentität zwischen Versicherungsnehmer und versicherter Person um eine Fremdversicherung für fremde Rechnung i.S.d. §§ 43 ff. VVG, so dass der Leistungsanspruch gemäß §§ 179 Abs. 1 S. 1, 44 Abs. 1 S. 1 VVG allein dem Vermögen der versicherten Person zugeordnet ist.

Sofern es sich um eine Unfall-Fremdversicherung für fremde Rechnung handelt, ist der Leistungsanspruch im Falle der Eröffnung des Insolvenzverfahrens über das Vermögen des Versicherungsnehmers mangels Zugehörigkeit zum Schuldnervermögen nicht über § 35 Abs. 1 InsO massezugehörig.

II. Bezugsrechtsbestellungen

Ist als Leistung des Versicherers die Zahlung eines Kapitals vereinbart, sind die Vorschriften der §§ 159, 160 VVG auf private Unfallversicherungen entsprechend anzuwenden, § 185 VVG. Für Kapitalleistungen – nicht für Rentenleistungen – kann der Versicherungsnehmer einem Dritten also ein Bezugsrecht bestellen, §§ 185, 159 VVG.

Praktische Relevanz erlangt die Möglichkeit der Bezugsrechtsbestellung insbesondere bei Todesfallleistungen.[180] Aber auch Invaliditätsleistungen werden in der Regel als Einmalleistung erbracht, Ziff. 2.1.2.1 AUB 2014, so dass auch bezüglich dieser Leistungsart Bezugsrechte bestellt werden können.

Ob der Insolvenzverwalter auf den Leistungsanspruch zugreifen kann, ist davon abhängig, ob das Insolvenzverfahren vor oder nach dem Eintritt des Versicherungsfalls eröffnet wird und ob das Bezugsrecht widerruflich oder unwiderruflich ausgestaltet wurde.

1. *Eröffnung des Insolvenzverfahrens vor Eintritt des Versicherungsfalls*

Eine Leistungspflicht des Unfallversicherers entsteht grds. erst mit dem Eintritt des Versicherungsfalls. Somit kommt auch ein Zugriff des Insolvenzverwalters auf eine Leistung des Unfallversicherers grds. erst nach dem Eintritt des Versicherungsfalls in Betracht.

Wie der Berufsunfähigkeitsversicherer kann aber auch der private Unfallversicherer im Einzelfall bereits vor dem Eintritt des Versicherungsfalls zur Leistung eines Rückkaufswertes verpflichtet sein. Zwar handelt es sich auch bei Unfallversicherungen grds. um Risikoversicherungen, bei denen die Leistungspflicht des Versicherers ungewiss ist, so dass im Falle der Kündigung grds. kein Rückkaufswert

---

180 Langheid/Wandt/*Dörner*, § 185 Rn. 2; Looschelders/Pohlmann/*Götz*, § 185 Rn. 2; Bruck/Möller/*Leverenz*, § 185 Rn. 5; Schwintowski/Brömmelmeyer/*Brömmelmeyer*, § 185 Rn. 3; FAKomm-VersR/*Hugemann*, § 185 VVG Rn. 3; *Grimm*, Unfallversicherung, Ziff. 12 AUB 2010 Rn. 9; *Kloth*, Private Unfallversicherung, Kap. C Rn. 34; Schubach/Jannsen/*Jannsen*, Ziff. 12 Rn. 13; *Wussow/Pürckhauer*, AUB, § 12 II Rn. 22.

fällig wird. Etwas anderes gilt aber bei Unfallversicherungen mit Beitragsrückgewähr.[181] Hier ist die Leistungspflicht des Versicherers gewiss, weshalb er im Falle einer vorzeitigen Vertragsbeendigung zur Leistung eines Rückkaufswertes verpflichtet ist.[182] Handelt es sich im konkreten Fall um eine Unfallversicherung mit Beitragsrückgewähr, kommt also ausnahmweise auch bereits vor dem Eintritt des Versicherungsfalls ein Zugriff des Insolvenzverwalters in Betracht.

a) Widerrufliches Bezugsrecht, §§ 185, 159 Abs. 2 VVG

Hat der Versicherungsnehmer einem Dritten ein widerrufliches Bezugsrecht bestellt, wird dieser erst mit dem Eintritt des Versicherungsfalls Rechtsinhaber, §§ 185, 159 Abs. 2 VVG. Wurde das widerrufliche Bezugsrecht für die Todesfallleistung bestellt, ist nicht der Unfallzeitpunkt maßgeblich, sondern der Zeitpunkt, in dem der Tod eintritt.[183] Bis zu diesem Zeitpunkt ist der Leistungsanspruch dem Vermögen des Versicherungsnehmers zugewiesen.

Wird über das Vermögen des Versicherungsnehmers das Insolvenzverfahren eröffnet, fällt der Rückkaufswert aufgrund der Zugehörigkeit zum Schuldnervermögen über § 35 Abs. 1 InsO grds. in die Insolvenzmasse.

b) Unwiderrufliches Bezugsrecht, §§ 185, 159 Abs. 3 VVG

Der unwiderruflich Bezugsberechtigte wird hingegen mit sofortiger Wirkung Rechtsinhaber, §§ 185, 159 Abs. 3 VVG. Der Leistungsanspruch, für den das unwiderrufliche Bezugsrecht bestellt wurde, ist also ab der Bezugsrechtsbestellung dem Vermögen des Bezugsberechtigten zugeordnet. Der Insolvenzverwalter kann auf den entsprechenden Leistungsanspruch nicht zugreifen.

Fraglich ist, ob damit auch der Rückkaufswert dem Zugriff des Insolvenzverwalters entzogen ist. In der Regel sichert ein Versicherungsnehmer mit einer privaten Unfallversicherung mehrere Leistungsarten ab. Ist dies der Fall, kann der Rückkaufswert aus dem Unfallversicherungsvertrag, anders als derjenige aus einer Lebensversicherung, nicht als andere Erscheinungsform des Anspruchs auf die Versicherungssumme qualifiziert und für die vermögensrechtliche Zuordnung danach gefragt werden, wer Inhaber dieses einen Leistungsanspruchs ist. Bestellt der Versicherungsnehmer für eine der versicherten Leistungsarten ein unwiderrufliches Bezugsrecht, wird der Drittberechtigte nur hinsichtlich dieser einen Leistungsart mit sofortiger Wirkung Rechtsinhaber. Die sonstigen Leistungsansprüche stehen

---

181 Bruck/Möller/*Winter*, § 169 Rn. 19.

182 Bruck/Möller/*Winter*, § 169 Rn. 19.

183 Prölss/Martin/*Knappmann*, § 185 Rn. 1; Bruck/Möller/*Leverenz*, § 185 Rn. 23; Langheid/Wandt/*Dörner*, § 185 Rn. 5; Looschelders/Pohlmann/*Götz*, § 185 Rn. 4; Schwintowski/Brömmelmeyer/*Brömmelmeyer*, § 185 Rn. 4; FAKomm-VersR/*Hugemann*, § 185 VVG Rn. 5; BK/*Schwintowski*, § 180 Rn. 3; Schubach/Jannsen/*Jannsen*, Ziff. 12 Rn. 16; *Grimm*, Unfallversicherung, Ziff. 12 AUB 2010 Rn. 9; *Wussow/Pürckhauer*, AUB, § 12 II Rn. 27.

weiterhin im Vermögen des Versicherungsnehmers. Der Anspruch auf den Rückkaufswert kann keiner der unterschiedlichen Leistungsarten zugeordnet werden.

Bestellt der Versicherungsnehmer für eine Leistungsart ein unwiderrufliches Bezugsrecht ist daher davon auszugehen, dass der Anspruch auf den Rückkaufswert nicht mit übertragen wird. Dieser verbleibt vielmehr beim Versicherungsnehmer. Etwas anderes gilt nur, wenn ausdrücklich vereinbart wurde, dass auch der Anspruch auf den Rückkaufswert dem unwiderruflich Bezugsberechtigten zustehen soll.

Auch wenn für eine Leistungsart ein unwiderrufliches Bezugsrecht bestellt wurde, fällt der Rückkaufswert als Bestandteil des Schuldnervermögens über § 35 Abs. 1 InsO grds. in die Insolvenzmasse des Versicherungsnehmers.

2. Eröffnung des Insolvenzverfahrens nach Eintritt des Versicherungsfalls

Wird das Insolvenzverfahren nach Eintritt des Versicherungsfalls eröffnet, ist es für die vermögensrechtliche Zuordnung des Leistungsanspruchs unerheblich, ob das Bezugsrecht widerruflich oder unwiderruflich ausgestaltet wurde. Der unwiderruflich Bezugsberechtigte ist seit dem Zeitpunkt der Bezugsrechtsbestellung Rechtsinhaber, §§ 185, 159 Abs. 3 VVG. Der widerruflich Bezugsberechtigte ist mit dem Eintritt des Versicherungsfalls Rechtsinhaber geworden, §§ 185, 159 Abs. 2 VVG.

In beiden Fällen kann der Insolvenzverwalter nicht auf den Leistungsanspruch zugreifen, für den das Bezugsrecht bestellt wurde, weil dieser mangels Zugehörigkeit zum Schuldnervermögen nicht über § 35 Abs. 1 InsO Bestandteil der Insolvenzmasse ist.[184]

III. Abtretungen / Verpfändungen

Die Bedingungen der privaten Unfallversicherungen sehen in der Regel keine vollständigen Abtretungs- und Verpfändungsverbote vor. Soweit Ansprüche aus privaten Unfallversicherungen der Zwangsvollstreckung unterliegen, können sie somit grds. abgetreten, §§ 400 BGB, 850 ff. ZPO, und verpfändet werden, §§ 1274 Abs. 2, 400 BGB, 850 ff. ZPO.

1. Abtretungen

Im Falle einer wirksamen Abtretung ist hinsichtlich der Massezugehörigkeit des Leistungsanspruchs danach zu differenzieren, ob der Insolvenzverwalter nach dem Eintritt des Versicherungsfalls auf die Versicherungsleistung oder vor dem Eintritt des Versicherungsfalls auf den Rückkaufswert zugreifen will.

a) Leistungsanspruch nach Eintritt des Versicherungsfalls

Mit einer wirksamen Vollzession geht der Leistungsanspruch mit sofortiger Wirkung auf den Zessionar über. Der Leistungsanspruch bei Eintritt des Versicherungsfalls

184 *Wussow/Pürckhauer*, AUB, § 12 II Rn. 38.

steht im Vermögen des Zessionars. Daher scheidet ein Zugriff des Insolvenzverwalters mangels Zugehörigkeit der Versicherungsforderung zum Schuldnervermögen aus.

Bei einer wirksamen Sicherungszession handelt es sich wirtschaftlich betrachtet um ein Pfandrecht an einer Forderung.[185] Zwar geht der Leistungsanspruch auch im Falle einer wirksamen Sicherungszession auf den Sicherungszessionar über.[186] Er ist aber insolvenzrechtlich weiterhin dem Vermögen des Zedenten zugeordnet.[187] Die Insolvenzmasse verliert also wirtschaftlich betrachtet nicht die Inhaberschaft der Forderung.[188] Trotz der Abtretung wird der Leistungsanspruch mit der Verfahrenseröffnung Bestandteil der Insolvenzmasse.[189] Dem Sicherungszessionar steht allerdings gemäß § 51 Nr. 1 InsO ein Absonderungsrecht zu.

b) Rückkaufswert vor Eintritt des Versicherungsfalls

Anders verhält es sich hingegen, wenn die Unfallversicherung rückkaufsfähig ist und der Insolvenzverwalter vor dem Eintritt des Versicherungsfalls auf den Rückkaufswert zugreifen will.

In der Regel versichert der Versicherungsnehmer im Rahmen der Unfallversicherung mehrere Leistungsarten. Die Abtretung erfasst häufig nicht alle Leistungsansprüche, so dass meist nur einer von mehreren Ansprüchen auf den Zessionar übertragen wird. Ist dies der Fall, wird der Versicherungsnehmer den Anspruch auf den Rückkaufswert in der Regel nicht mit übertragen wollen, so dass dieser seinem Vermögen zugeordnet bleibt. Dies gilt erst Recht, wenn in der Zessionsvereinbarung ausdrücklich der Hinweis enthalten ist, dass der Rückkaufswert nicht von der Abtretung erfasst wird. Wird der Anspruch auf den Rückkaufswert hingegen ausdrücklich mit abgetreten, ist er dem Vermögen des Zessionars zugeordnet und damit dem Zugriff des Insolvenzverwalters entzogen.

Tritt der Versicherungsnehmer sämtliche Leistungsansprüche aus der Unfallversicherung ab, ist durch Auslegung der Zessionsvereinbarung in jedem Einzelfall zu ermitteln, ob auch der Anspruch auf den Rückkaufswert auf den Zessionar mit übertragen werden sollte. Dabei kommt der genauen Formulierung der Abtretungsvereinbarung entscheidende Bedeutung zu. Auch hier gilt: Wurde der Rückkaufswert ausdrücklich mit abgetreten, ist er dem Zugriff des Insolvenzverwalters entzogen. Wurde er hingegen ausdrücklich von der Abtretung ausgenommen, verbleibt er beim Versicherungsnehmer und fällt demnach in seine Insolvenzmasse.

---

185 § 3, A., II., 1., a), bb) – S. 29.
186 § 3, A., II., 1., a), bb) – S. 29.
187 § 3, A., II., 1., a), bb) – S. 29.
188 § 3, A., II., 1., a), bb) – S. 29.
189 § 3, A., II., 1., a), bb) – S. 29.

2. *Verpfändungen*

a) Leistungsanspruch nach Eintritt des Versicherungsfalls

Soweit der Leistungsanspruch wirksam verpfändet wurde, kann der Insolvenzverwalter die Versicherungsleistung nicht zur Masse ziehen. Die Versicherungsforderung ist zwar auch nach einer wirksamen Verpfändung weiterhin dem Vermögen des Versicherungsnehmers zugeordnet.[190] Dem Pfandgläubiger steht aber ein Recht auf abgesonderte Befriedigung gemäß § 50 Abs. 1 InsO zu.

b) Rückkaufswert vor Eintritt des Versicherungsfalls

Ist der Unfallversicherungsvertrag rückkaufsfähig und will der Insolvenzverwalter vor dem Eintritt des Versicherungsfalls auf den Rückkaufswert zugreifen, ist entscheidend, ob auch der Anspruch auf den Rückkaufswert verpfändet wurde. Hier gilt das zur Abtretung Gesagte entsprechend, so dass insoweit auf die dortigen Ausführungen verwiesen wird.[191] Ob auch der Anspruch auf den Rückkaufswert mit verpfändet wurde, ist in jedem Einzelfall durch Auslegung zu ermitteln.

E. Zusammenfassung der Ergebnisse

Gemäß § 35 Abs. 1 InsO besteht die Insolvenzmasse aus dem gesamten Vermögen, das dem Schuldner zur Zeit der Verfahrenseröffnung gehört und das er während des Verfahrens erlangt.

Massezugehörig sind über § 35 Abs. 1 InsO also nur solche Leistungsansprüche aus Versicherungsverträgen, die dem Vermögen des Schuldners zugeordnet sind.

Sowohl bei Lebens- als auch bei Berufsunfähigkeits- und privaten Unfallversicherungen kann der Leistungsanspruch insbesondere aufgrund von Bezugsrechtsbestellungen dem Vermögen eines Dritten zugeordnet und damit dem Zugriff des Insolvenzverwalters entzogen sein.

Im Falle der Bestellung eines unwiderruflichen Bezugsrechts ist der Leistungsanspruch gemäß § 159 Abs. 3 VVG (bei Berufsunfähigkeitsversicherungen: §§ 176, 159 Abs. 3 VVG, bei Unfallversicherungen: §§ 185, 159 Abs. 3 VVG) stets dem Vermögen des Drittberechtigten zugewiesen. Der Leistungsanspruch wird daher mangels Zugehörigkeit zum Schuldnervermögen nicht über § 35 Abs. 1 InsO Bestandteil der Insolvenzmasse, unabhängig davon, ob das Insolvenzverfahren vor oder nach dem Eintritt des Versicherungsfalls eröffnet wird.

Bei widerruflichen Bezugsrechten ist der Leistungsanspruch bis zum Eintritt des Versicherungsfalls Bestandteil des Schuldnervermögens und damit gemäß § 35 Abs. 1 InsO massezugehörig. Mit dem Eintritt des Versicherungsfalls wird der Drittberechtigte gemäß § 159 Abs. 2 VVG (bei Berufsunfähigkeitsversicherungen: §§ 176, 159 Abs. 2 VVG, bei Unfallversicherungen: §§ 185, 159 Abs. 2 VVG)

---

190 § 3, A., II., 2. – S. 33.

191 § 3, D., III., 1., b) – S. 60.

Anspruchsinhaber, weshalb der Leistungsanspruch ab diesem Zeitpunkt mangels Zugehörigkeit zum Schuldnervermögen nicht mehr über § 35 Abs. 1 InsO Bestandteil der Insolvenzmasse wird. Eine Besonderheit gilt bei Berufsunfähigkeitsrenten. Hier gilt jede Fälligkeit einer Rente als eigenständiger Versicherungsfall, weshalb das widerrufliche Bezugsrecht auch nach dem Beginn der Rentenleistungen noch mit Wirkung ex nunc widerrufen werden kann.

Bei gemischten Lebensversicherungen auf den Todes- und Erlebensfall kann der Versicherungsnehmer zwei Bezugsrechte bestellen (gemischte Bezugsberechtigung). Das Todesfallbezugsecht wird im Regelfall zugunsten eines Dritten bestellt, das Erlebensfallbezugsrecht besteht in aller Regel zugunsten des Versicherungsnehmers. Sind die beiden Bezugsrechte jeweils widerruflich ausgestaltet, ist der Leistungsanspruch bis zum Eintritt des Versicherungsfalls dem Vermögen des Versicherungsnehmers zugeordnet. Er wird daher im Falle der Eröffnung des Insolvenzverfahrens über das Vermögen des Versicherungsnehmers über § 35 Abs. 1 InsO Bestandteil der Insolvenzmasse. Besteht ein unwiderrufliches Todes- und ein widerrufliches Erlebensfallbezugsrecht, ist der Leistungsanspruch bis zum Eintritt des Versicherungsfalls dem Vermögen des unwiderruflich für den Todesfall Berechtigten zugeordnet. Wird über das Vermögen des Versicherungsnehmers das Insolvenzverfahren eröffnet, wird der Leistungsanspruch daher nicht gemäß § 35 Abs. 1 InsO Bestandteil der Insolvenzmasse. Im Falle eines widerruflichen Todes- und eines unwiderruflichen Erlebensfallbezugsrechts ist der Leistungsanspruch bis zum Eintritt des Versicherungsfalls dem Erlebensfallberechtigten zugeordnet. Ist dies der Versicherungsnehmer, ist der Leistungsanspruch Bestandteil des Schuldnervermögens. Der Leistungsanspruch ist dann im Falle der Insolvenz des Versicherungsnehmers gemäß § 35 Abs. 1 InsO massezugehörig. Bestehen zwei unwiderrufliche Bezugsrechte, ist zu differenzieren. Wurden sie sukzessive bestellt, ist der Leistungsanspruch bis zum Eintritt des Versicherungsfalls dem Vermögen desjenigen zugeordnet, dessen Bezugsrecht zeitlich zuerst bestellt wurde. Handelt es sich dabei um das Todesfallbezugsrecht, ist der Leistungsanspruch mangels Zugehörigkeit zum Schuldnervermögen nicht gemäß § 35 Abs. 1 InsO massezugehörig. Etwas anderes gilt, wenn das Erlebensfallbezugsrecht zeitlich zuerst eingeräumt wurde. Wurden die beiden unwiderruflichen Bezugsrechte zeitgleich bestellt, sind beide Bezugsberechtigte bis zum Eintritt des Versicherungsfalls analog § 160 Abs. 1 S. 1 VVG zu jeweils 50 % Anspruchsinhaber. Wird vor dem Eintritt des Versicherungsfalls das Insolvenzverfahren eröffnet, ist der Leistungsanspruch zu 50 % über § 35 Abs. 1 InsO massezugehörig. Wird das Insolvenzverfahren erst nach Eintritt des Versicherungsfalls eröffnet, hängt die Massezugehörigkeit des Leistungsanspruchs in all den o.g. Fällen der gemischten Bezugsberechtigung davon ab, welcher Leistungsfall eingetreten ist. Ist der Todesfall eingetreten, ist der Leistungsanspruch dem Vermögen des Todesfallbezugsberechtigten zugeordnet, so dass er nicht gemäß § 35 Abs. 1 InsO Bestandteil der Insolvenzmasse des Versicherungsnehmers ist. Ist hingegen der Erlebensfall eingetreten, ist der Leistungsanspruch Bestandteil des Schuldnervermögens und damit über § 35 Abs. 1 InsO massezugehörig.

Bestellt der Versicherungsnehmer bei einer gemischten Lebensversicherung nur ein Todesfallbezugsrecht, ist er kraft seiner Stellung als Vertragspartner Inhaber des Erlebensfallanspruchs (gemischte Anspruchsberechtigung). Wurde das Todesfallbezugsrecht unwiderruflich ausgestaltet, ist der Leistungsanspruch bis zum Eintritt des Versicherungsfalls dem Vermögen des Todesfallbezugsberechtigten zugeordnet, so dass er nicht gemäß § 35 Abs. 1 InsO in die Insolvenzmasse des Versicherungsnehmers fällt. Handelt es sich hingegen um ein widerrufliches Todesfallbezugsrecht, ist der Leistungsanspruch bis zum Eintritt des Versicherungsfalls als Bestandteil des Schuldnervermögens massezugehörig. Wird das Insolvenzverfahren erst nach Eintritt des Versicherungsfalls eröffnet, hängt die Massezugehörigkeit des Leistungsanspruchs auch bei der gemischten Anspruchsberechtigung davon ab, welcher Leistungsfall eingetreten ist. Ist der Todesfall eingetreten, ist der Leistungsanspruch dem Vermögen des Todesfallbezugsberechtigten zugeordnet. Er fällt damit nicht über § 35 Abs. 1 InsO in die Insolvenzmasse. Ist hingegen der Erlebensfall eingetreten, ist der Leistungsanspruch als Bestandteil des Schuldnervermögens über § 35 Abs. 1 InsO massezugehörig.

Im Bereich der privaten Kranken- und Unfallversicherungen kommt eine Ausgestaltung des Vertrages als Versicherung für fremde Rechnung i.S.d. §§ 43 ff. VVG in Betracht (bei Krankenversicherungen: §§ 194 Abs. 3 S. 1, 43 ff. VVG; bei Unfallversicherungen: §§ 194 Abs. 1 S. 1, 43 ff. VVG). Soweit es sich um eine Versicherung für fremde Rechnung handelt, ist der Leistungsanspruch gemäß § 44 Abs. 1 S. 1 VVG dem Vermögen der versicherten Person zugeordnet. Im Falle der Eröffnung des Insolvenzverfahrens über das Vermögen des Versicherungsnehmers wird der Leistungsanspruch dann mangels Zugehörigkeit zum Schuldnervermögen nicht über § 35 Abs. 1 InsO Bestandteil der Insolvenzmasse. Soweit es sich um eine Versicherung für eigene Rechnung handelt, ist der Leistungsanspruch dem Vermögen des Versicherungsnehmers zugeordnet. Der Leistungsanspruch ist daher im Falle der Insolvenz des Versicherungsnehmers über § 35 Abs. 1 InsO massezugehörig.

Zudem kann der Versicherungsnehmer den Leistungsanspruch aus Lebens- und privaten Unfallversicherungen grds. abtreten. Im Falle der Vollzession wird der Dritte mit sofortiger Wirkung Rechtsinhaber, weshalb der nach dem Eintritt des Versicherungsfalls fällig werdende Leistungsanspruch mangels Zuordnung zum Schuldnervermögen nicht über § 35 Abs. 1 InsO massezugehörig ist. Ob zudem ein etwaiger Rückkaufswert von der Vollzession erfasst und damit vor dem Eintritt des Versicherungsfalls auch dieser mangels Zugehörigkeit zum Schuldnervermögen nicht über § 35 Abs. 1 InsO Bestandteil der Insolvenzmasse wird, ist vom Einzelfall abhängig. Im Falle der Sicherungszession ist der mit dem Eintritt des Versicherungsfalls fällig werdende Leistungsanspruch zwar als Bestandteil des Vermögens des Versicherungsnehmers über § 35 Abs. 1 InsO massezugehörig. Dem Sicherungszessionar steht aber ein Absonderungsrecht aus § 51 Nr. 1 InsO zu. Geiches gilt für Verpfändungen des Leistugsanspruchs, wobei des Absonderungsrecht insoweit aus § 50 Abs. 1 InsO folgt.

§ 4 Die Pfändungsschutzvorschriften, §§ 36 Abs. 1 S. 1, S. 2 InsO, 850 ff. ZPO

Ist der Leistungsanspruch dem Vermögen des Versicherungsnehmers zugeordnet, ist er also nicht aufgrund einer der unter § 3 genannten Gründe Bestandteil des Vermögens eines Dritten geworden, fällt er bei Eröffnung des Insolvenzverfahrens über das Vermögen des Versicherungsnehmers gemäß § 35 Abs. 1 InsO in die Insolvenzmasse.

Gemäß § 36 Abs. 1 S. 1 InsO ist eine im Schuldnervermögen stehende Forderung allerdings nur insoweit massezugehörig, als sie der Zwangsvollstreckung unterliegt. Über § 36 Abs. 1 S. 1 InsO sind insbesondere die sich aus der Zivilprozessordnung ergebenden gesetzlichen Pfändungsbeschränkungen der §§ 850 ff. ZPO auch im Insolvenzverfahren zu beachten.[192] § 36 Abs. 1 S. 2 InsO regelt darüber hinaus, welche der pfändungserhöhenden und -beschränkenden Vorschriften aus dem Bereich der §§ 850 ff. ZPO im Insolvenzverfahren entsprechend anwendbar sind. Pfändungserhöhende und -beschränkende Vorschriften sind solche, die es den Vollstreckungsgerichten ermöglichen, den sich aus den §§ 850 ff. ZPO ergebenden Pfändungsumfang aufgrund der Umstände des Einzelfalls auf Antrag zugunsten bestimmter Gläubiger zu erhöhen oder zugunsten des Schuldners zu beschränken. Anders als die Vorschriften, die einen festen Umfang des Pfändungsschutzes anordnen und bereits über § 36 Abs. 1 S. 1 InsO im Insolvenzverfahren Anwendung finden, sind nicht alle pfändungserhöhenden und -beschränkenden Vorschriften mit dem im Insolvenzverfahren herrschenden Prinzip der gleichmäßigen Gläubigerbefriedigung vereinbar. Diesem Umstand trägt § 36 Abs. 1 S. 2 InsO Rechnung, in dem nicht alle pfändungserhöhenden und -beschränkenden Normen für entsprechend anwendbar erklärt werden.

Der Insolvenzverwalter kann somit auf im Schuldnervermögen stehende Leistungsansprüche aus Versicherungsverträgen nicht zugreifen, soweit diese dem Schutz der §§ 36 Abs. 1 S. 1, S. 2 InsO, 850 ff. ZPO unterliegen.

Im Folgenden wird untersucht, ob und inwieweit die einzelnen Leistungsansprüche aus den verschiedenen Personenversicherungen aufgrund der §§ 36 Abs. 1 S. 1, S. 2 InsO, 850 ff. ZPO massefrei sind.

A. Lebensversicherungen

Bei der Betrachtung der Lebensversicherungen wird zwischen Lebensversicherungen mit einmaliger Kapitalleistung (Kapitallebensversicherungen) und Rentenversicherungen differenziert. Sie haben teilweise verschiedene Zielrichtungen und sind

192 K.Schmidt/*Büteröwe*, § 36 Rn. 2.

dadurch in Hinblick auf den Pfändungsschutz der §§ 850 ff. ZPO unterschiedlich zu bewerten.

I. Kapitallebensversicherungen

1. Reine Todesfallversicherungen, §§ 36 Abs. 1 S. 1 InsO, 850b Abs. 1 Nr. 4 ZPO

Nach § 850b Abs. 1 Nr. 4 ZPO sind Ansprüche aus Lebensversicherungen, die nur auf den Todesfall des Versicherungsnehmers abgeschlossen sind, unpfändbar, wenn die Versicherungssumme 3.579,– EUR nicht übersteigt.

a) Anwendbarkeit des § 850b Abs. 1 Nr. 4 ZPO im Insolvenzverfahren

Fraglich ist zunächst, ob Ansprüche aus derartigen Lebensversicherungen damit auch über § 36 Abs. 1 InsO massefrei sind oder ob der Anwendungsbereich des § 850b Abs. 1 Nr. 4 ZPO auf die Einzelvollstreckung beschränkt ist. Als problematisch erweist sich in diesem Zusammenhang der Wortlaut des § 36 Abs. 1 S. 2 InsO,[193] der in seiner aktuellen Fassung die §§ 850, 850a, 850c, 850e, 850f Abs. 1, 850g bis 850k, 851c und 851d ZPO für entsprechend anwendbar erklärt. Ebenso wie die §§ 850d, 850f Abs. 2 ZPO wird auch § 850b ZPO von der Aufzählung nicht erfasst.

Dieser Umstand steht einer Anwendbarkeit des § 850b Abs. 1 ZPO im Insolvenzverfahren jedoch nicht entgegen. Diese ergibt sich vielmehr bereits aus § 36 Abs. 1 S. 1 InsO.[194] Danach sind Gegenstände massefrei, soweit sie nicht der Zwangsvollstreckung unterliegen. Die Vorschrift beinhaltet keine Einschränkungen und verweist damit grds. auf alle Pfändungsschutzvorschriften der Einzelvollstreckung.[195] Dies gilt auch für § 850b Abs. 1 ZPO. Es ist kein Grund ersichtlich, warum ein Insolvenzschuldner bezüglich seiner Todesfallversicherungen, welche

193 Eingeführt durch das am 26.10.2001 verkündete (BGBl. Teil I, Jahrgang 2001, Nr. 54, S. 2710 ff.) Gesetz zur Änderung der Insolvenzordnung und anderer Gesetze in der vom Bundestag am 28.6.2001 beschlossenen Fassung (BT-Drucks. 14/6468, S. 17). Das Gesetz trat am 1.12.2001 in Kraft, mit Ausnahme des die kostenrechtlichen Vorschriften betreffenden Art. 6, der erst am 1.1.2002 in Kraft trat.

194 LG Hildesheim ZInsO 2009, 1961, 1964; LG Mönchengladbach ZInsO 2009, 1074, 1075, das unzutreffend von „§ 36 Abs. 1 Nr. 1 InsO" spricht, wohl aber § 36 Abs. 1 S. 1 InsO meint; LG Köln NJW-RR 2004, 552; A/G/R-*Ahrens*, § 36 Rn. 65; *Henckel*, in: Jaeger, § 36 Rn. 22; Graf-Schlicker/*Graf-Schlicker/Kexel*, § 36 Rn. 4; Braun/*Bäuerle*, § 36 Rn. 3; *Hess*, Insolvenzrecht, §§ 35, 36 Rn. 869; Gottwald/*Klopp/Kluth/Wimmer*, Insolvenzrechts-Handbuch, § 25 Rn. 33; Uhlenbruck/*Hirte*, § 36 Rn. 2; Bach/Moser/*Sauer*, § 6 MB/KK Rn. 27; *Wollmann*, ZInsO 2010, 754, 755; *Asmuß*, NZI 2010, 143; insgesamt gegen die Anwendbarkeit des § 850b ZPO im Insolvenzverfahren: *Huhnold*, in: Haarmeyer/Wutzke/Förster, Insolvenzordnung, § 36 Rn. 24.

195 LG Hildesheim ZInsO 2009, 1961, 1964; LG Köln NJW-RR 2004, 552, 553; HambKomm/*Lüdtke*, § 36 Rn. 9.

die Voraussetzungen des § 850b Abs. 1 Nr. 4 ZPO erfüllen, schlechter stehen sollte als ein Vollstreckungsschuldner. Daran hat die Einführung des § 36 Abs. 1 S. 2 InsO nichts geändert.[196] Hätte in § 36 Abs. 1 InsO klargestellt werden sollen, dass nicht alle Pfändungsschutzvorschriften der Einzelvollstreckung im Insolvenzverfahren anwendbar sind, wäre der ursprüngliche Wortlaut des § 36 Abs. 1 InsO mit seinem generellen Verweis durch eine Regelung ersetzt worden, in der die im Insolvenzverfahren anwendbaren Pfändungsschutzvorschriften abschließend aufgeführt werden.[197]

b) Fehlende praktische Bedeutung der §§ 36 Abs. 1 S. 1 InsO, 850b Abs. 1 Nr. 4 ZPO?

Lüdtke vertritt die Auffassung, dass dem Schutz der §§ 36 Abs. 1 S. 1 InsO, 850b Abs. 1 Nr. 4 ZPO im Falle der Insolvenz des Versicherungsnehmers kaum praktische Bedeutung zukomme.[198] Er meint, die Kündigung einer Todesfallversicherung führe nicht zur Fälligkeit eines Rückkaufswertes, den der Verwalter zur Masse ziehen könnte, so dass es vor dem Eintritt des Versicherungsfalls auf die §§ 36 Abs. 1 S. 1 InsO, 850b Abs. 1 Nr. 4 ZPO nicht ankomme.[199] Aber auch bei Eintritt des Versicherungsfalls seien die §§ 36 Abs. 1 S. 1 InsO, 850b Abs. 1 Nr. 4 ZPO ihrem Sinn und Zweck nach nicht anwendbar, weil die Kosten der Bestattung des Insolvenzschuldners gemäß § 324 Abs. 1 Nr. 2 InsO Masseverbindlichkeiten seien.[200] Weil die Kosten der Bestattung schon wegen § 324 Abs. 1 Nr. 2 InsO weder den Staat noch die Hinterbliebenen treffen, seien sie auf den (weiteren) Schutz der §§ 36 Abs. 1 S. 1 InsO, 850b Abs. 1 Nr. 4 ZPO nicht angewiesen.

Richtig ist, dass Lebensversicherungen mit beschränkter Laufzeit (Risikolebensversicherungen) nicht unter den Anwendungsbereich des § 169 VVG fallen.[201] Die Vorschrift ist nur auf solche Lebensversicherungen anwendbar, die Schutz für ein Risiko bieten, bei dem der Eintritt der Verpflichtung des Versicherers gewiss ist. Dies ist bei zeitlich beschränkten Todesfallversicherungen nicht der Fall, weil unklar ist, ob die versicherte Person vor dem Ablaufdatum versterben wird. Im Falle einer vorzeitigen Vertragsbeendigung entsteht daher kein gesetzlicher Anspruch auf Zahlung eines Rückkaufswertes gemäß § 169 Abs. 1 VVG. Die Zahlung eines Rückkaufswertes kann aber teilweise vertraglich vereinbart werden.[202] Dabei wird in der Regel auf § 169 VVG verwiesen, vgl. § 9 Abs. 3 RiV 2008. Auch die Kündigung

196 LG Köln NJW-RR 2004, 552, 553; *Asmuß*, NZI 2010, 143.
197 *Wollmann*, ZInsO 2010, 754, 755.
198 HambKomm/*Lüdtke*, § 35 Rn. 210.
199 HambKomm/*Lüdtke*, § 35 Rn. 210.
200 HambKomm/*Lüdtke*, § 35 Rn. 210.
201 Langheid/Wandt/*Mönnich*, § 169 Rn. 41; Römer/Langheid/*Langheid*, § 169 Rn. 18.
202 Langheid/Wandt/*Mönnich*, § 169 Rn. 41; Looschelders/Pohlmann/*Krause*, § 169 Rn. 13 (Fn. 52).

einer Risikolebensversicherung kann daher einen (vertraglichen) Anspruch auf Zahlung eines Rückkaufswerts begründen.

Auch ist zu bedenken, dass § 850b Abs. 1 Nr. 4 ZPO nicht nur Risikolebensversicherungen mit beschränkter Laufzeit, sondern alle Arten von Todesfallversicherungen erfasst, bei denen Versicherungsnehmer und versicherte Person identisch sind. In den Anwendungsbereich des § 850b Abs. 1 Nr. 4 ZPO fallen insbesondere die sog. Sterbegeldversicherungen. Dabei handelt es sich um lebenslange Todesfallversicherungen, bei denen die Eintrittspflicht des Versicherers gewiss ist.[203] Anders als bei Risikolebensversicherungen endet die Vertragslaufzeit nicht mit dem Erreichen eines bestimmten Lebensalters, sondern erst mit dem Tod der versicherten Person. Ungewiss ist somit nur der Zeitpunkt, nicht aber das „ob" der Leistung.[204] Auf lebenslange Todesfallversicherungen ist § 169 Abs. 1 VVG anwendbar.[205] Kündigt der Insolvenzverwalter einen solchen Vertrag, führt dies über § 169 Abs. 1 VVG zur Fälligkeit eines Rückkaufswerts.

Bei den Kosten der Bestattung des Insolvenzschuldners handelt es sich zwar in der Tat gemäß § 324 Abs. 1 Nr. 2 InsO um Masseschulden. Die Hinterbliebenen und der Staat werden über § 324 Abs. 1 Nr. 2 InsO aber nur von der Kostentragungspflicht befreit, soweit die Masse die Bestattungskosten auch tatsächlich deckt. Reicht die Masse nicht aus, werden im Ergebnis doch die Hinterbliebenen bzw. der Staat mit den Bestattungskosten belastet. In diesem Fall sind sie sehr wohl auf den Schutz der §§ 36 Abs. 1 InsO, 850b Abs. 1 Nr. 4 ZPO angewiesen.

c) Anwendungsbereich des § 850b Abs. 1 Nr. 4 ZPO

Der persönliche Anwendungsbereich des § 850b Abs. 1 ZPO wird teilweise auf Beamte, Arbeitnehmer und arbeitnehmerähnliche Personen begrenzt.[206] Eine derartige Beschränkung ist aber weder im Wortlaut der Norm noch in ihrer Systematik angelegt.

Dem Wortlaut ist an keiner Stelle zu entnehmen, dass der Pfändungsschutz ausschließlich abhängig Beschäftigten zugute kommen soll.[207] Auch handelt es sich bei den in § 850b Abs. 1 ZPO genannten Bezügen nicht um Arbeitseinkommen.[208] Dies

203 Langheid/Wandt/*Heiss/Mönnich*, Vor §§ 150–171 Rn. 19.

204 Langheid/Wandt/*Mönnich*, § 169 Rn. 36.

205 Langheid/Wandt/*Mönnich*, § 169 Rn. 36.

206 LG Traunstein ZInsO 2010, 1939, 1940; Bruck/Möller/*Winter*, § 167 Rn. 52; *Neuhaus*, Berufsunfähigkeitsversicherung, Kap. S Rn. 14; wohl auch FAKomm-VersR/*Gramse*, § 9 BUZ 2008 Rn. 9, der § 850b Abs. 1 Nr. 1 ZPO nur auf Berufsunfähigkeitsrenten von Beamten, Arbeitnehmern und arbeitnehmerähnlichen Personen anwenden will, nicht hingegen auf die Renten Selbständiger, Freiberufler und Nichterwerbstätiger.

207 BGH ZIP 2010, 1656, 1659; *Wollmann*, ZInsO 2009, 2319, 2323.

208 BGH ZIP 2010, 1656, 1659; PG/*Ahrens*, § 850b Rn. 1 und Rn. 3; Musielak/Voit/*Becker*, § 850b Rn. 1; Hk-ZV/*Meller-Hannich*, § 850b Rn. 3; *Gottwald/Mock*, § 850b Rn. 1; *Stöber*, Forderungspfändung, Rn. 1005; *Brox/Walker*, Zwangsvollstreckungsrecht,

ergibt sich schon aus dem Wortlaut des § 850b Abs. 2 ZPO, der die für Arbeitseinkommen geltenden Vorschriften für entsprechend anwendbar erklärt. Würde es sich bei den in § 850b Abs. 1 ZPO genannten Bezügen selbst um Arbeitseinkommen handeln, hätte es des Verweises auf die für Arbeitseinkommen geltenden Vorschriften in § 850b Abs. 2 ZPO nicht bedurft.[209]

Die über § 850b Abs. 1 ZPO geschützten Bezüge stehen auch ansonsten in keinem Zusammenhang mit dem Arbeitsverhältnis des Schuldners.[210] Über § 850b Abs. 1 Nr. 1 ZPO werden Renten geschützt, die wegen einer Verletzung des Körpers oder der Gesundheit zu entrichten sind. Dabei handelt es sich insbesondere um Berufsunfähigkeits- und Haftpflichtrenten,[211] die in keinem Zusammenhang mit der erwerbswirtschaftlichen Stellung des Schuldners stehen. Selbständige sind im Falle einer Berufsunfähigkeit in gleichem Maße auf ihre Berufsunfähigkeitsrenten angewiesen wie abhängig Beschäftigte. Unter Berücksichtigung des Gleichheitssatzes aus Art. 3 Abs. 1 GG ist kein sachlicher Grund ersichtlich, der eine Ungleichbehandlung zwischen abhängig Beschäftigten und Selbständigen rechtfertigen würde.[212] § 850b Abs. 1 Nr. 2 ZPO schützt Unterhaltsrenten, die auf gesetzlicher Vorschrift beruhen, sowie die wegen Entziehung einer solchen Forderung zu entrichtenden Renten. Hierunter fallen insbesondere die gesetzlichen Unterhaltsansprüche des (früheren) Ehegatten, des (früheren) Lebenspartners, der Kinder und der übrigen Verwandten.[213] Auch der Taschengeldanspruch eines Ehegatten wird geschützt.[214] Unterhaltsansprüche hängen ebenfalls nicht im Geringsten mit der erwerbswirtschaftlichen Stellung des Schuldners zusammen. § 850b Abs. 1 Nr. 3 ZPO schützt insbesondere Einkünfte auf Grund eines Altenteils. Dabei handelt es sich vor allem um Versorgungsansprüche des Übergebers eines landwirtschaftlichen Hofes gegen den Übernehmer im Rahmen der Generationenfolge.[215] Erfasst werden also insbesondere Ansprüche von Landwirten, die in der Regel nicht abhängig beschäftigt sind.[216] Abschließend sei auf § 850b Abs. 1 Nr. 4 ZPO hingewiesen, über den u.a. Leistungen aus privaten Krankenversicherungen geschützt werden. Auf diesen Schutz sind gerade Selbständige und Freiberufler angewiesen, weil sie häufig nicht Mitglieder der gesetzlichen, sondern Inhaber privater Krankenversicherungen sind.

§ 17 Rn. 548; *Dietzel*, VIA 2010, 76; *Gutzeit*, NJW 2010, 1644, 1646; *Ahrens*, NJW-Spezial 2010, 597 f.; *Wollmann*, ZInsO 2009, 2319, 2323 f.

209 BGH ZIP 2010, 1656, 1659.

210 *Brox/Walker*, Zwangsvollstreckungsrecht, § 17 Rn. 548.

211 PG/*Ahrens*, § 850b Rn. 4; Zöller/*Stöber*, § 850b Rn. 2; *Zimmermann*, § 850b Rn. 1a.

212 BGH ZIP 2010, 1656, 1659.

213 PG/*Ahrens*, § 850b Rn. 8; Zöller/*Stöber*, § 850b Rn. 3; *Foerste*, NJW 2006, 2945.

214 BGH NJW 2004, 2450 f.; OLG Hamm ZVI 2002, 195; PG/*Ahrens*, § 850b Rn. 10; Zöller/*Stöber*, § 850b Rn. 18; *Foerste*, NJW 2006, 2945; a.A. MüKoZPO/*Smid*, § 850b Rn. 6.

215 Schuschke/Walker/*Kessal-Wulf/Lorenz*, § 850b Rn. 15; vgl. auch BGH Rpfleger 2007, 614, 615.

216 BGH ZIP 2010, 1656, 1659; *Dietzel*, VIA 2010, 76.

Auch hier würde eine Ungleichbehandlung zu einer klaren Verletzung des Art. 3 Abs. 1 GG führen. Entsprechendes gilt für die über § 850b Abs. 1 Nr. 4 ZPO geschützten Todesfallversicherungen.

Neben dem Inhalt und dem Wortlaut des § 850b Abs. 1 ZPO spricht auch dessen Systematik und ein Vergleich mit § 850 Abs. 3 lit. b ZPO gegen einen beschränkten persönlichen Anwendungsbereich. Anders als § 850 Abs. 3 lit. b ZPO, der sich auf § 850 Abs. 2 ZPO bezieht und auf dessen Schutz sich daher allein abhängig Beschäftigte berufen können,[217] weist § 850b Abs. 1 ZPO keinerlei Beziehungen zu einer Norm auf, deren persönlicher Anwendungsbereich in irgendeiner Form beschränkt ist.[218]

Damit bleibt festzuhalten: Entgegen der o.g. Ansicht ist der persönliche Anwendungsbereich des § 850b Abs. 1 ZPO nicht auf abhängig Beschäftigte beschränkt.[219]

In sachlicher Hinsicht erstreckt sich der Schutz ausschließlich auf reine Todesfallversicherungen, bei denen Versicherungsnehmer und versicherte Person identisch sind.[220] § 850b Abs. 1 Nr. 4 ZPO soll nur solche Lebensversicherungen erfassen, die dazu dienen, die beim Tode des Versicherungsnehmers anfallenden Ausgaben, insbesondere Bestattungskosten, abzudecken und bei denen diese Zweckbestimmung nicht vereitelt werden kann.[221] Dies trifft allein auf reine Todesfallversicherungen zu, so dass gemischte Lebensversicherungen auf den Todes- und Erlebensfall nicht vom Anwendungsbereich der Norm erfasst werden.[222] Bei gemischten Lebensversicherungen würde der Versicherungsnehmer selbst von der Versicherungsleistung profitieren, sollte er das Ablaufdatum erleben. In diesem Fall wird er die Versicherungsleistung aber meist nicht auf der Bank anlegen, damit seine Hinterbliebenen im Falle seines Todes die Bestattungskosten bestreiten können. Er wird die Versicherungsleistung in der Regel für andere Zwecke verwenden.[223] Daher ist die Differenzierung zwischen reinen Todesfall- und gemischten Lebensversicherungen

---

217 § 4, A., II., 1., a) – S. 98 f.

218 *Wollmann*, ZInsO 2009, 2319, 2323.

219 BGH ZIP 2010, 1656, 1659; PG/*Ahrens*, § 850b Rn. 3; Musielak/Voit/*Becker*, § 850b Rn. 1; Zöller/*Stöber*, § 850b Rn. 1; Hk-ZV/*Meller-Hannich*, § 850b Rn. 3; *Zimmermann*, § 850b ZPO Rn. 1; Thomas/Putzo/*Seiler*, § 850b Rn. 1; *Stöber*, Forderungspfändung, Rn. 1005; *Baumbach/Lauterbach/Albers/Hartmann*, § 850b Rn. 1; *Dietzel*, Der Pfändungsschutz der privaten Altersvorsorge nach den §§ 851c und 851d ZPO, S. 17; *Dietzel*, VIA 2010, 76; *Gutzeit*, NJW 2010, 1644, 1646; *Ahrens*, NJW-Spezial 2010, 597 f.; *Wollmann*, ZInsO 2009, 2319, 2323 f.

220 BGH ZIP 2012, 34, 35; BGH FamRZ 2009, 972, 973.

221 BVerfG NJW 2004, 2585; BGH FamRZ 2009, 972, 973; *Kellner*, VersR 1979, 117.

222 Bruck/Möller/*Johannsen*, § 17 Rn. 6; Bruck/Möller/*Winter*, § 167 Rn. 55; *Stöber*, Forderungspfändung, Rn. 1020; Musielak/Voit/*Becker*, § 850b Rn. 8; MüKoZPO/*Smid*, § 850b Rn. 13; Hk-ZV/*Meller-Hannich*, § 850b Rn. 22; *Hintzen*, in: Hintzen/Wolf, Rn. 6.111; *Menzel*, Vollstreckungsschutz und private Altersvorsorge, S. 74; *Wollmann*, Private Altersvorsorge und Gläubigerschutz, S. 9; *Müller*, Die Lebensversicherung in der Zwangsvollstreckung, S. 125; *Grote*, InsbürO 2014, 103, 104; *Floeth*, FamRZ 2008, 1247 f.; *Möller*, VW 1953, 432, 433; *Lüers*, AnwZert InsR 6/2012 Anm. 3.

223 BVerfG NJW 2004, 2585.

im Rahmen des § 850b Abs. 1 Nr. 4 ZPO von einem sachlichen Grund hinreichend getragen.[224] Sie stellt keinen Verstoß gegen Art. 3 Abs. 1 GG dar.[225]

§ 850b Abs. 1 Nr. 4 ZPO ist auf gemischte Lebensversicherungen auch dann nicht anwendbar, wenn der Erlebensfall unwahrscheinlich ist,[226] wenn also im Zeitpunkt des Gläubigerzugriffs davon auszugehen ist, dass die versicherte Person vor dem Erreichen des Ablaufdatums versterben wird. Ob und wann genau der Tod eintritt, bleibt trotz negativer Prognose bis zum Todeszeitpunkt häufig ungewiss.

Durch den Schutz des § 850b Abs. 1 Nr. 4 ZPO soll sichergestellt werden, dass die Hinterbliebenen die mit dem Tod des Versicherungsnehmers anfallenden Kosten bestreiten können, ohne dass sie selbst oder der Staat mit diesen Kosten belastet werden. Daher ist eine Bezugsrechtsbestellung unschädlich, wenn sie zugunsten einer Person erfolgt, der im Todesfall die Bestattung des Versicherungsnehmers obliegt.[227] Dabei muss es sich nicht zwingend um einen Angehörigen handeln.[228] Immerhin soll der Pfändungsschutz des § 850b Abs. 1 Nr. 4 ZPO gerade die Personen entlasten, von denen die Kosten der Bestattung zu tragen sind.[229] Dies können auch Nichtangehörige sein. Daher kann nicht ernsthaft in Zweifel gezogen werden, dass zu ihren Gunsten bestellte Bezugsrechte keine negativen Auswirkungen auf den Pfändungsschutz haben.[230]

d) Billigkeitsentscheidung, § 850b Abs. 2 ZPO

Die Bezüge des § 850b Abs. 1 ZPO sind zwar grds. unpfändbar. Gemäß § 850b Abs. 2 ZPO können sie aber ausnahmsweise nach den für Arbeitseinkommen geltenden Vorschriften gepfändet werden, wenn die Vollstreckung in das sonstige bewegliche Vermögen des Schuldners zu einer vollständigen Befriedigung des Gläubigers nicht geführt hat oder voraussichtlich nicht führen wird und wenn nach den Umständen des Falles, insbesondere nach der Art des beizutreibenden Anspruchs und der Höhe der Bezüge, die Pfändung der Billigkeit entspricht.

aa) Anwendbarkeit des § 850b Abs. 2 ZPO auf § 850b Abs. 1 Nr. 4 ZPO?

Bei einer genauen Betrachtung der über § 850b Abs. 1 ZPO geschützten Bezüge kommt die Frage auf, ob § 850b Abs. 2 ZPO auf den gesamten § 850b Abs. 1 ZPO

224 BVerfG NJW 2004, 2585.

225 BVerfG NJW 2004, 2585.

226 BT-Drucks. 1/4452, S. 3; *Berner*, Rpfleger 1957, 193, 197; *Müller*, Die Lebensversicherung in der Zwangsvollstreckung, S. 125; *Könnecke*, DGVZ 2012, 17, 20; *Möller*, VW 1953, 432, 433.

227 BGH FamRZ 2009, 972, 973; PG/*Ahrens*, § 850b Rn. 21; BK/*Gruber*, § 15 Rn. 7; *Prang*, in: van Bühren, Handbuch Versicherungsrecht, § 14 Rn. 554; *Stöber*, Forderungspfändung, Rn. 1020; *Grote*, InsbürO 2014, 103, 104; *Armbrüster/Pilz*, KTS 2004, 481, 483.

228 BGH FamRZ 2009, 972, 973; PG/*Ahrens*, § 850b Rn. 21; Musielak/Voit/*Becker*, § 850b Rn. 8.

229 BVerfG NJW 2004, 2585; BGH FamRZ 2009, 972, 973.

230 *Baumbach/Lauterbach/Albers/Hartmann*, § 850b Rn. 14.

anwendbar ist oder ob eine Billigkeitsentscheidung in Folge einer teleologischen Reduktion des § 850b Abs. 2 ZPO zumindest dann ausscheiden muss, wenn eine Todesfallversicherung i.S.d. § 850b Abs. 1 Nr. 4 ZPO betroffen ist.[231] Dies hätte zur Folge, dass Leistungen aus reinen Todesfallversicherungen immer bis zu einem Betrag von 3.579,– EUR über §§ 36 Abs. 1 S. 1 InsO, 850b Abs. 1 Nr. 4 ZPO massefrei wären, ohne dass die Möglichkeit bestehen würde, den geschützten Betrag im Rahmen einer Billigkeitsentscheidung zu Lasten des Schuldners zu verringern.

Hintergrund dieser Überlegung ist, dass § 850b Abs. 1 ZPO weitestgehend Renten und rentenähnliche Bezüge des Schuldners schützt, die wie Arbeitseinkommen seiner Versorgung zu Lebzeiten, d.h. seiner Existenzsicherung, dienen. Etwas anderes gilt hingegen für die in § 850b Abs. 1 Nr. 4 ZPO genannten Einmalleistungen aus reinen Todesfallversicherungen. Weder handelt es sich bei diesen Leistungen um Renten oder rentenähnliche Bezüge, noch dienen sie dem Lebensunterhalt und damit der Existenzsicherung des Schuldners zu Lebzeiten. Die Einmalleistungen aus Todesfallversicherungen unterscheiden sich von ihrer Art her erheblich von den sonstigen über § 850b Abs. 1 ZPO geschützten Bezügen.

aaa) Wortlaut

Der Wortlaut des § 850b Abs. 2 ZPO verweist auf alle Fälle des § 850b Abs. 1 ZPO. Eine grammatikalische Auslegung streitet somit ersichtlich für eine Billigkeitsentscheidung auch bei reinen Todesfallversicherungen i.S.d. § 850b Abs. 1 Nr. 4 ZPO.

bbb) Telos und Historie

Etwas anderes ergibt sich allerdings aus dem Sinn und Zweck des § 850b Abs. 2 ZPO sowie der Gesetzeshistorie. Die Vorschrift geht auf § 4 der Lohnpfändungsverordnung von 1940 (LohnPfVO 1940) zurück, der wie folgt formuliert war:[232]

> **§ 4 LohnPfVO 1940 – *Bedingt pfändbare Bezüge***
>
> (1) Unpfändbar sind ferner:
> 1. Renten, die wegen einer Verletzung des Körpers oder der Gesundheit zu entrichten sind;
> 2. Unterhaltsrenten, die auf gesetzlicher Vorschrift beruhen, sowie die wegen Entziehung einer solchen Forderung zu entrichtenden Renten;
> 3. fortlaufende Einkünfte, die ein Schuldner aus Stiftungen oder sonst auf Grund der Fürsorge und Freigiebigkeit eines Dritten oder auf Grund eines Altenteils oder Auszugsvertrags bezieht;

231 Gegen eine Anwendbarkeit des § 850b Abs. 2 ZPO auf einmalige Versicherungsleistungen i.S.d. § 850b Abs. 1 Nr. 4 ZPO: Stein/Jonas/*Brehm*, § 850b Rn. 21; ausdrücklich für eine Anwendbarkeit des § 850b Abs. 2 ZPO auf Todesfallversicherungen i.S.d. § 850b Abs. 1 Nr. 4 ZPO sowohl in der Einzelvollstreckung als auch im Insolvenzverfahren: *Grote*, InsbürO 2014, 103, 104 ff.

232 RGBl. Teil I, Jahrgang 1940, Nr. 188, S. 1451 ff.

4. fortlaufende Bezüge aus Witwen-, Waisen-, Sterbe-, Hilfs- und Krankenkassen, die ausschließlich oder zu einem wesentlichen Teil zu Unterstützungszwecken gewährt werden.

(2) Diese Bezüge können nach den für Arbeitseinkommen geltenden Vorschriften gepfändet werden, wenn die Vollstreckung in das sonstige bewegliche Vermögen des Schuldners zu einer vollständigen Befriedigung des Gläubigers nicht geführt hat oder voraussichtlich nicht führen wird und wenn nach den Umständen des Falles, insbesondere nach der Art des beizutreibenden Anspruchs und der Höhe der Bezüge, die Pfändung der Billigkeit entspricht.

(3) Das Vollstreckungsgericht soll vor seiner Entscheidung die Beteiligten hören. Die Entscheidung unterliegt der sofortigen Beschwerde (dem Rekurs).

Über § 4 Abs. 1 LohnPfVO 1940 wurden ausschließlich Renten und rentenähnliche Bezüge geschützt, die zwar selbst kein Arbeitseinkommen darstellen, aber wie Arbeitseinkommen dem Lebensunterhalt des Schuldners und damit der Sicherung seiner Existenz dienen. Die in § 4 Abs. 1 LohnPfVO 1940 aufgeführten Renten und rentenähnlichen Bezüge wurden aus § 850g ZPO a.F. übernommen. Unter Geltung des § 850g ZPO a.F. waren diese Bezüge immer vollständig unpfändbar. Hiervon wurde mit der Einführung der Lohnpfändungsverordnung abgewichen, in dem in § 4 Abs. 2 LohnpfVO 1940 erstmalig die Möglichkeit einer Billigkeitsentscheidung vorgesehen wurde. Sofern es der Billigkeit entsprach, konnte das Vollstreckungsgericht die in § 4 Abs. 1 LohnPfVO 1940 genannten Renten und rentenähnlichen Bezüge nach den für Arbeitseinkommen geltenden Vorschriften für pfändbar erklären.

Nach den Ausführungen des mit der Reform befassten Referenten *Merten* sei die Einführung der Billigkeitsentscheidung aus zahlreichen Anregungen aus der Praxis entstanden, in denen immer wieder darüber Klage geführt worden sei, dass die Empfänger von Bezügen i.S.d. § 4 Abs. 1 LohnPfVO 1940 bzw. des § 850g ZPO a.F. trotz durchaus auskömmlicher Einnahmen nicht dazu gezwungen werden könnten, ihren Verpflichtungen nachzukommen.[233] Insbesondere die gesetzlichen Unterhaltsrenten seien hier stets der Stein des Anstoßes gewesen.[234]

Aus der Begründung wird deutlich, welcher Zweck mit der Einführung der Billigkeitsentscheidung verfolgt wurde. War ein Schuldner Bezieher von Arbeitseinkommen, konnte dieses in den Grenzen der für Arbeitseinkommen geltenden Schutzvorschriften gepfändet werden. Hatte er hingegen keine Einkünfte aus selbständiger oder nichtselbständiger Tätigkeit, bezog er dafür aber bspw. Unterhaltsleistungen, die anstelle des Arbeitseinkommens seinem Lebensunterhalt und damit der Sicherung seiner Existenz dienten, waren diese Bezüge über § 850g ZPO a.F. vollständig unpfändbar. *Merten* weist für das Jahr 1940 auf die geschiedene Ehefrau des Generaldirektors mit einer monatlichen Unterhaltsrente von 1.000 Reichsmark hin.[235] In der heutigen Zeit denke man bspw. an einen Schuldner, der zwar kein Arbeitseinkommen,

233 *Merten*, DR 1940, 1969, 1973.
234 *Merten*, DR 1940, 1969, 1973.
235 *Merten*, DR 1940, 1969, 1973.

dafür aber eine Verletztenrente von monatlich 5.000,– EUR bezieht. Unter Geltung der damaligen Rechtslage wäre ein Arbeitseinkommen von monatlich 5.000,– EUR im Rahmen der für Arbeitseinkommen geltenden Vorschriften pfändbar gewesen. Auf die monatliche Verletztenrente i.H.v. 5.000,– EUR hätten die Gläubiger wegen § 850g ZPO a.F. nicht zugreifen können, obwohl diese Bezüge dem gleichen Zweck dienten wie das (zumindest teilweise) pfändbare Arbeitseinkommen.

Dieses Ergebnis wurde zu Recht als nicht sachgerecht empfunden, denn beide Einkunftsarten dienen in gleichem Maße dem Lebensunterhalt des Schuldners und damit der Sicherung seiner Existenz. Daher sollte mit der Billigkeitsentscheidung in § 4 Abs. 2 LohnPfVO 1940 ermöglicht werden, dass auch die über § 4 Abs. 1 LohnPfVO 1940 geschützten Renten und rentenähnlichen Bezüge im Falle der Billigkeit nach den für Arbeitseinkommen geltenden Vorschriften gepfändet werden können. Weil über § 4 Abs. 1 LohnPfVO 1940 ausschließlich Renten und rentenähnliche Bezüge geschützt wurden war es möglich, in § 4 Abs. 2 LohnPfVO 1940 pauschal auf „diese Bezüge", d.h. auf alle Bezüge i.S.d. § 4 Abs. 1 LohnPfVO 1940, zu verweisen.

Im Zuge des Gesetzes über Maßnahmen auf dem Gebiete der Zwangsvollstreckung vom 20.8.1953[236] wurde § 850b ZPO eingeführt. Wie sich der folgenden Gegenüberstellung entnehmen lässt, entsprach der neu eingeführte § 850b ZPO weitestgehend § 4 LohnPfVO 1940:[237]

§ 4 LohnpfVO – *Bedingt pfändbare Bezüge*	**§ 850b ZPO – *Bedingt pfändbare Bezüge***
(1) Unpfändbar sind ferner:	(1) Unpfändbar sind ferner
1. Renten, die wegen einer Verletzung des Körpers oder der Gesundheit zu entrichten sind;	1. Renten, die wegen einer Verletzung des Körpers oder der Gesundheit zu entrichten sind;
2. Unterhaltsrenten, die auf gesetzlicher Vorschrift beruhen, sowie die wegen Entziehung einer solchen Forderung zu entrichtenden Renten;	2. Unterhaltsrenten, die auf gesetzlicher Vorschrift beruhen, sowie die wegen Entziehung einer solchen Forderung zu entrichtenden Renten;
3. fortlaufende Einkünfte, die ein Schuldner aus Stiftungen oder sonst auf Grund der Fürsorge und Freigiebigkeit eines Dritten oder auf Grund eines Altenteils oder Auszugsvertrags bezieht;	3. fortlaufende Einkünfte, die ein Schuldner aus Stiftungen oder sonst auf Grund der Fürsorge und Freigiebigkeit eines Dritten oder auf Grund eines Altenteils oder Auszugsvertrags bezieht;

236 BGBl. Teil I, Jahrgang 1953, Nr. 51, S. 952 ff.

237 § 850b ZPO entspricht auch heute noch weitestgehend § 4 LohnPfVO 1940. Die geltende Fassung des § 850b ZPO weicht von der 1953 eingeführten Fassung lediglich in § 850b Abs. 1 Nr. 4 ZPO hinsichtlich der Höhe des Freibetrages für Todesfallversicherungen ab.

4. fortlaufende Bezüge aus Witwen-, Waisen-, Sterbe-, Hilfs- und Krankenkassen, die ausschließlich oder zu einem wesentlichen Teil zu Unterstützungszwecken gewährt werden.	4. Bezüge aus Witwen-, Waisen-, Hilfs- und Krankenkassen, die ausschließlich oder zu einem wesentlichen Teil zu Unterstützungszwecken gewährt werden, ferner Ansprüche aus Lebensversicherungen, die nur auf den Todesfall des Versicherungsnehmers abgeschlossen sind, wenn die Versicherungssumme 1500 Deutsche Mark nicht übersteigt.
(2) Diese Bezüge können nach den für Arbeitseinkommen geltenden Vorschriften gepfändet werden, wenn die Vollstreckung in das sonstige bewegliche Vermögen des Schuldners zu einer vollständigen Befriedigung des Gläubigers nicht geführt hat oder voraussichtlich nicht führen wird und wenn nach den Umständen des Falles, insbesondere nach der Art des beizutreibenden Anspruchs und der Höhe der Bezüge, die Pfändung der Billigkeit entspricht.	(2) Diese Bezüge können nach den für Arbeitseinkommen geltenden Vorschriften gepfändet werden, wenn die Vollstreckung in das sonstige bewegliche Vermögen des Schuldners zu einer vollständigen Befriedigung des Gläubigers nicht geführt hat oder voraussichtlich nicht führen wird und wenn nach den Umständen des Falles, insbesondere nach der Art des beizutreibenden Anspruchs und der Höhe der Bezüge, die Pfändung der Billigkeit entspricht.
(3) Das Vollstreckungsgericht soll vor seiner Entscheidung die Beteiligten hören. Die Entscheidung unterliegt der sofortigen Beschwerde (dem Rekurs).	(3) Das Vollstreckungsgericht soll vor seiner Entscheidung die Beteiligten hören.

Abgesehen davon, dass § 4 Abs. 3 S. 2 LohnPfVO 1940 in § 850b Abs. 3 ZPO nicht übernommen wurde, weicht § 850b ZPO nur in Absatz 1 Nr. 4 von § 4 LohnPfVO 1940 ab. Zum einen wurde der am Anfang stehende Begriff „fortlaufende" gestrichen. Zum anderen wurden die „Sterbekassen" aus dem Wortlaut herausgenommen und durch die auf das Leben des Versicherungsnehmers abgeschlossenen Todesfallversicherungen mit Versicherungssummen bis zu 1.500,- DM ersetzt. Durch diese Änderung gegenüber § 4 Abs. 1 Nr. 4 LohnPfVO 1940 wurden von § 850b Abs. 1 Nr. 4 ZPO plötzlich auch Einmalleistungen erfasst, die weder Renten oder rentenähnliche Bezüge darstellen noch dem Lebensunterhalt des Schuldners dienen.

Trotz dieser entscheidenden Änderung des § 850b Abs. 1 Nr. 4 ZPO gegenüber § 4 Abs. 1 Nr. 4 LohnPfVO 1940 wurde die in § 4 Abs. 2 LohnpfVO 1940 eingeführte Billigkeitsentscheidung unverändert, d.h. auch mit dem Hinweis auf sämtliche über Absatz 1 geschützten Bezüge, in § 850b Abs. 2 ZPO übernommen. Die Billigkeitsentscheidung findet ihrem Wortlaut nach daher auch Anwendung, wenn die Pfändbarkeit von Einmalleistungen aus reinen Todesfallversicherungen i.S.d. § 850b Abs. 1 Nr. 4 ZPO in Frage steht. Eine Anwendung des § 850b Abs. 2 ZPO auf Fälle der Todesfallversicherung i.S.d. § 850b Abs. 1 Nr. 4 ZPO ist aber nicht mit dem seinerzeit verfolgten Sinn und Zweck der Billigkeitsentscheidung vereinbar. Die Billigkeitsentscheidung wurde eingeführt, damit die über § 4 Abs. 1 LohnPfVO 1940 geschützten Renten und rentenähnlichen Bezüge, die zwar selbst kein Arbeitseinkommen darstellen, aber wie dieses dem Lebensunterhalt des Schuldners dienen, im Einzelfall gepfändet werden können. Die Billigkeitsentscheidung wurde allein auf die mit dem Arbeitseinkommen vergleichbaren Renten und rentenähnlichen Bezüge zugeschnitten, nicht hingegen auf Einmalleistungen im Todesfall.

Die ursprüngliche Zielrichtung der Billigkeitsentscheidung hat sich im Laufe der Zeit nicht verändert. So ist bspw. in der aktuellen Kommentarliteratur[238] und auch in der Rechtsprechung[239] immer wieder die Aussage zu finden, dass über § 850b Abs. 2 ZPO im Falle der Billigkeit ausnahmweisweise auf die über § 850b Abs. 1 ZPO geschützten „Renten und rentenähnlichen Bezüge“ zugegriffen werden kann, „die dem Lebensunterhalt des Schuldners dienen“. Dass über § 850b Abs. 1 ZPO auch Einmalleistungen geschützt werden, die nicht dem Lebensunterhalt des Schuldners zu Lebzeiten dienen, findet dabei in der Regel keine Erwähnung.

Weil die Billigkeitsentscheidung noch immer denselben Sinn und Zweck verfolgt wie im Zeitpunkt ihrer Einführung, wurde durch die Änderung des § 850b Abs. 1 Nr. 4 ZPO gegenüber § 4 Abs. 1 Nr. 4 LohnPfVO 1940 auch eine Änderung des § 850b Abs. 2 ZPO gegenüber § 4 Abs. 2 LohnPfVO 1940 erforderlich. Der pauschale Verweis auf alle über Absatz 1 geschützten Bezüge, der in § 4 Abs. 2 LohnpfVO 1940 noch möglich war, passt in § 850b Abs. 2 ZPO nicht mehr.

Aufgrund dessen ist § 850b Abs. 2 ZPO dahingehend teleologisch zu reduzieren, dass die Vorschrift keine Anwendung findet, wenn die Pfändbarkeit von Einmalleistungen in Frage steht. Daher findet § 850b Abs. 2 ZPO auf Todesfallversicherungen i.S.d. § 850b Abs. 1 Nr. 4 ZPO keine Anwendung.

ccc) Rechtsprechung des IX. Zivilsenats des BGH aus dem Jahre 2009

Im Zusammenhang mit der Frage, ob § 850b Abs. 2 ZPO auch auf Todesfallversicherungen i.S.d. § 850b Abs. 1 Nr. 4 ZPO anwendbar ist, sind zwei Entscheidungen des IX. Zivilsenats des BGH aus dem Jahre 2009 zu beachten.[240] Dort hat er sich zwar nicht ausdrücklich gegen eine Anwendbarkeit des § 850b Abs. 2 ZPO auf

238 Zöller/*Stöber*, § 850b Rn. 1; ähnlich Musielak/Voit/*Becker*, § 850b Rn. 1; MüKoZPO/*Smid*, § 850b Rn. 1; PG/*Ahrens*, § 850b Rn. 1.

239 BGH NJW-RR 2005, 869, 870; allerdings hat der VII. Zivilsenat des BGH in einer späteren Entscheidung vom 12.12.2007 ausdrücklich erwähnt, dass § 850b Abs. 2 ZPO auch auf Todesfallversicherungen i.S.d. § 850b Abs. 1 Nr. 4 ZPO anwendbar sein soll: BGH NJW-RR 2008, 412, 414.

240 BGH FamRZ 2009, 972 f.; BGH NZI 2010, 141.

Todesfallversicherungen ausgesprochen. Es liegt allerdings nahe, dass auch der Senat diese Auffassung teilt.

In dem Beschluss vom 19.3.2009[241] hatte er über die Massezugehörigkeit zweier Todesfallversicherungen i.S.d. § 850b Abs. 1 Nr. 4 ZPO zu entscheiden, deren Versicherungssummen jeweils und auch zusammen unterhalb des Betrages von 3.579,– EUR lagen. Die Leistungsansprüche wurden über §§ 36 Abs. 1 InsO, 850b Abs. 1 Nr. 4 ZPO für vollständig massefrei erklärt, ohne dass die Möglichkeit in Betracht gezogen wurde, dieses Ergebnis aufgrund der konkreten Umstände des Einzelfalls durch eine Billigkeitsentscheidung nach §§ 36 Abs. 1 S. 2 InsO, 850b Abs. 2 ZPO zu Lasten des Insolvenzschuldners zu „korrigieren". § 850b Abs. 2 ZPO wird in der Entscheidung mit keinem Wort erwähnt. Zugegeben, solange man diese Entscheidung separat für sich betrachtet, ist sie in Hinblick auf die Frage, ob § 850b Abs. 2 ZPO auch auf die Fälle des § 850b Abs. 1 Nr. 4 ZPO anwendbar ist, noch wenig aussagekräftig.

Dies ändert sich aber, wenn man den Beschluss vom 19.3.2009 im Zusammenhang mit dem Urteil des IX. Senats vom 3.12.2009[242] zur Massezugehörigkeit einer Berufsunfähigkeitsrente i.S.d. § 850b Abs. 1 Nr. 1 ZPO sieht. Dort heißt es beiläufig, dass der Bundesgerichtshof bereits ausgesprochen habe, dass eine von § 850b Abs. 1 Nr. 4 ZPO erfasste Todesfallversicherung nicht Bestandteil der Insolvenzmasse sei. Dabei wird auf den o.g. Beschluss vom 19.3.2009 verwiesen. Nach der Auffassung des Senats sind Leistungen aus Todesfallversicherungen i.S.d. § 850b Abs. 1 Nr. 4 ZPO über § 36 Abs. 1 InsO also immer bis zu einem Betrag von 3.579,– EUR massefrei und, in konsequenter Übertragung der Rechtsprechung auf die Einzelvollstreckung, unpfändbar.

Diese Aussage des Senats überrascht jedoch. Wie kommt er zu der Annahme, die über § 850b Abs. 1 Nr. 4 ZPO geschützten 3.579,– EUR seien im Insolvenzverfahren über § 36 Abs. 1 InsO immer massefrei, wenn doch § 850b Abs. 2 ZPO eine Billigkeitsentscheidung zu Lasten des Schuldners ermöglicht, die von den Umständen des konkreten Einzelfalls abhängig ist? Eins ist zumindest klar: Der Senat kommt nicht zu diesem Ergebnis, weil er § 850b Abs. 2 ZPO im Insolvenzverfahren insgesamt für unanwendbar hält. Immerhin hat er sich in derselben Entscheidung – entgegen der weit überwiegenden Auffassung – gerade für die Anwendbarkeit des § 850b Abs. 2 ZPO über § 36 Abs. 1 InsO ausgesprochen.[243] Aber was hat den Senat dann zu dieser Aussage bewogen?

Es kommen letztlich nur zwei Begründungsansätze in Betracht. Entweder ist er der Auffassung, dass § 850b Abs. 2 ZPO zwar auch auf Todesfallversicherungen i.S.d § 850b Abs. 1 Nr. 4 ZPO anwendbar ist, Billigkeitsentscheidungen in diesen Fällen aber unabhängig von den Umständen des konkreten Einzelfalls

241 BGH FamRZ 2009, 972 f.
242 BGH NZI 2010, 141.
243 Zur Anwendbarkeit des § 850b Abs. 2 ZPO im Insolvenzverfahren: § 4, B., I., 2., b) – S. 146 ff.

ausnahmslos zugunsten des Schuldners ausgehen werden und ein (teilweiser) Zugriff auf die geschützten 3.579,– EUR über § 850b Abs. 2 ZPO daher immer ausscheidet. Oder er hält, in Übereinstimmung mit der hier vertretenen Auffassung, § 850b Abs. 2 ZPO auf Todesfallversicherungen i.S.d. § 850b Abs. 1 Nr. 4 ZPO insgesamt für unanwendbar, weshalb der Betrag i.H.v. 3.579,– EUR aufgrund der fehlenden Möglichkeit einer Billigkeitsentscheidung nach § 850b Abs. 2 ZPO immer vollständig geschützt ist. Der Verweis auf den Beschluss vom 19.3.2009, in dem sich der Senat mit keinem Wort zu § 850b Abs. 2 ZPO geäußert hat, spricht für die hier vertretene Auffassung.

bb) Anwendbarkeit des § 850b Abs. 2 ZPO im Insolvenzverfahren?

Nach hier vertretener Auffassung ist § 850b Abs. 2 ZPO auf Todesfallversicherungen i.S.d. § 850b Abs. 1 Nr. 4 ZPO insgesamt nicht anwendbar. Damit kommt es bei reinen Todesfallversicherungen nicht auf die umstrittene Frage an, ob der Anwendungsbereich des § 850b Abs. 2 ZPO auf die Einzelvollstreckung beschränkt ist oder ob Billigkeitsentscheidungen über § 36 Abs. 1 InsO auch im Insolvenzverfahren möglich sind. Bezüglich dieser Streitfrage wird auf die Ausführungen zur Berufsunfähigkeitsversicherung verwiesen.[244]

e) Problemstellungen

Über § 850b Abs. 1 Nr. 4 ZPO sind Ansprüche aus Todesfallversicherungen unpfändbar und damit über § 36 Abs. 1 S. 1 InsO massefrei, wenn die Versicherungssumme 3.579,– EUR nicht übersteigt. Aber was gilt, wenn der Schuldner Inhaber einer Todesfallversicherung mit einer höheren Versicherungssumme ist? Und wie bemisst sich der massezugehörige Betrag, wenn der Schuldner mehrere Todesfallversicherungen abgeschlossen hat?

aa) Versicherungssumme über 3.579,– EUR

Wie sich eine höhere Versicherungssumme auf die Anwendbarkeit des § 850b Abs. 1 Nr. 4 ZPO auswirkt hängt davon ab, ob mit dem Betrag von 3.579,– EUR ein Freibetrag oder eine Freigrenze normiert wurde. Dies ist wiederum durch eine Auslegung des Gesetzes zu ermitteln.

Im Falle eines Freibetrages wären unabhängig von der Höhe der Versicherungssumme immer 3.579,– EUR pfändungsfrei. Die Gläubiger könnten immer nur auf den Betrag zugreifen, der den Freibetrag übersteigt.[245] Im Falle einer Freigrenze wäre

---

244 § 4, B., I., 2., b) – S. 146 ff.

245 Zur Bedeutung des Begriffs „Freibetrag“: Tilch/Arloth/*Schlenker*, Deutsches Rechts-Lexikon, S. 1699 f.; *Creifelds*, Rechtswörterbuch, S. 452.

der Leistungsanspruch in vollem Umfang dem Gläubigerzugriff ausgesetzt, wenn die Versicherungssumme 3.579,– EUR übersteigt.[246]

Freigrenzen und Freibeträge sind insbesondere aus dem Steuerrecht bekannt.[247] Dort kann vor allem am Wortlaut der Norm festgemacht werden, ob eine Freigrenze oder ein Freibetrag normiert wurde. In steuerrechtlichen Vorschriften sind Freibeträge sprachlich dadurch gekennzeichnet, dass Einkünfte nur der Besteuerung unterliegen, „soweit" sie einen bestimmten Betrag übersteigen. Beispielhaft seien § 13 Abs. 3 S. 1 EStG, § 16 Abs. 4 S. 1 EStG und § 13 Abs. 1 Nr. 1 lit. a ErbStG genannt. Freigrenzen werden im steuerrechtlichen Bereich hingegen mit dem Wort „wenn" gekennzeichnet. Beispielhaft sei auf § 22 Nr. 3 S. 2 EStG, § 23 Abs. 3 S. 5 EStG und § 3 Nr. 1 GrEStG hingewiesen.

Nach dem Wortlaut des § 850b Abs. 1 Nr. 4 ZPO sind Ansprüche aus reinen Todesfallversicherungen geschützt, „wenn" die Versicherungssumme 3.579,– EUR nicht übersteigt. Unter Berücksichtigung der o.g. Grundsätze aus dem Steuerrecht wurde der in § 850b Abs. 1 Nr. 4 ZPO genannte Betrag in der Vergangenheit durch eine rein grammatikalische Auslegung vermehrt als Freigrenze qualifiziert.[248]

Obwohl der VII. Zivilsenat des BGH dieser rein grammatikalischen Auslegung für den Fall einer höheren Versicherungssumme mit Beschluss vom 12.12.2007[249] eine Absage erteilt und die Versicherungsleistung nur in Höhe des 3.579,– EUR übersteigenden Betrages für pfändbar erklärt hat (Freibetrag), sprechen sich auch heute noch Teile der Literatur für eine vollständige Pfändbarkeit der Versicherungssumme aus.[250]

Gegen diese Auffassung und für die Annahme eines Freibetrages streiten vor allem Telos, Historie und Systematik der Norm. Zudem vermag das o.g. Wortlautargument, welches für die vollständige Pfändbarkeit ins Feld geführt wird, aufgrund

---

246 Zur Bedeutung des Begriffs „Freigrenze": Tilch/Arloth/*Schlenker*, Deutsches Rechts-Lexikon, S. 1706; *Creifelds*, Rechtswörterbuch, S. 452.

247 Zur Unterscheidung von Freibeträgen und Freigrenzen im Steuerrecht: Tilch/Arloth/*Schlenker*, Deutsches Rechts-Lexikon, S. 1699 f. und S. 1706; *Creifelds*, Rechtswörterbuch, S. 452.

248 LG Bochum KKZ 2006, 128; LG Essen VersR 1962, 245; AG Fürth VersR 1982, 59; Zöller/*Stöber*, 26. Aufl., § 850b Rn. 10; Prölss/Martin/*Prölss*, 27. Aufl., § 15 Rn. 3; Bruck/Möller/*Möller*, 8. Aufl., § 15 Anm. 26; *Stöber*, Forderungspfändung, 14. Aufl., Rn. 1021; *Baur/Stürner/Bruns*, Zwangsvollstreckungsrecht, Rn. 24.18; *Goll/Gilbert/Steinhaus*, Handbuch der Lebensversicherung, S. 17; *Boewer*, Die Lohnpfändung in der betrieblichen Praxis, S. 226; *David*, MDR 1996, 24; *Berner*, Rpfleger 1964, 68 f.; *Berner*, Rpfleger 1957, 193, 197; *Möller*, VW 1953, 432, 433.

249 BGH NJW-RR 2008, 412, 413.

250 Hk-ZV/*Meller-Hannich*, § 850b Rn. 23; *Baumbach/Lauterbach/Albers/Hartmann*, § 850b Rn. 14; Gottwald/*Klopp/Kluth/Wimmer*, Insolvenzrechts-Handbuch, § 25 Rn. 32; Bruck/Möller/*Winter*, § 167 Rn. 55; Uhlenbruck/*Hirte*, § 36 Rn. 36; *Wedel*, JurBüro 2009, 117 f.

der Unterschiede zwischen steuer- und zwangsvollstreckungsrechtlichen Vorschriften nicht zu überzeugen.

aaa) Kritik am Wortlautargument

Bei steuerrechtlichen Normen wird zwar in der Regel bewusst durch die Formulierungen „wenn" und „soweit" zwischen Freigrenzen und Freibeträgen differenziert. Anders verhält es sich aber im Zwangsvollstreckungsrecht. So ist etwa nach § 850c Abs. 1 S. 1 ZPO „Arbeitseinkommen [...] unpfändbar, wenn es [...] nicht mehr als [...] beträgt." Übertragt man die o.g. Grundsätze aus steuerrechtlichen Normen („wenn" = Freigrenze und „soweit" = Freibetrag) uneingeschränkt auf zwangsvollstreckungsrechtliche Vorschriften, würde § 850c ZPO Freigrenzen beinhalten. Dann könnte ein Gläubiger auf das gesamte Arbeitseinkommen des Schuldners zugreifen, sobald dieses den über § 850c ZPO geschützten Betrag übersteigt. Dass dies nicht der Fall sein kann, bedarf keiner weiteren Erläuterung. Vielmehr beinhaltet § 850c ZPO Freibeträge.[251] Arbeitseinkommen ist immer nur pfändbar, soweit es die geschützten Beträge übersteigt. Damit wurde in § 850c Abs. 1 S. 1 ZPO ein Freibetrag unter Verwendung der Formulierung „wenn" normiert. Anders als bei steuerrechtlichen Vorschriften kann das Wort „wenn" bei zwangsvollstreckungsrechtlichen Normen also nicht als starkes Argument für das Vorliegen einer Freigrenze herangezogen werden.

Zu beachten ist auch die Formulierung des Freibetrages in § 850a Nr. 4 ZPO. Dort wurde bei der Normierung eines Freibetrages gänzlich auf die Begriffe „wenn" und „soweit" verzichtet.

Dies zeigt: Anders als bei steuerrechtlichen Normen kann dem Wortlaut des § 850b Abs. 1 Nr. 4 ZPO im Rahmen der Auslegung nicht all zu viel Bedeutung beigemessen werden.

bbb) Telos

Insbesondere der Telos des § 850b Abs. 1 Nr. 4 ZPO spricht gegen eine vollständige Pfändbarkeit der Versicherungsleistung. Die Vorschrift bezweckt im Wesentlichen, dass weder die Hinterbliebenen des Schuldners noch der Staat im Rahmen einer Armenbestattung mit den Kosten belastet werden, die anlässlich des Todes anfallen, wenn der Schuldner im Rahmen einer reinen Todesfallversicherung für seine eigene Bestattung vorgesorgt hat.[252] Warum sollte dieser Schutz nur bei einer Todesfallversicherung greifen, deren Versicherungssumme maximal 3.579,– EUR beträgt? Der Schutzzweck des § 850b Abs. 1 Nr. 4 ZPO entfällt nicht, nur weil die Versicherungssumme diesen Betrag übersteigt. Existieren Personen, die zur Übernahme

---

251 PG/*Ahrens*, § 850c Rn. 7; Zöller/*Stöber*, § 850c Rn. 4; MüKoZPO/*Smid*, § 850c Rn. 4.

252 BT-Drucks. 1/4452, S. 3; BT-Drucks. 8/693, S. 47; BGH NJW-RR 2008, 412, 413; OLG Bamberg JurBüro 1985, 1739, 1740; LG Mainz VersR 1972, 142; Schuschke/Walker/*Kessal-Wulf/Lorenz*, § 850b Rn. 17; *Dietzel*, Der Pfändungsschutz der privaten Altersvorsorge nach den §§ 851c und 851d ZPO, S. 16; *Kellner*, VersR 1977, 117.

der Bestattungskosten verpflichtet sind, haben diese die Kosten unabhängig davon zu tragen, ob die Versicherungssumme aus der Todesfallversicherung 3.000,– EUR oder 30.000,– EUR beträgt. Existiert niemand, der die Bestattungskosten übernehmen kann, droht eine Armenbestattung auf Staatskosten. Dies gilt nicht nur, wenn die Versicherungssumme maximal 3.579,– EUR beträgt, sondern selbstverständlich auch, wenn sie diesen Betrag übersteigt. Wenn § 850b Abs. 1 Nr. 4 ZPO sicherstellen soll, dass weder die Hinterbliebenen noch der Staat die mit dem Tod des Versicherungsnehmers anfallenden Kosten tragen müssen, dann kann der Pfändungsschutz nicht von der Höhe der Versicherungssumme abhängig gemacht werden.

Zudem würde ein Versicherungsnehmer bei unwissentlicher Überschreitung des in § 850b Abs. 1 Nr. 4 ZPO genannten Betrages den Pfändungsschutz immer vollständig verlieren. Dies würde selbst dann gelten, wenn er bei einer Versicherungssumme von 3.600,– EUR tatsächlich allein aus der Motivation heraus gehandelt hat, die mit seinem Tode anfallenden (Bestattungs-)Kosten abzudecken und seine Hinterbliebenen dadurch finanziell zu entlasten sowie eine Armenbestattung auf Staatskosten zu verhindern. Unter Berücksichtigung des Sinn und Zwecks der Norm kann dem Schuldner in diesem Fall nicht ernsthaft der Schutz des § 850b Abs. 1 Nr. 4 ZPO vollumfänglich versagt werden.[253]

ccc) Historie

Wie der VII. Senat in seinem Beschluss vom 12.12.2007 anschaulich dargelegt hat, spricht auch die Historie gegen eine vollständige Pfändbarkeit.[254] Nach dem ursprünglichen Gesetzesentwurf zu § 850b Abs. 1 Nr. 4 ZPO sollte die Vorschrift Ansprüche aus „Sterbegeldversicherungen“ erfassen, „soweit“ sie den Betrag von 1.500,- DM nicht übersteigen.[255] Damit war im Wortlaut, sofern diesem denn maßgebliche Bedeutung beigemessen wird, ursprünglich die Normierung eines Freibetrages vorgesehen.

Im Zuge des Gesetzgebungsverfahrens wurde der Begriff „Sterbegeldversicherung“ durch eine Formulierung ersetzt, aus der sich unmissverständlich ergibt, dass von der Pfändbarkeit ausschließlich reine Todesfallversicherungen ausgenommen sind, bei denen Personenidentität zwischen Versicherungsnehmer und versicherter Person besteht. Nach Auffassung des Rechts- und Verfassungsausschusses habe der Begriff „Sterbegeldversicherung“ anderweitige Interpretationen zugelassen.[256] Allerdings wich die beschlossene Fassung des § 850b Abs. 1 Nr. 4 ZPO dann in seinem Wortlaut noch an anderer Stelle entscheidend von dem ursprünglichen Gesetzesentwurf ab, obwohl dies zu keinem Zeitpunkt thematisiert wurde. Nach der endgültigen Fassung sollten Ansprüche aus Lebensversicherungen nur dann

---

253 OLG Bamberg JurBüro 1985, 1739, 1740.

254 BGH NJW-RR 2008, 412, 413; auf die Historie hindeutend bereits OLG Bamberg JurBüro 1985, 1739, 1741.

255 BT-Drucks. 1/4452, S. 20.

256 BT-Drucks. 1/4452, S. 3.

unpfändbar sein, „wenn“ die Versicherungssumme 1.500,- DM nicht übersteigt.[257] Im Zuge der Änderung des Begriffs „Sterbegeldversicherung“ wurde auch das Wort „soweit“ durch ein „wenn“ ersetzt und damit sprachlich, sofern man die aus dem Steuerrecht bekannten Grundsätze überträgt, statt eines Freibetrages eine Freigrenze normiert. Soweit ersichtlich, war neben der Änderung des Begriffs „Sterbegeldversicherung“ aber keine inhaltliche Beschränkung der Norm beabsichtigt. Dies lässt den Schluss zu, dass es sich bei der Änderung im Wortlaut von „soweit“ in „wenn“ lediglich um ein redaktionelles Versehen ohne Aussagegehalt handelt.[258] Wie es zu der versehentlichen Änderung des Wortlauts gekommen ist, kann heute nicht mehr nachvollzogen werden. Da jedoch nicht ersichtlich ist, dass inhaltlich tatsächlich eine Freigrenze statt eines Freibetrages normiert werden sollte, liegt die Annahme eines Redaktionsversehens nahe.

Problematisch ist allerdings, dass der Wortlaut des § 850b Abs. 1 Nr. 4 ZPO in der Folgezeit mehrfach geändert wurde. Zum einen wurde der Grenzwert angepasst. Zum anderen erfolgte eine Änderung mit der Einführung des Euros. Dies hat *Wedel* dazu veranlasst, die historische Auslegung des VII. Senats kritisch zu hinterfragen.[259] Nach seiner Auffassung spreche es erheblich gegen ein Redaktionsversehen, dass trotz der mehrfachen Änderung des Wortlauts keine Umformulierung des Wortes „wenn“ in „soweit“ erfolgt ist.

Dem ist jedoch entgegenzuhalten, dass den Formulierungen „wenn“ und „soweit“ im zwangsvollstreckungsrechtlichen Bereich für die Unterscheidung zwischen Freibeträgen und Freigrenzen eben keine Bedeutung beigemessen wird. Ein zwingender Handlungsbedarf war somit nicht gegeben. Zudem enthält das deutsche Recht an mehreren Stellen einhellig anerkannte Redaktionsversehen, die bis zum heutigen Tage nicht korrigiert wurden. Darüber hinaus ist fraglich, inwieweit dem Gesetzgeber die Problematik rund um die Formulierung des § 850b Abs. 1 Nr. 4 ZPO bis zur Entscheidung des VII. Senats vom 12.12.2007 überhaupt bekannt war.[260]

ddd) Systematik

Abschließend sei auf die systematische Stellung des § 850b Abs. 1 Nr. 4 ZPO hingewiesen. Auch sie spricht für einen Freibetrag.[261] Die angrenzenden Normen

---

257 BT-Drucks. 1/4452, S. 20.

258 So im Ergebnis auch Schuschke/Walker/*Kessal-Wulf/Lorenz*, § 850b Rn. 17; Gottwald/*Mock*, § 850b Rn. 20; *Müller*, Die Lebensversicherung in der Zwangsvollstreckung, S. 128; siehe auch *Berner*, Rpfleger 1964, 68, der sich aber im Ergebnis aufgrund des „unzweifelhaften Wortlauts“ dennoch für eine Freigrenze ausspricht.

259 *Wedel*, JurBüro 2009, 117 f.

260 Die Kenntnis des Gesetzgebers bejahend: LG Bochum KKZ 2006, 128 ff.; zweifelnd: *Floeth*, FamRZ 2008, 1247, 1248.

261 OLG Bamberg JurBüro 1985, 1739, 1740; *Kohte/Beetz*, VuR 2008, 318; *Müller*, Die Lebensversicherung in der Zwangsvollstreckung, S. 126 f.

beinhalten in der Regel keine Freigrenzen, sondern Freibeträge. Dies gilt insbesondere für § 850a Nr. 4 ZPO und § 850c ZPO.

eee) Fazit

Aus einer teleologischen, historischen und systematischen Auslegung, durch welche die ohnehin schwache Wortlautauslegung verdrängt wird, ergibt sich, dass § 850b Abs. 1 Nr. 4 ZPO einen Freibetrag normiert und die Versicherungssumme daher nur pfändbar ist, soweit sie den Betrag von 3.579,– EUR übersteigt.[262]

bb) Vorhandensein mehrerer Todesfallversicherungen

Eine höchstrichterlich bisher noch nicht entschiedene Frage ergibt sich, wenn der Versicherungsnehmer mehrere Todesfallversicherungen i.S.d. § 850b Abs. 1 Nr. 4 ZPO abgeschlossen hat. Ist in dieser Konstellation jeder Vertrag separat zu betrachten, so dass der Freibetrag mehrfach zur Anwendung kommt, oder sind die jeweiligen Versicherungssummen der Einzelverträge im Rahmen des § 850b Abs. 1 Nr. 4 ZPO zu einer Gesamtversicherungssumme zu addieren?

Teile der Literatur wollen die einzelnen Todesfallversicherungen separat betrachten und die einzelnen Versicherungssummen nicht zusammenrechnen.[263] Dadurch sprechen sie dem Schuldner im Ergebnis mehrfach den Freibetrag zu.

---

262 BGH NJW-RR 2008, 412 ff.; OLG Bamberg JurBüro 1985, 1739, 1740; AG Nürnberg VersR 2013, 43; A/G/R-*Ahrens*, § 35 Rn. 87; PG/*Ahrens*, § 850b Rn. 21; Stein/Jonas/*Brehm*, § 850b Rn. 21; Musielak/Voit/*Becker*, § 850b Rn. 8; Zöller/*Stöber*, § 850b Rn. 10; MüKoZPO/*Smid*, § 850b Rn. 14; *Zimmermann*, § 850b Rn. 6; Wieczorek/Schütze/*Lüke*, § 850b Rn. 36; Schuschke/Walker/*Kessal-Wulf/Lorenz*, § 850b Rn. 17; Hk-ZPO/*Kemper*, § 850b Rn. 7; Thomas/Putzo/*Seiler*, § 850b Rn. 11; Thomas/Putzo/*Hüßtege*, 31. Aufl., § 850b Rn. 11; Gottwald/*Mock*, § 850b Rn. 21; *Stöber*, Forderungspfändung, Rn. 1021; *Steder*, in: Keller, Handbuch Zwangsvollstreckungsrecht, Kap. 3 Rn. 82; *Dörndorfer*, in: Dierck/Morvilius/Vollkommer, 5. Kap. Rn. 258; FK-InsO/*Kohte/Busch*, § 312 Rn. 70; MüKoInsO/*Peters*, § 35 Rn. 435 (Fn. 789) und § 36 Rn. 45a (Fn. 161); MüKoInsO/*Ganter*, § 51 Rn. 190; Langheid/Wandt/*Fausten*, § 17 Rn. 16; Prölss/Martin/*Armbrüster*, § 17 Rn. 7; Prölss/Martin/*Reiff*, § 170 Rn. 4; Looschelders/Pohlmann/*Klenk*, § 17 Rn. 22; *Benkel/Hirschberg*, § 13 ALB 2008 Rn. 300; *Prang*, in: van Bühren, Handbuch Versicherungsrecht, § 14 Rn. 554; Bruck/Möller/*Johannsen*, § 17 Rn. 6; *Brox/Walker*, Zwangsvollstreckungsrecht, § 17 Rn. 558; *Wollmann*, Private Altersvorsorge und Gläubigerschutz, S. 9; *Müller*, Die Lebensversicherung in der Zwangsvollstreckung, S. 126 ff.; *Grote*, InsbürO 2014, 103, 104; *Joachim/Lange*, ZEV 2012, 126, 128 f.; *Könnecke*, DGVZ 2012, 17, 20 f.; *Floeth*, FamRZ 2008, 1247 f.; *Kohte/Beetz*, VuR 2008, 318; *Ponath*, ZEV 2006, 242, 243; *Smid*, NJW 1992, 1935.

263 Prölss/Martin/*Armbrüster*, § 17 Rn. 7; Bruck/Möller/*Johannsen*, § 17 Rn. 6; Bruck/Möller/*Winter*, § 167 Rn. 55; Bruck/Möller/*Möller*, 8. Aufl., § 15 Anm. 26, der dieses Ergebnis wegen § 850e Nr. 2 ZPO i.V.m. § 850b Abs. 2 ZPO für zweifelhaft hält, dieser Frage aber nicht weiter nachgeht; so auch *Möller*, VW 1953, 432, 433

Hiergegen spricht allerdings, dass mit § 850b Abs. 1 Nr. 4 ZPO unabhängig von der Höhe des für den Todesfall bestehenden Versicherungsschutzes lediglich einmalig ein Betrag von 3.579,– EUR geschützt werden soll. Dadurch soll sichergestellt werden, dass weder die Hinterbliebenen noch der Staat mit den Bestattungskosten belastet werden. Beim Abschluss mehrerer Todesfallversicherungen kann letztlich nichts anderes gelten als beim Bestehen eines Vertrages mit einer höheren Versicherungssumme. Der für den Todesfall „eingekaufte" Versicherungsschutz übersteigt in beiden Fällen den über § 850b Abs. 1 Nr. 4 ZPO geschützten Betrag. Aufgrund des Sinn und Zwecks der Norm können in beiden Fällen immer nur einmalig 3.579,– EUR dem Gläubigerzugriff entzogen sein. Dem Schuldner steht der Freibetrag nicht mehrfach zu.

Dieses Ergebnis wollen andere durch eine Anwendung des § 850b Abs. 2 ZPO erreichen.[264] Nach ihrer Auffassung sei zwar jede Versicherung im Rahmen des § 850b Abs. 1 Nr. 4 ZPO separat zu betrachten und damit jeweils bis zu einem Betrag von 3.579,– EUR unpfändbar. Etwaigen Bedenken könne aber durch eine Zusammenrechnung bzw. Zusammenschau aller Versicherungssummen im Rahmen der Billigkeitsprüfung nach § 850b Abs. 2 ZPO begegnet werden.[265] Auf § 850b Abs. 2 ZPO sei insbesondere dann zurückzugreifen, wenn der Schuldner beabsichtigt, durch eine Stückelung größerer Beträge auf verschiedene Verträge die Pfändbarkeit der Ansprüche zu unterlaufen.[266]

Diesem Lösungsansatz steht bereits der Umstand entgegen, dass § 850b Abs. 2 ZPO nach hier vertretener Auffassung aufgrund einer teleologischen Reduktion nicht auf Todesfallversicherungen i.S.d. § 850b Abs. 1 Nr. 4 ZPO anwendbar ist.[267]

In der Literatur und Rechtsprechung wird vermehrt angeführt, dass die Versicherungssummen mehrerer Todesfallversicherungen im Rahmen des § 850b Abs. 1 Nr. 4 ZPO automatisch zu addieren seien.[268] Durch die Addition seien

---

(Fn. 22); *Prang*, in: van Bühren, Handbuch Versicherungsrecht, § 14 Rn. 554, der sich gegen eine Zusammenrechnung ausspricht, sofern der Versicherungsnehmer mehrere Todesfallversicherungen bei verschiedenen Gesellschaften abgeschlossen hat.

264 OLG Düsseldorf VersR 1961, 111; AG Fürth VersR 1982, 59; Musielak/Voit/*Becker*, § 850b Rn. 8; Schuschke/Walker/*Kessal-Wulf/Lorenz*, § 850b Rn. 17; Hk-ZV/*Meller-Hannich*, § 850b Rn. 23; Looschelders/Pohlmann/*Klenk*, § 17 Rn. 23; *Floeth*, FamRZ 2008, 1247, 1248; *Berner*, Rpfleger 1964, 68 f.; *Berner*, Rpfleger 1957, 193, 197; wohl auch *Steder*, in: Keller, Handbuch Zwangsvollstreckungsrecht, Kap. 3 Rn. 83.

265 OLG Düsseldorf VersR 1961, 111; AG Fürth VersR 1982, 59; Musielak/Voit/*Becker*, § 850b Rn. 8; Schuschke/Walker/*Kessal-Wulf/Lorenz*, § 850b Rn. 17; Hk-ZV/*Meller-Hannich*, § 850b Rn. 23; Looschelders/Pohlmann/*Klenk*, § 17 Rn. 23; *Floeth*, FamRZ 2008, 1247, 1248; *Berner*, Rpfleger 1964, 68, 69.

266 AG Fürth VersR 1982, 59; *Berner*, Rpfleger 1964, 68, 69.

267 § 4, A., I., 1., d), aa) – S. 71 ff.

268 OLG Hamm MDR 1962, 661; LG Bochum KKZ 2006, 128 ff.; LG Essen VersR 1962, 245; Zöller/*Stöber*, § 850b Rn. 10; Wieczorek/Schütze/*Lüke*, § 850b Rn. 36; Thomas/Putzo/*Seiler*, 850b Rn. 11; Thomas/Putzo/*Hüßtege*, 31. Aufl., § 850b Rn. 11; *Zimmermann*, § 850b Rn. 6; Hk-ZPO/*Kemper*, § 850b Rn. 7; Gottwald/*Mock*, § 850b

mehrere Todesfallversicherungen automatisch wie ein einheitlicher Vertrag zu behandeln.[269]

Wie sich aus einer grammatikalischen und systematischen Auslegung des § 850b Abs. 1 Nr. 4 ZPO ergibt, kommt aber auch eine automatische Addition der einzelnen Versicherungssummen nicht in Betracht. Zum einen sieht der Wortlaut dies nicht vor.[270] Zum anderen existiert in Hinblick auf die Pfändbarkeit von Arbeitseinkommen mit § 850e Nr. 2 ZPO eine Vorschrift, nach der eine automatische Zusammenrechnung mehrerer gleichartiger Einkünfte selbst dann nicht erfolgt, wenn dem Schuldner ein Freibetrag aufgrund des Sinn und Zwecks eindeutig nur einmal zusteht. So werden mehrere wie Arbeitseinkommen pfändbare Bezüge gemäß § 850e Nr. 2 ZPO nur auf Antrag zusammengerechnet, obwohl dem Schuldner der Freibetrag ersichtlich nur einmal zustehen kann. Dem Rechtsgedanken des § 850e Nr. 2 ZPO ist zu entnehmen, dass selbst bei eindeutigen Fallgestaltungen keine automatische Addition mehrerer Bezüge erfolgt. Ist der Schuldner Inhaber mehrerer Todesfallversicherungen i.S.d. § 850b Abs. 1 Nr. 4 ZPO kann nichts anderes gelten.

Allerdings ist der in § 850e Nr. 2 ZPO zum Ausdruck kommende Rechtsgedanke auf reine Todesfallversicherungen i.S.d. § 850b Abs. 1 Nr. 4 ZPO entsprechend zu übertragen. Weil das Gesetz eine dem § 850e Nr. 2 ZPO vergleichbare Vorschrift für reine Todesfallversicherungen i.S.d. § 850b Abs. 1 Nr. 4 ZPO nicht vorsieht, besteht insoweit eine Regelungslücke. Diese ist als planwidrig zu qualifizieren, denn es darf davon ausgegangen werden, dass nicht bewusst auf eine entsprechende Regelung verzichtet wurde. Bei der Normierung des § 850b Abs. 1 Nr. 4 ZPO wurde vielmehr übersehen, dass ein Schuldner auch Leistungen aus mehreren Todesfallversicherungen beziehen und die Gesamtversicherungssumme dabei den Freibetrag von 3.579,– EUR übersteigen kann. Dass diese Konstellation übersehen wurde darf schon deshalb angenommen werden, weil der im Jahre 1953 eingeführte § 850b ZPO an mehreren Stellen nicht sonderlich gelungen ist. Dies gilt insbesondere für die Leistungen aus reinen Todesfallversicherungen i.S.d. § 850b Abs. 1 Nr. 4 ZPO. Daher liegt die Vermutung nahe, dass die Möglichkeit des zeitgleichen Bezugs von Leistungen aus mehreren Todesfallversicherungen gar nicht erst in die Überlegungen mit einbezogen wurde.

Diese planwidrige Regelungslücke ist aufgrund der vergleichbaren Interessenlagen mittels einer analogen Anwendung des § 850e Nr. 2 ZPO zu schließen. Sowohl bei dem Bezug mehrerer wie Arbeitseinkommen pfändbarer Einkünfte als auch bei Leistungen aus mehreren Todesfallversicherungen würde bei separater Betrachtung der verschiedenen Einkünfte mehrfach der Freibetrag zur Anwendung kommen.

Rn. 21; *Baumbach/Lauterbach/Albers/Hartmann*, § 850b Rn. 14; *Hintzen*, in: Hintzen/Wolf, Rn. 6.111; *Dörndorfer*, in: Dierck/Morvilius/Vollkommer, 5. Kap. Rn. 258; *Benkel/Hirschberg*, § 13 ALB 2008 Rn. 300; *Müller*, Die Lebensversicherung in der Zwangsvollstreckung, S. 130 ff.; *Grote*, InsbürO 2014, 103, 104; *Joachim/Lange*, ZEV 2012, 126, 128 f.; wohl auch AG Kirchheimbolanden VersR 1970, 897.

269 OLG Hamm MDR 1962, 661; LG Essen VersR 1962, 245.

270 LG Essen VersR 1962, 245.

Dieser kann dem Schuldner in beiden Fällen aufgrund des Sinn und Zwecks aber nur einmal zustehen. Die Versicherungssummen mehrerer Todesfallversicherungen werden somit auf Antrag analog § 850e Nr. 2 ZPO zusammengerechnet.[271] Die dadurch gebildete Gesamtversicherungssumme ist sodann maßgeblich für die Frage, ob der Freibetrag überschritten wird. Liegt die Gesamtversicherungssumme über dem Freibetrag, ist nur der 3.579,– EUR übersteigende Teil pfändbar. Anderenfalls würde der in § 850b Abs. 1 Nr. 4 ZPO genannte Betrag als Freigrenze qualifiziert werden, was ersichtlich dem Sinn und Zweck, der Historie und der Systematik der Vorschrift zuwider läuft.[272]

Bestehen mehrere Todesfallversicherungen, deren Versicherungssummen in ihrer Gesamtheit den Freibetrag übersteigen, ist hinsichtlich der Frage, auf welchen Vertrag bzw. auf welche Verträge zugegriffen werden kann, nach dem Prioritätsprinzip zu verfahren.[273] Diese Lösung ermöglicht zuverlässige Abgrenzungen und klare Ergebnisse,[274] weil der zeitgleiche Abschluss mehrerer Todesfallversicherungen in der Praxis kaum vorkommen dürfte. Übersteigt die Gesamtversicherungssumme den Betrag von 3.579,– EUR, sind die zeitlich zuerst abgeschlossenen Lebensversicherungen unpfändbar, bis der Freibetrag des § 850b Abs. 1 Nr. 4 ZPO erreicht ist. Bei der Versicherung, mit deren Versicherungssumme der Freibetrag überschritten wird, ist der Teil bis zum Erreichen des Freibetrages unpfändbar, der darüber hinausgehende Teil pfändbar. Alle zeitlich später abgeschlossenen Todesfallversicherungen sind vollständig pfändbar.

cc) Rückkaufswert unter 3.579,– EUR bei Versicherungssumme über 3.579,– EUR

Der Wortlaut des § 850b Abs. 1 Nr. 4 ZPO sorgt noch an einer weiteren Stelle für Irritationen. Die Norm erklärt Ansprüche aus Todesfallversicherungen für unpfändbar, soweit die „Versicherungssumme" 3.579,– EUR nicht übersteigt. Anknüpfungspunkt für die Frage, ob der Freibetrag überschritten wird, ist also nicht die tatsächliche Leistung des Versicherers, sondern die vereinbarte Versicherungssumme.

Diese Formulierung des § 850b Abs. 1 Nr. 4 ZPO weist keine Probleme auf, wenn der Gläubigerzugriff nach dem Eintritt des Versicherungsfalls erfolgt. In diesem Fall entspricht die Versicherungsleistung der Versicherungssumme. Beläuft sich die Versicherungssumme bspw. auf 6.000,– EUR, ist diese bei Eintritt des Versicherungsfalls in voller Höhe zu erbringen. Die Gläubiger könnten i.H.v. 2.421,– EUR darauf zugreifen, ein Betrag i.H.v. 3.579,– EUR wäre über § 850b Abs. 1 Nr. 4 ZPO geschützt.

Schwieriger wird es, wenn der Gläubigerzugriff während der Vertragslaufzeit erfolgt und es sich um eine Todesfallversicherung handelt, bei deren Kündigung ein Rückkaufswert fällig wird. Der Versicherer hätte dann lediglich den aktuellen

271 PG/*Ahrens*, § 850b Rn. 22; Stein/Jonas/*Brehm*, § 850b Rn. 23.
272 § 4, A., I., 1., e), aa) – S. 78 ff.
273 AG Fürth VersR 1982, 59.
274 *Stöber*, Forderungspfändung, Rn. 1021.

Rückkaufswert zu erbringen, der (teilweise erheblich) geringer ist als die Versicherungssumme. Dies kann in der Praxis zu der Konstellation führen, dass die Versicherungssumme den Betrag von 3.579,– EUR übersteigt, der aktuelle Rückkaufswert hingegen unterhalb dieses Betrages liegt. Zur Verdeutlichung soll folgendes Beispiel dienen: Die Versicherungssumme beträgt 6.000,– EUR, der aktuelle Rückkaufswert liegt bei 3.000,– EUR. In dieser Konstellation wird es problematisch, dass der Wortlaut nicht auf die Höhe der tatsächlich vom Versicherer zu erbringenden Leistung (3.000,– EUR), sondern auf die Höhe der Versicherungssumme (6.000,– EUR) abstellt.

Diese Konstellation könnte zunächst durch eine „Quotenübertragung" aufgelöst werden. Man könnte den Betrag der Versicherungssumme, der den Grenzwert von 3.579,– EUR übersteigt (im o.g. Beispiel 2.421,– EUR) ins Verhältnis zur Gesamtversicherungssumme (im o.g. Beispiel 6.000,– EUR) setzen und dadurch ermitteln, zu wieviel Prozent die Versicherungssumme der Pfändung unterliegen würde, wäre der Vertrag voll werthaltig, und zu wieviel Prozent sie unpfändbar wäre. Sodann könnten die ermittelten Quoten auf den unter 3.579,– EUR liegenden Rückkaufswert übertragen und dieser der Quoten entsprechend für pfändbar erklärt werden.

Übertragen auf das o.g. Beispiel würde dies bedeuten: Wäre die gesamte Versicherungssumme fällig, würden mit 2.421,– EUR insgesamt 40,35 % der Versicherungssumme von 6.000,– EUR der Pfändung unterliegen. Mit 3.579,– EUR wären 59,65 % der Versicherungssumme unpfändbar. Bei Übertragung der Quoten auf den aktuellen Rückkaufswert von 3.000,– EUR würde sich ein pfändbarer Betrag von 1.210,50 EUR ergeben (40,35 % von 3.000,– EUR). 1.789,50 EUR würden hingegen über § 850b Abs. 1 Nr. 4 ZPO dem Gläubzugriff entzogen sein (59,65 % von 3.000.- EUR).

Einer solchen „Quotenübertragung" steht allerdings der Sinn und Zweck des § 850b Abs. 1 Nr. 4 ZPO entgegen.[275] Der Sinn und Zweck der Vorschrift führt dazu, dass der dort genannte Betrag die gleiche Wirkung entfaltet wie ein steuerrechtlicher Freibetrag. Freibeträge zeichnen sich gerade dadurch aus, dass ein Zugriff nur erfolgen kann, soweit die tatsächlich erbrachte Leistung über dem geschützten Betrag liegt. Demnach kann auf eine reine Todesfallversicherung nur zugegriffen werden, soweit die tatsächliche Leistung des Versicherers den Betrag von 3.579,– EUR übersteigt. Wird der Vertrag gekündigt, leistet der Versicherer nicht die volle Versicherungssumme, sondern lediglich den (geringeren) Rückkaufswert. Demnach ist für die Bewertung, ob der Freibetrag überschritten wird, nicht die Versicherungssumme, sondern der aktuelle Rückkaufswert als tatsächliche Versicherungsleistung maßgeblich. Nur soweit der Rückkaufswert den Betrag von 3.579,– EUR übersteigt, ist ein Gläubigerzugriff möglich. Solange der Rückkaufswert unterhalb

275 Zum Sinn und Zweck der Vorschrift: § 4, A., I., 1., e), aa), bbb) – S. 80 f.

des Freibetrages liegt, ist er vollständig dem Gläubigerzugriff entzogen, auch wenn die Versicherungssumme den Betrag von 3.579,– EUR übersteigt.[276]

Dem Wortlaut des § 850b Abs. 1 Nr. 4 ZPO ist also auch an dieser Stelle nicht all zu viel Bedeutung beizumessen. Im Rahmen des § 850b Abs. 1 Nr. 4 ZPO ist nicht die Versicherungs*summe*, sondern die tatsächlich zu erbringende Versicherungs*leistung* maßgeblich.

In dem o.g. Beispiel ist daher der gesamte Rückkaufswert i.H.v. 3.000,– EUR über § 850b Abs. 1 Nr. 4 ZPO unpfändbar, obwohl die Versicherungssumme mit 6.000,– EUR den Betrag von 3.579,- EUR übersteigt.

2. Sonstige Kapitallebensversicherungen

Viele Insolvenzschuldner sind Inhaber von Lebensversicherungen, die (auch) im Erlebensfall eine einmalige Kapitalleistung vorsehen. Diese Versicherungen werden vom Schutz der auf reine Todesfallversicherungen zugeschnittenen §§ 36 Abs. 1 S. 1 InsO, 850b Abs. 1 Nr. 4 ZPO nicht erfasst. Auch eine Anwendung der §§ 36 Abs. 1 S. 1 InsO, 850 Abs. 3 lit. b ZPO scheidet aus, weil über § 850 Abs. 3 lit. b ZPO nur Rentenleistungen geschützt werden. Kapitallebensversicherungen unterliegen auch dann nicht dem Schutz der §§ 36 Abs. 1 S. 1 InsO, 850 Abs. 3 lit. b ZPO, wenn dem Versicherungsnehmer ein (bisher nicht ausgeübtes) Rentenwahlrecht zusteht.[277]

a) Schutz über §§ 36 Abs. 1 S. 2 InsO, 850i Abs. 1 S. 1 ZPO

Für Einmalleistungen aus Kapitallebensversicherungen kommt allerdings ein Schutz über die §§ 36 Abs. 1 S. 2 InsO, 850i Abs. 1 S. 1 ZPO in Betracht.

Einer Anwendung der §§ 36 Abs. 1 S. 2 InsO, 850i Abs. 1 S. 1 Alt. 1 ZPO steht zwar bereits der Umstand entgegen, dass es sich bei Einmalleistungen aus Kapitallebensversicherungen ersichtlich nicht um Vergütungen für persönlich geleistete Arbeiten oder Dienste handelt.[278]

In Betracht kommt aber ein Schutz über die §§ 36 Abs. 1 S. 2 InsO, 850i Abs. 1 S. 1 Alt. 2 ZPO. Die zweite Alternative wurde im Zuge des Gesetzes zur Reform des Kontopfändungsschutzes vom 7.7.2009[279] mit Wirkung zum 1.7.2010 neu in § 850i Abs. 1 S. 1 ZPO eingeführt. Danach unterliegen nun auch „sonstige Einkünfte, die kein Arbeitseinkommen sind" dem Pfändungsschutz des § 850i Abs. 1 S. 1 ZPO.

---

276 A/G/R-*Ahrens*, § 35 Rn. 87; PG/*Ahrens*, § 850b Rn. 21; a.A. *Benkel/Hirschberg*, § 13 ALB 2008 Rn. 300; BK/*Gruber*, § 15 Rn. 7.

277 BFH VersR 2008, 1279.

278 BFH NJW 1992, 527, 528; Stein/Jonas/*Brehm*, § 850 Rn. 48; *Henckel*, in: Jaeger, § 36 Rn. 22; *Schildt*, Die Insolenz des Freiberuflers, S. 58; *Koch*, Die Insolvenz des selbstständigen Rechtsanwalts, S. 212; *Maier*, Die Insolvenz des Rechtsanwalts, S. 130.

279 BGBl. Teil I, Jahrgang 2009, Nr. 39, S. 1707 ff.

Die Reichweite des in § 850i Abs. 1 S. 1 Alt. 2 ZPO neu normierten Pfändungsschutzes ist seit dessen Einführung umstritten. Teilweise werden dem Schutz nur solche Einkünfte unterstellt, die auf persönlich geleisteten Arbeiten oder Diensten beruhen, wodurch insbesondere sog. kapitalistische Einkünfte, wie z.B. Erträge aus Vermögen oder Kapitalerträge, vom Pfändungsschutz ausgenommen werden.[280] Zumindest sollen aufgrund der Systematik der Vorschrift nur Einkommen Erwerbstätiger unter den Pfändungsschutz fallen.[281] Die überwiegende Ansicht spricht sich hingegen für eine weite Auslegung aus und qualifiziert § 850i Abs. 1 S. 1 Alt. 2 ZPO als Auffangregelung, die Lücken im Pfändungsschutz schließen solle.[282] Nach dieser Ansicht sollen dem Schutz des § 850i Abs. 1 S. 1 Alt. 2 ZPO alle selbst erwirtschafteten Einkünfte unterliegen, die von den besonderen Pfändungsschutzvorschriften der §§ 850 ff. ZPO nicht erfasst werden, die aber in vergleichbarer Weise den Lebensunterhalt des Schuldners sichern.[283] Auf die Art der Einkünfte komme es dabei nicht an. Insbesondere sei der Begriff der „Einkünfte“ nicht am Steuerrecht zu orientieren.[284] Erfasst seien vielmehr sämtliche Geldforderungen, die der Schuldner in irgendeiner Weise selbst erwirtschaftet hat.[285] Bezugsgröße sei also ein auf breite Basis gestellter Schutz des selbst erwirtschafteten Lebensunterhalts.[286]

Mit Urteil vom 26.6.2014[287] hat sich der IX. Zivilsenat des BGH in überzeugender Weise der weiten Auslegung des § 850i Abs. 1 S. 1 Alt. 2 ZPO angeschlossen.[288] Gleiches gilt für den VII. Zivilsenat des BGH, der sich mit Beschluss vom 23.4.2015 ebenfalls zugunsten der weiten Auslegung ausgesprochen hat.[289] Dem antragsabhängigen Pfändungsschutz des § 850i Abs. 1 S. 1 Alt. 2 ZPO unterliegen damit alle denkbaren – auch einmaligen – Einkünfte, die der Schuldner auf irgendeine Weise selbst erwirtschaftet hat, soweit sie seinem Lebensunterhalt, d.h. seiner Existenzsicherung, dienen.

Für die vom Senat vertretene Auffassung sprechen neben dem klaren Wortlaut des § 850i Abs. 1 S. 1 Alt. 2 ZPO insbesondere die Systematik der §§ 850 ff. ZPO und verfassungsrechtliche Grundsätze. Aufgrund der Garantie der Menschenwürde

280 Zöller/*Stöber*, § 850i Rn. 1; *Stöber*, Forderungspfändung, Rn. 1234.

281 LSG Sachsen-Anhalt, Beschl. v. 7.6.2012 – L 5 AS 193/12 B ER, BeckRS 2012, 70474.

282 LG Bonn ZInsO 2012, 2056, 2057; PG/*Ahrens*, § 850i Rn. 1 und Rn. 19; Musielak/Voit/*Becker*, § 850i Rn. 3; Hk-ZPO/*Kemper*, § 850i Rn. 6 f.; BeckOK ZPO/*Riedel*, § 850i Rn. 5 f. und Rn. 11; Hk-ZV/*Meller-Hannich*, § 850i Rn. 7; *Kohte*, VuR 2014, 367, 369; *Meller-Hannich*, WM 2011, 529, 531; *Ahrens*, ZInsO 2010, 2357, 2359 f.

283 PG/*Ahrens*, § 850i Rn. 1; *Kohte*, VuR 2014, 367, 369; *Ahrens*, ZInsO 2010, 2357, 2359 f.

284 Hk-ZV/*Meller-Hannich*, § 850i Rn. 7; *Meller-Hannich*, WM 2011, 529, 531.

285 *Meller-Hannich*, WM 2011, 529, 531.

286 PG/*Ahrens*, § 850i Rn. 19.

287 BGH NZI 2014, 772 f.

288 Dem Urteil zustimmend auch *Kluth*, NZI 2014, 899, 900 f.; *Buck*, FD-InsR 2014, 360710; *Cranshaw*, jurisPR-InsR 20/2014 Anm. 1; *Flatow*, jurisPR-MietR 19/2014 Anm. 5.

289 BGH NZI 2015, 661 f.

in Verbindung mit dem Sozialstaatsprinzip, Art. 1 Abs. 1 GG i.V.m. Art. 20 Abs. 1 GG, ist der Staat verpflichtet, dem Einzelnen ein menschenwürdiges Existenzminimum zu gewährleisten. Diese Verpflichtung wird zum einen durch staatliche Transferleistungen sichergestellt. Zum anderen durch die Pfändungsschutzvorschriften der §§ 850 ff. ZPO.

Erzielt ein Schuldner eigenständig erwirtschaftete Einkünfte, werden diese insoweit über die §§ 850 ff. ZPO geschützt, dass er seine Existenz mit diesen Einkünften selbst sicherstellen kann, ohne auf staatliche Transferleistungen angewiesen zu sein. Um Schuldner zu motivieren, ihre Existenz nicht durch den Bezug staatlicher Sozialleistungen, sondern vielmehr durch eigene Arbeit und eigenen Erwerb sicherzustellen und damit im Ergebnis den öffentlichen Haushalt im Bereich der Sozialleistungen zu entlasten, werden selbst erzielte Einkünfte dem Gläubigerzugriff über die §§ 850 ff. ZPO in einem Umfang entzogen, der die Sozialleistungen übersteigt.[290] Erwirtschaftet ein Schuldner also eigenständig Einkünfte, bleibt ihm im Ergebnis mehr zum Leben als im Falle des Bezugs staatlicher Sozialleistungen. Weil dem Schuldner über die §§ 850 ff. ZPO im Ergebnis mehr verbleibt als beim Bezug von Sozialleistungen, ist eine vollstreckungsrechtliche Ungleichbehandlung verschiedener selbst erwirtschafteter Einkunftsarten, mit denen der Schuldner jeweils eigenständig seine Existenz sichern könnte, zum einen in Hinblick auf Art. 3 Abs. 1 GG problematisch. Zum anderen würde dies dem Sinn und Zweck der §§ 850 ff. ZPO zuwiderlaufen, nach dem Schuldner ihre eigene Existenz primär durch eigenständig erwirtschaftete Einkünfte selbst sicherstellen sollen.

Bis zur Einführung des § 850i Abs. 1 S. 1 Alt. 2 ZPO war der Pfändungsschutz der §§ 850 ff. ZPO allerdings lückenhaft und unzureichend. Von den Schutzvorschriften wurden gerade nicht alle eigenständig erwirtschafteten Einkünfte erfasst, mit denen der Schuldner seine Existenz selbst sicherstellen kann. Geschützt waren vor allem Arbeitseinkommen, gesetzliche und vertragliche Renten, Sozialleistungen und steuerlich gefördertes Altersvorsorgevermögen. Auch die Vergütungsansprüche für selbständige Tätigkeiten konnten auf Antrag geschützt werden. Es waren jedoch Fallgestaltungen denkbar, in denen Schuldner ausschließlich oder überwiegend Einkünfte bezogen, die sie zwar selbst erwirtschaftet haben, die aber nicht von den §§ 850 ff. ZPO erfasst wurden. Beispielhaft sei ein Schuldner genannt, der neben sehr geringen Rentenleistungen eine Leistung aus einem Nießbrauch an einem Grundstück i.H.v. monatlich 500,– EUR bezog und der sich mit seinen Gesamteinkünften an der Grenze des Existenzminimums befand. Weil die Einkünfte aus dem Nießbrauch nicht von den §§ 850 ff. ZPO erfasst wurden, konnten die Gläubiger vollständig darauf zugreifen, obwohl der Schuldner auf diese selbst erwirtschafteten Einkünfte zur Sicherung seiner Existenz angewiesen war. Weil die Pfändung möglich war, rutschte der Schuldner mit seinen Einkünften unter die Grenze des Existenzminimums, so dass er in der Folge auf staatliche Transferleistungen angewiesen

290 *Kohte*, VuR 2014, 367, 370.

war. Hätte es sich hingegen um Rentenleistungen i.H.v. 500,– EUR gehandelt, wären diese – zumindest bis zur Grenze des Existenzminimums – über die §§ 850 ff. ZPO geschützt gewesen.

Durch die Einführung des § 850i Abs. 1 S. 1 Alt. 2 ZPO sollte diese Lücke beim Pfändungsschutz aufgehoben und ein gleichmäßiger Schutz existenzieller Lebensgrundlagen geschaffen werden. Durch die Erweiterung des Pfändungsschutzes durch den weit gefassten § 850i Abs. 1 S. 1 Alt. 2 ZPO wird zwar das Vollstreckungsinteresse der Gläubiger beeinträchtigt. Diese Einschränkung erfolgt aber zugunsten der Menschenwürdegarantie in Verbindung mit dem Sozialstaatsprinzip und zur Entlastung der Sozialkassen.[291] Diesem Schutz ist gegenüber dem Vollstreckungsinteresse der Gläubiger der Vorrang einzuräumen.

Weil Einmalleistungen aus Kapitallebensversicherungen nicht von den sonstigen Pfändungsschutzvorschriften der §§ 850 ff. ZPO erfasst werden, können auch diese Leistungen grds. als „sonstige Einkünfte" unter die Auffangvorschrift des § 850i Abs. 1 S. 1 Alt. 2 ZPO fallen. Dies gilt aber nur dann, wenn der Versicherungsnehmer die Leistung aus der Kapitallebensversicherung mit eigenen Mitteln erwirtschaftet hat. Dies ist bei Versicherungsleistungen zumindest dann der Fall, wenn der Schuldner die Versicherungsprämien, mittels derer er die Versicherungsleistung „erkauft" hat, aus seinem eigenen Vermögen aufgewendet hat. Dies wird bei Kapitallebensversicherungen der Regelfall sein. Zudem kommt ein Schutz von Leistungen aus Kapitallebensversicherungen über § 850i Abs. 1 S. 1 Alt. 2 ZPO nur in Betracht, wenn diese Einkünfte tatsächlich zur Sicherung der Existenz des Schuldners erforderlich sind. Dies ist nur dann der Fall, wenn dem Schuldner neben den Einkünften aus der Kapitallebensversicherung kein Vermögen zur Verfügung steht und er auch ansonsten keine oder nur unzureichende Leistungen bezieht, mit denen er sich unterhalb des Existenzminimums befindet. Dann ist er zur Existenzsicherung zumindest teilweise auf die Leistung aus der Kapitallebensversicherung angewiesen. Soweit die Leistung aus der Kapitallebensversicherung in derartigen Fällen tatsächlich der Existenzsicherung dient, unterliegt sie dem antragsabhängigen Schutz des § 850i Abs. 1 S. 1 Alt. 2 ZPO, der über § 36 Abs. 1 S. 2 InsO auch im Insolvenzverfahren Anwendung findet.

Der IX. Senat weist in seiner o.g. Entscheidung allerdings noch darauf hin, dass in jedem Einzelfall zu prüfen sei, ob die besonderen Pfändungsschutzvorschriften der §§ 851a, 851b, 851c, 851d und 852 ZPO einer Anwendung des § 850i Abs. 1 S. 1 Alt. 2 ZPO auf die konkrete Einkunftsart entgegenstehen bzw. ob sie § 850i Abs. 1 S. 1 Alt. 2 ZPO insoweit verdrängen.[292]

Teilweise wird die Auffassung vertreten, die Systematik der §§ 850 ff. ZPO und insbesondere die Existenz der §§ 851c, 851d ZPO stehe einer Anwendung des

291 BGH NZI 2014, 772, 773.
292 BGH NZI 2014, 772, 773.

§ 850i Abs. 1 S. 1 ZPO auf Leistungen aus Kapitallebensversicherungen entgegen.[293] Der Pfändungsschutz für Leistungen aus Lebensversicherungen sei in den §§ 850 Abs. 3 lit. b, 850b Abs. 1 Nr. 4, 851c und 851d ZPO abschließend geregelt. Einmalige Leistungen aus Kapitallebensversicherungen seien bewusst vom Pfändungsschutz ausgenommen worden, was spätestens mit der Einführung der §§ 851c, 851d ZPO deutlich zum Ausdruck gekommen sei. Mit der Einführung der §§ 851c, 851d ZPO sei der Streit um die Anwendbarkeit des § 850i Abs. 1 S. 1 ZPO auf Leistungen aus Kapitallebensversicherungen obsolet geworden.[294]

Mit der Einführung der §§ 851c, 851d ZPO wurde ein deutliches Zeichen gesetzt, dass für einmalige Erlebensfallleistungen aus Kapitallebensversicherungen kein genereller Pfändungsschutz bestehen soll. Einen solchen Schutz soll es selbst dann nicht geben, wenn die Kapitallebensversicherung (auch) zum Zwecke der Altersvorsorge abgeschlossen wurde. Hintergrund ist dabei insbesondere die (durchaus berechtigte) Befürchtung, dass die häufig hohen Einmalleistungen aus Kapitallebensversicherungen im Ergebnis doch nicht oder zumindest nicht vollständig für die Versorgung im Alter, sondern anderweitig, insbesondere für Luxusaufwendungen, verwendet werden. Daher ist es richtig, dass für einmalige Erlebenfallleistungen aus Kapitallebensversicherungen kein genereller Pfändungsschutz existiert.

Diese Grundsatzentscheidung gegen einen generellen Pfändungsschutz wird allerdings nicht unterlaufen, wenn Leistungen aus Kapitallebensversicherungen im Einzelfall (teilweise) dem Schutz des § 850i Abs. 1 S. 1 Alt. 2 ZPO unterstellt werden. Dieser antragsabhängige Pfändungsschutz greift nur bezüglich solcher Einkünfte, auf die der Schuldner zur Sicherung seiner Existenz zwingend angewiesen

293 BFH NJW 1992, 527, 528; *Henckel*, in: Jaeger, § 36 Rn. 22; Zöller/*Stöber*, § 850 Rn. 11; Hk-ZV/*Meller-Hannich*, § 850i Rn. 11; Stein/Jonas/*Brehm*, § 850 Rn. 48; Stein/Jonas/*Münzberg*, 21. Aufl., § 850 Rn. 49; Wieczorek/Schütze/*Lüke*, § 850 Rn. 71; *Baumbach/Lauterbach/Albers/Hartmann*, § 850 Rn. 14; *Stöber*, Forderungspfändung, Rn. 893; Prölss/Martin/*Prölss*, 28. Aufl., § 17 Rn. 5; *Menzel*, Vollstreckungsschutz zugunsten privater Altersvorsorge, S. 75 ff.; *Wall*, Das Valutaverhältnis des Vertrags zugunsten Dritter auf den Todesfall – ein Forderungsvermächtnis, S. 405 f.; *Hasse*, Interessenkonflikte bei der Lebensversicherung zugunsten Dritter, S. 195 f.; *Meller-Hannich*, WM 2011, 529, 532 f.; *Stöber*, NJW 2007, 1242, 1243; *Bengelsdorf*, FA 2007, 336, 337; *Hasse*, VersR 2006, 145, 147 f.; *Hasse*, VersR 2005, 15, 18 (Fn. 24); *Hasse*, VersR 2004, 958, 959; *v. Gleichenstein*, ZVI 2004, 149, 153; *Armbrüster/Pilz*, KTS 2004, 481, 483; *Baur/Stürner/Bruns*, Zwangsvollstreckungsrecht, Rn. 24.11, nach denen einmalige Zahlungen aus Lebensversicherungen nur in den Fällen des § 850b Abs. 1 Nr. 4 ZPO geschützt sind; Musielak/Voit/*Becker*, § 829 Rn. 32, nach dem (Kapital-)Lebensversicherungen grds. nur geschützt sind, wenn sie die Voraussetzungen des § 850b Abs. 1 Nr. 4 ZPO, des § 851c ZPO oder des § 851d ZPO erfüllen; Bruck/Möller/*Möller*, 8. Aufl., § 15 Anm. 26, nach dem Kapitalleistungen aus Todesfallversicherungen nur über § 765a Abs. 1 ZPO, über § 850a Ziff. 7 ZPO und über § 850b Abs. 1 Nr. 4 ZPO Pfändungsschutz genießen können.

294 *Wall*, Das Valutaverhältnis des Vertrags zugunsten Dritter auf den Todesfall – ein Forderungsvermächtnis, S. 406.

ist. Bezieht der Schuldner also neben einer selbst erwirtschafteten Versicherungsleistung aus einer Kapitallebensversicherung weitere Einkünfte, durch die seine Lebensgrundlage gesichert ist, wird die Leistung aus der Kapitallebensversicherung nicht vom Schutz des § 850i Abs. 1 S. 1 Alt. 2 ZPO erfasst. Sie ist dann vielmehr vollumfänglich dem Gläubigerzugriff ausgesetzt. Nur wenn der Schuldner keine sonstigen Einkünfte bezieht oder diese derart gering sind, dass sie unterhalb des Existenzminimums liegen, ist der Schuldner zur Sicherung seiner Lebensgrundlage auf Teile der Versicherungsleistung angewiesen. Nur in diesem Fall kann er für die Versicherungsleistung auf Antrag über § 850i Abs. 1 S. 1 Alt. 2 ZPO Pfändungsschutz erlangen. Der Pfändungsschutz besteht dann auch nur, soweit der Schuldner diese Leistung tatsächlich zur Sicherung seiner Existenz benötigt.

§ 850i Abs. 1 S. 1 Alt. 2 ZPO führt also nicht zu einem generellen Pfändungsschutz von Leistungen aus Kapitallebensversicherungen. Vielmehr ist die (teilweise) Unpfändbarkeit dieser Leistungen die Ausnahme. Diese Ausnahme ist aber dadurch gerechtfertigt, dass mit dem teilweisen Pfändungsschutz die staatliche Verpflichtung zur Sicherung des Existenzminimums erfüllt wird und die Sozialkassen entlastet werden.

In den Fällen, in denen § 850i Abs. 1 S. 1 Alt. 2 ZPO auf Kapitallebensversicherungen anwendbar ist, steht auch die oben erwähnte Befürchtung „zweckentfremdeter" Verwendungen einem Pfändungsschutz nicht entgegen. Bezieht der Schuldner derart geringe Einkünfte, dass er nur mit Teilen der Versicherungsleistung das Existenzminimum erreicht, wird er den ihm pfändungsfrei belassenen Teil der Versicherungsleistung nicht für Luxusaufwendungen oder dergleichen ausgeben. Aufgrund seiner angespannten finanziellen Lage wird er mit diesen Leistungen vielmehr seinen Lebensunterhalt bestreiten müssen.

Weil für Leistungen aus Kapitallebensversicherungen mit § 850i Abs. 1 S. 1 Alt. 2 ZPO grds. eine Pfändungsschutzmöglichkeit existiert, ist der früher vertretenen Auffassung, die sich für eine analoge Anwendung des § 850i Abs. 1 S. 1 ZPO a.F., heute § 850i Abs. 1 S. 1 Alt. 1 ZPO, auf Leistungen aus Kapitallebensversicherungen ausgesprochen hat,[295] mangels bestehender Regelungslücke die Grundlage entzogen. Auch die Konstruktion einer generellen Unpfändbarkeit von Leistungen aus Kapitallebensversicherungen über eine analoge Anwendung des § 850i Abs. 1 S. 1 Alt. 1 ZPO kommt nicht in Betracht. Es existiert zwar keine Vorschrift, die einen generellen Pfändungsschutz für derartige Leistungen normiert, § 850i Abs. 1 S. 1 Alt. 2 ZPO kann nur im Ausnahmefall zur teilweisen Unpfändbarkeit führen. Spätestens mit Einführung der §§ 851c, 851d ZPO ist aber deutlich zum Ausdruck gebracht worden, dass für Einmalleistungen aus Kapitallebensversicherungen bewusst kein genereller Pfändungsschutz geschaffen wurde.

295 Bruck/Möller/*Winter*, 8. Aufl., Anm. H 250; *Sieg*, in: FS Klingmüller, 447, 449 ff.; *Sieg*, ZVersWiss 1974, 97, 99 ff.; *Bayer*, Der Vertrag zugunsten Dritter, S. 275 f.

b) Schutz bei Bestehen einer Berufsunfähigkeitszusatzversicherung, §§ 36 Abs. 1 S. 1 InsO, 850b Abs. 1 Nr. 1 ZPO?

Eine besondere Fragestellung ergibt sich, wenn die Kapitallebensversicherung mit einer Berufsunfähigkeitszusatzversicherung verbunden und die versicherte Person bereits vor der Eröffnung des Insolvenzverfahrens berufsunfähig geworden ist.

Tritt der Versicherungsfall in der Berufsunfähigkeitszusatzversicherung ein, ist der Versicherer nicht nur zur Zahlung einer Berufsunfähigkeitsrente – sofern diese Leistung mitversichert ist, § 1 Abs. 1 lit. b BUZ – verpflichtet, sondern auch zur Beitragsbefreiung in der Hauptversicherung und in sonstigen mit dem Hauptvertrag verbundenen Zusatzversicherungen, § 1 Abs. 1 lit. a BUZ. Anders als bei einer Beitragsfreistellung, bei der zukünftig keine Prämien mehr in den Vertrag fließen und auch etwaiges Deckungskapital nicht weiter aufgebaut wird, wird der Versicherungsnehmer bei einer Beitragsbefreiung so gestellt, als würde er die Prämien weiter entrichten.[296] Bei Eintritt der Berufsunfähigkeit übernimmt der Berufsunfähigkeitszusatzversicherer die Prämienzahlungen für die Haupt- und die Zusatzversicherungen. Die seit dem Eintritt der Berufsunfähigkeit eingetretene Wertsteigerung des Leistungsanspruchs der Lebensversicherung basiert also nicht auf vom Schuldner selbst gezahlten Beiträgen, sondern auf Leistungen aus der Berufsunfähigkeitszusatzversicherung.

Dieser Umstand hat das OLG Hamm in einem Urteil vom 16.3.2006 dazu veranlasst, die Versicherungsleistung aus einer Kapitallebensversicherung, die nicht vom Anwendungsbereich des § 850b Abs. 1 Nr. 4 ZPO erfasst wurde, über §§ 36 Abs. 1 S. 1 InsO, 850b Abs. 1 Nr. 1 ZPO insoweit für massefrei zu erklären, als die Wertsteigerung des Leistungsanspruchs auf Prämien aus einer Berufsunfähigkeitszusatzversicherung basierte.[297] Das Gericht meint, wirtschaftlich betrachtet stehe die Beitragsbefreiung einer Rentenzahlung in gleicher Höhe bei fortbestehender Beitragspflicht in der Lebensversicherung gleich.[298] Daher seien die Beitragsbefreiungen wie Berufsunfähigkeitsrenten über §§ 36 Abs. 1 S. 1 InsO, 850b Abs. 1 Nr. 1 ZPO geschützt, so dass der Leistungsanspruch aus der Lebensversicherung bei der Auszahlung massefrei sei, soweit er mit den über §§ 36 Abs. 1 S. 1 InsO, 850b Abs. 1 Nr. 1 ZPO geschützten Prämien aus der Berufsunfähigkeitszusatzversicherung aufgebaut wurde. Dieser Rechtsauffassung hat sich mit Urteil vom 8.5.2009 auch das LG Hamburg angeschlossen.[299]

Aus guten Gründen hat sich das OLG Hamburg in einem Urteil vom 27.3.2012 gegen diese Entscheidungen gestellt.[300] Die Versicherungsleistung aus einer Kapitallebensversicherung an sich wird schon aufgrund des unmissverständlichen

296 *Rixecker*, in: Beckmann/Matusche-Beckmann, § 46 Rn. 231; *v. d. Thüsen*, VersR 1951, 169, 170.
297 OLG Hamm ZInsO 2006, 878, 881.
298 OLG Hamm ZInsO 2006, 878, 881.
299 LG Hamburg, Urt. v. 8.5.2009 – 322 O 465/06, n.v.
300 OLG Hamburg ZInsO 2012, 978, 979.

Wortlauts („Renten“) und aufgrund des Sinn und Zwecks nicht von den §§ 36 Abs. 1 S. 1 InsO, 850b Abs. 1 Nr. 1 ZPO erfasst. Die Norm schützt ausschließlich Rentenzahlungen, d.h. wiederkehrende Leistungen. Einmalige Kapitalleistungen fallen nicht in den Anwendungsbereich des § 850b Abs. 1 Nr. 1 ZPO. Unabhängig davon, ob der Versicherer die Leistung aufgrund einer erfolgten Kündigung erbringt oder weil der Versicherungsfall eingetreten ist, handelt es sich immer um einmalige Kapitalleistungen, nicht um Rentenzahlungen. Die Versicherungsleistung an sich kann damit mangels Rentenleistung nicht dem Schutz der §§ 36 Abs. 1 S. 1 InsO, 850b Abs. 1 Nr. 1 ZPO unterliegen. Dies gilt auch für den Teil der Leistung, der auf den Beitragszahlungen der Berufsunfähigkeitszusatzversicherung basiert, denn die Versicherungsleistung aus der Kapitallebensversicherung erfolgt immer in Form eines einmaligen Gesamtbetrages, nicht in Rentenform.

Eine teilweise Massefreiheit der einmaligen Versicherungsleistung könnte daher nur so konstruiert werden, dass bereits die Beitragszahlungen durch den Berufsunfähigkeitszusatzversicherer dem Schutz der §§ 36 Abs. 1 S. 1 InsO, 850b Abs. 1 Nr. 1 ZPO unterlagen und dadurch teilweise massefreies Deckungskapital aufgebaut wurde, welches dann bei der Auszahlung dem Gläubigerzugriff entzogen ist. Unter Berücksichtigung des Sinn und Zwecks der Vorschrift stößt diese Vorgehensweise jedoch auf erhebliche Bedenken. Bei der Leistungsart „Beitragsbefreiung“ aus der Berufsunfähigkeitszusatzversicherung handelt es sich nicht um Rentenleistungen i.S.d. § 850b Abs. 1 Nr. 1 ZPO.[301] Die Schutzvorschrift des § 850b Abs. 1 Nr. 1 ZPO soll sicherstellen, dass Verletztenrenten, mit denen der Schuldner seinen Lebensunterhalt bestreitet, über die er also frei verfügen kann und auf die er zur Sicherung seiner Existenz angewiesen ist, dem Gläubigerzugriff entzogen sind. Über § 850b Abs. 1 Nr. 1 ZPO werden also nur solche Leistungen geschützt, die der Schuldner selbst erhält, die ihm als geldwerter Vorteil tatsächlich zur freien Verfügung stehen. Bei Berufsunfähigkeitsrenten ist dies unstreitig der Fall. Etwas anderes gilt aber für Beitragsbefreiungen, d.h. für Prämienzahlungen, die der Berufsunfähigkeitszusatzversicherer ab dem Eintritt der Berufsunfähigkeit erbringt. Diese Leistungen erhält der Schuldner gerade nicht zur freien Verfügung. Sie werden direkt an den Lebensversicherer erbracht und dienen allein der Aufrechterhaltung der Lebensversicherung. Weil der Schuldner bei der Beitragsbefreiung keine Leistungen erhält, über die er frei verfügen kann und die der Sicherung seiner Existenz dienen, handelt es sich nicht um Leistungen, die über § 850b Abs. 1 Nr. 1 ZPO Schutz genießen.

Daran ändert auch der Umstand nichts, dass die Versicherungsleistung für die Sicherstellung der Existenz im Alter verwendet werden könnte. Zum einen dienen Lebensversicherungen nicht zwangsläufig der Existenzsicherung, was in besonderem Maße für Kapitallebensversicherungen gilt, bei denen die einmalige Ablaufleistung häufig für andere Zwecke verwendet wird. § 850b Abs. 1 Nr. 1 ZPO ist aber gerade auf die Existenzsicherung zugeschnitten. Zum anderen schützt § 850b Abs. 1 Nr. 1 ZPO wiederkehrende Leistungen nur, wenn der Schuldner auch tatsächlich

301 OLG Hamburg ZInsO 2012, 978, 979; A/G/R-*Ahrens*, § 36 Rn. 65.

Rentenzahlungen zur freien Verfügung erhält. Dies ist in dieser Konstellation gerade nicht der Fall, weil der Versicherungsnehmer keinen Anspruch auf Auszahlung der Prämien hat. Er kann vom Berufsunfähigkeitszusatzversicherer lediglich die Prämienzahlung an den Lebensversicherer verlangen. Die spätere Leistung des Lebensversicherers ist eine Einmalleistung, die eindeutig nicht über § 850b Abs. 1 Nr. 1 ZPO geschützt wird.

Auch ein Vergleich mit der Regelung des § 851c ZPO führt zu keinem anderen Ergebnis. Zwar unterliegen auch dort die Prämienzahlungen selbst nicht dem Pfändungsschutz, wohingegen die späteren Rentenleistungen, die auf diesen Prämienzahlungen basieren, geschützt sind. Anders als bei den hier in Rede stehenden Einmalleistungen aus Kapitallebensversicherungen sieht das Gesetz für die Fälle der Altersrentenversicherungen aber in § 851c Abs. 1 ZPO ausdrücklich einen Pfändungsschutz für die Auszahlungsphase vor. Einen vergleichbaren Schutz in der Auszahlungsphase vermittelt § 850b Abs. 1 Nr. 1 ZPO für Einmalleistungen aus Kapitallebensversicherungen, die teilweise durch eine Beitragsbefreiung aus der Berufsunfähigkeitsversicherung aufgebaut wurde, gerade nicht.

Im Ergebnis ist somit der Rechtsauffassung des OLG Hamburg beizupflichten. Einmalleistungen aus Kapitallebensversicherungen unterliegen auch dann nicht dem Schutz der §§ 36 Abs. 1 S. 1 InsO, 850b Abs. 1 Nr. 1 ZPO, wenn das Deckungskapital (zumindest teilweise) durch Leistungen aus der Berufsunfähigkeitszusatzversicherung aufgebaut wurde.

c) Schutz über §§ 36 Abs. 1 S. 1 InsO, 22 Abs. 1 1. DVO/HVG

Auch wenn die praktische Bedeutung mittlerweile gering sein dürfte, so sei doch der Vollständigkeit halber auf den Schutz der sog. Handwerker-Lebensversicherungen hingewiesen, die vor dem 1.1.1962 abgeschlossen wurden.[302]

Leistungen aus Handwerker-Lebensversicherungen, die noch auf § 22 Abs. 1 der Verordnung zur Durchführung und Ergänzung des Gesetzes über die Altersversorgung für das Deutsche Handwerk (1. DVO/HVG)[303] basieren, sind bis zu einem Betrag von 10.000,- DM, d.h. 5.113,– EUR,[304] unpfändbar und damit über § 36 Abs. 1 S. 1 InsO massefrei. Dies gilt auch – und gerade – bei einmaligen

302 Zur Handwerker-Lebensversicherung: *Henckel*, in: Jaeger, § 36 Rn. 23; Stein/Jonas/*Brehm*, § 850b Rn. 24; Schuschke/Walker/*Kessal-Wulf/Lorenz*, § 850b Rn. 17; Bruck/Möller/*Möller*, 8. Aufl., § 15 Anm. 27; Bruck/Möller/ *Winter*, 8. Aufl., Anm. H 247; Prölss/Martin/*Prölss*, 26. Aufl., § 15 Rn. 5; *Benkel/Hirschberg*, 1. Aufl., § 13 ALB Rn. 240; *Stöber*, Forderungspfändung, Rn. 1022; *Hasse*, Interessenkonflikte bei der Lebensversicherung zugunsten Dritter, S. 193 f.; *Berner*, Rpfleger 1957, 193, 196 f.

303 RGBl. Teil I, Jahrgang 1939, Nr. 127, S. 1255 ff.; Gesetz über die Altersversorgung für das Deutsche Handwerk: RGBl. Teil I, Jahrgang 1938, Nr. 223, S. 1900 f.

304 Unter Berücksichtigung des offiziellen Umrechnungskurses: 1 EUR = 1,99583 DM.

Kapitalleistungen.[305] Durch den Abschluss der Handwerker-Lebensversicherungen konnten sich Handwerker von der Sozialversicherungspflicht befreien lassen.[306] Zwar ist § 22 Abs. 1 1. DVO/HVG mit dem Handwerkerversicherungsgesetz (HwVG) vom 8.9.1960[307] und der damit eingeführten Versicherungspflicht für Handerwerker am 1.1.1962 außer Kraft getreten. Für vor dem 1.1.1962 abgeschlossene Verträge wirkt der Pfändungsschutz des § 22 Abs. 1 1. DVO/HVG jedoch fort,[308] so dass Leistungen aus diesen Verträgen auch heute noch bis zu einem Betrag von 10.000,- DM, bzw. 5.113,– EUR, gemäß §§ 36 Abs. 1 S. 1 InsO, 22 Abs. 1 1. DVO/HVWG massefrei sind.

Der Betrag von 10.000,- DM, bzw. 5.113,– EUR, ist keine Freigrenze, sondern ein Freibetrag.[309] Übersteigt die Versicherungsleistung diesen Betrag, bleibt sie i.H.v. 10.000,- DM, bzw. 5.113,– EUR, dem Zugriff des Insolvenzverwalters entzogen.[310] Hatte ein Handwerker mehrere Lebensversicherungen i.S.d. § 22 Abs. 1 1. DVO/HVG abgeschlossen, sind die einzelnen Leistungen für die Bewertung, ob und inwieweit der Freibetrag überschritten wurde, zusammen zu rechnen.[311] Weil § 22 Abs. 1 1. DVO/HVG bereits vor über 50 Jahren außer Kraft getreten ist, dürfte die

---

305 Bruck/Möller/*Möller*, 8. Aufl., § 15 Anm. 27; Bruck/Möller/*Winter*, 8. Aufl., Anm. H 247; *Eitelberg*, Lebensversicherung und Drittrechte, S. 138; *Heilmann*, DR 1941, 168, 170.

306 *Goll/Gilbert/Steinhaus*, Handbuch der Lebensversicherung, S. 217.

307 BGBl. Teil I, Jahrgang 1960, Nr. 50, S. 737 ff.

308 BGHZ 44, 192, 193 ff. = NJW 1966, 155, 156 f.; OLG Düsseldorf VersR 1967, 750 f.; KG Berlin VersR 1964, 326, 327 f.; LG Berlin VersR 1964, 473 f.; LG Berlin VersR 1963, 813; AG Tempelhof-Kreuzberg VersR 1964, 328; AG Worms Rpfleger 1964, 216 f.; Stein/Jonas/*Brehm*, § 850b Rn. 24; Prölss/Martin/*Prölss*, 26. Aufl., § 15 Rn. 5; Bruck/Möller/*Winter*, 8. Aufl., Anm. H 247; *Benkel/Hirschberg*, 1. Aufl., § 13 ALB Rn. 240; *Goll/Gilbert/Steinhaus*, Handbuch der Lebensversicherung, S. 217; *Sieg*, in: FS Klingmüller, 447, 450; *Hasse*, Interessenkonflikte bei der Lebensversicherung zugunsten Dritter, S. 193; a.A. LG Kiel VersR 1963, 1213.

309 Anders *Hasse*, VersR 2005, 15, 18 (Fn. 24), der von einer „Freigrenze" spricht. Wie aber der Verweis auf *Hasse*, Interessenkonflikte bei der Lebensversicherung zugunsten Dritter, S. 193, zeigt, meint auch er inhaltlich einen Freibetrag. Auch nach seiner Auffassung ist immer ein Betrag von 10.000,- DM geschützt, d.h. auch dann, wenn die Versicherungssumme diesen Betrag übersteigt.

310 BGHZ 35, 261, 266 = NJW 1961, 1720, 1721; LG Berlin Rpfleger 1973, 223; Stein/Jonas/*Brehm*, § 850b Rn. 24; Schuschke/Walker/*Kessal-Wulf/Lorenz*, § 850b Rn. 17; Prölss/Martin/*Prölss*, 26. Aufl., § 15 Rn. 5; Bruck/Möller/*Winter*, 8. Aufl., Anm. H 247; *Stöber*, Forderungspfändung, 15. Aufl., Rn. 1023; *Goll/Gilbert/Steinhaus*, Handbuch der Lebensversicherung, S. 217; *Müller*, Die Lebensversicherung in der Zwangsvollstreckung, S. 136; *Hasse*, Interessenkonflikte bei der Lebensversicherung zugunsten Dritter, S. 193.

311 LG Berlin Rpfleger 1973, 223; AG München VersR 1967, 948; *Stöber*, Forderungspfändung, 15. Aufl., Rn. 1023; Stein/Jonas/*Brehm*, § 850b Rn. 24; Prölss/Martin/*Prölss*, 26. Aufl., § 15 Rn. 5; *Müller*, Die Lebensversicherung in der Zwangsvollstreckung, S. 136.

praktische Bedeutung der §§ 36 Abs. 1 S. 1 InsO, 22 Abs. 1 1. DVO/HVG mittlerweile gering sein.

II. Rentenversicherungen

1. Private Rentenversicherungen, §§ 36 Abs. 1 S. 1 InsO, 850 Abs. 3 lit. b ZPO

Nach § 850 Abs. 3 lit. b ZPO sind Leistungen aus privaten Rentenversicherungen, die zur Versorgung des Versicherungsnehmers oder seiner unterhaltsberechtigten Angehörigen eingegangen wurden, in gleichem Maße vor dem Gläubigerzugriff geschützt wie laufendes Arbeitseinkommen. Daher können Gläubiger auf Rentenleistungen i.S.d. § 850 Abs. 3 lit. b ZPO gemäß § 850 Abs. 1 ZPO nur in den Grenzen der §§ 850a bis 850i ZPO zugreifen, insbesondere nur, soweit sie die Freibeträge des § 850c ZPO übersteigen. Über § 36 Abs. 1 S. 1 InsO findet § 850 Abs. 3 lit. b ZPO auch im Insolvenzverfahren Anwendung.

a) Persönlicher Anwendungsbereich

Entgegen einer in der Literatur vertretenen Auffassung[312] können sich nur Arbeitnehmer, Beamte, in einem arbeitnehmerähnlichen Beschäftigungsverhältnis Stehende sowie deren unterhaltsberechtigte Angehörige auf den Schutz des § 850 Abs. 3 lit. b ZPO berufen.[313]

---

312 Stein/Jonas/*Brehm*, § 850 Rn. 48; Wieczorek/Schütze/*Lüke*, § 850 Rn. 71; *Walter*, Lohnpfändungsrecht, S. 71; *Boewer/Bommermann*, Lohnpfändung und Lohnabtretung in Recht und Praxis, Rn. 394; *Schildt*, Die Insolenz des Freiberuflers, S. 57 f.; *Müller*, Die Lebensversicherung in der Zwangsvollstreckung, S. 105 f.; *Maier*, Die Insolvenz des Rechtsanwalts, S. 130; *v. Gleichenstein*, ZVI 2004, 149, 152 f.; Bruck/Möller/*Möller*, § 15 Anm. 22; *Möller*, VW 1953, 432, nach dem ein Zusammenhang mit einem Arbeitsverhältnis nicht erforderlich ist.

313 BGH NZI 2010, 777, 779; BGH NZI 2008, 93, 94 f.; BGH NZI 2008, 95, 96 f.; OLG Köln VersR 2013, 1248, 1250 f.; OLG Naumburg VersR 2012, 1287, 1289; OLG Frankfurt a.M. VersR 1996, 614; LG Dortmund ZVI 2010, 395; LG Traunstein ZInsO 2010, 1939, 1940; LG Frankfurt/Oder Rpfleger 2002, 322; LG Braunschweig NJW-RR 1998, 1690; PG/*Ahrens*, § 850 Rn. 30; Musielak/Voit/*Becker*, § 850 Rn. 13; MüKoZPO/*Smid*, § 850 Rn. 42; BeckOK ZPO/*Riedel*, § 850 Rn. 37; Hk-ZV/*Meller-Hannich*, § 850 Rn. 59 und § 851c Rn. 7; Hk-ZPO/*Kemper*, § 850 Rn. 17; Thomas/Putzo/*Seiler*, § 850 Rn. 9; Schuschke/Walker/*Kessal-Wulf/Lorenz*, § 850 Rn. 16; *Schrandt*, in: Keller, Handbuch Zwangsvollstreckungsrecht, Kap. 3 Rn. 502; *Baumbach/Lauterbach/Albers/Hartmann*, § 850 Rn. 14; *Prang*, in: van Bühren, Handbuch Versicherungsrecht, § 14 Rn. 552; Bruck/Möller/*Johannsen*, § 17 Rn. 6; Bruck/Möller/*Winter*, § 167 Rn. 51; *Neuhaus*, Berufsunfähigkeitsversicherung, Kap. S Rn. 2; *Stöber*, Forderungspfändung, Rn. 892; *Brox/Walker*, Zwangsvollstreckungsrecht, § 17 Rn. 547; *Dietzel*, Der Pfändungsschutz der privaten Altersvorsorge nach den §§ 851c und 851d ZPO, S. 13; *Menzel*, Vollstreckungsschutz zugunsten privater Altersvorsorge,

Hintergrund des beschränkten persönlichen Anwendungsbereichs ist neben dem klaren Wortlaut („Arbeitseinkommen") der systematische Gehalt der Vorschrift. § 850 Abs. 3 lit. b ZPO knüpft an § 850 Abs. 2 ZPO an, der sich wiederum auf § 850 Abs. 1 ZPO bezieht. § 850 Abs. 2 ZPO stellt klar, was unter Arbeitseinkommen i.S.d. § 850 Abs. 1 ZPO zu verstehen ist. Arbeitseinkommen sind die aktiven Einkünfte der Beamten und Arbeitnehmer, von ihnen bezogene Ruhegelder und ähnliche nach dem einstweiligen oder dauernden Ausscheiden aus dem Dienst- oder Arbeitsverhältnis gewährte fortlaufende Einkünfte, ferner Hinterbliebenenbezüge sowie sonstige Vergütungen für Dienstleistungen aller Art, die die Erwerbstätigkeit des Schuldners vollständig oder zu einem wesentlichen Teil in Anspruch nehmen. § 850 Abs. 2 ZPO ist somit auf abhängig Beschäftigte zugeschnitten.

Daran anknüpfend qualifiziert § 850 Abs. 3 lit. b ZPO vertragliche Versicherungsrenten als Arbeitseinkommen, die Leistungen i.S.d. § 850 Abs. 2 ZPO ersetzen oder ergänzen sollen.[314] Damit handelt es sich bei den Versicherungsrenten i.S.d. § 850 Abs. 3 lit. b ZPO um arbeitsentgeltähnliches Einkommen. Weil § 850 Abs. 2 ZPO ausschließlich Einkünfte abhängig Beschäftigter erfasst und § 850 Abs. 3 lit. b ZPO hieran anknüpft, ist auch der persönliche Anwendungsbereich des § 850 Abs. 3 lit. b ZPO auf Arbeitnehmer, Beamte, in einem arbeitnehmerähnlichen Beschäftigungsverhältnis Stehende sowie auf deren unterhaltsberechtigte Angehörige beschränkt.

b) Sachlicher Anwendungsbereich

Wie sich bereits unmissverständlich dem Wortlaut der Norm entnehmen lässt, unterliegen ausschließlich „Renten", d.h. wiederkehrende Leistungen, dem Pfändungsschutz des § 850 Abs. 3 lit. b ZPO. Nur sie gewährleisten den Versorgungscharakter.[315] Geschützt sind auch rückständige Beträge, die der Versicherer in einer Summe leistet. Explizit wurde dies zwar nur für § 850b Abs. 1 Nr. 1 ZPO entschieden.[316] Die Argumentation ist aber auf § 850 Abs. 3 lit. b ZPO entsprechend übertragbar.[317]

S. 108 f.; *Koch*, Die Insolvenz des selbstständigen Rechtsanwalts, S. 209 ff.; *Wollmann*, Private Altersvorsorge und Gläubigerschutz, S. 6; *Heyn*, InsbürO 2014, 115, 116; *Lüdtke*, ZVI 2013, 46; *Können*e*cke*, DGVZ 2012, 17, 21; *Ernst*, JurBüro 2012, 405; *Walker*, EWiR 2008, 383, 384; *Helwich*, JurBüro 2007, 286, 290; *Bengelsdorf*, FA 2007, 336, 337.

314 BGH NZI 2008, 93, 94; BGH NZI 2008, 95, 96; LG Traunstein ZinsO 2010, 1939, 1940.

315 PG/*Ahrens*, § 850 Rn. 30.

316 BGH NZI 2010, 141.

317 PG/*Ahrens*, § 850 Rn. 30.

aa) Schutz verrenteter Kapitalleistungen

Ist der Versicherungsnehmer Inhaber einer Kapitallebensversicherung und kommt es im Erlebensfall tatsächlich zu der Auszahlung einer einmaligen Kapitalleistung, unterliegt diese nicht dem Schutz des § 850 Abs. 3 lit. b ZPO.[318]

Allerdings wird Versicherungsnehmern von Kapitallebensversicherungen häufig die Möglichkeit eröffnet, ihre Kapitalleistungen zu verrenten. Macht der Versicherungsnehmer von dieser Möglichkeit Gebrauch, bezieht er im Erlebensfall keine Einmalleistung, sondern wiederkehrende (Renten-)Leistungen. Auch diese werden von § 850 Abs. 3 lit. b ZPO erfasst, denn im Wortlaut ist lediglich von Renten die Rede, die auf Grund von Versicherungsverträgen gewährt werden, ohne dass zwischen Rentenforderungen und verrenteten Kapitalforderungen differenziert wird.[319] Zu Recht wird im Wortlaut auch an keiner anderen Stelle verlangt, dass der Vertrag von Beginn an Rentenzahlungen vorgesehen hat. Es wäre kaum nachvollziehbar, wenn Versorgungsrenten in Form von verrenteten Kapitalleistungen anders zu behandeln wären als Versorgungsrenten aus Verträgen, die von Beginn an die Zahlung einer Rente vorgesehen haben. In beiden Fällen bezieht der Schuldner eine wiederkehrende (Renten-)Leistung, die an die Stelle seiner Einkünfte tritt und seiner Versorgung dient.

Für den Schutz aus § 850 Abs. 3 lit. b ZPO genügt es also, wenn in der Auszahlungsphase Rentenleistungen erbracht werden, die an die Stelle des Arbeitseinkommens treten. Unerbehlich ist, ob es sich dabei um Rentenleistungen oder um verrentete Kapitalleistungen handelt.

bb) Versorgungsrenten

Geschützt werden nur Leistungen aus solchen Versicherungsverträgen, die zur Versorgung des Versicherungsnehmers oder seiner unterhaltsberechtigten Angehörigen eingegangen wurden.

Dies ist vor allem dann der Fall, wenn die Rentenleistungen anlässlich des vollständigen Ausscheidens aus einem Dienst- oder Arbeitsverhältnis begründet werden.[320] Dem Schutz des § 850 Abs. 3 lit. b ZPO unterliegen daher insbesondere solche Versicherungsverträge, mit deren Abschluss der Versicherungsnehmer für seinen Unterhalt nach Beendigung seines Arbeits- oder Dienstverhältnisses vorgesorgt

318 Musielak/Voit/*Becker*, § 850 Rn. 13; Zöller/*Stöber*, § 850 Rn. 11; Bruck/Möller/*Johannsen*, § 17 Rn. 6; *Menzel*, Vollstreckungsschutz und private Altersvorsorge, S. 73 f.; *Berner*, Rpfleger 1957, 193, 197.

319 *Winter*, Interessenkonflikte bei der Lebensversicherung zugunsten Angehöriger, S. 10; *Menzel*, Vollstreckungsschutz und private Altersvorsorge, S. 74.

320 BGH NJW-RR 2008, 496, 498; PG/*Ahrens*, § 850 Rn. 30; Hk-ZV/*Meller-Hannich*, § 850 Rn. 58; Hk-ZPO/*Kemper*, § 850 Rn. 17; *Gottwald/Mock*, § 850 Rn. 19; *Schrandt*, in: Keller, Handbuch Zwangsvollstreckungsrecht, Kap. 3 Rn. 502; *Heyn*, InsbürO 2014, 115, 116; *Könnecke*, DGVZ 2012, 17, 21.

hat.[321] Dies trifft vor allem auf private Rentenversicherungen zu, bei denen die Leistungen ab dem altersbedingten Ausscheiden aus dem Arbeitsleben beginnen. Hierzu zählen auch staatlich geförderte Riester- und Basis-Renten.[322]

Eine Versicherungsrente ist aber nicht nur dann als „Versorgungsrente" i.S.d. § 850 Abs. 3 lit. b ZPO zu qualifizieren, wenn das Dienst- oder Arbeitsverhältnis vollständig erlischt, sondern insbesondere auch dann, wenn der Schuldner aufgrund von Krankheiten oder Unfallfolgen Einkommenseinbußen erleidet, die mittels einer Versicherungsrente kompensiert werden sollen. Dies gilt insbesondere bei Berufsunfähigkeits-[323] und Invaliditätsrenten[324], aber auch bei Krankentagegeldern[325]. Auch in diesem Fall kompensiert die Versicherungsrente (teilweise) weggefallenes Arbeitseinkommen i.S.d. § 850 Abs. 2 ZPO und dient damit der Versorgung des Schuldners.

Eine Versicherungsleistung ist also nicht nur dann als Versorgungsrente i.S.d. § 850 Abs. 3 lit. b ZPO zu qualifizieren, wenn sie anlässlich des vollständigen Ausscheidens aus dem Dienst- oder Arbeitsverhältnis erbracht wird, sondern auch dann, wenn sie zur Ergänzung unzureichender Versorgungsbezüge i.S.d. § 850 Abs. 2 ZPO erworben wird.[326]

Es genügt, wenn der Versorgungszweck zur Zeit der Pfändung herbeigeführt ist, etwa durch nachträgliche Benennung eines unterhaltsberechtigten Angehörigen als Bezugsberechtigten.[327] Hierzu zählt auch die Möglichkeit des Versicherungsnehmers, die Kapitalleistung aus einer Kapitallebensversicherung zu verrenten. Ob der Vertrag vom Versicherungsnehmer selbst oder von dessen Arbeitgeber abgeschlossen wurde, ist irrelevant.[328]

c) Schwachpunkte der §§ 36 Abs. 1 S. 1 InsO, 850 Abs. 3 lit. b ZPO

Den obigen Ausführungen lassen sich zwei entscheidende Schwachpunkte des § 850 Abs. 3 lit. b ZPO entnehmen:

Zum einen kommt der Pfändungsschutz aufgrund des beschränkten persönlichen Anwendungsbereichs gerade Selbständigen, Freiberuflern und Nichterwerbstätigen, die in der Regel keine Leistungen aus der gesetzlichen Rentenversicherung beziehen und daher in besonderem Maße auf private Versorgungsrenten angewiesen

---

321 *Meller-Hannich*, WuB VI D. § 850 ZPO 1.08.

322 *Stöber*, Forderungspfändung, Rn. 70a; *Lüdtke*, ZVI 2013, 46; *Helwich*, JurBüro 2007, 286, 290; *Bengelsdorf*, FA 2007, 336, 338; zum Konkurrenzverhältnis zwischen § 850 Abs. 3 lit. b ZPO und § 851d ZPO: § 4, A., II., 3., c) – S. 127.

323 § 4, B., I., 1. – S. 139 f.

324 § 4, D., I., 2., a) – S. 192 f.

325 § 4, C., II., 1. – S. 174 ff.

326 *Stöber*, Forderungspfändung, Rn. 892.

327 Stein/Jonas/*Brehm*, § 850 Rn. 47; a.A. *Berner*, Rpfleger 1957, 193, 197.

328 Musielak/Voit/*Becker*, § 850 Rn. 13; Schuschke/Walker/*Kessal-Wulf/Lorenz*, § 850 Rn. 16.

sind, nicht zugute.[329] Damit wären die privaten Altersrenten dieser Personen völlig schutzlos,[330] was zu einer, in Hinblick auf Art. 3 Abs. 1 GG problematischen,[331] Ungleichbehandlung gegenüber abhängig Beschäftigten führen würde. Der verfassungsrechtlichen Dimension soll an dieser Stelle jedoch nicht weiter nachgegangen werden,[332] denn die Ungleichbehandlung wurde durch die am 31.3.2007 in Kraft getretenen §§ 851c, 851d ZPO beseitigt.

Zum anderen greift der Schutz des § 850 Abs. 3 lit. b ZPO ausschließlich in der Auszahlungsphase. Damit wird aber das individuell angesparte Vorsorgevermögen während der Vertragslaufzeit nicht über § 850 Abs. 3 lit. b ZPO geschützt.[333] Dies ist problematisch, denn anders als die gesetzliche basiert die private Rentenversicherung nicht auf einem umlagefinanzierten Versicherungssystem. Bei der privaten Rentenversicherung baut jeder Versicherungsnehmer während der Vertragslaufzeit ein eigenes, ihm individuell zurechenbares Vorsorgevermögen auf. Weil die §§ 36 Abs. 1 S. 1 InsO, 850 Abs. 3 lit. b ZPO in der Ansparphase keinen Schutz vermitteln, kann der Insolvenzverwalter die Rentenversicherung während der Vertrafslaufzeit kündigen und das individuell angesparte Vorsorgevermögen vollständig zur Masse ziehen. Durch den Zugriff auf das angesparte Vermögen wird der Zahlung einer privaten Altersrente die Grundlage entzogen.

2. Altersrentenversicherungen, §§ 36 Abs. 1 S. 1 InsO, 851c ZPO

Der im Rahmen des Gesetzes zum Pfändungsschutz der Altersvorsorge vom 26.3.2007[334] eingeführte § 851c ZPO statuiert einen speziellen Pfändungsschutz für private Vorsorgeinstrumente, insbesondere für private Altersrentenversicherungen.[335] Über § 36 Abs. 1 S. 1 InsO findet § 851c ZPO auch im Insolvenzverfahren Anwendung.

Aufgrund des offen gehaltenen Wortlauts ist der Anwendungsbereich nicht auf private Versicherungsverträge beschränkt. Erfasst werden vielmehr alle der Altersversorgung und der Hinterbliebenenabsicherung dienenden privaten

---

329 BGH NZI 2010, 777, 779; PG/*Ahrens*, § 850 Rn. 31; Musielak/Voit/*Becker*, § 850 Rn. 13; MüKoZPO/*Smid*, § 850 Rn. 42; *Wollmann*, Private Altersvorsorge und Gläubigerschutz, S. 6.

330 *Helwich*, JurBüro 2007, 286, 287.

331 *Holzer*, DStR 2007, 767 f.

332 Hierzu *Wollmann*, Private Altersvorsorge und Gläubigerschutz, S. 17 ff.

333 *Prang*, in: van Bühren, Handbuch Versicherungsrecht, § 14 Rn. 553; *Winter*, Interessenkonflikte bei der Lebensversicherung zugunsten Angehöriger, S. 11; *Dietzel*, Der Pfändungsschutz der privaten Altersvorsorge nach den §§ 851c und 851d ZPO, S. 21; *Menzel*, Vollstreckungsschutz zugunsten privater Altersvorsorge, S. 109; *Könnecke*, DGVZ 2012, 17, 21.

334 BGBl. Teil I, Jahrgang 2007, Nr. 11, S. 368 f.

335 Ausführlich zu § 851c ZPO: *Dietzel*, Der Pfändungsschutz der privaten Altersvorsorge nach den §§ 851c und 851d ZPO; *Wollmann*, Private Altersvorsorge und Gläubigerschutz.

Vorsorgeverträge.[336] Die folgende Untersuchung ist allerdings auf private Altersrentenversicherungen beschränkt. Für staatlich geförderte Rentenversicherungsverträge wurde mit § 851d ZPO eine eigene Pfändungsschutzvorschrift geschaffen.[337]

a) *Persönlicher Anwendungsbereich*

Anders als der persönliche Anwendungsbereich des § 850 Abs. 3 lit. b ZPO ist der des § 851c ZPO nicht auf abhängig Beschäftigte beschränkt. Entgegen der Auffassung des LG Bonn[338] erschöpft sich der Anwendungsbereich auch nicht auf Selbständige, Freiberufler und Nichterwerbstätige.[339] Die Regelung gilt vielmehr für alle Personen, unabhängig von ihrer erwerbswirtschaftlichen Stellung.[340]

b) *Konkurrenzverhältnis von § 850 Abs. 3 lit. b ZPO und § 851c ZPO*

Mit der Einführung des § 851c ZPO hat sich bezüglich der abhängig Beschäftigten, die bereits vom Anwendungsbereich des § 850 Abs. 3 lit. b ZPO erfasst werden, ein Konkurrenzproblem ergeben. Liegen bezüglich einer Rentenversicherung i.S.d. § 850 Abs. 3 lit. b ZPO auch die in § 851c Abs. 1 ZPO genannten Voraussetzungen kumulativ vor, fallen Versorgungsrenten von Arbeitnehmern, Beamten und in einem arbeitnehmerähnlichen Beschäftigungsverhältnis stehenden Personen in den Anwendungsbereich beider Vorschriften. Welche Vorschrift ist dann für die Begründung des Pfändungsschutzes maßgeblich?

Mit der Einführung des § 851c ZPO sollte der Pfändungsschutz für Altersrenten erweitert werden. Weil der Schutz des § 851c ZPO mit dem Schutz in der Ansparphase weiter reicht als der des § 850 Abs. 3 lit. b ZPO, handelt es sich dabei um die speziellere Vorschrift. Soweit sich die Anwendungsbereiche überschneiden, wird § 850 Abs. 3 lit. b ZPO von § 851c ZPO verdrängt.[341] § 850 Abs. 3 lit. b ZPO kommt bei Rentenversicherungen von Arbeitnehmern, Beamten oder in einem arbeitnehmerähnlichen Beschäftigungsverhältnis stehenden Personen nur noch eigenständige Bedeutung zu, wenn die Voraussetzungen des § 851c Abs. 1 ZPO nicht kumulativ erfüllt sind.

---

336 BeckOK ZPO/*Riedel*, § 851c Rn. 1.

337 § 4, A., II., 3. – S. 126 ff.

338 LG Bonn ZVI 2009, 214 f.

339 PG/*Ahrens*, § 851c Rn. 4; Bruck/Möller/*Winter*, § 167 Rn. 17; *Dietzel*, Der Pfändungsschutz der privaten Altersvorsorge nach den §§ 851c und 851d ZPO, S. 28 f.; *Wollmann*, Private Altersvorsorge und Gläubigerschutz, S. 37; *Römer*, DB 2007, 2523, 2525.

340 PG/*Ahrens*, § 851c Rn. 4; Hk-ZV/*Meller-Hannich*, § 851c Rn. 11; *Dietzel*, Der Pfändungsschutz der privaten Altersvorsorge nach den §§ 851c und 851d ZPO, S. 28; *Heyn*, InsbürO 2014, 115, 117; *Bengelsdorf*, FA 2007, 336; *Hauß*, FPR 2007, 190, 191; *Wimmer*, jurisPR-InsR 7/2007 Anm. 5.

341 PG/*Ahrens*, § 851c Rn. 4; Schuschke/Walker/*Kessal-Wulf/Lorenz*, § 851c Rn. 1.

c) *Voraussetzungen des Pfändungsschutzes nach § 851c ZPO*

Leistungen aus Altersvorsorgeverträgen sind nur geschützt, wenn der Vertrag im Zeitpunkt des Gläubigerzugriffs kumulativ die in den § 851c Abs. 1 Nr. 1 bis Nr. 4 ZPO genannten Voraussetzungen erfüllt.[342] Durch die detaillierten Anforderungen wird gewährleistet, dass nur insoweit in das Recht des Gläubigers auf Vollstreckung eingegriffen wird, als der Schuldner das angesparte Kapital für die Existenzsicherung im Alter benötigt und auch tatsächlich allein zu diesem Zweck verwenden wird.[343] Vom Pfändungsschutz wird daher nur solches Vorsorgekapital erfasst, das von dem Berechtigten tatsächlich unwiderruflich seiner Altersvorsorge gewidmet ist.[344] Im Einzelnen stellt § 851c ZPO folgende Anforderungen an den Altersvorsorgevertrag:

aa) § 851c Abs. 1 Nr. 1 ZPO

Die Rentenzahlungen dürfen nicht vor dem vollendeten 60. Lebensjahr oder nur bei Eintritt der Berufsunfähigkeit gewährt werden und sie müssen lebenslang sowie in regelmäßigen Zeitabständen erfolgen. Hinsichtlich der Frage, welche Bedeutung dem Hinweis auf die Berufsunfähigkeit zukommt, wird auf die Ausführungen zur Berufsunfähigkeitsversicherung verwiesen.[345]

bb) § 851c Abs. 1 Nr. 2 ZPO

Um zweckentfremdete Verwendungen des Vorsorgekapitals zu verhindern, muss der Rentenversicherungsvertrag vorsehen, dass über die Ansprüche nicht verfügt werden darf. Der Verfügungsausschluss erfasst zumindest das Recht zur ordentlichen Kündigung, das Recht, die Ansprüche aus dem Versicherungsvertrag abzutreten oder zu verpfänden und das Recht, den Lebensversicherungsvertrag zu beleihen.[346]

Auch das Recht zur nachträglichen Bestellung einer unwiderruflichen Bezugsberechtigung wird von § 851c Abs. 1 Nr. 2 ZPO erfasst, denn auch durch die Bestellung eines unwiderruflichen Bezugsrechts verfügt der Versicherungsnehmer über den Leistungsanspruch.[347] Allerdings enthält § 851c Abs. 1 Nr. 3 ZPO eine eigene Vorschrift für das Drittbegünstigungsrecht, ohne dass dort zwischen widerruflichen

---

342 BT-Drucks. 16/886, S. 8; BGH NJW-RR 2011, 493, 494; BGH RuS 2009, 472.

343 *Zimmermann*, § 851c ZPO Rn. 2; *Tavakoli*, NJW 2008, 3259, 3260; *Stöber*, NJW 2007, 1242, 1244.

344 BGH RuS 2009, 472.

345 § 4, B., I., 3. – S. 152 ff.

346 Bruck/Möller/*Winter*, § 167 Rn. 24; Hk-ZV/*Meller-Hannich*, § 851c Rn. 14; Langheid/Wandt/*Mönnich*, § 167 Rn. 30; *Dietzel*, Der Pfändungsschutz der privaten Altersvorsorge nach den §§ 851c und 851d ZPO, S. 43; *Wollmann*, Private Altersvorsorge und Gläubigerschutz, S. 61 f.

347 Bruck/Möller/*Winter*, § 167 Rn. 28 f.; *Wollmann*, Private Altersvorsorge und Gläubigerschutz, S. 91.

und unwiderruflichen Bezugsrechten differenziert wird. Damit wird das Recht zur Bestellung einer unwiderruflichen Bezugsberechtigung sowohl von § 851c Abs. 1 Nr. 2 ZPO als auch von § 851c Abs. 1 Nr. 3 ZPO erfasst. Dieses Konkurrenzverhältnis ist zugunsten des spezielleren § 851c Abs. 1 Nr. 3 ZPO aufzulösen, der, anders als § 851c Abs. 1 Nr. 2 ZPO, Bezugsrechte zugunsten Hinterbliebener für unschädlich erklärt. § 851c Abs. 1 Nr. 2 ZPO wird insoweit verdrängt.[348]

cc) § 851c Abs. 1 Nr. 3 ZPO

Gemäß § 851c Abs. 1 Nr. 3 ZPO muss das Recht zur Bestellung einer Bezugsberechtigung ausgeschlossen sein. Ausgenommen sind Bezugsrechte zugunsten Hinterbliebener.

aaa) Hinterbliebenenbegriff

Wer alles unter den Hinterbliebenenbegriff fällt, lässt sich § 851c Abs. 1 Nr. 3 ZPO nicht entnehmen. Aufgrund vergleichbarer Versorgungsgesichtspunkte können für die Bestimmung des geschützten Personenkreises die sozialrechtlichen Grundsätze der §§ 46, 48 SGB VI herangezogen werden.[349] Hinterbliebene i.S.d. § 851c Abs. 1 Nr. 3 ZPO sind zumindest Ehepartner, Kinder und Pflegekinder des Schuldners.[350] Adoptivkinder sind den eigenen Kindern gleichgestellt, § 1754 Abs. 1 BGB. Mit Wirksamwerden des Annahmebeschlusses wird das Kind zivilrechtlich behandelt, als sei es ein eigenes leibliches Kind der Annehmenden.[351] Damit sind auch sie Hinterbliebene i.S.d. § 851c Abs. 1 Nr. 3 ZPO. Im Rahmen der sozialrechtlichen

---

348 Bruck/Möller/*Winter*, § 167 Rn. 38; *Wollmann*, Private Altersvorsorge und Gläubigerschutz, S. 154.

349 BGH NJW-RR 2011, 493, 494; PG/*Ahrens*, § 851c Rn. 25; Musielak/Voit/*Becker*, § 851c Rn. 2; *Dietzel*, Der Pfändungsschutz der privaten Altersvorsorge nach den §§ 851c und 851d ZPO, S. 61; *Stöber*, NJW 2007, 1242, 1245; wohl auch Bruck/Möller/*Winter*, § 167 Rn. 30.

350 BT-Drucks. 16/3844, S. 12; BGH NJW-RR 2011, 493 f.; Zöller/*Stöber*, § 851c Rn. 2; PG/*Ahrens*, § 851c Rn. 25; Musielak/Voit/*Becker*, § 851c Rn. 2; MüKoZPO/*Smid*, § 851c Rn. 3; Bruck/Möller/*Winter*, § 167 Rn. 30; Hk-ZV/*Meller-Hannich*, § 851c Rn. 15; Thomas/Putzo/*Seiler*, § 851c Rn. 7; Schuschke/Walker/*Kessal-Wulf/Lorenz*, § 851c Rn. 3; *Zimmermann*, § 851c Rn. 5; *Prang*, in: van Bühren, Handbuch Versicherungsrecht, § 14 Rn. 543; *Dietzel*, Der Pfändungsschutz der privaten Altersvorsorge nach den §§ 851c und 851d ZPO, S. 60; *Wall*, Das Valutaverhältnis des Vertrags zugunsten Dritter auf den Todesfall – ein Forderungsvermächtnis, S. 416; *Wollmann*, Private Altersvorsorge und Gläubigerschutz, S. 131; *Stöber*, NJW 2007, 1242, 1245; *Hasse*, VersR 2007, 870, 885; *Holzer*, ZVI 2007, 113, 115; *Holzer*, DStR 2007, 767, 769; *Helwich*, JurBüro 2007, 286, 288; *Smid*, FPR 2007, 443, 446; nach *Baumbach/Lauterbach/Albers/Hartmann*, § 851c Rn. 7 sind unabhängig vom Verwandtschaftsgrad alle Verwandten nach dem BGB sowie der überlebende Ehegatte Hinterbliebene.

351 Staudinger/*Frank* (2007), § 1754 Rn. 9; NK-BGB/*Dahm*, Vor §§ 1741–1772 Rn. 5.

Hinterbliebenenversorgung werden auch Stiefkinder den eigenen Kindern gleichgestellt, vorausgesetzt sie wurden in den Haushalt aufgenommen §§ 46 Abs. 2 S. 2 Nr. 1, 48 Abs. 3 Nr. 1 SGB VI. Sofern diese Voraussetzung erfüllt ist, werden also auch Stiefkinder von § 851c Abs. 1 Nr. 3 ZPO erfasst. Gleiches gilt für Enkel und Geschwister, vorausgesetzt sie wurden in den Haushalt des Schuldners aufgenommen oder überwiegend von ihm unterhalten, §§ 46 Abs. 2 S. 2 Nr. 2, 48 Abs. 3 Nr. 2 SGB VI.[352]

Auch der eingetragene Lebenspartner fällt unter den Hinterbliebenenbegriff des § 851c Abs. 1 Nr. 3 ZPO.[353] Dies muss nach hier vertretener Auffassung schon deshalb gelten, weil er in § 46 Abs. 4 S. 1 SGV VI ausdrücklich genannt wird. Ob der eingetragene Lebenspartner Kinder erzieht, ist im Hinblick auf den Schutzzweck der Norm für die Begründung der Hinterbliebeneneigenschaft unerheblich.[354] Zum einen setzen die §§ 46, 48 SGB VI, deren Maßstäbe zur Festlegung des Hinterbliebenenkreises auf § 851c Abs. 1 Nr. 3 ZPO zu übertragen sind, keine Kindererziehung voraus. Zum anderen sind eingetragene Lebenspartner beim Hinterbliebenenschutz nicht weniger schutzwürdig als Ehepartner, bei denen es auf eine Kindererziehung ebenfalls nicht ankommt.

Die Hinzurechnung des nichtehelichen Lebensgefährten zum Kreis der Hinterbliebenen wird zumindest seit dem Beschluss des VII. Zivilsenats des BGH vom 25.11.2010[355] zu Recht einhellig abgelehnt.[356]

---

352 PG/*Ahrens*, § 851c Rn. 25; *Dietzel*, Der Pfändungsschutz der privaten Altersvorsorge nach den §§ 851c und 851d ZPO, S. 62; ähnlich Bruck/Möller/*Winter*, § 167 Rn. 30, der für diese Fälle mit Hinweis auf § 48 Abs. 3 Nr. 2 SGB VI eine analoge Anwendung in Betracht zieht.

353 BGH NJW-RR 2011, 493; Zöller/*Stöber*, § 851c Rn. 2; PG/*Ahrens*, § 851c Rn. 25; Musielak/Voit/*Becker*, § 851c Rn. 2; Schuschke/Walker/*Kessal-Wulf/Lorenz*, § 851c Rn. 3; Thomas/Putzo/*Seiler*, § 851c Rn. 7; Hk-ZV/*Meller-Hannich*, § 851c Rn. 15; Bruck/Möller/*Winter*, § 167 Rn. 30; *Prang*, in: van Bühren, Handbuch Versicherungsrecht, § 14 Rn. 543; *Dietzel*, Der Pfändungsschutz der privaten Altersvorsorge nach den §§ 851c und 851d ZPO, S. 62; *Wall*, Das Valutaverhältnis des Vertrags zugunsten Dritter auf den Todesfall – ein Forderungsvermächtnis, S. 418 f.; *Schrehardt*, DStR 2013, 472, 473; *Busch*, VuR 2011, 371, 373; *Stöber*, NJW 2007, 1242, 1245; *Wimmer*, ZInsO 2007, 281, 284; *Hasse*, VersR 2007, 870, 885; *Holzer*, ZVI 2007, 113, 115; *Holzer*, DStR 2007, 767, 769; *Helwich*, JurBüro 2007, 286, 288; *Smid*, FPR 2007, 443, 446; *Wimmer*, jurisPR-InsR 7/2007 Anm. 5.

354 PG/*Ahrens*, § 851c Rn. 25; ausführlich hierzu *Dietzel*, Der Pfändungsschutz der privaten Altersvorsorge nach den §§ 851c und 851d ZPO, S. 62 ff.; a.A. *Wollmann*, Private Altersvorsorge und Gläubigerschutz, S. 149 ff.

355 BGH NJW-RR 2011, 493 f.

356 Zöller/*Stöber*, § 851c Rn. 2; PG/*Ahrens*, § 851c Rn. 25; Musielak/Voit/*Becker*, § 851c Rn. 2; Thomas/Putzo/*Seiler*, § 851c Rn. 7; Schuschke/Walker/*Kessal-Wulf/Lorenz*, § 851c Rn. 3; Hk-ZV/*Meller-Hannich*, § 851c Rn. 15; Bruck/Möller/*Winter*, § 167 Rn. 30; *Baumbach/Lauterbach/Albers/Hartmann*, § 851c Rn. 7; *Prang*, in: van Bühren, Handbuch Versicherungsrecht, § 14 Rn. 543; *Schrehardt*, DStR 2013, 472, 473;

bbb) Ausnahme von § 851c Abs. 1 Nr. 3 ZPO

Besteht zum Zeitpunkt des Gläubigerzugriffs ein Bezugsrecht zugunsten eines Nicht-Hinterbliebenen, ist der Lebensversicherungsvertrag grds. nicht über § 851c ZPO geschützt, weil die Voraussetzung des § 851c Abs. 1 Nr. 3 ZPO nicht erfüllt ist.

Dies gilt allerdings nur, solange der Begünstigte auch tatsächlich noch Rechtsinhaber werden kann.[357] Erlebt der Versicherungsnehmer (als versicherte Person) das Ablaufdatum, wird das Todesfallbezugsrecht zugunsten des Nicht-Hinterbliebenen gegenstandslos. Zwar ist das Todesfallbezugsrecht dann im Zeitpunkt des Gläubigerzugriffs noch immer Vertragsbestandteil und somit erfüllt der Lebensversicherungsvertrag streng genommen nicht die Voraussetzung des § 851c Abs. 1 Nr. 3 ZPO. Weil der für den Todesfall Begünstigte aber aufgrund des eingetretenen Erlebensfalls nicht mehr Rechtsinhaber werden kann, steht das im Vertrag verankerte Todesfallbezugsrecht zugunsten des Nicht-Hinterbliebenen ausnahmsweise nicht mehr dem Pfändungsschutz nach § 851c ZPO entgegen.

dd) § 851c Abs. 1 Nr. 4 ZPO

Gemäß § 851c Abs. 1 Nr. 4 ZPO darf der Lebensversicherungsvertrag für den Erlebensfall keine Kapitalleistung vorsehen. Wurde eine Kapitalleistung für den Todesfall vereinbart, steht dies dem Pfändungsschutz des Versicherungsnehmers nicht entgegen.[358]

aaa) Bestehen eines Kapitalwahlrechts

Teilweise beinhalten Rentenversicherungsverträge zeitlich befristete Kapitalwahlrechte. Danach kann der Versicherungsnehmer bis zu einem bestimmten Zeitpunkt, häufig bis drei Jahre vor Rentenbeginn, wählen, ob der Versicherer die Erlebensfallleistung statt in Rentenform als einmalige Kapitalleistung erbringen soll. Allein die Kündigung des Vertrages und die Geltendmachung des Rückkaufswertes kann noch nicht als Ausübung des Kapitalwahlrechts eingestuft werden.[359] Bis zum Ablauf der Ausübungsfrist ist unklar, ob es im Erlebensfall zu wiederkehrenden Renten- oder zu einer einmaligen Kapitalzahlung kommen wird. Solange der Versicherungsnehmer das Kapitalwahlrecht noch nicht ausgeübt hat, unterliegt der Vertrag nicht dem Pfändungsschutz des § 851c ZPO.[360]

Perleberg-Kölbel, FuR 2012, 171, 174; *Ernst*, JurBüro 2012, 405, 408; *Busch*, VuR 2011, 371, 373; *Ahrens*, VIA 2011, 27.

357 BGH NJW-RR 2011, 493, 494; a.A. *Dietzel*, Der Pfändungsschutz der privaten Altersvorsorge nach den §§ 851c und 851d ZPO, S. 73 ff.

358 PG/*Ahrens*, § 851c Rn. 27; *Ernst*, JurBüro 2012, 405, 406; *Busch*, VuR 2011, 371, 373; *Stöber*, NJW 2007, 1242, 1244; a.A. Bruck/Möller/*Winter*, § 167 Rn. 38.

359 BGH VersR 2012, 1548, 1550.

360 Musielak/Voit/*Becker*, § 851c Rn. 2; Bruck/Möller/*Winter*, § 167 Rn. 38; *Stöber*, NJW 2007, 1242, 1244.

bbb) Ausnahme: Ablauf der Ausübungsfrist

Ein vertraglich vereinbartes Kapitalwahlrecht für den Erlebensfall steht dem Pfändungsschutz nach § 851c ZPO allerdings nur entgegen, solange es noch ausgeübt werden kann.[361] Ist die Ausübungsfrist zum Zeitpunkt des Gläubigerzugriffs bereits abgelaufen, kann sich der Versicherungsnehmer nicht mehr für eine einmalige Kapitalleistung entscheiden. Mit dem Ablauf der Ausübungsfrist steht endgültig fest, dass die Erlebensfallleistung in Rentenform erbracht wird. Der Vertrag genügt ab diesem Zeitpunkt der Voraussetzung des § 851c Abs. 1 Nr. 4 ZPO, obwohl das Kapitalwahlrecht noch Vertragsbestandteil ist.

d) Schutz der laufenden Rentenleistungen, § 851c Abs. 1 ZPO

In der Auszahlungsphase sind die laufenden Rentenleistungen nur wie Arbeitseinkommen pfändbar, § 851c Abs. 1 ZPO, und damit auch nur in diesem Umfang massezugehörig, §§ 36 Abs. 1 S. 1 InsO, 851c Abs. 1 ZPO.

Entgegen einer in der Literatur vertretenen Ansicht[362] ist der Verweis des § 851c Abs. 1 ZPO nicht wegen § 851c Abs. 3 ZPO auf die §§ 850c, 850e Nr. 2 und Nr. 2a ZPO beschränkt. Mit seiner offenen Formulierung verweist die Norm vielmehr auf alle Pfändungsschutzvorschriften für Arbeitseinkommen aus den §§ 850 bis 850i ZPO.[363] Mit § 851c Abs. 3 ZPO sollte der Pfändungsschutz für laufende Rentenleistungen nach § 851c Abs. 1 ZPO nicht eingeschränkt werden.[364] Vielmehr wurde mit dem Hinweis der Zweck verfolgt, § 850e Nr. 2 und Nr. 2a ZPO auch auf das Vorsorgevermögen in der Ansparphase anwenden zu können.[365] § 851c Abs. 3 ZPO besitzt nur für den Schutz des Deckungskapitals nach § 851c Abs. 2 ZPO eine eigenständige Bedeutung.[366] Auf laufende Rentenleistungen sind die Vorschriften schon aufgrund des Verweises in § 851c Abs. 1 ZPO („nur wie Arbeitseinkommen") anwendbar. Richtigerweise ist § 851c Abs. 3 ZPO daher als § 851c Abs. 2 S. 5 ZPO zu lesen.[367] Auch wenn § 851c Abs. 1 ZPO damit auf alle für Arbeitseinkommen geltenden Vorschriften verweist, finden die §§ 850 ff. ZPO im Insolvenzverfahren nur Anwendung, soweit sie in § 36 Abs. 1 S. 2 InsO genannt werden. Die Massezugehörigkeit laufender Rentenleistungen nach §§ 36 Abs. 1 InsO, 851c Abs. 1 ZPO richtet sich insbesondere nach den Pfändungsfreibeträgen des § 850c Abs. 1 ZPO.

---

361 BGH VersR 2012, 1548, 1550; BGH NJW-RR 2011, 493, 494; a.A. *Dietzel*, Der Pfändungsschutz der privaten Altersvorsorge nach den §§ 851c und 851d ZPO, S. 73 ff.

362 Schuschke/Walker/*Kessal-Wulf/Lorenz*, § 851c Rn. 6; *Hasse*, VersR 2007, 870, 893; *Hasse*, VersR 2006, 145, 158.

363 PG/*Ahrens*, § 851c Rn. 29; Musielak/Voit/*Becker*, § 851c Rn. 3; Hk-ZPO/*Kemper*, § 851c Rn. 9; *Stöber*, NJW 2007, 1242, 1245; *Wollmann*, Private Altersvorsorge und Gläubigerschutz, S. 162 f., der allerdings § 850i ZPO von dem Verweis ausnimmt.

364 PG/*Ahrens*, § 851c Rn. 30.

365 PG/*Ahrens*, § 851c Rn. 30.

366 PG/*Ahrens*, § 851c Rn. 44.

367 PG/*Ahrens*, § 851c Rn. 44.

Bezieht der Schuldner mehrere wie Arbeitseinkommen pfändbare Einkünfte, werden diese gemäß § 850e Nr. 2 ZPO auf Antrag zusammengerechnet. Aus dem Saldo wird die Pfändungsgrenze nach § 850c ZPO berechnet.[368] Im Ergebnis werden sämtliche Bezüge wie ein einziges Einkommen behandelt, wodurch die Unpfändbarkeit und damit die Massefreiheit des Schuldnereinkommens auf die Höhe nur eines Freibetrages beschränkt wird.[369]

e) Schutz des Vorsorgekapitals, § 851c Abs. 2 ZPO

Geschützt sind nicht nur die Leistungen in der Auszahlungsphase, § 851c Abs. 1 ZPO. Vielmehr wird über § 851c Abs. 2 ZPO bereits das angesammelte Kapital in der Ansparphase geschützt. Dieses ist allerdings nicht vollumfänglich dem Gläubigerzugriff bzw. dem Zugriff des Insolvenzverwalters entzogen. § 851c Abs. 2 ZPO schützt das angesparte Kapital nur insoweit, als es erforderlich ist, um eine in Höhe der Pfändungsfreibeträge unpfändbare Rente zu erhalten.[370]

aa) Gesamtsumme, § 851c Abs. 2 S. 1 ZPO

Um dem Schuldner den Aufbau einer angemessenen Alterssicherung zu ermöglichen, kann er gemäß § 851c Abs. 2 S. 1 ZPO bis zur Vollendung des 67. Lebensjahres jährlich einen bestimmten Betrag bis zu einer Gesamtsumme von 256.000,– EUR unpfändbar ansammeln.

Die Gesamtsumme von 256.000,– EUR bezieht sich nicht auf die Gesamtheit aller geleisteten Bruttoprämien, sondern nur auf das tatsächlich angesparte Vermögen.[371] Dieses ist geringer als die Summe der jährlichen Bruttoprämien, denn von den Prämienzahlungen fließt lediglich der Sparanteil in das Altersvorsorgevermögen.[372] So bleibt insbesondere der Kostenanteil, mit dem die Abschluss- und Verwaltungskosten gedeckt werden, beim Versicherer. Die Gesamtsumme bezieht sich daher auf den Rückkaufswert.[373] Dies ergibt sich schon aus dem Wortlaut des § 851c Abs. 2 S. 3, S. 4 ZPO.[374] Dort

---

368 PG/*Ahrens*, § 851c Rn. 30; Zöller/*Stöber*, § 851c Rn. 6; *Wollmann*, Private Altersvorsorge und Gläubigerschutz, S. 266.

369 Musielak/Voit/*Becker*, § 850e Rn. 9.

370 BT-Drucks. 16/886, S. 10.

371 PG/*Ahrens*, § 851c Rn. 34; *Wollmann*, Private Altersvorsorge und Gläubigerschutz, S. 183; *Schrehardt*, DStR 2013, 472, 473; *Flitsch*, ZVI 2007, 161, 163.

372 *Flitsch*, ZVI 2007, 161, 163.

373 PG/*Ahrens*, § 851c Rn. 35; Zöller/*Stöber*, § 851c Rn. 9; Schuschke/Walker/*Kessal-Wulf/Lorenz*, § 851c Rn. 5; Bruck/Möller/*Winter*, § 167 Rn. 45; *Schrehardt*, DStR 2013, 472, 473; *Hasse*, VersR 2007, 870, 888; *Stöber*, NJW 2007, 1242, 1245; *Hasse*, VersR 2006, 145, 152; a.A. *Wollmann*, Private Altersvorsorge und Gläubigerschutz, S. 184 ff. und S. 198, der auf das Deckungskapital abstellt.

374 Schuschke/Walker/*Kessal-Wulf/Lorenz*, § 851c Rn. 5; Bruck/Möller/*Winter*, § 167 Rn. 45; *Schrehardt*, DStR 2013, 472, 473; *Hasse*, VersR 2007, 870, 888; *Stöber*, NJW 2007, 1242, 1245; *Hasse*, VersR 2006, 145, 152; *Neuhaus/Köther*, ZfV 2009, 248, 249, die vom „Rückkaufswert" sprechen; wohl auch BeckOK ZPO/*Riedel*, § 851c Rn. 12, der

ist ausdrücklich vom „Rückkaufswert" die Rede. Dieser wird mit dem pfändungsfreien Grundbetrag i.S.d. § 851c Abs. 2 S. 1, S. 2 ZPO verbunden. Diese Verknüpfung führt dazu, dass für die Ermittlung des pfändungsfreien Grundbetrages auf den Rückkaufswert abzustellen ist. Gemeint ist ein fiktiver Rückkaufswert, weil das Recht zur ordentlichen Kündigung wegen § 851c Abs. 1 Nr. 2 ZPO in Höhe des geschützten Kapitals ausgeschlossen sein muss, so dass in dieser Höhe kein Rückkaufswert existiert.[375] Der fiktive Rückkaufswert ist mittels einer Berechnungsmethode zu bestimmen, die derjenigen gleicht, mit der Rückkaufswerte üblicherweise berechnet werden.[376]

bb) Sockelbeträge, § 851c Abs. 2 S. 2 ZPO

§ 851c Abs. 2 S. 2 ZPO regelt die progressiv ausgestaltete Höhe des jährlich ansparbaren Vorsorgekapitals. Durch die Staffelung soll verhindert werden, dass ein Schuldner in jungen Jahren durch eine hohe Einmalzahlung Vermögen vollständig dem Zugriff seiner Gläubiger entzieht.[377] Der Versicherungsnehmer soll zwar insgesamt 256.000,– EUR pfändungsfrei ansparen können. Dies soll allerdings nicht auf einmal möglich sein, sondern nach und nach verteilt über viele Jahre, damit den Gläubigern nicht durch eine Einmalzahlung oder durch wenige umfangreiche Zahlungen hohe Vermögenswerte entzogen werden.[378] Ausweislich der Entwurfsbegründung ist dabei der Gedanke ausschlaggebend, dass der Schuldner bei einem wirtschaftlichen Scheitern in jungen Jahren noch ausreichend Zeit hat, eine ergänzende Altersvorsorge aufzubauen.[379]

Gemäß § 851c Abs. 2 S. 2 ZPO kann der Schuldner

vom 18. bis zum vollendeten 29. Lebensjahr 2.000,– EUR,
vom 30. bis zum vollendeten 39. Lebensjahr 4.000,– EUR,
vom 40. bis zum vollendeten 47. Lebensjahr 4.500,– EUR,
vom 48. bis zum vollendeten 53. Lebensjahr 6.000,– EUR,
vom 54. bis zum vollendeten 59. Lebensjahr 8.000,– EUR und
vom 60. bis zum vollendeten 67. Lebensjahr 9.000,– EUR

jährlich pfändungsfrei ansammeln.

Mit den in § 851c Abs. 2 S. 2 ZPO aufgeführten Beträgen sind nicht die geleisteten Bruttoprämien gemeint. In der Norm heißt es ausdrücklich, dass der Versicherungsnehmer die dort genannten Beträge „ansammeln" kann. Daher ist von dem Beitrag

ebenfalls den „Rückkaufswert" nennt; unklar Musielak/Voit/*Becker*, § 851c Rn. 4, der erst vom „aufgebauten Deckungskapital", dann aber vom „Rückkaufswert" spricht.

375 *Ernst*, JurBüro 2012, 405, 406; *Flitsch*, ZVI 2007, 161, 164.

376 PG/*Ahrens*, § 851c Rn. 35.

377 BT-Drucks. 16/886, S. 10.

378 *Flitsch*, ZVI 2007, 161, 162.

379 BT-Drucks. 16/886, S. 10.

nur der Sparanteil maßgebend, also der Betrag, der tatsächlich in das Altersvorsorgevermögen fließt.[380]

aaa) Nachzahlungen

Fraglich ist, ob ein Versicherungsnehmer geschützte, aber nicht ausgeschöpfte Ansparbeträge aus der Vergangenheit nachzahlen kann. Diese Frage wird relevant, wenn ein Altersrentenvertrag z.B. erst mit Vollendung des 25. Lebensjahres abgeschlossen wird und der Versicherungsnehmer dadurch die für das Alter von 18 bis 25 zugelassenen Beträge nicht ansparen konnte. Dies gilt aber auch, wenn in früheren Jahren Beträge angespart wurden, die unterhalb der nach § 851c Abs. 2 S. 2 ZPO zulässigen Jahresbeträge lagen.

Wollmann verneint diese Frage.[381] Nach seiner Auffassung stehen Systematik und Telos der Norm einem Schutz von Nachzahlungen entgegen.[382] Er beruft sich vor allem auf die evidente Missbrauchsgefahr, die mit der Zulassung von Nachzahlungen einhergehen würde.[383] Schuldner in rentennahem Alter könnten ihren Gläubigern durch hohe Nachzahlungen auf einen Schlag erhebliche Vermögenswerte entziehen.[384] Außerdem würde ein unüberbrückbarer Widerspruch zwischen gesetzlicher und privater Rentenversicherung entstehen, weil Nachzahlungen in der gesetzlichen Rentenversicherung grds. nicht möglich seien.[385] Gleiches gelte für andere Altersvorsorgeprodukte.[386]

Dem ist zu widersprechen. Ausweislich der Begründung zu § 851c ZPO soll es einem älteren Versicherungsnehmer, der einen Versicherungsvertrag später geschlossen hat oder der die zur Abdeckung der Altersvorsorge notwendigen Prämien nicht geleistet hat bzw. nicht leisten konnte, möglich sein, das fehlende Deckungskapital durch Einmalzahlungen auszugleichen.[387] Damit wurde ausdrücklich und unmissverständlich klargestellt, dass geschützte, aber in der Vergangenheit nicht ausgeschöpfte Ansparbeträge durch Nachzahlungen ausgeglichen werden können. Entgegen der von *Wollmann* vertretenen Auffassung[388] ergibt sich aus der Gesetzesbegründung somit ausdrücklich, dass nicht ausgeschöpfte Ansparbeträge nachgezahlt werden können und dass auch diese sodann dem Schutz des § 851c Abs. 2 ZPO unterliegen. Dies gilt für beide Konstellationen. Zum einen, wenn der Versicherungsnehmer den Vertrag erst

380 PG/*Ahrens*, § 851c Rn. 37; *Flitsch*, ZVI 2007, 161, 163.

381 *Wollmann*, Private Altersvorsorge und Gläubigerschutz, S. 201 ff., S. 206; *Wollmann*, ZInsO 2013, 902 ff.

382 *Wollmann*, ZInsO 2013, 902, 904 ff.

383 *Wollmann*, Private Altersvorsorge und Gläubigerschutz, S. 203 ff.; *Wollmann*, ZInsO 2013, 902, 908 f.

384 *Wollmann*, Private Altersvorsorge und Gläubigerschutz, S. 203.

385 *Wollmann*, Private Altersvorsorge und Gläubigerschutz, S. 203.

386 *Wollmann*, ZInsO 2013, 902, 904 ff.

387 BT-Drucks. 16/886, S. 10.

388 *Wollmann*, ZInsO 2013, 902, 903.

später abschließt. Zum anderen, wenn in der Vergangenheit Beiträge erbracht wurden, die unterhalb des nach § 851c Abs. 2 S. 2 ZPO zulässigen Ansparbetrages liegen.

Die Möglichkeit der Nachzahlung führt auch nicht zu einer unbilligen Gläubigerbenachteiligung. Zwar ist es einem älteren Schuldner dadurch möglich, auch größere Summen auf einmal nachzuzahlen, die mit der Einzahlung dem Gläubigerzugriff entzogen werden. Dies ist unter Berücksichtigung der Zielrichtung des § 851c ZPO aber weder zu beanstanden noch verwerflich. Durch die Einzahlung in den Altersrentenvertrag im Sinne des § 851c ZPO dient das entzogene Vermögen allein und unwiderruflich der Absicherung des Schuldners im Alter. Dem Interesse an der Vermeidung von Altersarmut und der damit einhergehenden Entlastung der Sozialkassen kommt ein höheres Gewicht zu als dem Befriedigungsinteresse der Gläubiger. Dieser Umstand ergibt sich bereits daraus, dass den Gläubigern über § 851c Abs. 2 ZPO zum Ziele der Existenzsicherung des Schuldners im Alter bis zu 256.000,– EUR entzogen werden können. Weil auch älteren Schuldnern, die bisher kaum oder gar nicht für ihr Alter vorgesorgt haben bzw. nicht vorsorgen konnten, die Möglichkeit eröffnet werden muss, pfändungsfreies Altersvorsorgevermögen bis zum Grenzwert des § 851c Abs. 2 ZPO aufzubauen, ist ihnen unter Berücksichtigung der Zielrichtung des § 851c ZPO auch die Nachzahlung höherer Beträge für die Vergangenheit zu gestatten.

Der Versicherungsnehmer kann also in der Vergangenheit nicht ausgeschöpfte Ansparbeträge rückwirkend nachzahlen,[389] bis der für sein Lebensalter absolut pfändungsgeschützte Betrag erreicht wurde. Wie hoch der absolut geschützte Betrag in welchem Lebensalter ist, kann durch eine Addition der in § 851c Abs. 2 S. 2 ZPO genannten Jahresbeträge errechnet werden. Die folgende Tabelle zeigt, in welcher Höhe der Rückkaufswert in welchem Alter absolut geschützt ist. Der Rückkaufswert ist in dem jeweiligen Lebensalter immer bis zu der genannten Höhe dem Gläubigerzugriff entzogen, unabhängig davon, wann der Vertrag geschlossen wurde und welche Beträge in welchen Jahren angespart wurden.

Vollendetes Lebensjahr	Pfändungsfreies Vorsorgekapital (in EUR)	Vollendetes Lebensjahr	Pfändungsfreies Vorsorgekapital (in EUR)
18	2.000,-	43	82.000,-
19	4.000,-	44	86.500,-
20	6.000,-	45	91.000,-
21	8.000,-	46	95.500,-
22	10.000,-	47	100.000,-

389 OLG Frankfurt a.M. ZVI 2016, 70, 72; PG/*Ahrens*, § 851c Rn. 37; Schuschke/Walker/*Kessal-Wulf/Lorenz*, § 851c Rn. 5; *Dietzel*, Der Pfändungsschutz der privaten Altersvorsorge nach den §§ 851c und 851d ZPO, S. 90; *Henning*, VIA 2009, 17, 19; *Schwarz/Facius*, ZVI 2009, 188, 193; unklar Musielak/Voit/*Becker*, § 851c Rn. 4.

Vollendetes Lebensjahr	Pfändungsfreies Vorsorgekapital (in EUR)	Vollendetes Lebensjahr	Pfändungsfreies Vorsorgekapital (in EUR)
23	12.000,-	48	106.000,-
24	14.000,-	49	112.000,-
25	16.000,-	50	118.000,-
26	18.000,-	51	124.000,-
27	20.000,-	52	130.000,-
28	22.000,-	53	136.000,-
29	24.000,-	54	144.000,-
30	28.000,-	55	152.000,-
31	32.000,-	56	160.000,-
32	36.000,-	57	168.000,-
33	40.000,-	58	176.000,-
34	44.000,-	59	184.000,-
35	48.000,-	60	193.000,-
36	52.000,-	61	202.000,-
37	56.000,-	62	211.000,-
38	60.000,-	63	220.000,-
39	64.000,-	64	229.000,-
40	68.500,-	65	238.000,-
41	73.000,-	66	247.000,-
42	77.500,-	67	256.000,-

Ist der Versicherungsnehmer 25 Jahre alt, steht ihm über § 851c Abs. 2 ZPO ein geschützter Betrag von 16.000,– EUR zu. Hat er in der Zeit von 18 bis 25 lediglich 10.000,– EUR angespart, kann er die nicht ausgeschöpften 6.000,– EUR nachzahlen. Möglich ist dies bspw. im Rahmen einer Einmalzahlung. Er kann aber bspw. auch in den nächsten drei Jahren statt 2.000,– EUR jährlich 4.000,– EUR einzahlen.

bbb) Einmalzahlung und höhere Beiträge

Beläuft sich der Rückkaufswert bei einem Altersrentenvertrag eines 23-jährigen auf 15.000,– EUR, sind nach der o.g. Tabelle nur 12.000,– EUR pfändungsgeschützt. Durch § 851c Abs. 2 S. 3, S. 4 ZPO wird die Höhe des pfändungsgeschützten Betrages zwar noch erhöht. Die 3/10-Regelung des § 851c Abs. 2 S. 3 ZPO mit der Obergrenze des § 851c Abs. 2 S. 4 ZPO sei an dieser Stelle aber einmal außer Betracht gelassen.

Entscheidend ist, dass der aktuelle Rückkaufswert den nach § 851c Abs. 2 S. 2 ZPO für dieses Lebensalter absolut geschützten Betrag übersteigt. Fraglich ist, ob der übersteigende Teil des Rückkaufswertes in den Folgejahren verrechnet wird, wenn der Versicherungsnehmer geringere als von § 851c Abs. 2 S. 2 ZPO ermöglichte Beträge anspart. Dies wäre bspw. denkbar, wenn der o.g. 23-jährige mit 24, 25 und 26 jährlich nur 1.000,– EUR statt der zulässigen 2.000,– EUR anspart. Die gleiche Frage kommt auf, wenn der 23-jährige einen hohen anfänglichen Einmalbeitrag erbringt, der gleich zu Beginn der Vertragslaufzeit zu einem Rückkaufswert von 200.000,– EUR oder 300.000,– EUR führt und er in den Folgejahren keine Beiträge mehr leistet.[390] Werden die in den Folgejahren geschützten, aber nicht ausgeschöpften Ansparbeträge durch das bereits vorhandene Vermögen aufgefüllt?

Diese Frage ist zu bejahen.[391] Das System des § 851c Abs. 2 ZPO ermöglicht dem Versicherungsnehmer, nach und nach bis zur Vollendung des 67. Lebensjahres und bis zu einer Gesamthöhe von 256.000,– EUR pfändungsgeschütztes Altersvermögen aufzubauen. Mit steigendem Lebensalter steigt der absolut geschützte Betrag.[392] Spart ein Versicherungsnehmer einen Betrag an, der über dem liegt, den § 851c Abs. 2 S. 2 ZPO schützt, können die Gläubiger auf den nicht geschützten Teil zunächst zugreifen. Durch die Staffelung in § 851c Abs. 2 S. 2 ZPO soll verhindert werden, dass ein Schuldner in jungen Jahren durch eine hohe Einmalzahlung Vermögen vollständig dem Zugriff seiner Gläubiger entzieht. Dieses Ziel wird nicht unterlaufen, wenn zu viel angesparte Beträge – auf die der Gläubiger ja zunächst zugreifen kann, weil sie nicht sofort dem Schutz des § 851c Abs. 2 S. 2 ZPO unterliegen – in den Folgejahren verrechnet werden, soweit der von § 851c Abs. 2 S. 2 ZPO ermöglichte Ansparbetrag in diesen Jahren nicht ausgeschöpft wird. Ob der Versicherungsnehmer den geschützten Ansparbetrag vollständig durch neue Einzahlungen Jahr für Jahr aufbringt oder ob die Differenz zwischen tatsächlich angespartem und über § 851c Abs. 2 S. 2 ZPO ansparbarem Betrag durch bereits vorhandenes, bisher nicht geschütztes Kapital ausgeglichen wird, kann keinen Unterschied machen.

Beläuft sich der Rückkaufswert des Altersrentenvertrages mit Vollendung des 23. Lebensjahres auf 15.000,– EUR, sind über § 851c Abs. 2 S. 2 ZPO nur 12.000,– EUR geschützt. Beläuft sich der Rückkaufswert mit Vollendung des 26. Lebensjahres dann auf 18.000,– EUR, weil der Versicherungsnehmer in der Zwischenzeit statt der möglichen 6.000,– EUR insgesamt nur 3.000,– EUR angespart hat, ist der gesamte Betrag i.H.v. 18.000,– EUR unabhängig davon geschützt, wie hoch die einzelnen Ansparbeträge in der Zeit von 18 bis 26 waren. Entscheidend ist allein, dass der

390 Relevant wird dies insbesondere bei Personen, die aufgrund einer Erbschaft, einer Schenkung oder eines Lottogewinns bereits in jungen Jahren einen derart hohen Einmalbeitrag leisten können, vgl. *Wollmann*, Private Altersvorsorge und Gläubigerschutz, S. 232.

391 *Dietzel*, Der Pfändungsschutz der privaten Altersvorsorge nach den §§ 851c und 851d ZPO, S. 91 f.; *Wollmann*, Private Altersvorsorge und Gläubigerschutz, S. 233.

392 BT-Drucks. 16/886, S. 10.

Rückkaufswert mit Vollendung des 26. Lebensjahres den absolut geschützten Betrag von 18.000,– EUR nicht übersteigt.

cc) 3/10-Regelung, § 851c Abs. 2 S. 3 ZPO

Übersteigt der aktuelle Rückkaufswert den für das jeweilige Lebensalter absolut geschützten Betrag, sind gemäß 851c Abs. 2 S. 3 ZPO 3/10 des überschießenden Betrags ebenfalls unpfändbar. Damit stehen lediglich 7/10 des überschießenden Betrages dem Gläubigerzugriff offen. Die 3/10-Regelung soll dem Schuldner einen Anreiz geben, für eine über das Existenzminium hinausgehende Altersabsicherung zu sorgen.[393]

Als Beispiel soll ein Altersrentenvertrag eines 50-jährigen mit einem Rückkaufswert von 150.000,– EUR dienen. Wie sich aus der oben dargestellten Tabelle ergibt, sind 118.000,– EUR über § 851c Abs. 2 S. 2 ZPO geschützt. Der Rückkaufswert übersteigt den nach § 851c Abs. 2 S. 2 ZPO absolut geschützten Betrag also um 32.000,– EUR. Von diesen 32.000,– EUR sind über § 851c Abs. 2 S. 3 ZPO weitere 3/10, d.h. 9.600,– EUR, unpfändbar. Insgesamt sind also 127.600,– EUR vor dem Gläubigerzugriff geschützt.

dd) Obergrenze, § 851c Abs. 2 S. 4 ZPO

Gemäß § 851c Abs. 2 S. 4 ZPO gilt § 851c Abs. 2 S. 3 ZPO nicht für den Teil des Rückkaufswerts, der den dreifachen Wert des in § 851c Abs. 2 S. 1 ZPO genannten Betrags übersteigt. § 851c Abs. 2 S. 4 ZPO, der erst im Laufe des Gesetzgebungsverfahrens aufgenommen wurde, ist sprachlich nicht sonderlich gelungen. Obwohl die Vorschrift ausdrücklich auf den in § 851c Abs. 2 S. 1 ZPO genannten Betrag verweist, knüpft sie, entgegen einer in der Literatur vertretenen Auffassung,[394] nicht stets an die Gesamtsumme von 256.000,– EUR an.[395] Vielmehr ist die Obergrenze immer unter Berücksichtigung des jeweiligen Lebensalters des Schuldners und des dafür in § 851c Abs. 2 S. 2 ZPO vorgesehenen unpfändbaren Höchstbetrages zu ermitteln.

So beträgt die Obergrenze des § 851c Abs. 2 S. 4 ZPO bei einem 50-jährigen 354.000,– EUR (118.000,– EUR x 3) und nicht 768.000,– EUR (256.000,– EUR x 3). Aufgrund der Systematik des § 851c Abs. 2 ZPO muss sich auch die Obergrenze des § 851c Abs. 2 S. 4 ZPO entsprechend der in § 851c Abs. 2 S. 2 ZPO progressiv ausgestalteten Entwicklung des pfändungsgeschützten Vorsorgekapitals mit dem steigenden Lebensalter nach und nach erhöhen. Für den 50-jährigen gilt daher: Der Teil des Rückkaufswerts, der 354.000,– EUR übersteigt, ist vollständig dem Gläubigerzugriff ausgesetzt, weil die 3/10-Regelung des § 851c Abs. 2 S. 3 ZPO wegen § 851c Abs. 2 S. 4 ZPO auf diesen Teil keine Anwendung findet. Die 3/10-Regelung des § 851c Abs. 2 S. 3 ZPO erfasst lediglich den Teil zwischen 118.000,– EUR und 354.000,– EUR. Von

393 BT-Drucks. 16/886, S. 10.

394 Zöller/*Stöber*, § 851c Rn. 9; Musielak/Voit/*Becker*, § 851c Rn. 4.

395 So im Ergebnis auch *Wollmann*, Private Altersvorsorge und Gläubigerschutz, S. 226 ff.; *Wollmann*, ZInsO 2013, 902, 909 f.

diesen 236.000,– EUR sind 3/10 pfändungsgeschützt. Bei einem Rückkaufswert von 380.000,– EUR wären 188.800,– EUR geschützt (118.000,– EUR über § 851c Abs. 2 S. 2 ZPO und 70.800,– EUR über § 851c Abs. 2 S. 3 ZPO [3/10 von 236.000,– EUR]). 191.200,– EUR wären hingegen pfändbar (165.200,– EUR über § 851c Abs. 2 S. 3 ZPO [7/10 von 236.000,– EUR] und 26.000,– EUR über § 851c Abs. 2 S. 4 ZPO, weil die Obergrenze von 354.000,– EUR um 26.000,– EUR überschritten wird).

ee) Zusammenrechnung, § 851c Abs. 3 ZPO

Wie bereits an anderer Stelle festgestellt wurde,[396] kommt § 851c Abs. 3 ZPO, der die § 850e Nr. 2 und Nr. 2a ZPO für entsprechend anwendbar erklärt, nur für den Schutz des angesammelten Vorsorgevermögens in der Ansparphase eigenständige Bedeutung zu. Er ist als § 851c Abs. 2 S. 5 ZPO zu lesen.[397] Ist der Versicherungsnehmer Inhaber mehrerer Altersvorsorgeverträge, sind die jeweils angesammelten Vorsorgevermögen der einzelnen Verträge für die Ermittlung der pfändbaren Beträge über § 851c Abs. 3 ZPO nach Maßgabe der §§ 850e Nr. 2, 2a ZPO zusammenzurechnen.[398]

f) Umwandlung in einen pfändungsgeschützten Altersrentenvertrag, § 167 VVG

Viele Lebensversicherungsverträge, die vor dem Inkrafttreten des § 851c ZPO zum Zwecke der Altersvorsorge abgeschlossen wurden, werden nicht kumulativ die Voraussetzungen des § 851c Abs. 1 ZPO erfüllen. Die Versicherungsnehmer dieser Verträge werden häufig ein Interesse daran haben, ihre Lebensversicherungen dem Schutz des § 851c ZPO zu unterstellen. Diesem Umstand wurde mit dem Umwandlungsrecht in § 167 VVG Rechnung getragen.[399] Nach § 167 VVG kann der Versicherungsnehmer jederzeit für den Schluss der laufenden Versicherungsperiode die Umwandlung seines Lebensversicherungsvertrages in eine pfändungsgeschützte Altersrentenversicherung i.S.d. § 851c ZPO verlangen.

aa) Keine Beschränkung auf Altverträge

Der Anwendungsbereich des § 167 VVG erstreckt sich nicht nur auf Altverträge, d.h. nicht nur auf solche Lebensversicherungen, die vor dem Inkrafttreten des § 851c ZPO abgeschlossen wurden.[400] Vielmehr können sich auch Versicherungsnehmer

---

396 § 4, A., II., 2., d) – S. 108.

397 PG/*Ahrens*, § 851c Rn. 44; *Dietzel*, Der Pfändungsschutz der privaten Altersvorsorge nach den §§ 851c und 851d ZPO, S. 104.

398 Ausführlich hierzu *Wollmann*, Private Altersvorsorge und Gläubigerschutz, S. 259 ff.

399 BT-Drucks. 16/886 S. 14.

400 Bruck/Möller/*Winter*, § 167 Rn. 65; Prölss/Martin/*Reiff*, § 167 Rn. 1; Langheid/Wandt/*Mönnich*, § 167 Rn. 6; ausführlich *Wollmann*, Private Altersvorsorge und Gläubigerschutz, S. 288 ff.

von Neuverträgen, die zunächst nicht die in § 851c Abs. 1 ZPO genannten Voraussetzungen kumulativ erfüllen, auf das Umwandlungsrecht berufen. Weder wird im Wortlaut zwischen Alt- und Neuverträgen differenziert, noch beinhaltet die Begründung des Regierungsentwurfs[401] einen Hinweis, dass der Anwendungsbereich auf Altverträge beschränkt sein soll.

Neben dem Wortlaut und der Begründung spricht der Sinn und Zweck der Norm gegen eine Beschränkung auf Altverträge. § 167 VVG ergänzt § 851c ZPO, in dem Versicherungsnehmern die Möglichkeit eröffnet wird, ihre bisher nicht von § 851c ZPO erfassten Versicherungen in geschützte Verträge umzuwandeln. Aufgrund des engen Zusammenhangs mit § 851c ZPO wurde auch mit § 167 VVG die Sicherung des Existenzminimums und zugleich die Entlastung der Sozialkassen bezweckt.[402] Wenn es bei der Normierung des § 167 VVG aber insbesondere um die Existenzsicherung der Versicherungsnehmer und um die Entlastung der Sozialkassen ging, muss das Umwandlungsrecht allen Versicherungsnehmern zustehen, unabhängig davon, wann der Vertrag geschlossen wurde. Auch bei Inhabern von Neuverträgen besteht ein Bedürfnis, dass diese zunächst nicht geschützte Verträge umwandeln, um die Sicherung ihrer Existenz im Alter durch eigene Mittel sicherzustellen, wodurch im Ergebnis die Sozialkassen und damit die Allgemeinheit entlastet werden.

Zudem ist Folgendes zu bedenken: Schließt ein Versicherungsnehmer in Unkenntnis der Pfändungsschutzvorschrift einen Rentenversicherungsvertrag ab, der die Voraussetzungen des § 851c Abs. 1 ZPO nicht kumulativ erfüllt und will er seinen Vertrag später über § 167 VVG umwandeln, kann ihm das Umwandlungsrecht nicht ernsthaft versagt werden. Es ist kein plausibler Grund ersichtlich, warum ihm das Umwandlungsrecht in diesem Fall verwehrt sein sollte.

Dietzel will den Anwendungsbereich des § 167 VVG auf Altverträge beschränken, weil man dem Versicherungsnehmer ansonsten Spekulationsmöglichkeiten offen halten würde, denen § 851c Abs. 1 Nr. 2 ZPO gerade entgegenwirken wolle.[403] Würde sich § 167 VVG auch auf Neuverträge erstrecken, könne der Schuldner zunächst bewusst eine Kapitalversicherung als Altersvorsorge abschließen, um über das Vorsorgevermögen während der Ansparphase weiterhin frei verfügen zu können, bevor er den Vertrag später über § 167 VVG in einen pfändungsgeschützten Altersrentenvertrag i.S.d. § 851c ZPO umwandelt.[404]

Dem ist entgegenzuhalten, dass das angesparte Vorsorgevermögen in der Regel vollumfänglich dem Gläubigerzugriff ausgesetzt ist, solange der Vertrag als Kapitallebensversicherung existiert. Verzichtet der Versicherungsnehmer zunächst darauf, seinen Lebensversicherungsvertrag als pfändungsgeschützten Altersrentenvertrag

401 BT-Drucks. 16/886, S. 14.

402 Looschelders/Pohlmann/*Krause*, § 167 Rn. 1; Hk-VVG/*Brambach*, § 167 Rn. 1.

403 *Dietzel*, Der Pfändungsschutz der privaten Altersvorsorge nach den §§ 851c und 851d ZPO, S. 113.

404 *Dietzel*, Der Pfändungsschutz der privaten Altersvorsorge nach den §§ 851c und 851d ZPO, S. 113.

i.S.d. § 851c ZPO auszugestalten, weil er zunächst über das angesparte Vermögen verfügen will, können seine Gläubiger vollständig auf das angesparte Vermögen zugreifen. Auch wenn dem Versicherungsnehmer dadurch Spekulationsmöglichkeiten offen gehalten werden, so trägt er bis zur Umwandlung das volle Risiko, dass sein angespartes Vermögen gepfändet und der angestrebten Altersvorsorge dadurch die Grundlage entzogen wird. Entscheidet er sich später, sein angespartes Vermögen durch eine Umwandlung gemäß § 167 VVG unwiderruflich der Altersorsorge zu widmen, so sind Spekulationsmöglichkeiten ab dem Zeitpunkt der Umwandlung ausgeschlossen, weil der Vertrag ab dann die Voraussetzungen des § 851c Abs. 1 Nr. 2 ZPO erfüllt. Ab dem Eingreifen des Pfändungsschutzes, den § 851c ZPO vermittelt, kann der Versicherungsnehmer nicht mehr über den Vertrag verfügen. Auch erst ab diesem Zeitpunkt kommt er in den Genuss des Pfändungsschutzes.

bb) Anwendbarkeit des § 167 VVG auf reine Todesfallversicherungen?

Der Wortlaut, nach dem der Versicherungsnehmer „einer Lebensversicherung" jederzeit die Umwandlung seines Vertrages begehren kann, wirft die Frage auf, ob § 167 VVG auf alle Arten von Lebensversicherungen anwendbar ist.

Weil mit dem Umwandlungsrecht erreicht werden sollte, dass der Altersvorsorge dienende Verträge, die bisher nicht kumulativ die Voraussetzungen des § 851c Abs. 1 ZPO erfüllen, in geschützte Verträge umgewandelt werden können, ist eines klar: Zumindest alle gemischten Lebensversicherungen in Form der Kapital- und Rentenversicherung werden vom Anwendungsbereich des § 167 VVG erfasst.[405] Ebenso fallen Kapitalversicherungen mit Rentenwahlrecht sowie fondsgebundene Kapital- und Rentenversicherungen unter den Anwendungsbereich der Norm.[406] Bei allen soeben aufgeführten Lebensversicherungen besteht eine Leistungspflicht des Versicherers (auch) im Erlebensfall. Der Vertrag war somit von Anfang an geeignet der privaten Altersvorsorge des Versicherungsnehmers zu dienen. Mit den Sparanteilen der Bruttobeiträge wurde während der gesamten Vertragslaufzeit ein Deckungskapital für den Erlebensfall aufgebaut. Diese Verträge können daher recht unproblematisch in pfändungsgeschützte Altersrentenversicherungen umgewandelt werden.

Anders verhält es sich hingegen bei Risikolebensversicherungen auf den Todesfall. Weder werden sie zum Zwecke der Altersvorsorge abgeschlossen, noch wird bei ihnen während der Vertragslaufzeit ein Deckungskapital für den Erlebensfall aufgebaut. Der Versicherer ist nur zur Leistung verpflichtet, wenn die versicherte Person während der Vertragslaufzeit verstirbt. Risikolebensversicherungen werden

---

405 Hk-VVG/*Brambach*, § 167 Rn. 2; Prölss/Martin/*Reiff*, § 167 Rn. 2; Langheid/Wandt/*Mönnich*, § 167 Rn. 5; Looschelders/Pohlmann/*Krause*, § 167 Rn. 4; Schwintowski/Brömmelmeyer/*Ortmann*, § 167 Rn. 4; Römer/Langheid/*Langheid*, § 167 Rn. 4.

406 Prölss/Martin/*Reiff*, § 167 Rn. 2; Looschelders/Pohlmann/*Krause*, § 167 Rn. 4; Hk-VVG/*Brambach*, § 167 Rn. 2; Schwintowski/Brömmelmeyer/*Ortmann*, § 167 Rn. 4.

daher weitestgehend vom Anwendungsbereich des § 167 VVG ausgenommen.[407] Nur wenige Stimmen in der Literatur sprechen auch dem Versicherungsnehmer einer Risikolebensversicherung ein Umwandlungsrecht zu.[408] Sie meinen, auch wenn die Umwandlung eines solchen Vertrages wirtschaftlich mit einer grundlegenden Vertragsänderung einhergehe, sei dies vom Wortlaut des § 167 VVG gedeckt.[409]

Zwar spricht § 167 VVG in der Tat lediglich vom „Versicherungsnehmer einer Lebensversicherung", ohne Beschränkungen auf bestimmte Vertragsarten vorzunehmen. Aus den Gesetzesmaterialien ergibt sich aber, dass sich ein Versicherungsnehmer nur dann auf das Umwandlungsrecht berufen kann, wenn der Lebensversicherungsvertrag bereits im Zeitpunkt der Umwandlung (zumindest auch) auf die Altersvorsorge des Versicherungsnehmers ausgerichtet ist.[410] In der Begründung zum Regierungsentwurf ist allein von Lebensversicherungen die Rede, die (auch) zum Zweck einer Altersvorsorge abgeschlossen wurden.[411] Von § 167 VVG sollen also nur solche Verträge erfasst werden, die bereits im Zeitpunkt der Umwandlung auf die private Altersvorsorge des Versicherungsnehmers ausgerichtet sind, die bisher nur nicht kumulativ die Voraussetzungen des § 851c Abs. 1 ZPO erfüllen. Dies trifft nur auf solche Lebensversicherungen zu, bei denen der Versicherer (auch) im Erlebensfall zur Leistung verpflichtet ist. Insbesondere wurde nur bei diesen Verträgen bis zur Umwandlung ein Deckungskapital für den Erlebensfall aufgebaut.

Aufgrund des halbzwingenden Charakters des § 167 VVG, § 171 S. 1 VVG, kann der Versicherer allerdings zugunsten des Versicherungsnehmers abweichen.[412] Es steht dem Versicherer frei, auch dem Versicherungsnehmer einer Risikolebensversicherung eine Umwandlung anzubieten.[413] Auch kann er ein Umwandlungsverlangen des Versicherungsnehmers freiwillig annehmen.[414]

Gleiches gilt für lebenslange Todesfallversicherungen ohne beschränkte Laufzeit. Weil die Leistungspflicht des Versicherers bei dieser Vertragsart gewiss ist – fraglich ist lediglich der Zeitpunkt der Leistung – wird zwar bei lebenslangen Todesfallversicherungen ein Deckungskapital aufgebaut. Dieses ist aber nicht für eine Leistung im Erlebensfall, sondern allein für eine Leistung im Todesfall

407 Schwintowski/Brömmelmeyer/*Ortmann*, § 167 Rn. 4; Prölss/Martin/*Reiff*, § 167 Rn. 2; Langheid/Wandt/*Mönnich*, § 167 Rn. 5; Römer/Langheid/*Langheid*, § 167 Rn. 4; Römer/Langheid/*Römer*, 3. Aufl., § 167 Rn. 4; *Dietzel*, Der Pfändungsschutz der privaten Altersvorsorge nach den §§ 851c und 851d ZPO, S. 112; *Wollmann*, Private Altersvorsorge und Gläubigerschutz, S. 287; zweifelnd Hk-VVG/*Brambach*, § 167 Rn. 2.

408 Bruck/Möller/*Winter*, § 167 Rn. 9; Looschelders/Pohlmann/*Krause*, § 167 Rn. 5.

409 Looschelders/Pohlmann/*Krause*, § 167 Rn. 5.

410 Prölss/Martin/*Reiff*, § 167 Rn. 2; Langheid/Wandt/*Mönnich*, § 167 Rn. 5.

411 BT-Drucks. 16/886, S. 14; hierzu auch Langheid/Wandt/*Mönnich*, § 167 Rn. 5.

412 Schwintowski/Brömmelmeyer/*Ortmann*, § 167 Rn. 4.

413 Langheid/Wandt/*Mönnich*, § 167 Rn. 5.

414 Schwintowski/Brömmelmeyer/*Ortmann*, § 167 Rn. 4.

vorgesehen. Mangels einer Leistungspflicht im Erlebensfall ist das angesammelte Deckungskapital nicht der privaten Altersvorsorge des Versicherungsnehmers gewidmet. Weil lebenslange Todesfallversicherungen nicht zum Zweck der Altersvorsorge abgeschlossen werden, ist das Umwandlungsrecht auch auf diese Vertragsart nicht anwendbar.[415] Selbstverständlich kann der Versicherer auch hier eine Umwandlung freiwillig anbieten oder ein Umwandlungsbegehren freiwillig annehmen.

cc) Entgegenstehende Rechte Dritter

Eine Umwandlung des Vertrages über § 167 VVG kann nur erfolgen, wenn Rechte Dritter nicht entgegenstehen.[416] Wurde der Leistungsanspruch vor dem Umwandlungsbegehren bereits gepfändet, scheidet eine Umwandlung von vornherein aus.[417] Auch im Falle einer zuvor erfolgten Abtretung des Leistungsanspruchs kommt eine Umwandlung nach § 167 VVG nicht mehr in Betracht.[418] Ebenso können bestehende Bezugsrechte Dritter einer Umwandlung entgegenstehen. Dabei ist zwischen unwiderruflichen und widerruflichen Bezugsrechten zu differenzieren.

aaa) Unwiderrufliches Bezugsrecht

Ein unwiderrufliches Todesfallbezugsrecht zugunsten eines Hinterbliebenen steht einer Umwandlung nicht entgegen.[419] Schließlich sind derartige Bezugsrechte nach § 851c Abs. 1 Nr. 3 ZPO zulässig. Etwas anderes gilt bei unwiderruflichen Todesfallbezugsrechten zugunsten Nicht-Hinterbliebener, die nicht mit § 851c Abs. 1 Nr. 3 ZPO vereinbar sind.[420] Derartige Bezugsrechte können ohne Mitwirkung des Begünstigten nicht mehr beseitigt werden. Eine Umwandlung ist daher nur möglich, wenn der Dritte der Aufhebung des Bezugsrechts zustimmt oder das Bezugsrecht auf den Versicherungsnehmer zurück überträgt. Ist der Dritte hierzu nicht bereit, scheidet eine Umwandlung aus.

---

415 Ähnlich Langheid/Wandt/*Mönnich*, § 167 Rn. 5.

416 BT-Drucks. 16/886, S. 14; *Römer*, DB 2007, 2523, 2525.

417 BT-Drucks. 16/886, S. 14; BGH NJW-RR 2011, 493, 494 f.; BFH DStR 2007, 1817, 1819; PG/*Ahrens*, § 851c Rn. 9; Bruck/Möller/*Winter*, § 167 Rn. 69; *Wandt*, Versicherungsrecht, Rn. 1188; *Römer*, DB 2007, 2523, 2525.

418 BT-Drucks. 16/886, S. 14; BFH DStR 2007, 1817, 1819; Bruck/Möller/*Winter*, § 167 Rn. 69; Veith/Gräfe/Gebert/*Schnepp/Gebert*, Der Versicherungsprozess, § 10 Rn. 441; *Römer*, DB 2007, 2523, 2525.

419 *Dietzel*, Der Pfändungsschutz der privaten Altersvorsorge nach den §§ 851c und 851d ZPO, S. 114.

420 *Dietzel*, Der Pfändungsschutz der privaten Altersvorsorge nach den §§ 851c und 851d ZPO, S. 114.

bbb) Widerrufliches Bezugsrecht

Widerrufliche Bezugsrechte stehen einer Umwandlung nach § 167 VVG in keinem Fall entgegen. Der Versicherungsnehmer kann das Bezugsrecht einfach widerrufen.

Vereinzelt wird die Auffassung vertreten, dass in jeder Umwandlungserklärung zugleich ein konkludenter Widerruf der Bezugsberechtigung stecke.[421] Dies erscheint jedoch zweifelhaft, immerhin schaden Bezugsrechte zugunsten Hinterbliebener nicht, § 851c Abs. 1 Nr. 3 ZPO, so dass sie im Rahmen der Umwandlung nicht zwingend widerrufen werden müssen. Ob eine Umwandlungserklärung zugleich konkludent den Widerruf beinhaltet, ist vielmehr in jedem Einzelfall durch Auslegung zu ermitteln.[422] Wurde ein Hinterbliebener widerruflich begünstigt, kann auf einen Widerruf verzichtet werden. Allerdings muss das Drittbegünstigungsrecht zugunsten Nicht-Hinterbliebener für die Zukunft ausgeschlossen werden.

dd) Relevanz des Umwandlungsrechts

Erfüllt der Lebensversicherungsvertrag nicht kumulativ die Voraussetzungen des § 851c Abs. 1 ZPO, ist der Versicherungsnehmer für die Herbeiführung des Pfändungsschutzes nicht immer auf das Umwandlungsrecht aus § 167 VVG angewiesen. Das Umwandlungsrecht wird nur relevant, wenn es für die Herbeiführung der Voraussetzungen des § 851c Abs. 1 ZPO zwingend der Mitwirkung des Versicherers bedarf. Dies ist bspw. der Fall, wenn die Rentenzahlungen nach dem ursprünglichen Vertragsinhalt vor der Vollendung des 60. Lebensjahres beginnen sollen. Es bedarf einer Vertragsänderung unter Mitwirkung des Versicherers, durch die der Rentenbeginn nach hinten verschoben wird. Ohne § 167 VVG wäre der Versicherer aufgrund der Privatautonomie nicht verpflichtet, dem Begehren des Versicherungsnehmers nachzukommen.

Scheitert der Pfändungsschutz lediglich an einer bestehenden widerruflichen Bezugsberechtigung zugunsten eines Nicht-Hinterbliebenen, ist der Versicherungsnehmer nicht auf das Umwandlungsrecht aus § 167 VVG angewiesen. Er kann einfach das Bezugsrecht widerrufen bzw. einen Hinterbliebenen als widerruflich Bezugsberechtigten einsetzen. Dadurch kann er die Voraussetzungen des § 851c Abs. 1 ZPO selbständig herbeiführen. Allerdings muss er gegenüber dem Versicherer erklären, auf das Recht zur Bestellung einer Bezugsberechtigung zugunsten eines Nicht-Hinterbliebenen zukünftig zu verzichten.

ee) Reichweite der Umwandlung

Wird der Vertrag wirksam umgewandelt, ist in der Ansparphase der Schutz des § 851c Abs. 2 ZPO nicht auf das nach der Umwandlung neu angesparte Vorsorgevermögen

---

421 *Prang*, in: van Bühren, Handbuch Versicherungsrecht, § 14 Rn. 550.

422 PG/*Ahrens*, § 851c Rn. 9; *Dietzel*, Der Pfändungsschutz der privaten Altersvorsorge nach den §§ 851c und 851d ZPO, S. 114.

beschränkt.[423] Auch das bereits vor der Umwandlung angesparte Vermögen unterliegt nach einer erfolgreichen Umwandlung dem Schutz des § 851c Abs. 2 ZPO.[424] Alles andere wäre mit dem Schutzzweck des § 851c ZPO nicht vereinbar.[425]

Bis zu welcher Höhe das bereits angesparte Vorsorgekapital geschützt ist, ergibt sich aus der oben dargestellten Tabelle[426] je nach dem Lebensalter im Zeitpunkt der Umwandlung. Wandelt bspw. ein 30-jähriger seinen Vertrag um, ist das bereits angesparte Vorsorgekapital aus der Zeit vor der Umwandlung bis zu einem Betrag von 28.000,– EUR über § 851c Abs. 2 S. 2 ZPO (zzgl. 3/10 des übersteigenden Teils, § 851c Abs. 2 S. 3 ZPO, bis zur Obergrenze des § 851c Abs. 2 S. 4 ZPO) geschützt.

ff) Beginn des Pfändungsschutzes

Wandelt ein Versicherungsnehmer seinen Lebensversicherungsvertrag über § 167 VVG um, gelangt er in der Folge in den Genuss des Pfändungsschutzes aus § 851c ZPO, der über § 36 Abs. 1 InsO auch im Insolvenzverfahren zu berücksichtigen ist. Dabei besteht Uneinigkeit darüber, ab welchem Zeitpunkt sich der Versicherungsnehmer auf den Pfändungsschutz berufen kann.

Teilweise wird das Umwandlungsrecht als Gestaltungsrecht qualifiziert.[427] Nach den Vertretern dieser Auffassung soll der Pfändungsschutz bereits mit dem Zugang der Umwandlungserklärung beim Versicherer beginnen, § 130 Abs. 1 S. 1 BGB. Andere ordnen das Umwandlungsrecht hingegen als schuldrechtlichen Anspruch auf Abschluss eines Änderungsvertrages ein.[428] Der Pfändungsschutz beginne daher erst mit der Erfüllung des Anspruchs durch den Versicherer durch Vornahme der Umwandlung. Dieser Ansicht hat sich mit Urteil vom 22.7.2015 nunmehr auch der IV. Zivilsenat des BGH angeschlossen.[429] Weil sich der Versicherungsnehmer mit der Umwandlungserklärung unwiderruflich auf den Pfändungsschutz festgelegt, er keine Einwirkungsmöglichkeiten auf die Bearbeitungszeit des Versicherers habe

---

423 OLG Stuttgart NZI 2012, 250, 252; *Dietzel*, Der Pfändungsschutz der privaten Altersvorsorge nach den §§ 851c und 851d ZPO, S. 114 f.

424 OLG Stuttgart NZI 2012, 250, 252; *Neuhaus*, Berufsunfähigkeitsversicherung, Kap. S Rn. 33; *Dietzel*, Der Pfändungsschutz der privaten Altersvorsorge nach den §§ 851c und 851d ZPO, S. 114 f.; a.A. *Wollmann*, Private Altersvorsorge und Gläubigerschutz, S. 318 f.

425 OLG Stuttgart NZI 2012, 250, 252.

426 § 4, A., II., 2., e), bb), aaa) – S. 112 f.

427 PG/*Ahrens*, § 851c Rn. 10; Looschelders/Pohlmann/*Krause*, § 167 Rn. 13; *Bruns*, Privatversicherungsrecht, § 26 Rn. 52; *Dietzel*, Der Pfändungsschutz der privaten Altersvorsorge nach den §§ 851c und 851d ZPO, S. 115 ff.; *Köke*, VIA 2015, 12 f.; *Dietzel*, NZI 2014, 962; *Könnecke*, DGVZ 2012, 17, 22 (Fn. 58); *Schubach*, jurisPR-VersR 3/2012 Anm. 5; *Hasse*, VersR 2007, 870, 889; *Hasse*, VersR 2006, 145, 157.

428 OLG Hamm RuS 2011, 261; LG Hamburg ZInsO 2011, 1018 f.; Langheid/Wandt/*Mönnich*, § 167 Rn. 13 f.; *Specker*, VersR 2011, 958, 959 ff.; wohl auch *Holzer*, DStR 2007, 767, 768.

429 BGH NJW 2015, 3506 ff.

und es ihm nicht angelastet werden könne, dass aus Rücksicht auf die Versicherer-Seite die Wirksamkeit der Umwandlung auf das Ende der Versicherungsperiode verlegt wurde, wollen Teile derjenigen, die einen schuldrechtlichen Anspruch befürworten, den Pfändungsschutzbeginn auf den Zugang der Umwandlungerklärung vorverlagern.[430] Andere, die sich ebenfalls für einen Pfändungsschutzbeginn ab Zugang der Umwandlungserklärung beim Versicherer aussprechen, lassen offen, ob das Umwandlungsrecht als Gestaltungsrecht oder als schuldrechtlicher Anspruch auf Abschluss eines Änderungsvertrages zu qualifizieren ist.[431]

Nach dem Wortlaut des § 167 S. 1 VVG kann der Versicherungsnehmer einer Lebensversicherung jederzeit für den Schluss der laufenden Versicherungsperiode die Umwandlung der Versicherung in eine Versicherung verlangen, die den Anforderungen des § 851c Abs. 1 ZPO entspricht. Weil die in § 194 Abs. 1 BGB enthaltene Legaldefinition des Anspruchs in ähnlicher Weise formuliert ist, liegt die Vermutung nahe, dass § 167 VVG einen schuldrechtlichen Anspruch beinhaltet.

Aber auch wenn die Formulierung des § 167 S. 1 VVG eng an § 194 Abs. 1 BGB angelehnt scheint, so ergibt ein Blick auf § 165 Abs. 1 VVG, dass diesem Umstand keine besondere Bedeutung beigemessen werden und der Wortlaut nicht als Argument für das Vorliegen eines schuldrechtlichen Anspruchs herangezogen werden kann. Nach dem Wortlaut des § 165 Abs. 1 VVG kann der Versicherungsnehmer jederzeit für den Schluss der laufenden Versicherungsperiode die Umwandlung der Versicherung in eine prämienfreie Versicherung verlangen. § 165 VVG ist also nahzu identisch formuliert. Allerdings ist für § 165 Abs. 1 VVG anerkannt, dass er trotz seiner engen Anlehnung an die Formulierung des § 194 Abs. 1 BGB keinen schuldrechtlichen Anspruch normiert, sondern ein Gestaltungsrecht zum Gegenstand hat.[432] Es darf unterstellt werden, dass bei der Formulierung des § 167 S. 1 VVG nicht § 194 Abs. 1 BGB als Vorlage diente, sondern vielmehr der systematisch

430 Prölss/Martin/*Reiff*, § 167 Rn. 13 f.; Bruck/Möller/*Winter*, § 167 Rn. 81 und Rn. 83; Terbille/Höra/*Höra/Leithoff*, § 25 Rn. 282; *Prahl*, RV 2007, 121, 124.

431 Zöller/*Stöber*, § 851c Rn. 10; Musielak/Voit/*Becker*, § 851c Rn. 2b; MüKoInsO/*Peters*, § 36 Rn. 45a; Hk-ZV/*Meller-Hannich*, § 851c Rn. 27; Hk-VVG/*Brambach*, § 167 Rn. 18; Römer/Langheid/*Langheid*, § 167 Rn. 7; Römer/Langheid/*Römer*, 3. Aufl., § 167 Rn. 7; Schwintowski/Brömmelmeyer/*Ortmann*, § 167 Rn. 15; Veith/Gräfe/Gebert/*Schnepp/Gebert*, Der Versicherungsprozess, § 10 Rn. 442; *Benkel/Hirschberg*, § 167 VVG 2008 Rn. 68; *Prang*, in: van Bühren, Handbuch Versicherungsrecht, § 14 Rn. 550; *Schrehardt*, DStR 2013, 472, 473; *Kemperdick*, ZInsO 2009, 2099, 2101; *Tavakoli*, NJW 2008, 3259, 3261; *Schwarz/Facius*, ZVI 2009, 188, 190; *Stöber*, NJW 2007, 1242, 1247.

432 BGH VersR 1975, 1089, 1090; OLG Hamm VersR 2012, 347, 349; OLG Köln VersR 1953, 407, 408; Bruck/Möller/*Winter*, § 165 Rn. 21; Langheid/Wandt/*Mönnich*, § 165 Rn. 22; Prölss/Martin/*Reiff*, § 165 Rn. 6; Looschelders/Pohlmann/*Krause*, § 165 Rn. 4; Schwintowski/Brömmelmeyer/*Ortmann*, § 165 Rn. 8; FAKomm-VersR/*Höra/Leithoff*, § 165 VVG Rn. 4; Veith/Gräfe/Gebert/*Schnepp/Gebert*, Der Versicherungsprozess, § 10 Rn. 328; *Brömmelmeyer*, in: Beckmann/Matusche-Beckmann, § 42 Rn. 188; Hk-VVG/*Brambach*, § 165 Rn. 4; *Prang*, in: van Bühren, Handbuch Versicherungsrecht, § 14 Rn. 130.

in unmittelbarer Nähe liegende § 165 Abs. 1 VVG. Weil allgemein anerkannt ist, dass es sich bei § 165 Abs. 1 VVG, der bei der Normierung des § 167 S. 1 VVG schon lange Zeit existent war, um ein Gestaltungsrecht handelt, liegt es nahe, dass durch die nahezu identische Formulierung des § 167 S. 1 VVG auch das Umwandlungsrecht als Gestaltungsrecht ausgestaltet werden sollte. Ein Vergleich mit § 165 Abs. 1 VVG spricht somit erheblich für ein Gestaltungsrecht.

Für die Annahme eines schuldrechtlichen Anspruchs wird häufig eingewandt, dass die konkrete Rechtsfolge zum Zeitpunkt des Zugangs der Umwandlungserklärung beim Versicherer noch nicht feststehe, da in der Regel mehrere Tarife oder Vertragsgestaltungen in Betracht kommen. Versicherungsnehmer und Versicherer müssten sich erst über die Einzelheiten des „neuen“ Altersrentenvertrages einigen.

Dieser Einwand ist in der Sache zwar weitestgehend zutreffend, er führt aber nicht dazu, dass der Pfändungsschutz noch nicht mit dem Zugang der Umwandlungserklärung eintreten kann. Richtig ist, dass die genaue Ausgestaltung des Altersrentenvertrages im Zeitpunkt des Zugangs der Umwandlungserklärung häufig ungewiss ist, weil verschiedene Vertragsgestaltungen möglich sind. Es ist also noch unklar, in welcher genauen Form der Vertrag versicherungstechnisch umgestellt wird. In vollstreckungsrechtlicher Hinsicht steht die konkrete Rechtsfolge aber bereits fest: Der Vertrag wird künftig definitiv die Voraussetzungen des § 851c Abs. 1 ZPO erfüllen, denn die Umwandlungserklärung des Versicherungsnehmers muss endgültig und unwiderruflich ausgestaltet sein.[433] Der Versicherungsnehmer kann die einmal auf das Erreichen des Pfändungsschutzes nach § 851c ZPO gerichtete Erklärung nicht mehr aus der Welt schaffen, er ist vielmehr daran gebunden. Der Versicherer hat den Vertrag in der Folge versicherungstechnisch so umzustellen, dass er den Voraussetzungen des § 851c Abs. 1 ZPO gerecht wird. Bei Zugang der Umwandlungserklärung ist somit nur unklar, wie der Vertrag im Einzelnen ausgestaltet sein wird. Dass er den Voraussetzungen des § 851c Abs. 1 ZPO genügen wird, steht zu diesem Zeitpunkt bereits endgültig und unwiderruflich fest.

Das Umwandlungsrecht aus § 167 VVG weist also sowohl versicherungs- als auch vollstreckungsrechtliche Dimensionen auf. Auf versicherungsrechtlicher Ebene führt die Umwandlung zu einer versicherungstechnischen Umstellung des Vertrages, also zu einer Vertragsänderung. Auf vollstreckungsrechtlicher Ebene wird der Vertrag dem Pfändungsschutz des § 851c ZPO unterstellt. Diese unterschiedlichen Dimensionen haben zur Folge, dass zwischen der vollstreckungsrechtlichen und der versicherungsrechtlichen Wirkung des Umwandlungsrechts zu differenzieren ist.[434] Dies gilt auch – und gerade – in zeitlicher Hinsicht. Der Pfändungsschutz

---

433 Looschelders/Pohlmann/*Krause*, § 167 Rn. 6; Römer/Langheid/*Langheid*, § 167 Rn. 7; Prölss/Martin/*Reiff*, § 167 Rn. 6; Schwintowski/Brömmelmeyer/*Ortmann*, § 167 Rn. 15.

434 PG/*Ahrens*, § 851c Rn. 10; Musielak/Voit/*Becker*, § 851c Rn. 2b; *Dietzel*, Der Pfändungsschutz der privaten Altersvorsorge nach den §§ 851c und 851d ZPO, S. 116 f.; *Dietzel*, VIA 2015, 84, 85; *Dietzel*, NZI 2014, 962.

beginnt bereits mit dem Zugang der Umwandlungserklärung beim Versicherer. Weil ab diesem Zeitpunkt unwiderruflich feststeht, dass der Vertrag zukünftig über § 851c ZPO geschützt sein wird, ist er ab diesem Zeitpunkt vollstreckungsrechtlich umgewandelt.[435] Die vom Beginn des Pfändungsschutzes unabhängige versicherungstechnische Umstellung des Vertrages, die aufgrund der endgültigen und unwiderruflichen Umwandlungserklärung zu erfolgen hat, wird vom Versicherer aufgrund des Wortlauts des § 167 S. 1 VVG (spätestens) zum Ende der laufenden Versicherungsperiode durchgeführt.

Weil der Vertrag erst zum Ende der laufenden Versicherungsperiode versicherungstechnisch umgestellt wird, er bis zu diesem Zeitpunkt also unverändert fortbesteht, gibt *Wollmann* zu bedenken, dass der Versicherungsnehmer in dieser Zeit ungehindert über die Ansprüche aus dem Vertrag verfügen könne.[436] Damit könne aber vor der Umstellung des Vertrages am Schluss der laufenden Versicherungsperiode noch kein Pfändungsschutz bestehen, weil eine Verfügungsmöglichkeit der Grundvoraussetzung des § 851c Abs. 1 Nr. 2 ZPO zuwiderlaufen würde.[437] Diese Bedenken sind jedoch unbegründet, denn wenn der Pfändungsschutz des § 851c ZPO ab dem Zugang der Umwandlungserklärung beim Versicherer eintritt, sind ab diesem Zeitpunkt Abtretungen, §§ 400 BGB, 851c ZPO, und Verpfändungen, §§ 1274 Abs. 2, 400 BGB, 851c ZPO, kraft Gesetzes ausgeschlossen.[438] Auch eine Kündigung des Vertrages kommt nicht mehr in Betracht, weil sich der Versicherungsnehmer mit der Abgabe der Umwandlungserklärung endgültig und unwiderruflich dafür entschieden hat, seinen Lebensversicherungsvertrag unter den Voraussetzungen des § 851c Abs. 1 ZPO fortzuführen. Wie *Dietzel* zutreffend ausführt wäre eine zeitlich nach der Umwandlungserklärung erfolgende Kündigung nach den Grundsätzen des widersprüchlichen Verhaltens, venire contra factum proprium, über § 242 BGB unwirksam.[439]

Wenn sich der Versicherungsnehmer mit dem Umwandlungsantrag endgültig und unwiderruflich auf den Pfändungsschutz festgelegt hat, bereits mit dem Zugang der Umwandlungserklärung beim Versicherer also feststeht, dass sein Lebensversicherungsvertrag zukünftig die Voraussetzungen des § 851c Abs. 1 ZPO erfüllen wird, ohne dass der Eintritt dieser Wirkungen mehr verhindert werden kann, dann kann dem Versicherungsnehmer zwischen dem Zugang des Umwandlungsantrags und der versicherungstechnischen Umstellung des Vertrages nicht der Pfändungsschutz versagt werden. Wird der Umwandlungsantrag einige Tage vor dem Gläubigerzugriff gestellt, würde ansonsten allein der Zufall darüber entscheiden, ob das

---

435 *Dietzel*, Der Pfändungsschutz der privaten Altersvorsorge nach den §§ 851c und 851d ZPO, S. 116 f.

436 *Wollmann*, Private Altersvorsorge und Gläubigerschutz, S. 292 und S. 312.

437 *Wollmann*, Private Altersvorsorge und Gläubigerschutz, S. 292 und S. 312.

438 *Dietzel*, Der Pfändungsschutz der privaten Altersvorsorge nach den §§ 851c und 851d ZPO, S. 117.

439 *Dietzel*, Der Pfändungsschutz der privaten Altersvorsorge nach den §§ 851c und 851d ZPO, S. 117; *Dietzel*, VIA 2015, 84, 85.

angesparte Vorsorgevermögen über § 851c Abs. 2 ZPO geschützt ist oder nicht. Je nach Arbeitsbelastung, Urlaub oder Krankheit des zuständigen Sachbearbeiters beim Versicherungsunternehmen kann die Umstellung zeitnah (noch vor dem Gläubigerzugriff) oder erst einige Wochen später (nach dem Gläubigerzugriff) erfolgen. Der Schuldner, der sich mit seiner Umwandlungserklärung aber bereits unwiderruflich und endgültig auf das Ziel des Pfändungsschutzes festgelegt hat, kann keinen Einfluss auf die internen Vorgänge des Versicherers nehmen.[440] Ihm bleibt nur die Möglichkeit abzuwarten und auf eine möglichst zeitnahe Bearbeitung durch den zur Umwandlung verpflichteten Versicherer zu hoffen. Für das Versicherungsunternehmen ist es unerheblich, wann der Pfändungsschutz eintritt. Für den Schuldner kann es mitunter existenzielle Bedeutung haben. Da das Entstehen von Pfändungsschutz mit der Umwandlungserklärung endgültig feststeht, darf es nicht zu Lasten des Versicherungsnehmers gehen, dass er die Bearbeitungszeit nicht beeinflussen kann.

Die Umwandlungserklärung ist somit als Gestaltungsrecht zu qualifizieren. Der Pfändungsschutz tritt in dem Zeitpunkt ein, in dem die Umwandlugserklärung dem Versicherer zugeht, § 130 Abs. 1 S. 1 BGB.

3. Staatlich geförderte Altersrentenversicherungen, §§ 36 Abs. 1 S. 1 InsO, 851d ZPO

Gemäß § 851d ZPO sind monatliche Leistungen in Form einer lebenslangen Rente oder monatliche Ratenzahlungen im Rahmen eines Auszahlungsplans nach § 1 Abs. 1 S. 1 Nr. 4 AltZertG aus steuerlich gefördertem Altersvorsorgevermögen nur wie Arbeitseinkommen pfändbar. Über § 36 Abs. 1 S. 1 InsO findet § 851d ZPO auch im Insolvenzverfahren Anwendung.

a) Persönlicher Anwendungsbereich

Der persönliche Anwendungsbereich des § 851d ZPO ist nicht auf einen bestimmten Personenkreis beschränkt.[441] Vielmehr kommt der Pfändungsschutz allen Inhabern förderungsfähiger Verträge zugute.[442]

b) Sachlicher Anwendungsbereich

Dem sachlichen Anwendungsbereich des § 851d ZPO unterfallen vor allem Riester-Rentenverträge, §§ 10a, 79 ff. EStG.[443] Zudem findet § 851d ZPO, zumindest analog,

---

440 *Buchholz*, VIA 2012, 21, 22.

441 Hk-ZV/*Meller-Hannich*, § 851d Rn. 1.

442 Ausführlich hierzu *Dietzel*, Der Pfändungsschutz der privaten Altersvorsorge nach den §§ 851c und 851d ZPO, S. 145 f.

443 BT-Drucks. 16/886, S. 10; PG/*Ahrens*, § 851d Rn. 2; Musielak/Voit/*Becker*, § 851d Rn. 2; MüKoZPO/*Smid*, § 851d Rn. 2; BeckOK ZPO/*Riedel*, § 851d Rn. 5; Bruck/Möller/*Winter*, § 167 Rn. 14; *Prang*, in: van Bühren, Handbuch Versicherungsrecht, § 14 Rn. 548; *Dietzel*, Der Pfändungsschutz der privaten Altersvorsorge nach den

auch auf Basis-Rentenverträge Anwendung, die die Voraussetzungen des § 10 Abs. 1 Nr. 2 lit. b EStG erfüllen.[444]

c) *Konkurrenzverhältnisse*

Ein Konkurrenzverhältnis zwischen § 851d ZPO und § 851c ZPO besteht in der Regel nicht. Riester- und Basis-Renten unterfallen meist nicht dem Pfändungsschutz des § 851c ZPO, weil die steuerliche Förderung an andere Voraussetzungen anknüpft.[445] Anders als bei abhängig Beschäftigten, deren Riester- und Basis-Renten häufig unter § 850 Abs. 3 lit. b ZPO fallen,[446] beinhalten die §§ 850 ff. ZPO für die staatlich geförderten Renten Selbständiger, Freiberufler und Nichterwerbstätiger keine weitere Schutzvorschrift. Bezüglich der Kollision von § 851d ZPO und § 850 Abs. 3 lit. b ZPO bei abhängig Beschäftigten gelten die Ausführungen zu § 851c ZPO entsprechend.[447] Bei ihnen wird § 850 Abs. 3 lit. b ZPO von dem spezielleren § 851d ZPO verdrängt.[448]

d) *Auszahlungsphase*

In der Auszahlungsphase sind nur monatliche Leistungen in Form einer lebenslangen Rente oder monatlicher Ratenzahlungen im Rahmen eines Auszahlungsplans nach § 1 Abs. 1 S. 1 Nr. 4 AltZertG geschützt. Diese monatlichen Leistungen sind nur wie Arbeitseinkommen pfändbar und daher auch nur in diesem Umfang massezugehörig. Der Verweis ist wie der des § 851c Abs. 1 ZPO zu verstehen, er erklärt also die §§ 850 ff. ZPO für anwendbar, soweit sie Pfändungsschutzvorschriften für Arbeitseinkommen beinhalten. Maßgeblich sind insbesondere die Pfändungsfreibeträge nach § 850c ZPO.

Dem Pfändungsschutz unterliegen nur laufende Leistungen,[449] die während der gesamten Auszahlungsphase gleich bleiben oder steigen.[450] Wie sich aus § 1 Abs. 1

---

§§ 851c und 851d ZPO, S. 147 f.; *Heyn*, InsbürO 2014, 115, 118; *Schrehardt*, DStR 2013, 472, 474 f.; *Könnecke*, DGVZ 2012, 17, 23; *Stöber*, NJW 2007, 1242, 1246; zweifelnd *Hasse*, VersR 2006, 145, 154 (Fn. 75).

444 PG/*Ahrens*, § 851d Rn. 2; MüKoZPO/*Smid*, § 851d Rn. 2; Musielak/Voit/*Becker*, § 851d Rn. 2; Thomas/Putzo/*Seiler*, § 851d Rn. 2; Schuschke/Walker/*Kessal-Wulf/Lorenz*, § 851d Rn. 1; FK-InsO/*Kohte/Busch*, § 312 Rn. 76; FK-InsO/*Bornemann*, § 36 Rn. 32; *Dietzel*, Der Pfändungsschutz der privaten Altersvorsorge nach den §§ 851c und 851d ZPO, S. 180 f.

445 BT-Drucks. 16/886, S. 10; Musielak/Voit/*Becker*, § 851d Rn. 1; MüKoZPO/*Smid*, § 851d Rn. 1; BeckOK ZPO/*Riedel*, § 851d Rn. 1.

446 BT-Drucks. 16/886, S. 10; Zöller/*Stöber*, § 851d Rn. 1.

447 § 4, A., II., 2., b) – S. 103.

448 *Dietzel*, Der Pfändungsschutz der privaten Altersvorsorge nach den §§ 851c und 851d ZPO, S. 163.

449 BT-Drucks. 16/886, S. 10; Musielak/Voit/*Becker*, § 851d Rn. 3; Zöller/*Stöber*, § 851d Rn. 2; MüKoZPO/*Smid*, § 851d Rn. 3; BeckOK ZPO/*Riedel*, § 851d Rn. 2; *Bengelsdorf*, FA 2007, 336, 338.

450 PG/*Ahrens*, § 851d Rn. 4.

S. 1 Nr. 4 lit. a AltZertG ergibt, ist das Erfordernis der laufenden Leistungen auch dann erfüllt, wenn bis zu 12 Monatsleistungen in einer Auszahlung zusammengefasst werden.[451] Sie sind für die Ermittlung des pfändungsfreien Betrages wie Jahresprämien auf das betreffende Jahr umzulegen.[452]

Eine zu Beginn der Auszahlungsphase nach § 1 Abs. 1 S. 1 Nr. 4 AltZertG in gewissem Umfang mögliche Einmalkapitalleistung wird nicht vom Pfändungsschutz des § 851d ZPO erfasst.[453] Pfändungsschutz besteht auch dann nicht, wenn der Berechtigte von der steuerlichen Möglichkeit der Abfindung einer Kleinbetragsrente Gebrauch macht.[454] Insoweit handelt es sich nicht um laufende Leistungen i.S.d. § 851d ZPO.[455]

e) *Ansparphase*

Pfändungsschutz ist für den Schuldner nicht nur in der Auszahlungsphase relevant, sondern auch – und gerade – in der Ansparphase. Wie bei den Altersrentenverträgen i.S.d. § 851c ZPO hat der Schuldner auch bei staatlich geförderten Rentenverträgen i.S.d. § 851d ZPO ein großes Interesse daran, dass seine Gläubiger in der Ansparphase nicht auf das bereits aufgebaute Vorsorgekapital zugreifen können.

Allerdings erstreckt sich § 851d ZPO eindeutig nur auf die Auszahlungsphase. Eine § 851c Abs. 2 ZPO entsprechende Vorschrift enthält § 851d ZPO gerade nicht. Kann ein Gläubiger dann in der Ansparphase auf das bis dahin angesparte Altersvorsorgevermögen aus Riester- und Basisrentenverträgen zugreifen?

aa) Riester-Rente

Gemäß § 97 EStG ist das steuerlich geförderte Altersvorsorgevermögen in der Ansparphase nicht übertragbar. Unübertragbare Forderungen sind gemäß § 851 Abs. 1 ZPO unpfändbar. Das geschützte Altersvorsorgekapital umfasst das in der Ansparphase gesammelte Vermögen in der steuerlich geförderten Höhe einschließlich

---

451 BT-Drucks. 16/886, S. 10; PG/*Ahrens*, § 851d Rn. 4; Musielak/Voit/*Becker*, § 851d Rn. 3; MüKoZPO/*Smid*, § 851d Rn. 3; BeckOK ZPO/*Riedel*, § 851d Rn. 2; *Stöber*, NJW 2007, 1242, 1246.

452 PG/*Ahrens*, § 851d Rn. 5.

453 BT-Drucks. 16/886, S. 10; Musielak/Voit/*Becker*, § 851d Rn. 3; Zöller/*Stöber*, § 851d Rn. 2; MüKoZPO/*Smid*, § 851d Rn. 3; BeckOK ZPO/*Riedel*, § 851d Rn. 3; *Dietzel*, Der Pfändungsschutz der privaten Altersvorsorge nach den §§ 851c und 851d ZPO, S. 163.

454 BT-Drucks. 16/886, S. 10; Musielak/Voit/*Becker*, § 851d Rn. 3; Zöller/*Stöber*, § 851d Rn. 2; MüKoZPO/*Smid*, § 851d Rn. 3; BeckOK ZPO/*Riedel*, § 851d Rn. 3; *Prang*, in: van Bühren, Handbuch Versicherungsrecht, § 14 Rn. 548; *Dietzel*, Der Pfändungsschutz der privaten Altersvorsorge nach den §§ 851c und 851d ZPO, S. 163; a.A. PG/*Ahrens*, § 851d Rn. 4.

455 BT-Drucks. 16/886, S. 10; MüKoZPO/*Smid*, § 851d Rn. 3; BeckOK ZPO/*Riedel*, § 851d Rn. 3.

seiner Erträge sowie den Anspruch auf die staatliche Förderung, d.h. auf die staatlichen Zulagen.[456]

Für Riester-Renten bedurfte es somit keiner § 851c Abs. 2 ZPO entsprechenden Vorschrift, weil sich der Pfändungsschutz in der Ansparphase bereits aus den §§ 97 EStG, 851 Abs. 1 ZPO ergibt.[457] Durch diesen umfassenden Pfändungsschutz in der Ansparphase wird sichergestellt, dass das geförderte Kapital seiner Zweckbestimmung, d.h. der Sicherung der Altersvorsorge, erhalten bleibt.[458] Das steuerlich geförderte Altersvorsorgevermögen unterliegt in der Ansparphase jedoch nur insoweit dem Pfändungsschutz, als es auch tatsächlich einer steuerlichen Förderung zugänglich ist.[459] Daher können überschießende Beträge gepfändet werden.[460]

Es sind Fallgestaltungen denkbar, in denen ein Schuldner Inhaber eines zertifizierten, d.h. förderungsfähigen, Riester-Rentenversicherungsvertrages ist, ohne dass er vor der Verfahrenseröffnung tatsächlich staatliche Förderungsmöglichkeiten in Anspruch genommen hat. In diesen Fällen hat der Schuldner trotz der Förderungsfähigkeit seines Vertages also bisher weder staatliche Zulagen beantragt noch die gezahlten Rentenversicherungsbeiträge in der Steuererklärung geltend gemacht.

Das AG München hat in einem Urteil vom 12.12.2011 entschieden, dass der Insolvenzverwalter in einem solchen Fall in der Ansparphase vollumfänglich auf das angesparte Guthaben aus dem förderungsfähigen Riester-Rentenvertrag zugreifen könne, der Schutz der §§ 97 EStG, 851 Abs. 1 ZPO mithin nicht eingreife.[461] Nach Auffassung des Gerichts sei mit dem „geförderten Altersvorsorgevermögen“, welches dem Wortlaut des § 97 EStG nach während der Ansparphase unübertragbar und damit unpfändbar ist, nur solches Vermögen gemeint, das auch tatsächlich gefördert wurde. Solange der Vertrag lediglich förderungsfähig ist, ohne dass Förderungen auch tatsächlich in Anspruch genommen werden, unterliege er nicht dem Schutz der §§ 97 EStG, 851 Abs. 1 ZPO.

Das AG München hat bei seiner Einschätzung allerdings übersehen, dass in § 82 Abs. 1 S. 1 EStG legaldefiniert wird, was genau unter dem in § 97 EStG aufgeführten „geförderten Altersvorsorgevermögen“ zu verstehen ist. Gemäß § 82 Abs. 1 S. 1 EStG fallen unter die Bezeichnung des „geförderten Altersvorsorgevermögens“ Beiträge und Tilgungsleistungen, die der Zulagenberechtigte bis zum Beginn der Auszahlungsphase zugunsten eines auf seinen Namen lautenden Vertrags leistet, der nach § 5 AltZertG zertifiziert ist. Die Beiträge und Tilgungsleistungen sind allerdings nur in den Grenzen des § 10a EStG erfasst.

Wie das LG Aachen in einem Urteil vom 8.4.2014 zutreffend klarstellt, kommt es für den Schutz der §§ 97 EStG, 851 Abs. 1 ZPO daher nicht darauf an, ob tatsächlich

456 *Bengelsdorf*, FA 2012, 34, 35; *Busch*, VuR 2011, 371, 372.
457 *Bengelsdorf*, FA 2007, 336, 338; *Prahl*, RV 2007, 121, 123.
458 *Wimmer*, ZInsO 2007, 281, 284.
459 *Schrehardt*, DStR 2013, 472, 475.
460 PG/*Ahrens*, § 851d Rn. 6.
461 AG München WM 2013, 998.

steuerliche Förderungsmöglichkeiten in Anspruch genommen werden.[462] Maßgeblich ist allein der Umstand, ob der Rentenversicherungsvertrag gemäß § 5 AltZertG zertifiziert und damit förderungsfähig ist.[463] Ist der Vertrag zertifiziert, so ist das angesparte Kapital in den Grenzen des § 10a EStG über §§ 97 EStG, 851 Abs. 1 ZPO geschützt.[464] Soweit die Beiträge und das daraus gebildete Vermögen die förderungsfähigen Höchstgrenzen des § 10a EStG übersteigen, sind sie jedoch dem Gläubgerzugriff ausgesetzt.[465]

Mit dem Schutz der §§ 97 EStG, 851 Abs. 1 ZPO sollte ein Anreiz zum Abschluss privater Rentenversicherungsprodukte geschaffen werden, die von Anfang an allein auf die Versorgung im Alter ausgerichtet sind, bei denen das angesparte Kapital also nicht zweckentfremdet werden kann. Neben dem Schutz des angesparten Kapitals während der Ansparphase über die §§ 97 EStG, 851 Abs. 1 ZPO wurde mit der Möglichkeit einer staatlichen Förderung, entweder in Form von Zulagen oder alternativ durch einen Sonderausgabenabzug der Rentenversicherungsbeiträge im Rahmen der Steuererklärung, ein weiterer, von dem Schutz des angesparten Kapitals über §§ 97 EStG, 851 Abs. 1 ZPO unabhängiger, Anreiz zum Abschluss privater Rentenversicherungen geschaffen.

Sobald ein Versicherungsnehmer einen Riester-Rentenvertrag abschließt und dieser Vertrag über § 5 AltZertG zertifiziert wird, kommt er in den Genuss der o.g. Vorteile. Ab der Zertifizierung ist sein angespartes Guthaben kraft Gesetzes in den Grenzen des § 10a EStG vor dem Gläubigerzugriff geschützt, §§ 97 EStG, 851 Abs. 1 ZPO. Daneben kann er die staatlichen Förderungen in Anspruch nehmen. Dies setzt voraus, dass er entweder staatliche Zulagen beantragt oder aber im Rahmen der Steuererklärung die Rentenversicherungsbeiträge als Sonderausgaben abzieht. Anders als beim ersten Vorteil des Riester-Rentenversicherungsvertrages, der mit der Zertifizierung über §§ 97 EStG, 851 Abs. 1 ZPO kraft Gesetzes eintretende Pfändungsschutz während der Ansparphase, muss der Versicherungsnehmer für den zweiten Vorteil, die staatliche Förderung, selbst aktiv werden. Selbstverständlich ist der Versicherungsnehmer nicht zur Inanspruchnahme der staatlichen Förderungen verpflichtet. Obwohl der Versicherungsnehmer aufgrund der Zertifizierung seines Vertrages einen Anspruch auf die staatlichen Förderungen hat, kann er auf diese Vorteile verzichten, in dem er weder Zulagen beantragt noch seine Beiträge als Sonderausgaben in der Steuererklärung angibt. Der Verzicht auf die staatlichen Förderungen hat aber keinen Einfluss auf den davon unabhängigen Schutz des angesparten Vorsorgevermögens über §§ 97 EStG, 851 Abs. 1 ZPO. Auch ohne Inanspruchnahme staatlicher Förderungen ist der Versicherungsnehmer Inhaber einer zertifizierten Riester-Rentenversicherung.

---

462 LG Aachen NZI 2014, 573.

463 LG Aachen NZI 2014, 573; *Raab*, jurisPR-InsR 10/2014 Anm. 4.

464 *Laroche*, VIA 2014, 62, 63.

465 *Laroche*, VIA 2014, 62, 63.

Unabhängig davon, dass sich schon aus dem Zusammenspiel von § 82 Abs. 1 S. 1 EStG mit den §§ 97 EStG, 851 Abs. 1 ZPO ergibt, dass nur die Zertifizierung Voraussetzung für den Pfändungsschutz ist und es auf die tatsächliche Inanspruchnahme staatlicher Förderungen nicht ankommt, sei noch auf Folgendes hingewiesen: Verzichtet der Versicherungsnehmer auf die staatliche Förderung, verzichtet er auf ihm zustehende Vorteile. Er verzichtet auf Leistungen des Staates bzw. auf eine Herabsetzung seiner Steuerschuld. Wenn der Versicherungsnehmer schon auf staatliche Förderungen verzichtet und dadurch den Staat finanziell entlastet, dann kann ihm nicht ernsthaft als „Strafe" für die Nichtinanspruchnahme ihm zustehender staatlicher Förderungen der Pfändungsschutz versagt werden.

Unabhängig davon, ob der Versicherungsnehmer staatliche Förderungen in Anspruch genommen oder beantragt hat, unterliegt das angesparte Kapital bei zertifizierten Riester-Rentenversicherungen im Insolvenzverfahren in den Grenzen des § 10a EStG dem Schutz der §§ 36 Abs. 1 S. 1 InsO, 97 EStG, 851 Abs. 1 ZPO.

bb) Basis-Rente

Dass das angesparte Kapital auch bei Basis-Rentenverträgen Schutz in der Ansparphase genießt, ist nahezu unbestritten. Uneinigkeit besteht aber bezüglich der Frage, woraus sich der Schutz für das angesparte Kapital ergibt.

aaa) Pfändungsschutz gemäß § 851c Abs. 2 ZPO

Teilweise wird das Ansparguthaben aus Basis-Rentenverträgen dem Schutz des § 851c Abs. 2 ZPO unterstellt.[466] Dieser Schutz kann aber nur greifen, wenn der Vertrag im Zeitpunkt des Gläubigerzugriffs kumulativ die Voraussetzungen des § 851c Abs. 1 ZPO erfüllt. Dies wird häufig nicht der Fall sein. Daher unterliegen Basis-Rentenverträge nur im Ausnahmefall dem Schutz des § 851c Abs. 2 ZPO.

bbb) Pfändungsschutz gemäß § 851 Abs. 1 ZPO

Andere sind hingegen der Auffassung, dass auch bei Basis-Renten das angesparte Kapital nicht übertragbar und dementsprechend gemäß § 851 Abs. 1 ZPO unpfändbar sei.[467] Dies ergebe sich aus § 10 Abs. 1 Nr. 2 lit. b EStG, der u.a. besagt, dass Leistungsansprüche aus Basis-Rentenverträgen nicht übertragbar sein dürfen.[468]

---

466 *Wilhelm*, BB 2012, 347 f.; *Schulz*, ZfV 2012, 217; *Fasshauer/Rieckhoff*, RVaktuell 2008, 15, 21; wohl auch *Hatwig*, InsbürO 2013, 438, 445; BeckOK ZPO/*Riedel*, § 850 Rn. 34.1, der sich allerdings an anderer Stelle für einen mittelbaren Schutz des angesparten Kapitals über § 168 Abs. 3 S. 2 VVG ausspricht: BeckOK ZPO/*Riedel*, § 851d Rn. 5.

467 *Steder*, in: Keller, Handbuch Zwangsvollstreckungsrecht, Kap. 3 Rn. 111; *Heyn*, InsbürO 2014, 115, 118; *Könnecke*, DGVZ 2012, 17, 23; *Wimmer*, ZInsO 2007, 281, 285; *Kohte/Busch*, jurisPR-ArbR 40/2007 Anm. 4.

468 *Steder*, in: Keller, Handbuch Zwangsvollstreckungsrecht, Kap. 3 Rn. 111; *Könnecke*, DGVZ 2012, 17, 23; *Kohte/Busch*, jurisPR-ArbR 40/2007 Anm. 4; a.A. *Heyn*, InsbürO 2014, 115, 118, die § 851 Abs. 1 ZPO i.V.m. § 97 EStG nennt.

Dabei wird aber übersehen, dass § 10 Abs. 1 Nr. 2 lit. b EStG die Übertragbarkeit des Leistungsanspruchs – anders als § 97 EStG (Wortlaut: „sind nicht übertragbar") – nicht kraft Gesetzes ausschließt, sondern lediglich vorschreibt, dass die Übertragbarkeit vertraglich auszuschließen ist (Wortlaut: „dürfen nicht übertragbar sein"). Anders als die Leistungsansprüche aus Riester-Rentenverträgen sind die Ansprüche aus Basis-Rentenverträgen also grds. übertragbar. Für die Zertifizierung des Rentenvertrages muss die Übertragbarkeit aber vertraglich ausgeschlossen werden.[469] Der vertragliche Abtretungsausschluss ist in der Regel Bestandteil der Versicherungsbedingungen, § 6 Abs. 2 Allgemeine Bedingungen für die Basis-Rentenversicherung. Die Formulierung der Musterbedingungen hinsichtlich des vertraglichen Abtretungsausschlusses wurde, soweit ersichtlich, von allen Lebensversicherern übernommen.

Das Gesetz enthält für die Basis-Rente auch an keiner anderen Stelle eine Vorschrift, welche die Übertragbarkeit des angesparten Kapitals entsprechend dem § 97 EStG kraft Gesetzes ausschließt.[470] Auch finden die §§ 97 EStG, 851 Abs. 1 ZPO auf Basis-Rentenverträge weder direkte noch analoge Anwendung.[471] Zum einen verweist der Wortlaut des § 97 EStG ausdrücklich nur auf die Vorschriften zur Riester-Rentenversicherung. Zum anderen heißt es in der Entwurfsbegründung ausdrücklich, dass ein §§ 97 EStG, 851 Abs. 1 ZPO entsprechender Pfändungsschutz für das gemäß § 10 Abs. 1 Nr. 2 lit. b EStG steuerlich geförderte Altersvorsorgevermögen derzeit im Gesetz nicht vorgesehen ist.[472] Bis heute existiert eine entsprechende Vorschrift nicht. Weil dieses Problem bei der Konzeption der §§ 851c, 851d ZPO bekannt war und somit bewusst von einer entsprechenden Regelung abgesehen wurde, muss eine Analogie zu den §§ 97 EStG, 851 Abs. 1 ZPO mangels planwidriger Regelungslücke ausscheiden.

Die Übertragbarkeit des Leistungsanspruchs ist bei Basis-Renten also nicht gesetzlich, sondern nur vertraglich ausgeschlossen. Bei vertraglichen Abtretungsausschlüssen kann die Forderung abweichend von § 851 Abs. 1 ZPO gemäß § 851 Abs. 2 ZPO insoweit gepfändet werden, als der geschuldete Gegenstand der Pfändung unterworfen ist. Der geschuldete Gegenstand ist hier das angesparte Kapital. Weil das Gesetz keinen unmittelbaren Pfändungsschutz für das angesparte Vorsorgevermögen bei der Basis-Rente vorsieht, ist der geschuldete Gegenstand pfändbar. Etwas anderes gilt nur in den Fällen, in denen ein Basis-Rentenvertrag ausnahmsweise dem Schutz des § 851c Abs. 2 ZPO unterliegt. Somit steht der vertragliche Abtretungsausschluss einer Pfändung des angesparten Kapitals während der Ansparphase in der Regel nicht entgegen.

---

469 Blümich/*Hutter*, § 10 EStG Rn. 195.

470 *Stöber*, NJW 2007, 1242, 1246.

471 *Bengelsdorf*, FA 2007, 336, 338 f.; a.A. wohl *Heyn*, InsbürO 2014, 115, 118.

472 BT-Drucks. 16/886, S. 11.

ccc) Mittelbarer Schutz über § 168 Abs. 3 S. 2 VVG

Eine weit verbreitete Ansicht spricht sich für einen mittelbaren Schutz des angesparten Vorsorgekapitals über § 168 Abs. 3 S. 2 VVG i.V.m. § 10 Abs. 1 Nr. 2 lit. b EStG aus.[473] Weil § 10 Abs. 1 Nr. 2 lit. b EStG vorausetzt, dass die Parteien u.a. die Kapitalisierbarkeit vertraglich ausschließen und vorzeitige Auszahlungen des Vorsorgekapitals ausgeschlossen sein müssen, komme es bei Basis-Rentenverträgen immer zu einem vertraglichen Ausschluss des ordentlichen Kündigungsrechts.[474] Weil es sich bei § 168 Abs. 1 VVG um eine zwingende Vorschrift handelt, § 171 S. 1 VVG, sei ein Ausschluss des ordentlichen Kündigungsrechts zwar grds. nicht möglich. Ausnahmsweise lasse § 168 Abs. 3 S. 2 VVG aber einen vertraglichen Ausschluss zu. Wenn das Kündigungsecht (teilweise) ausgeschlossen ist, könne es in der Einzelvollstreckung insoweit auch nicht von den Gläubigern des Versicherungsnehmers gepfändet werden. Weil der Insolvenzverwalter auch nicht mehr Rechte haben kann als der Schuldner, könne auch der Verwalter den Vertrag nicht kündigen. Damit scheide im Ergebnis ein Zugriff der Gläubiger während der Ansparphase aus.

(I.) Kündigung durch den Verwalter trotz vertraglichem Kündigungsausschluss?

Interessant ist in diesem Zusammenhang ein Urteil des IX. Zivilsenats des BGH vom 1.12.2011.[475] Der Senat hat entschieden, dass eine massezugehörige Lebensversicherung auch dann vom Insolvenzverwalter gekündigt werden kann, wenn der Versicherungsnehmer zuvor mit dem Versicherer einen vertraglichen Verwertungsausschluss i.S.d. § 168 Abs. 3 S. 1 VVG vereinbart, d.h. insbesondere das Kündigungsrecht ausgeschlossen hat. Der Insolvenzverwalter sei an den vertraglichen Kündigungsausschluss nicht gebunden.

Zu diesem Ergebnis gelangt der Senat durch eine analoge Anwendung des § 851 Abs. 2 ZPO. Wird die Übertragbarkeit einer Forderung vertraglich ausgeschlossen, § 399 Alt. 2 BGB, ist die Forderung gemäß § 851 Abs. 2 ZPO in Ausnahme zu § 851 Abs. 1 ZPO in der Einzelvollstreckung pfändbar und in der Gesamtvollstreckung massezugehörig, soweit der geschuldete Gegenstand der Pfändung unterworfen ist. Mit § 851 Abs. 2 ZPO wird dem Schuldner also die Möglichkeit genommen, durch einen vertraglichen Abtretungsausschluss selbständig Pfändungsschutz zu erzeugen. Für den vertraglichen Kündigungsausschluss existiert eine entsprechende Gläubigerschutzvorschrift nicht, obwohl der vertragliche Kündigungsausschluss vollstreckungsrechtlich ähnliche Wirkungen hat wie ein vertraglicher

---

473 Musielak/Voit/*Becker*, § 851d Rn. 3a; Schuschke/Walker/*Kessal-Wulf/Lorenz*, § 851d Rn. 2; BeckOK ZPO/*Riedel*, § 851d Rn. 5; Hk-ZV/*Meller-Hannich*, § 851d Rn. 7; Langheid/Wandt/*Mönnich*, § 168 Rn. 10; FK-InsO/*Bornemann*, § 36 Rn. 32 (der versehentlich § 165 Abs. 3 S. 1 VVG nennt, wohl aber § 168 Abs. 3 S. 2 VVG meint); *Stöber*, NJW 2007, 1242, 1246; *Bengelsdorf*, FA 2007, 336, 339.

474 Langheid/Wandt/*Mönnich*, § 168 Rn. 10.

475 BGH ZIP 2012, 34 ff.

Abtretungsausschluss. Wenn der vollstreckende Gläubiger in der Einzel- bzw. der Insolvenzverwalter in der Gesamtvollstreckung tatsächlich nicht mehr Rechte hat als der Schuldner selbst, würde eine Kündigung nach der Vereinbarung eines Verwertungsausschlusses nicht mehr in Betracht kommen. Wie mit einem vertraglichen Abtretungsausschluss könnte der Schuldner also auch mittels eines vertraglichen Kündigungsausschlusses selbständig Pfändungsschutz erzeugen.

Aus dem Rechtsgedanken des § 851 Abs. 2 ZPO lässt sich erkennen, dass der Gesetzgeber genau dies, d.h. die selbständige Herbeiführung von Pfändungsschutz durch vertragliche Vereinbarungen, verhindern wollte. Weil für den vertraglichen Kündigungsausschluss eine dem § 851 Abs. 2 ZPO entsprechende Gläubigerschutzvorschrift nicht existiert, besteht insoweit eine planwidrige Regelungslücke. Die Interessenlage beim vertraglichen Kündigungsausschluss entspricht derjenigen beim vertraglichen Abtretungsausschluss. In beiden Fällen geht es dem Schuldner darum, die eigene Versicherung, die nicht über die §§ 850 ff. ZPO geschützt ist, mittels einer vertraglichen Vereinbarung mit dem Versicherer dem Gläubigerzugriff zu entziehen. Aufgrund der planwidrigen Regelungslücke und der vergleichbaren Interessenlage überzeugt die vom IX. Senat gebildete Analogie zu § 851 Abs. 2 ZPO.

Fraglich ist aber, ob sich die Ausführungen des IX. Senats zur analogen Anwendung des § 851 Abs. 2 ZPO auch auf Basis-Rentenverträge erstrecken lassen. Dies wird teilweise bejaht.[476] Auch bei Basis-Renten sei der Insolvenzverwalter analog § 851 Abs. 2 ZPO nicht an den Kündigungsausschluss gebunden. Damit wäre dem mittelbaren Schutz über § 168 Abs. 3 S. 2 VVG die Grundlage entzogen.

Dabei wird jedoch ein wesentlicher Punkt übersehen: Grundvoraussetzung einer jeden Analogie ist das Vorliegen einer planwidrigen Regelungslücke. Diese besteht zwar bei einer „normalen“ Lebensversicherung, wie sie dem o.g. Urteil zugrunde lag. Bei Basis-Rentenverträgen besteht jedoch die Besonderheit, dass die Ansprüche aus dem Vertrag nicht kapitalisierbar sein dürfen, § 10 Abs. 1 Nr. 2 lit. b EStG. Selbst wenn der Vertrag gekündigt werden könnte, würde dadurch kein Rückkaufswert fällig werden. Durch eine Kündigung wird der Vertrag entweder beitragsfrei gestellt, § 9 Abs. 3 Allgemeine Bedingungen der Basis-Rentenversicherung, oder er erlischt, ohne dass der Versicherer eine Leistung erbringt.[477] Wenn der Insolvenzverwalter aber aufgrund der fehlenden Kapitalisierbarkeit während der Vertragslaufzeit ohnehin nicht auf den Leistungsanspruch zugreifen kann, wird ihm durch einen vertraglichen Kündigungsausschluss – anders als bei „normalen“ Lebensversicherungen, bei denen mit der Kündigung ein Rückkaufswert fällig wird – kein Vermögenswert entzogen. Durch den Kündigungsausschluss ändert sich also nichts an den Zugriffsmöglichkeiten des Verwalters. Es bedarf bei Basis-Rentenverträgen keiner § 851 Abs. 2 ZPO entsprechenden Schutzvorschrift, weil der Insolvenzverwalter auch ohne den vertraglichen Kündigungsausschluss während der Vertragslaufzeit nicht auf den Leistungsanspruch zugreifen kann. Anders als bei „normalen“

476 *Wollmann*, ZInsO 2013, 902, 906; *Schulz*, ZfV 2012, 217; *Wilhelm*, BB 2012, 347 f.
477 *Hasse*, VersR 2007, 870, 878.

Lebensversicherungen besteht bei Basis-Rentenverträgen daher keine planwidrige Regelungslücke.[478]

Das Urteil des IX. Senats zum Verwertungsausschluss lässt sich damit nicht auf Basis-Rentenverträge erstrecken. Hat der Versicherungsnehmer mit dem Versicherer einen vertraglichen Kündigungsausschluss vereinbart, kann der Vertrag auch nicht vom Insolvenzverwalter gekündigt werden.

(II.) Vertragliche Kündigungsausschlüsse in den Versicherungsbedingungen?

Mit § 168 Abs. 3 S. 2 VVG wurde kein gesetzlicher Ausschluss des ordentlichen Kündigungsrechts bei staatlich geförderten Altersrentenversicherungen geschaffen, sondern den Vertragsparteien wurde lediglich die Möglichkeit eröffnet, in Ausnahme zu den §§ 168 Abs. 1, 171 S. 1 VVG das Recht zur ordentlichen Kündigung vertraglich auszuschließen.[479] Damit unterstellen diejenigen, die sich für einen mittelbaren Schutz über § 168 Abs. 3 S. 2 VVG aussprechen, dass es bei Basis-Rentenverträgen in der Praxis regelmäßig zum Ausschluss des ordentlichen Kündigungsrechts kommt. *Mönnich* meint etwa, § 10 Abs. 1 Nr. 2 lit. b EStG, wonach Basis-Rentenverträge nicht kapitalisierbar sein dürfen und Ansprüche auf Auszahlungen ausgeschlossen sein müssen, bedinge notwendigerweise, dass ein Kündigungsrecht des Versicherungsnehmers vertraglich ausgeschlossen sein muss.[480]

Diese Einschätzung trifft aber nicht zu. Bezüglich des Kündigungsrechts halten sich nahezu alle Versicherer an § 9 der Allgemeinen Bedingungen der Basis-Rentenversicherung. Dort heißt es:

> **§ 9 – *Wann können Sie Ihren Vertrag kündigen und welche Leistungen erbringen wir?***
> (1) Sie können Ihren Vertrag jederzeit zum Schluss der laufenden Versicherungsperiode […] in Schriftform […] kündigen. […].
> (2) […]
> (3) Bei Kündigung […] wandelt sich der Vertrag ganz oder teilweise in einen beitragsfreien Vertrag mit herabgesetzter Rente um. […]. Eine Versicherung gegen Einmalbeitrag wird unverändert fortgeführt. Ein Anspruch auf die Auszahlung eines Rückkaufswerts besteht nicht.
> (4) […]
> (5) Die Rückzahlung der Beiträge können Sie nicht verlangen.

Das Recht zur ordentlichen Kündigung wird in der Praxis also in der Regel nicht ausgeschlossen. Im Gegenteil: Die Versicherungsbedingungen stellen sogar ausdrücklich klar, dass auch Basis-Rentenverträge jederzeit zum Schluss der laufenden Versicherungsperiode gekündigt werden können. Zwar werden in Einzelfällen auch Kündigungsausschlüsse individualvertraglich vereinbart. Hierbei handelt es sich aber um Ausnahmen, nicht um die Regel.

---

478 So im Ergebnis auch *Lange*, ZVI 2012, 403, 408.
479 BGH VersR 2012, 302, 304.
480 Langheid/Wandt/*Mönnich*, § 168 Rn. 10.

Entgegen den Ausführungen *Mönnichs* bedingt auch § 10 Abs. 1 Nr. 2 lit. b EStG nicht notwendigerweise, dass das Kündigungsrecht des Versicherungsnehmers vertraglich ausgeschlossen sein muss. Der Anforderung des § 10 Abs. 1 Nr. 2 lit. b EStG wird schon dadurch genüge getan, dass die Versicherer in ihren Bedingungen die Regelung aufnehmen, dass die Kündigung einer Basis-Rentenversicherung nicht zur Fälligkeit eines Rückkaufswertes, sondern zur Beitragsfreistellung des Vertrages führt. Auch schließen die Versicherungsbedingungen Ansprüche auf Rückzahlung der geleisteten Beiträge aus. Dadurch ist sichergestellt, dass während der Vertragslaufzeit keine Auszahlungen erfolgen können.

Dem steht auch nicht die Existenz des § 169 VVG entgegen, nach dem bei Lebensversicherungen mit gewisser Leistungspflicht im Falle der vorzeitigen Vertragsbeendigung ein gesetzlicher Anspruch auf Zahlung eines Rückkaufswertes entsteht. Sieht die Basis-Rentenversicherung ausschließlich eine Leistung im Erlebensfall vor, ist § 169 VVG nicht anwendbar. Allerdings sehen viele Basis-Rentenversicherungen neben der Leistung einer Altersrente häufig auch Leistungen im Todesfall in Form einer Hinterbliebenenrente vor, so dass die Leistungspflicht gewiss ist und § 169 VVG grds. Anwendung findet. § 169 VVG ist zwar zu Gunsten des Versicherungsnehmers zwingend, § 171 VVG, weshalb der gesetzliche Anspruch auf Zahlung des Rückkaufswertes grds. nicht zum Nachteil des Versicherungsnehmers vertraglich abbedungen werden kann. Von diesem Grundsatz muss im Falle der Basis-Rentenversicherung aber eine Ausnahme gemacht werden, weil Basis-Rentenversicherungen mit zusätzlichem Hinterbliebenenschutz ansonsten niemals zertifiziert werden könnten. Immerhin ist der vertragliche Ausschluss der Zahlung eines Rückkaufswertes gemäß § 10 Abs. 1 Nr. 2 lit. b EStG Voraussetzung der Zertifizierung. § 10 Abs. 1 Nr. 2 lit. b EStG beinhaltet daher in Hinblick auf die Basis-Rentenversicherung eine Spezialvorschrift, die den allgemeinen §§ 169, 171 VVG vorgeht. Die allgemeineren §§ 169, 171 VVG werden bei Basis-Rentenversicherungen also von der spezielleren Norm des § 10 Abs. 1 Nr. 2 lit. b EStG verdrängt, der zugunsten der Zertifizierung des Altersrentenvertrages ausnahmsweise einen vertraglichen Ausschluss des Anspruchs auf Zahlung eines Rückkaufswertes zulässt.

Die Kündigung des Basis-Rentenvertrages führt also aufgrund der auf § 10 Abs. 1 Nr. 2 lit. b EStG basierenden vertraglichen Regelung lediglich zur Beitragsfreistellung, nicht zur Fälligkeit eines Rückkaufswertes und auch die bis dahin geleisteten Prämien können nicht zurückverlangt werden. Eine Leistung des Versicherers erfolgt daher nur und erst, wenn die versicherte Person das Rentenalter erreicht hat. Für die Sicherstellung, dass während der Ansparphase keine Auszahlungen erfolgen, bedarf es eines Kündigungsausschlusses daher nicht.

Weil das Kündigungsrecht im Regelfall nicht ausgeschlossen wird, ist das angesparte Vorsorgevermögen nicht mittelbar über § 168 Abs. 3 S. 2 VVG geschützt. Etwas anderes gilt nur, wenn ausnahmsweise ein individualvertraglicher Kündigungsausschluss vorliegt.

ddd) Lösung de lege lata: Fehlender Anspruch während der Ansparphase

Das angesparte Kapital ist bei Basis-Rentenverträgen also weder über § 851 Abs. 1 ZPO noch mittelbar über § 168 Abs. 3 S. 2 VVG geschützt. Ein Schutz über § 851c Abs. 2 ZPO kommt zwar in Betracht, setzt aber voraus, dass der Vertrag kumulativ die Voraussetzungen des § 851c Abs. 1 ZPO erfüllt. Dies wird häufig nicht der Fall sein.

Dennoch ist das angesparte Kapital sowohl in der Einzel- als auch in der Gesamtvollstreckung vor dem Gläubigerzugriff geschützt. Die Versicherungsbedingungen der einzelnen Versicherer beinhalten durchweg eine Vorschrift, die § 9 der Allgemeinen Bedingungen der Basis-Rentenversicherung entspricht. Ein Versicherungsnehmer kann seinen Basis-Rentenvertrag zwar kündigen. Eine Kündigung führt aber weder zur Fälligkeit eines Rückkaufswertes noch löst die Kündigung einen Anspruch auf Rückzahlung der geleisteten Beiträge aus. Vielmehr hat die Kündigung nur eine Beitragsfreistellung zur Folge. Vor Eintritt des Versicherungsfalls, d.h. während der Ansparphase, besteht kein Zahlungsanspruch gegen den Versicherer. Wenn aber aufgrund der Versicherungsbedingungen in der Ansparphase die Zahlung eines Rückkaufswertes und die Zahlung der bis dahin geleisteten Prämien ausgeschlossen ist, dann können auch weder die Gläubiger in der Einzelvollstreckung noch der Insolvenzverwalter in der Gesamtvollstreckung eine Leistung während der Ansparphase verlangen. Weil sämtliche Zahlungsansprüche durch die Versicherungsbedingungen ausgeschlossen sind, ist das angesparte Kapital in der Ansparphase umfassend vor dem Gläubigerzugriff geschützt, ohne dass es einer Pfändungsschutzvorschrift bedarf.[481]

B. Berufsunfähigkeitsversicherungen

Ist der Leistungsanspruch aus der Berufsunfähigkeitsversicherung Bestandteil des Schuldnervermögens, hängt der Umfang der Massezugehörigkeit davon ab, inwieweit die Versicherungsforderung vom Schutz der §§ 36 Abs. 1 S. 1 InsO, 850 ff. ZPO erfasst wird.

Dabei sei darauf hingewiesen, dass dies nur für die Zeit nach dem Eintritt des Versicherungsfalls gilt. Ein vor dem Eintritt des Versicherungsfalls fällig werdender Rückkaufswert, der dem Schuldnervermögen zugeordnet ist, fällt grds. vollumfänglich in die Insolvenzmasse, weil die für Berufsunfähigkeitsversicherungen relevanten Pfändungsschutzvorschriften, §§ 850 Abs. 3 lit. b, 850b Abs. 1 Nr. 1 ZPO,[482] nur Rentenleistungen erfassen und daher ausschließlich in der Auszahlungsphase Schutz vermitteln.[483] Etwas anderes gilt nur im Ausnahmefall, wenn der Schuldner

481 *Menzel*, Vollstreckungsschutz zugunsten privater Altersvorsorge, S. 124; *Wollmann*, ZInsO 2013, 902, 906; *Hasse*, VersR 2007, 870, 878.

482 Berufsunfähigkeitsversicherungen unterliegen nach hier vertretener Auffassung nicht dem Schutz des § 851c ZPO: § 4, B., I., 3. – S. 152 ff.

483 *Dietzel*, Der Pfändungsschutz der privaten Altersvorsorge nach den §§ 851c und 851d ZPO, S. 23.

zur Sicherstellung seiner Existenz tatsächlich auf Teile des Rückkaufswertes angewiesen ist. Dann – und nur dann – kann der Rückkaufswert ausnahmsweise dem antragsabhängigen Schutz der §§ 36 Abs. 1 S. 2 InsO, 850i Abs. 1 S. 1 Alt. 2 ZPO unterliegen. Wie bereits an anderer Stelle ausführlich erläutert wurde,[484] unterliegen dem antragsabhängigen Pfändungsschutz des § 850i Abs. 1 S. 1 Alt. 2 ZPO alle denkbaren – auch einmaligen – Einkünfte, die der Schuldner auf irgendeine Weise selbst erwirtschaftet hat, soweit sie seinem Lebensunterhalt, d.h. seiner Existenzsicherung, dienen und soweit sie nicht vom Anwendungsbereich speziellerer Pfändungsschutzvorschriften erfasst werden. Leistungen aus Versicherungsverträgen fallen zumindest dann unter § 850i Abs. 1 S. 1 Alt. 2 ZPO, wenn der Schuldner die Prämien, mittels derer er die Versicherungsleistung „erkauft" hat, aus seinem eigenen Vermögen aufgewendet hat. Der Schutz der §§ 36 Abs. 1 S. 2 InsO, 850i Abs. 1 S. 1 Alt. 2 ZPO greift aber immer nur, soweit der Schuldner tatsächlich zur Sicherstellung seiner Existenz auf Teile der Leistung angewiesen ist. Ob und inwieweit dies der Fall ist, ist eine Frage des Einzelfalls.

Tritt der Versicherungsfall in der selbständigen Berufsunfähigkeitsversicherung ein, werden in der Regel die folgenden beiden Leistungen erbracht:

- Zahlung einer Berufsunfähigkeitsrente;
- Beitragsbefreiung für die Berufsunfähigkeitsversicherung.

In der Berufsunfähigkeitszusatzversicherung, die, anders als die selbständige Berufsunfähigkeitsversicherung, vertraglich an das Bestehen eines Lebensversicherungsvertrages gebunden ist, können folgende Leistungen vereinbart werden:

- Zahlung einer Berufsunfähigkeitsrente;
- Beitragsbefreiungen für die Haupt- (d.h. für die Lebens-) und für sonstige Zusatzversicherungen.

Hinsichtlich beider Leistungsarten, d.h. Rentenleistungen und Beitragsbefreiungen, wird nach dem Eintritt des Versicherungsfalls die Frage relevant, ob und inwieweit die Leistungen gemäß §§ 36 Abs. 1 InsO, 850 ff. ZPO dem Zugriff des Insolvenzverwalters entzogen sind.

I. Rentenleistungen

Es besteht Einigkeit darüber, dass die Rentenleistungen zumindest teilweise gemäß §§ 36 Abs. 1 InsO, 850 ff. ZPO dem Zugriff des Insolvenzverwalters entzogen sind. Allerdings stehen mit den §§ 36 Abs. 1 S. 1 InsO, 850 Abs. 3 lit. b ZPO, §§ 36 Abs. 1 S. 1 InsO, 850b Abs. 1 Nr. 1 ZPO und §§ 36 Abs. 1 S. 1 InsO, 851c ZPO drei unterschiedliche Anknüpfungspunkte zur Verfügung. Bis heute besteht Uneinigkeit darüber, ob Berufsunfähigkeitsrenten vom Anwendungsbereich aller drei Vorschriften erfasst werden und in welchem Konkurrenzverhältnis diese zueinander stehen.

---

484 § 4, A., I., 2., a) – S. 88 ff.

1. *§§ 36 Abs. 1 S. 1 InsO, 850 Abs. 3 lit. b ZPO*

Aufgrund des eingeschränkten persönlichen Anwendungsbereichs[485] finden die §§ 36 Abs. 1 S. 1 InsO, 850 Abs. 3 lit. b ZPO zumindest dann keine Anwendung, wenn Berufsunfähigkeitsrenten Selbständiger oder Freiberufler betroffen sind.

Etwas anderes gilt jedoch für Berufsunfähigkeitsrenten abhängig Beschäftigter. § 850 Abs. 3 lit. b ZPO erfasst insbesondere Rentenleistungen, die nach dem Ausscheiden aus dem Dienst- oder Arbeitsverhältnis als Ersatz für weggefallenes Arbeitseinkommen und damit zur Versorgung des Schuldners gewährt werden.[486] Dies trifft auf Berufsunfähigkeitsrenten zumindest dann zu, wenn die versicherte Person zu 100 % berufsunfähig ist. In diesem Fall scheidet sie vollständig aus dem Arbeitsverhältnis aus. Sie bezieht zukünftig kein Arbeitseinkommen mehr, was zu erheblichen finanziellen Einbußen führt. Dieser durch die Berufsunfähigkeit eingetretene Einkommensverlust soll (zumindest in gewissem Umfang) durch die private Berufsunfähigkeitsrente kompensiert werden. Berufsunfähigkeitsrenten sind somit arbeitsentgeltähnliche Einkommen, weil sie das durch den Eintritt der Berufsunfähigkeit weggefallene Arbeitseinkommen ersetzen und dadurch den Lebensunterhalt des Versicherungsnehmers sichern sollen. Scheidet die versicherte Person aufgrund der eingetretenen Berufsunfähigkeit vollständig aus dem Dienst- oder Arbeitsverhältnis aus, fällt die sodann vom Versicherer als Einkommensersatz geleistete Berufsunfähigkeitsrente in den sachlichen Anwendungsbereich des § 850 Abs. 3 lit. b ZPO.[487]

Allerdings entsteht die Leistungspflicht des Berufsunfähigkeitsversicherers nicht erst, wenn die versicherte Person zu 100 % berufsunfähig ist. Die volle Leistungspflicht entsteht vielmehr schon dann, wenn die versicherte Person zu einem bestimmten, in den Versicherungsbedingungen festgeschriebenen Mindestgrad berufsunfähig wird. Der Mindestgrad beträgt in der Regel 50 %.[488] Eine Berufsunfähigkeit von unter 100 % bedeutet nicht zwangsläufig das vollständige Ausscheiden aus dem Arbeits- oder Dienstverhältnis. Die versicherte Person kann ihre berufliche Tätigkeit häufig noch zu einem gewissen Grad ausüben. Jedoch dürfte in dieser Konstellation der Arbeitsvertrag den neuen Verhältnissen entsprechend angepasst, also insbesondere Arbeitszeit, Tätigkeitsumfang und Arbeitseinkommen herabgesetzt werden. Damit führt die teilweise Berufsunfähigkeit auch bei Fortsetzung des Arbeits- oder Dienstverhältnisses zu finanziell teils erheblichen Einbußen. Diese sollen durch die Berufsunfähigkeitsrente aufgefangen werden, so dass die Leistungen des Versicherers auch hier der Versorgung des Versicherungsnehmers dienen. Wie bereits an anderer Stelle ausgeführt wurde,[489] fallen Rentenleistungen nicht nur dann unter den Schutz des § 850 Abs. 3 lit. b ZPO, wenn sie anlässlich des vollständigen

---

485 § 4, A., II., 1., a) – S. 98 f.

486 § 4, A., II., 1., b), bb) – S. 100 f.

487 A.A. Hk-ZPO/*Kemper*, § 850 Rn. 17.

488 Langheid/Wandt/*Dörner* § 172 Rn. 110.

489 § 4, A., II., 1., b), bb) – S. 100 f.

Ausscheidens aus einem Dienst- oder Arbeitsverhältnis gewährt werden, sondern auch dann, wenn sie der Ergänzung unzureichender Versorgungsbezüge dienen. Dies trifft auf Berufsunfähigkeitsrenten, die bei nur teilweiser Berufsunfähigkeit erbracht werden, in der Regel zu. Zu bedenken ist auch, dass der Reduzierung der Arbeitszeit, des Tätigkeitsumfangs und des Arbeitseinkommens im Rahmen der Anpassung an die geänderten Verhältnisse der Charakter einer teilweisen Beendigung des Arbeits- oder Dienstverhältnisses zukommt.

Berunfsunfähigkeitsrenten von Arbeitnehmern, Beamten und Personen, die bei Abschluss des Vertrages in einem arbeitnehmerähnlichen Beschäftigungsverhältnis standen, unterliegen somit dem Schutz der §§ 36 Abs. 1 S. 1 InsO, 850 Abs. 3 lit. b ZPO.[490] Selbständige und nicht Erwerbstätige können sich hingegen nicht auf den Schutz der §§ 36 Abs. 1 S. 1 InsO, 850 Abs. 3 lit. b ZPO berufen.

2. §§ 36 Abs. 1 S. 1 InsO, 850b Abs. 1 Nr. 1 ZPO

Über § 850b Abs. 1 Nr. 1 ZPO werden Rentenleistungen geschützt, die wegen einer Verletzung des Körpers oder der Gesundheit erbracht werden. Nach einhelliger Auffassung findet § 850b Abs. 1 ZPO über § 36 Abs. 1 S. 1 InsO auch im Insolvenzverfahren Anwendung.[491]

Anders als der persönliche Anwendungsbereich des § 850 Abs. 3 lit. b ZPO ist derjenige des § 850b Abs. 1 ZPO nicht auf Arbeitnehmer, Beamte und solche Personen beschränkt, die bei Abschluss des Vertrages in einem arbeitnehmerähnlichen Beschäftigungsverhältnis standen.[492] Somit genießen insbesondere auch Selbständige, Freiberufler und Nichterwerbstätige den Schutz des § 850b Abs. 1 ZPO.

---

490 So im Ergebnis auch OLG München VersR 1996, 318, 319; OLG Nürnberg JR 1970, 386 f.; PG/*Ahrens*, § 850 Rn. 30; A/G/R-*Ahrens*, § 36 Rn. 61; MükoInsO/*Smid*, 4. Aufl., § 850 Rn. 42; *Zimmermann*, § 850 Rn. 7; *Baumbach/Lauterbach/Albers/Hartmann*, § 850 Rn. 14; Musielak/Voit/*Becker*, § 850 Rn 13; Wieczorek/Schütze/*Lüke*, § 850 Rn. 71; Schuschke/Walker/*Kessal-Wulf/Lorenz*, § 850 Rn. 16; Hk-ZV/*Meller-Hannich*, § 850 Rn. 59; Bruck/Möller/*Winter*, 8. Aufl., Anm. H 247; Prölss/Martin/*Lücke*, § 9 BUZ Rn. 12; Hk-VVG/*Mertens*, § 9 BB-BUZ Rn. 9; *Ahrens*, NJW-Spezial 2010, 597; *Ahrens*, VuR 2010, 445, 446; wohl auch OLG Hamm VersR 2010, 100 f.; a.A. *Benkel/Hirschberg*, § 9 BUZ 2008 Rn. 18b; Hk-ZPO/*Kemper*, § 850 Rn. 17.

491 LG Mönchengladbach ZInsO 2009, 1074, 1075, das unzutreffend von „§ 36 Abs. 1 Nr. 1 InsO" spricht, wohl aber § 36 Abs. 1 S. 1 InsO meint; LG Hildesheim ZInsO 2009, 1961, 1964; LG Köln NJW-RR 2004, 552; A/G/R-*Ahrens*, § 36 Rn. 65; *Henckel*, in: Jaeger, § 36 Rn. 22; Graf-Schlicker/*Graf-Schlicker/Kexel*, § 36 Rn. 4; Braun/*Bäuerle*, § 36 Rn. 3; *Hess*, Insolvenzrecht, §§ 35, 36 Rn. 869; Gottwald/*Klopp/Kluth/Wimmer*, Insolvenzrechts-Handbuch, § 25 Rn. 33; Uhlenbruck/*Hirte*, § 36 Rn. 2; Bach/Moser/*Sauer*, § 6 MB/KK Rn. 27; *Wollmann*, ZInsO 2010, 754, 755; *Asmuß*, NZI 2010, 143; insgesamt gegen die Anwendbarkeit des § 850b ZPO im Insolvenzverfahren *Huhnold*, in: Haarmeyer/Wutzke/Förster, Insolvenzordnung, § 36 Rn. 24.

492 § 4, A., I., 1., c) – S. 68 ff.

Fraglich ist jedoch, ob Rentenleistungen aus privaten Berufsunfähigkeitsversicherungen vom sachlichen Anwendungsbereich der §§ 36 Abs. 1 S. 1 InsO, 850b Abs. 1 Nr. 1 ZPO erfasst werden.

a) Beschränkung des sachlichen Anwendungsbereichs auf Haftpflichtrenten?

Das Reichsgericht hat den sachlichen Anwendungsbereich der Vorgängernorm des § 850b Abs. 1 Nr. 1 ZPO, § 850 Abs. 3 ZPO in der Fassung vom 17.5.1898, auf Haftpflichtrenten i.S.d. § 843 BGB beschränkt, d.h. auf Rentenleistungen, die der Schuldner für erlittene Körper- oder Gesundheitsverletzungen von einem ihm gegenüber haftpflichtigen Dritten erhält.[493] Zugleich hat sich das Reichsgericht ausdrücklich gegen einen Schutz von Rentenleistungen aus privaten Unfallversicherungen ausgesprochen. In konsequenter Fortftührung des Gedankens waren damit auch private Berufsunfähigkeitsrenten nicht geschützt.

aa) Grundsatzurteil des VIII. Zivilsenats des BGH vom 25.1.1978

In einem Grundsatzurteil vom 25.1.1978[494] zur Invaliditätsrente aus einer privaten Unfallversicherung hat der VIII. Zivilsenat des BGH die Entstehungsgeschichte des § 850b Abs. 1 Nr. 1 ZPO nachgezeichnet und überzeugend dargelegt, warum die Rechtsprechung des Reichsgerichts seinerzeit zutreffend war, heute aber keinen Bestand mehr haben kann.

Zu der Zeit, als die Entscheidungen des Reichsgerichts ergingen, war der Anwendungsbereich der Vorgängernorm des § 850b Abs. 1 Nr. 1 ZPO, § 850 Abs. 3 ZPO in der Fassung vom 17.5.1898,[495] aufgrund seines Wortlauts ausdrücklich auf Haftpflichtrenten i.S.d. § 843 BGB beschränkt. Nach § 850 Abs. 3 ZPO in der Fassung vom 17.5.1898 war die nach § 843 BGB wegen einer Verletzung des Körpers oder der Gesundheit zu entrichtende Geldrente nur soweit der Pfändung unterworfen, als der Gesamtbetrag die Summe von 1.500,- DM für das Jahr überstieg. Durch die ausdrückliche Beschränkung des sachlichen Anwendungsbereichs auf Haftpflichtrenten i.S.d. § 843 BGB war dem Reichsgericht eine Anwendung auf Renten aus privaten Unfall- bzw. Berufsunfähigkeitsversicherungen verwehrt.

Durch das Gesetz zur Änderung von Vorschriften über die Zwangsvollstreckung vom 24.10.1934[496] wurde § 850 Abs. 3 ZPO a.F. in § 850g Nr. 1 ZPO a.F. übernommen. Nach § 850g Nr. 1 ZPO a.F. waren die nach § 843 BGB wegen einer Verletzung des Körpers oder der Gesundheit zu entrichtenden Geldrenten der Pfändung nicht unterworfen. Die ausdrückliche Beschränkung des sachlichen Anwendungsbereichs auf Haftpflichtrenten i.S.d. § 843 BGB wurde also zunächst beibehalten, so dass auch § 850g Nr. 1 ZPO a.F. aufgrund des eindeutigen Wortlauts nicht auf

493 RGZ 148, 137, 141; RGZ 52, 49 ff.
494 BGHZ 70, 206, 208 ff. = NJW 1978, 950 f.
495 RGBl. Teil I, Jahrgang 1898, Nr. 21, S. 256 ff.
496 RGBl. Teil I, Jahrgang 1934, Nr. 121, S. 1070 ff.

Rentenleistungen aus privaten Unfall- bzw. Berufsunfähigkeitsversicherungen angewendet werden konnte.

Im Zuge der Verordnung zur einheitlichen Regelung des Pfändungsschutzes für Arbeitseinkommen vom 30.10.1940[497] wurde § 850g Nr. 1 ZPO a.F. in § 4 Abs. 1 Nr. 1 LohnPfVO 1940 übernommen. Im Zuge dieser Änderung wurde der Verweis auf § 843 BGB gestrichen. § 4 Abs. 1 Nr. 1 LohnPfVO 1940 ordnete die Unpfändbarkeit von Renten an, die wegen einer Verletzung des Körpers oder der Gesundheit zu entrichten waren. Auch wenn sich keine Hinweise finden lassen, warum der Verweis auf § 843 BGB gestrichen wurde, so ist in Übereinstimmung mit dem VIII. Senat doch davon auszugehen, dass die Beschränkung auf Haftpflichtrenten bewusst aufgegeben wurde.[498] Eine derart weitreichende Änderung des Wortlauts erfolgt nicht versehentlich.

Mit dem Gesetz über Maßnahmen auf dem Gebiete der Zwangsvollstreckung vom 20.8.1953[499] wurde § 4 Abs. 1 Nr. 1 LohnPfVO 1940 unverändert in § 850b Abs. 1 Nr. 1 ZPO übernommen. Es wurde also daran festgehalten, die Norm weiterhin nicht mehr auf Haftpflichtrenten i.S.d. § 843 BGB zu beschränken, sondern sie auf alle Rentenleistungen anzuwenden, die wegen einer Verletzung des Körpers oder der Gesundheit entrichtet werden. Der Wortlaut wurde bis zum heutigen Tage beibehalten.

Durch den Wegfall des Verweises auf § 843 BGB ist das Argument für eine zwingende Beschränkung des Anwendungsbereichs auf Haftpflichtrenten entfallen. Nach dem aktuellen Wortlaut erfasst § 850b Abs. 1 Nr. 1 ZPO sämtliche Rentenleistungen, die wegen einer Verletzung des Körpers oder der Gesundheit zu entrichten sind, unabhängig davon, ob der Schuldner sie von einem ihm gegenüber haftpflichtigen Dritten erhält oder aus einem von ihm selbst abgeschlossenen privaten Versicherungsvertrag bezieht. Es ist auch nicht einzusehen, warum nur der von einem Dritten geschädigte Schuldner in Hinblick auf erhaltene Rentenleistungen wegen Körper- und Gesundheitsverletzungen geschützt sein soll, nicht aber derjenige, dem aufgrund eines selbst abgeschlossenen (Versicherungs-)Vertrages ein Anspruch auf Rentenzahlungen wegen Verletzung des Körpers oder der Gesundheit zusteht.[500] Rentenleistungen für erlittene Körper- oder Gesundheitsverletzungen dienen unabhängig davon, von wem sie erbracht werden, meist der Kompensation (zumindest teilweise) weggefallenen Arbeitseinkommens bzw. der Versorgung des Schuldners und damit der Sicherung seiner Existenz.

bb) Bedeutung des Urteils für private Berufsunfähigkeitsversicherungen

Der o.g. Entscheidung des VIII. Senats vom 25.1.1978 lagen Invaliditätsrenten aus privaten Unfallversicherungen zugrunde. Diese werden immer wegen einer

497 RGBl. Teil I, Jahrgang 1940, Nr. 188, S. 1451 ff.
498 BGHZ 70, 206, 210 = NJW 1978, 950, 951.
499 BGBl. Teil I, Jahrgang 1953, Nr. 51, 952 ff.
500 BGHZ 70, 206, 208, 211 = NJW 1978, 950, 951.

Verletzung des Körpers oder der Gesundheit entrichtet, so dass sie eindeutig vom Wortlaut des § 850b Abs. 1 Nr. 1 ZPO erfasst werden.

Anders verhält es sich hingegen mit Berufsunfähigkeitsrenten. Diese werden vom Versicherer erbracht, wenn der Versicherte infolge Krankheit, Körperverletzung oder mehr als altersentsprechendem Kräfteverfall voraussichtlich dauernd außerstande ist, seinen bisherigen Beruf in einem bestimmten Grad auszuüben,[501] §§ 172 Abs. 2 VVG, 1 Abs. 1 lit. a, 2 Abs. 1 BU, 1 Abs. 1 lit. b, 2 Abs. 1 BUZ. Basiert die Berufsunfähigkeit auf einer Körperverletzung, ergeben sich hinsichtlich der Anwendbarkeit des § 850b Abs. 1 Nr. 1 ZPO auf die Berufsunfähigkeitsrenten keine Probleme. Die Rentenleistungen basieren in diesem Fall, wie von § 850b Abs. 1 Nr. 1 ZPO vorausgesetzt, auf einer Verletzung des Körpers.

Problematisch wird es aber, wenn die versicherte Person infolge einer Krankheit oder eines mehr als altersentsprechenden Kräfteverfalls berufsunfähig wird. Auf den ersten Blick scheint die Formulierung des § 850b Abs. 1 Nr. 1 ZPO nicht so Recht zu passen, wenn die Berufsunfähigkeit auf diesen Umständen basiert.[502] Allerdings ist bei der Auslegung der o.g. Formulierung und der Feststellung, welche Rentenleistungen über § 850b Abs. 1 Nr. 1 ZPO geschützt werden, die Gesetzeshistorie der Norm mit in den Blick zu nehmen. Die heutige Formulierung des § 850b Abs. 1 Nr. 1 ZPO stammt zum Teil aus dem Jahre 1898. Schon in § 850 Abs. 3 ZPO in der Fassung vom 17.5.1898 hieß es, dass die nach § 843 BGB „wegen einer Verletzung des Körpers oder der Gesundheit" zu entrichtende Geldrente nur soweit der Pfändung unterworfen ist, als der Gesamtbetrag die Summe von 1.500,- DM für das Jahr übersteigt. Auch in § 850g Nr. 1 ZPO in der Fassung vom 24.10.1934 hieß es, dass die nach § 843 BGB „wegen einer Verletzung des Körpers oder der Gesundheit" zu entrichtenden Geldrenten der Pfändung nicht unterworfen sind. Die auch heute noch im Gesetzeswortlaut enthaltene Formulierung geht also auf eine Zeit zurück, als über die Vorgängernormen des § 850b Abs. 1 Nr. 1 ZPO ausschließlich Rentenleistungen durch haftpflichtige Dritte geschützt wurden. Dies erklärt die damalige Formulierung, dass Rentenleistungen geschützt werden, die „wegen einer Verletzung des Körpers oder der Gesundheit" zu entrichten sind. Die Begriffe „Körperverletzung" und „Gesundheitsverletzung" deuten auf Rechtsgutverletzungen durch Dritte hin, stehen also in einem engen Zusammenhang mit Haftpflichtrenten.[503]

Als § 850g Nr. 1 ZPO in der Fassung vom 24.10.1934 in § 4 Abs. 1 Nr. 1 LohnPfVO 1940 übernommen wurde, wurde zwar erstmals der Verweis auf § 843 BGB gestrichen und der sachliche Anwendungsbereich der Norm dadurch beträchtlich erweitert. Die Formulierung der beiden Vorgängernormen, dass dem Pfändungsschutz

---

501 Die Versicherungsbedingungen können vorsehen, dass die versicherte Person auch außer Stande sein muss, einen Verweisungsberuf in einem bestimmten Grad auszuüben, § 172 Abs. 3 VVG.

502 Ähnlich PG/*Ahrens*, § 850b Rn. 4; *Ahrens*, NJW-Spezial 2010, 597; *Ahrens*, VuR 2010, 445, 447.

503 Ähnlich *Neuhaus*, Berufsunfähigkeitsversicherung, Kap. S Rn. 7.

Renten unterliegen, „die wegen einer Verletzung des Körpers oder der Gesundheit" zu entrichten sind, wurde aber beibehalten. Dabei wurde übersehen, dass die Formulierung des Gesetzes mit den Begriffen „Körperverletzung" und „Gesundheitsverletzung" auf die bis dahin ausschließlich geschützten Haftpflichtrenten zugeschnitten war.

Seit dem Wegfall des Verweises auf § 843 BGB werden jedoch nicht nur Rentenleistungen geschützt, die auf Verletzungshandlungen haftpflichtiger Dritter beruhen. Geschützt werden vielmehr sämtliche, der Existenzsicherung des Schuldners dienende Rentenleistungen, die dieser wegen erlittener Körper- oder Gesundheitsverletzungen bezieht. Es wurde schlichtweg übersehen, dass mit der Erweiterung des sachlichen Anwendungsbereichs über Haftpflichtrenten hinaus auch eine Änderung des Wortlauts angezeigt war, um auf der Formulierung des Gesetzes basierende Unklarheiten von vornherein zu beseitigen. Der Begriff „Gesundheits*verletzung*" hätte durch „Gesundheits*beeinträchtigung*"[504] ersetzt werden sollen. Unter diesen Begriff können auch auf Krankheit und auf nicht altersbedingtem Kräfteverfall basierende Rentenleistungen gefasst werden. Allerdings können Krankheit und nicht altersbedingter Kräfteverfall durchaus auch durch eine Auslegung unter den Begriff der „Körperverletzung" subsumiert werden, weil der Körper durch diese Ursachen streng genommen verletzt wird.[505]

Seit dem Wegfall des Verweises auf § 843 BGB werden über § 850b Abs. 1 Nr. 1 ZPO, bzw. auch bereits zuvor über § 4 Abs. 1 Nr. 1 LohnPfVO 1940, alle Rentenleistungen geschützt, die der Schuldner aufgrund erlittener Körperverletzungen oder Gesundheitsbeeinträchtigungen bezieht. Dazu gehören auch auf Krankheit basierende Rentenleistungen, die als Einkommensersatz der Versorgung des Schuldners dienen. Wird ein Schuldner infolge einer schweren Krankheit berufsunfähig und bezieht er sodann Rentenleistungen aus einer Berufsunfähigkeitsversicherung, handelt es sich dabei um Leistungen i.S.d. § 850b Abs. 1 Nr. 1 ZPO. Ähnlich verhält es sich, wenn der Schuldner infolge eines nur altersbedingten Kräfteverfalls berufsunfähig wird. Der nicht nur altersbedingte Kräfteverfall hat Krankheitswert und ist somit ebenfalls als Gesundheitsbeeinträchtigung bzw. Gesundheitsverletzung zu qualifizieren.

Im Ergebnis bleibt festzuhalten: Die vollstreckungsrechtliche Behandlung der Rentenleistung aus Berufsunfähigkeitsversicherungen kann nicht vom Auslöser der Berufsunfähigkeit abhängig gemacht werden.[506] Auch die höchstrichterliche Rechtsprechung unterstellt Berufsunfähigkeitsrenten insgesamt dem Pfändungsschutz des § 850b Abs. 1 Nr. 1 ZPO, ohne nach dem Grund für die Leistung der

---

504 Den Begriff „Gesundheitsbeeinträchtigung" verwenden auch PG/*Ahrens*, § 850b Rn. 5; *Neuhaus*, Berufsunfähigkeitsversicherung, Kap. S Rn. 7.

505 *Neuhaus*, Berufsunfähigkeitsversicherung, Kap. S Rn. 7.

506 *Neuhaus*, Berufsunfähigkeitsversicherung Kap. S Rn. 7; *Dietzel*, Der Pfändungsschutz der privaten Altersvorsorge nach den §§ 851c und 851d ZPO, S. 17; *Ahrens*, NJW-Spezial 2010, 597; *Ahrens*, VuR 2010, 445, 447; *Wollmann*, ZInsO 2009, 2319, 2322.

Berufsunfähigkeitsrente zu differenzieren.[507] Private Berufsunfähigkeitsrenten fallen somit uneingeschränkt in den sachlichen Anwendungsbereich des § 850b Abs. 1 Nr. 1 ZPO, unabhängig davon, ob die Berufsunfähigkeit infolge einer Krankheit, einer Körperverletzung oder eines mehr als altersbedingten Kräfteverfalls eingetreten ist.[508]

---

507 BGH NZI 2010, 141; BGH NZI 2010, 777, 779 f.

508 BGH NZI 2010, 141; BGH NJW 2010, 374, 375; OLG Düsseldorf VuR 2012, 194; OLG Hamm ZInsO 2009, 1961, 1963; OLG Köln VersR 2009, 621; OLG Hamm ZInsO 2006, 878, 879; KG Berlin VersR 2003, 490; OLG Karlsruhe InVo 2002, 238; OLG Karlsruhe OLGR 2002, 114; OLG Jena VersR 2000, 1005; OLG München VersR 1997, 1520; OLG Saarbrücken VersR 1995, 1227, 1228; OLG Oldenburg VersR 1994, 846; LG Köln ZInsO 2013, 1428, 1430; LG Traunstein ZInsO 2010, 1939, 1940; LG Hildesheim ZInsO 2009, 1961, 1963; LG Mönchengladbach ZInsO 2009, 1356; LG Mönchengladbach ZInsO 2009, 1076, 1077; LG Düsseldorf JurBüro 2003, 655; LG Karlsruhe JurBüro 2003, 656; LG Halle (Saale) RuS 2000, 396; AG Cloppenburg JurBüro 2007, 382; AG Köln JurBüro 2002, 326, das sich für einen Pfändungsschutz nach § 850b Abs. 3 lit. b ZPO i.V.m. § 850b Abs. 1 Nr. 1 ZPO ausspricht; PG/*Ahrens*, § 850b Rn. 4; Hk-ZV/*Meller-Hannich*, § 850b Rn. 6; Hk-ZPO/*Kemper*, § 850 Rn. 17; Zöller/*Stöber*, § 850b Rn. 2; Musielak/Voit/*Becker*, § 850b Rn. 2; MüKoZPO/*Smid*, § 850b Rn. 3; *Gottwald/Mock*, § 850b Rn. 7; Stein/Jonas/*Brehm*, § 850 Rn. 47; *Zimmermann*, § 850b Rn. 1a; BeckOK ZPO/*Riedel*, § 850b Rn. 17; *Schrandt*, in: Keller, Handbuch Zwangsvollstreckungsrecht, Kap. 3 Rn. 531 (Fn. 154); *Baur/Stürner/Bruns*, Zwangsvollstreckungsrecht Rn. 24.18; Prölss/Martin/*Armbrüster*, § 17 Rn. 9; FAKomm-VersR/*Segger/Degen*, § 17 VVG Rn. 11; Bruck/Möller/*Winter*, § 159 Rn. 347 und § 167 Rn. 57; Looschelders/Pohlmann/*Klenk*, § 17 Rn. 15; Langheid/Wandt/*Fausten*, § 17 Rn. 13; Langheid/Wandt/*Dörner*, § 172 Rn. 233; Hk-VVG/*Mertens*, § 9 BB-BUZ Rn. 9; *Benkel/Hirschberg*, § 9 BUZ 2008 Rn. 18a; Terbille/Höra/*Höra*, § 26 Rn. 216; *Rixecker*, in: Beckmann/Matusche-Beckmann, § 46 Rn. 233; *Dunkel*, in: van Bühren, Handbuch Versicherungsrecht, § 15 Rn. 382; *Prang*, in: van Bühren, Handbuch Versicherungsrecht, § 14 Rn. 551; *Neuhaus*, Berufsunfähigkeitsversicherung, Kap. S Rn. 4 und Rn. 7; *Dietzel*, Der Pfändungsschutz der privaten Altersvorsorge nach den §§ 851c und 851d ZPO, S. 17; *Müller*, Die Lebensversicherung in der Zwangsvollstreckung, S. 95; *Koch*, Die Insolvenz des selbstständigen Rechtsanwalts, S. 209; *Heyn*, InsbürO 2014, 115, 117; *Hatwig*, InsbürO 2013, 438, 445; *Lange*, ZVI 2012, 403, 408; *Ahrens*, VuR 2012, 195; *Ahrens*, NJW-Spezial 2010, 597; *Ahrens*, VuR 2010, 445, 447; *Gutzeit*, NJW 2010, 1644, 1646; *Cranshaw*, jurisPR InsR 16/2010 Anm. 5; *Armbrüster*, LMK 2010, 297030; *Dietzel*, VIA 2009, 6; *Neuhaus*, RuS 2009, 309, 314; *Wollmann*, ZInsO 2009, 2319, 2322; *Neuhaus*, RuS 2000, 309, 314; *Hülsmann*, VersR 1996, 308, 310; *Hülsmann*, NJW 1995, 1521 f.; *Hülsmann*, MDR 1994, 537 f.; einschränkend FAKomm-VersR/*Gramse*, § 9 BUZ 2008 Rn. 9, nach dem nur die Berufsunfähigkeitsrenten von Beamten, Arbeitnehmern und arbeitnehmerähnlichen Personen dem Schutz des § 850b Abs. 1 Nr. 1 ZPO unterliegen; a.A. *Baumbach/Lauterbach/Albers/Hartmann*, § 850b Rn. 3; *Joseph*, Lebensversicherung und Abtretung, S. 72.

Der Schutz greift auch dann, wenn rückständige Beträge in einer Summe nachgezahlt werden.[509] Der Schuldner darf seinen Pfändungsschutz nicht dadurch verlieren, dass der Versicherer mit der Leistung in Verzug gerät.[510] Nicht geschützt sind allerdings Zinszahlungen auf rückständige Leistungen.[511]

b) Billigkeitsentscheidung, §§ 36 Abs. 1 InsO, 850b Abs. 2 ZPO

Leistungen i.S.d. § 850b Abs. 1 ZPO sind grds. vollständig unpfändbar und damit gemäß §§ 36 Abs. 1 S. 1 InsO, 850b Abs. 1 Nr. 1 ZPO massefrei. Allerdings können die Leistungen in der Einzelvollstreckung ausnahmsweise nach den für Arbeitseinkommen geltenden Vorschriften gepfändet werden, wenn die Vollstreckung in das sonstige bewegliche Vermögen des Schuldners zu einer vollständigen Befriedigung des Gläubigers nicht geführt hat oder voraussichtlich nicht führen wird und wenn nach den Umständen des Falles, insbesondere nach der Art des beizutreibenden Anspruchs und der Höhe der Bezüge, die Pfändung der Billigkeit entspricht, § 850b Abs. 2 ZPO.

Mit Urteil vom 3.12.2009[512] hat sich der IX. Zivilsenat des BGH – entgegen der bis dahin weit überwiegenden Ansicht[513] – ausdrücklich dafür ausgesprochen, dass § 850b Abs. 2 ZPO über § 36 Abs. 1 InsO auch im Insolvenzverfahren Anwendung findet.[514] Mit Urteil vom 15.7.2010 hat der Senat diese Rechtsauffassung bestätigt.[515]

---

509 BGH NJW-RR 2010, 474, 475; BGH NJW 1988, 819, 820; BGH NJW 1960, 572, 573 (zu § 850b Abs. 1 Nr. 2 ZPO); RG JW 1936, 2403; OLG Düsseldorf VuR 2012, 194; OLG Düsseldorf MDR 1955, 674; PG/*Ahrens*, § 850b Rn. 5; Musielak/Voit/*Becker*, § 850b Rn. 2; Zöller/*Stöber*, § 850b Rn. 2; Thomas/Putzo/*Seiler*, § 850b Rn. 7; Hk-ZPO/*Kemper*, § 850b Rn. 3; Schuschke/Walker/*Kessal-Wulf/Lorenz*, § 850b Rn. 9; Stein/Jonas/*Brehm*, § 850b Rn. 10; Wieczorek/Schütze/*Lüke*, § 850b Rn. 15; *Baumbach/Lauterbach/Albers/Hartmann*, § 850b Rn. 3; BeckOK ZPO/Riedel, § 850b Rn. 18; *Schrandt*, in: Keller, Handbuch Zwangsvollstreckungsrecht, Kap. 3 Rn. 531 (Fn. 155); *Krebs*, VersR 1962, 389, 392.

510 *Kohler-Gehrig*, Der Versicherungsvertrag im Konkurs des Versicherungsnehmers, S. 100.

511 PG/*Ahrens*, § 850b Rn. 5.

512 BGH ZInsO 2010, 188 ff.

513 LG Hildesheim ZInsO 2009, 1961, 1963 f; LG Köln NZI 2004, 36; LG Hamburg VersR 1957, 366; PG/*Ahrens*, 1. Aufl., § 850b Rn. 33; Braun/*Bäuerle*, 3. Aufl., § 36 Rn. 3; FK-InsO/*Schumacher*, 5. Aufl., § 36 Rn. 20; HK/*Eickmann*, 5. Aufl., § 36 Rn. 7; HambKomm/*Lüdtke*, 3. Aufl. § 36 Rn. 14 f; *Henckel*, in: Jaeger, § 36 Rn. 19; MüKoInsO/*Peters*, 2. Aufl., § 36 Rn. 43; Uhlenbruck/*Uhlenbruck*, 12. Aufl., § 36 Rn. 28; Graf-Schlicker/*Graf-Schlicker/Kexel*, 1. Aufl., § 36 Rn. 18; *Kohte*, in: Kölner Schrift zur Insolvenzordnung, 2. Aufl., S. 785 Rn. 14; *Uhlenbruck*, FamRZ 1998, 1473 f.

514 BGH ZInsO 2010, 188, 190 f.

515 BGH ZInsO 2010, 1485, 1488.

Andere Gerichte[516] und Teile der Literatur[517] haben sich dieser Rechtsprechung angeschlossen. Allerdings sprechen sich auch heute noch Teile der Literatur mit gewichtigen Argumenten gegen eine Anwendung des § 850b Abs. 2 ZPO im Insolvenzverfahren aus.[518]

In dem konkreten Fall, der dem o.g. Urteil des IX. Senats vom 3.12.2009 zugrunde lag, bezog der Schuldner eine monatliche Berufsunfähigkeitsrente von 5.000,– EUR, die ihm im Falle der Nichtanwendbarkeit des § 850b Abs. 2 ZPO über § 850b Abs. 1 Nr. 1 ZPO vollständig verblieben wäre. Vom Ergebnis her betrachtet ist die Entscheidung des Senats daher verständlich und wünschenswert. Allerdings stößt die Anwendung des § 850b Abs. 2 ZPO im Insolvenzverfahren de lege lata auf erhebliche Bedenken.

Der IX. Senat weist in seiner Entscheidung darauf hin, dass § 850b Abs. 2 ZPO schon deshalb im Insolvenzverfahren anwendbar sein müsse, weil sich das Insolvenzverfahren für den Schuldner ansonsten günstiger erweisen könnte als die Einzelvollstreckung, in der eine Billigkeitsentscheidung möglich ist.

Dem ist entgegenzuhalten, dass ein gleichlaufendes Schutzniveau der Gläubiger in Einzel- und Gesamtvollstreckung nicht angestrebt war.[519] Spätestens mit der Einführung des § 36 Abs. 1 S. 2 InsO wurde sogar ausdrücklich klargestellt, dass ein vollständiger Gleichlauf von Einzel- und Gesamtvollstreckung gerade nicht besteht.

Bis zur Einführung des § 36 Abs. 1 S. 2 InsO war umstritten, welche der pfändungserhöhenden und -beschränkenden Normen auch im Insolvenzverfahren zu berücksichtigen sind.[520] Pfändungserhöhende und-beschränke Vorschriften sind solche, die es den Vollstreckungsgerichten ermöglichen, den sich aus den §§ 850 ff. ZPO ergebenden Pfändungsumfang aufgrund der Umstände des Einzelfalls auf Antrag zugunsten bestimmter Gläubiger zu erhöhen oder zugunsten des Schuldners zu beschränken. Anders als die Vorschriften, die einen festen Umfang des Pfändungsschutzes anordnen, sind nicht alle pfändungserhöhenden und -beschränkenden Vorschriften mit dem im Insolvenzverfahren herrschenden Prinzip der gleichmäßigen Gläubigerbefriedigung vereinbar.

---

516 OLG Düsseldorf VuR 2012, 194 f.; LG Köln ZInsO 2013, 1428, 1430.

517 Langheid/Wandt/*Dörner*, § 172 Rn. 233; *Benkel/Hirschberg*, § 9 BUZ 2008 Rn. 18e; Hk-VVG/*Mertens*, § 9 BB-BUZ Rn. 10; *Grote*, InsbürO 2014, 103, 105; *Hatwig*, InsbürO 2013, 438, 445; *Fliegner*, EWiR 2010, 331, 332; *Zenker*, NJ 2010, 214; wohl auch MüKoInsO/*Peters* § 36 Rn. 43.

518 A/G/R-*Ahrens*, § 36 Rn. 65; Gottwald/*Klopp/Kluth/Wimmer*, Insolvenzrechts-Handbuch, § 25 Rn. 33; Prölss/Martin/*Armbrüster*, § 17 Rn. 5; Prölss/Martin/*Prölss*, 28. Aufl., § 17 Rn. 3; *Dietzel*, Der Pfändungsschutz der privaten Altersvorsorge nach den §§ 851c und 851d ZPO, S. 201 f.; *Asmuß*, NZI 2010, 143 f.; *Dietzel*, VIA 2010, 76; *Wollmann* ZInsO 2010, 754, 755; *Riedel*, ZVI 2009, 271, 272.

519 *Asmuß*, NZI 2010, 143, 144.

520 *Stephan*, ZInsO 2000, 376, 377 ff., m.w.N.; *Mäusezahl*, ZInsO 2000, 193, 194 f.; *Grote*, ZInsO 2000, 490 f.; *Möhlen*, Rpfleger 2000, 4 ff.; *Hintzen*, Rpfleger 2000, 312, 314; *Helwich*, NZI 2000, 460, 461 ff.; *Steder*, ZIP 1999, 1874, 1875 ff.

Diesem Streit sollte mit der Einführung des § 36 Abs. 1 S. 2 InsO der Boden entzogen werden. Neben dem generellen Verweis in § 36 Abs. 1 S. 1 InsO sollte in § 36 Abs. 1 S. 2 InsO angeordnet werden, welche pfändungserhöhenden und -beschränkenden Normen aus dem Bereich der §§ 850 ff. ZPO auch im Insolvenzverfahren anwendbar sind.[521] Die Aufzählung in § 36 Abs. 1 S. 2 InsO ist abschließend. Pfändungserhöhende und -beschränkende Vorschriften, die in § 36 Abs. 1 S. 2 InsO nicht genannt werden, finden daher im Insolvenzverfahren keine Anwendung. Dies gilt insbesondere für die §§ 850d, 850f Abs. 2 ZPO, die es ermöglichen, die Pfändungsgrenzen für bestimmte Gläubiger zu modifizieren. Eine Privilegierung einzelner Gläubiger ist mit dem im Insolvenzverfahren herrschenden Prinzip der gleichmäßigen Gläubigerbefriedigiung nicht vereinbar.

Neben einem Verweis auf die §§ 850d, 850f Abs. 2 ZPO fehlt in § 36 Abs. 1 S. 2 InsO auch ein Verweis auf § 850b Abs. 2 ZPO. Anders als die §§ 850d, 850f Abs. 2 ZPO ermöglicht § 850b Abs. 2 ZPO zwar keine Modifizierung der Pfändungsgrenzen hinsichtlich einzelner Gläubiger. Die Vorschrift sieht aber eine Abwägung der Schuldnerinteressen mit denen eines einzelnen Gläubigers vor, was dem Insolvenzverfahren grds. fremd ist.[522] Weil Individualinteressen im Insolvenzverfahren keine Berücksichtigung finden, müsste für eine Billigkeitsentscheidung zu Lasten des Insolvenzschuldners ein Gesamtinteresse aller Gläubiger bestehen, welches das Schuldnerinteresse überwiegt. Hierfür kommt ernsthaft nur das Interesse an einer optimalen Befriedigung in Betracht. Dieses Interesse kann allerdings nicht für die Abwägung im Rahmen des § 850b Abs. 2 ZPO fruchtbar gemacht werden. Erkennt man das Vollstreckungs- und Befriedigungsinteresse aller Gesamtgläubiger als überwiegendes Interesse i.S.d. § 850b Abs. 2 ZPO an, so liefe der in § 850b Abs. 1 ZPO normierte Grundsatz der Unpfändbarkeit im Insolvenzverfahren leer. In jedem Insolvenzverfahren haben die Insolvenzgläubiger ein gesteigertes Vollstreckungs- und Befriedigungsinteresse, so dass § 850b Abs. 2 ZPO immer anwendbar und damit zur Regel werden würde. Damit würde das in § 850b ZPO normierte Regel-Ausnahme-Verhältnis (§ 850b Abs. 1 ZPO als Regel und § 850b Abs. 2 ZPO als Ausnahme) zu Lasten der Insolvenzschuldner verschoben werden. Andere Gesamtinteressen aller Insolvenzgläubiger sind nicht ersichtlich und dürften wohl auch kaum jemals vorliegen.[523]

Dies scheint auch der Senat zu erkennen. Er weiß sich jedoch zu helfen, in dem er das Regel-Ausnahme-Verhältnis umkehrt. Der Senat arbeitet nicht heraus, welche Gesamtinteressen der Gläubiger die Schuldnerinteressen überwiegen. Vielmehr geht der Senat der Frage nach, ob im konkreten Fall überwiegende Schuldnerinteressen

---

521 *Dietzel*, Der Pfändungsschutz der privaten Altersvorsorge nach den §§ 851c und 851d ZPO, S. 199.

522 *Dietzel*, Der Pfändungsschutz der privaten Altersvorsorge nach den §§ 851c und 851d ZPO, S. 201.

523 PG/*Ahrens*, § 850b Rn. 34; *Dietzel*, Der Pfändungsschutz der privaten Altersvorsorge nach den §§ 851c und 851d ZPO, S. 201 f.; *Asmuß*, NZI 2010, 143, 144.

einer Anwendung der für Arbeitseinkommen geltenden Vorschriften entgegenstehen. Durch eine Ablehnung überwiegender Schuldnerinteressen wird der Weg für eine Billigkeitsentscheidung zu Lasten des Schuldners eröffnet und das in § 850b Abs. 2 ZPO aufgestellte Erfordernis überwiegender Gläubigerinteressen umgangen. Damit verändert der Senat in unzulässiger Weise die Systemstruktur der Norm. Durch seine Herangehensweise wird § 850b Abs. 2 ZPO im Insolvenzverfahren zur Regel. Im Rahmen der Billigkeitsprüfung ist aber gerade nicht darauf abzustellen, ob Schuldnerinteressen einer Anwendung der für Arbeitseinkommen geltenden Vorschriften ausnahmsweise entgegenstehen, sondern ob überwiegende Gläubigerinteressen einen Zugriff ausnahmsweise rechtfertigen.

Die Vorgehensweise des Senats widerspricht der Systematik der Vorschrift und dem Ausnahmecharakter des § 850b Abs. 2 ZPO. Eine etwaige Billigkeitsentscheidung hat aufgrund des Regel-Ausnahme-Verhältnisses in § 850b ZPO immer von dem Grundsatz der vollständigen Unpfändbarkeit auszugehen. Sodann bedarf es einer Präzisierung überwiegender Gesamtinteressen aller Gläubiger. Würde im Rahmen der Gesamtvollstreckung – anders als in der Einzelvollstreckung – nicht danach gefragt werden, ob Gesamtinteressen aller Gläubiger ausnahmsweise eine (teilweise) Massezugehörigkeit rechtfertigen, sondern ob Schuldnerinteressen ausnahmsweise einer teilweisen Massezugehörigkeit entgegenstehen, könnte der Schuldner in der Gesamtvollstreckung schlechter stehen als in der Einzelvollstreckung. Aber eine Ungleichbehandlung in Einzel- und Gesamtvollstreckung wollte der Senat doch eigentlich gerade verhindern.

Die Vorschrift des § 850b Abs. 2 ZPO wird daher bewusst nicht von der abschließenden Aufzählung des § 36 Abs. 1 S. 2 InsO erfasst. An der Nichtanwendbarkeit des § 850b Abs. 2 ZPO im Insolvenzverfahren ändert auch die Tatsache nichts, dass § 36 Abs. 1 S. 2 InsO versehentlich einen Verweis auf § 850a ZPO beinhaltet, der bereits über § 36 Abs. 1 S. 1 InsO anwendbar ist. Unter Berücksichtigung der Zielrichtung des § 36 Abs. 1 S. 2 InsO kann die Erwähnung des § 850a ZPO nur als Redaktionsversehen gewertet werden.

Weil § 850b Abs. 2 ZPO bewusst nicht in § 36 Abs. 1 S. 2 InsO aufgenommen wurde, kommt mangels planwidriger Regelungslücke auch eine analoge Anwendung nicht in Betracht.

Wollmann schlägt eine Alternativlösung vor, in dem er während des Insolvenzverfahrens einen Zugriff auf Berufsunfähigkeitsrenten im Wege der Einzelzwangsvollstreckung ermöglichen will.[524] Zwar normiere § 89 InsO für die Dauer des Insolvenzverfahrens ein Einzelzwangsvollstreckungsverbot. Die Vorschrift sei aber einschränkend auszulegen, weil der Zweck des Verbots bei bedingt pfändbaren Bezügen i.S.d. § 850b Abs. 1 ZPO nicht zutreffe.[525] Vermögensgegenstände, die schon bei Insolvenzeröffnung zugunsten privilegierter Gläubiger bedingt pfändbar waren,

524 *Wollmann*, ZInsO 2010, 754, 755 ff.
525 *Wollmann*, ZInsO 2010, 754, 756.

seien nicht über § 89 InsO geschützt.[526] Ist das Existenzminimum des Schuldners gewährleistet, sei nicht einzusehen, warum der gemäß § 850b Abs. 2 ZPO privilegierte Gläubiger nicht auch während des Insolvenzverfahrens auf massefreie Berufsunfähigkeitsrenten im Wege der Einzelzwangsvollstreckung soll zugreifen können.[527]

Dieser Lösungsansatz stößt jedoch ebenfalls auf Bedenken. Auch bei bedingt pfändbaren Bezügen trifft das Verbot des § 89 InsO zu. Das Verbot der Einzelvollstreckung im Insolvenzverfahren dient primär dem Gebot der gemeinsamen und gleichmäßigen Gläubigerbefriedigung und damit einem der wesentlichen Ziele des Insolvenzverfahrens, vgl. § 1 InsO.[528] Für die Insolvenzgläubiger wird die Einzelzwangsvollstreckung vom Insolvenzverfahren als Gesamtvollstreckungsverfahren verdrängt.[529] Dies gilt nicht nur für die Einzelvollstreckung in massezugehöriges Vermögen. Auch eine Zwangsvollstreckung in massefreies Vermögen des Insolvenzschuldners ist den Insolvenzgläubigern wegen § 89 Abs. 1 InsO verwehrt.[530] Eine Ausnahme ist lediglich in § 89 Abs. 2 S. 2 InsO zugunsten Unterhalts- und Deliktsgläubigern, §§ 850d, 850f Abs. 2 ZPO, für die Pfändung künftiger Arbeitseinkommen vorgesehen. In allen anderen Fällen ist die Einzelzwangsvollstreckung für Insolvenzgläubiger während des Insolvenzverfahrens gesperrt. Zwar werden Neugläubiger, deren Forderungen erst nach der Eröffnung des Insolvenzverfahrens entstehen, nicht vom Einzelzwangsvollstreckungsverbot des § 89 Abs. 1 InsO erfasst. Neugläubiger können also auch während des Insolvenzverfahrens in das insolvenzfreie Vermögen des Schuldners vollstrecken.[531] Damit ist aber den Insolvenzgläubigern nicht geholfen, für die ein Zugriff auf das insolvenzfreie Vermögen im Wege der Einzelvollstreckung über § 89 Abs. 1 InsO grds. nicht in Betracht kommt. Existieren keine Neugläubiger, würden die Berufsunfähigkeitsrenten in vollem Umfang dem Insolvenzschuldner zustehen.

Ein Zugriff durch den Insolvenzverwalter kann somit nur im Wege einer Billigkeitsentscheidung herbeigeführt werden. Auch wenn erhebliche Bedenken gegen eine Anwendbarkeit des § 850b Abs. 2 ZPO im Insolvenzverfahren bestehen, wird

---

526 *Wollmann*, ZInsO 2010, 754, 756.

527 *Wollmann*, ZInsO 2010, 754, 756.

528 MüKoInsO/*Breuer*, § 89 Rn. 4; *Henckel*, in: Jaeger, § 89 Rn. 4; Uhlenbruck/*Mock*, § 89 Rn. 1; HambKomm/*Kuleisa*, § 89 Rn. 1; HK/*Kayser*, § 89 Rn. 1; K.Schmidt/*Keller*, § 89 Rn. 2; Braun/*Kroth*, § 89 Rn. 1; *Ries/Rook*, in: Haarmeyer/Wutzke/Förster, Insolvenzordnung, § 89 Rn. 5; KPB/*Lüke*, § 89 Rn. 2.

529 MüKoInsO/*Breuer*, § 89 Rn. 4; HK/*Kayser*, § 89 Rn. 1; A/G/R-*Piekenbrock*, § 89 Rn. 1.

530 MüKoInsO/*Breuer*, § 89 Rn. 8; *Henckel*, in: Jaeger, § 89 Rn. 27; Uhlenbruck/*Mock*, § 89 Rn. 5; HambKomm/*Kuleisa*, § 89 Rn. 9; KPB/*Lüke*, § 89 Rn. 13; K.Schmidt/*Keller*, § 89 Rn. 16; HK/*Kayser*, § 89 Rn. 16; Braun/*Kroth*, § 89 Rn. 11; FK-InsO/*Wimmer-Amend*, § 89 Rn. 4; FK-InsO/*App*, 7. Aufl., § 89 Rn. 1; *Ries/Rook*, in: Haarmeyer/Wutzke/Förster, Insolvenzordnung, § 89 Rn. 6; Gottwald/*Eckardt*, Insolvenzrechts-Handbuch, § 33 Rn. 30.

531 K.Schmidt/*Keller*, § 89 Rn. 14; HambKomm/*Kuleisa*, § 89 Rn. 7.

für die Praxis zumindest einstweilen die Judikatur des BGH bestimmend sein.[532] Weil davon auszugehen ist, dass die höchstrichterliche Rechtsprechung von der Anwendbarkeit des § 850b Abs. 2 ZPO im Insolvenzverfahren nicht abrücken wird, eine Billigkeitsentscheidung im Insolvenzverfahren aber mit dem geltenden Recht kaum in Einklang gebracht werden kann, ist ein Handeln des Gesetzgebers angezeigt, um der Rechtsprechung die notwendige rechtliche Grundlage zu verschaffen.

Dabei wird es nicht ausreichen, die Aufzählung in § 36 Abs. 1 S. 2 InsO um § 850b Abs. 2 ZPO zu erweitern. Zwar wäre damit die Streitfrage entschieden, ob § 850b Abs. 2 ZPO im Insolvenzverfahren Anwendung findet. Es würde sich aber nichts an der Tatsache ändern, dass es für eine Billigkeitsentscheidung zu Lasten des Insolvenzschuldners überwiegender Interessen der Gläubigergesamtheit bedarf, die über das Vollstreckungs- und Befriedigungsinteresse hinausgehen. Solche Interessen sind jedoch kaum denkbar. Vielmehr bedarf es der Einführung eines § 36 Abs. 1 S. 3 InsO, nach dem § 850b Abs. 2 ZPO im Insolvenzverfahren mit der Maßgabe entsprechend anzuwenden ist, dass eine Massezugehörigkeit der Bezüge i.S.d. § 850b Abs. 1 ZPO der Billigkeit entspricht, soweit überwiegende Schuldnerinteressen dem nicht entgegenstehen. In die Abwägung sind insbesondere Anlass, Art und Höhe der Leistung, die der Insolvenzschuldner bezieht, einzustellen. Bei Rentenleistungen, die wegen Körper- und Gesundheitsverletzungen erbracht werden, sind vermehrte Bedürfnisse des Schuldners zu berücksichtigen. Besondere Bedeutung kommt auch der Frage zu, wie hoch die Bezüge sind, die dem Schuldner im Falle eines Zugriffs noch verbleiben würden.

c) Konkurrenzverhältnis zu §§ 36 Abs. 1 S. 1 InsO, 850 Abs. 3 lit. b ZPO

Berufsunfähigkeitsrenten abhängig Beschäftigter können dem Schutz der §§ 36 Abs. 1 S. 1 InsO, 850 Abs. 3 lit. b ZPO und zugleich dem Schutz der §§ 36 Abs. 1 S. 1 InsO, 850b Abs. 1 Nr. 1 ZPO unterliegen. Damit ergibt sich die Frage, welche der beiden Schutzvorschriften anwendbar ist, wenn Berufsunfähigkeitsrenten abhängig Beschäftigter betroffen sind.

Über die §§ 36 Abs. 1 S. 1 InsO, 850 Abs. 3 lit. b ZPO sind Berufsunfähigkeitsrenten immer wie Arbeitseinkommen massezugehörig, über die §§ 36 Abs. 1 S. 1 InsO, 850b Abs. 1 Nr. 1 ZPO hingegen nur, wenn man mit der höchstrichterlichen Rechtsprechung auch im Insolvenzverfahren eine Billigkeitsentscheidung gemäß §§ 36 Abs. 1 S. 2 InsO, 850b Abs. 2 ZPO zulässt und diese im konkreten Fall zu Lasten des Schuldners ausgeht. Lässt man eine Billigkeitsentscheidung im Insolvenzverfahren nicht zu oder ergeht eine solche Entscheidung nicht zu Lasten des Schuldners, sind die Renten vollumfänglich massefrei. Anders als bei den §§ 36 Abs. 1 S. 1 InsO, 850 Abs. 3 lit. b ZPO besteht bei den §§ 36 Abs. 1 S. 1 InsO, 850b Abs. 1 Nr. 1 ZPO also immerhin die Möglichkeit, dass die Renten einem umfangreicherem Schutz unterliegen als das Arbeitseinkommen. Weil der Schutz der §§ 36 Abs. 1 S. 1 InsO, 850b Abs. 1 Nr. 1 ZPO im Einzelfall weiter reichen kann, sind sie

532 *Ahrens*, VuR 2010, 445, 447.

bezüglich der Rentenleistungen aus Berufsunfähigkeitsversicherungen abhängig Beschäftigter spezieller als die §§ 36 Abs. 1 S. 1 InsO, 850 Abs. 3 lit. b ZPO. Diese werden insoweit verdrängt.[533]

Diesen Weg scheint auch die Rechtsprechung zu gehen, wenn sie bei Berufsunfähigkeitsrenten regelmäßig auf §§ 36 Abs. 1 S. 1 InsO, 850b Abs. 1 Nr. 1 ZPO (bzw. in der Einzelvollstreckung § 850b Abs. 1 Nr. 1 ZPO) abstellt, ohne die §§ 36 Abs. 1 S. 1 InsO, 850 Abs. 3 lit. b ZPO (bzw. in der Einzelvollstreckung § 850 Abs. 3 lit. b ZPO) auch nur zu erwähnen.[534]

3. §§ 36 Abs. 1 S. 1 InsO, 851c ZPO

Fraglich ist, ob Berufsunfähigkeitsrenten auch über die §§ 36 Abs. 1 S. 1 InsO, 851c ZPO geschützt werden. Neben der Vollendung des 60. Lebensjahres nennt § 851c Abs. 1 Nr. 1 ZPO mit dem Eintritt der Berufsunfähigkeit einen zweiten Leistungsbeginn.

Teilweise wird dieser Hinweis so verstanden, dass sich der Pfändungsschutz des § 851c Abs. 1 ZPO nicht nur auf Altersrenten ab der Vollendung des 60. Lebensjahres, sondern unabhängig vom Lebensalter auch auf Berufsunfähigkeitsrenten erstrecke, selbst wenn diese nicht lebenslang sondern nur zeitlich befristet erbracht werden.[535] Andere wollen Berufsunfähigkeitsrenten nur dann unter § 851c Abs. 1 ZPO fassen, wenn der Berufsunfähigkeitsvertrag lebenslange Rentenleistungen vorsieht.[536] Nach Auffassung des IX. Zivilsenats des BGH werde auch eine zeitlich befristete Berufsunfähigkeitsrente von § 851c Abs. 1 ZPO erfasst, vorausgesetzt sie geht nahtlos in eine lebenslange Leistung aus einem Altersrentenvertrag i.S.d. § 851c

---

533 *Dietzel*, Der Pfändungsschutz der privaten Altersvorsorge nach den §§ 851c und 851d ZPO, S. 18; *Gutzeit*, NJW 2010, 1644, 1646; anders hingegen *Ahrens*, NJW-Spezial 2010, 597, 598 und *Ahrens*, VuR 2010, 445, 448 f., der auf Berufsunfähigkeitsrenten abhängig Beschäftigter § 850 Abs. 3 lit. b ZPO anwendet und Schuldner und Gläubiger aus Billigkeitsgesichtspunkten die Möglichkeit zuspricht, eine abweichende Festsetzung nach § 850b Abs. 1 Nr. 1 ZPO zu beantragen.

534 BGH NZI 2010, 141; BGH NJW 2010, 374, 375; OLG Hamm ZInsO 2009, 1961, 1963; OLG Köln VersR 2009, 621; OLG Hamm ZInsO 2006, 878, 879; OLG Karlsruhe OLGR 2002, 114; OLG Jena VersR 2000, 1005; OLG München VersR 1997, 1520; OLG Saarbrücken VersR 1995, 1227, 1228; LG Hildesheim ZInsO 2009, 1961, 1963; LG Mönchengladbach ZInsO 2009, 1356; LG Mönchengladbach ZInsO 2009, 1076, 1077; LG Düsseldorf JurBüro 2003, 655; LG Karlsruhe JurBüro 2003, 656; LG Halle (Saale) RuS 2000, 396; AG Cloppenburg JurBüro 2007, 382.

535 So die Rechtsauffassung der Beklagten in OLG Hamm ZInsO 2009, 2339, 2342.

536 OLG Hamm ZInsO 2009, 2339, 2342; LG Dortmund ZVI 2010, 395 f.; *Rixecker*, in: Beckmann/Matusche-Beckmann, § 46 Rn. 234; *Neuhaus/Köther*, ZfV 2009, 248, 252; wohl auch *Benkel/Hirschberg*, § 9 BUZ 2008 Rn. 18d; unklar Veith/Gräfe/Gebert/*Gebert/Steinbeck*, Der Versicherungsprozess, § 9 Rn. 27.

Abs. 1 ZPO über.[537] Durch den nahtlosen Übergang von zeitlich befristeter Berufsunfähigkeits- zur lebenslangen Altersrente werde das Erfordernis der lebenslangen Rentenleistung gewahrt.[538] Andere versagen Berufsunfähigkeitsrenten insgesamt den Pfändungsschutz über § 851c ZPO.[539] Berufsunfähigkeitsrenten seien vielmehr über § 850b Abs. 1 Nr. 1 ZPO hinreichend geschützt, der durch die Einführung des § 851c ZPO nicht berührt werden sollte.[540] Bei der Erwähnung der Berufsunfähigkeitsversicherung in § 851c Abs. 1 Nr. 1 ZPO handele es sich lediglich um eine „Koppelungserlaubnis", durch die dem Versicherungsnehmer ermöglicht werde, seine private Altersvorsorge in einem Vertrag mit einer Berufsunfähigkeitsvorsorge zu kombinieren.[541]

Wie bereits an anderer Stelle festgestellt wurde,[542] wird § 850 Abs. 3 lit. b ZPO bei Berufsunfähigkeitsrenten abhängig Beschäftigter von dem spezielleren § 850b Abs. 1 Nr. 1 ZPO verdrängt. Berufsunfähigkeitsrenten können im Einzelfall über § 850b Abs. 1 Nr. 1 ZPO in größerem Umfang geschützt sein als über § 850 Abs. 3 lit. b ZPO. Würde die Pfändbarkeit von Berufsunfähigkeitsrenten nach § 850 Abs. 3 lit. b ZPO beurteilt werden, wären sie immer nur wie Arbeitseinkommen vor dem Gläubigerzugriff geschützt. Nach § 850b Abs. 1 Nr. 1 ZPO wären sie hingegen vollständig unpfändbar, es sei denn, es ergeht eine Billigkeitsentscheidung zu Lasten des Schuldners. Die Billigkeitsentscheidung bewirkt, dass die Berufsunfähigkeitsrenten, wie es im Falle der Anwendbarkeit des § 850 Abs. 3 lit. b ZPO von Anfang an der Fall ist, wie Arbeitseinkommen pfändbar sind. § 850b Abs. 1 Nr. 1 ZPO kann für den Schuldner im Einzelfall also günstiger sein.

Würden Berufsunfähigkeitsrenten auch dem Schutz des § 851c ZPO unterliegen, würde es zwischen § 851c Abs. 1 ZPO und § 850b Abs. 1 Nr. 1 ZPO zu einem nahezu identischen Konkurrenzverhältnis kommen wie zwischen § 850b Abs. 1 Nr. 1 ZPO und § 850 Abs. 3 lit. b ZPO. Nur wäre das Konkurrenzverhältnis nicht auf abhängig Beschäftigte beschränkt, weil § 851c Abs. 1 ZPO – anders als § 850 Abs. 3 lit. b ZPO – auf alle Personen anwendbar ist. Wie § 850 Abs. 3 lit. b ZPO erklärt auch § 851c Abs. 1 ZPO Rentenleistungen von Anfang an nach den für Arbeitseinkommen geltenden Vorschriften für pfändbar. Der Umfang des Pfändungsschutzes ist also bei § 850 Abs. 3 lit. b ZPO und § 851c Abs. 1 ZPO in der Auszahlungsphase identisch. Nach § 850b Abs. 1 Nr. 1 ZPO sind Berufsunfähigkeitsrenten aber zunächst

---

537 BGH NZI 2010, 777 ff.; zustimmend Hk-VVG/*Mertens*, § 9 BB-BUZ Rn. 9; *Neuhaus*, Berufsunfähigkeitsversicherung, Kap. S Rn. 17 f.

538 BGH NZI 2010, 777, 779.

539 *Dietzel*, Der Pfändungsschutz der privaten Altersvorsorge nach den §§ 851c und 851d ZPO, S. 39 ff.; *Wollmann*, Private Altersvorsorge und Gläubigerschutz, S. 49 ff.

540 *Dietzel*, Der Pfändungsschutz der privaten Altersvorsorge nach den §§ 851c und 851d ZPO, S. 40; *Wollmann*, Private Altersvorsorge und Gläubigerschutz, S. 50.

541 *Dietzel*, Der Pfändungsschutz der privaten Altersvorsorge nach den §§ 851c und 851d ZPO, S. 40; *Wollmann*, Private Altersvorsorge und Gläubigerschutz, S. 52 f.

542 § 4, B., I., 2., c) – S. 151 f.

vollumfänglich dem Gläubigerzugriff entzogen. Nur im Falle einer für den Schuldner negativen Billigkeitsentscheidung sind sie auch über § 850b Abs. 1 Nr. 1, Abs. 2 ZPO nach den für Arbeitseinkommen geltenden Vorschriften dem Gläubigerzugriff ausgesetzt. Der Pfändungsschutz nach § 850b Abs. 1 Nr. 1 ZPO kann für den Schuldner also günstiger sein als der Schutz des § 851c Abs. 1 ZPO, weil immerhin die Möglichkeit einer Billigkeitsentscheidung zu seinen Gunsten besteht mit der Folge, dass die Rentenleistungen vollumfänglich geschützt sind.

Mit der Einführung des § 851c ZPO sollte der Pfändungsschutz verbessert werden. Weil der Schutz des § 850b Abs. 1 Nr. 1 ZPO für den Schuldner bei Berufsunfähigkeitsrenten aber günstiger sein kann als der des § 851c Abs. 1 ZPO, könnte ein Vorrang des § 851c Abs. 1 ZPO den Pfändungsschutz im Einzelfall sogar verschlechtern.[543] Dies läuft ersichtlich dem Sinn und Zweck des Gesetzes zum Pfändungsschutz der Altersvorsorge zuwider.[544] Selbst wenn § 851c ZPO auch Berufsunfähigkeitsrenten erfasst, würde die Vorschrift immer von § 850b Abs. 1 Nr. 1 ZPO verdrängt werden.[545] Aus den gleichen Gründen, weshalb § 850b Abs. 1 Nr. 1 ZPO den § 850 Abs. 3 lit. b ZPO verdrängt, würde die Vorschrift auch immer § 851c Abs. 1 ZPO verdrängen. § 851c ZPO würde bei der Berufsunfähigkeitsversicherung also keinerlei Bedeutung zukommen, weil stets § 850b Abs. 1 Nr. 1 ZPO maßgeblich wäre.

Auch dem Umstand, dass § 851c ZPO neben den Renten in der Auszahlungsphase das Vorsorgekapital in der Ansparphase schützt, § 851c Abs. 2 ZPO, ergibt sich nichts anderes. *Wollmann* begründet dies damit, dass es sich bei Berufsunfähigkeitsversicherungen um Risikoversicherungen handele, bei denen kein Deckungskapital aufgebaut werde, das im Falle einer vorzeitigen Vertragsbeendigung in Form des Rückkaufswertes ausgezahlt wird.[546] Diese Einschätzung ist nicht ganz zutreffend, weil die Zahlung eines Rückkaufswertes der Berufsunfähigkeitsversicherung nicht völlig fremd ist.[547] Dennoch würde § 851c Abs. 2 ZPO bei Berufsunfähigkeitsversicherungen keine Bedeutung zukommen, weil die Norm allein auf Altersrentenverträge zugeschnitten ist. Im Wortlaut des § 851c Abs. 2 S. 1 ZPO heißt es: „Um dem Schuldner den Aufbau einer angemessenen Alterssicherung zu ermöglichen [...]". Berufsunfähigkeitsversicherungen dienen jedoch nicht der Alterssicherung. § 851c

543 *Wollmann*, Private Altersvorsorge und Gläubigerschutz, S. 50.

544 *Wollmann*, Private Altersvorsorge und Gläubigerschutz, S. 50.

545 So im Ergebnis auch BeckOK ZPO/*Riedel*, § 851c Rn. 4; anders hingegen *Ahrens*, NJW-Spezial 2010, 597, 598 und *Ahrens*, VuR 2010, 445, 448 f., der im Falle von vorgezogenen Altersrenten (wenn sich an die zeitlich befristete Berufsunfähigkeitsrente nahtlos eine lebenslange Altersrente i.S.d. § 851c ZPO anschließt) ausschließlich § 851c Abs. 1 ZPO auf die Berufsunfähigkeitsrenten anwenden will und die Billigkeitsentscheidung nach § 850b ZPO in diesen Fällen für ausgeschlossen erklärt.

546 *Wollmann*, Private Altersvorsorge und Gläubigerschutz, S. 52.

547 § 3, B., I., 1. – S. 35 f.

Abs. 2 ZPO ist somit nicht auf diese Verträge zugeschnitten. Die Norm erfasst allein Altersrentenverträge, keine Berufsunfähigkeitsversicherungen.

Auch bei dem vom IX. Senat entschiedenen Fall der vorgezogenen Altersrente, bei der eine zeitlich befristete Berufsunfähigkeitsrente nahtlos in eine lebenslange Altersrente übergeht, bedarf es für die Berufsunfähigkeitsrenten nicht des Rückgriffs auf § 851c Abs. 1 ZPO. Die Berufsunfähigkeitsrenten werden bereits über § 850b Abs. 1 Nr. 1 ZPO hinreichend geschützt. Die Altersrente unterliegt dem Pfändungsschutz des § 851c ZPO, vorausgesetzt der Vertrag erfüllt kumulativ die Voraussetzungen des § 851c Abs. 1 ZPO.

Im Ergebnis bleibt festzuhalten: Schon vor dem Gesetz zum Pfändungsschutz der Altersvorsorge waren Berufsunfähigkeitsrenten aller Personen hinreichend über § 850b Abs. 1 Nr. 1 ZPO geschützt. Es bedurfte keiner Vorschrift, die den Pfändungsschutz erweitert. Abgesehen davon könnte ein Vorrang des § 851c ZPO den Pfändungsschutz verschlechtern. Weil der Pfändungsschutz aber durch § 851c ZPO verbessert und § 850b Abs. 1 ZPO nicht berührt werden sollte, ist davon auszugehen, dass ausschließlich Altersrenten dem Schutz des § 851c ZPO unterstellt wurden. Hierfür spricht auch die Entwurfsbegründung, die durchgehend nur von der Alters-, aber an keiner Stelle von der Berufsunfähigkeitsvorsorge spricht.[548] Auch deutet die amtliche Überschrift des § 851c ZPO („Pfändungsschutz bei Altersrenten") darauf hin, dass der Anwendungsbereich auf Altersrenten begrenzt ist.[549]

Berufsunfähigkeitsrenten werden also nicht vom Anwendungsbereich der §§ 36 Abs. 1 S. 1 InsO, 851c ZPO erfasst. Der Schutz von Berufsunfähigkeitsrenten richtet sich allein nach den §§ 36 Abs. 1 S. 1 InsO, 850b Abs. 1 Nr. 1 ZPO. Bei dem Hinweis in § 851c Abs. 1 Nr. 1 ZPO auf die Berufsunfähigkeitsversicherung handelt es sich lediglich um eine „Koppelungserlaubnis".[550] § 851c Abs. 1 Nr. 1 ZPO ermöglicht dem Versicherungsnehmer, die private Alters- und die Berufsunfähigkeitsvorsorge in einem Vertrag zu kombinieren, ohne dass er im Fall des Leistungsbeginns vor Vollendung des 60. Lebensjahres aufgrund eingetretener Berufsunfähigkeit den Schutz für seine Altersrente nach §§ 36 Abs. 1 S. 1 InsO, 851c ZPO verliert. Die aus dem einheitlichen Vertrag geleisteten Berufsunfähigkeitsrenten werden (auch bei einem nahtlosen Übergang) nicht von §§ 36 Abs. 1 S. 1 InsO, 851c Abs. 1 ZPO erfasst. Sie unterliegen vielmehr dem Schutz der §§ 36 Abs. 1 S. 1 InsO, 850b Abs. 1 Nr. 1 ZPO. Die Altersrente ist über §§ 36 Abs. 1 S. 1 InsO, 851c Abs. 1 ZPO geschützt.

---

548 BT-Drucks. 16/886, S. 7, S. 8, S. 10; *Wollmann*, Private Altersvorsorge und Gläubigerschutz, S. 51.

549 *Dietzel*, Der Pfändungsschutz der privaten Altersvorsorge nach den §§ 851c und 851d ZPO, S. 40; *Dietzel*, VIA 2009, 6.

550 PG/*Ahrens*, § 851c Rn. 17; *Dietzel*, Der Pfändungsschutz der privaten Altersvorsorge nach den §§ 851c und 851d ZPO, S. 40; *Wollmann*, Private Altersvorsorge und Gläubigerschutz, S. 52 ff.; *Dietzel*, VIA 2010, 76; *Dietzel*, VIA 2009, 6.

II. Beitragsbefreiungen

Tritt der Versicherungsfall ein, erbringen Berufsunfähigkeitsversicherer neben einer Berufsunfähigkeitsrente, soweit diese mitversichert ist, eine weitere Leistung: Es kommt zur Befreiung von der Beitragszahlungspflicht für die Berufsunfähigkeitsversicherung, § 1 Abs. 1 lit. b BU, in der Berufsunfähigkeitszusatzversicherung auch hinsichtlich der Haupt-, d.h. der Lebens-, und etwaiger sonstiger Zusatzversicherungen, § 1 Abs. 1 lit. a BUZ.

Die Leistungspflicht des Berufsunfähigkeitsversicherers besteht in einer Beitrags*befreiung*, nicht hingegen in einer Beitrags*freistellung*. Der entscheidende Unterschied zwischen Beitragsbefreiungen und Beitragsfreistellungen führt dazu, dass auch diese Leistungsart aus der Berufsunfähigkeitsversicherung für den Insolvenzverwalter durchaus von Interesse sein kann. Anders als bei einer Beitragsfreistellung, bei der die Beitragszahlungspflicht endet und zukünftig keine Prämien mehr in den Vertrag fließen, vgl. § 165 VVG, wird der Versicherungsnehmer bei einer Beitragsbefreiung so gestellt, als würde er die Prämien weiter entrichten.[551] Die Prämienzahlungspflicht besteht also fort,[552] nur werden die Prämienzahlungen ab dem Eintritt der Berufsunfähigkeit vom Berufsunfähigkeitsversicherer übernommen. In der Regel bestehen alle Verträge bei demselben Versicherungsunternehmen, so dass die Beitragsbefreiung mittels einer internen Verrechnung der Prämienforderungen aus der Berufsunfähigkeits- bzw. Lebensversicherung mit den Leistungen des Berufsunfähigkeitsversicherers vollzogen werden kann.[553] Auch wenn es damit nur zu einer internen Verrechnung beim Versicherer kommt, erbringt der Berufsunfähigkeitsversicherer im Rahmen der Beitragsbefreiung praktisch eine Rente in Höhe der vereinbarten Prämien.[554]

Dies wirft zwangsläufig die Frage auf, ob es den Gläubigern in der Einzelvollstreckung und dem Insolvenzverwalter im Insolvenzverfahren möglich ist, auf diese besondere Art der „Rentenleistung“ zuzugreifen.

Ausgangspunkt ist dabei folgende Überlegung: Die Leistungspflicht des Berufsunfähigkeitsversicherers ist auf die interne Verrechnung beschränkt. Der Versicherungsnehmer kann also nur verlangen, dass der Versicherer ihn von der Prämienzahlungspflicht in der Berufsunfähigkeits- und u.U. in der Haupt- und in sonstigen Zusatzversicherungen freistellt. Eine Auszahlung der Prämien kann er grds. nicht begehren. Damit hat der Versicherungsnehmer lediglich einen Freistellungsanspruch gegen den Berufsunfähigkeitsversicherer, keinen Zahlungsanspruch. Freistellungsansprüche sind nach nahezu einhelliger Auffassung grds. nicht abtretbar, weil sie sich in der Hand des Zessionars in Zahlungsansprüche umwandeln,

551 BGHZ 16, 37, 47 = VersR 1955, 100, 102; *Rixecker*, in: Beckmann/Matusche-Beckmann, § 46 Rn. 231; *v. d. Thüsen*, VersR 1951, 169, 170.

552 *Eisenecker*, Versorgungsausgleich und Privatversicherungsrecht, S. 131.

553 *Benkel/Hirschberg*, § 1 BUZ 2008 Rn. 17.

554 BGHZ 16, 37, 47 = VersR 1955, 100, 102; *Benkel/Hirschberg*, § 1 BUZ 2008 Rn. 17; *v. d. Thüsen*, VersR 1951, 169, 170.

was zu einer Inhaltsveränderung i.S.d. § 399 Alt. 1 BGB führen würde.[555] Aus der Nichtabtretbarkeit des Freistellungsanspruchs folgt in der Einzelvollstreckung die vollständige Unpfändbarkeit, §§ 851 Abs. 1 ZPO, 399 Alt. 1 BGB.

Dies gilt auch für Freistellungsansprüche aus Berufsunfähigkeitsversicherungen. Das OLG Köln hat einst zutreffend festgestellt, dass der Beitragsbefreiungsanspruch des Versicherungsnehmers gegen seinen Berufsunfähigkeitsversicherer dem gesetzlichen Abtretungsausschluss des § 399 BGB unterliegt.[556] Bei der Entscheidung ist jedoch unklar geblieben, ob das Gericht § 399 Alt. 1 oder Alt. 2 BGB anwendet. Gegenstand der Entscheidung war eine Berunfsunfähigkeitszusatzversicherung, bei der neben § 399 Alt. 1 BGB auch § 399 Alt. 2 BGB in Betracht kommen würde, weil § 9 Abs. 9 BUZ einen vertraglichen Abtretungsausschluss für sämtliche Ansprüche aus der Berufsunfähigkeitszusatzversicherung beinhaltet.[557]

Mit Verweis auf das o.g. Urteil des OLG Köln erklären auch *Rixecker*[558] und *Neuhaus*[559] die Beitragsbefreiungsansprüche aus Berufsunfähigkeitsversicherungen über „§ 399 BGB" für nicht übertragbar. Weil sie ihre Ausführungen aber nicht auf die Berufsunfähigkeitszusatzversicherung beschränken, sie also in gleichem Maße für die selbständige Berufsunfähigkeitsversicherung gelten, meinen sie vermutlich § 399 Alt. 1 BGB, denn anders als die Bedingungen für die Berufsunfähigkeitszusatzversicherung beinhalten die Bedingungen für die selbständige Berufsunfähigkeitsversicherung keinen vertraglichen Abtretungsausschluss.[560] Bei ihr findet § 399 Alt. 2 BGB daher keine Anwendung. Außerdem sprechen sich *Rixecker*[561] und *Neuhaus*[562] zugleich dafür aus, dass der Beitragsbefreiungsanspruch aufgrund der Unübertragbarkeit aus § 399 BGB in der Einzelvollstreckung unpfändbar ist. Die Unabtretbarkeit führt aber nur im Falle des § 399 Alt. 1 BGB automatisch zur Unpfändbarkeit, § 851 Abs. 1 ZPO. Im Falle des 399 Alt. 2 BGB gilt § 851 Abs. 2 ZPO. Danach kann eine nach § 399 Alt. 2 BGB nicht übertragbare Forderung – abweichend von § 851 Abs. 1 ZPO – insoweit gepfändet werden, als der geschuldete

555 OLG Frankfurt a.M. ZinsO 2005, 1274, 1276; etwas anderes gilt, wenn der Freistellungsanspruch an den Hauptgläubiger abgetreten wird, weil in diesem Fall keine Trennung von Hauptverbindlichkeit und Befreiungsanspruch eintritt: *Lohmann*, in: FS Ganter, 257, 261.

556 OLG Köln VersR 1998, 222, 223.

557 Für eine Unabtretbarkeit des Beitragsbefreiungsanspruchs aus Berufsunfähigkeitszusatzversicherungen über §§ 399 Alt. 2 BGB, 9 Abs. 9 BUZ FAKomm-VersR/*Gramse*, § 9 BUZ 2008 Rn. 10.

558 *Rixecker*, in: Beckmann/Matusche-Beckmann, § 46 Rn. 233.

559 *Neuhaus*, Berufsunfähigkeitsversicherung, Kap. S Rn. 21.

560 Ebenso *Dunkel*, in: van Bühren, Handbuch Versicherungsrecht, § 15 Rn. 380, nach dem eine Abtretung des Beitragsbefreiungsanspruchs sowohl in der selbständigen Berufsunfähigkeitsversicherung als auch in der Berufsunfähigkeitszusatzversicherung an § 399 BGB scheitert.

561 *Rixecker*, in: Beckmann/Matusche-Beckmann, § 46 Rn. 233.

562 *Neuhaus*, Berufsunfähigkeitsversicherung, Kap. S Rn. 21.

Gegenstand der Pfändung unterworfen ist, d.h. soweit er nicht von den gesetzlichen Pfändungsschutzvorschriften der §§ 850 ff. ZPO erfasst wird. Ein vertraglicher Abtretungsausschluss i.S.d. § 399 Alt. 2 BGB führt also wegen § 851 Abs. 2 ZPO nicht automatisch zur Unpfändbarkeit der Forderung. *Rixecker*, *Neuhaus* und das OLG Köln werden demnach wohl eine Unübertragbarkeit nach § 399 Alt. 1 BGB meinen.[563]

Damit bleibt festzuhalten: Bei dem Anspruch auf Beitragsbefreiung handelt es sich um einen Freistellungsanspruch des Versicherungsnehmers gegen den Berufsunfähigkeitsversicherer, der wegen § 399 Alt. 1 BGB unübertragbar und daher in der Einzelvollstreckung gemäß §§ 851 Abs. 1 ZPO, 399 Alt. 1 BGB unpfändbar ist. In der Einzelvollstreckung können die Gläubiger also nicht auf diese Leistungsart zugreifen.

Etwas anderes könnte jedoch im Insolvenzverfahren gelten. Zwar finden die §§ 851 Abs. 1 ZPO, 399 Alt. 1 BGB über § 36 Abs. 1 S. 1 InsO auch im Insolvenzverfahren Anwendung. Bei Freistellungsansprüchen besteht nach nahezu einhelliger Auffassung aber die Besonderheit, dass sie sich mit der Eröffnung des Insolvenzverfahrens in der Hand des Insolvenzverwalters regelmäßig in Zahlungsansprüche umwandeln und daher Bestandteil der Insolvenzmasse werden.[564] Hintergrund ist, dass die aus der Unabtretbarkeit folgende Unpfändbarkeit des Freistellungsanspruchs in der Regel nicht dem Schutz des Gemeinschuldners dient.[565] Auch soll sie zugunsten des Drittgläubigers keine insolvenzfeste haftungsrechtliche Zuweisung begründen.[566]

Allerdings führt die Unabtretbarkeit des Freistellungsanspruchs in zwei Ausnahmefällen auch zu dessen Massefreiheit. Zum einen, wenn der Insolvenzschuldner

---

563 Für einen Ausschluss der Abtretung des Beitragsbefreiungsanspruchs über § 399 Alt. 1 BGB auch Langheid/Wandt/*Dörner*, § 172 Rn. 233; FAKomm-VersR/*Gramse*, § 9 BUZ 2008 Rn. 10; Terbille/Höra/*Höra*, § 26 Rn. 212; wohl auch Prölss/Martin/*Lücke*, § 9 BUZ Rn. 14, der auf die o.g. Entscheidung des OLG Köln verweist und meint, dass der Anspruch auf Beitragsbefreiung „ohnehin nicht abtretbar" sei; ebenso Hk-VVG/*Mertens*, § 9 BB-BUZ Rn. 11, nach dem die Unabtretbarkeit des Anspruchs auf Beitragsbefreiung schon „kraft Leistungsinhalts gem. § 399 BGB" gelte und der dabei ebenfalls auf das o.g. Urteil des OLG Köln verweist.

564 BGH NJW-RR 2001, 1490, 1491; BGH NJW 1994, 49, 50; BGHZ 57, 78, 81 = NJW 1971, 2218; RGZ 139, 315, 321; RGZ 93, 209, 212; RGZ 81, 250, 251; OLG Frankfurt a.M. ZinsO 2005, 1274, 1276; A/G/R-*Ahrens*, § 35 Rn. 101; MüKoInsO/*Peters*, § 35 Rn. 399; HambKomm/*Lüdtke*, § 35 Rn. 165; KPB/*Holzer*, § 35 Rn. 79; Nerlich/Römermann/*Andres*, § 35 Rn. 45; Uhlenbruck/*Hirte*, § 35 Rn. 162; Jaeger/*Henckel*, KO, 9. Aufl., § 1 Rn. 88; *Kilger/Schmidt*, § 1 KO Anm. 2 E d; *Häsemeyer*, Insolvenzrecht, Rn. 9.13; *Bergmann*, VersR 1981, 512, 515; a.A. *Kretschmer*, Der Schuldbefreiungsanspruch im Konkurs des Befreiungsgläubigers, S. 62.

565 BGH NJW-RR 2001, 1490, 1491; BGH NJW 1994, 49, 50; Jaeger/*Henckel*, KO, 9. Aufl., § 1 Rn. 88.

566 BGH NJW-RR 2001, 1490, 1491; BGH NJW 1994, 49, 50; Jaeger/*Henckel*, KO, 9. Aufl., § 1 Rn. 88.

und der Schuldner des Befreiungsanspruchs dem Drittgläubiger gegenüber gesamtschuldnerisch haften.[567] Zum anderen, wenn die Unpfändbarkeit gerade dem Schutz des Gemeinschuldners dient.[568] Zwar haften Versicherungsnehmer und Berufsunfähigkeitsversicherer nicht gesamtschuldnerisch für die fällig werdenden Versicherungsprämien. Vielmehr bleibt der Versicherungsnehmer alleiniger Prämienschuldner des Versicherers. Er hat lediglich einen Anspruch gegen seinen Berufsunfähigkeitsversicherer, von dieser ihn treffenden Verbindlichkeit freigestellt zu werden. Ein Direktanspruch gegen den Berufsunfähigkeitsversicherer auf Prämienzahlung besteht hingegen nicht. Bei Befreiungsansprüchen aus Berufsunfähigkeitsversicherungen ist aber der zweitgenannte Ausnahmefall einschlägig. Die Unpfändbarkeit des Freistellungsanspruchs dient nicht dem Schutz eines Drittgläubigers, sondern dem Schutz des berufsunfähigen Gemeinschuldners. Durch die Unpfändbarkeit des Freistellungsanspruchs wird dessen Prämienzahlung in der Berufsunfähigkeits-, Lebens- und in sonstigen Zusatzversicherungen für die Zeit der Berufsunfähigkeit sichergestellt. Die Prämienzahlung des Berufsunfähigkeitsversicherers dient zweckgebunden der Erfüllung der Beitragspflicht für die Hauptversicherung mitsamt ihren Zusatzversicherungen.[569] Damit folgt aus der Unpfändbarkeit des Freistellungsanspruch gemäß §§ 36 Abs. 1 S. 1 InsO, 851 Abs. 1 ZPO, 399 Alt. 1 BGB auch dessen Massefreiheit. Der Insolvenzverwalter kann somit nicht auf den Freistellungsanspruch aus einer Berufsunfähigkeitsversicherung zugreifen.

C. Private Krankenversicherungen

Bezüglich der Frage, ob und inwieweit Leistungen aus privaten Krankenversicherungen vom Anwendungsbereich der §§ 36 Abs. 1 S. 1, S. 2 InsO, 850 ff. ZPO erfasst werden, wird im Folgenden zwischen den verschiedenen Vertragstypen, d.h. zwischen Krankheitskostenvoll-, Krankentagegeld-, Krankenhaustagegeld-, privaten Krankenzusatz-, Auslandsreisekranken- und privaten Pflegeversicherungen differenziert.

I. Krankheitskostenvollversicherungen

Die größte Bedeutung kommt Leistungen aus privaten Krankheitskostenvollversicherungen zu. Der Krankheitskostenvollversicherer erbringt im vereinbarten Umfang Aufwendungen für medizinisch notwendige Heilbehandlungen wegen Krankheit oder Unfallfolgen und für sonstige vereinbarte Leistungen einschließlich solcher bei Schwangerschaft und Entbindung sowie für ambulante Vorsorgeuntersuchungen zur Früherkennung von Krankheiten nach gesetzlich eingeführten Programmen, § 192 Abs. 1 VVG, § 1 MB/KK. Der Krankheitskostenvollversicherer

567 OLG Hamburg ZIP 1994, 477, 478; MüKoInsO/*Peters*, § 35 Rn. 401; HambKomm/*Lüdtke*, § 35 Rn. 165; Uhlenbruck/*Hirte*, § 35 Rn. 164; *Häsemeyer*, Insolvenzrecht, Rn. 9.13.

568 BGH NJW-RR 2001, 1490, 1491.

569 *Eisenecker*, Versorgungsausgleich und Privatversicherungsrecht, S. 131.

ersetzt dem Versicherungsnehmer also insbesondere die im Rahmen von medizinisch notwendigen Heilbehandlungen entstandenen Arzt-, Krankenhaus- und Medikamentenkosten sowie Kosten für medizinische Heil- und Hilfsmittel.

1. §§ 36 Abs. 1 S. 1 InsO, 850 Abs. 3 lit. b ZPO

Private Krankheitskostenvollversicherer erbringen in der Regel Einmalleistungen für entstandene Arzt- oder Medikamentenkosten. Diese unterliegen nicht dem Schutz der §§ 36 Abs. 1 S. 1 InsO, 850 Abs. 3 lit. b ZPO.[570] Zum einen schützt § 850 Abs. 3 lit. b ZPO ausschließlich Renten-, d.h. wiederkehrende Leistungen, keine Einmalzahlungen. Zum anderen ist die private Krankheitskostenvollversicherung kein Vertrag mit Versorgungscharakter i.S.d § 850 Abs. 3 lit. b ZPO.

2. §§ 36 Abs. 1 S. 1 InsO, 851 Abs. 1 ZPO, 399 Alt. 1 BGB

Wieczorek/Schütze vertraten einst die Auffassung, dass Leistungsansprüche aus privaten Krankenversicherungen zweckgebunden und dementsprechend über §§ 851 Abs. 1 ZPO, 399 Alt. 1 BGB grds. unpfändbar seien.[571] In konsequenter Fortführung dieses Gedankens wären die Ansprüche aufgrund ihrer Unpfändbarkeit über §§ 36 Abs. 1 S. 1 InsO, 851 Abs. 1 ZPO, 399 Alt. 1 BGB massefrei.

Eine Zweckbindung der Erstattungsleistungen aus privaten Krankheitskostenvollversicherungen wird heute aber zu Recht weitestgehend abgelehnt.[572] Der Leistungsanspruch gegen den Versicherer kann in der Regel ohne Inhaltsänderung auf einen Dritten übertragen werden.[573] Der Erstattungsanspruch aus der Krankheitskostenvollversicherung entsteht unabhängig davon, ob der Leistungserbringer bereits befriedigt wurde oder nicht. Der Anspruch gegen den Versicherer wird fällig, sobald der Versicherungsnehmer alle erforderlichen Nachweise, insbesondere Rechnungen, eingereicht hat, § 6 Abs. 1 MB/KK. Der Versicherungsnehmer kann also bereits vor der Befriedigung des Leistungserbringers eine Zahlung aus dem Krankenversicherungsvertrag verlangen. Auch muss er die vom Krankenversicherer erhaltene Leistung nicht an den Leistungserbringer weiterleiten. Er kann die erhaltene Zahlung auch für andere Zwecke verwenden. Ob der Versicherungsnehmer

---

570 Bruck/Möller/*Wriede*, 8. Aufl., Anm. A 28; *Surminski*, ZfV 1964, 72, 73, nach dem allenfalls Tagegelder aus privaten Krankenversicherungen als Rentenleistungen dem Schutz des § 850 Abs. 3 lit. b ZPO unterliegen können, nicht hingegen Einmalzahlungen aus Krankheitskostenvollversicherungen; so auch Bruck/Möller/*Möller*, 8. Aufl., § 15 Anm. 22.

571 *Wieczorek/Schütze*, 2. Aufl., § 850b Anm. B IV.

572 BGH NJW-RR 2007, 1510; KG Berlin Rpfleger 1985, 73, 74; LG Hannover Rpfleger 1995, 511; A/G/R-*Ahrens*, § 35 Rn. 86; Bach/Moser/*Bach*, 3. Aufl., § 6 MB/KK Rn. 16; so jetzt wohl auch Wieczorek/Schütze/*Lüke*, § 850b Rn. 34; zur Frage, ob bei Versicherungen fremder Gesundheit für eigene Rechnung (Familienversicherungen) eine Zweckbindung anzunehmen ist: *Sieg*, VersR 1956, 743 ff., m.w.N.

573 Bach/Moser/*Bach*, 3. Aufl., § 6 MB/KK Rn. 16.

seiner Verpflichtung gegenüber dem Leistungserbringer aus dem Behandlungsvertrag nachkommt, ist also seine freie Entscheidung. Daher umfasst der Anspruch gegen den privaten Krankheitskostenvollversicherer keine treuhandartige Bindung des Versicherungsnehmers an die Bezahlung der geltend gemachten Krankenkosten aus der Versicherungsleistung.[574]

3. §§ 36 Abs. 1 S. 1 InsO, 851 Abs. 1 ZPO, 399 Alt. 2 BGB

Auch über die §§ 36 Abs. 1 S. 1 InsO, 851 Abs. 1 ZPO, 399 Alt. 2 BGB lässt sich ein Schutz für Leistungen aus privaten Krankheitskostenvollversicherungen nicht herleiten.

Zwar ordnet § 6 Abs. 6 MB/KK ausdrücklich an, dass Leistungsansprüche aus privaten Krankheitskostenvollversicherungen nicht abgetreten werden können. Aufgrund der über §§ 6 Abs. 6 MB/KK, 399 Alt. 2 BGB vertraglich ausgeschlossenen Abtretbarkeit ist der Leistungsanspruch in der Einzelvollstreckung grds. gemäß § 851 Abs. 1 ZPO unpfändbar und damit in der Gesamtvollstreckung über §§ 36 Abs. 1 S. 1 InsO, 851 Abs. 1 ZPO massefrei. Gemäß § 851 Abs. 2 ZPO kann eine aufgrund vertraglicher Vereinbarung i.S.d. § 399 Alt. 2 BGB unübertragbare Forderung aber abweichend von § 851 Abs. 1 ZPO insoweit gepfändet werden, als der geschuldete Gegenstand der Pfändung unterworfen ist. Gleiches gilt für das Insolvenzverfahren. Wurde die Übertragbarkeit vertraglich ausgeschlossen, ist der Leistungsanspruch abweichend von den §§ 36 Abs. 1 S. 1 InsO, 851 Abs. 1 ZPO insoweit Bestandteil der Insolvenzmasse, als der geschuldete Gegenstand massezugehörig ist. Die Pfändbarkeit bzw. Massezugehörigkeit des geschuldeten Gegenstandes richtet sich nach den §§ 811, 850 ff. ZPO. In der privaten Krankheitskostenvollversicherung ist der geschuldete Gegenstand der Erstattungsbetrag.[575] Sollte der Leistungsanspruch gegen den Krankenversicherer nicht den Pfändungsschutzvorschriften der §§ 850 ff. ZPO unterfallen, ist er trotz des vertraglich vereinbarten Abtretungsverbotes gemäß § 851 Abs. 2 ZPO pfändbar und wird damit Bestandteil der Insolvenzmasse.

Nur wenn der Leistungsanspruch (zumindest teilweise) vom Anwendungsbereich der §§ 850 ff. ZPO erfasst wird, ist er insoweit auch über die §§ 36 Abs. 1 S. 1 InsO, 851 ZPO, 399 Alt. 2 BGB geschützt. Diesem Schutz kommt neben den §§ 36 Abs. 1 InsO, 850 ff. ZPO aber keine eigenständige Bedeutung zu.

Allein das Vorliegen des vertraglichen Abtretungsausschlusses in § 6 Abs. 6 MB/KK führt somit wegen § 851 Abs. 2 ZPO nicht gemäß §§ 36 Abs. 1 S. 1 InsO, 851 Abs. 1 ZPO, 399 Alt. 2 BGB zur Massefreiheit des Leistungsanspruchs gegen den Krankheitskostenvollversicherer.

574 KG Berlin Rpfleger 1985, 73, 74.
575 *Bohn*, in: FS Schiedermair, 33, 40.

4. §§ 36 Abs. 1 S. 1 InsO, 850b Abs. 1 Nr. 4 ZPO

Nach heute einhelliger Auffassung unterliegen Leistungen aus privaten Krankheitskostenvollversicherungen allerdings dem Schutz der §§ 36 Abs. 1 S. 1 InsO, 850b Abs. 1 Nr. 4 ZPO.[576]

Nach § 850b Abs. 1 Nr. 4 ZPO sind Bezüge aus Witwen-, Waisen-, Hilfs- oder Krankenkassen unpfändbar, wenn sie ausschließlich oder zu einem wesentlichen Teil zu Unterstützungszwecken gewährt werden. Auch wenn der Wortlaut der Norm von Leistungen aus „Krankenkassen" spricht, ein Begriff, der eher mit gesetzlichen Krankenversicherungen in Verbindung gebracht wird, ist dem uneingeschränkt zuzustimmen. Der Wortlaut steht der Anwendung auf Leistungen aus privaten Krankheitskostenvollversicherungen nicht entgegen. Der Begriff „Krankenkasse" ist lediglich Anlehnung an den früheren Wortlaut der Vorschrift.[577] Auch würde der Hinweis auf „Krankenkassen" ansonsten leer laufen, weil Leistungen aus gesetzlichen Krankenversicherungen dem Schutz des § 54 Abs. 1 SGB I unterliegen

---

576 BGH NJW-RR 2007, 1510; OLG Schleswig ZInsO 2015, 802; OLG Frankfurt a.M. VersR 2013, 990, 992; KG Berlin Rpfleger 1985, 73; LG Köln NZI 2014, 29, 30; LG Dortmund RuS 2012, 248, 249; LG Köln NZI 2004, 36 f.; LG Hannover Rpfleger 1995, 511; LG Lübeck Rpfleger 1993, 207; LG Lübeck JW 1937, 2611; LG Dortmund JW 1936, 3204; AG Kiel NZI 2012 30 f.; AG Starnberg VersR 1956, 612; Bruck/Möller/*Johannsen*, § 17 Rn. 7; Bruck/Möller/*Möller*, 8. Aufl., § 15 Anm. 26; Bruck/Möller/*Wriede*, 8. Aufl., Anm. A 28; Prölss/Martin/*Armbrüster*, § 17 Rn. 5 f.; Bach/Moser/*Sauer*, § 6 MB/KK Rn. 27; Bach/Moser/*Bach*, 3. Aufl., § 6 MB/KK Rn. 22; Römer/Langheid/*Rixecker*, § 17 Rn. 4; Looschelders/Pohlmann/*Klenk*, § 17 Rn. 18 ff.; Langheid/Wandt/*Fausten*, § 17 Rn. 15; PG/*Ahrens*, § 850b Rn. 19; Zöller/*Stöber*, § 850b Rn. 9; Musielak/Voit/*Becker*, § 850b Rn. 7; MüKoZPO/*Smid*, § 850b Rn. 12; *Gottwald/Mock*, § 850b Rn. 17; Hk-ZV/*Meller-Hannich*, § 850b Rn. 24; *Stöber*, Forderungspfändung, Rn. 1019; *Zimmermann*, § 850b Rn. 6; *Baumbach/Lauterbach/Albers/Hartmann*, § 850b Rn. 13 f.; Schuschke/Walker/*Kessal-Wulf/Lorenz*, § 850b Rn. 16; BeckOK ZPO/*Riedel*, § 850b Rn. 31; Stein/Jonas/*Brehm*, § 850b Rn. 18; *Schrandt*, in: Keller, Handbuch Zwangsvollstreckungsrecht, Kap. 3 Rn. 538; *Dörndorfer*, in: Dierck/Morvilius/Vollkommer, 5. Kap. Rn. 258; *Baur/Stürner/Bruns*, Zwangsvollstreckungsrecht Rn. 24.18; A/G/R-*Ahrens*, § 35 Rn. 86; HambKomm/*Lüdtke*, § 35 Rn. 209; *Henckel*, in: Jaeger, § 35 Rn. 22; MüKoInsO/*Peters*, § 35 Rn. 435 (Fn. 788); FK-InsO/*Kohte/Busch*, § 312 Rn. 70; FK-InsO/*Busch*, § 313 Rn. 27; *Hess*, Insolvenzrecht, §§ 35, 36 Rn. 1018 und Rn. 1032 ff.; *Brox/Walker*, Zwangsvollstreckungsrecht, § 17 Rn. 558; *Boewer*, Die Lohnpfändung in der betrieblichen Praxis, S. 225; *Bohn*, in: FS Schiedermair, 33, 40; *Busch*, VuR 2015, 272, 273; *Koch*, KTS 2013, 80, 82; *Busch*, ZVI 2013, 303, 306; *Senger/Finke*, ZInsO 2012, 997, 1000 f.; *Laroche*, VIA 2011, 94; *Voit*, NJW 2006, 2225, 2226; *Surminski*, VersR 1971, 1109 f.; *Surminski*, ZfV 1964, 72; *Sieg*, VersR 1956, 743, 745; *Leitsmann*, ZfV 1955, 107; *Möller*, VW 1953, 432, 433; *Hintzen*, WuB VI D. § 850b ZPO 1.08.

577 Uhlenbruck/*Hirte*, § 35 Rn. 208; Prölss/Martin/*Armbrüster*, § 17 Rn. 6.

und gerade nicht von § 850b Abs. 1 Nr. 4 ZPO erfasst werden.[578] § 850b Abs. 1 Nr. 4 ZPO erfasst auch – und gerade – Leistungen aus privaten Krankenversicherungen, unabhängig davon, in welcher Rechtsform sie betrieben werden.[579]

a) Grundsatz

Leistungen privater Krankheitskostenvollversicherer unterliegen dem Schutz des § 850b Abs. 1 Nr. 4 ZPO, wenn sie ausschließlich oder zu einem wesentlichen Teil zu Unterstützungszwecken gewährt werden. Die Leistungen erfolgen zu Unterstützungszwecken, soweit sie der notwendigen Fürsorge des Schuldners im Krankheitsfall dienen.[580] Dies ist der Fall, soweit der Versicherer mit den Leistungen Kosten erstattet, die der Schuldner anlässlich eines Krankheitsfalls tatsächlich aufzuwenden hatte.[581]

In Hinblick auf Krankenversicherungen bezweckt § 850b Abs. 1 Nr. 4 ZPO also nicht weniger – aber auch nicht mehr – als die Sicherstellung der medizinischen Versorgung des Schuldners zu Lebzeiten.[582] Geschützt sind daher insbesondere solche Leistungen, die zur konkreten Deckung eigener Aufwendungen des Versicherungsnehmers anlässlich einer von ihm zu bezahlenden ärztlichen Heilbehandlung erfolgen.[583] Die Versicherungsleistung dient auch dann Unterstützungszwecken,

---

578 MüKoZPO/*Smid*, § 850b Rn. 12; *Stöber*, Forderungspfändung, Rn. 1019; Wieczorek/Schütze/*Lüke*, § 850b Rn. 34; HambKomm/*Lüdtke*, § 35 Rn. 209.

579 BGH NJW-RR 2007, 1510; LG Dortmund RuS 2012, 248, 249; LG Lübeck JW 1937, 2611; LG Dortmund JW 1936, 3204; PG/*Ahrens*, § 850b Rn. 19; Zöller/*Stöber*, § 850b Rn 9; Musielak/Voit/*Becker*, § 850b Rn. 7; MüKoZPO/*Smid*, § 850b Rn. 12; *Gottwald/Mock*, § 850b Rn. 17; Thomas/Putzo/*Seiler*, § 850b Rn. 10; Wieczorek/Schütze/*Lüke*, § 850b Rn. 34; *Baumbach/Lauterbach/Albers/Hartmann*, § 850b Rn. 13; Hk-ZPO/*Kemper*, § 850b Rn. 7; Hk-ZV/*Meller-Hannich*, § 850b Rn. 24; Schuschke/Walker/*Kessal-Wulf/Lorenz*, § 850b Rn. 16; *Stöber*, Forderungspfändung, Rn. 1019; BeckOK ZPO/*Riedel*, § 850b Rn. 31; *Schrandt*, in: Keller, Handbuch Zwangsvollstreckungsrecht, Kap. 3 Rn. 538; *Dörndorfer*, in: Dierck/Morvilius/Vollkommer, 5. Kap. Rn. 258; *Baur/Stürner/Bruns*, Zwangsvollstreckungsrecht Rn. 24.18; Uhlenbruck/*Hirte*, § 35 Rn. 208; HambKomm/*Lüdtke*, § 35 Rn. 209; *Hess*, Insolvenzrecht, §§ 35, 36 Rn. 1018 und Rn. 1033; Prölss/Martin/*Armbrüster*, § 17 Rn. 6; Looschelders/Pohlmann/*Klenk*, § 17 Rn. 19; Langheid/Wandt/*Fausten*, § 17 Rn. 15; Bruck/Möller/*Möller*, 8. Aufl., § 15 Anm. 26; Bruck/Möller/*Wriede*, 8. Aufl., Anm. A 28; *Brox/Walker*, Zwangsvollstreckungsrecht, § 17 Rn. 558; *Bohn*, in: FS Schiedermair, 33, 40; *Boewer*, Die Lohnpfändung in der betrieblichen Praxis, S. 225; *Senger/Finke*, ZInsO 2012, 997, 1001; *Surminski*, ZfV 1964, 72; *Leitsmann*, ZfV 1955, 107; *Möller*, VW 1953, 432, 433.

580 LG Lübeck JW 1937, 2611.

581 Ähnlich Bruck/Möller/*Wriede*, 8. Aufl., Anm. A 28; ähnlich auch LG Dortmund JW 1936, 3204.

582 Ähnlich Bach/Moser/*Sauer*, § 6 MB/KK Rn. 27.

583 BGH VersR 2014, 452; BGH NJW-RR 2007, 1510; KG Berlin Rpfleger 1985, 73, 74; LG Köln NZI 2014, 29, 30; LG Dortmund RuS 2012, 248, 249; LG Köln NZI 2004,

wenn mit ihr Kosten erstattet werden, die der Versicherungsnehmer für vom Arzt verordnete Medikamente oder für medizinische Heil- und Hilfsmittel tatsächlich aufzuwenden hatte.[584]

§ 850b Abs. 1 Nr. 4 ZPO erfasst dabei nicht nur wiederkehrende sondern auch – und gerade – einmalige Leistungen des Krankheitskostenvollversicherers.[585] Dies ergibt sich schon aus dem Wortlaut der Norm. Anders als bei den § 850b Abs. 1 Nr. 1 bis 3 ZPO wurde bei § 850b Abs. 1 Nr. 4 ZPO auf die Begriffe „Rente" und „fortlaufende Einkünfte" verzichtet und vielmehr die Bezeichnung „Bezüge" gewählt.[586] Unter diesen Begriff können neben fortlaufende Einkünfte auch einmalige Leistungen gefasst werden. Außerdem stellt die Einmalleistung die typische Leistungsart privater Krankheitskostenvollversicherer dar. § 850b Abs. 1 Nr. 4 ZPO würde in Hinblick auf private Krankheitskostenvollversicherungen nahezu leer laufen, wäre der Anwendungsbereich auf wiederkehrende Leistungen begrenzt.

---

36 f.; LG Hannover Rpfleger 1995, 511; AG Kiel NZI 2012 30, 31; LG Lübeck JW 1937, 2611; AG Starnberg VersR 1956, 612; *Gottwald/Mock*, § 850b Rn. 17; Hk-ZV/*Meller-Hannich*, § 850b Rn. 24; *Stöber*, Forderungspfändung, Rn. 1019 (Fn. 60); BeckOK ZPO/*Riedel*, § 850b Rn. 31; Schuschke/Walker/*Kessal-Wulf/Lorenz*, § 850b Rn. 16; MüKoInsO/*Peters*, § 35 Rn. 435 (Fn. 788); Bruck/Möller/*Möller*, 8. Aufl., § 15 Anm. 26; Bruck/Möller/*Wriede*, 8. Aufl., Anm. A 28; Looschelders/Pohlmann/*Klenk*, § 17 Rn. 20; *Schrandt*, in: Keller, Handbuch Zwangsvollstreckungsrecht, Kap. 3 Rn. 538; *Brox/Walker*, Zwangsvollstreckungsrecht, § 17 Rn. 558; *Boewer*, Die Lohnpfändung in der betrieblichen Praxis, S. 225; *Bohn*, in: FS Schiedermair, 33, 40; *Leitsmann*, ZfV 1955, 107; *Möller*, VW 1953, 432, 433.

584 KG Berlin Rpfleger 1985, 73, 74; LG Hannover Rpfleger 1995, 511; LG Lübeck JW 1937, 2611; AG Starnberg VersR 1956, 612; *Stöber*, Forderungspfändung, Rn. 1019 (Fn. 60); *Boewer*, Die Lohnpfändung in der betrieblichen Praxis, S. 225.

585 BGH NJW-RR 2007, 1510; KG Berlin Rpfleger 1985, 73; LG Köln NZI 2014, 29, 30; LG Dortmund RuS 2012, 248, 249; LG Lübeck Rpfleger 1993, 207; LG Oldenburg JurBüro 1983, 778, 780; PG/*Ahrens*, § 850b Rn. 19; Zöller/*Stöber*, § 850b Rn. 9; Musielak/Voit/*Becker*, § 850b Rn. 7; MüKoZPO/*Smid*, § 850b Rn. 12; Wieczorek/Schütze/*Lüke*, § 850b Rn. 34; *Baumbach/Lauterbach/Albers/Hartmann*, § 850b Rn. 13; *Stöber*, Forderungspfändung, Rn. 1019; Thomas/Putzo/*Seiler*, § 850b Rn. 10; *Zimmermann*, § 850b Rn. 6; Hk-ZV/*Meller-Hannich*, § 850b Rn. 21; Schuschke/Walker/*Kessal-Wulf/Lorenz*, § 850b Rn. 16; *Gottwald/Mock*, § 850b Rn. 17; Stein/Jonas/*Brehm*, § 850b Rn. 18; BeckOK ZPO/*Riedel*, § 850b Rn. 31; *Schrandt*, in: Keller, Handbuch Zwangsvollstreckungsrecht, Kap. 3 Rn. 538; *Dörndorfer*, in: Dierck/Morvilius/Vollkommer, 5. Kap. Rn. 258; *Baur/Stürner/Bruns*, Zwangsvollstreckungsrecht Rn. 24.18; *Hess*, Insolvenzrecht, §§ 35, 36 Rn. 1018 und Rn. 1033; Prölss/Martin/*Armbrüster*, § 17 Rn. 6; Looschelders/Pohlmann/*Klenk*, § 17 Rn. 19; *Brox/Walker*, Zwangsvollstreckungsrecht, § 17 Rn. 558; *Boewer*, Die Lohnpfändung in der betrieblichen Praxis, S. 225; *Hintzen*, WuB VI D. § 850b ZPO 1.08; anders noch *Baumbach/Lauterbach/Albers/Hartmann*, 43. Aufl., § 850b Anm. 5; *Wieczorek/Schütze*, 2. Aufl., § 850b Anm. B IV.

586 KG Berlin Rpfleger 1985, 73.

Letztendlich werden alle (Einmal-)Leistungen privater Krankheitskostenvollversicherer für medizinisch notwendige Kranken- und Heilbehandlungen (insbesondere Erstattungen von [Zahn-]Arzt- und Krankenhauskosten), für Medikamente und für medizinische Hilfs- und Heilmittel vom Schutz des § 850b Abs. 1 Nr. 4 ZPO erfasst.[587] Diese Leisungen dienen ersichtlich der notwendigen Fürsorge des Schuldners im Krankheitsfall, also seiner medizinischen Versorgung zu Lebzeiten. Sie sind damit zugleich über §§ 36 Abs. 1 S. 1 InsO, 850b Abs. 1 Nr. 4 ZPO vor dem Zugriff des Insolvenzverwalters geschützt.

Nach §§ 192 Abs. 1 VVG, 1 Abs. 2 lit. b MB/KK hat der Krankheitskostenvollversicherer auch die Kosten für ambulante Vorsorgeuntersuchungen zur Früherkennung von Krankheiten nach gesetzlich eingeführten Programmen zu erstatten. Davon werden insbesondere die Kosten der Krebsvorsorge erfasst.[588] Auch wenn es sich dabei nicht um Leistungsansprüche handelt, die anlässlich einer medizinisch notwendigen Heilbehandlung entstehen, weil es sich bei Vorsorgeuntersuchungen nicht um Heilbehandlungen im eigentlichen Sinne handelt, unterliegen auch sie dem Schutz des § 850b Abs. 1 Nr. 4 ZPO. Vorsorgeuntersuchungen dienen dem Zweck, schwere Erkrankungen der versicherten Person, insbesondere Krebsleiden, in einem möglichst frühen Stadium zu erkennen. Die Heilungschancen sind im Falle einer frühzeitigen Feststellung häufig um ein Vielfaches höher. Bei Vorsorgeuntersuchungen handelt sich um Leistungen, die der Heilbehandlung vorgelagert sind und mit dieser in engem Zusammenhang stehen. Die enge Verknüpfung rechtfertigt es, auch Erstattungsansprüche für erfolgte Vorsorgeuntersuchungen i.S.d. §§ 192 Abs. 1 VVG, 1 Abs. 2 lit. b MB/KK dem Schutz des § 850b Abs. 1 Nr. 4 ZPO zu unterstellen.

b) Sonderfälle

Krankenversicherer erbringen nicht nur zu Lebzeiten des Versicherungsnehmers Leistungen für medizinisch notwendige Heilbehandlungen, für Medikamente, für medizinische Hilfs- und Heilmittel sowie für Vorsorgeuntersuchungen i.S.d. §§ 192 Abs. 1 VVG, 1 Abs. 2 lit. b MB/KK, die – wie bereits festgestellt – allesamt dem Schutz der §§ 36 Abs 1. S. 1 InsO, 850b Abs. 1 Nr. 4 ZPO unterliegen. Vielmehr kann der private Krankheitskostenvollversicherer auch Leistungen erbringen, bei denen unklar ist, ob sie ausschließlich oder zu einem wesentlichen Teil zu Unterstützungszwecken gewährt werden. Namentlich handelt es sich dabei um Erstattungsansprüche des Versicherungsnehmers für Heilbehandlungen etc., die vor seinem Tode erfolgt sind, die vom Versicherer aber bis zum Todeseintritt noch nicht erfüllt wurden. Genauer zu betrachten sind auch Sterbegelder aus privaten

587 KG Berlin Rpfleger 1985, 73, 74; LG Dortmund RuS 2012, 248, 249; LG Hannover Rpfleger 1995, 511; AG Starnberg VersR 1956, 612; Prölss/Martin/*Armbrüster*, § 17 Rn. 6; Bruck/Möller/*Johannsen*, § 17 Rn. 7; Bruck/Möller/*Wriede*, 8. Aufl., Anm. A 28; HambKomm/*Lüdtke*, § 35 Rn. 209; *Bohn*, in: FS Schiedermair, 33, 40; *Busch*, ZVI 2013, 303, 306; *Surminski*, ZfV 1964, 72.

588 Bach/Moser/*Kalis*, § 1 MB/KK Rn. 172.

Krankenversicherungen, Beitragsrückvergütungen bei schadenfreiem Verlauf, Prämienrückerstattungen im Falle einer vorzeitigen Vertragsbeendigung und freiwillige Bonusleistungen für besondere Bemühungen des Versicherten um seine Gesundheit.

aa) Noch ausstehende Leistungsansprüche bei Tod des Versicherungsnehmers

Nicht selten geht dem Tod der versicherten Person eine längere Krankheit oder zumindest eine ärztliche Behandlung bzw. ein Krankenhausaufenthalt voraus. In dieser Situation kann es dazu kommen, dass vor dem Todeseintritt ärztliche Leistungen erfolgen, die erst später in Rechnung gestellt werden. Weil der Erstattungsanspruch aus dem Krankenversicherungsvertrag erst fällig wird, wenn dem Versicherer alle erforderlichen Unterlagen, insbesondere Rechnungen, eingereicht wurden, § 6 Abs. 1 MB/KK, erbringt der Versicherer die Leistungen dann erst nach dem Tod des Berechtigten.

Durch die pfändungsfreie Belassung bestimmter Gegenstände und Geldmittel soll in der Regel die Existenz des Schuldners gesichert werden.[589] Weil seine tatsächliche Existenz mit dem Ableben erlischt, endet in diesem Zeitpunkt grds. auch der Pfändungsschutz. Ab dem Todeseintritt bedarf es keiner Existenzsicherung zu Lasten der Gläubiger mehr. Die Pfändungsschutzvorschriften greifen also in der Regel nur, solange der Schuldner noch lebt. Nachlassforderungen sind nur pfändungsgeschützt, wenn sich der Erbe selbst auf Pfändungsschutzvorschriften berufen kann, wenn das Gesetz einen Pfändungsschutz über den Tod des Schuldners hinaus anordnet, etwa § 850a Nr. 7 ZPO, oder in den Fällen der reinen Todesfallversicherungen i.S.d. § 850b Abs. 1 Nr. 4 ZPO.[590] Abgesehen von der Ausnahme der reinen Todesfallversicherungen gewährt § 850b Abs. 1 Nr. 4 ZPO keinen Schutz über den Tod des Schuldners hinaus. Daher werden die nach dem Tod des Schuldners noch ausstehenden Leistungsansprüche gegen private Krankheitskostenvollversicherer nicht vom Schutz der §§ 36 Abs. 1 S. 1 InsO, 850b Abs. 1 Nr. 4 ZPO erfasst.[591] Nach dem Tod des Schuldners noch ausstehende Leistungen des pivaten Krankheitskostenvollversicherers sind vollständig dem Zugriff des Insolvenzverwalters ausgesetzt.

bb) Sterbegeld bei Tod des Versicherungsnehmers

Im Einzelfall kann die Frage aufkommen, ob der Insolvenzverwalter auf Sterbegelder aus privaten Krankheitskostenvollversicherungen (zumindest teilweise) zugreifen kann.

---

589 KG Berlin Rpfleger 1985, 73, 74.

590 KG Berlin Rpfleger 1985, 73, 74.

591 KG Berlin Rpfleger 1985, 73, 74; Schuschke/Walker/*Kessal-Wulf/Lorenz*, § 850b Rn. 16; Stein/Jonas/*Brehm*, § 850b Rn. 19; Zöller/*Stöber*, § 850b Rn. 9; *Stöber*, Forderungspfändung, Rn. 1019; *Goebel*, FoVo 2015, 61, 63; *Wittmann*, EWiR 2014, 355, 356.

Vorab sei darauf hingewiesen, dass diese Frage in der Praxis kaum Bedeutung erlangen dürfte. Versicherungsfall in der privaten Krankheitskostenvollversicherung ist gemäß § 1 Abs. 2 S. 1 MB/KK die medizinisch notwendige Heilbehandlung einer versicherten Person wegen Krankheit oder Unfallfolgen. Anlass für die Zahlung von Sterbegeld ist jedoch der Eintritt des Todes, der in § 1 Abs. 2 S. 1 MB/KK keine Erwähnung findet. Der Eintritt des Todes ist also grds. kein Versicherungsfall in der privaten Krankheitskostenvollversicherung, so dass die Versicherer in der Regel keine Sterbegelder erbringen. Allerdings steht es den Vertragsparteien frei, auch den Tod der versicherten Person als Versicherungsfall zu qualifizieren, in dem sie ausnahmsweise auch für den Todesfall Leistungen vereinbaren, § 1 Abs. 2 S. 4 lit. c MB/KK. Dies setzt aber eine ausdrückliche Vereinbarung voraus.[592] Der private Krankheitskostenvollversicherer leistet Sterbegeld also nur, wenn eine entsprechende vertragliche Vereinbarung i.S.d. § 1 Abs. 2 S. 4 lit. c MB/KK vorliegt. Dies wird meist nicht der Fall sein.

Aber sollten die Vertragsparteien ausnahmsweise die Zahlung eines Sterbegeldes vereinbart haben, kommt die Frage auf, ob diese Leistung dem Zugriff des Insolvenzverwalters ausgesetzt ist oder ob auch sie dem Schutz der §§ 36 Abs. 1 S. 1 InsO, 850b Abs. 1 Nr. 4 ZPO unterliegt. Soweit die Literatur Sterbegelder aus privaten Krankenversicherungen erwähnt, werden sie dem Schutz des § 850b Abs. 1 Nr. 4 ZPO unterstellt.[593] Auch *Armbrüster*[594] und *Prölss*[595] sprechen sich für einen solchen Schutz aus, beschränken diesen jedoch entsprechend der Situation bei reinen Todesfallversicherungen auf einen Betrag von 3.579,– EUR.

Teilweise verweist die Literatur für den Schutz von Sterbegeldern über § 850b Abs. 1 Nr. 4 ZPO auf ein Urteil des LG Lübeck[596] vom 20.8.1937.[597] Das LG Lübeck hat sich in dieser Entscheidung jedoch nicht zu der Frage geäußert, ob Sterbegelder aus privaten Krankenversicherungen dem Pfändungsschutz unterliegen. Gegenstand der Entscheidung war allein die Feststellung, dass Forderungen des Schuldners gegen die Versicherungsgesellschaft auf Erstattung eines bestimmten Hundertsatzes seiner Aufwendungen für seine ärztliche Behandlung, seinen Krankenhausaufenthalt und für Heilmittel über § 850g Nr. 4 ZPO in der Fassung vom 24.10.1934, einer Vorgängernorm des § 850b Abs. 1 Nr. 4 ZPO, geschützt sind.[598] Die Entscheidung des

---

592 Bach/Moser/*Kalis*, § 1 MB/KK Rn. 174.

593 Looschelders/Pohlmann/*Klenk*, § 17 Rn. 20; Musielak/Voit/*Becker*, § 850b Rn. 7; Zöller/*Stöber*, § 850b Rn. 9; *Schrandt*, in: Keller, Handbuch Zwangsvollstreckungsrecht, Kap. 3 Rn. 538; *Boewer*, Die Lohnpfändung in der betrieblichen Praxis, S. 225; *Möller*, VW 1953, 432, 433; wohl auch Wieczorek/Schütze/*Lüke*, § 850b Rn. 34.

594 Prölss/Martin/*Armbrüster*, § 17 Rn. 6.

595 Prölss/Martin/*Prölss*, 28. Aufl., § 17 Rn. 4.

596 LG Lübeck JW 1937, 2611 f.

597 Looschelders/Pohlmann/*Klenk*, § 17 Rn. 20; Zöller/*Stöber*, § 850b Rn. 9; *Boewer*, Die Lohnpfändung in der betrieblichen Praxis, S. 225, der irrtümlich das LG Güstrow nennt, wohl aber die Entscheidung des LG Lübeck meint.

598 LG Lübeck JW 1937, 2611.

Gerichts bezieht sich allein auf Leistungen des Krankenversicherers, die der medizinischen Versorgung des Schuldners zu Lebzeiten dienen. In den Urteilsgründen hat das Gericht nur allgemein festgestellt, dass § 850g Nr. 4 ZPO in der Fassung vom 24.10.1934 sowohl Leistungen aus Krankenkassen bzw. -versicherungen im Krankheitsfall als auch Leistungen aus Sterbekassen in Sterbefällen erfasst. Wie der heutige § 850b Abs. 1 Nr. 4 ZPO, der zwischen Leistungen aus Krankenversicherungen (Krankheitsfälle) und Leistungen aus reinen Todesfallversicherungen (Todesfälle) differenziert, wurde auch im § 850g Nr. 4 ZPO in der Fassung vom 24.10.1934 zwischen Leistungen aus Kranken- (Krankheitsfälle) und Sterbekassen (Sterbefälle) differenziert. Damit hat sich das Gericht aber nicht dafür ausgesprochen, dass auch Sterbegelder aus privaten Krankenversicherungen geschützt sind.

Vereinzelt wird für den Schutz von Sterbegeldern über § 850b Abs. 1 Nr. 4 ZPO auch auf einen Beschluss des LG Oldenburg vom 2.9.1982[599] verwiesen.[600] Aber auch das LG Oldenburg hat sich nicht zu der Frage geäußert, ob Sterbegelder aus privaten Krankheitskostenvollversicherungen dem Pfändungsschutz des § 850b Abs. 1 Nr. 4 ZPO unterliegen. Zwar hat sich das Gericht für eine Anwendbarkeit der Schutzvorschrift auf Einmalleistungen aus privaten Krankenversicherungen ausgesprochen. In Frage stand aber allein die Pfändbarkeit von Versicherungsleistungen, mit denen Arzt- und Zahnarzthonorare, Krankenhauskosten sowie Kosten für Medikamente und Hilfsmittel erstattet wurden. Auch die Pfändbarkeit von Krankenhaustagegeldern war Gegenstand der Entscheidung. In dem Beschluss des LG Oldenburg ging es allein um die Pfändbarkeit von Leistungen, die anlässlich medizinischer Versorgungen des Schuldners zu Lebzeiten erbracht werden. Ob auch im Todesfall fällig werdende Sterbegelder zu Unterstützungszwecken gewährt werden und daher dem Schutz des § 850b Abs. 1 Nr. 4 ZPO unterliegen, hat das Gericht weder ausdrücklich noch beiläufig entschieden. Allein der Feststellung, dass auch Einmalleistungen aus privaten Krankenversicherungen über § 850b Abs. 1 Nr. 4 ZPO geschützt sind, kann die Befürwortung eines Schutzes von Sterbegeldern nicht entnommen werden.

Leistungen aus privaten Krankheitskostenvollversicherungen unterliegen nur dann dem Schutz des § 850b Abs. 1 Nr. 4 ZPO, wenn sie ausschließlich oder zu einem wesentlichen Teil zu Unterstützungszwecken gewährt werden. Dies ist nur dann anzunehmen, wenn sie der Erstattung von Kosten dienen, die dem Schuldner anlässlich eines Krankheitsfalls für Heilbehandlungen, Krankenhausaufenthalte, Medikamente oder medizinische Heil- und Hilfsmittel tatsächlich entstanden sind. Sterbegelder stehen in keinem Zusammenhang mit der medizinischen Versorgung des Schuldners zu Lebzeiten. Sie werden weder anlässlich einer medizinisch notwendigen Heilbehandlung erbracht, noch handelt es sich um die Erstattung von Kosten, die der Schuldner für den Kauf ärztlich verordneter Medikamente bzw. medizinischer Heil- oder Hilfsmittel aufwenden musste. Sie sollen vielmehr die durch das Ableben

599 LG Oldenburg JurBüro 1983, 778 ff.

600 Insbesondere *Schrandt*, in: Keller, Handbuch Zwangsvollstreckungsrecht, Kap. 3 Rn. 538; aber auch Zöller/*Stöber*, § 850b Rn. 9; Musielak/Voit/*Becker*, § 850b Rn. 7.

der versicherten Person entstehenden (Bestattungs-)Kosten ausgleichen, damit diese weder den Hinterbliebenen noch dem Staat zur Last fallen. Damit erfolgen Sterbegelder aber nicht zur Unterstützung des Schuldners zu Lebzeiten. Außerdem endet der Schutz des § 850b Abs. 1 Nr. 4 ZPO – mit Ausnahme der Leistungen aus reinen Todesfallversicherungen – grds. mit dem Tod des Schuldners. Auch dies steht einem Schutz von Sterbegeldern aus privaten Krankenversicherungen über § 850b Abs. 1 Nr. 4 ZPO entgegen.

Zu beachten ist allerdings, dass mit der Vereinbarung von Sterbegeldleistungen aus privaten Krankenversicherungen der gleiche Zweck verfolgt wird wie mit dem Abschluss reiner Todesfallversicherungen i.S.d. § 850b Abs. 1 Nr. 4 ZPO. Wie die Leistungen aus reinen Todesfallversicherungen sollen auch Sterbegelder aus Krankenversicherungen (zumindest teilweise) die mit dem Tod der versicherten Person anfallenden (Bestattungs-)Kosten abdecken.

Hat der Schuldner mit dem Abschluss einer reinen Todesfallversicherung für sein eigenes Ableben vorgesorgt, ist die Versicherungsleistung bis zu einer Höhe von 3.579,– EUR dem Gläubigerzugriff entzogen, damit der Schuldner angemessen bestattet werden kann, ohne dass die Hinterbliebenen in finanzielle Not geraten, weil sie diese Kosten aufbringen müssen. Zudem sollen Armenbestattungen auf Staatskosten vermieden werden. Vom Wortlaut des § 850b Abs. 1 Nr. 4 ZPO werden zwar ausschließlich Leistungen aus Lebensversicherungen in Form der reinen Todesfallversicherung erfasst. Weil Sterbegelder aus Krankenversicherungen aber dem gleichen Zweck dienen wie Sterbegelder aus reinen Todesfallversicherungen und der Schuldner auch bei Krankenversicherungen auf die Sterbegeldleistung zu Lebzeiten nicht zugreifen kann, eine Leistung des Versicherers bei dieser Leistungsart also ausschließlich im Todesfall erfolgt, ist die Interessenlage vergleichbar. Auch eine Regelungslücke liegt vor, weil Sterbegelder nicht zu Unterstützungszwecken des Schuldners zu Lebzeiten gewährt und somit nicht von § 850b Abs. 1 Nr. 4 ZPO erfasst werden. Der Regelungslücke steht auch nicht die Existenz des § 850i Abs. 1 S. 1 Alt. 2 ZPO entgegen. Zwar ist der Anwendungsbereich der Norm weit auszulegen. Sie erfasst aber nur Einkünfte des Schuldners, die seinem Lebensunterhalt, d.h. seiner Existenzsicherung dienen. Dies ist bei Todesfallleistungen nicht der Fall, weshalb der Anwendungsbereich des § 850i Abs. 1 S. 1 Alt. 2 ZPO insoweit nicht eröffnet ist. Diese Regelungslücke ist auch als planwidrig einzustufen. Etwaige Sterbegelder aus privaten Krankenversicherungen wurden schlichtweg übersehen, was insbesondere daran liegen mag, dass die mit dem eigenen Ableben anfallenden Kosten regelmäßig nicht über private Kranken-, sondern über reine Todesfallversicherungen abgedeckt werden. Hat ein Schuldner die mit seinem Tod anfallenden Kosten aber ausnahmsweise über eine Sterbegeldleistung aus einer privaten Krankenversicherung abgesichert, kann hinsichtlich des Pfändungsschutzes nichts anderes gelten als beim Vorliegen einer reinen Todesfallversicherung. In beiden Fällen will der Schuldner mit der Sterbegeldleistung seine angemessene Bestattung sicherstellen und vermeiden, dass seine Hinterbliebenen durch die Übernahme der (Bestattungs-)Kosten in finanzielle Not geraten. Auch will er eine Armenbestattung auf Staatskosten verhindern. Es wäre daher kaum verständlich, wenn Sterbegelder aus privaten Krankenversicherungen vollstreckungsrechtlich anders zu behandeln wären als Sterbegelder aus reinen Todesfallversicherungen.

Daher sind Sterbegelder aus privaten Krankenversicherungen analog § 850b Abs. 1 Nr. 4 ZPO bis zu einem Betrag von 3.579,– EUR dem Gläubigerzugriff entzogen. Im Insolvenzverfahren sind Sterbegelder aus privaten Krankheitskostenvollversicherungen analog §§ 36 Abs. 1 S. 1 InsO, 850b Abs. 1 Nr. 4 ZPO massefrei, soweit die Leistung den Betrag von 3.579,– EUR nicht übersteigt. Eine Billigkeitsentscheidung über §§ 36 Abs. 1 S. 2 InsO, 850b Abs. 2 ZPO scheidet nach hier vertretener Ansicht bei Einmalleistungen aus,[601] so dass immer ein Betrag von 3.579,– EUR geschützt ist. Ist der Schuldner Inhaber mehrerer Versicherungsverträge, die Todesfallleistungen vorsehen (Lebens-, Kranken- und Unfallversicherungen[602]), sind die jeweiligen Versicherungssummen auf Antrag analog § 850e Nr. 2 ZPO zusammenzurechnen.[603] Soweit die dadurch gebildete Gesamtversicherungssumme den Betrag von 3.579,– EUR übersteigt, kann der Insolvenzverwalter auf sie zugreifen.

cc) Beitragsrückvergütungen während der Vertragslaufzeit

Private Krankenversicherer gewähren häufig erfolgsabhängige (und in seltenen Fällen auch erfolgsunabhängige) Betragsrückvergütungen, wenn ein Versicherungsnehmer im gesamten Versicherungsjahr keine Leistungen in Anspruch genommen hat, der Vertrag also das gesamte Jahr über schadenfrei verlaufen ist. Die Rückvergütung beläuft sich dabei meist auf einen oder mehrere Monatsbeiträge.

In den seltenen Fällen der erfolgsunabhängigen Beitragsrückvergütung hat der Versicherungsnehmer einen vertraglich gesicherten, d.h. in den Allgemeinen Versicherungsbedingungen festgeschriebenen Anspruch auf teilweise Prämienrückgewähr, sollte er das gesamte Versicherungsjahr über keine Leistungen aus dem Vertrag bezogen haben. Dieser Anspruch besteht unabhängig vom Geschäftsergebnis des Versicherers. Im Regelfall der erfolgsabhängigen Beitragsrückvergütung führt allein die Schadenfreiheit des Vertrages noch nicht zu einem Anspruch auf teilweise Prämienrückgewähr. Vielmehr entscheidet der Versicherer von Jahr zu Jahr anhand des jeweiligen Geschäftsergebnisses aufs Neue, ob Beiträge an Versicherungsnehmer schadenfreier Verträge rückvergütet werden. Ausschlaggebend ist dabei insbesondere die Frage, ob ausreichend Überschüsse erwirtschaftet wurden. Der Versicherungsnehmer hat also keinen generellen Anspruch auf eine Rückvergütung im Falle der Schadenfreiheit seines Vertrages. Bei der erfolgsabhängigen Rückvergütung handelt es sich vielmehr um eine freiwillige Leistung des Krankenversicherers.

Erhält ein insolventer Versicherungsnehmer eine erfolgsabhängige oder erfolgsunabhängige Beitragsrückvergütung von seinem Krankheitskostenvollversicherer,

---

601 § 4, A., I., 1., d), aa) – S. 71 ff.

602 Zu Todesfallleistungen aus Unfallversicherungen: § 4, D., VI. – S. 199 ff.

603 Zur Zusammenrechnung mehrerer Lebensversicherungen: § 4, A., I., 1., e), bb) – S. 83 ff.

kann der Insolvenzverwalter vollumfänglich auf diese Leistung zugreifen. Sie unterliegt nicht dem Schutz der §§ 36 Abs. 1 S. 1 InsO, 850b Abs. 1 Nr. 4 ZPO, weil Beitragsrückvergütungen in keinem Zusammenhang mit der medizinischen Versorgung des Schuldners stehen. Weder erfolgen sie anlässlich einer medizinisch notwendigen Heilbehandlung oder einer geschützten Vorsorgeuntersuchung, noch handelt es sich um die Erstattung von Kosten, die dem Versicherungsnehmer für den Kauf ärztlich verordneter Medikamente bzw. medizinischer Heil- oder Hilfsmittel entstanden sind. Mangels Anwendbarkeit des § 850b Abs. 1 Nr. 4 ZPO sind Beitragsrückvergütungen privater Krankheitskostenvollversicherer daher vollumfänglich pfändbar und somit im Insolvenzverfahren vollständig massezugehörig.[604]

Zu beachten ist, dass Beitragsrückvergütungen nicht zwingend in Form von Barauszahlungen erfolgen, sondern teilweise auch in Form von Beitragssenkungen. Im zweitgenannten Fall hat der Schuldner keinen Anspruch auf Auszahlung, sondern nur darauf, dass die Rückvergütung mit zukünftig fällig werdenden Prämienansprüchen verrechnet wird. Der Versicherungsnehmer hat in diesem Fall also keinen Zahlungsanspruch gegen den Krankenversicherer, sondern einen Anspruch auf zumindest teilweise Freistellung von der Prämienverbindlichkeit. Aber auch hierauf kann der Insolvenzverwalter zugreifen, denn Freistellungsansprüche wandeln sich in seiner Hand in massezugehörige Zahlungsansprüche um.[605] Etwas anderes gilt nur, wenn der Insolvenzschuldner und der Schuldner des Befreiungsanspruchs dem Drittgläubiger gegenüber gesamtschuldnerisch haften[606] oder wenn die Unpfändbarkeit des Freistellungsanspruchs, §§ 851 Abs. 1 ZPO, 399 Alt. 1 BGB, gerade dem Schutz des Insolvenzschuldners dient.[607] Hinsichtlich des Anspruchs gegen den Krankenversicherer auf teilweise Freistellung von der Prämienverbindlichkeit greifen beide Ausnahmen nicht ein. Dass der Versicherungsnehmer seine Prämien für die private Krankenversicherung auch während des Insolvenzverfahrens weiterhin entrichten kann, wird über §§ 36 Abs. 1 S. 1 InsO, 850e Nr. 1 lit. b

---

604 AG Starnberg VersR 1956, 612; A/G/R-*Ahrens*, § 35 Rn. 85; Looschelders/Pohlmann/*Klenk*, § 17 Rn. 20; Bruck/Möller/*Wriede*, 8. Aufl., Anm. A 28; Stein/Jonas/*Brehm*, § 850b Rn. 18 (Fn. 83); *Boewer*, Die Lohnpfändung in der betrieblichen Praxis, S. 225; *Laroche*, VIA 2011, 94.

605 BGH NJW-RR 2001, 1490, 1491; BGH NJW 1994, 49, 50; BGHZ 57, 78, 81 = NJW 1971, 2218; RGZ 139, 315, 321; RGZ 93, 209, 212; RGZ 81, 250, 251; OLG Frankfurt a.M. ZinsO 2005, 1274, 1276; A/G/R-*Ahrens*, § 35 Rn. 101; MüKoInsO/*Peters*, § 35 Rn. 399; HambKomm/*Lüdtke*, § 35 Rn. 165; KPB/*Holzer*, § 35 Rn. 79; Nerlich/Römermann/*Andres*, § 35 Rn. 45; Uhlenbruck/*Hirte*, § 35 Rn. 162; Jaeger/*Henckel*, KO, 9. Aufl., § 1 Rn. 88; *Kilger/Schmidt*, § 1 KO Anm. 2 E d; *Häsemeyer*, Insolvenzrecht, Rn. 9.13; *Bergmann*, VersR 1981, 512, 515; a.A. *Kretschmer*, Der Schuldbefreiungsanspruch im Konkurs des Befreiungsgläubigers, S. 62.

606 OLG Hamburg ZIP 1994, 477, 478; MüKoInsO/*Peters*, § 35 Rn. 401; HambKomm/*Lüdtke*, § 35 Rn. 165; Uhlenbruck/*Hirte*, § 35 Rn. 164; *Häsemeyer*, Insolvenzrecht, Rn. 9.13.

607 BGH NJW-RR 2001, 1490, 1491.

ZPO hinreichend sichergestellt.[608] Eines darüber hinausgehenden Schutzes bedarf es nicht. Der Insolvenzverwalter kann somit auf den Freistellungsanspruch gegen den Krankenversicherer zugreifen.

dd) Prämienrückerstattungen bei vorzeitiger Vertragsbeendigung

Wird eine private Krankheitskostenvollversicherung vorzeitig beendet, erfolgt die Prämienabrechnung nach dem Grundsatz „pro rata temporis", §§ 39 VVG, 8 Abs. 8 MB/KK, d.h. dem Versicherer gebührt nur der Teil der Prämie, der dem anteilig getragenen Risiko entspricht.[609] Die Abrechnung „pro rata temporis" führt dazu, dass dem Versicherungsnehmer im Falle der vorzeitigen Vertragsbeendigung bereits gezahlte, aber nicht verbrauchte Prämienanteile zurückerstattet werden. Auch auf diese Leistungen kann der Insolvenzverwalter vollumfänglich zugreifen. Wie Beitragsrückvergütungsansprüche im Falle der Schadenfreiheit des Vertrages unterliegen auch Prämienrückerstattungsansprüche bei vorzeitiger Vertragsbeendigung nicht dem Schutz der §§ 36 Abs. 1 S. 1 InsO, 850b Abs. 1 Nr. 4 ZPO.[610]

Auch Prämienrückerstattungen erfolgen ersichtlich nicht zu Unterstützungszwecken i.S.d. § 850b Abs. 1 Nr. 4 ZPO. Wie Beitragsrückvergütungen dienen auch Prämienrückerstattungen nicht der notwendigen Fürsorge des Schuldners im Krankheitsfall. Weder erfolgen die Leistungen anlässlich medizinisch notwendiger Heilbehandlungen oder geschützter Vorsorgeuntersuchungen i.S.d. §§ 192 Abs. 1 VVG, 1 Abs. 2 lit. b MB/KK. Noch handelt es sich um die Erstattung von Medikamentenkosten oder von Kosten für medizinische Heil- bzw. Hilfsmittel. Mangels Anwendbarkeit der §§ 36 Abs. 1 S. 1 InsO, 850b Abs. 1 Nr. 4 ZPO sind auch Prämienrückerstattungen vollumfänglich dem Zugriff des Insolvenzverwalters ausgesetzt.

ee) Freiwillige Bonusleistungen

Gesetzliche Krankenversicherungen gewähren ihren Versicherten häufig Bonusleistungen, wenn diese freiwillig an bestimmten Behandlungsprogrammen, wie bspw. Gesundheits- oder Sportkursen, teilnehmen. Dabei handelt es sich um Programme, durch welche die Gesundheit der Versicherten gefördert werden soll. Im Ergebnis erhoffen sich die Krankenkassen von der freiwilligen Teilnahme sinkende Gesundheitsausgaben. Für die Teilnahme erhalten die Versicherten in gewissen Abständen, meist quartalsweise, freiwillige Bonusleistungen, häufig in Form von Geldzahlungen. Der Großteil der privaten Krankenversicherer hat derartige Bonusprogramme bisher zwar nicht eingeführt. Der Wettbewerb kann aber durchaus dazu führen, dass auch die privaten Versicherer eines Tages Bonusleistungen in Aussicht

---

608 § 7, B., II. – S. 351.

609 *Schimikowski*, Versicherungsvertragsrecht, Rn. 169; *Meixner/Steinbeck*, Allgemeines Versicherungsvertragsrecht, § 6 Rn. 40; *Wandt*, Versicherungsrecht, Rn. 500.

610 Bruck/Möller/*Wriede*, 8. Aufl., Anm. A 28.

stellen werden, wenn die Versicherten zur Förderung ihrer Gesundheit freiwillig an bestimmten Behandlungsprogrammen teilnehmen.

Sollte ein Versicherungsnehmer freiwillige Bonuszahlungen von seinem privaten Krankenversicherer für die Teilnahme an einem Behandlungsprogramm erhalten, unterliegen diese nicht dem Schutz der §§ 36 Abs. 1 S. 1 InsO, 850b Abs. 1 Nr. 4 ZPO.[611] Es handelt sich dabei ersichtlich nicht um Leistungen, die ausschließlich oder zu einem wesentlichen Teil zu Unterstützungszwecken gewährt werden. Der Versicherer erbringt die Bonuszahlungen nicht als Ersatz für Kosten, die dem Versicherungsnehmer anlässlich medizinisch notwendiger Heilbehandlungen oder geschützter Vorsorgeuntersuchungen i.S.d. §§ 192 Abs. 1 VVG, 1 Abs. 2 lit. b MB/KK entstanden sind. Auch dienen die Bonuszahlungen nicht dem Ersatz tatsächlich angefallener Medikamentenkosten oder Kosten für medizinische Heil- bzw. Hilfsmittel. Die Bonusleistungen für die freiwillige Teilnahme an gesundheitsfördernden Programmen erfolgen allein als Anerkennung für besondere Bemühungen des Versicherten um seine Gesundheit.[612] Damit werden sie eindeutig nicht zu Unterstützungszwecken i.S.d. § 850b Abs. 1 Nr. 4 ZPO gewährt.

Erhält der insolvente Versicherungsnehmer aufgrund seiner freiwilligen Teilnahme an einem Behandlungsprogramm eine Bonusleistung seines privaten Krankenversicherers, kann der Insolvenzverwalter auf diese Leistung vollumfänglich zugreifen. Sie unterliegt nicht dem Schutz der §§ 36 Abs. 1 S. 1 InsO, 850b Abs. 1 Nr. 4 ZPO.

c) *Billigkeitsentscheidung, §§ 36 Abs. 1 S. 2 InsO, 850b Abs. 2 ZPO*

Weil Leistungen aus privaten Krankheitskostenvollversicherungen über die §§ 36 Abs. 1 S. 1 InsO, 850b Abs. 1 Nr. 4 ZPO vor dem Zugriff des Insolvenzverwalters geschützt sind, kommt die Frage auf, ob sie im Einzelfall auf Antrag gemäß §§ 36 Abs. 1 S. 2 InsO, 850b Abs. 2 ZPO zumindest teilweise für massezugehörig erklärt werden können. An anderer Stelle wurde bereits darauf hingewiesen,[613] dass der IX. Zivilsenat des BGH auch § 850b Abs. 2 ZPO über § 36 Abs. 1 S. 2 InsO für im Insolvenzverfahren anwendbar erklärt hat.[614]

Allerdings scheidet eine Massezugehörigkeit von Einmalleistungen aus privaten Krankheitskostenvollversicherungen durch Billigkeitsentscheidung gemäß §§ 36 Abs. 1 S. 2 InsO, 850b Abs. 2 ZPO aus, weil § 850b Abs. 2 ZPO nach hier vertretener Auffassung aufgrund einer teleologischen Reduktion nur auf solche Leistungen des § 850b Abs. 1 ZPO anwendbar ist, die Renten oder rentenähnliche Bezüge

---

611 AG Hanau ZVI 2007, 368, 369; PG/*Ahrens*, § 850b Rn. 19; *Gottwald/Mock*, § 850b Rn. 17.

612 AG Hanau ZVI 2007, 368, 369.

613 § 4, B., I., 2., b) – S. 146.

614 BGH NJW-RR 2010, 474 ff.

darstellen.[615] Diesbezüglich wird auf die Ausführungen zu Einmalleistungen aus Todesfallversicherungen i.S.d. § 850b Abs. 1 Nr. 4 ZPO verwiesen.[616] Die dortigen Ausführungen gelten für Einmalleistungen aus privaten Krankheitskostenvollversicherungen entsprechend.

Einmalleistungen aus privaten Krankheitskostenvollversicherungen sind mangels Anwendbarkeit des § 850b Abs. 2 ZPO über die §§ 36 Abs. 1 S. 1 InsO, 850b Abs. 1 Nr. 4 ZPO immer vollumfänglich dem Zugriff des Insolvenzverwalters entzogen.

II. Krankentagegeldversicherungen

Krankentagegeldversicherer ersetzen dem Versicherungsnehmer keine Kosten, die diesem anlässlich einer ärztlichen Heilbehandlung tatsächlich entstanden sind (Arzt-, Krankenhaus- und Medikamentenkosten sowie Kosten für medizinische Heil- und Hilfsmittel). Dies ist Aufgabe der Krankheitskostenvollversicherung. Vielmehr ersetzt der Krankentagegeldversicherer den in Folge krankheitsbedingter Arbeitsunfähigkeit erlittenen Verdienstausfall in Höhe des vereinbarten Tagegegeldes, §§ 192 Abs. 5 VVG, 1 Abs. 1 MB/KT, unabhängig davon, ob dem Versicherungsnehmer tatsächlich ein Schaden entstanden ist oder nicht.[617]

1. §§ 36 Abs. 1 S. 1 InsO, 850 Abs. 3 lit. b ZPO

Teile der Literatur unterstellen Krankentagegelder dem Schutz der §§ 36 Abs. 1 S. 1 InsO, 850 Abs. 3 lit. b ZPO, in dem Tagegeldleistungen als Versorgungsrenten qualifiziert werden.[618] Danach wären Krankentagegelder nur wie Arbeitseinkommen

---

615 § 4, A., I., 1., d), aa) – S. 71 ff.; a.A. BGH VersR 2014, 452 (IV. Zivilsenat) und BGH NJW-RR 2007, 1510, 1511 (VII. Zivilsenat), nach denen § 850b Abs. 2 ZPO auch auf Einmalleistungen aus privaten Krankheitskostenvollversicherungen anwendbar sein soll. Allerdings entspreche es nicht der Billigkeit i.S.d. § 850b Abs. 2 ZPO, dass Gläubiger des Schuldners auf (zukünftige) Erstattungsleistungen des Krankheitskostenvollversicherers zugreifen dürfen, die ausschließlich der Abdeckung neu entstandener tatsächlicher krankheitsbedingter Aufwendungen dienen; zustimmend HambKomm/*Lüdtke*, § 35 Rn. 209; für die Anwendbarkeit des § 850b Abs. 2 ZPO im Rahmen von privaten Krankenversicherungen auch *Rauscher*, VersR 2014, 295, 298.

616 § 4, A., I., 1., d), aa) – S. 71 ff.

617 *Commer*, in: van Bühren, Handbuch Versicherungsrecht, § 17 Rn. 602 f.

618 Musielak/Voit/*Becker*, § 850 Rn. 13; *Zimmermann*, § 850 Rn. 7; BeckOK ZPO/*Riedel*, § 850 Rn. 33; *Berner*, Rpfleger 1957, 193, 197, der vom „Tagegeld in der Krankenversicherung“ spricht und damit vermutlich beide Arten der Tagegelder meint, d.h. Krankentagegelder und Krankenhaustagegelder; ebenso Bruck/Möller/*Möller*, 8. Aufl., § 15 Anm. 22 und *Möller*, VW 1953, 432, bei dem ebenfalls nur vom „Tagegeld in der Krankenversicherung“ die Rede ist, der aber vermutlich ebenfalls beide Formen meint. Gleiches gilt für *Stöber*, Forderungspfändung, Rn. 893; Schuschke/Walker/*Kessal-Wulf/Lorenz*, § 850 Rn. 16; Stein/Jonas/*Brehm*,

massezugehörig, d.h. insbesondere nur, soweit sie die Pfändungsfreibeträge des § 850c ZPO übersteigen.

Aufgrund des in persönlicher und sachlicher Hinsicht begrenzten Anwendungsbereichs kommt dem Schutz der §§ 36 Abs. 1 S. 1 InsO, 850 Abs. 3 lit. b ZPO in Hinblick auf Krankentagegeldversicherungen jedoch kaum Bedeutung zu.

Der persönliche Anwendungsbereich des § 850 Abs. 3 lit. b ZPO ist auf abhängig Beschäftigte beschränkt,[619] so dass Krankentagegelder von Selbständigen und Freiberuflern von vornherein keinen Schutz über die o.g. Vorschriften genießen können. Krankentagegeldversicherungen werden aber gerade von Selbständigen und Freiberuflern abgeschlossen.

Dies basiert auf dem Hintergrund, dass die Leistungen aus Krankentagegeldversicherungen allein dem Ausgleich krankheitsbedingter Verdienstausfälle dienen, §§ 192 Abs. 5 VVG, 1 Abs. 1 MB/KT. Arbeitnehmer haben gemäß § 3 Abs. 1 S. 1 EFZG innerhalb der ersten sechs Wochen ihres krankheitsbedingten Ausfalls in der Regel einen Anspruch gegen ihren Arbeitgeber auf Entgeltfortzahlung. Arbeitnehmer werden in den ersten sechs Wochen ihres krankheitsbedingten Ausfalls also grds. so gestellt, als hätten sie gearbeitet,[620] d.h. sie beziehen grds. das volle Gehalt weiter, § 4 Abs. 1 EFZG.[621] Innerhalb dieses Zeitraums haben sie daher keine Verdienstausfälle aufgrund ihrer Erkrankung zu verzeichnen, die sie mittels einer Krankentagegeldversicherung absichern müssten. Für die Zeit der Entgeltfortzahlung, d.h. innerhalb der ersten 42 Tage, besteht daher in der Regel kein Versicherungsschutz aus Krankentagegeldversicherungen.

Im Anschluss an die Entgeltfortzahlung hat ein gesetzlich krankenversicherter Arbeitnehmer einen Anspruch gegen seine Krankenversicherung auf Zahlung von Krankengeld, §§ 44 ff. SGB V. Auch mit dem Ende der Entgeltfortzahlung, d.h. ab dem 43. Tag der krankheitsbedingten Arbeitsunfähigkeit, bricht dem gesetzlich krankenversicherten Arbeitnehmer das Einkommen nicht vollständig weg. Für die Zeit ab dem 43. Tag kann ein Arbeitnehmer aber durchaus ein Interesse an einer Krankentagegeldversicherung haben. Gemäß § 47 Abs. 1 S. 1 SGB V beträgt das Krankengeld lediglich 70 % des erzielten regelmäßigen Arbeitsentgelts und

---

§ 850 Rn. 47 („Tagegelder aus Krankenversicherungen") und *Brox/Walker*, Zwangsvollstreckungsrecht, § 17 Rn. 547 („Krankentagegeld für Verdienstausfall"); wohl auch *Surminski*, ZfV 1964, 72, 73; unklar *Bohn*, in: FS Schiedermair, 33, 40, der auf Krankentagegelder die „Vorschriften über die Pfändbarkeit des Arbeitseinkommens" anwenden will. Welche Vorschriften er konkret meint, wird nicht deutlich. Eine direkte Anwendung der §§ 850 Abs. 1, 850c ZPO kommt nicht in Betracht, weil es sich bei Leistungen aus Krankentagegeldversicherungen ersichtlich nicht um Arbeitseinkommen handelt. Krankentagegeldern kommt lediglich Einkommensersatzfunktion zu. Ob *Bohn* eine Anwendung des § 850 Abs. 3 lit. b ZPO präferiert, bleibt offen.

619 § 4, A., II., 1., a) – S. 98 f.

620 *Schmitt*, § 4 EFZG, Rn. 28; *Löwisch/Caspers/Klumpp*, Arbeitsrecht, § 11 Rn. 453.

621 *Schmitt*, § 4 EFZG, Rn. 28.

Arbeitseinkommens (Bruttoeinkommen), soweit es der Beitragsberechnung unterliegt, gemäß § 47 Abs. 1 S. 2 SGB V aber maximal 90 % des Nettoarbeitsentgelts.[622] Das Krankengeld aus der gesetzlichen Krankenversicherung ist damit geringer als das zuletzt erzielte Arbeitseinkommen, insbesondere wird das Gehalt nur bis zur Beitragsbemessungsgrenze berücksichtigt. Zu berücksichtigen ist auch, dass vom Krankengeld noch die Sozialversicherungsbeiträge abzuziehen sind. Ab dem 43. Tag haben also auch Arbeitnehmer durchaus Verdienstausfälle zu verzeichnen, insbesondere Besserverdiener mit einem Arbeitseinkommen oberhalb der Beitragsbemessungsgrenze. Für einzelne Arbeitnehmer kann es daher durchaus sinnvoll sein, die Differenz zwischen dem Krankengeld und dem zuletzt erzielten Einkommen mittels einer Krankentagegeldversicherung abzudecken. Dennoch ist es eher die Ausnahme, dass abhängig Beschäftigte Leistungen aus Krankentagegeldversicherungen zur Kompensation krankheitsbedingt weggefallenen Arbeitseinkommens beziehen.

Ganz anders verhält es sich hingegen bei Selbständigen und Freiberuflern, sofern sie nicht in der gesetzlichen Krankenversicherung versichert sind und somit im Krankheitsfall keinen Anspruch auf Zahlung eines Krankengeldes haben. Bei ihnen entstehen ab dem ersten Tag des krankheitsbedingten Ausfalls Verdiensteinbußen. Dies in der Regel in voller Höhe. Sie sind daher häufig von Beginn an auf Leistungen aus privaten Versicherungsverträgen angewiesen, welche die krankheitsbedingten Verdienstausfälle ausgleichen. Für den Fall der nur vorübergehenden Arbeitsunfähigkeit sichert ein Selbständiger bzw. Freiberufler die erlittenen Verdienstausfälle häufig mittels einer Krankentagegeldversicherung ab, wobei die Zahlungen meist nicht bereits am ersten Krankheitstag beginnen, denn je früher die Zahlung des Versicherers einsetzt, desto höher ist das von ihm getragene Risiko und dementsprechend auch die Prämie.

Es bleibt festzuhalten: Krankentagegelder werden in der Regel nicht von abhängig Beschäftigten, sondern von Selbständigen und Freiberuflern bezogen. Aufgrund des beschränkten persönlichen Anwendungsbereichs können sich diese jedoch nicht auf den Schutz der §§ 36 Abs. 1 S. 1 InsO, 850 Abs. 3 lit. b ZPO berufen.

In sachlicher Hinsicht werden zwar insbesondere solche Rentenleistungen geschützt, die anlässlich des vollständigen Ausscheidens aus dem Dienst- oder Arbeitsverhältnis begründet werden,[623] was bei Krankentagegeldern in der Regel nicht der Fall ist. Geschützt sind aber auch solche Rentenleistungen, die teilweise weggefallenes Arbeitseinkommen ersetzen und damit unzureichende Versorgungsbezüge ergänzen sollen.[624] Auch diese Leistungen dienen der Versorgung des Schuldners. Dies ist bei Krankentagegeldern allerdings nur der Fall, wenn sie nach dem Ende der Entgeltfortzahlung bezogen werden. Bis zu diesem Zeitpunkt hat der Schuldner keine Einkommenseinbußen zu verzeichnen, so dass den Krankentagegeldern

---

622 Zur Berechnung des Krankengeldes aus der gesetzlichen Krankenversicherung: *Schmidt*, in: Peters, Handbuch der Krankenversicherung, § 47 SGB V Rn. 14 ff.

623 § 4, A., II., 1., b), bb) – S. 100 f.

624 § 4, A., II., 1., b), bb) – S. 100 f.

(noch) keine Einkommensersatzfunktion zukommt. Bezieht ein abhängig Beschäftigter Krankentagegeld, unterliegt dies also nur dem Schutz des § 850 Abs. 3 lit. b ZPO, wenn es nach dem Ende der Entgeltfortzahlung erbracht wird und soweit es die Differenz zwischen dem Krankengeld der gesetzlichen Krankenversicherung und dem eigentlichen Gehalt ausgleichen soll. Nur dann und nur in diesem Umfang tritt das Krankentagegeld an die Stelle weggefallenen Arbeitseinkommens und dient damit der Versorgung des Schuldners.

2. §§ 36 Abs. 1 S. 1 InsO, 850b Abs. 1 Nr. 4 ZPO

Nach weit verbreiteter Auffassung werden Krankentagegelder zu Unterstützungszwecken gewährt, so dass sie – teilweise neben dem Schutz über §§ 36 Abs. 1 S. 1 InsO, 850 Abs. 3 lit. b ZPO, der dann zurücktreten dürfte – (auch) dem Schutz der §§ 36 Abs. 1 S. 1 InsO, 850b Abs. 1 Nr. 4 ZPO unterstellt werden.[625]

Dem ist jedoch entgegenzuhalten, dass vom Schutz der §§ 36 Abs. 1 S. 1 InsO, 850b Abs. 1 Nr. 4 ZPO nur Leistungen erfasst werden, die ausschließlich oder zu einem wesentlichen Teil zu Unterstützungszwecken gewährt werden. Dies ist bei Leistungen aus privaten Krankenversicherungen nur dann anzunehmen, wenn sie der Erstattung von Kosten dienen, die der Schuldner anlässlich eines Krankheitsfalls tatsächlich aufzuwenden hatte.[626] § 850b Abs. 1 Nr. 4 ZPO bezweckt in Hinblick auf Leistungen aus privaten Krankenversicherungen nicht weniger – aber auch nicht mehr – als die Sicherstellung der medizinischen Versorgung des Schuldners. Damit eine Leistung des Krankenversicherers dem Schutz des § 850b Abs. 1 Nr. 4 ZPO unterliegt, muss sie also zur Deckung eigener Aufwendungen des Versicherungsnehmers anlässlich einer von ihm zu bezahlenden ärztlichen Heilbehandlung bestimmt sein oder dem Ersatz angefallener Medikamentenkosten bzw. Kosten für

---

625 OLG Karlsruhe VersR 2013, 172; *Tschersich*, in: Beckmann/Matusche-Beckmann, § 45 Rn. 70; A/G/R-*Ahrens*, § 35 Rn. 86; Musielak/Voit/*Becker*, § 850b Rn. 7; Hk-ZV/*Meller-Hannich*, § 850b Rn. 24; MüKoInsO/*Peters*, § 35 Rn. 435 (Fn. 788); Bruck/Möller/*Möller*, 8. Aufl., § 15 Anm. 26; Bruck/Möller/*Wriede*, 8. Aufl., Anm. A 28; *Schrandt*, in: Keller, Handbuch Zwangsvollstreckungsrecht, Kap. 3 Rn. 538; *Laux*, jurisPR-VersR 1/2013 Anm. 2; *Surminski*, ZfV 1964, 72; *Leitsmann*, ZfV 1955, 107; *Möller*, VW 1953, 432, 433; differenzierend Prölss/Martin/*Armbrüster*, § 17 Rn. 6; so auch Bruck/Möller/*Johannsen*, § 17 Rn. 7; einschränkend auch *Stöber*, Forderungspfändung, Rn. 1019; *Brox/Walker*, Zwangsvollstreckungsrecht, § 17 Rn. 558; *Boewer*, Die Lohnpfändung in der betrieblichen Praxis, S. 225; Stein/Jonas/*Brehm*, § 850b Rn. 19; *Köke*, VIA 2009, 22, 23, nach denen Krankentagegelder nur über § 850b Abs. 1 Nr. 4 ZPO geschützt sein sollen, soweit sie den Verdienstausfall bis zur Pfändungsfreigrenze (§§ 850c, 850d ZPO) abdecken. Soweit die Krankentagegelder die Pfändungsfreigrenze übersteigen, sollen sie nicht mehr dem Schutz des § 850b Abs. 1 Nr. 4 ZPO unterliegen und damit – wohl unabhängig von einer Billigkeitsentscheidung zu Lasten des Schuldners nach § 850b Abs. 2 ZPO – pfändbar sein.

626 § 4, C., I., 4., a) – S. 163 ff.

Heil- oder Hilfsmittel dienen. Dies ist bei Leistungen aus Krankentagegeldversicherungen ersichtlich nicht der Fall.

Gemäß §§ 192 Abs. 5 VVG, 1 Abs. 1 MB/KT ersetzt der Krankentagegeldversicherer den als Folge von Krankheit oder Unfall durch Arbeitsunfähigkeit verursachten Verdienstausfall. Die Zweckbestimmung der Leistungen aus Krankentagegeldversicherungen liegt also allein darin, die durch den krankheitsbedingten Ausfall der Arbeitskraft entstandenen Verdiensteinbußen zu kompensieren.[627] Es handelt sich bei der Krankentagegeldversicherung daher um nichts anderes als um eine reine Verdienstausfallversicherung.[628] Der Krankentagegeldversicherer erstattet also weder Aufwendungen, die anlässlich einer vom Versicherungsnehmer zu bezahlenden ärztlichen Heilbehandlung oder Vorsorgeuntersuchung entstanden sind, noch erstattet er tatsächlich angefallene Medikamentenkosten bzw. Kosten für medizinische Heil- oder Hilfsmittel. Leistungen aus Krankentagegeldversicherungen, die allein dem Ausgleich krankheitsbedingter Verdienstausfälle dienen, erfolgen somit nicht zu Unterstützungszwecken i.S.d. § 850b Abs. 1 Nr. 4 ZPO.

3. §§ 36 Abs. 1 S. 1 InsO, 850b Abs. 1 Nr. 1 ZPO

Leistungen aus privaten Krankentagegeldversicherungen unterliegen allerdings dem Schutz der §§ 36 Abs. 1 S. 1 InsO, 850b Abs. 1 Nr. 1 ZPO. Dies ergibt sich insbesondere aus einem Vergleich mit den über § 850b Abs. 1 Nr. 1 ZPO geschützten Berufsunfähigkeitsrenten. Weil der persönliche Anwendungsbereich des § 850b Abs. 1 ZPO nicht auf bestimmte Personenkreise beschränkt ist,[629] sind sowohl die Krankentagegelder Selbständiger und Freiberufler als auch die abhängig Beschäftigter geschützt. Bei abhängig Beschäftigten wird ein eventueller Schutz über § 850 Abs. 3 lit. b ZPO von dem des § 850b Abs. 1 Nr. 1 ZPO verdrängt. Anders als bei § 850 Abs. 3 lit. b ZPO, bei dem die Krankentagegelder immer wie Arbeitseinkommen pfändbar wären, besteht bei § 850b Abs. 1 Nr. 1 ZPO zumindest die Möglichkeit, dass keine Billigkeitsentscheidung zu Lasten des Schuldners ergeht, so dass die Krankentagegelder vollständig unpfändbar sind. Der Schutz des § 850b Abs. 1 Nr. 1 ZPO kann für den Schuldner im Einzelfall also günstiger sein.

Gemäß § 850b Abs. 1 Nr. 1 ZPO sind Rentenleistungen unpfändbar, wenn sie wegen einer Verletzung des Körpers oder der Gesundheit zu entrichten sind. Wie bereits im Rahmen der Berufsunfähigkeitsversicherung ausführlich erörtert wurde, ist der Anwendungsbereich des § 850b Abs. 1 Nr. 1 ZPO nicht auf Haftpflichtrenten i.S.d. § 843 BGB beschränkt.[630] Vielmehr werden auch Rentenleistungen aus einem vom Schuldner selbst abgeschlossenen Versicherungsvertrag geschützt. Bei

---

627 Bach/Moser/*Wilmes*, § 1 MB/KT Rn. 1; *Bohn*, in: FS Schiedermair, 33, 40.

628 Bach/Moser/*Wilmes*, § 1 MB/KT Rn. 2; *Commer*, in: van Bühren, Handbuch Versicherungsrecht, § 17 Rn. 599; *Kalis*, in: Sodan, Krankenversicherungsrecht, § 44 Rn. 62.

629 § 4, A., I., 1., c) – S. 68 ff.

630 § 4, B., I., 2., a) – S. 141 ff.

Leistungen aus Krankentagegeldversicherungen handelt es sich um Rentenleistungen, weil die Zahlungen nicht einmalig, sondern wiederkehrend erfolgen.

Dass Krankentagegelder in der Regel aufgrund erlittener Krankheiten erbracht werden, steht einer Anwendung des § 850b Abs. 1 Nr. 1 ZPO nicht entgegen. Im Gegenteil: Wie ein Blick auf die Berufsunfähigkeitsrente zeigt, werden auch auf Krankheit basierende Rentenleistungen „wegen einer Verletzung des Körpers oder der Gesundheit" gewährt. Für Berufsunfähigkeitsrenten ist anerkannt, dass diese unabhängig davon über § 850b Abs. 1 Nr. 1 ZPO geschützt sind, ob die Berufsunfähigkeit auf einer Körperverletzung, einer Krankheit oder mehr als altersbedingtem Kräfteverfall basiert.[631] Berufsunfähigkeitsrenten unterliegen also auch dann dem Schutz des § 850b Abs. 1 Nr. 1 ZPO, wenn die Berufsunfähigkeit allein Folge einer Krankheit ist. Im Rahmen von Berufsunfähigkeitsversicherungen werden Krankheiten also als Gesundheitsverletzungen i.S.d. § 850b Abs. 1 Nr. 1 ZPO (besser: Gesundheits*beeinträchtigungen*) qualifiziert. Für Leistungen aus Krankentagegeldversicherungen kann nichts anderes gelten. Auch diese werden aufgrund einer Erkrankung der versicherte Person erbracht, d.h. wegen einer Gesundheitsverletzung bzw. Gesundheitsbeeinträchtigung i.S.d. § 850b Abs. 1 Nr. 1 ZPO, und auch sie dienen, wie die o.g. Berufsunfähigkeitsrenten, der Kompensation krankheitsbedingter Verdienstausfälle und damit der Sicherstellung des Lebensunterhalts. Es ist kein Grund ersichtlich, warum für Rentenleistungen aus Berufsunfähigkeitsversicherungen und Rentenleistungen aus Krankentagegeldversicherungen, die beide Verdienstausfallversicherungen darstellen und deren Leistungen in gleichem Maße der Versorgung des Schuldners zu Lebzeiten dienen, hinsichtlich der Pfändbarkeit unterschiedliche Maßstäbe angelegt werden sollten. Wenn Krankheiten im Rahmen von Berufsunfähigkeitsversicherungen Gesundheitsverletzungen i.S.d § 850b Abs. 1 Nr. 1 ZPO darstellen, muss dies in gleichem Maße auch für Krankentagegeldversicherungen gelten. Wie auf Krankheit basierende Berufsunfähigkeitsrenten unterliegen damit auch Krankentagegelder dem Schutz des § 850b Abs. 1 Nr. 1 ZPO. Dies gilt auch für rückständige Beträge, die in einer Summe geleistet werden.

Damit sind Leistungen aus Krankentagegeldversicherungen gemäß §§ 36 Abs. 1 S. 1 InsO, 850b Abs. 1 Nr. 1 ZPO dem Zugriff des Insolvenzverwalters entzogen. Unter Berücksichtigung der höchstrichterlichen Rechtsprechung besteht allerdings die Möglichkeit einer Billigkeitsentscheidung nach §§ 36 Abs. 1 S. 2 InsO, 850b Abs. 2 ZPO. Sollte diese zu Lasten des Schuldners ausgehen, kann der Insolvenzerwalter auf die Krankentagegelder wie auf Arbeitseinkommen zugreifen, d.h. insbesondere, soweit die Leistungen die Pfändungsfreibeträge des § 850c ZPO übersteigen.

4. §§ 36 Abs. 1 S. 2 InsO, 850i Abs. 1 S. 1 Alt. 2 ZPO

Für Krankentagegelder kommt zudem auch ein Schutz über die §§ 36 Abs. 1 S. 2 InsO, 850i Abs. 1 S. 1 Alt. 2 ZPO in Betracht. Wie bereits an anderer Stelle ausführlich

631 § 4, B., I., 2., a), bb) – S. 142 ff.

dargelegt wurde, unterliegen dem antragsabhängigen Pfändungsschutz des § 850i Abs. 1 S. 1 Alt. 2 ZPO alle denkbaren Einkünfte, die der Schuldner auf irgendeine Weise selbst erwirtschaftet hat, die seinem Lebensunterhalt, d.h. seiner Existenzsicherung, dienen und die nicht vom Anwendungsbereich einer besonderen Pfändungsschutzvorschrift der §§ 850 ff. ZPO erfasst werden.[632]

Nach hier vertretener Auffassung unterliegen Krankentagegelder dem Schutz der §§ 36 Abs. 1 S. 1 InsO, 850b Abs. 1 Nr. 1 ZPO. Sie werden somit vom Anwendungsbereich einer spezielleren Pfändungsschutzvorschrift erfasst, was einer Anwendung der allgemeineren §§ 36 Abs. 1 S. 2 InsO, 850i Abs. 1 S. 1 Alt. 2 ZPO entgegensteht.

III. Krankenhaustagegeldversicherungen

Krankenhaustagegeldversicherer erbringen für jeden Kalendertag, an dem sich die versicherte Person in medizinisch notwendiger stationärer Heilbehandlung befindet, ein vereinbartes Tagegeld, §§ 192 Abs. 4 VVG, 1 Abs. 1 lit. b MB/KK.

Anders als Krankentagegeldversicherungen, durch die krankheitsbedingter Verdienstausfall ausgeglichen werden soll, dienen die Leistungen aus Krankenhaustagegeldversicherungen primär dem Ersatz von Kosten, die anlässlich eines Krankenhausaufenthaltes anfallen, aber nicht vom Krankheitskostenvollversicherer erstattet werden.[633] Dabei handelt es sich bspw. um Kosten für die Nutzung des Fernsehers und des Telefons im Krankenzimmer. Auch können für die Zeit des Krankenhausaufenthaltes Kosten für die Betreuung der Kinder, für die Anstellung einer Haushaltshilfe oder für die Unterbringung einer Begleitperson im Krankenhaus anfallen.[634] All diese auf dem Krankenhausaufenthalt basierenden Mehrkosten sollen durch die Krankenhaustagegelder ausgeglichen werden.

1. §§ 36 Abs. 1 S. 1 InsO, 850 Abs. 3 lit. b ZPO

Teile der Literatur qualifizieren Krankenhaustagegelder als Versorgungsrenten und unterstellen sie daher dem Schutz der §§ 36 Abs. 1 S. 1 InsO, 850 Abs. 3 lit. b ZPO.[635]

---

632 § 4, A., I., 2., a) – S. 88 ff.

633 BGH VersR 1984, 675, 676; FAKomm-VersR/*Baumhackel*, § 1 MB/KK Rn. 11; Bach/Moser/*Kalis*, § 1 MB/KK Rn. 26; *Wandt*, Versicherungsrecht, Rn. 1290.

634 FAKomm-VersR/*Baumhackel*, § 1 MB/KK Rn. 11.

635 Musielak/Voit/*Becker*, § 850 Rn. 13; Hk-ZV/*Meller-Hannich*, § 850 Rn. 59; MüKoZPO/*Smid*, § 850 Rn. 42; Wieczorek/Schütze/*Lüke*, § 850 Rn. 71; *Berner*, Rpfleger 1957, 193, 197, der vom „Tagegeld in der Krankenversicherung" spricht und damit vermutlich beide Arten der Tagegelder meint, d.h. Krankentagegelder und Krankenhaustagegelder; ebenso Bruck/Möller/*Möller*, 8. Aufl., § 15 Anm. 22 und *Möller*, VW 1953, 432, der ebenfalls nur vom „Tagegeld in der Krankenversicherung" spricht, vermutlich aber beide Formen meint. Gleiches gilt für *Stöber*, Forderungspfändung, Rn. 893; Schuschke/Walker/*Kessal-Wulf*/

Danach kann der Insolvenzverwalter auf Krankenhaustagegeldleistungen zugreifen, soweit sie die Pfändungsfreibeträge für Arbeitseinkommen übersteigen.

Zwar handelt es sich auch bei Krankenhaustagegeldern um Rentenleistungen i.S.d. § 850 Abs. 3 lit. b ZPO, weil sie nicht einmalig, sondern wiederkehrend erbracht werden. Krankenhaustagegelder werden aber in der Regel nicht vom Anwendungsbereich der §§ 36 Abs. 1 S. 1 InsO, 850 Abs. 3 lit. b ZPO erfasst.

Dies liegt zum einen am persönlichen Anwendungsbereich des § 850 Abs. 3 lit. b ZPO, der auf abhängig Beschäftigte beschränkt ist.[636] Weil sich Selbständige und Freiberufler nicht auf die Schutzvorschrift berufen können, kommt ein Schutz der von ihnen bezogenen Krankenhaustagegelder über die o.g. Vorschriften von vornherein nicht in Betracht.

Zum anderen ist der beschränkte sachliche Anwendungsbereich des § 850 Abs. 3 lit. b ZPO zu beachten. Der Schutzvorschrift unterfallen ausschließlich Rentenleistungen, die der Versorgung des Schuldners oder seiner unterhaltsberechtigten Angehörigen dienen, die also erlittene Verdiensteinbußen kompensieren sollen. Dies trifft auf Krankenhaustagegelder nicht zu. Diese sollen primär etwaige Deckungslücken zwischen den entstandenen Krankenhauskosten und den tatsächlichen (geringeren) Erstattungen des Krankheitskostenvollversicherers abdecken. Die Leistungen dienen nicht dazu, krankheitsbedingte Verdienstausfälle auszugleichen. Dies ist vielmehr Aufgabe der Krankentagegeldversicherung. Damit handelt es sich bei Krankenhaustagegeldern in der Regel nicht um Versorgungsrenten i.S.d. § 850 Abs. 3 lit. b ZPO.

2. §§ 36 Abs. 1 S. 1 InsO, 850b Abs. 1 Nr. 1 ZPO

Anders als Krankentagegelder unterliegen Krankenhaustagegelder nicht dem Schutz der §§ 36 Abs. 1 S. 1 InsO, 850b Abs. 1 Nr. 1 ZPO. Weil Krankenhaustagegeldversicherungen keine Verdienstausfallversicherungen darstellen, dienen die Leistungen nicht dem Ersatz krankheitsbedingter Einkommensverluste. Krankenhaustagegelder sollen lediglich anlässlich eines Krankenhausaufenthalts tatsächlich entstandene Kosten ausgleichen, die vom Krankheitskostenvollversicherer nicht erstattet werden. Damit kann der für Krankentagegelder gezogene Vergleich zu den Berufsunfähigkeitsrenten, die beide krankheits- bzw. berufsunfähigkeitsbedingte Verdienstausfälle kompensieren sollen, für Krankenhaustagegelder nicht herangezogen werden.

3. §§ 36 Abs. 1 S. 1 InsO, 850b Abs. 1 Nr. 4 ZPO

Nach weit verbreiteter Auffassung werden Krankenhaustagegelder zu Unterstützungszwecken gewährt, so dass sie – teilweise neben dem Schutz über §§ 36 Abs. 1

Lorenz, § 850 Rn. 16; Stein/Jonas/*Brehm*, § 850 Rn. 47 („Tagegelder aus Krankenversicherungen"); wohl auch *Surminski*, ZfV 1964, 72, 73.

636 § 4, A., II., 1., a) – S. 98 f.

S. 1 InsO, 850 Abs. 3 lit. b ZPO, der dann zurücktreten dürfte – (auch) dem Schutz der §§ 36 Abs. 1 S. 1 InsO, 850b Abs. 1 Nr. 4 ZPO unterstellt werden.[637] Krankenhaustagegeldern komme zumindest insoweit Unterstützungscharakter zu, als sie dazu dienen, die aufgrund der hohen Pflegesätze in den Krankenhäusern oftmals entstehende Deckungslücke zwischen den entstehenden Kosten einerseits und der tatsächlichen Erstattung durch den Krankheitskostenvollversicherer andererseits zu decken.[638] Krankhaustagegelder sollen also zu Unterstützungszwecken gewährt werden, soweit sie zum Ausgleich tatsächlich entstandener Aufwendungen bei Krankenhausbehandlungen bestimmt sind, die vom Krankheitskostenvollversicherer nicht erstattet werden,[639] nicht hingegen, wenn das Krankenhaustagegeld lediglich einen Ausgleich für die erlittene Einbuße an Lebensfreude darstellen soll.[640]

Dem ist zuzustimmen, soweit Leistungen aus Krankenhaustagegeldversicherungen Unterstützungscharakter haben. Dies gilt sowohl für Krankenhaustagegelder von abhängig Beschäftigten, als auch für diejenigen Selbständiger und Freiberufler. Anders als Krankentagegelder dienen Leistungen aus Krankenhaustagegeldversicherungen nicht der Kompensation krankheitsbedingter

---

637 LG Lübeck Rpfleger 1993, 207 f.; AG Eckernförde, Beschl. v. 24.7.1943 – 4 M 1459/53, Auszüge bei *Leitsmann*, ZfV 1955, 107; AG Burgdorf, Urt. v. 12.4.1954 – 6 M 207/54, Auszüge bei *Leitsmann*, ZfV 1955, 107, 108; A/G/R-*Ahrens*, § 35 Rn. 86; PG/*Ahrens*, § 850b Rn. 19; Musielak/Voit/*Becker*, § 850b Rn. 7; Zöller/*Stöber*, § 850b Rn. 9; *Gottwald/Mock*, § 850b Rn. 17; MüKoZPO/*Smid*, § 850b Rn. 12; *Baumbach/Lauterbach/Albers/Hartmann*, § 850b Rn. 14; BeckOK ZPO/*Riedel*, § 850 Rn. 35 und § 850b Rn. 31.1; Looschelders/Pohlmann/*Klenk*, § 17 Rn. 20; Bruck/Möller/*Möller*, 8. Aufl., § 15 Anm. 26; *Tschersich*, in: Beckmann/Matusche-Beckmann, § 45 Rn. 123; *Schrandt*, in: Keller, Handbuch Zwangsvollstreckungsrecht, Kap. 3 Rn. 538; *Dörndorfer*, in: Dierck/Morvilius/Vollkommer, 5. Kap. Rn. 258; *Surminski*, ZfV 1964, 72; *Hintzen*, WuB VI D. § 850b ZPO 1.08; *Möller*, VW 1953, 432, 433; Bruck/Möller/*Wriede*, 8. Aufl., Anm. A 28; differenzierend Prölss/Martin/*Armbrüster*, § 17 Rn. 6; so auch Bruck/Möller/*Johannsen*, § 17 Rn. 7; ebenso LG Oldenburg JurBüro 1983, 778, 781; unklar *Boewer*, Die Lohnpfändung in der betrieblichen Praxis, S. 225, nach dem „Tagegelder" nur von § 850b Abs. 1 Nr. 4 ZPO geschützt werden, „soweit sie den Verdienstausfall bis zur Pfändungsfreigrenze (§ 850c ZPO) decken". Ebenfalls unklar Schuschke/Walker/*Kessal-Wulf/Lorenz*, § 850b Rn. 16: „allerdings nur bis zur Pfändungsfreigrenze der §§ 850c, d". Anders als die Leistungen aus Krankentagegeldversicherungen dienen die Leistungen aus Krankenhaustagegeldversicherungen nicht der Kompensation von Verdienstausfall, sondern sie sollen die Deckungslücke zwischen den tatsächlich anfallenden Kosten und den (geringeren) Ersatzleistungen der Krankenversicherung füllen. Daher meinen *Boewer* und *Kessal-Wulf* mit der Formulierung „Tagegelder" vermutlich nur Krankentagegelder, nicht aber Krankenhaustagegelder.

638 LG Lübeck Rpfleger 1993, 207, 208; Zöller/*Stöber*, § 850b Rn. 9; *Stöber*, Forderungspfändung, Rn. 1019; Köke, VIA 2009, 22, 23.

639 LG Oldenburg JurBüro 1983, 778, 781; Bruck/Möller/*Wriede*, 8. Aufl., Anm. A 28; *Bohn*, in: FS Schiedermair, 33, 40.

640 LG Lübeck Rpfleger 1993, 207, 208; LG Oldenburg JurBüro 1983, 778, 781.

Verdienstausfälle. Sie dienen vielmehr dem Ausgleich konkret angefallener, über die Krankheitskostenvollversicherung nicht gedeckter Kosten, die dem Versicherungsnehmer nur deshalb entstanden sind, weil er krankheitsbedingt stationär behandelt werden musste. Soweit dem Versicherungsnehmer anlässlich des medizinisch notwendigen Krankenhausaufenthalts tatsächlich solche Kosten entstanden sind (bspw. Telefon- und Fernsehkosten oder Kosten für die Unterbringung bzw. Betreuung der Kinder), erfolgen die Krankenhaustagegelder zu Unterstützungszwecken i.S.d. § 850b Abs. 1 Nr. 4 ZPO.

Allerdings entsteht der Anspruch auf Krankenhaustagegeld unabhängig davon, ob dem Versicherungsnehmer tatsächlich Kosten aufgrund des Krankenhausaufenthaltes entstanden sind, die vom Krankheitskostenvollversicherer nicht übernommen werden. Für die Leistung von Krankenhaustagegeld ist allein entscheidend, dass sich die versicherte Person in einer medizinisch notwendigen stationären Heilbehandlung befindet. Dies kann dazu führen, dass der Schuldner Krankenhaustagegeld bezieht, obwohl ihm keine Kosten entstanden sind, die durch das Tagegeld ausgeglichen werden sollen. Daher ist in jedem Einzelfall zu ermitteln, inwieweit dem Schuldner aufgrund der stationären Heilbehandlung tatsächlich Kosten entstanden sind, etwa Telefon- und Fernsehkosten, die nicht vom Krankheitskostenvollversicherer übernommen werden. Soweit solche Kosten angefallen sind, werden die Krankenhaustagegelder zu Unterstützungszwecken gewährt, so dass sie dem Schutz des § 850b Abs. 1 Nr. 4 ZPO unterliegen. Dies heißt zugleich: Soweit das Krankenhaustagegeld aufgrund der stationären Heilbehandlung entstandene Kosten übersteigt, fehlt es am Unterstützungszweck. Insoweit werden die Leistungen nicht vom Anwendungsbereich des § 850b Abs. 1 Nr. 4 ZPO erfasst.

Krankenhaustagegelder sind damit gemäß §§ 36 Abs. 1 S. 1 InsO, 850b Abs. 1 Nr. 4 ZPO dem Zugriff des Insovenzverwalters entzogen, soweit sie Kosten decken, die dem Schuldner aufgrund einer stationären Heilbehandlung tatsächlich entstanden sind und die nicht vom Krankheitskostenvollversicherer getragen werden. Soweit das Krankenhaustagegeld die tatsächlich entstandenen Kosten übersteigt, wird es nicht zu Unterstützungszwecken gewährt, so dass es insoweit dem Zugriff des Insolvenzverwalters ausgesetzt ist.

IV. Private Krankenzusatzversicherungen

Insbesondere gesetzlich Versicherte haben die Möglichkeit, ihren bestehenden Krankenversicherungsschutz durch den Abschluss privater Krankenzusatzversicherungen zu erweitern. Am Markt werden verschiedene Produkte angeboten, wie etwa Zahnzusatzversicherungen und Versicherungen bezüglich der Kostenerstattung für Zweibettzimmer und Chefarztbehandlungen.

Auch Leistungen aus privaten Krankenzusatzversicherungen unterliegen dem Pfändungsschutz des § 850b Abs. 1 Nr. 4 ZPO, so dass auch diese Leistungen gemäß §§ 36 Abs. 1 S. 1 InsO, 850b Abs. 1 Nr. 4 ZPO dem Zugriff des Insolvenzverwalters entzogen sind.[641] Wie private Krankheitskostenvollversicherer erbringen auch private Krankenzusatzversicherer ihre Leistungen zur notwendigen Fürsorge des Schuldners im Krankheitsfall. Die Leistungen erfolgen zur konkreten Deckung eigener Aufwendungen des Versicherungsnehmers anlässlich einer von ihm zu bezahlenden Heilbehandlung und damit zu Unterstützungszwecken i.S.d. § 850b Abs. 1 Nr. 4 ZPO.

So erfolgt etwa die Leistung eines Zahnzusatzversicherers anlässlich einer zahnärztlichen Heilbehandlung, deren Kosten nicht oder nicht vollständig vom Krankheitskostenvollversicherer übernommen werden und somit zumindest teilweise vom Patienten selbst zu tragen sind. Die Leistung des Zahnzusatzversicherers erfolgt zur Deckung des vom Versicherungsnehmer selbst zu tragenden Eigenanteils der zahnärztlichen Heilbehandlung und damit zu Unterstützungszwecken i.S.d. § 850b Abs. 1 Nr. 4 ZPO. Ähnlich verhält es sich mit Leistungen privater Zusatzversicherer für Zweibettzimmer und Chefarztbehandlungen. Auch diese Leistungen decken Kosten anlässlich ärztlicher Heilbehandlungen, die vom Krankheitskostenvollversicherer in der Regel nicht übernommen werden und daher vom Patienten selbst zu tragen sind. Damit erfolgen auch diese Leistungen zu Unterstützungszwecken i.S.d. § 850b Abs. 1 Nr. 4 ZPO.

In der Regel erbringen private Krankenzusatzversicherer keine wiederkehrenden, sondern Einmalleistungen. Nach hier vertretener Auffassung kommt eine Billigkeitsentscheidung zu Lasten des Schuldners bei Einmalleistungen aufgrund einer teleologischen Reduktion des § 850b Abs. 2 ZPO nicht in Betracht.[642] Einmalleistungen des privaten Krankenzusatzversicherers sind daher immer vollumfänglich massefrei, §§ 36 Abs. 1 S. 1 InsO, 850b Abs. 1 Nr. 4 ZPO.

V. Auslandsreisekrankenversicherungen

Um einen umfassenden Krankenversicherungsschutz im Ausland sicherzustellen, den insbesondere die gesetzlichen Krankenversicherungen oft nicht hinreichend gewährleisten, vgl. § 16 Abs. 1 Nr. 1 SGB V,[643] wird häufig eine Auslandsreisekrankenversicherung abgeschlossen. Versicherungsfall in der Auslandsreisekrankenversicherung ist die medizinisch notwendige Heilbehandlung einer versicherten Person wegen einer auf der Reise auftretenden Krankheit oder Unfallfolgen.[644] Übernommen werden insbesondere die im Ausland anfallenden Heilbehandlungs- und Medikamentenkosten

---

641 LG Hannover Rpfleger 1995, 511; PG/*Ahrens*, § 850b Rn. 19; Zöller/*Stöber*, § 850b Rn. 9; MüKoZPO/*Smid*, § 850b Rn. 12; *Zimmermann*, § 850b Rn. 6; Hk-ZV/*Meller-Hannich*, § 850b Rn. 24; *Baumbach/Lauterbach/Albers/Hartmann*, Grundz § 704 Rn. 112; BeckOK ZPO/*Riedel*, § 850b Rn. 32; Looschelders/Pohlmann/*Klenk*, § 17 Rn. 20; *Schrandt*, in: Keller, Handbuch Zwangsvollstreckungsrecht, Kap. 3 Rn. 538; *Hintzen*, WuB VI D. § 850b ZPO 1.08.

642 § 4, A., I., 1., d), aa) – S. 71 ff.

643 Bach/Moser/*Köther*, AuslR-KV Rn. 1; Terbille/Höra/*Schubach*, § 23 Rn. 449.

644 *Stormberg*, in: Beckmann/Matusche-Beckmann, § 44 Rn. 30.

sowie Kosten für medizinische Heil- und Hilfsmittel.[645] Insoweit ergeben sich keine Besonderheiten zu den Leistungen normaler Krankheitskostenvollversicherungen.[646] Außerdem übernimmt der Auslandsreisekrankenversicherer die Kosten eines medizinisch notwendigen und sinnvollen Krankenrücktransports nach Deutschland,[647] der insbesondere von gesetzlichen Krankenversicherungen nicht – auch nicht anteilig – getragen wird, § 60 Abs. 4 S. 1 SGB V.

Wie die privaten Krankheitskostenvollversicherungen erbringen also auch private Auslandsreisekrankenversicherer ihre Leistungen zur notwendigen Fürsorge des Schuldners im Krankheitsfall. Die Leistungen erfolgen zur konkreten Deckung eigener Aufwendungen des Versicherungsnehmers anlässlich einer von ihm zu bezahlenden Heilbehandlung im Ausland bzw. dort anfallender Medikamentenkosten oder Kosten für medizinische Heil- und Hilfsmittel. Die Leistungen privater Auslandsreisekrankenversicherer erfolgen somit ebenfalls zu Unterstützungszwecken i.S.d. § 850b Abs. 1 Nr. 4 ZPO. Dies gilt auch für die Rücktransportkosten im Krankheitsfall.

In der Regel erbringen auch Auslandsreisekrankenversicherer keine wiederkehrenden, sondern Einmalleistungen. Eine Billigkeitsentscheidung zu Lasten des Schuldners kommt also von vornherein nicht in Betracht.[648] Auch Einmalleistungen privater Auslandsreisekrankenversicherer sind daher stets vollumfänglich massefrei, §§ 36 Abs. 1 S. 1 InsO, 850b Abs. 1 Nr. 4 ZPO.

VI. Private Pflegeversicherungen

Seit Einführung der gesetzlichen Pflegeversicherung im Jahre 1995 muss jeder Krankenversicherte zugleich pflegeversichert sein. Für gesetzlich Krankenversicherte gilt § 1 Abs. 2 SGB XI. Danach sind all diejenigen, die in der gesetzlichen Krankenversicherung versichert sind, kraft Gesetzes in den Schutz der sozialen Pflegeversicherung einbezogen. Anders verhält es sich bei privat Krankenversicherten. Für sie entsteht Pflegeversicherungsschutz nicht kraft Gesetzes. Allerdings gilt auch hier der Grundsatz „Pflegeversicherung folgt Krankenversicherung".[649] Derjenige, der sein Krankheitsrisiko bei einer privaten Krankenversicherung abgesichert hat, ist dazu verpflichtet, grds. bei demselben Krankenversicherungsunternehmen auch eine private Pflegeversicherung abzuschließen, die vom Leistungsumfang her der gesetzlichen Pflegeversicherung entspricht, §§ 1 Abs. 2 S. 2, 23 Abs. 1 SGB XI.

Jeder Krankenversicherte ist also immer zugleich Inhaber einer gesetzlichen oder einer privaten Pflegepflichtversicherung, entweder kraft Gesetzes oder aufgrund der bestehenden Pflicht zum Abschluss eines privaten Pflegeversicherungsvertrages. Zu

645 Bach/Moser/*Köther*, AuslR-KV, Rn. 6.
646 Veith/Gräfe/Gebert/*Wendt*, Der Versicherungsprozess, § 11 Rn. 292.
647 Bach/Moser/*Köther*, AuslR-KV, Rn. 8.
648 § 4, A., I., 1., d), aa) – S. 71 ff.
649 Langheid/Wandt/*Kalis*, § 192 Rn. 203; *Kalis*, in: Sodan, Krankenversicherungsrecht, § 44 Rn. 67.

beachten ist, dass sowohl die gesetzlichen als auch die privaten Pflegepflichtversicherungen lediglich eine Grundabsicherung für den Fall der Pflegebedürftigkeit gewähren.[650] Die Leistungen des Versicherers decken in der Regel nicht die tatsächlich anfallenden Pflegekosten.[651] Diese übersteigen die Versicherungsleistungen meist erheblich.[652] Damit entsteht im Falle der Pflegebedürftigkeit meist eine Deckungslücke. Zur Absicherung dieser Deckungslücke besteht sowohl für diejenigen, die in der gesetzlichen Pflegepflichtversicherung versichert sind, als auch für die Inhaber privater Pflegepflichtversicherungen die Möglichkeit, bei privaten Krankenversicherungsunternehmen Pflegezusatzversicherungen abzuschließen.[653]

1. *Private Pflegepflichtversicherungen*

Bei der privaten Pflegepflichtversicherung erstattet der Versicherer im Fall der Pflegebedürftigkeit im vereinbarten Umfang die Aufwendungen für die Pflege der versicherten Person, §§ 192 Abs. 6 S. 1 VVG, 1 Abs. 1 S. 1 MB/PPV. Eine Person ist pflegebedürftig, wenn sie wegen einer körperlichen, geistigen oder seelischen Krankheit oder Behinderung für die gewöhnlichen und regelmäßig wiederkehrenden Verrichtungen im Ablauf des täglichen Lebens (insbesondere Aufstehen, Zubettgehen, An- und Auskleiden, Waschen, Kämmen und Rasieren, Einnehmen von Mahlzeiten und Getränken, Stuhlgang und Wasserlassen) auf Dauer, voraussichtlich für mindestens sechs Monate, in erheblichem oder höherem Maße der Hilfe bedarf, § 1 Abs. 2 S. 2 MB/PPV. Je nachdem, wie viel Hilfe die versicherte Person im Einzelfall benötigt, wird sie der Pflegestufe I, II oder III zugeordnet, § 1 Abs. 6 MB/PPV. Die einschlägige Pflegestufe bestimmt maßgeblich den Umfang der Leistungen.[654]

Die Leistungen, die ein privater Pflegepflichtversicherer erbringt, ergeben sich aus § 4 MB/PPV und dem jeweiligen Tarifteil. Sie entsprechen grds. den Leistungen der gesetzlichen Pflegeversicherung.[655] Dabei gilt nicht das Sachleistungs-, sondern grds. das Kostenerstattungsprinzip.[656] Ersetzt werden insbesondere die tatsächlich anfallenden Kosten der häuslichen und der stationären Pflege, wobei die Ersatzleistungen je nach Pflegestufe nach oben begrenzt sind. Anstelle von Aufwendungsersatz für eine häusliche Pflegehilfe kann die versicherte Person – zur Stärkung der

---

650 Langheid/Wandt/*Kalis*, § 192 Rn. 203; *Kalis*, in: Sodan, Krankenversicherungsrecht, § 44 Rn. 72.
651 *Stormberg*, in: Beckmann/Matusche-Beckmann, § 44 Rn. 40.
652 *Boetius*, § 192 VVG Rn. 326.
653 Hk-VVG/*Rogler*, § 192 Rn. 40.
654 *Kalis*, in: Sodan, Krankenversicherungsrecht, § 44 Rn. 69; Langheid/Wandt/*Kalis*, § 192 Rn. 207; Bach/Moser/*Weber*, PPV Rn. 164.
655 Bach/Moser/*Weber*, PPV Rn. 86.
656 Bach/Moser/*Weber*, PPV Rn. 156; *Theodoridis*, in: van Bühren, Handbuch Versicherungsrecht, 5. Aufl., § 18 Rn. 27; *Stormberg*, in: Beckmann/Matusche-Beckmann, § 44 Rn. 36; *Wandt*, Versicherungsrecht, Rn. 1384.

Pflege im häuslichen Umfeld durch Angehörige und Bekannte[657] – auch die Zahlung eines Pflegegeldes beantragen, § 4 Abs. 2 S. 1 MB/PPV. Der Anspruch setzt voraus, dass die versicherte Person mit dem Pflegegeld dessen Umfang entsprechend die erforderliche Grundpflege und hauswirtschaftliche Versorgung in geeigneter Weise selbst sicherstellt, § 4 Abs. 2 S. 2 MV/PVV. Auch mit dem Pflegegeld sollen also Grundpflege und Versorgung der versicherten Person sichergestellt werden.[658]

Ist der Insolvenzschuldner Inhaber einer privaten Pflegepflichtversicherung, kann der Insolvenzverwalter nicht auf Leistungsansprüche aus diesem Versicherungsverhältnis zugreifen. Die Leistungen aus privaten Pflegepflichtversicherungen sind gemäß §§ 36 Abs. 1 S. 1 InsO, 850b Abs. 1 Nr. 4 ZPO vollständig dem Zugriff des Insolvenzverwalters entzogen.[659] Tritt der Versicherungsfall ein, ist die versicherte Person aufgrund einer körperlichen, geistigen oder seelischen Krankheit oder Behinderung auf ständige Hilfe angewiesen. Aufgrund ihrer gesundheitlichen Verfassung kann sie den Alltag nicht mehr selbständig bewältigen und bedarf zwingend der Unterstützung durch andere Personen. Der private Pflegepflichtversicherer ersetzt die anlässlich der Pflege der versicherten Person tatsächlich entstandenen Kosten. Die Leistungen des Pflegepflichtversicherers dienen der Sicherstellung der Pflege und damit der Unterstützung der versicherten Person. Ihnen kommt somit Unterstützungscharakter i.S.d. § 850b Abs. 1 Nr. 4 ZPO zu.

Auch diese Leistungen werden von einer „Krankenkasse" erbracht. Zwar sind die Begrifflichkeiten „Pflegebedürftigkeit" und „Krankheit" streng voneinander zu trennen,[660] denn es führt nicht jede Krankheit zur Pflegebedürftigkeit. Wie sich aus § 192 Abs. 6 VVG ergibt, sind die private Pflegepflicht- und die Pflegezusatzversicherung aber der privaten Krankenversicherung zugeordnet.[661] Private Pflegeversicherungen sind Erscheinungsformen der privaten Krankenversicherung.[662] Vertragspartner des Versicherungsnehmers und damit Leistungserbringer ist auch bei der privaten Pflegeversicherung immer ein privates Krankenversicherungsunternehmen. Damit handelt es sich auch bei Leistungen aus Pflegeversicherungen um Leistungen aus Krankenkassen i.S.d. § 850b Abs. 1 Nr. 4 ZPO.

Soweit es sich um Einmalleistungen handelt, kommt eine Billigkeitsentscheidung zu Lasten des Schuldners gemäß §§ 36 Abs. 1 S. 2 InsO, 850b Abs. 2 ZPO nicht in Betracht.[663] Leistungen aus privaten Pflegepflichtversicherungen sind daher in der Regel vollumfänglich massefrei, §§ 36 Abs. 1 S. 1 InsO, 850b Abs. 1 Nr. 4 ZPO.

---

657 Bach/Moser/*Weber*, PPV Rn. 167.

658 *Boetius*, § 192 VVG Rn. 337.

659 PG/*Ahrens*, § 850b Rn. 19; *Schrandt*, in: Keller, Handbuch Zwangsvollstreckungsrecht, Kap. 3 Rn. 538; *Sauer/Meiendresch*, NJW 1996, 765 f.; wohl auch Thomas/Putzo/*Seiler*, § 850b Rn. 10; Wieczorek/Schütze/*Lüke*, § 850b Rn. 35.

660 *Boetius*, § 192 VVG Rn. 328; *Wandt*, Versicherungsrecht, Rn. 1377.

661 *Boetius*, Einf. Rn. 78 f.

662 *Boetius*, § 192 VVG Rn. 325.

663 § 4, A., I., 1., d), aa) – S. 71 ff.

2. *Private Pflegezusatzversicherungen*

Zur Absicherung drohender Deckungslücken zwischen den Leistungen aus der gesetzlichen bzw. der privaten Pflegepflichtversicherung und den tatsächlich entstehenden Pflegekosten, besteht die Möglichkeit, bei privaten Krankenversicherungsunternehmen private Pflegezusatzversicherungen abzuschließen. Dabei ist zwischen ergänzenden Pflegekostenversicherungen und Pflegetagegeldversicherungen zu differenzieren.[664]

a) *Private ergänzende Pflegekostenversicherungen*

Mit der ergänzenden Pflegekostenversicherung können die meist unzureichenden Leistungen der gesetzlichen bzw. der privaten Pflegepflichtversicherung aufgestockt werden.[665] Wie bei der Pflegepflichtversicherung werden auch bei der ergänzenden Pflegekostenversicherung anlässlich der Pflegebedürftigkeit tatsächlich entstandene Aufwendungen ersetzt, meist ebenfalls auf einen Höchstbetrag bzw. einen bestimmten Prozentsatz begrenzt.[666] Mit der ergänzenden Pflegekostenversicherung wird also zumindest ein Teil der tatsächlich anfallenden Pflegekosten abgedeckt, die den Erstattungsbetrag des gesetzlichen bzw. privaten Pflegepflichtversicherers übersteigen.

Vollstreckungsrechtlich kann für Leistungen aus ergänzenden Pflegekostenversicherungen nichts anderes gelten als für Leistungen aus privaten Pflegepflichtversicherungen. Wie die Leistungen aus privaten Pflegepflichtversicherungen dienen auch die Leistungen aus ergänzenden Pflegekostenversicherungen der Unterstützung der pflegebedürftigen Person. In beiden Fällen ersetzt der Versicherer Aufwendungen, die anlässlich der Pflege, auf welche die versicherte Person angesichts ihrer gesundheitlichen Verfassung zwingend angewiesen ist, entstanden sind. Weil auch den Leistungen aus ergänzenden Pflegekostenversicherungen somit Unterstützungscharakter zukommt, unterliegen auch sie dem Schutz des § 850b Abs. 1 Nr. 4 ZPO. Sie sind im Falle der Eröffnung des Insolvenzverfahrens vollständig massefrei, §§ 36 Abs. 1 S. 1 InsO, 850b Abs. 1 Nr. 4 ZPO. Soweit es sich um Einmalleistungen handelt, scheidet eine Billigkeitsentscheidung zu Lasten des Schuldners gemäß §§ 36 Abs. 1 S. 2 InsO, 850b Abs. 2 ZPO aus.[667]

---

664 Merkblatt zur privaten Pflegezusatzversicherung, Herausgeber: Bund der Versicherten e.V., im Internet abrufbar unter: https://www.bundderversicherten.de/admin/Kranken-Pflege/Private-Pflegezusatz.

665 Langheid/Wandt/*Kalis*, § 192 Rn. 212; *Kalis*, in: Sodan, Krankenversicherungsrecht, § 44 Rn. 72.

666 Merkblatt zur privaten Pflegezusatzversicherung, Herausgeber: Bund der Versicherten e.V., im Internet abrufbar unter: https://www.bundderversicherten.de/admin/Kranken-Pflege/Private-Pflegezusatz.

667 § 4, A., I., 1., d), aa) – S. 71 ff.

b) *Private Pflegetagegeldversicherungen*

Alternativ besteht die Möglichkeit, die Deckungslücke zwischen den Erstattungsleistungen des gesetzlichen bzw. des privaten Pflegepflichtversicherers und den tatsächlich entstandenen Pflegekosten mittels einer privaten Pflegetagegeldversicherung abzusichern.

Bei der privaten Pflegetagegeldversicherung ist der Versicherer verpflichtet, im Falle der Pflegebedürftigkeit der versicherten Person ein vereinbartes Tagegeld zu leisten, §§ 192 Abs. 6 S. 1 VVG, 1 Abs. 1 S. 1 MB/EPV. Der Versicherer leistet für jeden Tag der Pflegebedürftigkeit einen vereinbarten Geldbetrag, unabhängig davon, ob und in welcher Höhe tatsächlich Aufwendungen entstanden sind, welche die Leistungen der Pflegepflichtversicherung übersteigen.[668] Die Höhe des Tagegeldes ist von den Vereinbarungen der Vertragsparteien und der Höhe der Pflegestufe abhängig.[669]

In der Regel verwendet die versicherte Person die Pflegetagegelder zum Ausgleich der Deckungslücken zwischen den Leistungen der Pflegepflichtversicherung und den tatsächlich entstandenen Pflegekosten. Soweit die Leistungen für diesen Zweck verwendet werden, erbringt der Versicherer sie zu Unterstützungszwecken i.S.d. § 850b Abs. 1 Nr. 4 ZPO, weil mit ihr im Ergebnis tatsächlich angefallene Pflegekosten ausgeglichen werden. In der Insolvenz unterliegen die Pflegetagegelder dann dem Schutz der §§ 36 Abs. 1 S. 1 InsO, 850b Abs. 1 Nr. 4 ZPO.

Weil es sich bei Tagegeldern um wiederkehrende Leistungen handelt, kommt unter Berücksichtigung der höchstrichterlichen Rechtsprechung eine Billigkeitsentscheidung zu Lasten des Schuldners gemäß §§ 36 Abs. 1 S. 2 InsO, 850b Abs. 2 ZPO in Betracht. Bei Leistungen aus privaten Pflegetagegeldversicherungen wird das Schuldnerinteresse aber in der Regel das Interesse der Gläubigergesamtheit überwiegen, immerhin dienen die Leistungen des Pflegetagegeldversicherers der Sicherstellung der zwingend erforderlichen Pflege der versicherten Person.

Zu beachten ist allerdings, dass Pflegetagegelder unabhängig davon erbracht werden, ob und in welcher Höhe tatsächlich Pflegekosten entstanden sind, welche die Erstattungsleistungen gesetzlicher oder privater Pflegepflichtversicherungen übersteigen. Werden Pflegetagegelder geleistet, obwohl die tatsächlich angefallenen Pflegekosten bereits anderweitig voll gedeckt sind, werden sie nicht zu Unterstützungszwecken gewährt. In diesem Fall werden die Tagegelder für andere Zwecke verwendet als für den Ausgleich tatsächlich angefallener Pflegekosten. Die Leistungen des Pflegetagegeldversicherers haben aber keinen Unterstützungscharakter, soweit sie nicht dem Ausgleich tatsächlich angefallener Pflegekosten dienen. In diesem Fall unterliegen sie daher nicht dem Schutz des § 850b Abs. 1 Nr. 4 ZPO.

---

668 Langheid/Wandt/*Kalis*, § 192 Rn. 212; *Kalis*, in: Sodan, Krankenversicherungsrecht, § 44 Rn. 72; Merkblatt zur privaten Pflegezusatzversicherung, Herausgeber: Bund der Versicherten e.V., im Internet abrufbar unter: https://www.bundderversicherten.de/admin/Kranken-Pflege/Private-Pflegezusatz.

669 *Kalis*, in: Sodan, Krankenversicherungsrecht, § 44 Rn. 72.

D. Private Unfallversicherungen

Für die Frage, ob und inwieweit im Schuldnervermögen stehende Leistungsansprüche aus privaten Unfallversicherungen dem Schutz der §§ 36 Abs. 1 S. 1 InsO, 850 ff. ZPO unterliegen, ist zwischen den unterschiedlichen Leistungsarten zu differenzieren.

I. Invaliditätsleistungen

Häufig wird im Rahmen von privaten Unfallversicherungen die Zahlung einer Invaliditätsleistung vereinbart. Invalidität liegt vor, wenn die körperliche oder geistige Leistungsfähigkeit der versicherten Person unfallbedingt[670] dauerhaft beeinträchtigt ist, § 180 VVG, Ziff. 2.1.1.1 AUB 2014.

Ob und inwieweit Invaliditätsleistungen aus privaten Unfallversicherungen dem Schutz der §§ 36 Abs. 1 S. 1 InsO, 850 ff. ZPO unterliegen, hängt entscheidend davon ab, ob die Leistung in Form einer einmaligen Kapitalleistung oder in Rentenform erbracht wird.

In älteren Bedingungswerken war die Form der Invaliditätsleistung noch vom Unfallzeitpunkt abhängig.[671] So hieß es in Ziff. 2.1.2.1 AUB 99 noch:[672]

> „Die Invaliditätsleistung zahlen wir
> - als Kapitalbetrag bei Unfällen der versicherten Person vor Vollendung des 65. Lebensjahres,
> - als Rente nach Ziff. 2.1.2.3 bei Unfällen nach diesem Zeitpunkt“.

Seit den AUB 2008 beinhalten die Musterbedingungen diese Differenzierung nicht mehr. Das aktuelle Bedingungswerk sieht in Ziff. 2.1.2.1 AUB 2014 unabhängig vom Lebensalter als Grundsatz die einmalige Kapitalleistung vor:

> „Die Invaliditätsleistung erhalten Sie als Einmalzahlung“.

Liegen dem konkreten Unfallversicherungsvertrag ältere Bedingungen zugrunde (bspw. AUB 88, AUB 94 oder AUB 99), gilt hinsichtlich der Invaliditätsleistung grds. die o.g. Differenzierung. Bis zur Vollendung des 65. Lebensjahres erfolgt die Invaliditätsleistung in Form einer einmaligen Kapitalleistung, ab diesem Zeitpunkt in Rentenform.[673] Allerdings war es bei vielen Versicherern bereits unter Geltung der älteren Bedingungswerke möglich, auch für die Zeit vor der Vollendung des

---

670 Ein Unfall liegt vor, wenn die versicherte Person durch ein plötzlich von außen auf ihren Körper wirkendes Ereignis (Unfallereignis) unfreiwillig eine Gesundheitsschädigung erleidet, § 178 Abs. 2 S. 1 VVG, Ziff. 1.3 AUB 2014.

671 *Wussow/Pürckhauer*, AUB, § 7 I (1) Rn. 14 ff.; *Kloth*, Private Unfallversicherung, Kap. G Rn. 266; Schubach/Jannsen/*Schubach*, Ziff. 2.2 Rn. 53; FAKomm-VersR/*Hugemann*, Ziff. 2 AUB 2010 Rn. 18.

672 *Grimm*, Unfallversicherung, Texte, AUB 99, S. 18.

673 *Grimm*, Unfallversicherung, Ziff. 2 AUB 2010 Rn. 49.

65. Lebensjahres für den Fall, dass ein bestimmter Invaliditätsgrad erreicht wird, die Zahlung einer Invaliditätsrente statt einer einmaligen Kapitalleistung zu vereinbaren.[674] Liegt eine solche Vereinbarung vor, kann es auch unter Geltung älterer Bedingungswerke vor der Vollendung des 65. Lebensjahres zur Zahlung von Invaliditätsrenten kommen.

Sind die AUB 2008, die AUB 2010 oder die AUB 2014 vereinbart, wird die Invaliditätsleistung grds. stets, d.h. auch nach der Vollendung des 65. Lebensjahres, in Form eines einmaligen Kapitalbetrages und nicht in Rentenform erbracht.[675] Allerdings haben viele Versicherer auch im Rahmen der AUB 2008 und AUB 2010 weiterhin die Möglichkeit angeboten, die Invaliditätsleistung – unabhängig vom Lebensalter – in Rentenform und nicht als einmalige Kapitalleistung zu erbringen.[676] Seit den AUB 2014 sieht Ziff. 2.2 ausdrücklich die Möglichkeit vor, dass die Invaliditätsleistung ab einem bestimmten Invaliditätsgrad als monatliche Unfallrente gezahlt wird.

Es ist also von den Umständen des Einzelfalls und der genauen Ausgestaltung des konkreten Unfallversicherungsvertrages abhängig, ob die Invaliditätsleistung als einmalige Kapitalleistung oder in Rentenform erbracht wird.

1. Einmalige Kapitalleistung, Ziff. 2.1 AUB 2014

Erbringt der private Unfallversicherer die Invaliditätsleistung in Form eines einmaligen Kapitalbetrags, besteht weder Schutz über die §§ 36 Abs. 1 S. 1 InsO, 850 Abs. 3 lit. b ZPO noch über die §§ 36 Abs. 1 S. 1 InsO, 850b Abs. 1 Nr. 1 ZPO. Sowohl § 850 Abs. 3 lit. b ZPO als auch § 850b Abs. 1 Nr. 1 ZPO setzen Rentenleistungen voraus.

Auch eine Anwendung der §§ 36 Abs. 1 S. 1 InsO, 850b Abs. 1 Nr. 4 ZPO scheidet aus, weil es sich bei Leistungen aus privaten Unfallversicherungen nicht um Bezüge aus Witwen-, Waisen-, Hilfs- oder Krankenkassen handelt.[677]

Einmalige Kapitalleistungen aus privaten Unfallversicherungen können aber dem antragsabhängigen Schutz der §§ 36 Abs. 1 S. 2 InsO, 850i Abs. 1 S. 1 Alt. 2 ZPO unterfallen. Wie bereits an anderer Stelle ausführlich dargelegt wurde,[678] unterliegen dem antragsabhängigen Pfändungsschutz des § 850i Abs. 1 S. 1 Alt. 2 ZPO alle denkbaren Einkünfte, die der Schuldner auf irgendeine Weise selbst erwirtschaftet

---

674 *Mangen*, in: Beckmann/Matusche-Beckmann, § 47 Rn. 182.

675 Prölss/Martin/*Knappmann*, Ziff. 2 AUB 2010 Rn. 43; FAKomm-VersR/*Hugemann*, Ziff. 2 AUB 2010 Rn. 18; Bruck/Möller/*Leverenz*, Ziff. 2.1 AUB 2008 Rn. 174; *Grimm*, Unfallversicherung, Ziff. 2 AUB 2010, Rn. 7; Langheid/Wandt/*Dörner*, § 178 Rn. 230; Looschelders/Pohlmann/*Looschelders/Kaldenbach*, § 180 Rn. 34; Hk-VVG/*Rüffer*, Ziff. 2 AUB 2010 Rn. 19; Schubach/Jannsen/*Schubach*, Ziff. 2.2 Rn. 43.

676 Langheid/Wandt/*Dörner*, § 178 Rn. 230; FAKomm-VersR/*Hugemann*, Ziff. 2 AUB 2010 Rn. 18; Bruck/Möller/*Leverenz*, Ziff. 2.1 AUB 2008 Rn. 174; Hk-VVG/*Rüffer*, Ziff. 2 AUB 2010 Rn. 19.

677 RGZ 52, 49, 51; Zöller/*Stöber*, § 850b Rn. 9; Looschelders/Pohlmann/*Klenk*, § 17 Rn. 20.

678 § 4, A., I., 2., a) – S. 88 ff.

hat, die seinem Lebensunterhalt, d.h. seiner Existenzsicherung, dienen und die nicht vom Anwendungsbereich einer besonderen Pfändungsschutzvorschrift der §§ 850 ff. ZPO erfasst werden. Versicherungsleistungen fallen zumindest dann unter den Schutz des § 850i Abs. 1 S. 1 Alt. 2 ZPO, wenn der Schuldner die Prämien, mittels derer er die Versicherungsleistung „erkauft" hat, aus seinem eigenen Vermögen aufgewendet hat.

Weil Invaliditätsleistungen aus privaten Unfallversicherungen, die in Form einer einmaligen Kapitalleistung erbracht werden, nicht von den sonstigen Pfändungsschutzvorschriften der §§ 850 ff. ZPO erfasst werden, können auch diese Leistungen grds. als „sonstige Einkünfte" unter die Auffangvorschrift des § 850i Abs. 1 S. 1 Alt. 2 ZPO fallen. Dies gilt aber nur dann, wenn der Versicherungsnehmer die Invaliditätsleistung aus der privaten Unfallversicherung mit eigenen Mitteln erwirtschaftet hat, was bei Invaliditätsleistungen der Regelfall sein dürfte, und soweit diese Einkünfte tatsächlich zur Sicherung seiner Existenz erforderlich sind. Dies ist nur dann der Fall, wenn dem Schuldner neben den Einkünften aus der privaten Unfallversicherung kein Vermögen zur Verfügung steht und er auch ansonsten keine oder nur unzureichende Leistungen bezieht, mit denen er sich unterhalb des Existenzminimums befindet. Dann ist er zur Existenzsicherung zumindest teilweise auf die Invaliditätsleistung aus der privaten Unfallversicherung angewiesen. Soweit die Leistung aus der privaten Unfallversicherung in derartigen Fällen tatsächlich der Existenzsicherung dient, unterliegt sie dem antragsabhängigen Schutz der §§ 36 Abs. 1 S. 2 InsO, 850i Abs. 1 S. 1 Alt. 2 ZPO.

2. *Rentenleistungen, Ziff. 2.2 AUB 2014*

a) §§ 36 Abs. 1 S. 1 InsO, 850 Abs. 3 lit. b ZPO

Teilweise werden die Invaliditätsrenten aus privaten Unfallversicherungen dem Schutz des § 850 Abs. 3 lit. b ZPO unterstellt.[679] Im Insolvenzverfahren wären die Rentenleistungen damit über die §§ 36 Abs. 1 S. 1 InsO, 850 Abs. 3 lit. b ZPO nur wie Arbeitseinkommen massezugehörig.

Dem ist insoweit zuzustimmen, dass Invaliditätsrenten aus privaten Unfallversicherungen dann dem Schutz des § 850 Abs. 3 lit. b ZPO unterliegen, wenn dessen Voraussetzungen erfüllt sind. Ob dies der Fall ist, hängt jeweils von den Umständen des Einzelfalls ab. So ist etwa der persönliche Anwendungsbereich der Norm auf Renten abhängig Beschäftigter beschränkt.[680] Damit scheidet ein Schutz der von Selbständigen und Freiberuflern bezogenen Invaliditätsrenten von vornherein aus. In sachlicher Hinsicht schützt § 850 Abs. 3 lit. b ZPO ausschließlich

---

679 Wieczorek/Schütze/*Lüke*, § 850 Rn. 71; Stein/Jonas/*Brehm*, § 850 Rn. 47; MüKoZPO/*Smid*, § 850 Rn. 42; Schuschke/Walker/*Kessal-Wulf/Lorenz*, § 850 Rn. 16; HambKomm/*Lüdtke*, § 35 Rn. 210; *Henckel*, in: Jaeger, § 36 Rn. 22; *Sieg*, in: FS Klingmüller, 447, 463 f.

680 § 4, A., II., 1., a) – S. 98 f.

Versorgungsrenten. Dies sind insbesondere Rentenleistungen, die anlässlich des vollständigen Ausscheidens aus einem Dienst- oder Arbeitsverhältnis begründet werden.[681] Dies wird bei dem Bezug von Invaliditätsrenten aus privaten Unfallversicherungen häufig nicht der Fall sein, weil der Eintritt einer Invalidität nicht zwangsläufig zur Beendigung des Arbeitsverhältnisses führt. Zu denken sei bspw. an den ausschließlich am Schreibtisch tätigen Sachbearbeiter, der unfallbedingt ein Bein bis unterhalb des Knies verloren hat (Invaliditätsgrad 50 %, Ziff. 2.1.2.2.1 AUB 2014). Er kann seinem Beruf in der Regel weiterhin nachgehen. Von § 850 Abs. 3 lit. b ZPO werden allerdings nicht nur Rentenleistungen erfasst, die anlässlich des vollständigen Ausscheidens aus dem Dienst- oder Arbeitsverhältnis begründet werden, sondern auch solche, die teilweise weggefallenes Arbeitseinkommen kompensieren und damit unzureichende Versorgungsbezüge ergänzen sollen.[682] Ist diese Voraussetzung im Einzelfall erfüllt, unterliegen Invaliditätsrenten abhängig Beschäftigter dem Schutz des § 850 Abs. 3 lit. b ZPO, soweit sie tatsächlich der Kompensation weggefallenen Arbeitseinkommens dienen.

b) §§ 36 Abs. 1 S. 1 InsO, 850b Abs. 1 Nr. 1 ZPO

Andere unterstellen Invaliditätsrenten aus privaten Unfallversicherungen – teilweise neben § 850 Abs. 3 lit. b ZPO – dem Schutz des § 850b Abs. 1 Nr. 1 ZPO.[683] In überzeugender Weise hat in diesem Sinne auch der VIII. Zivilsenat des BGH in seinem Grundsatzurteil vom 25.1.1978 entschieden.[684] Spätestens seit dieser zustimmungswürdigen Entscheidung dürfte einhellig anerkannt sein, dass Invaliditätsrenten aus privaten Unfallversicherungen als Renten, die wegen der Verletzung des Körpers oder der Gesundheit zu entrichten sind, dem Schutz des § 850b Abs. 1 Nr. 1 ZPO unterliegen. Hinsichtlich des sachlichen Anwendungsbereichs des § 850b

---

681 § 4, A., II., 1., b), bb) – S. 100 f.

682 § 4, A., II., 1., b), bb) – S. 100 f.

683 LAG Rheinland-Pfalz, Urt. v. 18.8.2005 – 1 Sa 171/05, BeckRS 2005, 43888; PG/*Ahrens*, § 850b Rn. 4; Zöller/*Stöber*, § 850b Rn. 2; Musielak/Voit/*Becker*, § 850b Rn. 2; MüKoZPO/*Smid*, § 850b Rn. 3; Stein/Jonas/*Brehm*, § 850b Rn. 7; Wieczorek/Schütze/*Lüke*, § 850b Rn. 14; Schuschke/Walker/*Kessal-Wulf/Lorenz*, § 850b Rn. 9; Thomas/Putzo/*Seiler*, § 850b Rn. 7; Hk-ZPO/*Kemper*, § 850b Rn. 3; Hk-ZV/*Meller-Hannich*, § 850b Rn. 6; *Stöber*, Forderungspfändung, Rn. 1007; MüKoInsO/*Peters*, § 35 Rn. 435; Bruck/Möller/*Johannsen*, § 17 Rn. 8; Looschelders/Pohlmann/*Klenk*, § 17 Rn. 15; BK/*Gruber*, § 15 Rn. 5; Langheid/Wandt/*Fausten*, § 17 Rn. 13; Prölss/Martin/*Armbrüster*, § 17 Rn. 8; Schwintowski/Brömmelmeyer/*Ebers*, § 17 Rn. 6; Römer/Langheid/*Rixecker*, § 17 Rn. 4; *Schrandt*, in: Keller, Handbuch Zwangsvollstreckungsrecht, Kap. 3 Rn. 531 (Fn. 154); *Bohn*, in: FS Schiedermair, 33, 42 f. und 49; a.A. *Sieg*, in: FS Klingmüller, 447, 464, allerdings noch aus der Zeit vor der Grundsatzentscheidung des VIII. Senats.

684 BGHZ 70, 206 ff. = NJW 1978, 950 f.

Abs. 1 Nr. 1 ZPO und der o.g. Entscheidung des VIII. Senats wird auf die Ausführungen zur Berufsunfähigkeitsversicherung verwiesen.[685]

Mangels Beschränkung des persönlichen Anwendungsbereichs können sich Schuldner unabhängig von ihrer erwerbswirtschaftlichen Stellung auf den Schutz der §§ 36 Abs. 1 S. 1 InsO, 850b Abs. 1 Nr. 1 ZPO berufen.[686]

Der Schutz besteht nicht nur für laufende Rentenzahlungen, sondern auch für rückständige Beträge, die in einer Summe geleistet werden.[687] Vereinbaren die Vertragsparteien die vollständige Kapitalisierung der Invaliditätsrente, kann sich der Versicherungsnehmer allerdings nicht auf den Schutz der §§ 36 Abs. 1 S. 1 InsO, 850b Abs. 1 Nr. 1 ZPO berufen, weil der Versicherer in diesem Fall eine nicht geschützte Kapitalleistung erbringt.[688]

Die Invaliditätsrenten aus privaten Unfallversicherungen sind damit grds. vollständig vor dem Zugriff des Insolvenzverwalters geschützt. Etwas anderes gilt unter Berücksichtigung der höchstrichterlichen Rechtsprechung nur, wenn eine Billigkeitsentscheidung zu Lasten des Schuldners ergeht, §§ 36 Abs. 1 S. 2 InsO, 850b Abs. 2 ZPO. Dann sind die Invaliditätsrenten in gleichem Umfang dem Zugriff des Insolvenzverwalters ausgesetzt wie Arbeitseinkommen.

c) Konkurrenzverhältnis

Unterliegen Invaliditätsrenten abhängig Beschäftigter sowohl dem Schutz des § 850b Abs. 1 Nr. 1 ZPO als auch dem Schutz des § 850 Abs. 3 lit. b ZPO, kommt die Frage auf, welche Vorschrift zur Begründung des Pfändungsschutzes heranzuziehen ist. Diese Frage ist zugunsten des § 850b Abs. 1 Nr. 1 ZPO aufzulösen, der sich für den Schuldner im Einzelfall günstiger erweisen kann.

Über § 850 Abs. 3 lit. b ZPO sind Rentenleistungen immer wie Arbeitseinkommen pfändbar. Die Gläubiger können also stets insoweit auf die Rentenleistungen zugreifen, als sie die Pfändungsfreibeträge des § 850c ZPO übersteigen. Über § 850b Abs. 1 Nr. 1 ZPO sind die Rentenleistungen hingegen grds. vollständig unpfändbar. Nur im Falle einer zu Lasten des Schuldners ergehenden Billigkeitsentscheidung nach § 850b Abs. 2 ZPO greifen die für Arbeitseinkommen geltenden Pfändungsschutzvorschriften ein. Wird für die Begründung des Pfändungsschutzes statt des § 850 Abs. 3 lit. b ZPO der § 850b Abs. 1 Nr. 1 ZPO herangezogen, besteht zumindest die Möglichkeit einer für den Schuldner positiv ausgehenden Billigkeitsentscheidung mit der Folge, dass die Renten vollumfänglich dem Gläubigerzugriff entzogen sind.

---

685 § 4, B., I., 2., a) – S. 141 ff.

686 § 4, A., I., 1., c) – S. 68 ff.

687 BGH NJW-RR 2010, 474, 475; BGH NJW 1988, 819, 820; PG/*Ahrens*, § 850b Rn. 5; Zöller/*Stöber*, § 850b Rn. 2; Musielak/Voit/*Becker*, § 850b Rn. 2; Thomas/Putzo/*Seiler*, § 850b Rn. 7; Stein/Jonas/*Brehm*, § 850b Rn. 10; Wieczorek/Schütze/*Lüke*, § 850b Rn. 15; *Baumbach/Lauterbach/Albers/Hartmann*, § 850b Rn. 3; Schuschke/Walker/*Kessal-Wulf/Lorenz*, § 850b Rn. 9.

688 Schuschke/Walker/*Kessal-Wulf/Lorenz*, § 850b Rn. 9.

Weil sich § 850b Abs. 1 Nr. 1 ZPO für den Schuldner im Einzelfall als günstiger erweisen kann, wird § 850 Abs. 3 lit. b ZPO insoweit verdrängt.

II. Übergangsleistung, Ziff. 2.3 AUB 2014

Sofern diese Leistungsart mit eingeschlossen ist, erbringt der Unfallversicherer eine Übergangsleistung in Höhe der vereinbarten Versicherungssumme, sollte die normale körperliche oder geistige Leistungsfähigkeit der versicherten Person im beruflichen oder außerberuflichen Bereich unfallbedingt nach Ablauf von sechs Monaten vom Unfalltage an gerechnet und ohne Mitwirkung von Krankheiten oder Gebrechen noch um mindestens 50 % beeinträchtigt sein, Ziff. 2.3.1.1 AUB 2014. Die Beeinträchigung muss innerhalb der sechs Monate ununterbrochen bestanden haben, Ziff. 2.3.1.1 AUB 2014.

Die Übergangsleistung dient dem Zweck, bei schwereren Verletzungen den (u.U. langen) Zeitraum zwischen dem Ende der Zahlung etwaiger Krankenhaustagegelder (Ende der stationären Behandlung) und der Zahlung der Invaliditätsleistung finanziell zu überbrücken.[689] Die Invaliditätsfeststellung kann im Einzelfall einen erheblichen Zeitraum in Anspruch nehmen. Damit handelt es sich bei der Übergangsleistung letztlich um eine Ergänzung zur Invaliditätsleistung.[690]

In der Regel wird die Übergangsleistung als einmalige Kapitalleistung gewährt.[691] Damit kann sich der Insolvenzschuldner weder auf den Schutz der §§ 36 Abs. 1 S. 1 InsO, 850 Abs. 3 lit. b ZPO, noch auf den Schutz der §§ 36 Abs. 1 S. 1 InsO, 850b Abs. 1 Nr. 1 ZPO berufen. Auch eine Anwendung der §§ 36 Abs. 1 S. 1 InsO, 850b Abs. 1 Nr. 4 ZPO kommt nicht in Betracht, weil es sich bei Leistungen aus privaten Unfallversicherungen nicht um Bezüge aus Witwen-, Waisen-, Hilfs- oder Krankenkassen handelt.[692]

Auch bei Übergangsleistungen kommt aber ein Schutz über die §§ 36 Abs. 1 S. 2 InsO, 850i Abs. 1 S. 1 Alt. 2 ZPO in Betracht. Weil es sich bei der Übergangsleistung um eine Ergänzung zur Invaliditätsleistung handelt, die in der Übergangszeit,

689 Bruck/Möller/*Leverenz*, Ziff. 2.2 AUB 2008 Rn. 2; FAKomm-VersR/*Hugemann*, Ziff. 2 AUB 2010 Rn. 45; Prölss/Martin/*Knappmann*, Ziff. 2 AUB 2010 Rn. 45; Looschelders/Pohlmann/*Götz*, § 178 Rn. 52; Langheid/Wandt/*Dörner*, § 178 Rn. 247; Schwintowski/Brömmelmeyer/*Brömmelmeyer*, § 178 Rn. 39; Hk-VVG/*Rüffer*, Ziff. 2 AUB 2010 Rn. 38; *Mangen*, in: Beckmann/Matusche-Beckmann, § 47 Rn. 201; Terbille/Höra/*Hormuth*, § 24 Rn. 124; *Grimm*, Unfallversicherung, Ziff. 2 AUB 2010 Rn. 56; *Lehmann*, VersR 2003, 725.

690 Bruck/Möller/*Leverenz*, Ziff. 2.2 AUB 2008 Rn. 2; *Lehmann*, VersR 2003, 725.

691 Bruck/Möller/*Leverenz*, Ziff. 2.2 AUB 2008 Rn. 25; FAKomm-VersR/*Hugemann*, Ziff. 2 AUB 2010 Rn. 49; Looschelders/Pohlmann/*Götz*, § 178 Rn. 56; Hk-VVG/*Rüffer*, Ziff. 2 AUB 2010 Rn. 38; *Mangen*, in: Beckmann/Matusche-Beckmann, § 47 Rn. 201; *Grimm*, Unfallversicherung, Ziff. 2 AUB 2010 Rn. 56.

692 RGZ 52, 49, 51; Zöller/*Stöber*, § 850b Rn. 9; Looschelders/Pohlmann/*Klenk*, § 17 Rn. 20.

d.h. bis zur Fälligkeit der Invaliditätsleistung, nahezu den gleichen Zwecken dient (Ausgleich der wirtschaftlichen Folgen des Verlustes oder der Beeinträchtigung der Leistungs- oder Arbeitsfähigkeit), gilt das zur einmaligen Invaliditätsleistung Gesagte für einmalige Übergangsleistungen entsprechend, so dass insoweit auf die dortigen Ausführungen verwiesen wird.[693] Ein Schutz über die §§ 36 Abs. 1 S. 2 InsO, 850i Abs. 1 S. 1 Alt. 2 ZPO ist allerdings nur möglich, soweit der Schuldner tatsächlich auf Teile der Übergangsleistung zur Sicherstellung seiner Existenz angewiesen ist. Reichen die sonstigen Einkünfte zur Sicherstellung der Existenz aus, was in der Regel der Fall sein wird, kommt eine teilweise Massefreiheit der Übergangsleistung über §§ 36 Abs. 1 S. 2 InsO, 850i Abs. 1 S. 1 Alt. 2 ZPO nicht in Betracht.

III. Unfalltagegeld, Ziff. 2.4 AUB 2014

Als weitere Leistungsart kann die Zahlung von Unfalltagegeld vereinbart werden, Ziff. 2.4 AUB 2014. Der Versicherer ist zur Zahlung des Tagegeldes verpflichtet, wenn die versicherte Person unfallbedingt in der Arbeitsfähigkeit beeinträchtigt und in ärztlicher Behandlung ist, Ziff. 2.4.1 AUB 2014. Das Tagegeld wird für die Dauer der ärztlichen Behandlung gezahlt, längstens für ein Jahr, vom Unfalltag an gerechnet, Ziff. 2.4.2 AUB 2014.

Tagegelder dienen dem Zweck, unfallbedingte Einkommensverluste auszugleichen.[694] Ihnen kommt damit die gleiche Funktion zu wie den Leistungen aus privaten Krankentagegeldversicherungen, die ebenfalls zur Kompensation krankheitsbedingter Einkommensverluste erbracht werden. Aufgrund der gleichen Zielrichtung der beiden Leistungen gelten die Ausführungen zur privaten Krankentagegeldversicherung für die Unfallversicherung entsprechend, so dass auf die dortigen Ausführungen verwiesen wird.[695]

Auch die Tagegelder aus privaten Unfallversicherungen basieren auf einer Körperverletzung bzw. Gesundheitsbeeinträchtigung, denn sie werden nur gezahlt, wenn und solange sich die versicherte Person aufgrund der erlittenen Unfallverletzungen in ärztlicher Behandlung befindet, Ziff. 2.4.1 und 2.4.2 AUB 2014. Ärztliche Behandlung meint dabei jede ärztliche Tätigkeit, die zur medizinisch notwendigen Krankenpflege gehört und auf Heilung, Besserung oder Linderung einer Krankheit

---

693 § 4, D., I., 1. – S. 191 f.

694 Bruck/Möller/*Leverenz*, Ziff. 2.3 AUB 2008 Rn. 2; FAKomm-VersR/*Hugemann*, Ziff. 2 AUB 2010 Rn. 53; Prölss/Martin/*Knappmann*, Ziff. 2 AUB 2010 Rn. 48; Looschelders/Pohlmann/*Götz*, § 178 Rn. 57; Langheid/Wandt/*Dörner*, § 178 Rn. 254; *Mangen*, in: Beckmann/Matusche-Beckmann, § 47 Rn. 204; Terbille/Höra/*Hormuth*, § 24 Rn. 129; *Grimm*, Unfallversicherung, Ziff. 2 AUB 2010 Rn. 58; *Wussow/Pürckhauer*, AUB, § 7 III Rn. 57; Schubach/Jannsen/*Schubach*, Ziff. 2.3 Rn. 59; *Konen/Lehmann*, AUB 88, S. 46.

695 § 4, C., II. – S. 174 ff.

abzielt.[696] Damit handelt es sich auch bei Tagegeldern aus privaten Unfallversicherungen um Rentenleistungen, die wegen der Verletzung des Körpers oder der Gesundheit zu entrichten sind und der Sicherstellung des Lebensunterhalts dienen. Sie unterliegen somit dem Schutz des § 850b Abs. 1 Nr. 1 ZPO.

Im Insolvenzverfahren sind Unfalltagegelder grds. gemäß §§ 36 Abs. 1 S. 1 InsO, 850b Abs. 1 Nr. 1 ZPO massefrei. Unter Berücksichtigung der höchstrichterlichen Rechtsprechung kann allerdings gemäß §§ 36 Abs. 1 S. 2 InsO, 850b Abs. 2 ZPO eine Billigkeitsentscheidung zu Lasten des Schuldners ergehen. Sollte dies der Fall sein, kann der Insolvenzverwalter die Unfalltagegelder zur Masse ziehen, soweit sie die Pfändungsfreibeträge des § 850c ZPO übersteigen.

IV. Krankenhaustagegeld, Ziff. 2.5 AUB 2014

Der private Unfallversicherer erbringt das vereinbarte Krankenhaustagegeld, wenn sich die versicherte Person aufgrund des Unfalls in medizinisch notwendiger vollstationärer Heilbehandlung befindet, Ziff. 2.5.1 AUB 2014. Die Leistung wird pro Kalendertag der vollstationären Behandlung gezahlt, wobei der Leistungszeitraum begrenzt ist, Ziff. 2.5.2 AUB 2014. Das Krankenhaustagegeld wird auch dann geleistet, wenn sich die versicherte Person wegen eines Unfalls einer ambulanten chirurgischen Operation unterzieht und deswegen für einen bestimmten Zeitraum ununterbrochen vollständig arbeitsunfähig bzw. vollständig in ihrem Aufgaben- und Tätigkeitsbereich beeinträchtigt ist, Ziff. 2.5.1 AUB 2014. Für diesen Fall wird die Zeit, für die Krankenhaustagegeld gezahlt wird, im Vorfeld vertraglich vereinbart, Ziff. 2.5.2 AUB 2014.

Wie bei der privaten Krankenversicherung dienen auch die Krankenhaustagegelder aus privaten Unfallversicherungen nicht dem Ersatz tatsächlich angefallener Krankenhauskosten.[697] Diese werden vom Krankheitskostenvollversicherer übernommen. Durch die Leistungen soll dem Versicherungsnehmer vielmehr ermöglicht werden, die sonstigen Mehrkosten auszugleichen, die ein Krankenhausaufenthalt mit sich bringt und die vom Krankheitskostenvollversicherer nicht getragen werden.[698] So fallen häufig Kosten für die Nutzung des Telefons und des Fernsehers im Krankenzimmer an. Auch kann aufgrund des Krankenhausaufenthaltes eine Betreuung der Kinder notwendig werden, was Betreuungskosten verursacht.[699] Zu denken ist auch an Kosten für die Unterbringung einer Begleitperson im Krankenhaus.[700] Auch wenn die Leistungen damit zu den gleichen Zwecken gewährt werden wie Krankenhaustagegeldleistungen aus privaten Krankenversicherungen, unterliegen sie nicht dem Schutz der §§ 36 Abs. 1 S. 1 InsO, 850b Abs. 1 Nr. 4 ZPO. Es handelt

---

696 Langheid/Wandt/*Dörner*, § 178 Rn. 256; *Mangen*, in: Beckmann/Matusche-Beckmann, § 47 Rn. 205.

697 Bruck/Möller/*Leverenz*, Ziff. 2.4 AUB 2008 Rn. 2; *Grimm*, Unfallversicherung, Ziff. 2 AUB 2010 Rn. 65.

698 Langheid/Wandt/*Dörner*, § 178 Rn. 260.

699 Langheid/Wandt/*Dörner*, § 178 Rn. 260.

700 Langheid/Wandt/*Dörner*, § 178 Rn. 260.

sich bei Leistungen aus privaten Unfallversicherungen nicht um Leistungen aus Witwen-, Waisen-, Hilfs- oder Krankenkassen.[701]

Es kommt aber ein Schutz über die §§ 36 Abs. 1 S. 2 InsO, 850i Abs. 1 S. 1 Alt. 2 ZPO in Betracht. Dies allerdings nur, soweit der Schuldner tatsächlich auf Teile der Krankenhaustagegelder aus der privaten Unfallversicherung zur Sicherstellung seiner Existenz angewiesen ist. Reichen die sonstigen Einkünfte zur Sicherstellung der Existenz aus, was in der Regel der Fall sein wird, kommt eine teilweise Massefreiheit der Übergangsleistung über §§ 36 Abs. 1 S. 2 InsO, 850i Abs. 1 S. 1 Alt. 2 ZPO nicht in Betracht.

V. Genesungsgeld, Ziff. 2.5 AUB 2010

Bis zu den AUB 2010 haben die Versicherungsbedingungen noch die Leistungsart „Genesungsgeld" vorgesehen. Diese Leistungsart ist zwar in den aktuellen AUB 2014 nicht mehr vorhanden. Versicherungsnehmer mit alten Versicherungsbedingungen können aber weiterhin Genesungsgelder beziehen.

Genesungsgeld ist eine Zusatzleistung zum Krankenhaustagegeld. Die Vereinbarung dieser Leistungsart setzt zwingend den Einschluss von Krankenhaustagegeld voraus.[702] Wird die versicherte Person aus der vollstationären Heilbehandlung entlassen und hatte sie Anspruch auf Krankenhaustagegeld, zahlt der Unfallversicherer das vereinbarte Genesungsgeld grds. für die gleiche Anzahl von Tagen, für die Krankenhaustagegeld geleistet wurde, Ziff. 2.5.2 AUB 2010. Die Leistung ist allerdings auf 100 Tage begrenzt, Ziff. 2.5.2 AUB 2010. Wird Krankenhaustagegeld aufgrund ambulanter Operationen gezahlt, entsteht ein Anspruch auf Genesungsgeld nicht.[703] Der Anspruch auf Genesungsgeld entsteht erst in dem Zeitpunkt, in dem die versicherte Person aus der vollstationären Behandlung entlassen wird. Verstirbt sie vor der Entlassung, besteht der Anspruch auf Genesungsgeld nicht.[704] Nur wer das Krankenhaus lebend verlässt, kann in der Folge auch genesen.[705] Tritt der Tod nach der Entlassung ein, wird der Anspruch auf Genesungsgeld nicht berührt.[706]

---

701 RGZ 52, 49, 51; Zöller/*Stöber*, § 850b Rn. 9; Looschelders/Pohlmann/*Klenk*, § 17 Rn. 20.

702 *Grimm*, Unfallversicherung, Ziff. 2 AUB 2010 Rn. 74; Terbille/Höra/*Hormuth*, § 24 Rn. 133; *Wussow/Pürckhauer*, AUB, § 7 V Rn. 72.

703 Langheid/Wandt/*Dörner*, § 178 Rn. 269.

704 Bruck/Möller/*Leverenz*, Ziff. 2.5 AUB 2008 Rn. 7; Prölss/Martin/*Knappmann*, Ziff. 2 AUB 2010 Rn. 54; Looschelders/Pohlmann/*Götz*, § 178 Rn. 64; *Grimm*, Unfallversicherung, Ziff. 2 AUB 2010 Rn. 75; *Wussow/Pürckhauer*, AUB, § 7 V Rn. 73; *Kloth*, Private Unfallversicherung, Kap. H Rn. 28; Veith/Gräfe/Gebert/*Marlow*, Der Versicherungsprozess, § 12 Rn. 406.

705 *Kohnen/Lehmann*, AUB 88, S. 47.

706 Bruck/Möller/*Leverenz*, Ziff. 2.5 AUB 2008 Rn. 7; Prölss/Martin/*Knappmann*, Ziff. 2 AUB 2010 Rn. 54; *Grimm*, Unfallversicherung, Ziff. 2 AUB 2010 Rn. 75; *Kloth*, Private Unfallversicherung, Kap. H Rn. 28.

Der Zweck des Genesungsgeldes besteht darin, dem Versicherten nach Beendigung der stationären Behandlung für einen gewissen Zeitraum zusätzliche finanzielle Mittel für etwaige unfallbedingte Mehraufwendungen zur Verfügung zu stellen.[707] Auch nach der Entlassung aus dem Krankenhaus kann die versicherte Person aufgrund der unfallbedingten Verletzungen bspw. (weiterhin) auf eine Hilfskraft angewiesen sein, die sich um den Haushalt und / oder um die Kinder kümmert. Die dadurch verursachten Mehrkosten sollen durch das Genesungsgeld aufgefangen werden.

Die Leistung des Genesungsgeldes erfolgt in Form einer einmaligen Kapitalleistung.[708] Weil die Leistung nicht in Rentenform gewährt wird, unterliegt sie weder dem Schutz der §§ 36 Abs. 1 S. 1 InsO, 850 Abs. 3 lit. b ZPO noch dem der §§ 36 Abs. 1 S. 1 InsO, 850b Abs. 1 Nr. 1 ZPO. Auch eine Anwendung der §§ 36 Abs. 1 S. 1 InsO, 850b Abs. 1 Nr. 4 ZPO kommt nicht in Betracht.

In Betracht kommt aber auch insoweit ein Schutz über die §§ 36 Abs. 1 S. 2 InsO, 850i Abs. 1 S. 1 Alt. 2 ZPO. Das Genesungsgeld ergänzt das Krankenhaustagegeld. Aufgrund der ähnlichen Zielrichtung der beiden Leistungsarten gelten die Ausführungen zur Krankenhaustagegeldversicherung für das Genesungsgeld entsprechend.[709] Genesungsgelder fallen danach unter §§ 36 Abs. 1 S. 2 InsO, 850i Abs. 1 S. 1 Alt. 2 ZPO, wenn der Versicherungsnehmer die Leistung mit eigenen Mitteln erwirtschaftet hat, was bei Genesungsgeldern der Regelfall sein dürfte, und soweit diese Einkünfte tatsächlich zur Sicherung seiner Existenz erforderlich sind. Dies ist nur dann der Fall, wenn dem Schuldner neben den Genesungsgeldern aus der privaten Unfallversicherung kein Vermögen zur Verfügung steht und er auch ansonsten keine oder nur unzureichende Leistungen bezieht, mit denen er sich unterhalb des Existenzminimums befindet. Dann ist er zur Existenzsicherung zumindest teilweise auf die Genesungsgelder aus der privaten Unfallversicherung angewiesen. Dies wird aber in aller Regel nicht der Fall sein.

VI. Todesfallleistung, Ziff. 2.6 AUB 2014

Nach der Invaliditätsleistung ist die Todesfallleistung in der Praxis die zweitwichtigste Leistungsart aus privaten Unfallversicherungen.[710] Dieser Anspruch entsteht, wenn die versicherte Person innerhalb eines Jahres nach dem Unfall verstirbt und ein adäquater Kausalzusammenhang zwischen Unfall und Tod besteht.[711]

---

707 Bruck/Möller/*Leverenz*, Ziff. 2.5 AUB 2008 Rn. 2; FAKomm-VersR/*Hugemann*, Ziff. 2 AUB 2010 Rn. 61; Looschelders/Pohlmann/*Götz*, § 178 Rn. 62; *Wussow/Pürckhauer*, AUB, § 7 V Rn. 71.

708 Bruck/Möller/*Leverenz*, Ziff. 2.5 AUB 2008 Rn. 9; *Wussow/Pürckhauer*, AUB, § 7 V Rn. 73.

709 § 4, D., IV. – S. 197 f.

710 Bruck/Möller/*Leverenz*, Ziff. 2.6 AUB 2008 Rn. 1; Terbille/Höra/*Hormuth*, § 24 Rn. 134.

711 Schubach/Jannsen/*Schubach*, Ziff. 2.6 Rn. 66; FAKomm-VersR/*Hugemann*, Ziff. 2 AUB 2010 Rn. 63; Bruck/Möller/*Leverenz*, Ziff. 2.6 AUB 2008 Rn. 12; Looschelders/

Weil es sich bei Todesfallleistungen um Einmalzahlungen und damit nicht um Renten handelt, unterliegen sie weder dem Schutz der §§ 36 Abs. 1 S. 1 InsO, 850 Abs. 3 lit. b ZPO noch dem Schutz der §§ 36 Abs. 1 S. 1 InsO, 850b Abs. 1 Nr. 1 ZPO. Auch eine direkte Anwendung der §§ 36 Abs. 1 S. 1 InsO, 850b Abs. 1 Nr. 4 ZPO scheidet aus. Weder handelt es sich bei Leistungen aus privaten Unfallversicherungen um Bezüge aus Witwen-, Waisen-, Hilfs- oder Krankenkassen,[712] noch dienen Todesfallleistungen der Unterstützung des Schuldners zu Lebzeiten. Auch soweit die §§ 36 Abs. 1 S. 1 InsO, 850b Abs. 1 Nr. 4 ZPO Leistungen aus reinen Todesfallversicherungen schützen, kommt eine direkte Anwendung nicht in Betracht (Wortlaut: „Lebensversicherungen“).[713]

Damit wären Todesfallleistungen aus privaten Unfallversicherungen nicht vor dem Zugriff der Gläubiger und des Insolvenzverwalters geschützt.[714] Dies ist jedoch problematisch wenn man bedenkt, dass die Todesfallleistung aus einer privaten Unfallversicherung nahezu den gleichen Zwecken dient wie Todesfallleistungen aus Lebens- und Krankenversicherungen. Die Hinterbliebenen sollen vor den unvorhersehbaren wirtschaftlichen Engpässen und Notlagen gesichert werden, die der Unfalltod mit sich bringen kann.[715] Dazu gehört auch der Schutz davor, dass die Hinterbliebenen durch die mit dem Tod anfallenenden (Bestattungs-)Kosten belastet werden und durch die Verpflichtung zur Kostentragung u.U. selbst in finanzielle Not geraten. Auch soll, wie bei sämtlichen Todesfallleistungen, eine Armenbestattung auf Staatskosten verhindert werden. Neben der Absicherung seiner Hinterbliebenen für den Fall seines Todes bezweckt der Versicherungsnehmer mit der Todesfallleistung also auch die Sicherstellung seiner eigenen Bestattung.

Mit § 850b Abs. 1 Nr. 4 ZPO wurde zwar eine Schutzvorschrift für Todesfallleistungen geschaffen, um sicherzustellen, dass weder die Hinterbliebenen noch der Staat mit den anfallenden (Bestattungs-)Kosten belastet werden. Dieser Schutz wurde aber auf Lebensversicherungen in Form reiner Todesfallversicherungen beschränkt. Dabei wurde übersehen, dass einige Schuldner die mit ihrem Todesfall anfallenden Kosten nicht mittels einer Lebens-, sondern mittels einer Kranken- oder Unfallversicherung absichern und dass diese Leistungen letztlich von ihrer Zielrichtung her mit den Todesfallleistungen aus Lebensversicherungen vergleichbar sind. Wie auf die Leistung aus einer reinen Todesfallversicherung

---

Pohlmann/*Götz*, § 178 Rn. 65; Veith/Gräfe/Gebert/*Marlow*, Der Versicherungsprozess, § 12 Rn. 407.

712 RGZ 52, 49, 51; Zöller/*Stöber*, § 850b Rn. 9; Looschelders/Pohlmann/*Klenk*, § 17 Rn. 20.

713 Schwintowski/Brömmelmeyer/*Ebers*, § 17 Rn. 6; BK/*Gruber*, § 15 Rn. 5.

714 Gegen einen Pfändungsschutz von Todesfallleistungen aus privaten Unfallversicherungen: Bruck/Möller/*Johannsen*, § 17 Rn. 8; Prölss/Martin/*Armbrüster*, § 17 Rn. 6; BK/*Gruber*, § 15 Rn. 5; Schwintowski/Brömmelmeyer/*Ebers*, § 17 Rn. 6; Langheid/Wandt/*Fausten*, § 17 Rn. 13; *Bohn*, in: FS Schiedermair, 33, 43.

715 Bruck/Möller/*Leverenz*, Ziff. 2.6 AUB 2008 Rn. 2; *Wussow/Pürckhauer*, AUB, § 7 VI Rn. 76.

kann der Versicherungsnehmer auch auf die Todesfallleistung aus einer privaten Unfallversicherung nicht zu Lebzeiten zugreifen. Er kann die Versicherungsleistung daher, anders als bei gemischten Lebensversicherungen, nicht für andere Zwecke verwenden. Die in Hinblick auf Todesfallleistungen aus privaten Unfallversicherungen bestehende (planwidrige) Regelungslücke ist, entsprechend der Situation bei der privaten Krankenversicherung,[716] mittels einer analogen Anwendung des § 850b Abs. 1 Nr. 4 ZPO zu schließen.[717] Der Regelungslücke steht auch nicht die Existenz des § 850i Abs. 1 S. 1 Alt. 2 ZPO entgegen. Zwar ist der Anwendungsbereich der Norm weit auszulegen. Die Norm erfasst aber nur Einkünfte des Schuldners, die seinem Lebensunterhalt, d.h. seiner Existenzsicherung dienen. Dies ist bei Todesfallleistungen nicht der Fall, weshalb der Anwendungsbereich des § 850i Abs. 1 S. 1 Alt. 2 ZPO insoweit nicht eröffnet ist.

Bis zu einem Betrag von 3.579,– EUR sind Todesfallleistungen aus privaten Unfallversicherungen analog §§ 36 Abs. 1 S. 1 InsO, 850b Abs. 1 Nr. 4 ZPO dem Zugriff des Insolvenzverwalters entzogen. Weil es sich um eine Einmalleistung handelt, scheidet eine Billigkeitsentscheidung zu Lasten des Schuldners gemäß §§ 36 Abs. 1 S. 2 InsO, 850b Abs. 2 ZPO aus.[718] Ist der Schuldner Inhaber mehrerer Versicherungsverträge, die Todesfallleistungen vorsehen (Lebens-, Kranken- oder Unfallversicherungen), sind die jeweiligen Versicherungssummen auf Antrag analog § 850e Nr. 2 ZPO zusammenzurechnen.[719] Soweit die dadurch gebildete Gesamtversicherungssumme den Betrag von 3.579,– EUR übersteigt, kann der Insolvenzverwalter auf sie zugreifen.

VII. Kosten für kosmetische Operationen, Ziff. 2.7 AUB 2014

Wurde diese Leistungsart vereinbart, werden die Kosten für die Durchführung einer kosmetischen Operation ersetzt, vorausgesetzt die versicherte Person hat sich der Operation unterzogen, um eine unfallbedingte Beeinträchtigung des äußeren Erscheinungsbildes zu beheben, Ziff. 2.7.1 AUB 2014. Bis zur Höhe der vereinbarten Versicherungssumme werden Arzthonorare und sonstige Operationskosten sowie notwendige Kosten für die Unterbringung und Verpflegung in einem Krankenhaus ersetzt, Ziff. 2.7.2 AUB 2014.

---

716 § 4, C., I., 4, b), bb) – S. 166 ff.

717 Wohl auch *Henckel*, in: Jaeger, § 36 Rn. 22, nach dem Ansprüche aus Unfallversicherungen, die nur auf den Todesfall und über eine Summe von nicht mehr als 3.579,– EUR abgeschlossen sind, über §§ 36 Abs. 1 S. 1 InsO, 850b Abs. 1 Nr. 4 ZPO massefrei sind; a.A. *Sieg*, in: FS Klingmüller, 447, 463, der auf Kapitalleistungen aus privaten Unfallversicherungen § 850i ZPO anwenden will.

718 § 4, A., I., 1., d), aa) – S. 71 ff.

719 Zur Zusammenrechnung mehrerer Lebensversicherungen: § 4, A., I., 1, e), bb) – S. 83 ff.

Die Operation erfolgt im Anschluss an eine unfallbedingte ärztliche Heilbehandlung. Weil die Operation zur Wiederherstellung des äußeren Erscheinungsbildes erfolgt, ist sie noch als Teil der Gesamtbehandlung anzusehen. Damit werden auch die Leistungen, mit denen Kosten für unfallbedingte kosmetische Operationen ausgeglichen werden, zu Unterstützungszwecken i.S.d. § 850b Abs. 1 Nr. 4 ZPO erbracht. Die §§ 36 Abs. 1 S. 1 InsO, 850b Abs. 1 Nr. 4 ZPO vermitteln insoweit aber keinen Schutz, weil Einmalleistungen aus privaten Unfallversicherungen nicht vom Schutz der § 850b Abs. 1 Nr. 4 ZPO erfasst werden.[720]

Auch Leistungen für kosmetische Operationen unterfallen aber dem antragsabhängigen Schutz der §§ 36 Abs. 1 S. 2 InsO, 850i Abs. 1 S. 1 Alt. 2 ZPO. Dies allerdings nur, wenn der Versicherungsnehmer die Leistung aus der privaten Unfallversicherung mit eigenen Mitteln erwirtschaftet hat, was bei Leistungen für kosmetische Operationen der Regelfall sein dürfte, und soweit diese Einkünfte tatsächlich zur Sicherung seiner Existenz erforderlich sind. Dies ist nur dann der Fall, wenn dem Schuldner neben den Leistungen aus der privaten Unfallversicherung für kosmetische Operationen kein Vermögen zur Verfügung steht und er auch ansonsten keine oder nur unzureichende Leistungen bezieht, mit denen er sich unterhalb des Existenzminimums befindet. Dann ist er zur Existenzsicherung zumindest teilweise auf die Leistung aus der privaten Unfallversicherung angewiesen. Dies wird aber in aller Regel nicht der Fall sein.

VIII. Sonstige Leistungsarten

Ziff. 2 der AUB 2014 sieht mit den Kosten für Such-, Bergungs- und Rettungseinsätze, Ziff. 2.8 AUB 2014, noch eine weitere Leistungsart vor. Zudem ist der in Ziff. 2 AUB 2014 enthaltene Katalog der Leistungsarten nicht abschließend.[721] Vielmehr steht es den Vertragsparteien frei, den Leistungsumfang über die in Ziff. 2 AUB 2014 genannten Leistungsarten hinaus zu erweitern. Zu den klassischen, nicht in Ziff. 2 AUB 2014 aufgeführten Leistungsarten, die vertraglich vereinbart werden können, gehören insbesondere Gipsgeld, Haushaltshilfegeld, Komageld, Schmerzensgeld oder auch Kostenerstattungen bei behindertengerechtem Umbau.[722]

Aufgrund der geringen praktischen Bedeutung wird darauf verzichtet, die Massezugehörigkeit der o.g. Leistungsarten zum Gegenstand der Untersuchung zu machen.

---

720 RGZ 52, 49, 51; Zöller/*Stöber*, § 850b Rn. 9; Looschelders/Pohlmann/*Klenk*, § 17 Rn. 20.

721 Hk-VVG/*Rüffer*, Ziff. 2 AUB 2010 Rn. 52; Looschelders/Pohlmann/*Götz*, § 178 Rn. 50; Schubach/Jannsen/*Schubach*, Ziff. 2 Rn. 1; Bruck/Möller/*Leverenz*, Ziff. 2 AUB 2008 Rn. 12; FAKomm-VersR/*Hugemann*, Ziff. 2 AUB 2010 Rn. 67; *Mangen*, in: Beckmann/Matusche-Beckmann, § 47 Rn. 153; Veith/Gräfe/Gebert/*Marlow*, Der Versicherungsprozess, § 12 Rn. 410; Terbille/Höra/*Hormuth*, § 24 Rn. 137.

722 Bruck/Möller/*Leverenz*, Ziff. 2 AUB 2008 Rn. 13, mit weiteren Beispielen.

E. Zusammenfassung der Ergebnisse

Der Insolvenzverwalter kann auf im Schuldnervermögen stehende Leistungsansprüche nur zugreifen, soweit diese nicht von den Pfändungsschutzvorschriften der §§ 850 ff. ZPO erfasst werden. Diese finden über § 36 Abs. 1 S. 1, S. 2 InsO auch im Insolvenzverfahren Anwendung.

Leistungen aus Kapitallebensversicherungen, die ausschließlich den Todesfall abdecken, sind über §§ 36 Abs. 1 S. 1 InsO, 850b Abs. 1 Nr. 4 ZPO bis zu einem Betrag i.H.v. 3.579,– EUR geschützt. Dabei handelt es sich um einen Freibetrag, so dass eine diesen Betrag übersteigende Versicherungsleistung dem Zugriff des Insolvenzverwalters ausgesetzt ist, soweit sie 3.579,– EUR übersteigt. Die Leistungen aus mehreren Todesfallversicherungen sind analog § 850e Nr. 2 ZPO auf Antrag zusammenzurechnen.

Sonstige Kapitallebensversicherungen unterfallen nicht dem Anwendungsbereich einer besonderen Pfändungsschutzvorschrift. Sie können aber auf Antrag dem Schutz der §§ 36 Abs. 1 S. 2 InsO, 850i Abs. 1 S. 1 Alt. 2 ZPO unterliegen. Dies aber nur dann, wenn der Versicherungsnehmer die Leistung aus der Kapitallebensversicherung mit eigenen Mitteln erwirtschaftet, d.h. die Prämien aus seinem eigenen Vermögen aufgewendet hat und soweit diese Einkünfte tatsächlich zur Sicherung seiner Existenz erforderlich sind.

Leistungen aus sog. Handwerker-Lebensversicherungen, die vor dem 1.1.1962 abgeschlossen wurden, sind dem Zugriff des Insolvenzverwalters entzogen, soweit sie einen Betrag i.H.v. 10.000,- DM, bzw. 5.113,– EUR, übersteigen, §§ 36 Abs. 1 S. 1 InsO, 22 Abs. 1 1. DVO/HVWG.

Rentenleistungen aus privaten Rentenversicherungsverträgen von Arbeitnehmern, Beamten, in einem arbeitnehmerähnlichen Beschäftigungsverhältnis Stehenden sowie deren unterhaltsberechtigten Angehörigen unterliegen in der Auszahlungsphase dem Schutz der §§ 36 Abs. 1 S. 1 InsO, 850 Abs. 3 lit. b ZPO. In der Ansparphase vermitteln die §§ 36 Abs. 1 S. 1 InsO, 850 Abs. 3 lit. b ZPO für das aufgebaute Deckungskapital keinen Schutz.

Handelt es sich um eine Altersrentenversicherung i.S.d. § 851c ZPO, unterliegen die Rentenleistungen in der Auszahlungsphase dem Schutz der §§ 36 Abs. 1 S. 1 InsO, 851c Abs. 1 ZPO. In der Ansparphase ist das Deckungskapital in den Grenzen der §§ 36 Abs. 1 S. 1 InsO, 851c Abs. 2 ZPO geschützt. Der persönliche Anwendungsbereich der Norm ist nicht auf Arbeitnehmer, Beamte, in einem arbeitnehmerähnlichen Beschäftigungsverhältnis Stehende sowie deren unterhaltsberechtigte Angehörige beschränkt, er umfasst somit auch Selbständige und Freiberufler. Bei abhängig Beschäftigten werden die ebenfalls einschlägigen §§ 36 Abs. 1 S. 1 InsO, 850 Abs. 3 lit. b ZPO von den §§ 36 Abs. 1 S. 1 InsO, 851c ZPO verdrängt.

Rentenversicherungsverträge, die nicht den Anforderungen des § 851c ZPO entsprechen, können gemäß § 167 VVG in einen Altersrentenvertrag i.S.d. § 851c ZPO umgewandelt werden. Bei dem Umwandlungsrecht handelt es sich um ein Gestaltungsrecht. Der Pfändungsschutz des § 851c ZPO tritt mit dem Zugang der Umwandlungserklärung beim Versicherer ein.

Leistungen aus staatlich geförderten Rentenversicherungen, d.h. Leistungen aus Riester- und Rürup-Rentenverträgen, unterliegen in der Auszahlungsphase dem Schutz der §§ 36 Abs. 1 S. 1 InsO, 851d ZPO. In der Ansparphase ist das Deckungskapital bei Riester-Rentenverträgen in den Grenzen des § 10a EStG über §§ 36 Abs. 1 S. 1 InsO, 97 EStG, 851 Abs. 1 ZPO geschützt. Für Rürup-Rentenverträge existiert keine entsprechende Schutzvorschrift. Das Deckungskapital ist dennoch dem Zugiff des Insolvenzverwalters entzogen, weil sämtliche Zahlungsansprüche während der Vertragslaufzeit durch vertragliche Vereinbarungen ausgeschlossen sind. Der persönliche Anwendungsbereich der Norm ist nicht auf bestimmte Personengruppen beschränkt. Bei abhängig Beschäftigten werden die ebenfalls einschlägigen §§ 36 Abs. 1 S. 1 InsO, 850 Abs. 3 lit. b ZPO von den §§ 36 Abs. 1 S. 1 InsO, 851d ZPO verdrängt.

Rentenleistungen aus Berufsunfähigkeitsversicherungen unterliegen dem Schutz der §§ 36 Abs. 1 S. 1 InsO, 850b Abs. 1 Nr. 1 ZPO. Bei abhängig Beschäftigten greift zugleich der Schutz der §§ 36 Abs. 1 S. 1 InsO, 850 Abs. 3 lit. b ZPO. Dieser wird von den §§ 36 Abs. 1 S. 1 InsO, 850b Abs. 1 Nr. 1 ZPO verdrängt. § 851c ZPO normiert keinen Schutz für Berufsunfähigkeitsrenten. Bei dem Hinweis in § 851c Abs. 1 Nr. 1 ZPO auf die Berufsunfähigkeitsversicherung handelt es sich lediglich um eine „Koppelungserlaubnis".

Auch die Leistungsart „Beitragsbefreiung" kann für den Insolvenzverwalter Bedeutung erlangen, weil es sich insoweit um einen Freistellungsanspruch des Insolvenzschuldners gegen den Versicherer handelt. Dieser Anspruch ist allerdings gemäß §§ 36 Abs. 1 S. 1 InsO, 851 Abs. 1 ZPO, 399 Alt. 1 BGB massefrei.

Leistungen aus privaten Krankheitskostenvollversicherungen unterliegen dem Schutz der §§ 36 Abs. 1 S. 1 InsO, 850b Abs. 1 Nr. 4 ZPO. Dies gilt allerdings nur für solche Leistungsansprüche, die vor dem Tod des Versicherungsnehmers erfüllt werden. Der Schutz der §§ 36 Abs. 1 S. 1 InsO, 850b Abs. 1 Nr. 4 ZPO gilt nicht für Beitragsrückvergütungen während der Vertragslaufzeit, für Prämienrückerstattungen bei vorzeitiger Vertragsbeendigung und für freiwillige Bonusleistungen. Sterbegelder aus privaten Krankheitskostenvollversicherungen sind analog §§ 36 Abs. 1 S. 1 InsO, 850b Abs. 1 Nr. 4 ZPO bis zu einem Betrag i.H.v. 3.579,– EUR geschützt.

Krankentagegelder unterliegen dem Schutz der §§ 36 Abs. 1 S. 1 InsO, 850b Abs. 1 Nr. 1 ZPO.

Krankenhaustagegelder sind gemäß §§ 36 Abs. 1 S. 1 InsO, 850b Abs. 1 Nr. 4 ZPO dem Zugriff des Insolvenzverwalters entzogen, soweit sie Kosten decken, die dem Schuldner aufgrund einer stationären Heilbehandlung tatsächlich entstanden sind und die nicht vom Krankheitskostenvollversicherer getragen werden (wie Kosten für die Nutzung des Fernsehers und / oder des Telefons im Krankenzimmer oder Kosten für die Unterbringung einer Begleitperson im Krankenhaus).

Leistungen aus privaten Krankenzusatzversicherungen sind über §§ 36 Abs. 1 S. 1 InsO, 850b Abs. 1 Nr. 4 ZPO geschützt.

Gleiches gilt für Leistungen aus Auslandsreisekrankenversicherungen.

Auch Leistungen aus privaten Pflegepflichtversicherungen unterliegen dem Schutz der §§ 36 Abs. 1 S. 1 InsO, 850b Abs. 1 Nr. 4 ZPO.

Dies gilt auch für Leistungen aus privaten ergänzenden Pflegekostenversicherungen.

Leistungen aus privaten Pflegetagegeldversicherungen sind über die §§ 36 Abs. 1 S. 1 InsO, 850b Abs. 1 Nr. 4 ZPO geschützt, soweit sie dem Ausgleich der Deckungslücken zwischen den Leistungen der Pflegepflichtversicherung und den tatsächlich entstandenen Pflegekosten dienen.

Invaliditätsleistungen aus privaten Unfallversicherungen unterliegen dem Schutz der §§ 36 Abs. 1 S. 1 InsO, 850b Abs. 1 Nr. 1 ZPO, soweit sie als Rentenleistungen erbracht werden. Bei abhängig Beschäftigten greift zugleich der Schutz der §§ 36 Abs. 1 S. 1 InsO, 850 Abs. 3 lit. b ZPO. Dieser wird von den §§ 36 Abs. 1 S. 1 InsO, 850b Abs. 1 Nr. 1 ZPO verdrängt.

Erfolgt im Invaliditätsfall hingegen eine einmalige Kapitalleistung, fällt diese nicht unter den Anwendungsbereich einer besonderen Pfändungsschutzvorschrift. Es kommt aber ein antragsabhängiger Schutz über die §§ 36 Abs. 1 S. 2 InsO, 850i Abs. 1 S. 1 Alt. 2 ZPO in Betracht. Dies aber nur dann, wenn der Versicherungsnehmer die Invaliditätsleistung aus der privaten Unfallversicherung mit eigenen Mitteln erwirtschaftet, d.h. die Prämien aus seinem eigenen Vermögen aufgewendet hat und soweit diese Einkünfte tatsächlich zur Sicherung seiner Existenz erforderlich sind.

Unter den gleichen Voraussetzungen können auch Übergangsleistungen aus privaten Unfallversicherungen dem antragsabhängigen Schutz der §§ 36 Abs. 1 S. 2 InsO, 850i Abs. 1 S. 1 Alt. 2 ZPO unterliegen.

Gleiches gilt für Genesungsgelder und Leistungen für komsetische Operationen aus privaten Unfallversicherungen.

Todesfallleistungen aus privaten Unfallversicherungen sind analog §§ 36 Abs. 1 S. 1 InsO, 850b Abs. 1 Nr. 4 ZPO bis zu einem Betrag i.H.v. 3.579,– EUR geschützt.

Unfalltagegelder aus privaten Unfallversicherungen unterliegen dem Schutz der §§ 36 Abs. 1 S. 1 InsO, 850b Abs. 1 Nr. 1 ZPO.

Für Krankenhaustagegelder aus privaten Unfallversicherungen kommt nur ein Schutz über die §§ 36 Abs. 1 S. 2 InsO, 850i Abs. 1 S. 1 Alt. 2 ZPO in Betracht. Diese Leistungen sind also nur geschützt, soweit der Schuldner tatsächlich auf Teile der Krankenhaustagegelder aus der privaten Unfallversicherung zur Sicherstellung seiner Existenz angewiesen ist.

§ 5 Handlungsmöglichkeiten des Insolvenzverwalters

Wird über das Vermögen des Versicherungsnehmers das Insolvenzverfahren eröffnet kommt für den Insolvenzverwalter die Frage auf, welche Handlungsmöglichkeiten ihm bezüglich bestehender Versicherungsverträge zustehen.

A. Lebensversicherungen

Bei Lebensversicherungen ist danach zu differenzieren, ob das Insolvenzverfahren vor oder nach dem Eintritt des Versicherungsfalls eröffnet wird.

I. Eröffnung des Insolvenzverfahrens vor Eintritt des Versicherungsfalls

1. Kündigungsrecht

Vor dem Eintritt des Versicherungsfalls ist für den Insolvenzverwalter insbesondere das Kündigungsrecht von besonderer Bedeutung. Dies zumindest dann, wenn die vorzeitige Vertragsbeendigung zur Fälligkeit eines Rückkaufswertes führt, den der Verwalter zur Masse ziehen kann.

Bei der folgenden Untersuchung, ob dem Insolvenzverwalter das Kündigungsrecht zusteht, wird zwischen Versicherungsverträgen mit vollständig massezugehörigen, mit teilweise massezugehörigen und mit vollständig massefreien Leistungsansprüchen differenziert. Je nach der Massezugehörigkeit des Leistungsanspruchs ist der jeweilige Vertrag als vollständig massezugehöriger, teilweise massezugehöriger oder vollständig massefreier Versicherungsvertrag zu qualifizieren.

a) Bei vollständiger Massezugehörigkeit des Leistungsanspruchs

Das Recht des Schuldners, das zur Insolvenzmasse gehörende Vermögen zu verwalten und über es zu verfügen, geht mit der Verfahrenseröffnung auf den Insolvenzverwalter über, § 80 Abs. 1 InsO. Zu den übergehenden Rechten zählen insbesondere auch die Gestaltungsrechte bezüglich bestehender Versicherungsverträge,[723] insbesondere das Kündigungsrecht. Ist der Leistungsanspruch vollumfänglich massezugehörig, kann der Insolvenzverwalter den Vertrag jederzeit gemäß §§ 168 Abs. 1 VVG, 80 Abs. 1 InsO zum Schluss der laufenden Versicherungsperiode kündigen und einen dadurch fällig werdenden Rückkaufswert zur Masse ziehen.

723 A/G/R-*Piekenbrock*, § 80 Rn. 10; Langheid/Wandt/*Mönnich*, § 168 Rn. 31; Bruck/Möller/*Johannsen*, Anhang zu § 16 Rn. 9.

aa) Unwirksamkeit einer Kündigung des Versicherungsnehmers?

Durch eine Entscheidung des IX. Zivilsenats des BGH vom 15.4.2010[724] ist in diesem Zusammenhang die Frage aufgekommen, ob der vollständige Übergang des Kündigungsrechts auf den Verwalter gemäß § 80 Abs. 1 InsO dazu führt, dass eine vom Versicherungsnehmer nach der Verfahrenseröffnung erklärte Kündigung unwirksam ist oder ob das Kündigungsrecht ab der Verfahrenseröffnung sowohl dem Versicherungsnehmer als auch dem Insolvenzverwalter zusteht.

Diese Frage erlangt insbesondere dann Bedeutung, wenn der Versicherer keine Kenntnis von der Verfahrenseröffnung hat und aufgrund einer Kündigung des Versicherungsnehmers an diesen den Rückkaufswert ausbezahlt. Nur wenn die Kündigung wirksam ist, leistet der Versicherer auf eine bestehende Schuld. Nur dann kann die Leistung an den Versicherungsnehmer unter den Voraussetzungen des § 82 InsO befreiende Wirkung haben. Anderenfalls würde der Versicherer auf eine Nichtschuld leisten und wäre nach einer Kündigung durch den Insolvenzverwalter zur erneuten Zahlung verpflichtet.

Der IX. Senat hat die oben aufgeworfene Frage mangels Entscheidungserheblichkeit ausdrücklich offen gelassen.[725] Es könne durchaus sein, dass die Wirksamkeit einer Kündigung des Versicherungsnehmers nach der Verfahrenseröffnung nicht an den §§ 80, 81 InsO scheitere.[726] Anders hingegen das OLG Brandenburg in einer Entscheidung vom 28.8.2012.[727] Das Gericht hat sich mit Hinweis auf § 81 Abs. 1 InsO ausdrücklich gegen ein Kündigungsrecht des Versicherungsnehmers nach der Verfahrenseröffnung ausgesprochen.[728] Selbst wenn man § 81 Abs. 1 InsO nicht für einschlägig erachte, folge zumindest aus § 80 Abs. 1 InsO, dass der Gemeinschuldner seine Kündigungsbefugnis mit der Verfahrenseröffnung an den Verwalter verliere und deshalb eine rechtswirksame Kündigungserklärung durch ihn nicht mehr möglich sei.[729]

Erstaunlicherweise hat sich das OLG Brandenburg in seiner Entscheidung nicht mit dem Urteil des IX. Senats auseinandergesetzt. Es muss davon ausgegangen werden, dass die Entscheidung vom OLG schlichtweg übersehen wurde,[730] immerhin wird sie nicht einmal erwähnt. Dennoch ist der Entscheidung des OLG Brandenburg im Ergebnis zuzustimmen. Entgegen der Auffassung des IX. Senats kommt eine Kündigung durch den Versicherungsnehmer nach der Verfahrenseröffnung nicht

724 BGH ZIP 2010, 935 ff.
725 BGH ZIP 2010, 935, 937.
726 BGH ZIP 2010, 935, 937.
727 OLG Brandenburg ZInsO 2012, 2100 ff.
728 OLG Brandenburg ZInsO 2012, 2100, 2101.
729 OLG Brandenburg ZInsO 2012, 2100, 2101.
730 So auch die Vermutung von *Lange*, ZVI 2012, 403, 404.

mehr in Betracht.[731] Dies ergibt sich sowohl aus § 81 Abs. 1 S. 1 InsO als auch aus § 80 Abs. 1 InsO.

Nach der Verfahrenseröffnung erfolgende Verfügungen des Insolvenzschuldners über Gegenstände der Insolvenzmasse, worunter auch Forderungen fallen,[732] sind gemäß § 81 Abs. 1 S. 1 InsO unwirksam. § 81 Abs. 1 S. 1 InsO erfasst neben materiell-rechtlichen Verfügungsgeschäften im engeren Sinne insbesondere auch die Ausübung von Gestaltungsrechten.[733] Eine durch den Versicherungsnehmer nach der Verfahrenseröffnung erklärte Kündigung ist deshalb schon wegen § 81 Abs. 1 S. 1 InsO unwirksam.

Darüber hinaus ergibt sich auch aus dem Wortlaut des § 80 Abs. 1 InsO, dass ab der Verfahrenseröffnung nur noch der Insolvenzverwalter zur Ausübung von Gestaltungsrechten befugt ist. § 80 Abs. 1 InsO spricht ausdrücklich vom „Übergang" der Verwaltungs- und Verfügungsbefugnis vom Gemeinschuldner auf den Insolvenzverwalter. Nach allgemeinem Sprachgebrauch führt ein „Übergang" dazu, dass der ursprünglich Berechtigte seine Rechte verliert, während sie ein anderer erwirbt. In der Folge können sie nur noch von demjenigen ausgeübt werden, auf den sie übergegangen sind. Dementsprechend verliert der Insolvenzschuldner seine Verwaltungs- und Verfügungsbefugnis vollumfänglich an den Insolvenzverwalter.[734]

Eine durch den Versicherungsnehmer nach der Verfahrenseröffnung erfolgte Kündigung ist daher unwirksam und führt nicht zur Fälligkeit eines Rückkaufswertes. Zahlt der Versicherer in der irrigen Annahme, die Kündigung sei wirksam, einen Rückkaufswert an den Insolvenzschuldner, leistet er auf eine Nichtschuld. Daher hilft ihm in dieser Konstellation selbst im Falle der Gutgläubigkeit auch § 82 InsO nicht weiter. Nach Auffassung des IX. Senats ist der Versicherer allerdings durch eine einschränkende Auslegung des § 96 Abs. 1 Nr. 4 InsO geschützt.[735] Ihm steht

731 Gegen ein Kündigungsrecht des Versicherungsnehmers nach der Verfahrenseröffnung auch Römer/Langheid/*Langheid*, § 168 Rn. 13; Römer/Langheid/*Römer*, 3. Aufl., § 168 Rn. 13; Prölss/Martin/*Reiff*, § 168 Rn. 13; Looschelders/Pohlmann/*Krause*, § 168 Rn. 5; Schwintowski/Brömmelmeyer/*Ortmann*, § 168 Rn. 13.

732 LAG Düsseldorf ZInsO 2011, 1022, 1023; Palandt/*Ellenberger*, Überbl v § 90 Rn. 2.

733 LAG Düsseldorf ZInsO 2011, 1022, 1023; A/G/R-*Piekenbrock*, § 81 Rn. 3; MüKoInsO/*Ott/Vuia*, § 81 Rn. 4; HK/*Kayser*, § 81 Rn. 5; *Hess*, Insolvenzrecht, § 81 Rn. 15; FK-InsO/*Wimmer-Amend*, § 81 Rn. 8; FK-InsO/*App*, 7. Aufl., § 81 Rn. 7; HambKomm/*Kuleisa*, § 81 Rn. 4; Uhlenbruck/*Mock*, § 81 Rn. 4 f.

734 BGH ZIP 1996, 1307; Andres/Leithaus/*Leithaus*, § 80 Rn. 3 und Rn. 8; HK/*Kayser*, § 80 Rn. 19; FK-InsO/*Wimmer-Amend*, § 80 Rn. 16; FK-InsO/*App*, 7. Aufl., § 80 Rn. 6; MüKoInsO/*Ott/Vuia*, § 80 Rn. 6; HambKomm/*Kuleisa*, § 80 Rn. 57; Uhlenbruck/*Mock*, § 80 Rn. 5; *Ries/Rook*, in: Haarmeyer/Wutzke/Förster, Insolvenzordnung, § 80 Rn. 5; Gottwald/*Eickmann*, Insolvenzrechts-Handbuch, § 30 Rn. 37.

735 BGH ZIP 2010, 935 ff.

ein Bereicherungsanspruch zu, mit dem er gegen den Anspruch auf nochmalige Auszahlung des Rückkaufswertes aufrechnen kann.[736]

bb) Rückwirkende Genehmigung durch den Insolvenzverwalter?

Nach der Verfahrenseröffnung ist eine wirksame Kündigung durch den Versicherungsnehmer also nicht mehr möglich. Aber kann der Insolvenzverwalter eine vom Versicherungsnehmer nach der Verfahrenseröffnung erklärte Kündigung rückwirkend genehmigen?

Windel bejaht diese Frage.[737] Er meint, der Insolvenzverwalter könne einseitige Rechtsgeschäfte des Gemeinschuldners, die dieser nach der Verfahrenseröffnung vorgenommen hat, rückwirkend genehmigen.[738]

Dem ist jedoch zu widersprechen. Wie sich den §§ 111 S. 1, 180 S. 1 BGB entnehmen lässt, sind einseitige Rechtsgeschäfte einer Genehmigung nicht zugänglich.[739] Die in den o.g. Vorschriften enthaltene Aussage ist nicht auf das Minderjährigen- und Vertretungsrecht beschränkt. Die §§ 111 S. 1, 180 S. 1 BGB enthalten vielmehr einen allgemeinen Rechtsgedanken, der auf das gesamte Zivilrecht ausstrahlt. Der Geschäftsgegner soll über die Wirksamkeit einer von seinem Vertragspartner vorgenommenen Gestaltungserklärung nicht im Unklaren gelassen werden. Es würde zu einer erheblichen Rechtsunsicherheit führen, wenn die Wirksamkeit eines einseitigen Rechtsgeschäfts von der Genehmigung eines Dritten abhängig wäre. Der in den §§ 111 S. 1, 180 S. 1 BGB zum Ausdruck kommende Rechtsgedanke ist auch auf die Konstellation Gemeinschuldner / Insolvenzverwalter bezüglich der Kündigung des Lebensversicherungsvertrages nach der Verfahrenseröffnung zu übertragen.[740] Der Insolvenzverwalter kann eine durch den Gemeinschuldner nach der Verfahrenseröffnung erklärte Kündigung nicht rückwirkend genehmigen.[741] Eine Kündigung ist nur wirksam, wenn sie vom Insolvenzverwalter selbst erklärt wird. Sie wirkt dann nicht zurück, sondern erst ab dem Zeitpunkt ihrer Vornahme.

cc) Genehmigungserklärung als konkludente Kündigungserklärung?

Allerdings ist eine vom Insolvenzverwalter gegenüber dem Versicherer erklärte Genehmigung der (unwirksamen) Kündigung des Versicherungsnehmers als konkludente Kündigungserklärung auszulegen. Es besteht immerhin kein Zweifel, dass

---

736 BGH ZIP 2010, 935 ff.

737 *Windel*, in: Jaeger, § 81 Rn. 28.

738 *Windel*, in: Jaeger, § 81 Rn. 28.

739 MüKoInsO/*Ott/Vuia*, § 81 Rn. 17; Gottwald/*Eickmann*, Insolvenzrechts-Handbuch, § 31 Rn. 8; *Ries/Rook*, in: Haarmeyer/Wutzke/Förster, Insolvenzordnung, § 81 Rn. 9.

740 OLG Brandenburg ZInsO 2012, 2100, 2101.

741 OLG Brandenburg ZInsO 2012, 2100, 2101; HambKomm/*Kuleisa*, § 81 Rn. 17; MüKoInsO/*Ott/Vuia*, § 81 Rn. 17; Uhlenbruck/*Mock*, § 81 Rn. 30; *Ries/Rook*, in: Haarmeyer/Wutzke/Förster, Insolvenzordnung, § 81 Rn. 9; Gottwald/*Eickmann*, Insolvenzrechts-Handbuch, § 31 Rn. 8.

der Verwalter mit seiner Erklärung die Kündigung des Vertrages begehrt. Die Kündigung ist sodann ab dem Zeitpunkt wirksam, in dem der Verwalter gegenüber dem Versicherer die (unwirksame) Kündigung des Insolvenzschuldners „genehmigt".

dd) Kündigung trotz vereinbartem Verwertungsausschluss?

Versicherungsnehmer können mit ihrem Lebensversicherer sog. „Verwertungsausschlüsse" vereinbaren, § 168 Abs. 3 S. 1 VVG. Dadurch schließen die Vertragsparteien jede Verwertung des Lebensversicherungsvertrages vor dem Eintritt in den Ruhestand aus. Mit „Verwertung" ist dabei meist jede Nutzung des wirtschaftlichen Wertes der Versicherung zu Gunsten des Versicherungsnehmers oder eines Dritten gemeint. Daher wird insbesondere das Recht zur Abtretung, zur Verpfändung und zur ordentlichen Kündigung vertraglich ausgeschlossen.

Haben die Parteien einen Verwertungsausschluss vereinbart und wird sodann das Insolvenzverfahren über das Vermögen des Versicherungsnehmers eröffnet, kommt die Frage auf, ob der Insolvenzverwalter an den vertraglichen Verwertungsausschluss gebunden ist oder ob er den Lebensversicherungsvertrag trotzdem gemäß §§ 168 Abs. 1 VVG, 80 Abs. 1 InsO kündigen kann.

aaa) Gegen ein Kündigungsrecht des Verwalters

Das OLG Frankfurt a.M.[742] und das KG Berlin[743] haben dem Insolvenzverwalter das Kündigungsrecht versagt. Zwar gehe das Verwaltungs- und Verfügungsrecht gemäß § 80 Abs. 1 InsO auf den Insolvenzverwalter über. Dieser könne aber grds. nicht mehr Rechte geltend machen als dem Schuldner selbst zustehen.[744] Der Insolvenzverwalter sei nach der Eröffnung des Insolvenzverfahrens an die Rechtslage gebunden, wie sie sich vor der Verfahrenseröffnung dem Insolvenzschuldner darstellte.[745] Weil dem Schuldner das ordentliche Kündigungsrecht seit der Vereinbarung des Verwertungsausschlusses nicht mehr zustand, könne auch der Verwalter den Vertrag nicht kündigen.[746] Für den o.g. Grundsatz, dass der Insolvenzverwalter nicht mehr Rechte geltend machen kann als dem Schuldner selbst zustehen, gelte nur in den Fällen des § 80 Abs. 2 S. 1 InsO etwas anderes. Hiervon werde der vertraglich vereinbarte Kündigungsausschluss aber nicht erfasst.[747] Dieser beruhe weder auf einer gerichtlichen noch auf einer behördlichen Anordnung. Im Ergebnis sei der Verwalter also an den vertraglich vereinbarten Verwertungsausschluss gebunden.

---

742 OLG Frankfurt a.M., Urt. v. 14.5.2008 – 7 U 157/07, BeckRS 2011, 18858.
743 KG Berlin ZinsO 2012, 218, 220.
744 OLG Frankfurt a.M., Urt. v. 14.5.2008 – 7 U 157/07, BeckRS 2011, 18858; KG Berlin ZinsO 2012, 218, 220; zustimmend *Viertelhausen*, EWiR 2012, 213, 214.
745 KG Berlin ZinsO 2012, 218, 220.
746 KG Berlin ZinsO 2012, 218, 220.
747 KG Berlin ZinsO 2012, 218, 220.

bbb) Urteil des IX. Zivilsenats des BGH vom 1.12.2011

Aus guten Gründen hat sich der IX. Zivilsenat des BGH dieser Rechtsansicht nicht angeschlossen.[748] Vielmehr hat der Senat dem Insolvenzverwalter das Kündigungsrecht auch für den Fall zugesprochen, dass die Vertragsparteien das Recht zur ordentlichen Kündigung vertraglich ausgeschlossen haben.[749]

Wie der vertragliche Abtretungsausschluss führt auch ein vertraglicher Kündigungsausschluss dazu, dass die Verwertung eines pfändbaren bzw. massezugehörigen Leistungsanspruchs aus einer Lebensversicherung verhindert wird. Im Falle eines vertraglichen Abtretungsausschlusses werden die Gläubiger über § 851 Abs. 2 ZPO geschützt. Für den Fall des vertraglichen Kündigungsausschlusses bei einer Lebensversicherung, der aus Gläubigersicht die gleiche negative Wirkung hat wie ein vertraglicher Abtretungsausschluss, existiert eine vergleichbare Schutzvorschrift nicht. Dadurch würden aber vertragliche Abtretungs- und vertragliche Kündigungsausschlüsse unterschiedliche Konsequenzen haben, obwohl beide die vorzeitige Verwertung der Versicherung verhindern sollen.[750] Die Schutzwürdigkeit der Gläubiger ist im Falle eines vertraglichen Kündigungsausschlusses bei einer Lebensversicherung nicht anders zu bewerten als bei einem vertraglichen Ausschluss des Abtretungsrechts. Es darf Vertragsparteien nicht möglich sein, die Verwertung einer eigentlich pfändbaren bzw. massezugehörigen Lebensversicherung durch vertragliche Vereinbarungen zu verhindern.[751] Dies hat der Gesetzgeber mit § 851 Abs. 2 ZPO deutlich zum Ausdruck gebracht. Den Gläubigerinteressen wurde insoweit – zu Recht – der Vorrang eingeräumt. Weil der Gesetzgeber mit der Einführung des § 168 Abs. 3 S. 1 VVG, § 165 Abs. 3 S. 1 VVG a.F., keinen Pfändungsschutz schaffen wollte, dies erfolgte erst mit der späteren Einführung des § 168 Abs. 3 S. 2 VVG, § 165 Abs. 3 S. 2 VVG a.F., ist der Rechtsgedanke des § 851 Abs. 2 ZPO auf vertragliche Kündigungsausschlüsse bei Lebensversicherungen entsprechend zu übertragen.

In diesem Zusammenhang ist zu berücksichtigen, dass die Möglichkeit des Verwertungsausschlusses mit dem Vierten Gesetz für moderne Dienstleistungen am Arbeitsmarkt vom 24.12.2003[752] in § 165 Abs. 3 S. 1 VVG a.F. eingeführt wurde. Die Erweiterung des § 165 VVG a.F. um einen Absatz 3 war im ursprünglichen Gesetzesentwurf noch nicht vorgesehen,[753] er wurde vielmehr erst im Laufe des Gesetzgebungsverfahrens eingefügt.[754] Bei dem umfangreichen Gesetzesvorhaben wurde schlichtweg übersehen, dass der Schuldner durch einen vertraglichen Kündigungsausschluss, wie durch einen vertraglichen Abtretungsausschluss, die Verwertung einer eigentlich pfändbaren bzw. massezugehörigen Lebensversicherung verhindern

---

748 BGH NJW 2012, 678 ff.
749 BGH NJW 2012, 678 ff.
750 PG/*Ahrens*, § 851 Rn. 24.
751 *Dahl*, NJW-Spezial 2012, 119.
752 BGBl. Teil I, Jahrgang 2003, Nr. 66, S. 2954 und S. 2992.
753 BT-Drucks. 15/1516, S. 7 ff.
754 BT-Drucks. 15/2259, S. 8.

kann. Es darf unterstellt werden, dass eine § 851 Abs. 2 ZPO entsprechende Regelung geschaffen worden wäre, wäre diese negative Folge des vertraglichen Kündigungsausschlusses im Bewusstsein gewesen.

Aus § 851 Abs. 2 ZPO wird deutlich, dass es Vertragsparteien nicht möglich sein soll, die Verwertung pfändbarer bzw. massezugehöriger Ansprüche durch vertragliche Vereinbarungen zu verhindern. Dementsprechend hat der Senat in dem o.g. Urteil zutreffend festgestellt, dass insoweit eine planwidrige Regelungslücke besteht. Diese ist durch eine Analogie zu § 851 Abs. 2 ZPO zu schließen. Die Interessenlage der Beteiligten ist bei einem vertraglichen Abtretungsausschluss identisch mit der Interessenlage bei einem vertraglichen Kündigungsausschluss. In beiden Fällen droht die Gefahr, dass die Verwertung einer pfändbaren bzw. massezugehörigen Forderung durch eine vertragliche Vereinbarung verhindert wird. Einem Schuldner darf aber nicht die Möglichkeit eröffnet werden, pfändbare bzw. massezugehörige Ansprüche nach seinem Belieben dem Zugriff seiner Gläubiger zu entziehen.

Der Insolvenzverwalter ist somit analog § 851 Abs. 2 ZPO nicht an einen vertraglichen Kündigungsausschluss gebunden.[755] Er kann den Vetrag trotz eines bestehenden Verwertungsausschlusses gemäß §§ 168 Abs. 1 VVG, 80 Abs. 1 InsO kündigen.

ee) Kündigung bei zuvor eingetretener Berufsunfähigkeit?

Der Insolvenzverwalter kann den Vertrag auch dann kündigen, wenn der Schuldner neben der Lebensversicherung eine Berufsunfähigkeitszusatzversicherung abgeschlossen hat und die Berufsunfähigkeit eingetreten ist.[756] Mit dem Eintritt der Berufsunfähigkeit übernimmt der Berufsunfähigkeitszusatzversicherer zwar die Prämienzahlungen für den Lebensversicherungsvertrag. Die Beitragsbefreiung hat aber keinen Einfluss darauf, dass es sich um einen wirksamen Lebensversicherungsvertrag des Schuldners handelt, der selbstverständlich gekündigt werden kann.

b) Bei vollständiger Massefreiheit des Leistungsanspruchs

Eine weit verbreitete Ansicht spricht dem Insolvenzverwalter auch bei vollständig massefreien Versicherungsverträgen ein Kündigungsrecht zu.[757] Dies insbesondere dann, wenn der Versicherungsnehmer ein unwiderrufliches Bezugsrecht bestellt hat.

---

755 A/G/R-*Ahrens*, § 35 Rn. 89.

756 *Lange*, ZVI 2012, 403, 404.

757 BGH VersR 2010, 1025, 1026; OLG Düsseldorf VersR 2002, 86, 87; OLG Karlsruhe VersR 2001, 1501; Uhlenbruck/*Wegener*, § 103 Rn. 44; Bruck/Möller/*Winter*, § 168 Rn. 39; Römer/Langheid/*Langheid*, Vor §§ 150–171 Rn. 37 und § 168 Rn. 14; Römer/Langheid/*Römer*, 3. Aufl., Vor § 150 Rn. 37 und § 168 Rn. 14; Langheid/Wandt/*Heiss*, § 159 Rn. 124; Langheid/Wandt/*Mönnich*, § 168 Rn. 34 und § 170 Rn. 13; Looschelders/Pohlmann/*Peters*, § 159 Rn. 24; Prölss/Martin/*Reiff*, § 168 Rn. 13; Prölss/Martin/*Prölss*, 27. Aufl., § 14 Rn. 7; Schwintowski/Brömmelmeyer/*Ortmann*, § 168 Rn. 18; *Brömmelmeyer*, in: Beckmann/Matusche-Beckmann, § 42 Rn. 150; *Prang*, in: van Bühren, Handbuch Versicherungsrecht, § 14 Rn. 563; *Wegener*, VIA 2012,

Zwar ändere sich durch den sofortigen Rechtserwerb des unwiderruflich Bezugsberechtigten die materielle Berechtigung. Formell Berechtigter, d.h. Inhaber sämtlicher Gestaltungsrechte, bleibe aber der Versicherungsnehmer als Vertragspartner des Versicherers. Auch nach der Bestellung des unwiderruflichen Bezugsrechts sei weiterhin allein er zur Kündigung nach § 168 Abs. 1 VVG berechtigt. Mit der Eröffnung des Insolvenzverfahrens gehe dieses Kündigungsrecht gemäß § 80 Abs. 1 InsO auf den Insolvenzverwalter über.[758]

Auch müsse dem Verwalter das Kündigungsrecht zustehen, weil die Eröffnung des Insolvenzverfahrens seit Aufgabe der Erlöschenstheorie nicht mehr automatisch zu einer materiell-rechtlichen Umgestaltung der Vertragsansprüche führe.[759] Vielmehr müsse der Lebensversicherungsvertrag unter Berücksichtigung der mittlerweile von der Rechtsprechung vertretenen Suspensivtheorie gekündigt werden, damit ein Rückkaufswert fällig wird. Außerdem sei dem Verwalter die Vertragserfüllung zugunsten des Dritten nicht zuzumuten,[760] so dass ihm die Möglichkeit offen stehen müsse, das Vertragsverhältnis zu beenden. Dies gelte auch dann, wenn aufgrund einer erfolgten Beitragsfreistellung keine Leistungen mehr an den Versicherer zu erbringen sind.[761]

Führt man die Argumentation zum unwiderruflichen Bezugsrecht konsequent fort, muss ein Kündigungsrecht des Verwalters auch dann angenommen werden, wenn der Vertrag aufgrund einer Abtretung des Leistungsanspruchs oder aufgrund der §§ 36 Abs. 1 InsO, 850 ff. ZPO vollständig massefrei ist. Auch in diesem Fall bleibt der Versicherungsnehmer Inhaber des Kündigungsrechts. Etwas anderes gilt nur im Falle der Abtretung, wenn das Kündigungsrecht zusammen mit dem Leistungsanspruch auf den Zessionar übertragen wurde. Hier kann das Kündigungsrecht nicht gemäß § 80 Abs. 1 InsO auf den Verwalter übergehen, weil nicht der Versicherungsnehmer sondern der Zessionar Inhaber des Kündigungsrechts ist.

Es ist zwar zutreffend, dass der Versicherungsnehmer in den o.g. Konstellationen massefreier Verträge als formell Berechtigter Inhaber des Kündigungsrechts bleibt. Entgegen der o.g. Auffassung geht das Kündigungsrecht aber nicht mit der Verfahrenseröffnung auf den Insolvenzverwalter über. Wie sich aus dem Wortlaut des § 80 Abs. 1 InsO ergibt, erlangt der Verwalter das Verwaltungs- und Verfügungsrecht nur bezüglich des zur Insolvenzmasse gehörenden Vermögens.[762] Dem Insolvenzschuldner zustehende Gestaltungsrechte gehen gemäß § 80 Abs. 1 InsO also nur über, soweit der jeweils betroffene Vertrag massezugehörig ist.[763] Damit

---

45 f.; *Lange*, ZVI 2012, 403, 411; *Ponath*, ZEV 2006, 242, 245; *Elfring*, BB 2004, 617, 620.

758 OLG Karlsruhe VersR 2001, 1501; Römer/Langheid/*Langheid*, § 168 Rn. 14.

759 Prölss/Martin/*Reiff*, § 168 Rn. 13.

760 Römer/Langheid/*Langheid*, § 168 Rn. 14.

761 OLG Karlsruhe VersR 2001, 1501; Römer/Langheid/*Langheid*, § 168 Rn. 14.

762 BGH NZI 2008, 244, 245.

763 BGH VersR 2014, 452, 453; BGH NJW 2012, 678, 680; ähnlich KG Berlin ZInsO 2012, 218, 220.

geht das Kündigungsrecht gemäß § 80 Abs. 1 InsO auf den Verwalter nur insoweit über, als der Lebensversicherungsvertrag in die Insolvenzmasse fällt. Dies richtet sich wiederum danach, ob und inwieweit der Leistungsanspruch massezugehörig ist. Hat der Versicherungsnehmer ein unwiderrufliches Bezugsrecht bestellt, wurde die Versicherungsforderung abgetreten oder ist sie aufgrund der §§ 36 Abs. 1 InsO, 850 ff. ZPO vollumfänglich massefrei, ist der Leistungsanspruch – und damit der Lebensversicherungsvertrag insgesamt – nicht Bestandteil des zur Insolvenzmasse gehörenden Vermögens i.S.d § 80 Abs. 1 InsO. Damit verbleiben sämtliche Gestaltungsrechte auch nach der Verfahrenseröffnung beim Insolvenzschuldner.

Unabhängig davon, dass das Kündigungsrecht aufgrund fehlender Massezugehörigkeit des Vertrages schon nicht gemäß § 80 Abs. 1 InsO auf den Insolvenzverwalter übergeht, vermag auch die sonstige Argumentation, die für ein Kündigungsrecht des Insolvenzverwalters ins Feld geführt wird, nicht zu überzeugen. So wird angeführt, dem Insolvenzverwalter müsse seit Einschränkung der Erlöschenstheorie zwingend ein Kündigungsrecht zuerkannt werden, weil die Verfahrenseröffnung an sich nicht mehr zu einer materiell-rechtlichen Umgestaltung des Vertrages und damit zugleich nicht mehr zur Fälligkeit des Rückkaufswertes führe. Unter Berücksichtigung der von der Rechtsprechung nun vertretenen Suspensivtheorie werde ein Rückkaufswert erst fällig, wenn der Verwalter den Vertrag kündigt. Dies ist in der Sache zwar zutreffend. Das Argument greift aber nur, wenn der Versicherungsvertrag (zumindest teilweise) massezugehörig ist. Nur dann kann der Verwalter durch die Kündigung einen Rückkaufswert zur Masse ziehen, wofür er seit Aufgabe der Erlöschenstheorie zwingend auf das Kündigungsrecht angewiesen ist.[764] Anders verhält es sich jedoch bei vollständig massefreien Lebensversicherungsverträgen. Auf einen durch die Kündigung fällig werdenden Rückkaufswert kann der Verwalter bei massefreien Verträgen nicht zugreifen. Der Rückkaufswert steht dem Dritten zu, auf den der Leistungsanspruch mittels einer Bezugsrechtsbestellung oder einer Abtretung übertragen wurde. Im Falle einer Massefreiheit über die §§ 36 Abs. 1 InsO, 850 ff. ZPO geht die Leistung allein an den Insolvenzschuldner. Damit kann ein Kündigungsrecht für den Verwalter nicht mit dem Argument gerechtfertigt werden, er benötige dies, um den Rückkaufswert zur Masse ziehen zu können.

Auch greift das Argument nicht, dass dem Verwalter eine Vertragserfüllung nicht zuzumuten sei. Die Vertragserfüllung vollständig massefreier Versicherungsverträge obliegt nicht dem Insolvenzverwalter, sondern allein dem Insolvenzschuldner als Versicherungsnehmer. Unabhängig davon, ob der Leistungsanspruch aufgrund eines unwiderruflichen Bezugsrechts oder aufgrund einer Abtretung Bestandteil eines Drittvermögens ist, ist der Lebensversicherungsvertrag insgesamt Bestandteil des insolvenzfreien Vermögens. Dies gilt selbstverständlich auch, wenn der Leistungsanspruch aufgrund der §§ 36 Abs. 1 InsO, 850 ff. ZPO vollständig massefrei ist. Massefreie Verträge werden aber nicht vom Verwalter, sondern vom Insolvenzschuldner

764 Zum Erfordernis der Kündigung neben der Erfüllungsablehnung: § 5, A., I., 4., e) – S. 237 ff.

persönlich außerhalb des Insolvenzverfahrens weitergeführt. Will der Versicherungsnehmer den Vertrag fortführen, hat er die Prämien aus seinem insolvenzfreien Vermögen zu erbringen. Alternativ kann er den Vertrag kündigen oder beitragsfrei stellen. Jedenfalls wird nicht die Masse mit den Prämien belastet. Wenn die Insolvenzmasse durch die Fortführung des Versicherungsvertrages weder durch eine Prämienzahlungspflicht noch durch Verwaltungs- oder Verwertungskosten negativ beeinträchtigt wird und auch keine Leistung zur Masse gezogen werden kann, ist kein Grund ersichtlich, warum der Insolvenzverwalter die Möglichkeit erhalten sollte, den Vertrag zu kündigen.

Entgegen der weit überwiegenden Ansicht steht dem Insolvenzverwalter das Kündigungsrecht daher nicht zu, wenn der Versicherungsvertrag vollständig massefrei ist.[765] Dies gilt unabhängig davon, ob die Massefreiheit auf einer unwiderruflichen Bezugsberechtigung, auf einer Abtretung[766] oder auf den §§ 36 Abs. 1 InsO, 850 ff. ZPO basiert.

c) Bei teilweiser Massezugehörigkeit des Leistungsanspruchs

Gemäß § 80 Abs. 1 InsO gehen die Gestaltungsrechte nur insoweit auf den Insolvenzverwalter über, als der Leistungsanspruch massezugehörig ist. Ist der Leistungsanspruch nicht vollumfänglich, sondern nur teilweise dem Zugriff des Insolvenzverwalters ausgesetzt und teilweise massefrei, geht das Kündigungsrecht auch nur teilweise gemäß § 80 Abs. 1 InsO auf den Insolvenzverwalter über. Es kommt dann nur eine Teilkündigung des Vertrages in dem Umfang der Massezugehörigkeit in Betracht.

2. Widerrufsrecht

Ein widerruflich Bezugsberechtigter wird erst mit dem Eintritt des Versicherungsfalls Rechtsinhaber, § 159 Abs. 2 VVG. Greifen die §§ 36 Abs. 1 InsO, 850 ff. ZPO nicht ein, fällt der Vertrag während der Laufzeit trotz des bestehenden Bezugsrechts vollumfänglich in die Insolvenzmasse des Versicherungsnehmers. Dann

---

765 BGH VersR 2014, 452, 453; OLG Frankfurt a.M. ZVI 2016, 70, 71; *Henckel*, in: Jaeger, § 35 Rn. 77; Soergel/*Hadding*, § 330 Rn. 15; *Sieg*, in: FS Klingmüller, 447, 459; *Bohn*, in: FS Schiedermair, 33, 47; *Lüers*, AnwZert InsR 6/2012 Anm. 3; *Surminski*, VersR 1971, 1109; wohl auch *Heilmann*, KTS 1966, 79, 84; Bruck/Möller/*Johannsen*, Anhang zu § 16 Rn. 9, nach der das Verfügungsrecht nur dann gemäß § 80 Abs. 1 InsO auf den Insolvenzverwalter übergeht, wenn die Ansprüche aus dem Versicherungsvertrag zur Masse gehören; widersprüchlich Bruck/Möller/*Winter*, 8. Aufl., Anm. H 230 (für ein Kündigungsrecht des Verwalters), Anm. D 44 (gegen ein Kündigungsrecht des Verwalters).

766 Dies gilt nur für den Fall, dass der Versicherungsnehmer das Kündigungsrecht nicht zusammen mit dem Leistungsanspruch auf den Zessionar übertragen hat. Wurde auch das Kündigungsrecht übertragen, kommt ein Übergang auf den Insolvenzverwalter gemäß § 80 Abs. 1 InsO nicht in Betracht.

geht mit der Verfahrenseröffnung gemäß § 80 Abs. 1 InsO das Recht zum Widerruf der Bezugsberechtigung vollständig auf den Insolvenzverwalter über.[767] Das Bezugsrecht kann insgesamt widerrufen werden. Soweit der Leistungsanspruch hingegen dem Schutz der §§ 36 Abs. 1 InsO, 850 ff. ZPO unterliegt, gehört er nicht zur Insolvenzmasse. Daher wird der Insolvenzverwalter insoweit auch nicht gemäß § 80 Abs. 1 InsO Inhaber des Widerrufsrechts. Ist der Leistungsanspruch nur teilweise massezugehörig, kann das Bezugsrecht nur im Umfang der Massezugehörig widerrufen werden.

Die Möglichkeit des Widerrufs erlangt insbesondere dann Bedeutung, wenn der Versicherungsfall zeitnah eintreten wird und der Verwalter diesen abwarten will, um die volle Versicherungssumme zur Masse ziehen zu können. Dies ist nur möglich, wenn nicht der Bezugsberechtigte mit Eintritt des Versicherungsfalls über § 159 Abs. 2 VVG Rechtsinhaber wird. Die Möglichkeit des Widerrufs erlangt jedoch auch dann Bedeutung, wenn der Verwalter den Vertrag kündigt um den Rückkaufswert zur Masse zu ziehen. Die Kündigung wird gemäß § 168 Abs. 1 VVG nicht sofort, sondern erst zum Schluss der laufenden Versicherungsperiode wirksam. Damit besteht häufig eine gewisse Zeitspanne zwischen der Kündigungserklärung und dem Wirksamwerden der Kündigung, in der noch der Versicherungsfall eintreten und der Bezugsberechtigte über § 159 Abs. 2 VVG Rechtsinhaber werden könnte.

a) Kollision von § 159 Abs. 2 VVG und § 91 Abs. 1 InsO

Fraglich ist allerdings, ob der Insolvenzverwalter das Bezugsrecht überhaupt widerrufen muss, um einen Rechtserwerb des Dritten während des Insolvenzverfahrens zu verhindern. Immerhin ordnet § 91 Abs. 1 InsO an, dass an Gegenständen der Insolvenzmasse, wozu auch Forderungen zählen,[768] nach der Verfahrenseröffnung keine Rechte wirksam erworben werden können.

Teilweise wird ein Widerruf des Bezugsrechts durch den Verwalter mit Hinweis auf § 91 Abs. 1 InsO für entbehrlich gehalten.[769] Der Bezugsberechtigte erwerbe den Leistungsanspruch mit Eintritt des Versicherungsfalls derivativ, d.h. aus dem Vermögen des Versicherungsnehmers. Weil dieser Anspruch bereits seit der Verfahrenseröffnung Bestandteil der Insolvenzmasse ist, könne er wegen § 91 Abs. 1 InsO nicht mehr vom Bezugsberechtigten wirksam erworben werden.

---

767 BGH ZIP 2014, 2251, 2254; Veith/Gräfe/Gebert/*Schnepp/Gebert*, Der Versicherungsprozess, § 10 Rn. 452; *Lange*, ZVI 2012, 403, 410; *Robrecht*, DB 1967, 453; *Moll*, DB 1954, 969.

768 FK-InsO/*Wimmer-Amend*, § 91 Rn. 11.

769 BGH ZIP 2014, 2251, 2253; BGH ZInsO 2010, 997 f.; *Benkel/Hirschberg*, 2. Aufl., § 13 ALB 2008 Rn. 342; FK-InsO/*Dauernheim*, § 134 Rn. 27; KPB/*Bork*, § 134 Rn. 70; *Lange*, ZVI 2012, 403, 410; *Elfring*, BB 2004, 617, 620; *Armbrüster/Pilz*, KTS 2004, 481, 488; *Lind/Stegmann*, ZInsO 2004, 413 (Fn. 5), *Stegmann/Lind*, NVersZ 2002, 193, 194 f.; *Hoffmann*, AcP 158, 178, 194 ff.; *Zehner*, AcP 153, 424, 452.

Dem ist allerdings entgegenzuhalten, dass der Begünstigte eines Lebensversicherungsvertrages den Anspruch auf die Versicherungsleistung nach ständiger höchstrichterlicher Rechtsprechung schon des Reichsgerichts[770] nicht derivativ aus dem Vermögen des Versicherungsnehmers, sondern originär selbst aus dem Vertrag erwirbt.[771] Dies entspricht auch der weit überwiegenden Ansicht in der Literatur.[772] Dies überzeugt, denn mit § 159 VVG wurde dem Versicherungsnehmer die Möglichkeit eröffnet, seinen Lebensversicherungsvertrag als echten Vertrag zugunsten Dritter i.S.d. §§ 328 ff. BGB auszugestalten.[773] Zwar werden die §§ 328 ff. BGB durch

770 RGZ 128, 187, 190; RGZ 127, 269, 271; RGZ 88, 137, 138 f.; RGZ 80, 175, 177 f.; RGZ 61, 217, 219; RGZ 54, 94, 96; RGZ 51, 403, 404 f.

771 BGH NZI 2016, 35, 36; BGH ZIP 2014, 2251, 2253; BGH NJW 2013, 232, 234; BGH ZInsO 2010, 997; BGHZ 185, 252, 266 = VersR 2010, 895, 898; BGHZ 156, 350, 353 = NJW 2004, 214; BGH VersR 1996, 877; BGHZ 130, 377, 378 f. = VersR 1995, 1429, 1430; BGHZ 32, 44, 47 = VersR 1960, 339; BGHZ 13, 226, 232 = VersR 1954, 281; eine Ausnahme von der ständigen Rechtsprechung ist in einem Urteil des IX. Zivilsenats vom 4.3.1993 zu finden: BGH NJW 1993, 1994, 1995.

772 Prölss/Martin/*Schneider*, § 159 Rn. 13; Prölss/Martin/*Reiff/Schneider*, § 13 ALB 2012 Rn. 15; Prölss/Martin/*Kollhosser*, 27. Aufl., § 166 Rn. 4 und § 13 ALB 86 Rn. 12; Langheid/Wandt/*Heiss*, § 159 Rn. 9 und Rn. 131; Hk-VVG/*Brambach*, § 159 Rn. 25; Schwintowski/Brömmelmeyer/*Ortmann*, § 159 Rn. 1 und Rn. 48; Looschelders/Pohlmann/*Peters*, § 159 Rn. 16; Römer/Langheid/*Langheid*, § 159 Rn. 37; Römer/Langheid/*Römer*, 3. Aufl., § 159 Rn. 37; BK/*Schwintowski*, § 166 Rn. 19; Bruck/Möller/*Winter*, 8. Aufl., Anm. H 130 ff., Anm. H 236 und Anm. H 240; Gottwald/*Klopp/Kluth/Wimmer*, Insolvenzrechts-Handbuch, § 25 Rn. 35; *Henckel*, in: Jaeger, § 35 Rn. 76; K.Schmidt/*Ganter/Weinland*, § 134 Rn. 65; *Smid*, Handbuch, § 13 Rn. 5; MüKoBGB/*Gottwald*, § 328 Rn. 151; *Prang*, in: van Bühren, Handbuch Versicherungsrecht, § 14 Rn. 451; *Wandt*, Versicherungsrecht, Rn. 1233; Staudinger/*Klumpp* (2015), § 328 Rn. 335; Soergel/*Hadding*, § 330 Rn. 14; *Eitelberg*, Lebensversicherung und Drittrechte, S. 29; *Kühlmorgen*, Die Lebensversicherungsverträge zugunsten Dritter, S. 78 ff.; *Menzel*, Vollstreckungsschutz zugunsten privater Altersvorsorge, S. 53; *Niehus*, Die Insolvenzanfechtung in der Bundesrepublik Deutschland und den Vereinigten Staaten von Amerika, S. 101; *Koenig*, Die Drittbegünstigung in der Kapitallebensversicherung im deutschen und englischen Recht, S. 142 f.; *Bohn*, in: FS Schiedermair, 33, 37; *Bartholomeyczik*, in: FS v. Lübtow, 729, 738 f.; *Wegener*, VIA 2012, 45; *Joachim/Lange*, ZEV 2012, 126; *Gebert*, NZI 2010, 647; *Priebe*, EWiR 2010, 787 f.; *Wedemann*, FamRZ 2009, 1197; *Petersen*, AcP 204, 832, 854; *Dubischar*, Jura 2004, 361, 362; *Härle*, VuR 1997, 396; *Peters*, MDR 1995, 659; *Heilmann*, VersR 1972, 997, 1000; *Winter*, ZVersWiss 1970, 17, 44 f.; *Haegele*, JurBüro 1969, 907 f.; *Heilmann*, KTS 1966, 79, 83; *Oellers*, JW 1937, 2937, 2938.

773 Staudinger/*Klumpp* (2015), § 328 Rn. 335; *Armbrüster*, Privatversicherungsrecht, § 30 Rn. 1609 und § 36 Rn. 1961; *Bayer*, Der Vertrag zugunsten Dritter, S. 144; *Menzel*, Vollstreckungsschutz zugunsten privater Altersvorsorge, S. 53; *Koenig*, Die Drittbegünstigung in der Kapitallebensversicherung im deutschen und englischen Recht, S. 12; *Ponath*, ZEV 2006, 242, 244; *Elfring*, ZEV 2004, 305; *Schmalz-Brüggemann*, ZEV

die Auslegungsregeln der §§ 159 f. VVG teilweise modifiziert.[774] Die besonderen Auslegungsregeln haben aber keine Auswirkungen auf die Art des Rechtserwerbs. Bei einem echten Vertrag zugunsten Dritter entsteht der Anspruch ohne Durchgangserwerb beim Versprechensempfänger unmittelbar, d.h. originär, in der Person des Dritten.[775] Der Bezugsberechtigte wird nicht Rechtsnachfolger des Versicherungsnehmers.[776] Dies gilt auch, wenn das Recht des Dritten, etwa durch den Eintritt des Todesfalls, aufschiebend bedingt ist.[777] Wird der Dritte erst mit dem Tod des Versprechensempfängers Rechtsinhaber, fällt der Anspruch aufgrund des originären Rechtserwerbs nicht in den Nachlass.[778] Dies gilt auch für die Lebensversicherung, wenn der Versicherungsnehmer von seinem Recht aus § 159 VVG Gebrauch gemacht und ein Bezugsrecht bestellt hat.[779] Mit der in § 159 VVG vorgesehenen Möglichkeit, den Lebensversicherungsvertrag als echten Vertrag zugunsten Dritter auszugestalten, hat der der Gesetzgeber die Lebensversicherung (primär aus sozialen Schutzgesichtspunkten) bewusst aus dem Erbrecht herausgenommen.[780]

Ein weiterer Aspekt ergibt sich aus der Komplementärfunktion der privaten Lebensversicherung zur gesetzlichen Rentenversicherung. Würden Bezugsberechtigte die Versicherungsforderung immer derivativ erwerben, würde sich ein kaum zu rechtfertigender Widerspruch zu den Sozialrenten ergeben,[781] bei denen Hinterbliebenenrenten (ebenfalls aus sozialen Schutzgesichtspunkten) gerade nicht in den Nachlass fallen. Im Bereich der gesetzlichen Sozialrenten hat der Gesetzgeber den Hinterbliebenen den Vorrang vor den Nachlassgläubigern eingeräumt. Gerade unter Berücksichtigung der immer wichtiger werdenden Komplementärfunktion der Lebensversicherung wäre es kaum zu rechtfertigen, gesetzliche Sozialversicherungen in diesem Punkt besser zu stellen.[782]

Sieg meint, der Bezugsberechtigte erwerbe den Leistungsanspruch nur dann originär, wenn er unterhaltsberechtigter Angehöriger des Versicherungsnehmers ist.[783] Bei allen anderen Personen erfolge der Rechtserwerb hingegen derivativ aus dem

---

1996, 84, 85; *Peters*, MDR 1995, 659, 660; *Bayer*, VersR 1989, 17; *Zeigner*, ZVersWiss 1913, 654, 655.

774 Langheid/Wandt/*Heiss*, § 159 Rn. 1; Staudinger/*Klumpp* (2015), § 328 Rn. 335.

775 PWW/*Stürner*, § 328 Rn. 3; MüKoBGB/*Gottwald*, § 328 Rn. 3; Palandt/*Grüneberg*, Einf v § 328 Rn. 6 und § 328 Rn. 5; Staudinger/*Klumpp* (2015), § 328 Rn. 63; Bamberger/Roth/*Janoschek*, § 328 Rn. 16; Erman/*Westermann*, Vor § 328 Rn. 1 und § 328 Rn. 7; *Schinkels*, in: jurisPK-BGB, § 328 Rn. 28; Hk-BGB/*Schulze*, § 328 Rn. 9 f.; *Peters*, MDR 1995, 659, 660.

776 *Eichler*, Versicherungsrecht, S. 195.

777 MüKoBGB/*Gottwald*, § 331 Rn. 4; Bamberger/Roth/*Janoschek*, § 328 Rn. 16.

778 Bamberger/Roth/*Janoschek*, § 328 Rn. 16.

779 BGH NZI 2016, 35, 36.

780 OLG Frankfurt a.M. ZVI 2012, 112, 113; MüKoBGB/*Gottwald*, § 328 Rn. 151.

781 MüKoBGB/*Gottwald*, § 328 Rn. 151.

782 Bruck/Möller/*Winter*, 8. Aufl., Anm. H 133.

783 *Sieg*, in: FS Klingmüller, 447, 456.

Vermögen des Versicherungsnehmers, so dass ein Rechtserwerb nach der Verfahrenseröffnung an § 91 Abs. 1 InsO scheitern würde. Eine Differenzierung zwischen den genannten Personenkreisen sei durch § 850 Abs. 3 lit. b ZPO und durch die zunehmende Erkenntnis von der Komplementärfunktion der Lebensversicherung zur sozialen Rentenversicherung vorgezeichnet.[784] Immerhin finde in der Sozialversicherung ein originärer Rechtserwerb lediglich bei Hinterbliebenenrenten statt.[785]

Diese Bedenken sind zwar durchaus berechtigt, wurde die private Lebensversicherung doch gerade aus sozialen Gründen, insbesondere aus Gründen der ungefährdeten Vorsorge für hinterbliebene Familienangehörige, bewusst aus dem Erbrecht herausgenommen.[786] Allerdings ist der originäre Rechtserwerb in der Lebensversicherung Folge der in § 159 VVG angeordneten Möglichkeit der Bezugsrechtsbestellung, durch die der Lebensversicherungsvertrag zu einem echten Vertrag zugunsten Dritter i.S.d. §§ 328 ff. BGB wird. Die Möglichkeit der Bezugsrechtsbestellung wurde nicht auf unterhaltsberechtigte Angehörige oder Hinterbliebene beschränkt. Über § 159 VVG kann jeder Person, unabhängig von ihrer persönlichen Beziehung zum Versicherungsnehmer, ein Bezugsrecht bestellt werden. Damit wird der Lebensversicherungsvertrag bei jeder Bezugsrechtsbestellung zu einem echten Vertrag zugunsten Dritter mit einem unmittelbaren, d.h. originären Rechtserwerb des Berechtigten. Das geltende Recht enthält im Bereich der privaten Lebensversicherung also für die Art des Rechtserwerbs keine Privilegierung unterhaltsberechtigter Angehöriger. Schon *Thiele*[787] und *Winter*[788] haben bezüglich der Differenzierung *Siegs* auf die fehlende gesetzliche Grundlage hingewiesen. Eine derartige Vorschrift existiert auch heute noch nicht. Es gilt daher noch immer das von *Thiele* und *Winter* seinerzeit Gesagte: Auch wenn die Ausführungen *Siegs* nachvollziehbar sind, so ist die von ihm vorgenommene Differenzierung zwischen unterhaltsberechtigten Angehörigen und sonstigen Personen mangels gesetzlicher Grundlage de lege lata nicht möglich.

Die von *Sieg* vorgenommene Privilegierung unterhaltsberechtigter Angehöriger ergibt sich auch nicht aus der Pfändungsschutzvorschrift des § 850 Abs. 3 lit. b ZPO.[789] Zwar werden über § 850 Abs. 3 lit. b ZPO auch Leistungen aus solchen Rentenversicherungen (teilweise) vor dem Gläubigerzugriff geschützt, die nicht zur Versorgung des Versicherungsnehmers selbst, sondern zur Versorgung seiner unterhaltsberechtigten Angehörigen abgeschlossen wurden. Die Vorschrift beinhaltet also in der Tat eine gewisse Privilegierung dieses Personenkreises. Eine über den Pfändungsschutz hinausgehende Aussage lässt sich § 850 Abs. 3 lit. b ZPO aber nicht entnehmen. Insbesondere ergibt sich aus der Vorschrift nicht, dass der

784 *Sieg*, in: FS Klingmüller, 447, 456.
785 *Sieg*, in: FS Klingmüller, 447, 455 f.
786 Bruck/Möller/*Winter*, 8. Aufl., Anm. H 133.
787 *Thiele*, Lebensversicherung und Nachlassgläubiger, S. 119.
788 Bruck/Möller/*Winter*, 8. Aufl., Anm. H 134; *Winter*, ZVersWiss 1970, 17, 46.
789 Bruck/Möller/*Winter*, 8. Aufl., Anm. H 134.

Rechtserwerb im Zusammenhang mit Bezugsrechtsbestellungen nur bei unterhaltsberechtigten Angehörigen originär, bei allen anderen Personen hingegen derivativ erfolgt. Eine derart weitreichende Privilegierung unterhaltsberechtigter Angehöriger bedarf zwingend einer ausdrücklichen gesetzlichen Regelung, die gegenwärtig nicht existiert.

Ein widerruflich Bezugsberechtigter erwirbt den Leistungsanspruch bei Eintritt des Versicherungsfalls daher originär und somit nicht aus dem Vermögen des Versicherungsnehmers. Der beim Bezugsberechtigten nach der Verfahrenseröffnung neu entstehende Anspruch war zu keinem Zeitpunkt Bestandteil der Insolvenzmasse, weshalb § 91 Abs. 1 InsO einem Rechtserwerb nach der Verfahrenseröffnung nicht entgegensteht.[790] Mit dem Eintritt des Versicherungsfalls wird der Bezugsberechtigte gemäß § 159 Abs. 2 VVG Inhaber des Leistungsanspruchs und der Insolvenzverwalter verliert die Möglichkeit, über den Versicherungsvertrag zu verfügen.[791] Dabei verliert er insbesondere das Widerrufsrecht.[792]

Unterlässt der Insolvenzverwalter den Widerruf und tritt sodann der Versicherungsfall ein, wird der Bezugsberechtigte zwar über § 159 Abs. 2 VVG Anspruchsinhaber und der Insolvenzverwalter verliert das Widerrufsrecht. Unter den Voraussetzungen der §§ 129 ff. InsO dürfte aber eine Anfechtung der Bezugsrechtsbestellung in Betracht kommen.[793]

b) Konkludente Widerrufserklärung

Kündigt der Insolvenzverwalter die Lebensversicherung, erklärt er damit in der Regel konkludent den Widerruf einer bestehenden Bezugsberechtigung.[794]

Dies gilt zumindest dann, wenn der Versicherer zusammen mit der Kündigung aufgefordert wird, den Rückkaufswert auf ein Massekonto zu zahlen.[795] Mit der Kündigung und der damit verbundenen Zahlungsaufforderung bringt der Verwalter unmissverständlich zum Ausdruck, dass er den Vertrag beenden will, um den Rückkaufswert zur Masse zu ziehen. Weil die Kündigung erst zum Schluss der laufenden

790 *Henckel*, in: Jaeger, § 35 Rn. 76; K.Schmidt/*Ganter/Weinland*, § 134 Rn. 65; *Smid*, Handbuch, § 13 Rn. 5; Bruck/Möller/*Winter*, 8. Aufl., Anm. H 240; Langheid/Wandt/*Heiss*, § 159 Rn. 131; *Frind*, Praxishandbuch Privatinsolvenz, Teil III Rn. 338; *Wall*, Das Valutaverhältnis des Vertrags zugunsten Dritter auf den Todesfall – ein Forderungsvermächtnis, S. 357; *Kühlmorgen*, Die Lebensversicherungsverträge zugunsten Dritter, S. 144 (zu § 15 KO); *Gebert*, NZI 2010, 647; *Hasse*, VersR 2005, 15, 32; *Hasse*, VersR 2004, 958, 960.

791 BGH ZIP 2014, 2251, 2254.

792 BGH ZIP 2014, 2251, 2254.

793 *Frind*, Praxishandbuch Privatinsolvenz, Teil III Rn. 338.

794 BGH ZIP 2014, 2251, 2254; FAKomm-VersR/*Höra/Leithoff*, § 159 VVG Rn. 11; *Benkel/Hirschberg*, § 13 ALB 2008 Rn. 341; Schwintowski/Brömmelmeyer/*Ortmann*, § 168 Rn. 16; *Bruns*, Privatversicherungsrecht, § 26 Rn. 75; *Armbrüster/Pilz*, KTS 2004, 481, 485.

795 BGH ZIP 2005, 909, 910; *Lange*, ZVI 2012, 403, 410.

Versicherungsperiode wirksam wird, besteht in der Regel ein gewisses Zeitfenster zwischen Kündigungserklärung und Wirksamwerden der Kündigung, in welcher der Bezugsberechtigte mangels Anwendbarkeit des § 91 Abs. 1 InsO Rechtsinhaber werden kann. Der Verwalter kann einen Rechtserwerb des Bezugsberechtigten nur verhindern, in dem er das Bezugsrecht widerruft. Weil im Falle einer Kündigung für alle Beteiligten ersichtlich ist, warum der Verwalter den Vertrag kündigt und dass eine bestehende Bezugsberechtigung sein Ziel vereiteln könnte, beinhaltet die Kündigung zugleich immer auch den Widerruf des Bezugsrechts.

3. *Widerruf eines mit einer Restschuldversicherung verbundenen Verbraucherdarlehensvertrages gemäß §§ 495 Abs. 1, 355 BGB*

Eine weitere Fragestellung kommt auf, wenn der Insolvenzschuldner vor der Verfahrenseröffnung einen Verbraucherdarlehensvertrag i.S.d. § 491 Abs. 1 BGB und zugleich eine Restschuldversicherung abgeschlossen hat. Mit der Restschuldversicherung soll die Darlehensrückzahlung insbesondere für den Fall des vorzeitigen Ablebens, der Arbeitsunfähigkeit und des Eintritts von Arbeitslosigkeit sichergestellt werden.[796]

In dieser Konstellation ergeben sich für den Insolvenzverwalter drei entscheidende Fragen. Erstens: Kann er den Verbraucherdarlehensvertrag gemäß §§ 495 Abs. 1, 355 BGB widerrufen? Zweitens: Führt der Widerruf des Verbraucherdarlehensvertrages zugleich zur Rückabwicklung der Restschuldversicherung? Und drittens: Sollte die zweite Frage zu bejahen sein, kann der Verwalter die an den Insolvenzschuldner zurückzugewährende Versicherungsprämie zur Insolvenzmasse ziehen?

a) Widerruf des Verbraucherdarlehensvertrages durch den Insolvenzverwalter

Verbraucherdarlehensverträge i.S.d. § 491 Abs. 1 BGB können vom Darlehensnehmer grds. gemäß §§ 495 Abs. 1, 355 BGB widerrufen werden. Mit der Eröffnung des Insolvenzverfahrens geht das Widerrufsrecht gemäß § 80 Abs. 1 InsO auf den Insolvenzverwalter über.[797]

b) Auswirkungen des Widerrufs auf die Restschuldversicherung

Schließt der Darlehensnehmer zeitgleich mit dem Verbraucherdarlehensvertrag eine Restschuldversicherung ab, um die Darlehensrückzahlung für den Fall des vorzeitigen Ablebens, der Arbeitsunfähigkeit und / oder des Eintritts von Arbeitslosigkeit sicherzustellen, sind immer die Vorschriften über verbundene Verträge in den Blick zu nehmen, §§ 358 f. BGB. Zwei Verträge sind miteinander verbunden, wenn das

---

796 HambKomm/*Lüdtke*, § 35 Rn. 208; *Stephan*, VIA 2009, 9; *Flöther/Looff*, jurisPR-InsR 23/2009 Anm. 5; *Dawe*, NZI 2008, 513.

797 *Dawe*, NZI 2008, 513, 515.

Darlehen ganz oder teilweise der Finanzierung des anderen Vertrages dient und sie eine wirtschaftliche Einheit bilden, § 358 Abs. 3 S. 1 BGB.

Kommt es zeitgleich zum Abschluss eines Verbraucherdarlehensvertrages und einer Restschuldversicherung, tritt die kreditgebende Bank in den meisten Fällen als Vermittlerin der Restschuldversicherung auf.[798] Beim Abschluss des Darlehensvertrages bietet sie dem Darlehensnehmer optional den Abschluss einer Restschuldversicherung an. Im Normalfall erhöhen die Parteien des Darlehensvertrages die Kreditsumme um die in aller Regel als Einmalbetrag zu entrichtende Versicherungsprämie und die kreditgebende Bank überweist die Einmalprämie direkt an den Versicherer.[799] Damit dient das Darlehen in aller Regel zum Teil der Finanzierung der Restschuldversicherung.[800]

Zudem bilden die beiden Verträge eine wirtschaftliche Einheit. Eine solche ist anzunehmen, wenn über ein Zweck-Mittel-Verhältnis hinaus beide Verträge derart miteinander verbunden sind, dass ein Vertrag nicht ohne den anderen abgeschlossen worden wäre.[801] Die Verträge müssen sich wechselseitig bedingen bzw. der eine seinen Sinn erst durch den anderen erhalten. Dazu bedarf es der Verknüpfung beider Verträge durch konkrete Umstände, die sich nicht wie notwendige Tatbestandselemente abschließend umschreiben lassen, sondern im Einzelfall verschieden sein oder gar fehlen können, wenn sich die wirtschaftliche Einheit aus anderen Umständen ergibt.[802] Zu diesen Indizien gehören die Zweckbindung des Darlehens zur Finanzierung eines bestimmten Geschäfts, durch die dem Darlehensnehmer die freie Verfügbarkeit über die Darlehensvaluta genommen wird, der zeitgleiche Abschluss beider Verträge, das Verwenden einheitlicher Formulare mit konkreten wechselseitigen Hinweisen auf den jeweils anderen Vertrag, die Einschaltung derselben Vertriebsorganisation durch Darlehensgeber und Unternehmer sowie das Abhängigmachen des Wirksamwerdens des Erwerbsvertrags vom Zustandekommen des Finanzierungsvertrags mit einer vom Unternehmer vorgegebenen Bank.[803]

---

798 HambKomm/*Lüdtke*, § 35 Rn. 208; *Dawe*, NZI 2008, 513.

799 HambKomm/*Lüdtke*, § 35 Rn. 208; *Knops*, ZIP 2010, 1265 f.; *Stephan*, VIA 2009, 9; *Schramm*, BKR 2009, 421; *Dawe*, NZI 2008, 513.

800 Etwas anderes gilt, wenn ein endfälliger Verbraucherdarlehensvertrag im Zusammenhang mit einer Kapitallebensversicherung, mit der das Darlehen bei Fälligkeit getilgt werden soll, abgeschlossen wird und die Versicherungsprämie nicht in Form einer Einmalzahlung zu entrichten ist, die ganz oder teilweise durch das Darlehen finanziert wird. In diesem Fall dient das Darlehen nicht (auch nicht zum Teil) der Finanzierung der Versicherung. Vielmehr dient die aus anderen Mitteln anzusparende Versicherungssumme der Tilgung des Darlehens. Dieser Fall wird von § 358 Abs. 3 BGB nicht erfasst. Damit handelt sich in dieser Konstellation nicht um verbundene Verträge i.S.d. § 358 Abs. 3 BGB: BGH ZInsO 2015, 1500, 1502 f.

801 BGH NJW 2011, 1063, 1063; BGHZ 184, 1, 10 = NJW 2010, 531, 533.

802 BGHZ 184, 1, 10 = NJW 2010, 531, 533.

803 BGHZ 184, 1, 10 = NJW 2010, 531, 533.

Diese Voraussetzungen sind regelmäßig erfüllt, wenn der Darlehensnehmer zeitgleich über die kreditgebende Bank eine Restschuldversicherung abschließt. Das Darlehen ist zweckgebunden, soweit die Kreditsumme für die Erfüllung der Prämienverbindlichkeit aus der Restschuldversicherung verwendet wird. Weil die kreditgebende Bank die Versicherungsprämie direkt an den Versicherer überweist, wird dem Darlehensnehmer die freie Verfügbarkeit über die Darlehenssumme insoweit genommen. Zudem nehmen die beiden Verträge meist wechselseitig aufeinander Bezug. So wird im Darlehensvertrag regelmäßig aufgeführt, wie sich der Gesamtkreditbetrag zusammensetzt. Dabei werden Versicherungsprämie und Nettokredit jeweils selbständig ausgewiesen. Der Restschuldversicherungsvertrag beinhaltet meist den Hinweis, dass die Versicherung nur in Verbindung mit dem gleichzeitig aufgenommenen Kredit gilt und der Absicherung dieses Kredits dient. Zudem wären die beiden rechtlich selbständigen Verträge ohne den jeweils anderen meist nicht abgeschlossen worden. Dass die Restschuldversicherung ohne den Darlehensvertrag nicht abgeschlossen worden wäre steht außer Frage, dient sie doch gerade der Absicherung des Rückzahlungsanspruchs aus dem konkreten Darlehensvertrag. Aber auch der Darlehensvertrag würde ohne die Restschuldversicherung in vielen Fällen nicht bestehen, weil der Darlehensnehmer häufig keine anderen werthaltigen Kreditsicherheiten anbieten kann.[804] Die kreditgebenden Banken verlangen daher häufig als Sicherheit für den Fall des Todes, der Arbeitsunfähigkeit sowie der Arbeitslosigkeit den Abschluss eines entsprechenden Restschuldversicherungsvertrages.

Werden Verbraucherdarlehensvertrag und Restschuldversicherung miteinander verbunden, handelt es sich dabei – entgegen einer in Literatur und Rechtsprechung vertretenen Ansicht[805] – um verbundene Verträge i.S.d. § 358 BGB.[806]

---

804 *Dawe*, NZI 2008, 513, 515.

805 OLG Celle NZI 2009, 523, 524; OLG Köln WM 2009, 793, 794 f.; OLG Oldenburg WM 2009, 796, 797 f.; LG Berlin, Urt. v. 2.9.2009 – 4 S 10/08, BeckRS 2009, 28069; LG Düsseldorf, Urt. v. 3.7.2009 – 22 S 39/09, BeckRS 2009, 25076; LG Kassel, Urt. v. 27.3.2009 – 7 O 1680/08, BeckRS 2009, 20114; LG Münster, Urt. 19.2.2009 – 14 O 547/08, BeckRS 2009, 16630; LG Ravensburg, Urt. v. 15.1.2009 – 2 O 305/08, n.v.; LG Dortmund, Urt. v. 13.1.2009 – 3 O 413/08, BeckRS 2009, 21029; LG Köln, Urt. v. 18.12.2008 – 15 O 299/08, BeckRS 2009, 10499; LG Kassel, Urt. v. 17.12.2008 – 6 O 1605/08, BeckRS 2011, 14410; LG Köln, Urt. v. 22.4.2008 – 15 O 494/07, BeckRS 2008, 13779; LG Essen, Beschl. v. 3.5.2007 – 6 O 108/07, n.v.; AG München BKR 2009, 419, 420; AG Kiel NJOZ 2009, 2678, 2680 ff.; *Godefroid*, Verbraucherkreditverträge, Rn. 557; *Münstermann/Hannes*, VerbrKrG, Rn. 545; *Mülbert/Wilhelm*, WM 2009, 2241, 2242 f.; *Freitag*, ZIP 2009, 1297, 1298 ff.; *Freitag*, VersR 2009, 862 ff.; *Lange/Schmidt*, BKR 2007, 493, 494 ff.; *Homberger*, EWiR 2012, 475, 476, allerdings nur für den Fall, dass der Darlehensnehmer lediglich versicherte Person ist.

806 BGH NJW 2011, 1063 f.; BGHZ 184, 1, 6 = NJW 2010, 531, 532; OLG Köln BKR 2013, 465; OLG Celle ZInsO 2011, 490, 492; OLG Brandenburg VuR 2011, 95, 96; OLG Schleswig WM 2010, 1074, 1075 f.; OLG Zweibrücken VuR 2010, 307; OLG Hamm VuR 2008, 104; OLG Schleswig NJW-RR 2007, 1347, 1348; OLG Rostock NJW-RR

Wird der Verbraucherdarlehensvertrag gemäß §§ 495 Abs. 1, 355 BGB widerrufen, ist der Verbraucher gemäß § 358 Abs. 2 BGB auch an seine auf den Abschluss des Restschuldversicherungsvertrages gerichtete Willenserklärung nicht mehr gebunden. Gemäß § 358 Abs. 4 S. 1 BGB ist der mit dem Darlehensvertrag verbundene Restschuldversicherungsvertrag ebenfalls nach Maßgabe der §§ 355 Abs. 3 S. 1, 357 ff. BGB rückabzuwickeln.

Entgegen einer in der Literatur und Rechtsprechung vertretenen Auffassung[807] steht das in den §§ 8 f. VVG normierte Widerrufsrecht für Versicherungsverträge[808] einer Anwendung der §§ 358 Abs. 2, Abs. 4 S. 1, 355 Abs. 3 S. 1, 357 ff. BGB auf den Restschuldversicherungsvertrag nicht entgegen.[809] Zwar werden allgemeine Vorschriften verdrängt, soweit Spezialgesetze etwas Abweichendes regeln. Dies

---

2005, 1416; LG Hildesheim, Urt. v. 9.1.2013 – 6 O 193/12, BeckRS 2013, 18804; LG Göttingen ZVI 2012, 247, 248; LG Göttingen, Urt. v. 9.2.2012 – 9 S 4/11, BeckRS 2012, 06436; LG Göttingen ZIP 2011, 2160 f.; LG Göttingen, Urt. v. 18.8.2010 – 8 S 3/11 – juris; LG Duisburg, Urt. v. 1.4.2010 – 1 O 368/09, BeckRS 2011, 00881; LG Bremen NZI 2009, 811 f.; LG Düsseldorf NZI 2009, 732, 733 f.; LG Ulm, Urt. v. 16.1.2009 – 4 O 358/08, n.v.; LG Hamburg VuR 2008, 111, 112; LG Bonn BKR 2008, 78, 79 f.; LG Oldenburg, Urt. v. 5.6.2008 – 4 O 1049/07, BeckRS 2009, 09735; AG Göttingen NZI 2011, 294; AG Göttingen NZI 2010, 311; AG Berlin-Schöneberg, Urt. v. 12.11.2008 – 104a C 227/08, BeckRS 2008, 25359; AG Düsseldorf, Urt. v. 15.1.2009 – 50 C 9254/08, BeckRS 2009, 15705 = NZI 2009, 694 (LS); HambKomm/Lüdtke, § 35 Rn. 208; Bülow/Artz/*Bülow*, § 495 Rn. 270; *Emmerich*, in: v. Westphalen/Emmerich/v. Rottenburg, VerbrKrG, § 9 Rn. 74; Staudinger/*Kessal-Wulf* (2012), § 358 Rn. 40; PWW/*Stürner*, § 358 Rn. 5; MüKoBGB/*Habersack*, § 358 Rn. 12; Palandt/*Grüneberg*, § 358 Rn. 7; Erman/*Koch*, § 358 Rn. 5; Jauernig/*Stadler*, § 358 Rn. 4; Bamberger/Roth/*Möller*, § 358 Rn. 13a; *Wendt*, Zum Widerruf im Versicherungsvertragsrecht, S. 57 f.; *Hönninger*, in: jurisPK-BGB, § 358 Rn. 8; NK-BGB/*Ring*, § 358 Rn. 35; *Göbel/Köther*, VersR 2015, 425, 429; *Hatwig*, InsbürO 2013, 438, 443; *Gessner*, ZVI 2012, 397, 398; *Kleinschmidt/Burchard*, ZInsO 2011, 513, 514; *Goraj*, ZInsO 2011, 497, 498; *Schürnbrand*, BKR 2011, 309; *Maier*, VuR 2011, 97; *Siegmann*, WuB I E 2. § 358 BGB 2.11; *Knops*, ZIP 2010, 1265, 1266 f.; *Heinig*, VersR 2010, 863, 864 f.; *Weiß*, ZInsO 2010, 1130, 1131; *Bales*, ZInsO 2010, 1787, 1788; *Wolters/Podewils*, ZVI 2010, 209, 215; *Schulz*, EWiR 2010, 351, 352; *Wagner*, WuB I E 2. § 358 BGB 2.10; *Sänger/Wigand*, ZGS 2009, 447, 449 ff.; *Sänger/Wigand*, ZInsO 2009, 2043, 2044 ff.; *Hackländer*, ZInsO 2009, 497 f.; *Fliegner/Fehst*, EWiR 2009, 231, 232; *Ismar/Janca*, InsbürO 2009, 180, 182; *Flöther/Looff*, jurisPR-InsR 23/2009 Anm. 5; *Dawe*, NZI 2008, 513, 514 f.; *Geßner*, VuR 2008, 84, 85; *Reifner*, WM 2008, 2329, 2337; *Knops*, VersR 2006, 1455, 1457 f.; *Bülow*, WuB I E 2. § 358 BGB 1.09.

807 AG München BKR 2009, 419, 420; *Freitag*, VersR 2009, 862, 865 f.; *Lange/Schmidt*, BKR 2007, 493, 494 f.; *Schramm*, BKR 2009, 421 f.

808 Die Widerrufsfrist beträgt 14 Tage, § 8 Abs. 1 S. 1 VVG, bei Lebensversicherungen 30 Tage, § 152 Abs. 1 VVG.

809 BGH NJW 2011, 1063; BGHZ 184, 1, 4 f. = NJW 2010, 531 f.; LG Bremen NZI 2009, 811, 812; *Wendt*, Zum Widerruf im Versicherungsvertragsrecht, S. 57 f.; *Flöther/Looff*, jurisPR-InsR 23/2009 Anm. 5; *Ismar/Janca*, InsbürO 2009, 180, 183.

ist hier aber nicht der Fall. In den §§ 8 f. VVG wurde lediglich die Widerruflichkeit von Versicherungsverträgen abschließend[810] normiert. Bei der hier in Frage stehenden Konstellation wird nicht der Versicherungsvertrag, sondern gemäß §§ 495 Abs. 1, 355 BGB allein der Verbraucherdarlehensvertrag widerrufen.[811] Nur weil der Darlehensvertrag mit der Restschuldversicherung i.S.d. § 358 Abs. 3 S. 1 BGB verbunden ist, ist der Verbraucher gemäß § 358 Abs. 2 BGB auch an seine auf den Abschluss des Versicherungsvertrages gerichtete Willenserklärung nicht mehr gebunden. Über § 358 Abs. 4 S. 1 BGB kommt es hinsichtlich des mit dem Verbraucherdarlehensvertrag verbundenen Versicherungsvertrages ebenfalls zur Anwendung der §§ 355 Abs. 3 S. 1, 357 ff. BGB. Die Konstellation des Widerrufs eines mit einem Versicherungsvertrag i.S.d. § 358 Abs. 3 S. 1 BGB verbundenen Vertrages ist nicht in den §§ 8 f. VVG spezialgesetzlich geregelt, so dass die allgemeinen Vorschriften der §§ 358 Abs. 2, Abs. 4 S. 1, 355 Abs. 3 S. 1, 357 ff. BGB Anwendung finden.[812] Die §§ 8 f. VVG stehen einer Anwendung der §§ 358 Abs. 2, Abs. 4 S. 1, 355 Abs. 3 S. 1, 357 ff. BGB auf den Restschuldversicherungsvertrag somit nicht entgegen.[813]

Bei der Rückabwicklung ist zu beachten, dass die kreditgebende Bank im Verhältnis zum Schuldner hinsichtlich der Rechtsfolgen des Widerrufs in die Rechte und Pflichten des Versicherungsunternehmens aus dem Restschuldversicherungsvertrag eintritt, § 358 Abs. 4 S. 5 BGB. Dadurch kommt es zu einer bilateralen Rückabwicklung allein zwischen dem Verbraucher und dem Darlehensgeber.[814] Der Verbraucher steht bei der Rückabwicklung nicht zwei Parteien gegenüber, dem Darlehensgeber und dem Unternehmen des finanzierten Vertrags, sondern hinsichtlich beider Vertragsverhältnisse allein dem Darlehensgeber.[815] Dieser ist auch für die Rückabwicklung des Versicherungsvertrages zuständig.[816]

---

810 So finden weder die Widerrufsregeln für Haustürgeschäfte noch die für Fernabsatzverträge auf Versicherungsverträge Anwendung, § 312 Abs. 3 BGB und § 312b Abs. 3 Nr. 3 BGB.

811 *Geist/Tyzak*, BB 2010, 465, 466.

812 *Wendt*, Zum Widerruf im Versicherungsvertragsrecht, S. 57 f.

813 Zur Frage, wie sich der Widerruf des Restschuldversicherungsvertrages gemäß § 8 Abs. 1 VVG auf den verbundenen Verbraucherdarlehensvertrag auswirkt: *Schürnbrand*, BKR 2011, 309, 311 ff. Weil die Widerrufsfrist hinsichtlich des Versicherungsvertrages im Zeitpunkt der Verfahrenseröffnung meist abgelaufen sein wird, kommt der Frage, ob der Insolvenzverwalter den Restschuldversicherungsvertrag gemäß §§ 8 Abs. 1 VVG, 80 Abs. 1 InsO widerrufen kann und wie sich ein Widerruf auf den verbundenen Verbraucherdarlehensvertrag auswirkt, kaum praktische Bedeutung zu. Von einer näheren Betrachtung dieser Fallkonstellation wird daher abgesehen.

814 OLG Düsseldorf NZI 2010, 29, 30; OLG Stuttgart NZI 2009, 445, 446; *Göbel/Köther*, VersR 2015, 425, 429; *Sänger/Wigand*, ZInsO 2009, 2043, 2044.

815 *Sänger/Wigand*, ZInsO 2009, 2043, 2044.

816 HambKomm/*Lüdtke*, § 35 Rn. 208.

c) *Massezugehörigkeit der zurückzugewährenden Versicherungsprämie?*

Fraglich ist, ob der Insolvenzverwalter im Zuge der Rückabwicklung die zurückzugewährende Versicherungsprämie zur Masse ziehen kann.

Diese Möglichkeit wird ihm teilweise versagt.[817] Die jeweiligen Rückgewähransprüche sollen sich saldierend gegenüberstehen. Es komme zu einer automatischen Verrechnung.[818] Weil die Ansprüche des Darlehensgebers diejenigen des Verbrauchers übersteigen, bestehe aufgrund der automatischen Saldierung hinsichtlich der Versicherungsprämie kein Zahlungsanspruch des Verbrauchers gegen den Darlehensgeber, den der Verwalter zur Masse ziehen kann.

Zwar gelte der Grundsatz, dass eine Rückabwicklung in den einzelnen Vertragsverhältnissen zu erfolgen habe, d.h. zum einen hinsichtlich des Darlehens-, zum anderen hinsichtlich des Versicherungsvertrages. Dieser Grundsatz werde aber durch § 358 Abs. 4 S. 5 BGB eingeschränkt, in dem der Darlehensgeber bei der Rückabwicklung in die Rechte und Pflichten des Unternehmers einrückt und an dessen Stelle Gläubiger und Schuldner des Verbrauchers wird, so dass beide Verträge allein zwischen Verbraucher und Darlehensgeber rückabgewickelt werden.[819] Zum Schutz des Verbrauchers komme es zu einer automatischen Saldierung der Rückgewähransprüche.[820] Durch sie soll eine Rückabwicklung über das Dreieck verhindert

---

817 BGH, Hinweisbeschl. v. 16.12.2009 – IV ZR 126/09, BeckRS 2010, 21675; OLG Düsseldorf, Beschl. v. 6.9.2012 – I-7 W 81/12, BeckRS 2013, 00029; OLG Celle ZInsO 2011, 490, 492 f.; OLG Düsseldorf NZI 2010, 29, 30; OLG Schleswig NZI 2009, 656, 657; OLG Celle NZI 2009, 523, 524 f.; OLG Stuttgart NZI 2009, 445, 446; LG Göttingen, Urt. v. 18.8.2010 – 8 S 3/11 – juris; LG Hannover, Urt. v. 16.8.2010 – 20 S 3/10 – juris; LG Itzehoe VuR 2009, 425, 425 f.; LG Berlin, Urt. v. 2.9.2009 – 4 S 10/08, BeckRS 2009, 28069; LG Ulm, Urt. v. 16.1.2009 – 4 O 358/08, n.v.; LG Köln, Urt. v. 18.12.2008 – 15 O 299/08, BeckRS 2009, 10499; AG Berlin-Schöneberg, Urt. v. 12.11.2008 – 104a C 227/08, BeckRS 2008, 25359; HambKomm/*Lüdtke*, § 35 Rn. 208; NK-BGB/*Ring*, § 358 Rn. 36; *Göbel/Köther*, VersR 2015, 425, 429; *Schürnbrand*, BKR 2011, 309, 310 f.; *Bales*, ZInsO 2010, 1787, 1790; *Mülbert/Wilhelm*, WM 2009, 2241, 2246; *Heinig*, VersR 2010, 863, 867 f.; *Wolters/Podewils*, ZVI 2010, 209, 214 f.

818 Für eine automatische Verrechnung der Rückgewähransprüche im Falle des Widerrufs eines verbundenen Vertrages durch den Verbraucher, allerdings ohne Zusammenhang mit einem eröffneten Insolvenzverfahren: BGH NJW 2011, 1063, 1064; Staudinger/*Kessal-Wulf* (2012), § 358 Rn. 67; MüKoBGB/*Habersack*, § 358 Rn. 84; Palandt/*Grüneberg*, § 358 Rn. 21; *Merz*, WuB I E 2. § 358 BGB 1.11.

819 OLG Celle ZInsO 2011, 490, 492; OLG Celle NZI 2009, 523, 525; OLG Stuttgart NZI 2009, 445, 446; LG Göttingen, Urt. v. 18.8.2010 – 8 S 3/11 – juris.

820 OLG Düsseldorf, Beschl. v. 6.9.2012, BeckRS 2013, 00029; OLG Celle ZInsO 2011, 490, 492; OLG Düsseldorf NZI 2010, 29, 30; OLG Stuttgart NZI 2009, 445, 446; LG Göttingen, Urt. v. 18.8.2010 – 8 S 3/11 – juris; LG Hannover, Urt. v. 16.8.2010 – 20 S 3/10 – juris; AG Berlin-Schöneberg, Urt. v. 12.11.2008 – 104a C 227/08, BeckRS 2008, 25359.

werden.[821] Der Verbraucher sei danach nicht verpflichtet, den an den Unternehmer geflossenen Darlehensbetrag an den Darlehensgeber zurückzuzahlen.[822] Er schulde diesem vielmehr nur die Herausgabe der finanzierten Leistung.[823] Andererseits stehe dem Verbraucher aber auch kein Anspruch auf Rückzahlung des an den Unternehmer aus dem Darlehen geleisteten finanzierten Entgelts zu.[824]

Durch den Eintritt des Darlehensgebers in die Rechte und Pflichten des Unternehmers komme es insoweit zum Zusammenfallen von Anspruchsberechtigung und Verpflichtung.[825] Die Rückabwicklung der o.g. Leistungen habe allein zwischen Darlehensgeber und Versicherung zu erfolgen.[826] Weil es sich bei dem finanzierten Entgelt um die Versicherungsprämie handelt, bestehe nach der gesetzlichen Regelung kein Anspruch des Verbrauchers gegen den Darlehensgeber auf deren Erstattung.[827]

Dies entspreche auch dem Sinn und Zweck der gesetzlichen Vorschriften.[828] Der Verbraucher solle so stehen, wie er stünde, wenn er ein einfaches Abzahlungsgeschäft abgeschlossen hätte, bei dem der Unternehmer den „Kaufpreis" selbst kreditiert.[829] In diesem Fall würde kein Anspruch auf Rückgewähr des „Kaufpreises"

---

821 OLG Düsseldorf, Beschl. v. 6.9.2012 – I-7 W 81/12, BeckRS 2013, 00029; OLG Celle ZInsO 2011, 490, 492; OLG Düsseldorf NZI 2010, 29, 30; OLG Stuttgart NZI 2009, 445, 446; LG Göttingen, Urt. v. 18.8.2010 – 8 S 3/11 – juris; LG Hannover, Urt. v. 16.8.2010 – 20 S 3/10 – juris; AG Berlin-Schöneberg, Urt. v. 12.11.2008 – 104a C 227/08, BeckRS 2008, 25359.

822 OLG Celle ZInsO 2011, 490, 492; OLG Celle NZI 2009, 523, 525; OLG Schleswig NZI 2009, 656, 657; OLG Stuttgart NZI 2009, 445, 446; LG Berlin, Urt. v. 2.9.2009 – 4 S 10/08, BeckRS 2009, 28069; LG Göttingen, Urt. v. 18.8.2010 – 8 S 3/11 – juris.

823 OLG Celle ZInsO 2011, 490, 492; OLG Celle NZI 2009, 523, 525; OLG Schleswig NZI 2009, 656, 657; OLG Stuttgart NZI 2009, 445, 446; LG Berlin, Urt. v. 2.9.2009 – 4 S 10/08, BeckRS 2009, 28069; LG Göttingen, Urt. v. 18.8.2010 – 8 S 3/11 – juris.

824 OLG Celle ZInsO 2011, 490, 492; OLG Celle NZI 2009, 523, 525; OLG Stuttgart NZI 2009, 445, 446; LG Berlin, Urt. v. 2.9.2009 – 4 S 10/08, BeckRS 2009, 28069; LG Göttingen, Urt. v. 18.8.2010 – 8 S 3/11 – juris.

825 OLG Celle ZInsO 2011, 490, 492; OLG Celle NZI 2009, 523, 525; OLG Celle ZInsO 2011, 490, 492; OLG Celle NZI 2009, 523, 525; LG Berlin, Urt. v. 2.9.2009 – 4 S 10/08, BeckRS 2009, 28069; LG Göttingen, Urt. v. 18.8.2010 – 8 S 3/11 – juris.

826 BGH, Hinweisbeschl. v. 16.12.2009 – IV ZR 126/09, BeckRS 2010, 21675; OLG Düsseldorf, Beschl. v. 6.9.2012 – I-7 W 81/12, BeckRS 2013, 00029; OLG Düsseldorf NZI 2010, 29, 30; OLG Stuttgart NZI 2009, 445, 446; OLG Celle NZI 2009, 523, 525; LG Hannover, Urt. v. 16.8.2010 – 20 S 3/10 – juris; AG Berlin-Schöneberg, Urt. v. 12.11.2008 – 104a C 227/08, BeckRS 2008, 25359.

827 OLG Celle ZInsO 2011, 490, 492; OLG Celle NZI 2009, 523, 525; OLG Stuttgart NZI 2009, 445, 446; LG Göttingen, Urt. v. 18.8.2010 – 8 S 3/11 – juris.

828 OLG Celle ZInsO 2011, 490, 492; OLG Düsseldorf NZI 2010, 29, 30; OLG Celle NZI 2009, 523, 525; OLG Stuttgart NZI 2009, 445, 446; LG Göttingen, Urt. v. 18.8.2010 – 8 S 3/11 – juris.

829 OLG Düsseldorf, Beschl. v. 6.9.2012 – I-7 W 81/12, BeckRS 2013, 00029; OLG Düsseldorf NZI 2010, 29, 30; OLG Stuttgart NZI 2009, 445, 446; OLG Celle NZI 2009, 523, 525; LG Berlin, Urt. v. 2.9.2009 – 4 S 10/08, BeckRS 2009, 28069.

entstehen, weil dieser nicht aus dem Vermögen des Verbrauchers aufgebracht wurde.[830] § 358 Abs. 4 S. 5 BGB solle den Verbraucher im Fall verbundener Verträge nur vor den mit einer Aufspaltung des Rückabwicklungsverhältnisses verbundenen Risiken schützen, ihm aber keinen Aufspaltungsgewinn verschaffen.[831]

Dem ist jedoch Folgendes entgegenzuhalten: Widerruft der Insolvenzverwalter den Verbraucherdarlehensvertrag gemäß §§ 495 Abs. 1, 355 BGB, 80 Abs. 1 InsO, entfällt gemäß § 358 Abs. 2 BGB auch die Bindung an den Restschuldversicherungsvertrag. In der Folge entstehen zwei voneinander unabhängige Rückgewährschuldverhältnisse.[832] Zum einen sind die Leistungen aus dem Darlehensvertrag gemäß §§ 355 Abs. 3 S. 1, 357 ff. BGB zurückzugewähren. Zum anderen ist gemäß § 358 Abs. 4 S. 1 BGB auch der Restschuldversicherungsvertrag nach Maßgabe der §§ 355 Abs. 3 S. 1, 357 ff. BGB rückabzuwickeln.

Zwar wurden die §§ 355 ff. BGB im Zuge des Gesetzes zur Umsetzung der Verbraucherrechterichtlinie und zur Änderung des Gesetzes zur Regelung der Wohnungsvermittlung vom 20.9.2013,[833] in Kraft getreten am 13.6.2014, neu gefasst. Seit dem richtet sich die Rechtsfolge des Widerrufs nicht mehr nach den §§ 346 ff. BGB, auf die § 357 Abs. 1 S. 1 BGB a.F. verwiesen hat, sondern ausschließlich nach den §§ 355 Abs. 3 S. 1, 357 ff. BGB. Dies hat aber nichts daran geändert, dass durch den Widerruf ein Rückabwicklungs- bzw. Rückgewährschuldverhältnis zwischen den jeweiligen Vertragspartnern entsteht.[834] Durch die Änderungen sollten lediglich Unklarheiten und Widersprüche vermieden werden, die sich aus dem Verweis auf die §§ 346 ff. BGB ergeben konnten.[835]

Grds. hat die Rückabwicklung widerrufener Verträge zwischen den jeweiligen Vertragsparteien zu erfolgen. Bei verbundenen Verträgen ist aber die Besonderheit des § 358 Abs. 4 S. 5 BGB zu beachten. Danach tritt der Darlehensgeber im Verhältnis zum Verbraucher hinsichtlich der Rechtsfolgen des Widerrufs in die Rechte und Pflichten des Unternehmers aus dem verbundenen Vertrag ein, wenn das Darlehen dem Unternehmer bei Wirksamwerden des Widerrufs bereits zugeflossen ist. Daher erfolgt die Rückabwicklung des Restschuldversicherungsvertrages nicht zwischen dem Verbraucher und dem Restschuldversicherer, sondern, wie die Rückabwicklung des Darlehensvertrages, zwischen Verbraucher und Darlehensgeber. Dies ändert aber nichts an der Tatsache, dass es sich um zwei voneinander zu trennende Rückabwicklungsverhältnisse handelt. § 358 Abs. 4 S. 5 BGB führt lediglich zum Schutz

---

830 OLG Düsseldorf NZI 2010, 29, 30; OLG Celle NZI 2009, 523, 525; OLG Stuttgart NZI 2009, 445, 446; LG Berlin, Urt. v. 2.9.2009 – 4 S 10/08, BeckRS 2009, 28069.

831 OLG Celle ZInsO 2011, 490, 492; OLG Düsseldorf NZI 2010, 29, 30; OLG Celle NZI 2009, 523, 525; OLG Stuttgart NZI 2009, 445, 446; LG Hannover, Urt. v. 16.8.2010 – 20 S 3/10 – juris; LG Göttingen, Urt. v. 18.8.2010 – 8 S 3/11 – juris; LG Berlin, Urt. v. 2.9.2009 – 4 S 10/08, BeckRS 2009, 28069; *Göbel/Köther*, VersR 2015, 425, 429.

832 PWW/*Stürner*, § 358 Rn. 15.

833 BGBl. Teil I, Jahrgang 2013, Nr. 58, S. 3642 ff.

834 Palandt/*Grüneberg*, § 355 Rn. 12; Hk-BGB/*Schulze*, § 358 Rn. 11.

835 Hk-BGB/*Schulze*, § 357 Rn. 2.

Rückgewährschuldverhältnis bereits vor der Verfahrenseröffnung begründet wurde. Dies ist im Falle des Widerrufs durch den Insolvenzverwalter nicht der Fall.

Eine analoge Anwendung des § 103 InsO lässt sich auch nicht damit begründen, dass die beiden Rückgewährschuldverhältnisse jeweils aus gegenseitigen Verträgen resultieren, die bereits vor der Verfahrenseröffnung abgeschlossen und von § 103 InsO erfasst wurden. Weder hinsichtlich des Darlehens- noch hinsichtlich des Restschuldversicherungsvertrages kann sich der Insolvenzverwalter auf das Erfüllungswahlrecht aus § 103 InsO berufen. In aller Regel wurden beide Verträge bereits vor der Verfahrenseröffnung von einer Partei vollständig erfüllt.[846] Der Darlehensgeber zahlt zeitnah das Darlehen aus. Der Versicherungsnehmer erfüllt gegenüber dem Restschuldversicherer, in dem der Darlehensgeber die Einmalprämie direkt an den Versicherer überweist.

Der Darlehensgeber ist hinsichtlich der Rückgewähransprüche also Insolvenzgläubiger. Eine Aufrechnung der gegenseitigen Rückgewähransprüche scheitert somit an § 96 Abs. 1 Nr. 1 InsO. Durch eine automatische Saldierung würde das Aufrechnungsverbot in unzulässiger Weise umgangen werden. Der Insolvenzverwalter kann die zurückzugewährende Versicherungsprämie daher zur Masse ziehen.[847]

4. Erfüllungswahlrecht des Insolvenzverwalters, § 103 InsO

Es kann zu der Situation kommen, dass der Versicherungsfall relativ zeitnah nach der Verfahrenseröffnung eintreten wird, so dass der Verwalter ein Interesse an der Fortführung des Vertrages hat, um statt des geringeren Rückkaufswertes die volle Versicherungssumme zur Masse ziehen zu können. Dies ist zum einen der Fall, wenn bei der Versicherung (auch) des Erlebensfalls das Ablaufdatum in naher Zukunft liegt. Die Vertragsfortführung kann aber auch dann sinnvoll sein, wenn im Falle der Absicherung des Todesfalls das Ableben der versicherten Person in naher Zukunft zu erwarten ist. Der Insolvenzverwalter hat bei seinen Überlegungen also auch immer den Gesundheitszustand der versicherten Person mit in den Blick zu nehmen.

Will der Verwalter den Vertrag fortführen, wird für ihn das Erfüllungswahlrecht aus § 103 InsO interessant. Ist der Insolvenzschuldner Partei eines bei Verfahrenseröffnung beiderseitig noch nicht vollständig erfüllten gegenseitigen Vertrages, kann der Insolvenzverwalter gemäß § 103 InsO zwischen Erfüllung und Nichterfüllung des Vertrages wählen.

---

846 *Flöther/Looff*, jurisPR-InsR 23/2009 Anm. 5.

847 AG Göttingen NZI 2011, 294, 295; AG Göttingen NZI 2010, 311; LG Bremen NZI 2009, 811, 813 f.; AG Düsseldorf, Urt. v. 15.1.2009 – 50 C 9254/08, BeckRS 2009, 15705 = NZI 2009, 694 (LS); *Weiß*, ZInsO 2011, 903 f.; *Kleinschmidt/Burchard*, ZInsO 2011, 513, 514 ff.; *Goraj*, ZInsO 2011, 497, 499 ff.; *Gessner*, NZI 2011, 385, 387 ff.; *Maier*, VuR 2011, 263, 264; *Weiß*, ZInsO 2010, 1130, 1133 f.; *Knops*, ZIP 2010, 1265, 1271 f.; *Sänger/Wigand*, ZInsO 2009, 2043, 2044 ff.; *Hackländer*, ZInsO 2009, 497, 500 ff.; *Stephan*, VIA 2009, 9, 10 f.; *Flöther/Looff*, jurisPR-InsR 23/2009 Anm. 5; *Dawe*, NZI 2008, 513, 517 f.

a) *Sinn und Zweck des § 103 InsO*

Anders als noch zu Zeiten der Erlöschenstheorie[848] führt die Verfahrenseröffnung nach der gegenwärtig von der Rechtsprechung vertretenen Suspensivtheorie bzw. eingeschränkten Erlöschenstheorie nicht mehr zu einer materiell-rechtlichen Umgestaltung des Vertrages, sondern nur zur Undurchsetzbarkeit noch offener Ansprüche.[849]

Durch die Erfüllungswahl wird die Forderung des Vertragspartners gemäß § 55 Abs. 1 Nr. 2 Alt. 1 InsO von einer Insolvenz- zu einer Masseschuld aufgewertet. Als Massegläubiger kann der Vertragspartner nicht nur quotenweise, sondern vollständige Befriedigung aus der Masse verlangen. Mit der Aufwertung zu einer Masseschuld wird die Undurchsetzbarkeit beseitigt, so dass der Verwalter ab der Erfüllungswahl vollständige Leistung in die Masse verlangen kann. Der Zweck der Erfüllungswahl liegt also darin, dem Insolvenzverwalter im Interesse der Gläubigergemeinschaft durch die Vertragserfüllung einen Anspruch auf die ihm vorteilhaft erscheinende (vollständige) Gegenleistung zu verschaffen, auf die er ohne die Erfüllungswahl keinen durchsetzbaren Anspruch hätte.[850]

b) *Der Versicherungsvertrag als gegenseitiger Vertrag*

Das Wahlrecht des § 103 InsO findet auch auf Versicherungsverträge Anwendung. Zu Recht qualifiziert die weit überwiegende Ansicht den Versicherungsvertrag als gegenseitigen Vertrag i.S.d. §§ 320 ff. BGB.[851]

---

848 Zur Erlöschenstheorie: *Livonius*, Zum Wahlrecht des Insolvenzverwalters nach § 103 InsO, S. 7 ff.

849 Ausführlich zur Rechtsprechungsentwicklung bezüglich der Auswirkungen der Verfahrenseröffnung auf den Bestand der Leistungsansprüche: Gottwald/*Huber*, Insolvenzrechts-Handbuch, § 34 Rn. 35 ff., m.w.N.; auch Bruck/Möller/*Johannsen*, Anhang zu § 16 Rn. 13 ff., m.w.N.; Bork/Hölzle/*Höpfner*, Kap. 7 Rn. 16 ff., m.w.N.

850 Uhlenbruck/*Wegener*, § 103 Rn. 2.

851 BGH VersR 2014, 452; BGH NJW 2012, 678, 679; BGH VersR 1993, 689; OLG Frankfurt a.M. ZVI 2013, 310, 311; OLG Frankfurt a.M., Urt. v. 14.5.2008 – 7 U 157/07, BeckRS 2011, 18858; OLG Hamm VersR 1996, 360; OLG Hamm VersR 1993, 172; LG Dortmund RuS 2012, 248, 249; AG Kiel NZI 2012, 30, 31; BK-InsO/*Goetsch*, § 103 Rn. 55; FA-InsR/*Wagner*, Kap. 6 Rn. 6; A/G/R-*Flöther/Wehner*, § 103 Rn. 7; Bork/Hölzle/*Höpfner*, Kap. 7 Rn. 15; Bruck/Möller/*Johannsen*, Anhang zu § 16 Rn. 10; Hk-VVG/*Brömmelmeyer*, § 1 Rn 34; Prölss/Martin/*Armbrüster*, § 1 Rn. 150; Looschelders/Pohlmann/*Pohlmann*, § 1 Rn. 71; Langheid/Wandt/*Looschelders*, § 1 Rn. 72; *Lorenz*, in: Beckmann/Matusche-Beckmann, § 1 Rn. 149; BK/*Dörner*, Einl. Rn. 54; *Neuhaus*, Berufsunfähigkeitsversicherung Kap. S Rn. 56; MAH Insolvenz und Sanierung/*Nasser*, § 16 Rn. 9; *Schimikowski*, Versicherungsvertragsrecht, Rn. 29; *Hofmann*, Privatversicherungsrecht, § 2 Rn. 19; *Richter*, Privatversicherungsrecht, S. 82; *Werber/Winter*, Grundzüge des Versicherungsvertragsrechts, § 5 Rn. 41; *Sieg*, Allgemeines Versicherungsvertragsrecht, S. 146; *Deutsch/Iversen*, Versicherungsvertragsrecht, § 1 Rn. 5; *Brei/Bultmann*, Insolvenzrecht, § 6 Rn. 123; *Schmidt*-

Es variieren zwar die Anknüpfungspunkte bezüglich der Herleitung des Synallagmas, in dem seit jeher Streit darüber besteht, ob die Hauptleistungspflicht des Versicherers in der Gefahrtragung (Gefahrtragungstheorie) oder in der Geldleistung bei Eintritt des Versicherungsfalls (Geldleistungstheorie) liegt.[852] Darauf kommt es für die Begründung des Synallagmas aber nicht an. Unabhängig vom genauen Inhalt der Leistungspflicht erbringt der Versicherer seine Hauptleistung nur, weil er als Gegenleistung die Versicherungsprämien vom Versicherungsnehmer erhält. Damit stehen die beiden Hauptleistungspflichten ersichtlich in einem synallagmatischen Austauschverhältnis.

c) Beiderseits nicht oder nicht vollständig erfüllter Vertrag

Dem Insolvenzverwalter steht das Wahlrecht nur zu, wenn der gegenseitige Vertrag zur Zeit der Eröffnung des Insolvenzverfahrens beiderseits noch nicht oder zumindest nicht vollständig erfüllt ist.

aa) Vollständige Erfüllung durch den Versicherer

Unabhängig von der umstrittenen Frage, ob die Hauptleistungspflicht des Versicherers in der Gefahrtragung oder in der Geldleistung bei Eintritt des Versicherungsfalls zu sehen ist, bleibt der Versicherer in jedem Fall bis zum letzten Tag der Vertragslaufzeit zur Erbringung seiner Hauptleistung verpflichtet. Der Versicherer kann somit nicht vor Ende des Vertragsverhältnisses vollständig erfüllt haben.

bb) Vollständige Erfüllung durch den Versicherungsnehmer

Etwas anderes gilt für die Prämienzahlungspflicht des Versicherungsnehmers. Wurden vor der Verfahrenseröffnung bereits alle Prämien entrichtet, hat er seine Leistungspflicht vollständig erfüllt, so dass § 103 InsO keine Anwendung findet.[853] Relevant wird dies insbesondere bei Einmalprämien. Wird das Insolvenzverfahren eröffnet, nach dem der Versicherungsnehmer die Einmalprämie entrichtet hat, steht

---

Rimpler, Die Gegenseitigkeit bei einseitig bedingten Verträgen, S. 67; *Dreher*, Die Versicherung als Rechtsprodukt, S. 84 ff.; *Wall*, Das Valutaverhältnis des Vertrags zugunsten Dritter auf den Todesfall – ein Forderungsvermächtnis, S. 359 f.; *Kühlmorgen*, Die Lebensversicherungsverträge zugunsten Dritter, S. 144 f.; *Steinmann*, Der Rückversicherungsvertrag im Konkurs des Erstversicherers, S. 57 ff.; *Pataki*, Der Geschäftsbesorgungsgedanke im Versicherungsvertragsrecht, S. 217; *Präve*, in: FS Lorenz, 517, 521 f.; *Bohn*, in: FS Schiedermair, 33, 45; *Lange*, RuS 2014, 261, 266 f.; *Lange*, RuS 2014, 209, 216; *Rauscher*, VersR 2014, 295, 296; *Jacoby*, ZIP 2014, 649, 656; *Knof*, DB 2013, 1769, 1774; *Wirth/Mintas*, ZInsO 2012, 1002, 1006; *Lachner/Lexa*, NJW 2007, 1176, 1177; *Blank/Möller*, ZInsO 2003, 437, 439; *Hartwig/Möhrle*, VersR 2001, 35, 37; *Surminski*, VersR 1971, 1109; *Oellers*, JW 1937, 2937; a.A. BK/*Schwintowski*, § 1 Rn. 30 ff.; *Schwintowski*, JZ 1996, 702, 703.

852 Hierzu unter § 7, A., I., 1., a), bb), aaa), (II.) – S. 332 ff.

853 *Wirth/Mintas*, ZInsO 2012, 1002, 1007.

dem Verwalter das Wahlrecht aus § 103 InsO nicht zu.[854] Etwas anderes gilt, wenn zwar eine Einmalprämie vereinbart wurde, der Versicherungsnehmer aber vor der Verfahrenseröffnung noch nicht geleistet hat. In diesem Fall ist § 103 InsO mangels vollständiger Erfüllung durch den Versicherungsnehmer anwendbar.

Dem Insolvenzverwalter steht das Wahlrecht auch dann nicht zu, wenn der Versicherungsvertrag vor der Eröffnung des Insolvenzverfahrens beitragsfrei gestellt wurde.[855] Die Beitragsfreistellung kann auf Initiative des Versicherungsnehmers erfolgen, § 165 Abs. 1 VVG, oder auf einer Kündigung des Versicherers basieren, § 166 Abs. 1 VVG.[856]

Ist der Versicherungsnehmer zugleich Inhaber einer Berufsunfähigkeitszusatzversicherung und ist die Berufsunfähigkeit eingetreten, schuldet der Berufsunfähigkeitszusatzversicherer u.a. die Beitragsbefreiung in der Lebensversicherung. Entgegen einer von *Teslau* vertretenen Auffassung[857] liegt in diesem Fall keine vollständige Erfüllung durch den Versicherungsnehmer vor. Anders als in den Fällen der §§ 165, 166 VVG kommt es bei Eintritt der Berufsunfähigkeit nicht zu einer Beitrags*freistellung*, sondern zu einer Beitrags*befreiung*. Im Falle der Beitragsbefreiung erlischt der Prämienzahlungsanspruch des Versicherers nicht, sondern der Versicherungsnehmer hat nur deshalb keine Prämien mehr zu entrichten, weil ihm hinsichtlich der Prämienzahlungspflicht für die Zeit der Berufsunfähigkeit ein Freistellungsanspruch gegen den Berufsunfähigkeitszusatzversicherer zusteht. Die Prämienzahlungspflicht des Versicherungsnehmers besteht also fort, so dass keine vollständige Erfüllung angenommen werden kann.

d) (Teilweise) Massezugehörigkeit als ungeschriebenes Tatbestandsmerkmal?

Dem Insolvenzverwalter steht das Wahlrecht aus § 103 InsO zumindest immer dann zu, wenn der Leistungsanspruch aus dem Lebensversicherungsvertrag vollumfänglich in die Insolvenzmasse fällt. Aber was gilt, wenn die Versicherungsforderung vollständig oder zumindest teilweise massefrei ist?

aa) Kein Wahlrecht bei vollständiger Massefreiheit des Leistungsanspruchs

Entgegen einer verbreiteten Ansicht,[858] nach der für die Anwendbarkeit des § 103 InsO nicht die Massezugehörigkeit des Vertrages, sondern allein die

854 LG Köln VersR 2001, 885; Prölss/Martin/*Reiff*, § 168 Rn. 14; Bruck/Möller/*Winter*, § 159 Rn. 449; Langheid/Wandt/*Mönnich*, § 168 Rn. 30; *Zeigner*, ZVersWiss 1913, 480, 489.

855 OLG Karlsruhe VersR 2001, 1501; Prölss/Martin/*Reiff*, § 168 Rn. 14; Langheid/Wandt/*Mönnich*, § 168 Rn. 30; NK-BGB/*Teslau*, Anhang zu §§ 328–335: Lebensversicherung Rn. 187; *Zeigner*, ZVersWiss 1913, 480, 489.

856 *Lange*, ZVI 2012, 403, 404; *Armbrüster/Pilz*, KTS 2004, 481, 486.

857 NK-BGB/*Teslau*, Anhang zu §§ 328–335: Lebensversicherung Rn. 187.

858 OLG Düsseldorf NVersZ 2001, 504, 505; OLG Düsseldorf VersR 1998, 1559, 1560; Bruck/Möller/*Winter*, § 168 Rn. 39; KPB/*Titelnot*, § 103 Rn. 112; Römer/Langheid/

Versicherungsnehmer- bzw. Vertragspartnereigenschaft des Schuldners maßgebend sei,[859] steht dem Insolvenzverwalter das Wahlrecht aus § 103 InsO nicht zu, wenn der Leistungsanspruch aus einem Lebensversicherungsvertrag vollständig massefrei ist.[860]

Unter Berücksichtigung des Sinn und Zwecks kann für die Beantwortung der Frage, wann dem Insolvenzverwalter das Wahlrecht aus § 103 InsO zusteht, nicht allein auf die Versicherungsnehmer- bzw. Vertragspartnereigenschaft des Insolvenzschuldners abgestellt werden. Das Recht zur Erfüllungswahl nach § 103 InsO soll dem Insolvenzverwalter ermöglichen, im Interesse der Gläubigergemeinschaft einen Anspruch auf die ihm vorteilhaft erscheinende Gegenleistung zu schaffen, auf die er sonst keinen durchsetzbaren Anspruch hätte.[861] Das Wahlrecht wird damit nur relevant, wenn der Insolvenzverwalter durch die Erfüllungswahl auch tatsächlich eine Leistung des Vertragspartners zur Masse ziehen kann. Genau dies scheidet bei vollständig massefreien Lebensversicherungsverträgen aber von vornherein aus. Die Leistung geht im Falle einer unwiderruflichen Bezugsberechtigung und einer Abtretung an den Drittberechtigten, im Falle einer Massefreiheit nach §§ 36 Abs. 1 InsO, 850 ff. ZPO an den Insolvenzschuldner. Damit kann der Verwalter bei vollständig massefreien Lebensversicherungen niemals die Vertragserfüllung wählen, ohne sich schadensersatzpflichtig zu machen. Er würde durch die Erfüllungswahl die Insolvenzmasse schmälern, ohne eine Gegenleistung zur Masse ziehen zu können. Auch die Möglichkeit der Erfüllungsablehnung streitet nicht für eine Anwendbarkeit des § 103 InsO auf massefreie Verträge. Die Erfüllungsablehnung hat lediglich deklaratorische Wirkung. Sie bringt keine Vorteile für die Insolvenzmasse.

Aufgrund seines Sinn und Zwecks setzt § 103 InsO daher als ungeschriebenes Tatbestandsmerkmal die zumindest teilweise Massezugehörigkeit des Leistungsanspruchs voraus.[862] Dem Insolvenzverwalter steht das Wahlrecht somit nicht zu,

---

Langheid, § 168 Rn. 13; Römer/Langheid/*Römer*, 3. Aufl., § 168 Rn. 13; *Hasse*, Interessenkonflikte bei der Lebensversicherung zugunsten Dritter, S. 26; *Bork*, in: FS Kollhosser, 57, 67 f.; *Ponath*, ZEV 2006, 242, 245.

859 *Bork*, in: FS Kollhosser, 57, 67 f.

860 BGH VersR 2014, 452; Uhlenbruck/*Berscheid*, 12. Aufl., § 103 Rn. 20, nach dem § 103 InsO nur bei Lebensversicherungen mit widerruflichem Bezugsrecht anwendbar ist; wohl auch *Prang*, in: van Bühren, Handbuch Versicherungsrecht, § 14 Rn. 568, der dem Verwalter das Wahlrecht nur zuspricht, „soweit ein privater Lebensversicherungsvertrag in die Insolvenzmasse des Schuldners fällt".

861 Uhlenbruck/*Wegener*, § 103 Rn. 2.

862 BGH VersR 2014, 452; OLG Schleswig ZInsO 2015, 802; OLG Frankfurt a.M. VersR 2013, 990, 992; LG Köln NZI 2014, 29, 30; LG Dortmund RuS 2012, 248, 249; AG Kiel NZI 2012, 30 f.; A/G/R-*Flöther/Wehner*, § 103 Rn. 6; Andres/Leithaus/*Andres*, § 103 Rn. 12; HK/*Marotzke*, § 103 Rn. 13 und Rn. 42 ff.; Uhlenbruck/*Wegener*, § 103 Rn. 92; MüKoInsO/*Huber*, § 103 Rn. 87; *Jacoby*, in: Jaeger, Vor §§ 103–119 Rn. 46 ff. und § 103 Rn. 72; *Hess*, Insolvenzrecht, § 103 Rn. 112; Gottwald/*Huber*, Insolvenzrechts-Handbuch, § 34 Rn. 19; *Kayser*, Die Lebensversicherung in der Insolvenz des Arbeitgebers, S. 47; *Dahl*, NJW-Spezial 2014, 407; *Köke*, VIA 2014,

wenn die Versicherungsforderung vollumfänglich massefrei ist. Vollständig massefreie Verträge führt der Insolvenzschuldner außerhalb des Insolvenzverfahrens fort. Weil diese Verträge vom Insolvenzverfahren nicht berührt werden, führt die Verfahrenseröffnung bei ihnen, anders als bei (teilweise) massezugehörigen Verträgen, nicht zur Nichtdurchsetzbarkeit der gegenseitigen Ansprüche.

bb) Wahlrecht bei teilweiser Massezugehörigkeit des Leistungsanspruchs

Ist der Leistungsanspruch teilweise massezugehörig, steht dem Insolvenzverwalter das Wahlrecht aus § 103 InsO zu. In diesem Fall greift der Sinn und Zweck des § 103 InsO ein, weil der Insolvenzverwalter die Versicherungsleistung immerhin teilweise zur Masse ziehen kann. Diese Leistung kann durchaus die Gegenleistung, die der Verwalter nach einer Erfüllungswahl aufgrund des § 55 Abs. 1 Nr. 2 Alt. 1 InsO aus der Masse zu leisten hat, übersteigen, so dass sich eine Erfüllungswahl positiv zugunsten der Masse auswirken würde.

e) Fälligkeit des Rückkaufswertes durch Erfüllungsablehnung?

Entscheidet sich der Insolvenzverwalter im Rahmen des § 103 InsO für die Erfüllungsablehnung, kommt die Frage auf, ob bereits die Erfüllungsablehnung gemäß oder analog § 169 Abs. 1 VVG zur Fälligkeit des Rückkaufswertes führt oder ob es daneben zwingend einer separaten Kündigung des Vertrages durch den Insolvenzverwalter bedarf.

In der Literatur wird das Erfordernis einer separaten Kündigung auch heute noch mehrfach verneint.[863] Vielmehr soll bereits die Erfüllungsablehnung im Rahmen des § 103 InsO zur Fälligkeit des Rückkaufswertes führen. Die Vertreter dieser Ansicht meinen, die Leistungsansprüche würden mit der Erfüllungsablehnung erlöschen, was gleichzeitig zur Beendigung des Versicherungsvertrages führe. Über § 169 Abs. 1 VVG werde auch in dieser Konstellation der Rückkaufswert fällig,[864]

6, 7; *Koch*, KTS 2013, 80, 83; *Senger/Finke*, ZInsO 2012, 997, 1000; *Laroche*, VIA 2011, 94.

863 Looschelders/Pohlmann/*Krause*, § 169 Rn. 13; Langheid/Wandt/*Mönnich*, § 168 Rn. 28; Römer/Langheid/*Römer*, 3. Aufl., § 168 Rn. 13; *Benkel/Hirschberg*, 2. Aufl., § 13 ALB 2008 Rn. 329; Schwintowski/Brömmelmeyer/*Ortmann*, § 169 Rn. 17; BK-InsO/*Amelung/Wagner*, § 35 Rn. 60; BK-InsO/*Goetsch*, § 103 Rn. 55; *Neuhaus*, Berufsunfähigkeitsversicherung, Kap. S Rn. 53 und Rn. 55 (zur Berufsunfähigkeitsversicherung); *Hasse*, VersR 2005, 15, 20; *Hasse*, VersR 2005, 1176, 1187 (Fn. 117); *Janca*, ZInsO 2003, 449, 450; *Flitsch/Herbst*, BB 2003, 317, 319; wohl auch Bruck/Möller/*Johannsen*, Anhang zu § 16 Rn. 17, die meint, dass die Erfüllungsablehnung (automatisch) zum Erlöschen der Erfüllungsansprüche führe, so dass der Vertrag in ein Abwicklungsstadium trete.

864 Looschelders/Pohlmann/*Krause*, § 169 Rn. 13; *Benkel/Hirschberg*, 2. Aufl., § 13 ALB 2008 Rn. 329; Langheid/Wandt/*Mönnich*, § 168 Rn. 28; Schwintowski/Brömmelmeyer/*Ortmann*, § 169 Rn. 17; *Hasse*, VersR 2005, 15, 20; *Hasse*, VersR 2005, 1176, 1187 (Fn. 117); *Janca*, ZInsO 2003, 449, 450; *Flitsch/Herbst*, BB 2003, 317, 319.

weil die Norm nicht abschließend sei, sondern einen allgemeinen Rechtsgedanken enthalte.[865] Einer separaten Kündigung des Lebensversicherungsvertrages bedürfe es in dieser Konstellation auch deshalb nicht, weil ein Kündigungsrecht immer ein „gesundes Versicherungsverhältnis" voraussetze.[866] Entscheidet sich der Insolvenzverwalter nicht für die Erfüllung des Vertrages, mangele es aufgrund der Umgestaltung in ein Abwicklungsverhältnis an einem „gesunden" Vertragsverhältnis.[867] Es bestehe dann kein Raum für eine zusätzliche Kündigung.[868]

Die Vertreter dieser Ansicht verweisen häufig auf ein Urteil des IX. Zivilsenats des BGH vom 4.3.1993[869]. Dort hat der Senat tatsächlich entschieden, dass es für die Fälligkeit des Rückkaufswertes neben der Erfüllungsablehnung nach § 17 KO, § 103 InsO, keiner separaten Kündigung bedarf.[870] Allerdings erging das Urteil zu einer Zeit, als die Rechtsprechung noch die Erlöschentheorie vertreten hat, nach der die Eröffnung des Insolvenzverfahrens automatisch zu einer materiell-rechtlichen Umgestaltung des Vertrages führte. Seinerzeit bedurfte es keiner separaten Kündigung neben der Erfüllungsablehnung, weil bereits die Verfahrenseröffnung zum Erlöschen sämtlicher Ansprüche und damit zur Beendigung des Vertrages führte.

Allerdings übersehen die Vertreter der o.g. Ansicht die im Jahre 2002 erfolgte Rechtsprechungsänderung zu den Auswirkungen der Verfahrenseröffnung auf den Bestand der Leistungsansprüche. Der IX. Senat hat die Erlöschenstheorie ausdrücklich aufgegeben. Nach der heute vertretenen Suspensivtheorie erlöschen die gegenseitigen Leistungsansprüche weder durch die Verfahrenseröffnung noch durch die Erfüllungsablehnung des Verwalters. Die Ansprüche bleiben vielmehr bestehen. Sie verlieren nur ihre Durchsetzbarkeit. Der Vertrag wird also nur beendet, wenn er vom Verwalter gekündigt wird. Unter Berücksichtigung der von der Rechtsprechung vertretenen Suspensivtheorie wird der Rückkaufswert nicht bereits durch die Erfüllungsablehnung fällig, sondern erst durch eine separate Kündigung des Insolvenzverwalters.[871] Bezüglich der Kündigung gelten die

---

865 Schwintowski/Brömmelmeyer/*Ortmann*, § 169 Rn. 17.

866 *Benkel/Hirschberg*, 2. Aufl., § 13 ALB 2008 Rn. 329.

867 Langheid/Wandt/*Mönnich*, § 168 Rn. 28.

868 *Benkel/Hirschberg*, 2. Aufl., § 13 ALB 2008 Rn. 329.

869 BGH NJW 1993, 1994 ff.

870 BGH NJW 1993, 1994, 1995.

871 Prölss/Martin/*Reiff*, § 168 Rn. 14 und § 169 Rn. 29; *Brömmelmeyer*, in: Beckmann/Matusche-Beckmann, § 42 Rn. 150; Römer/Langheid/*Rixecker*, § 16 Rn. 9; Römer/Langheid/*Langheid*, § 168 Rn. 13; Bruck/Möller/*Winter*, § 159 Rn. 450; Uhlenbruck/*Hirte*, § 35 Rn. 219; A/G/R-*Ahrens*, § 35 Rn. 89; MüKoInsO/*Peters*, § 35 Rn. 419a; *Wall*, Das Valutaverhältnis des Vertrags zugunsten Dritter auf den Todesfall – ein Forderungsvermächtnis, S. 363; *Kayser*, Die Lebensversicherung in der Insolvenz des Arbeitgebers, S. 51; *Hatwig*, InsbürO 2013, 350, 351; *Lange*, ZVI 2012, 403 f.; *Wirth/Mintas*, ZInsO 2012, 1002, 1008; *Wilhelm*, BB 2012, 347; *Perleberg-Kölbel*, FuR 2012, 171, 172; *Lüers*, AnwZert InsR 6/2012 Anm. 3; *Güther/Kohly*, ZIP 2006,

gesetzlichen bzw. vertraglichen Kündigungsfristen.[872] Da ein Lebensversicherungsvertrag in der Regel nur für den Schluss der laufenden Versicherungsperiode gekündigt werden kann, § 168 Abs. 1 VVG, ist der Rückkaufswert zum Ablauf der Versicherungsperiode zu berechnen.[873]

Die Vertreter der gegenteiligen Auffassung übersehen auch, dass sich der IX. Zivilsenat des BGH bereits ausdrücklich in diesem Sinne geäußert hat. In einer ersten Entscheidung vom 7.4.2005[874] hat er zwar noch offen gelassen, ob die Rechtsprechungsänderung zu den Auswirkungen der Verfahrenseröffnung dazu geführt hat, dass ein Vertrag neben der Erfüllungsablehnung nun zusätzlich noch gekündigt werden muss. Es lässt sich aber bereits eine Tendenz erkennen. In einer Entscheidung vom 1.12.2011[875] hat sich der Senat dann ausdrücklich geäußert. Dort hat er festgestellt, dass die Argumentation aus der Zeit der Erlöschenstheorie im Rahmen der heute vertretenen Suspensivtheorie nicht mehr herangezogen werden kann, weil die Ansprüche mit der Verfahrenseröffnung gerade nicht (mehr) automatisch erlöschen. Auch eine etwaige Erfüllungsablehnung durch den Insolvenzverwalter hat keine materiell-rechtliche Umgestaltung zur Folge, sondern bestätigt lediglich die Rechtslage der Nichtdurchsetzbarkeit. Damit kann der Rückkaufswert nicht automatisch mit der Erfüllungsablehnung gemäß § 103 InsO fällig werden, sondern erst durch eine separate Kündigung.

Allerdings ist Folgendes zu beachten: Der Verwalter entscheidet sich für die Erfüllungsablehnung, weil er den Rückkaufswert zur Masse ziehen will. Diese Absicht ist für alle Beteiligten derart offensichtlich, dass die Erfüllungsablehnung in aller Regel zugleich die konkludente Kündigungserklärung beinhaltet.[876] Dies gilt zumindest dann, wenn der Verwalter zugleich die Zahlung des Rückkaufswertes verlangt. Außerdem enthält die Erfüllungsablehnung in der Regel auch den konkludenten Widerruf der Bezugsberechtigung, weil für alle Beteiligten ersichtlich ist, dass der Verwalter einen Rechtserwerb des Bezugsberechtigten zwischen Kündigungserklärung und Wirksamwerden der Kündigung verhindern will.

5. Umwandlung in eine prämienfreie Versicherung

Gemäß § 165 Abs. 1 S. 1 VVG kann der Versicherungsnehmer jederzeit für den Schluss der laufenden Versicherungsperiode die Umwandlung seiner Lebensversicherung in

---

1229, 1234 f.; *Elfring*, NJW 2005, 2192, 2194; *Elfring*, BB 2004, 617, 619; *Mohrbutter*, WuB VI A. § 103 InsO 1.12.

872 *Güther/Kohly*, ZIP 2006, 1229, 1234 f.

873 *Güther/Kohly*, ZIP 2006, 1229, 1234 f.

874 BGH NJW 2005, 2231 ff.

875 BGH NJW 2012, 678 ff.; bestätigt in BGH NJW 2012, 1510, 1514.

876 Prölss/Martin/*Reiff*, § 168 Rn. 13; MüKoInsO/*Peters*, § 35 Rn. 419a; *Lange*, ZVI 2012, 403, 404; *Wilhelm*, BB 2012, 347; *Armbrüster/Pilz*, KTS 2004, 481, 486.

eine prämienfreie Versicherung verlangen, sofern die dafür vereinbarte Mindestversicherungsleistung erreicht wird.[877]

Die Umwandlung erfolgt durch eine einseitige empfangsbedürftige Willenserklärung mit rechtsgestaltender Wirkung.[878] Es handelt sich also um ein Gestaltungsrecht, so dass die Umwandlung ohne Annahme oder sonstige Mitwirkung des Versicherers automatisch eintritt.[879] Die Umwandlung führt nicht zur Beendigung des Vertrages, sondern lediglich zur Prämienfreistellung, was automatisch zu einer Reduzierung der Versicherungssumme führt.[880] Der Versicherungsnehmer wird durch die Umwandlung so gestellt, als wenn für den Rest der Laufzeit eine Einmalprämie in Höhe des Rückkaufswertes einschließlich der Überschussanteile unter Abzug von etwaigen Prämienrückständen zugrunde gelegt wird.[881] Das Versicherungsverhältnis besteht also prämienfrei fort und der Versicherer ist bei Eintritt des Versicherungsfalls zur Leistung der (geringeren) beitragsfreien Versicherungssumme verpflichtet.[882]

Ist der Leistungsanspruch massezugehörig, geht das Umwandlungsrecht gemäß § 80 Abs. 1 InsO auf den Insolvenzverwalter über, so dass dieser gemäß §§ 165 Abs. 1 VVG, 80 Abs. 1 InsO die Umwandlung des Lebensversicherungsvertrages in eine prämienfreie Versicherung verlangen kann.[883] Weil im Falle einer Umwandlung nach §§ 165 Abs. 1 VVG, 80 Abs. 1 InsO zukünftig keine Prämien mehr fällig werden, schuldet der Insolvenzverwalter im Falle einer vor der Umwandlung erfolgten Erfüllungswahl nach § 103 InsO zukünftig keine Prämienzahlungen aus der Masse mehr, er kann aber bei Eintritt des Versicherungsfalls auf die beitragsfreie Versicherungssumme zugreifen.[884]

877 Wird die Mindestversicherungssumme nicht erreicht, hat der Versicherer den auf die Versicherung entfallenden Rückkaufswert einschließlich der Überschussanteile zu zahlen, § 165 Abs. 1 S. 2 VVG.

878 Prölss/Martin/*Reiff*, § 165 Rn. 6; Bruck/Möller/*Winter*, § 165 Rn. 21; Langheid/Wandt/*Mönnich*, § 165 Rn. 11; Schwintowski/Brömmelmeyer/*Ortmann*, § 165 Rn. 8.

879 Prölss/Martin/*Reiff*, § 165 Rn. 5; Looschelders/Pohlmann/*Krause*, § 165 Rn. 4; Bruck/Möller/*Winter*, § 165 Rn. 21; Langheid/Wandt/*Mönnich*, § 165 Rn. 11; FA-Komm-VersR/*Höra/Leithoff*, § 165 VVG Rn. 4.

880 Looschelders/Pohlmann/*Krause*, § 165 Rn. 10; Langheid/Wandt/*Mönnich*, § 165 Rn. 11; FAKomm VersR/*Höra/Leithoff*, § 165 VVG Rn. 1.

881 Bruck/Möller/*Winter*, § 165 Rn. 27; Prölss/Martin/*Reiff*, § 165 Rn. 10; *Wandt*, Versicherungsrecht, Rn. 1186.

882 Looschelders/Pohlmann/*Krause*, § 165 Rn. 10; Bruck/Möller/*Winter*, § 165 Rn. 27.

883 Prölss/Martin/*Reiff*, § 165 Rn. 5 f.; Römer/Langheid/*Langheid*, § 165 Rn. 4; Bruck/Möller/*Winter*, § 165 Rn. 15; Looschelders/Pohlmann/*Krause*, § 165 Rn. 6.

884 Wurde der Vertrag bereits über § 165 Abs. 1 VVG umgewandelt, steht dem Insolvenzverwalter das Erfüllungswahlrecht aus § 103 InsO nicht zu: § 5, A., I., 4., c), bb) – S. 234 f.

6. *Freigabe des Lebensversicherungsvertrages*

Der Insolvenzverwalter kann zur Insolvenzmasse gehörende Gegenstände freigeben und dadurch wieder der Verfügungsbefugnis des Schuldners unterstellen. Eine Freigabe kommt insbesondere dann in Betracht, wenn davon auszugehen ist, dass die Kosten für die Verwaltung und Verwertung des Gegenstandes den voraussichtlichen Verwertungserlös übersteigen werden, wenn eine Verwertung also (wirtschaftlich) nicht sinnvoll ist.[885] Eine Verwertung würde sich in diesem Fall negativ auf die Masse auswirken, so dass der Verwalter diese durch die Freigabe im Ergebnis stärkt. Unter Berücksichtigung des Haftungsrisikos sollte der Insolvenzverwalter eine echte Freigabe allerdings nur erklären, wenn er einen nennenswerten Verwertungserlös, der die Kosten der Verwaltung und Verwertung übersteigt, tatsächlich ausschließen kann.[886]

Ist der Schuldner Inhaber einer massezugehörigen Lebensversicherung, kommt eine echte Freigabe des Vertrages in der Regel nicht in Betracht. Aufgrund der oft hohen Versicherungssummen übersteigt der Verwertungserlös die Verwaltungs- und Verwertungskosten regelmäßig um ein Vielfaches. Dies gilt auch, wenn der Verwalter den Vertrag kündigt und den Rückkaufswert zur Masse zieht. Mit der Freigabe eines massezugehörigen Lebensversicherungsvertrages würde der Verwalter auf erhebliche Vermögenswerte verzichten und die Masse bedeutend schmälern. Die Folge wären teils hohe Schadensersatzansprüche gegen den Verwalter. Daher wird eine Freigabe von Lebensversicherungsverträgen in der Regel ausscheiden.

Etwas anderes könnte ausnahmsweise bei zeitlich beschränkten Todesfallversicherungen ohne Erlebensfallleistung und bei Erlebensfallversicherungen ohne Todesfallleistung gelten, auf die § 169 VVG keine Anwendung findet und für die auch vertraglich die Zahlung eines Rückkaufswertes nicht vereinbart wurde. Bei diesen Vertragsarten kann der Verwalter durch eine vorzeitige Vertragsbeendigung mangels Fälligkeit eines Rückkaufswertes keine Leistung zur Masse ziehen. Ist der Tod der versicherten Person bzw. das Erreichen des Ablaufdatums in nächster Zeit nicht zu erwarten, wird der Verwalter keine Leistung aus dem Vertrag zur Masse verlangen können.

7. *Einziehungs- und Verwertungsrecht, § 166 Abs. 2 InsO / Feststellungs- und Verwertungskostenbeitrag, §§ 170 f. InsO*

a) Sicherungszession

Hat der Insolvenzschuldner die Forderung aus dem Lebensversicherungsvertrag zur Sicherheit abgetreten, steht das Einziehungs- und Verwertungsrecht aufgrund der gesetzlichen Anordnung des § 166 Abs. 2 InsO allein dem Insolvenzverwalter

---

885 HambKomm/*Lüdtke*, § 35 Rn. 60; FK-InsO/*Bornemann*, § 35 Rn. 64; MüKoInsO/*Lwowski/Peters*, § 35 Rn. 85; HK/*Ries*, § 35 Rn. 53; Graf-Schlicker/*Graf-Schlicker/Kexel*, § 35 Rn. 17.

886 Andres/Leithaus/*Leithaus*, § 35 Rn. 8.

zu. Das umfassende Einziehungs- und Verwertungsrecht ermöglicht dem Verwalter auch die Vertragskündigung.

Dem Sicherungszessionar steht gemäß § 51 Nr. 1 InsO ein Absonderungsrecht an der Forderung zu. Deshalb muss der Insolvenzverwalter ihn nach Einziehung der Forderung im Umfang der Abtretung befriedigen.[887] Der Verwalter kann aber vor der Auszahlung zugunsten der Masse einen Festellungs- und Verwertungskostenbeitrag abziehen, §§ 170 Abs. 1 S. 1, 171 InsO. Der Feststellungskostenbeitrag beträgt pauschal 4 % des jeweiligen Verwertungserlöses, § 171 Abs. 1 S. 2 InsO. Dabei handelt es sich um einen Pauschalbetrag, der nicht mittels einer konkreten Kostenberechnung in Frage gestellt werden kann.[888] Anders verhält es sich hingegen bezüglich des Verwertungskostenbeitrags. Dieser ist zwar grds. pauschal mit 5 % des Verwertungserlöses anzusetzen, § 171 Abs. 2 S. 1 InsO. Sollten die tatsächlich entstandenen Kosten aber erheblich niedriger oder höher sein, sind diese maßgeblich, § 171 Abs. 2 S. 2 InsO.

b) Verpfändung

Aufgrund seines klaren Wortlauts findet § 166 Abs. 2 InsO auf die Fälle der Verpfändung weder direkte noch analoge Anwendung.[889] Deshalb steht das Verwertungsrecht ab dem Eintritt der Pfandreife grds. dem Pfandgläubiger zu, § 173 Abs. 1 InsO. Verwertet der Pfandgläubiger gemäß § 173 Abs. 1 InsO selbst, kann der Verwalter nicht die Zahlung einer Feststellungs- und Verwertungskostenpauschale gemäß §§ 170 f. InsO zugunsten der Masse verlangen.[890] In diesem Fall erfolgt keine Verwertung „durch den Insolvenzverwalter", was aufgrund des klaren Wortlauts des § 170 Abs. 1 S. 1 InsO Grundvoraussetzung für die Anwendbarkeit der §§ 170 f. InsO ist.[891]

---

887 AG Wuppertal ZInsO 2006, 386, 387.

888 BGH NJW 2002, 3475, 3477; *Gundlach/Frenzel/Schmidt*, ZInsO 2002, 352, 355; *Hess*, WuB VI C. § 166 InsO 1.02.

889 BT-Drucks. 12/2443, S. 178 f.; BT-Drucks. 12/7302, S. 176; BGH ZInsO 2013, 926, 927; BGH NJW 2012, 1510, 1514; BGH NZI 2005, 384, 385; LG Tübingen NZI 2001, 263, 264; A/G/R-*Homann*, § 166 Rn. 26; FK-InsO/*Wegener*, § 166 Rn. 9; K.Schmidt/*Sinz*, § 166 Rn. 23; MüKoInsO/*Tetzlaff*, § 166 Rn. 63; HambKomm/*Büchler*, § 166 Rn. 16; Andres/Leithaus/*Leithaus*, § 166 Rn. 13; HK/*Landfermann*, § 166 Rn. 28; Braun/*Dithmar*, § 166 Rn. 23; Uhlenbruck/*Brinkmann*, § 166 Rn. 30; *Hess*, Insolvenzrecht, § 166 Rn. 14; KPB/*Flöther*, § 166 Rn. 21; *Boddenberg*, in: Haarmeyer/Wutzke/Förster, Insolvenzordnung, § 166 Rn. 10; *Benkel/Hirschberg*, § 13 ALB 2008 Rn. 217; Terbille/Höra/*Höra/Leithoff*, § 25 Rn. 276; Veith/Gräfe/Gebert/*Schnepp/Gebert*, Der Versicherungsprozess, § 10 Rn. 455; *Prang*, in: van Bühren, Handbuch Versicherungsrecht, § 14 Rn. 527.

890 KPB/*Flöther*, § 173 Rn. 9; HK/*Landfermann*, § 173 Rn. 2; A/G/R-*Homann*, § 173 Rn. 4; FK-InsO/*Wegener*, § 173 Rn. 8; K.Schmidt/*Sinz*, § 173 Rn. 12; HambKomm/*Büchler*, § 173 Rn. 3.

891 K.Schmidt/*Sinz*, § 173 Rn. 12.

Zu beachten ist jedoch § 173 Abs. 2 S. 2 InsO. Danach ist auch nach dem Eintritt der Pfandreife im Falle einer ergebnislosen Fristsetzung i.S.d. § 173 Abs. 2 S. 1 InsO ausnahmsweise der Insolvenzverwalter zur Verwertung berechtigt. An die Stelle des Absonderungsrechts tritt sodann als Surrogat das Absonderungsrecht am Erlös.[892] Verwertet der Insolvenzverwalter nach § 173 Abs. 2 S. 2 InsO, wird der mit der Verwertung verbundene Aufwand regelmäßig demjenigen entsprechen, der für eine Verwertung nach § 166 Abs. 2 InsO erforderlich ist. Es ist nicht einzusehen, weshalb in dieser Konstellation die durch die Verwertung zusätzlich anfallenden Kosten zu Lasten der Masse gehen sollten, wenn doch die Verwertung eigentlich gemäß § 173 Abs. 1 InsO dem Pfandgläubiger obliegt und die Verwertung nur deshalb durch den Insolvenzverwalter erfolgt, weil der Pfandgläubiger seiner Obliegenheit zur Verwertung nicht ordnungsgemäß nachkommt.[893] Daher kann der Insolvenzverwalter im Falle einer Verwertung nach § 173 Abs. 2 S. 2 InsO in entsprechender Anwendung der §§ 170 f. InsO die zusätzlich anfallenden Kosten zur Masse ziehen.[894]

Dies gilt nicht nur für die anfallenden Verwertungskosten,[895] sondern in gleichem Maße auch für die Feststellungskosten.[896] Auch wenn Feststellungskosten in dieser Konstellation gar nicht oder nur in geringem Umfang anfallen, können diese bei der Auskehrung des Erlöses in Abzug gebracht werden. Die §§ 170 f. InsO setzen für die Abzugsfähigkeit der Feststellungskosten allein voraus, dass die Verwertung „durch den Insolvenzverwalter" erfolgt. Verwertet der Verwalter nach § 166 Abs. 2 InsO, kann er selbst dann Feststellungskosten zur Masse ziehen, wenn solche gar nicht angefallen sind. Es handelt sich bei dem Feststellungskostenbeitrag um einen Pauschalbetrag i.H.v. 4 % des jeweiligen Verwertungserlöses, § 171 Abs. 1 S. 2 InsO. Diesem kann nicht mit dem Hinweis begegnet werden, die Feststellung sei nicht mit besonderem Aufwand verbunden gewesen.[897] Auch auf Grund konkreter Kostenberechnungen kann die Pauschale nicht in Frage gestellt werden,[898] d.h. die Feststellungskostenpauschale kann selbst dann vom Verwalter in Abzug gebracht werden, wenn im Rahmen der Verwertung tatsächlich keine Feststellungskosten angefallen sind. Es ist kein Grund ersichtlich, weshalb der Pfandgläubiger hinsichtlich der Feststellungskostenpauschale privilegiert werden sollte, wenn er seiner Obliegenheit zur Verwertung nach § 173 Abs. 1 InsO nicht nachkommt und die Verwertung daher durch den Insolvenzverwalter erfolgt.

---

892 KPB/*Flöther*, § 173 Rn. 16.

893 KPB/*Flöther*, § 173 Rn. 16.

894 A.A. *Hess*, Insolvenzrecht, § 173 Rn. 14.

895 So aber Uhlenbruck/*Brinkmann*, § 173 Rn. 18; MüKoInsO/*Tetzlaff*, § 173 Rn. 28; KPB/*Flöther*, § 173 Rn. 16; A/G/R-*Homann*, § 173 Rn. 10; wohl auch FK-InsO/*Wegener*, § 173 Rn. 10.

896 K.Schmidt/*Sinz*, § 173 Rn. 20; HK/*Landfermann*, § 173 Rn. 6; Braun/*Dithmar*, § 173 Rn. 3; HambKomm/*Büchler*, § 173 Rn. 6; Andres/Leithaus/*Leithaus*, § 173 Rn. 15.

897 BGH NJW 2002, 3475, 3477; *Gundlach/Frenzel/Schmidt*, ZInsO 2002, 352, 355.

898 BGH NJW 2002, 3475, 3477; *Gundlach/Frenzel/Schmidt*, ZInsO 2002, 352, 355; *Hess*, WuB VI C. § 166 InsO 1.02.

Vor dem Eintritt der Pfandreife ist nach den allgemeinen Grundsätzen der Insolvenzverwalter zur Verwertung berechtigt, weil die Insolvenzmasse Inhaberin der verpfändeten Forderung ist.[899] Da sich das Pfandrecht aber an dem Erlös fortsetzt, darf der Insolvenzverwalter den Forderungsbetrag nicht zur Masse ziehen.[900] Der Verwalter hat den Erlös in Höhe der zu sichernden Forderung zurückzubehalten und vorrangig zu hinterlegen, bis die zu sichernde Forderung fällig wird oder die Bedingung für den Eintritt der Pfandreife ausfällt.[901] Wie im Falle des § 173 Abs. 2 S. 2 InsO folgt auch hier das Verwertungsrecht des Verwalters nicht aus § 166 Abs. 2 InsO, so dass die §§ 170, 171 InsO keine direkte Anwendung finden. Allerdings handelt es sich auch in dieser Konstellation um eine Verwertung „durch den Insolvenzverwalter". Auch durch diese Verwertung fällt zusätzlicher Aufwand an, der regelmäßig demjenigen entsprechen wird, der für eine Verwertung nach § 166 Abs. 2 InsO erforderlich ist.[902] Aufgrund der vergleichbaren Interessenlage kann der Insolvenzverwalter auch im Falle der Verwertung vor dem Eintritt der Pfandreife in entsprechender Anwendung der §§ 170 f. InsO sowohl die Feststellungs- als auch die Verwertungskosten in Abzug bringen.[903]

8. Insolvenzanfechtung der Bezugsrechtsbestellung, §§ 129 ff. InsO

a) Widerrufliches Bezugsrecht

Vor dem Eintritt des Versicherungsfalls kommt es auf die Frage, ob und wann der Insolvenzverwalter ein widerrufliches Bezugsrecht nach Maßgabe der §§ 129 ff. InsO anfechten kann, nicht an.[904] Weil der Bezugsberechtigte mangels Eintritts des Versicherungsfalls noch nicht Rechtsinhaber geworden ist, bedarf es für den Zugriff auf den Leistungsanspruch keiner Insolvenzanfechtung der Bezugsrechtsbestellung. Der Verwalter kann die Bezugsberechtigung einfach widerrufen.[905]

---

899 BGH NZI 2005, 384, 385; A/G/R-*Homann*, § 166 Rn. 26; K.Schmidt/*Sinz*, § 166 Rn. 23; HambKomm/*Büchler*, § 166 Rn. 16a; Uhlenbruck/*Brinkmann*, § 166 Rn. 30; HK/*Landfermann*, § 166 Rn. 29; KPB/*Flöther*, § 166 Rn. 22; *Hess*, Insolvenzrecht, § 166 Rn. 14.

900 A/G/R-*Homann*, § 166 Rn. 26.

901 BGH NZI 2005, 384, 385; K.Schmidt/*Sinz*, § 166 Rn. 23; KPB/*Flöther*, § 166 Rn. 22; HambKomm/*Büchler*, § 166 Rn. 16a.

902 BGH ZInsO 2013, 926, 928.

903 BGH ZInsO 2013, 926, 928; HambKomm/*Büchler*, § 166 Rn. 16a.

904 MüKoInsO/*Kayser*, § 134 Rn. 16b; FK-InsO/*Dauernheim*, § 134 Rn. 27; HambKomm/*Rogge/Leptien*, § 134 Rn. 11; K.Schmidt/*Ganter/Weinland*, § 134 Rn. 65; K/S/W/*Schäfer*, § 134 Rn. G115; Staudinger/*Klumpp* (2015), § 328 Rn. 350; Vallender/Undritz/*Schäfer*, Kap. 7 Rn. 315; *Dietzel*, Der Pfändungsschutz der privaten Altersvorsorge nach den §§ 851c und 851d ZPO, S. 220; *Niehus*, Die Insolvenzanfechtung in der Bundesrepublik Deutschland und den Vereinigten Staaten von Amerika, S. 100; *Ponath*, ZEV 2006, 242, 247; *Robrecht*, DB 1967, 453.

905 MüKoInsO/*Kayser*, § 134 Rn. 16b; FK-InsO/*Dauernheim*, § 134 Rn. 27; HambKomm/*Rogge/Leptien*, § 134 Rn. 11; Uhlenbruck/*Ede/Hirte*, § 134 Rn. 91; K.Schmidt/*Ganter/Weinland*, § 134 Rn. 65; KPB/*Bork*, § 134 Rn. 70; *Schäfer*, Insolvenzanfechtung,

b) *Unwiderrufliches Bezugsrecht*

Etwas anderes gilt hingegen bei der unwiderruflichen Bezugsberechtigung. Der unwiderruflich Berechtigte wird gemäß § 159 Abs. 3 VVG mit sofortiger Wirkung Rechtsinhaber. Ihm steht nicht nur der Leistungsanspruch bei Eintritt des Versicherungsfalls zu, sondern auch der Rückkaufswert im Falle einer vorzeitigen Vertragsbeendigung. Daher kommt die Frage auf, ob der Insolvenzverwalter die Bezugsrechtsbestellung gemäß §§ 129 ff. InsO anfechten kann.

Gemäß § 129 InsO sind gläubigerbenachteiligende Rechtshandlungen, die vor der Eröffnung des Insolvenzverfahrens vorgenommen worden sind, nach Maßgabe der §§ 130 bis 146 InsO anfechtbar. Der durch die Insolvenzanfechtung entstehende Rückgewähranspruch, § 143 Abs. 1 InsO, wird Bestandteil der Insolvenzmasse.[906] Als einseitig empfangsbedürftige Willenserklärung[907] ist die Bezugsrechtsbestellung eindeutig eine Rechtshandlung i.S.d. §§ 129 ff. InsO.[908] Bestellt der Versicherungsnehmer mehrere Bezugsrechte bezüglich desselben Anspruchs, setzt er bspw. seine beiden Kinder zu je 50 % als Todesfallbezugsberechtigte ein, handelt es sich bei den einzelnen Bezugsrechtsbestellungen um eigenständige Rechtshandlungen i.S.d. § 129 InsO, die anfechtungsrechtlich selbständig zu betrachten sind.[909] Dies gilt auch dann, wenn die Bezugsrechtsbestellungen gleichzeitig erfolgen.[910]

aa) §§ 130–132 InsO

Eine Anfechtung gemäß §§ 130 bis 132 InsO scheitert im Regelfall aufgrund der sehr kurzen Anfechtungsfristen bereits aus zeitlichen Gründen.

So sind die in § 130 Abs. 1 InsO und § 132 Abs. 1 InsO genannten Rechtshandlungen nur anfechtbar, wenn sie in den letzten drei Monaten vor dem Antrag auf Eröffnung des Insolvenzverfahrens vorgenommen wurden. Eine Anfechtung gemäß § 131 Abs. 1 Nr. 1 InsO kommt nur in Betracht, wenn die dort genannte Rechtshandlung im letzten Monat vor dem Eröffnungsantrag oder nach diesem Antrag erfolgt ist. Die § 131 Abs. 1 Nr. 2 und Nr. 3 InsO setzen Rechtshandlungen innerhalb des zweiten oder dritten Monats vor dem Eröffnungsantrag voraus. Hieran wird es in aller Regel scheitern.

Rn. 984; K/S/W/*Schäfer*, § 134 Rn. G115; Vallender/Undritz/*Schäfer*, Kap. 7 Rn. 315; *Dietzel*, Der Pfändungsschutz der privaten Altersvorsorge nach den §§ 851c und 851d ZPO, S. 220; *Schuschke*, BGH-Report 2004, 198, 199.

906 HambKomm/*Lüdtke*, § 35 Rn. 172.

907 Prölss/Martin/*Schneider*, § 159 Rn. 6; Langheid/Wandt/*Heiss*, § 159 Rn. 12; Looschelders/Pohlmann/*Peters*, § 159 Rn. 8; Hk-VVG/*Brambach*, § 159 Rn. 4.

908 BGH NZI 2016, 35; Beck/Depré/*Exner*, Praxis der Insolvenz, § 16 Rn. 40; *Leithaus*, NZI 2016, 37, 38; zum Begriff der Rechtshandlung statt vieler: FK-InsO/*Dauernheim*, § 129 Rn. 21.

909 BGH NZI 2016, 35, 36.

910 BGH NZI 2016, 35, 36.

bb) § 133 InsO

Die Vorsatzanfechtung gemäß § 133 Abs. 1 InsO setzt voraus, dass die Bezugsrechtsbestellung innerhalb der letzten zehn Jahre vor dem Antrag auf Eröffnung des Insolvenzverfahrens mit dem Vorsatz erfolgte, die Gläubiger zu benachteiligen und dass dem Bezugsberechtigten der Gläubigerbenachteiligungsvorsatz des Schuldners im Zeitpunkt der Bezugsrechtsbestellung bekannt war.

Durch Bezugsrechtsbestellungen ist es Versicherungsnehmern möglich, den oft hohen Leistungsanspruch dem Vermögen eines Dritten zuzuschieben und dadurch den Zugriff der eigenen Gläubiger zu verhindern. Dies öffnet Tür und Tor, Versicherungsansprüche vorsätzlich dem Gläubigerzugriff zu entziehen. Es ist daher nicht fernliegend, dass Versicherungsnehmer Bezugsrechte im Einzelfall tatsächlich nur aus dem Grunde bestellen, um die eigenen Gläubiger vorsätzlich zu benachteiligen.

Die Voraussetzungen des § 133 InsO werden in Hinblick auf Bezugsrechtsbestellungen in aller Regel nicht erfüllt sein. Unabhängig davon, dass der Insolvenzverwalter den Gläubigerbenachteiligungsvorsatz des Schuldners nachweisen muss,[911] muss er insbesondere auch nachweisen, dass der Bezugsberechtigte im Zeitpunkt der Bezugsrechtsbestellung positive Kenntnis vom Gläubigerbenachteiligungsvorsatz des Schuldners hatte.[912] Maßgeblicher Zeitpunkt für das Vorliegen der positiven Kenntnis ist der Zeitpunkt der Vornahme der Rechtshandlung.[913] Dies ist der Zeitpunkt der Bezugsrechtsbestellung. Ein Bezugsberechtigter hat aber häufig keine Kenntnis davon, dass der Versicherungsnehmer zu seinen Gunsten ein Bezugsrecht bestellt. Hintergrund ist, dass die Bezugsrechtsbestellung durch eine einseitige, empfangsbedürftige Willenserklärung des Versicherungsnehmers gegenüber dem Versicherer erfolgt und der Bezugsberechtigte weder zustimmen noch anderweitig in Kenntnis gesetzt werden muss.[914] Häufig erlangen Bezugsberechtigte erst nach der Bezugsrechtsbestellung Kenntnis von der erfolgten Begünstigung. Wenn der Bezugsberechtigte aber im Zeitpunkt der Bezugsrechtsbestellung von der Vornahme der Rechtshandlung nichts weiß, dann kann er in dem für § 133 Abs. 1 InsO maßgeblichen Zeitpunkt auch keine positive Kenntnis davon gehabt haben, dass diese Rechtshandlung mit Gläubigerbenachteiligungsvorsatz vorgenommen wurde.

Etwas anderes wird sich in aller Regel auch nicht aus § 133 Abs. 1 S. 2 InsO ergeben. Danach wird die positive Kenntnis vom Gläubigerbenachteiligungsvorsatz vermutet, wenn der andere Teil wusste, dass die Zahlungsunfähigkeit des Schuldners drohte und dass die Handlung die Gläubiger benachteiligte. Zum einen muss der Bezugsberechtigte im Zeitpunkt der Vornahme der Rechtshandlung wissen, dass diese Handlung die Gläubiger benachteiligt. Aus den o.g. Gründen hat der

---

911 A/G/R-*Gehrlein*, § 133 Rn. 13; FK-InsO/*Dauernheim*, § 133 Rn. 22; *Henckel*, in: Jaeger, § 133 Rn. 32; HK/*Thole*, § 133 Rn. 15.

912 A/G/R-*Gehrlein*, § 133 Rn. 13; FK-InsO/*Dauernheim*, § 133 Rn. 22; *Henckel*, in: Jaeger, § 133 Rn. 32; HK/*Thole*, § 133 Rn. 15.

913 MüKoInsO/*Kayser*, § 133 Rn. 20.

914 Prölss/Martin/*Schneider*, § 159 Rn. 6.

Bezugsberechtigte aber häufig keine Kenntnis von der Vornahme der Rechtshandlung. Dann liegt in der Regel auch die positive Kenntnis zumindest in dem für § 133 Abs. 1 S. 2 InsO maßgeblichen Zeitpunkt (Bezugsrechtsbestellung) noch nicht vor. Zum anderen wird der Bezugsberechtigte häufig tatsächlich keine Kenntnis von der drohenden Zahlungsunfähigkeit des Schuldners haben.

Selbst wenn die positive Kenntnis des Bezugsberechtigten im Einzelfall einmal vorliegen sollte, so wird es dem Insolvenzverwalter kaum möglich sein, einen entsprechenden Nachweis zu führen.

Im Regelfall wird eine Insolvenzanfechtung gemäß § 133 Abs. 1 InsO also am fehlenden Gläubigerbenachteiligungsvorsatz, an der fehlenden positiven Kenntnis des anderen Teils oder an der Beweisproblematik scheitern.

cc) § 134 Abs. 1 InsO

Als Anfechtungstatbestand kommt meist nur § 134 Abs. 1 InsO in Betracht.[915] Danach ist eine unentgeltliche Leistung des Schuldners anfechtbar, wenn sie innerhalb der letzten vier Jahre vor dem Antrag auf Eröffnung des Insolvenzverfahrens vorgenommen wurde.

aaa) Unentgeltliche Leistung

Grundvoraussetzung für eine Anfechtbarkeit gemäß § 134 Abs. 1 InsO ist eine unentgeltliche Leistung des Insolvenzschuldners an einen Dritten. Die Leistung ist unentgeltlich, wenn der Zuwendungsempfänger seinerseits keine Gegenleistung zu erbringen hat.[916] Wird eine dritte Person in den Zuwendungsvorgang eingeschaltet, ist für die Frage der Unentgeltlichkeit nur entscheidend, ob der Zuwendungsempfänger seinerseits zur Erbringung einer Gegenleistung verpflichtet ist, ohne dass es darauf ankommt, ob der Insolvenzschuldner selbst einen Ausgleich für seine Leistung erhält.[917]

Bei Lebensversicherungsverträgen mit bestehender Bezugsberechtigung ist die für die Insolvenzanfechtung entscheidende Leistung die Zuwendung im

---

915 Prölss/Martin/*Schneider*, § 159 Rn. 41; *Becker*, Insolvenzrecht, § 14 Rn. 649; *Bork*, in: FS Kollhosser, 57, 65; *Armbrüster/Pilz*, KTS 2004, 481, 495; *Thiel*, ZIP 2002, 1232; etwas anderes gilt für die Direktversicherung: *Kayser*, Die Lebensversicherung in der Insolvenz des Arbeitgebers, S. 67 ff.

916 BGHZ 156, 350, 354 = NJW 2004, 214; BGHZ 141, 96, 99 = NJW 1999, 1549, 1550; BGHZ 121, 179, 183 = NJW 1993, 663, 664; OLG Schleswig ZInsO 2014, 2376, 2377; FK-InsO/*Dauernheim*, § 134 Rn. 9; Braun/*de Bra*, § 134 Rn. 8; Vallender/Undritz/*Schäfer*, Kap. 7 Rn. 303; Beck/Depré/*Exner*, Praxis der Insolvenz, § 16 Rn. 243; *Brei/Bultmann*, Insolvenzrecht, § 6 Rn. 60; *Niehus*, Die Insolvenzanfechtung in der Bundesrepublik Deutschland und den Vereinigten Staaten von Amerika, S. 96 f.; *Thiel*, ZIP 2002, 1232, 1234.

917 BGH NJW-RR 2009, 340, 341; *Leithaus*, NZI 2016, 37.

Valutaverhältnis, d.h. zwischen Versicherungsnehmer und Bezugsberechtigtem.[918] Eine Anfechtung gegenüber dem Versicherer kommt nicht in Betracht, weil dieser für seine Leistung ein Entgelt in Form der Versicherungsprämie erhält und es somit an der Unentgeltlichkeit mangelt.[919] In der Regel wird ein Bezugsrecht im Valutaverhältnis unentgeltlich gewährt,[920] der Bezugsberechtigte hat also meist keine Gegenleistung zu erbringen. Besonderheiten können sich bei Direktversicherungen, in der Praxis der Kreditgewährung sowie bei unterhaltsberechtigten Angehörigen ergeben.

(I.) Direktversicherungen und Praxis der Kreditgewährung

Eine Lebensversicherung kann, insbesondere in Form einer Direktversicherung i.S.d. § 1 Abs. 2 Nr. 2 BetrAVG, als Vergütung für geleistete Dienste abgeschlossen werden.[921] In diesem Fall ist die Lebensversicherung als Teil des Arbeitsentgelts anzusehen, so dass es sich um eine entgeltliche Leistung handelt, die einer Anfechtung über § 134 Abs. 1 InsO nicht zugänglich ist.[922] Die Ausnahme der Direktversicherung soll an dieser Stelle nicht weiter behandelt werden.[923]

Auch in der Praxis der Kreditgewährung kann eine Bezugsrechtsbestellung im Valutaverhältnis entgeltlich erfolgen.[924] Dies insbesondere dann, wenn mit dem

---

918 OLG Frankfurt a.M. ZVI 2012, 112, 114; *Wienandts*, Eine Frage aus dem Lebensversicherungsvertrag zugunsten Dritter, S. 16; *Ponath*, ZEV 2006, 242, 246.

919 *Henckel*, in: Jaeger, § 134 Rn. 46; MükoInsO/*Kayser*, § 134 Rn. 16; MükoInsO/*Kirchhof*, 2. Aufl., § 134 Rn. 16; FK-InsO/*Dauernheim*, § 134 Rn. 25; Uhlenbruck/*Ede/Hirte*, § 134 Rn. 86; Nerlich/Römermann/*Nerlich*, § 134 Rn. 31; KPB/*Bork*, § 134 Rn. 69; FA-InsR/*Dauernheim*, Kap. 7 Rn. 90; Vallender/Undritz/*Schäfer*, Kap. 7 Rn. 314; *Schäfer*, Insolvenzanfechtung, Rn. 983; K/S/W/*Schäfer*, § 134 Rn. G107; *Niehus*, Die Insolvenzanfechtung in der Bundesrepublik Deutschland und den Vereinigten Staaten von Amerika, S. 100; *Wienandts*, Eine Frage aus dem Lebensversicherungsvertrag zugunsten Dritter, S. 16.

920 *Henckel*, in: Jaeger, § 134 Rn. 46; MükoInsO/*Kayser*, § 134 Rn. 16; MüKoInsO/*Kirchhof*, 2. Aufl., § 134 Rn. 16; A/G/R-*Gehrlein*, § 134 Rn. 4; Vallender/Undritz/*Schäfer*, Kap. 7 Rn. 314; FAKomm-VersR/*Höra/Leithoff*, § 159 VVG Rn. 10; *Wegener*, VIA 2012, 45; *Neußner*, EWiR 2004, 1099, 1100; *Lind/Stegmann*, ZInsO 2004, 413, 414; *Huber*, NZI 2004, 81.

921 *Henckel*, in: Jaeger, § 134 Rn. 46; *Henckel*, Insolvenzanfechtung, § 134 Rn. 46; Uhlenbruck/*Ede/Hirte*, § 134 Rn. 86; MüKoInsO/*Kayser*, § 134 Rn. 16; HambKomm/*Rogge/Leptien*, § 134 Rn. 11; *Kayser*, in: FS Kreft, 341, 352.

922 Uhlenbruck/*Ede/Hirte*, § 134 Rn. 86; *Schäfer*, Insolvenzanfechtung, § 134 Rn. 983; Bruck/Möller/*Winter*, § 159 Rn. 460; Vallender/Undritz/*Schäfer*, Kap. 7 Rn. 314; *Kayser*, in: FS Kreft, 341, 352.

923 Hierzu ausführlich *Kayser*, Die Lebensversicherung in der Insolvenz des Arbeitgebers, S. 67 ff.; *Kayser*, ZInsO 2004, 1321, 1325.

924 *Henckel*, in: Jaeger, § 134 Rn. 46; *Henckel*, Insolvenzanfechtung, § 134 Rn. 46; MüKoInsO/*Kayser*, § 134 Rn. 16; HambKomm/*Rogge/Leptien*, § 134 Rn. 11; Bruck/Möller/*Winter*, § 159 Rn. 460.

Leistungsanspruch aus der Lebensversicherung der Darlehensrückzahlungsanspruch abgesichert wird.[925] Auch in diesem Fall scheidet eine Anfechtung gemäß § 134 Abs. 1 InsO mangels Unentgeltlichkeit der Leistung aus, wenn der Sicherungsnehmer als Gegenleistung das Darlehen ausreicht. Weil der Leistungsanspruch aber in der Regel nicht mittels einer Bezugsrechtsbestellung, sondern im Wege einer Sicherungszession auf den Sicherungsnehmer übertragen wird,[926] soll auch dieser Fall hier nicht näher behandelt werden.

(II.) Unbenannte Zuwendungen unter Ehepartnern

Wurde einem Ehepartner ein Bezugsrecht bestellt, scheitert eine Anfechtung über § 134 Abs. 1 InsO nicht schon deshalb, weil es sich um eine unbenannte Zuwendung unter Ehegatten handeln könnte.[927] Unbenannte Zuwendungen sind ehebezogene Rechtsgeschäfte eigener Art, die nur mit Einschränkungen den §§ 516 ff. BGB unterliegen.[928] Die Unterscheidung zwischen Schenkungen und unbenannten Zuwendungen zwischen Ehegatten ist für die Insolvenzanfechtung unerheblich, weil der Anwendungsbereich des § 134 Abs. 1 InsO nicht auf Schenkungen i.S.d. § 516 BGB beschränkt ist.[929] Erfasst werden vielmehr alle objektiv unentgeltlichen Verfügungen des Schuldners. Somit unterliegen auch unbenannte Zuwendungen zwischen Ehegatten als objektiv unentgeltliche Leistungen der Insolvenzanfechtung gemäß § 134 Abs. 1 InsO.[930]

(III.) Unterhaltsberechtigte Angehörige

Zu bedenken ist jedoch, dass eine Leistung nur dann unentgeltlich erfolgt, wenn sie nicht auf einer Rechtspflicht beruht.[931] Liegt der Leistung eine Rechtspflicht zugrunde, scheidet eine Anfechtung über § 134 Abs. 1 InsO aus.

---

925 *Henckel*, in: Jaeger, § 134 Rn. 46; *Henckel*, Insolvenzanfechtung, § 134 Rn. 46.

926 Zur Anfechtung einer (Sicherungs-)Abtretung: § 5, A., I., 9. – S. 265 ff.

927 Langheid/Wandt/*Heiss*, § 159 Rn. 91; zu § 4 Abs. 1 AnfG: *Menzel*, Vollstreckungsschutz zugunsten privater Altersvorsorge, S. 128; *Huber*, § 4 Rn. 38; *Müller*, Die Lebensversicherung in der Zwangsvollstreckung, S. 173 ff.

928 MüKoBGB/*Koch*, 5. Aufl., § 516 Rn. 60; Langheid/Wandt/*Heiss*, § 159 Rn. 91.

929 *Pape/Uhlenbruck/Voigt-Salus*, Insolvenzrecht, Kap. 33 Rn. 117; *Brei/Bultmann*, Insolvenzrecht, § 9 Rn. 59.

930 BGH ZInsO 1999, 163, 164; A/G/R-*Gehrlein*, § 134 Rn. 19; HK/*Thole*, § 134 Rn. 16; *Henckel*, in: Jaeger, § 134 Rn. 23; *Henckel*, Insolvenzanfechtung, § 134 Rn. 23; FK-InsO/*Dauernheim*, § 134 Rn. 21; HambKomm/*Rogge/Leptien*, § 134 Rn. 31; KPB/*Bork*, § 134 Rn. 57; K/S/W/*Schäfer*, § 134 Rn. G27; *Brei/Bultmann*, Insolvenzrecht, § 9 Rn. 59; *Dauernheim*, Das Anfechtungsrecht in der Insolvenz, S. 84.

931 *Müller*, Die Lebensversicherung in der Zwangsvollstreckung, S. 176; *Menzel*, Vollstreckungsschutz zugunsten privater Altersvorsorge, S. 128; *Scherer*, Die Gläubigeranfechtung der Bezugsberechtigung und der Prämienzahlung beim Lebensversicherungsvertrag zu Rechten Dritter, S. 166.

Eine der Bezugsrechtsbestellung zugrunde liegende Rechtspflicht kommt insbesondere dann in Betracht, wenn ein unterhaltsberechtigter Angehöriger, insbesondere ein Ehepartner oder ein Kind, begünstigt wird.

(1.) Ehepartner, § 1360 BGB

Teile der Literatur versagen dem Insolvenzverwalter (zumindest in bestimmten Fällen) eine Anfechtung der Bezugsrechtsbestellung über § 134 Abs. 1 InsO, wenn der Versicherungsnehmer seinen Ehepartner begünstigt hat.[932] In diesem Fall erfolge die Bezugsrechtsbestellung in Erfüllung der gesetzlichen Unterhaltspflicht aus § 1360 BGB und damit, weil auf einer Rechtspflicht basierend, nicht unentgeltlich.

Auch wenn die Rechtsprechung weitestgehend anderer Auffassung ist und Bezugsrechtsbestellungen zugunsten Ehepartner in der Regel als unentgeltlich qualifiziert,[933] ist dem zumindest teilweise zuzustimmen.[934]

Gemäß § 1360 S. 1 BGB sind Ehepartner einander verpflichtet, durch ihre Arbeit und mit ihrem Vermögen die Familie angemessen zu unterhalten. Der angemessene Unterhalt der Familie umfasst alles, was nach den Verhältnissen der Ehepartner erforderlich ist, um die Kosten des Haushalts zu bestreiten und die persönlichen Bedürfnisse der Ehepartner und den Lebensbedarf der gemeinsamen unterhaltsberechtigten Kinder zu befriedigen, § 1360a Abs. 1 BGB. Auch wenn sich dies dem Wortlaut des § 1360 BGB nicht unmittelbar entnehmen lässt, so schuldet der unterhaltsverpflichtete Ehepartner aus seiner Unterhaltspflicht heraus nicht nur den Unterhalt

---

932 Bruck/Möller/*Winter*, § 159 Rn. 461; *Bayer*, Der Vertrag zugunsten Dritter, S. 319 f.; *Müller*, Die Lebensversicherung in der Zwangsvollstreckung, S. 176 ff.; *Menzel*, Vollstreckungsschutz zugunsten privater Altersvorsorge, S. 128 f.; *Scherer*, Die Gläubigeranfechtung der Bezugsberechtigung und der Prämienzahlung beim Lebensversicherungsvertrag zu Rechten Dritter, S. 166 ff.; *Winter*, Interessenkonflikte bei der Lebensversicherung zugunsten Angehöriger, S. 14 f., S. 28 und S. 32; *Bork*, in: FS Kollhosser, 57, 59; *Sieg*, in: FS Klingmüller, 447, 462; *Sieg*, ZVersWiss 1995, 697, 699; *Lwowski*, WuB I F 4. – 4.92, bezüglich Eltern-Kind-Verhältnis; wohl auch *Benkel/Hirschberg*, § 13 ALB 2008 Rn. 116, nach denen der Rechtsgrund für die Zuwendung im Valutaverhältnis u.a. als Unterhalt einzuordnen sein kann; eingeschränkt auch *Henckel*, in: Jaeger, § 134 Rn. 46 und *Henckel*, Insolvenzanfechtung, § 134 Rn. 46, der eine entgeltliche Leistung bei der Bezugsrechtsbestellung zugunsten des Ehepartners zumindest dann annimmt, wenn der vertragliche Ausschluss des Versorgungsausgleichs, § 1408 Abs. 2 BGB, mit einer Verpflichtung verbunden ist, die Altersversorgung durch Abschluss einer privaten Versicherung herbeizuführen.

933 Inbesondere BGH NZI 2016, 35, 36; BGHZ 156, 350, 358 = NJW 2004, 214, 215 f.; a.A. OLG Oldenburg VersR 1990, 1378, 1379, allerdings hinsichtlich einer Bezugsrechtsbestellung zugunsten eines unterhaltsberechtigten Kindes.

934 A.A. *Dietzel*, Der Pfändungsschutz der privaten Altersvorsorge nach den §§ 851c und 851d ZPO, S. 222 f.

für den gegenwärtigen Augenblick.[935] Vielmehr umfasst die Unterhaltspflicht auch die Pflicht zur Sicherstellung des künftigen Unterhalts.[936] Immerhin handelt es sich bei der Ehe um eine auf Lebenszeit angelegte Versorgungsgemeinschaft, deren Eingehung eine auf Lebenszeit angelegte gegenseitige Unterhalts- und Vorsorgepflicht begründet.[937] Der erwerbstätige Ehepartner ist aus der ehelichen Unterhaltspflicht heraus gehalten, nicht nur für den gegenwärtigen, sondern entsprechend seinen wirtschaftlichen Verhältnissen auch für die dauernde Sicherung des zukünftigen Unterhalts des anderen Ehepartners zu sorgen.[938]

Aus § 1360 BGB heraus besteht im Verhältnis der Ehepartner zueinander also die Pflicht, auch die künftige Versorgung in angemessener Weise sicherzustellen, insbesondere für das Alter und für den Fall, dass der unterhaltsverpflichtete Ehepartner verstirbt.[939] Dass die Vorsorgepflicht u.a. auch die Pflicht umfasst, in angemessenem Umfang die Altersvorsorge sicherzustellen,[940] ergibt sich insbesondere aus den §§ 1361 Abs. 1 S. 2, 1578 Abs. 3 BGB. Wenn der Ehepartner im Falle des Getrenntlebens bzw. nach der Scheidung im Rahmen des Unterhalts die Altersvorsorge

---

935 Bruck/Möller/*Winter*, § 159 Rn. 191; *Scherer*, Die Gläubigeranfechtung der Bezugsberechtigung und der Prämienzahlung beim Lebensversicherungsvertrag zu Rechten Dritter, S. 167; *Müller*, Die Lebensversicherung in der Zwangsvollstreckung, S. 177 f.; *Winter*, Interessenkonflikte bei der Lebensversicherung zugunsten Angehöriger, S. 14 f., S. 28 und S. 32.

936 Bruck/Möller/*Winter*, § 159 Rn. 191; *Bayer*, Der Vertrag zugunsten Dritter, S. 319; *Scherer*, Die Gläubigeranfechtung der Bezugsberechtigung und der Prämienzahlung beim Lebensversicherungsvertrag zu Rechten Dritter, S. 167; *Müller*, Die Lebensversicherung in der Zwangsvollstreckung, S. 177 f.; *Winter*, Interessenkonflikte bei der Lebensversicherung zugunsten Angehöriger, S. 14 f., S. 28 und S. 32.

937 Bruck/Möller/*Winter*, § 159 Rn. 191 und Rn. 461; *Scherer*, Die Gläubigeranfechtung der Bezugsberechtigung und der Prämienzahlung beim Lebensversicherungsvertrag zu Rechten Dritter, S. 167; *Müller*, Die Lebensversicherung in der Zwangsvollstreckung, S. 177 f.; *Winter*, Interessenkonflikte bei der Lebensversicherung zugunsten Angehöriger, S. 14 f.

938 BGHZ 74, 38, 45 f. = NJW 1979, 1289, 1290 f.

939 *Bayer*, Der Vertrag zugunsten Dritter, S. 319.

940 BGH FamRZ 1998, 608, 609; BGH WM 1982, 100, 101; BGHZ 74, 38, 45 f. = NJW 1979, 1289, 1290 f.; BGH FamRZ 1970, 136, 137; BGHZ 32, 246, 248 f. = FamRZ 1960, 225; Staudinger/*Voppel* (2012), § 1360a Rn. 14 und Rn. 31; MüKoBGB/*Weber-Monecke*, § 1360a Rn. 5; PWW/*Kleffmann*, § 1360a Rn. 3; Palandt/*Brudermüller*, § 1360a Rn. 2; Erman/*Kroll-Ludwigs*, § 1360a Rn. 4; Soergel/*Leiß*, § 1360a Rn. 12; Bruck/Möller/*Winter*, § 159 Rn. 461; *Müller*, Die Lebensversicherung in der Zwangsvollstreckung, S. 177 f.; *Menzel*, Vollstreckungsschutz zugunsten privater Altersvorsorge, S. 128 f.; *Scherer*, Die Gläubigeranfechtung der Bezugsberechtigung und der Prämienzahlung beim Lebensversicherungsvertrag zu Rechten Dritter, S. 167; *Winter*, Interessenkonflikte bei der Lebensversicherung zugunsten Angehöriger, S. 14 f., S. 28 und S. 32; a.A. *Höring*, VersR 1952, 334 f.

schuldet, dann muss dies erst Recht zu Zeiten einer intakten Ehe gelten.[941] Diese auf der Unterhaltspflicht basierende Vorsorgepflicht kann grds. auf dem Wege erfüllt werden, dass dem Ehepartner ein Bezugsrecht für den Leistungsanspruch aus einem Lebensversicherungsvertrag eingeräumt wird.[942]

Entgegen der von *Winter* vertretenen Auffassung, nach der jede Bezugsrechtsbestellung zu Gunsten eines Ehepartners in Erfüllung der Unterhaltspflicht erfolgen und damit insgesamt unanfechtbar sein soll, unabhängig davon, um was für einen Lebensversicherungsvertrag es sich im Einzelfall handelt und in welcher Form die Versicherungsleistungen erbracht werden,[943] kann dies unter Berücksichtigung der Gläubigerinteressen nicht uneingeschränkt gelten.[944] Der Ausschluss der Anfechtbarkeit beruht darauf, dass der Versicherungsnehmer das Bezugsrecht in Erfüllung seiner Unterhaltspflicht bestellt. Durch die Nichtanfechtbarkeit soll also der begünstigte Ehepartner privilegiert werden, damit dessen Versorgung sichergestellt bleibt.

Eine vergleichbare Interessenlage besteht, wenn der Ehepartner durch den Abschluss einer eigenen Lebensversicherung für sich selbst vorsorgt.[945] Auch hier ist der Ehepartner in erheblichem Maße an einer vollstreckungsrechtlichen Privilegierung zur Sicherstellung seiner Versorgung interessiert. Für diesen Fall hat der Gesetzgeber in den §§ 850 ff. ZPO unter Abwägung sämtlicher Interessen zum Ausdruck gebracht, wann und inwieweit das Interesse des Schuldners an der Sicherstellung seiner Versorgung die Gläubigerinteressen überwiegt. Es ist nicht einzusehen, warum die mittels einer Bezugsrechtsbestellung zugewendete Versicherungsleistung einem höheren Schutz unterliegen sollte als die Versicherungsleistung, die aus einer selbst abgeschlossenen Lebensversicherung stammt. Der begünstigte Ehepartner kann keine weitergehende Privilegierung verlangen als sie das Gesetz auch in dem Fall gewähren würde, in dem er die Unterhaltsleistung selbst erwirtschaftet hätte.[946] Für die Beurteilung, ob und inwieweit ein Gläubigerzugriff ausgeschlossen ist, kann nicht einseitig auf das Versorgungsbedürfnis des

---

941 Staudinger/*Voppel* (2012), § 1360a Rn. 31; Bruck/Möller/*Winter*, § 159 Rn. 191; *Müller*, Die Lebensversicherung in der Zwangsvollstreckung, S. 178; *Menzel*, Vollstreckungsschutz zugunsten privater Altersvorsorge, S. 129.

942 *Scherer*, Die Gläubigeranfechtung der Bezugsberechtigung und der Prämienzahlung beim Lebensversicherungsvertrag zu Rechten Dritter, S. 170 ff.; *Müller*, Die Lebensversicherung in der Zwangsvollstreckung, S. 178 ff.

943 Bruck/Möller/*Winter*, § 159 Rn. 461; *Winter*, Interessenkonflikte bei der Lebensversicherung zugunsten Angehöriger, S. 14 f., S. 28 und S. 32.

944 *Bayer*, Der Vertrag zugunsten Dritter, S. 319 f.; *Scherer*, Die Gläubigeranfechtung der Bezugsberechtigung und der Prämienzahlung beim Lebensversicherungsvertrag zu Rechten Dritter, S. 170 ff.; *Müller*, Die Lebensversicherung in der Zwangsvollstreckung, S. 178 ff.; *Menzel*, Vollstreckungsschutz zugunsten privater Altersvorsorge, S. 134.

945 *Menzel*, Vollstreckungsschutz zugunsten privater Altersvorsorge, S. 135.

946 *Bayer*, Der Vertrag zugunsten Dritter, S. 320.

Anspruchsinhabers abgestellt werden.[947] Vielmehr sind auch immer die Interessen der anfechtungsberechtigten Gläubiger mit in den Blick zu nehmen. Ein Gläubigerzugriff kann nur ausgeschlossen sein, wenn und soweit die Schutzbedürftigkeit des bezugsberechtigten Ehepartners die Gläubigerinteressen übersteigt.[948]

Für die Beurteilung, ob und inwieweit die Schuldnerinteressen überwiegen, ist es aufgrund der vergleichbaren Interessenlage angezeigt, die in den §§ 850 ff. ZPO enthaltenen Wertungen heranzuziehen.[949] Daraus ergibt sich insbesondere, dass das Interesse des Schuldners an der Sicherstellung seiner Versorgung nur dann die Gläubigerinteressen überwiegen kann, wenn der Lebensversicherungsvertrag Rentenleistungen vorsieht. Spätestens mit der Einführung der §§ 851c, 851d ZPO ist deutlich geworden, dass Einmalleistungen aus Kapitallebensversicherungen keiner generellen vollstreckungsrechtlichen Privilegierung unterliegen. Dies insbesondere deshalb, weil unklar ist, ob die Leistungen tatsächlich der Versorgung dienen oder ob sie anderweitig, insbesondere für Luxusaufwendungen, verwendet werden. Leistungen aus Kapitallebensversicherungen sind grds. nur geschützt, wenn und soweit sie die Voraussetzungen des § 850b Abs. 1 Nr. 4 ZPO erfüllen. Dieser Schutzvorschrift kommt für die Beurteilung, ob die Bezugsrechtsbestellung zugunsten eines Ehepartners anfechtbar ist, aber keine Bedeutung zu. Sie dient nicht der Sicherstellung der Versorgung, sondern verfolgt allein den Zweck, dass weder die Hinterbliebenen noch der Staat mit den Kosten belastet werden, die anlässlich des Todes der versicherten Person anfallen. Zwar können Leistungen aus Kapitallebensversicherungen im Einzelfall als „sonstige Einkünfte" auf Antrag dem Schutz des § 850i Abs. 1 S. 1 Alt. 2 ZPO unterliegen.[950] Dies aber nur, wenn und soweit der Schuldner zur Sicherung seiner Existenz tatsächlich auf Teile der Leistungen aus der Kapitallebensversicherung angewiesen ist. Dies ist der Ausnahmefall. Für die hier in Rede stehende Frage der Anfechtbarkeit ist allein entscheidend, dass das System der §§ 850 ff. ZPO aufgrund der o.g. Gründe keinen generellen Pfändungsschutz für Leistungen aus Kapitallebensversicherungen vorsieht.

Wird dem unterhaltsberechtigten Ehepartner ein Bezugsrecht hinsichtlich einer einmaligen Kapitalleistung bestellt, erfolgt dies also nicht in Erfüllung der Unterhaltspflicht, weil unklar ist, ob die Leistung tatsächlich für die Sicherstellung des Lebensunterhalts oder für sonstige Zwecke, insbesondere für Luxusaufwendungen, verwendet wird. Ob der Versicherungsnehmer subjektiv die Vorstellung hatte, mit der Bezugsrechtsbestellung die Versorgung des Ehepartners sicherzustellen, ist unerheblich.

Etwas anderes gilt hingegen, wenn der bezugsberechtigte Ehepartner bei Eintritt des Versicherungsfalls eine Rentenleistung bezieht. Wiederkehrende Leistungen aus

947 *Menzel*, Vollstreckungsschutz zugunsten privater Altersvorsorge, S. 135.
948 *Müller*, Die Lebensversicherung in der Zwangsvollstreckung, S. 178.
949 *Bayer*, Der Vertrag zugunsten Dritter, S. 320; *Menzel*, Vollstreckungsschutz zugunsten privater Altersvorsorge, S. 135.
950 § 4, A., I., 2., a) – S. 88 ff.

Rentenversicherungen dienen in der Regel der Versorgung und werden vom Ehepartner meist auch tatsächlich zur Sicherstellung des Lebensunterhalts verwendet. Bestellt der Versicherungsnehmer zu Gunsten seines Ehepartners ein Bezugsrecht für eine Rentenleistung, erfolgt dies in Erfüllung der Unterhaltspflicht. Die Bezugsrechtsbestellung basiert dann auf einer Rechtspflicht. Weil sie in diesem Fall nicht unentgeltlich erfolgt, scheidet eine Anfechtung über § 134 Abs. 1 InsO aus. Dies gilt unabhängig davon, ob das Bezugsrecht für den Todes- oder den Erlebensfall bestellt wurde.

(2.) Sonstige Verwandte in gerader Linie, §§ 1601 ff. BGB

Auch die Unterhaltspflicht der Eltern gegenüber ihren Kindern aus den §§ 1601 ff. BGB erschöpft sich nicht in der Sicherstellung der gegenwärtigen Versorgung. Vielmehr sind die Eltern ihren unterhaltsberechtigten Kindern gegenüber grds. dazu verpflichtet, neben der gegenwärtigen auch die künftige Versorgung in angemessener Weise sicherzustellen, insbesondere für den Fall, dass die unterhaltsverpflichtete Person verstirbt.[951] Wie Ehepartner können auch Eltern dieser Vorsorgepflicht grds. dadurch nachkommen, dass sie dem unterhaltsberechtigten Kind ein Bezugsrecht bezüglich des Leistungsanspruchs aus einer Lebensversicherung bestellen.[952]

Entgegen der von *Winter* vertretenen Auffassung, der Bezugsrechtsbestellungen zugunsten unterhaltsberechtigter Kinder stets für unanfechtbar hält, erfolgt nicht jede Bezugsrechtsbestellung zugunsten eines Kindes in Erfüllung der Unterhaltspflicht. Hier gilt vielmehr das zur Bezugsrechtsbestellung zu Gunsten eines Ehepartners Gesagte entsprechend.[953] Auch hier sind die Wertungen der §§ 850 ff. ZPO entsprechend heranzuziehen. Nur wenn der Bezugsberechtigte bei Eintritt des Versicherungsfalls Rentenleistungen bezieht, erfolgt die Bezugsrechtsbestellung in Erfüllung der Unterhaltspflicht aus den §§ 1601 ff. BGB. Weil die Bezugsrechtsbestellung auf einer Rechtspflicht basiert, soweit sie in Erfüllung der Unterhaltspflicht erfolgt, ist sie mangels Unentgeltlichkeit nicht über § 134 Abs. 1 InsO anfechtbar.[954]

---

951 OLG Oldenburg VersR 1990, 1378, 1379; Bruck/Möller/*Winter*, § 159 Rn. 461; *Winter*, Interessenkonflikte bei der Lebensversicherung zugunsten Angehöriger, S. 14 f., S. 28 und S. 32; *Bayer*, Der Vertrag zugunsten Dritter, S. 319 f.; *Müller*, Die Lebensversicherung in der Zwangsvollstreckung, S. 182 ff.; *Menzel*, Vollstreckungsschutz zugunsten privater Altersvorsorge, S. 130; *Scherer*, Die Gläubigeranfechtung der Bezugsberechtigung und der Prämienzahlung beim Lebensversicherungsvertrag zu Rechten Dritter, S. 183 f.

952 OLG Oldenburg VersR 1990, 1378, 1379.

953 § 5, A., I., 8., b), cc), aaa), (III.), (1.) – S. 250 ff.

954 Bruck/Möller/*Winter*, § 159 Rn. 461; *Bayer*, Der Vertrag zugunsten Dritter, S. 319 f.; *Müller*, Die Lebensversicherung in der Zwangsvollstreckung, S. 182 ff.; *Menzel*, Vollstreckungsschutz zugunsten privater Altersvorsorge, S. 130; *Scherer*, Die Gläubigeranfechtung der Bezugsberechtigung und der Prämienzahlung beim Lebensversicherungsvertrag zu Rechten Dritter, S. 183 f.; *Winter*, Interessenkonflikte bei der Lebensversicherung zugunsten Angehöriger, S. 14 f., S. 28 und S. 32; *Bork*,

bbb) Gläubigerbenachteiligende Wirkung

Rechsthandlungen unterliegen nur dann der Insolvenzanfechtung, wenn ihnen gläubigerbenachteiligende Wirkung zukommt. Diesbezüglich ist zwischen nachträglichen und anfänglichen Bezugsrechtsbestellungen zu differenzieren. Nachträgliche Bezugsrechte sind solche, die erst während der Vertragslaufzeit bestellt werden. Anfängliche Bezugsrechte werden hingegen bereits im Zuge des Vertragsschlusses eingeräumt.

(I.) Nachträgliche Bezugsrechtsbestellung

Der nachträglichen Bestellung eines unwiderruflichen Bezugsrechts kommt stets gläubigerbenachteiligende Wirkung zu.

Nach dem Vertragsschluss besteht zunächst ein gewisses Zeitfenster, in dem der Versicherungsvertrag ohne Bezugsberechtigung existiert. Der Leistungsanspruch steht in dieser Zeit im Vermögen des Versicherungsnehmers und wäre im Falle der Verfahrenseröffnung massezugehörig. Wird nun nach Vertragsschluss ein unwiderrufliches Bezugsrecht bestellt, wird der Bezugsberechtigte mit sofortiger Wirkung Rechtsinhaber, § 159 Abs. 3 VVG. Den Gläubigern des Versicherungsnehmers, die zunächst auf den Leistungsanspruch hätten zugreifen können, wird die Zugriffsmöglichkeit während der Vertragslaufzeit entzogen.

Problematisch ist dabei allerdings, dass der Bezugsberechtigte den Leistungsanspruch originär aus dem Versicherungsvertrag und nicht derivativ, d.h. nicht aus dem Vermögen des Versicherungsnehmers erwirbt. Der Bezugsberechtigte erwirbt also nicht genau den Leistungsanspruch, der zuvor im Vermögen des Versicherungsnehmers stand. Vielmehr entsteht der Anspruch in seiner Person neu. Auf diesen, in der Person des Bezugsberechtigten neu entstandenen Anspruch, konnten die Gläubiger des Versicherungsnehmers aber zu keinem Zeitpunkt zugreifen. Dies steht einer gläubigerbenachteiligenden Wirkung der Bezugsrechtsbestellung jedoch nicht entgegen. Die Vorschriften der Insolvenzanfechtung und insbesondere die Frage der Gläubigerbenachteiligung sind mehr unter wirtschaftlichen als unter formaljuristischen Gesichtspunkten zu betrachten.[955] Eine Gläubigerbenachteiligung

---

in: FS Kollhosser, 57, 59; *Sieg*, in: FS Klingmüller, 447, 462; *Sieg*, ZVersWiss 1995, 697, 699; *Lwowski*, WuB I F 4. – 4.92; wohl auch *Benkel/Hirschberg*, § 13 ALB 2008 Rn. 116, nach denen der Rechtsgrund für die Zuwendung im Valutaverhältnis u.a. als Unterhalt einzuordnen sein kann.

955 BGH NZI 2006, 700, 701; BGH ZIP 1985, 816, 817 f.; BGH ZIP 1981, 1229, 1231; BGHZ 72, 39, 41 f. = NJW 1978, 1921, 1922; OLG München ZInsO 2004, 1040, 1044; OLG Düsseldorf ZIP 1985, 876, 877; FK-InsO/*Dauernheim*, § 129 Rn. 40; MükoInsO/*Kayser*, § 129 Rn. 101; MüKoInsO/*Kirchhof*, 2. Aufl., § 129 Rn. 101; Uhlenbruck/*Hirte/Ede*, § 129 Rn. 162; Andres/Leithaus/*Leithaus*, § 129 Rn. 8; Braun/*de Bra*, § 129 Rn. 25; *Zeuner*, Die Anfechtung in der Insolvenz, § 2 Rn. 46; *Kirchhof*, ZInsO 2013, 1813, 1815; *Lind/Stegmann*, ZInsO 2004, 413, 415; *Westhelle/Miksch*, ZIP 2003, 2054, 2058.

i.S.d. §§ 129 ff. InsO liegt vor, wenn sich die Befriedigungsmöglichkeiten der Insolvenzgläubiger ohne die Handlung des Insolvenzschuldners bei wirtschaftlicher Betrachtungsweise günstiger gestaltet hätten, indem Aktivmasse verringert oder Passivmasse vergrößert wird.[956] Wirtschaftlich betrachtet wird den Gläubigern des Versicherungsnehmers der Leistungsanspruch gegen den Versicherer entzogen. Die Vermögenslage der Insolvenzgläubiger hätte sich ohne die nachträgliche Einräumung der Bezugsberechtigung also günstiger gestaltet, weil der Leistungsanspruch bei Verfahrenseröffnung in die Masse gefallen wäre.

(II.) Anfängliche Bezugsrechtsbestellung

Anfänglichen Bezugsrechtsbestellungen wurde in der Vergangenheit weitestgehend eine gläubigerbenachteiligende Wirkung versagt.[957] Wird ein Bezugsrecht anfänglich bestellt, komme es bereits im Zeitpunkt des Vertragsschlusses zu einem originären Rechtserwerb des Dritten. Wenn der Drittbegünstigte von Beginn der Vertragslaufzeit an Rechtsinhaber ist, stehe der Leistungsanspruch zu keinem Zeitpunkt, nicht einmal für eine juristische Sekunde, im Vermögen des Versicherungsnehmers, so dass ein Zugriff durch dessen Gläubiger zu keinem Zeitpunkt möglich war. Wenn der Leistungsanspruch aber zu keinem Zeitpunkt dem Zugriff der Gläubiger des Versicherungsnehmers ausgesetzt war, könne die Bezugsrechtsbestellung auch keine gläubigerbenachteiligende Wirkung haben.

---

956 BGH NZI 2016, 35, 36; BGH ZInsO 2010, 1929, 1931; BGH ZInsO 2009, 1585, 1587; BGHZ 174, 228, 233 f. = BGH NJW 2008, 655, 656; BGH ZInsO 2008, 161, 162; BGHZ 155, 75, 80 f. = NJW 2003, 3347, 3348; BGHZ 128, 184, 187 = NJW 1995, 659, 660; BGHZ 124, 76, 78 f. = NJW 1994, 449, 450; BGH ZIP 1989, 785, 786; BGHZ 86, 349, 355 = NJW 1983, 1120, 1122; OLG Schleswig ZInsO 2014, 2376; OLG Frankfurt a.M. ZIP 2011, 828, 829; OLG Dresden NZI 2010, 102, 103; OLG Karlsruhe ZIP 2007, 286, 288; OLG Stuttgart ZIP 2002, 1900, 1902; A/G/R-*Gehrlein*, § 129 Rn. 63; FK-InsO/*Dauernheim*, § 129 Rn. 37; K.Schmidt/*Schmidt*, § 129 Rn. 50; MüKoInsO/*Kayser*, § 129 Rn. 77; Uhlenbruck/*Hirte/Ede*, § 129 Rn. 160; HambKomm/*Rogge/Leptien*, § 129 Rn. 37; *Henckel*, in: Jaeger, § 129 Rn. 77; *Hess*, Insolvenzrecht, § 129 Rn. 112; KPB/*Ehricke*, § 129 Rn. 68; HK/*Kreft*, § 129 Rn. 37; Graf-Schlicker/*Huber*, § 129 Rn. 18; *Schmittmann/Zeeck*, in: Haarmeyer/Wutzke/Förster, Insolvenzordnung, § 129 Rn. 8; *Pape/Uhlenbruck/Voigt-Salus*, Insolvenzrecht, Kap. 33 Rn. 24; *Zeuner*, Die Anfechtung in der Insolvenz, § 2 Rn. 46; *Bork*, in: FS Kollhosser, 57, 66; *Kreft*, KTS 2012, 405, 406.

957 RGZ 153, 220, 227 f.; RGZ 51, 403, 404 ff.; OLG München ZIP 1991, 1505; Uhlenbruck/*Hirte*, 12. Aufl., § 134 Rn. 15; FK-InsO/*Dauernheim*, 3. Aufl., § 134 Rn. 25; *Kilger/Schmidt*, § 32 KO Anm. 9; Palandt/*Heinrichs*, 62. Aufl., § 330 Rn. 6; MüKoBGB/*Gottwald*, 4. Aufl., § 330 Rn. 20; Bamberger/Roth/*Janoschek*, 1. Aufl., § 330 Rn. 11; Soergel/*Hadding*, 12. Aufl., § 330 Rn. 16; *Dauernheim*, Das Anfechtungsrecht in der Insolvenz, S. 85 f.; *Heilmann*, KTS 1966, 79, 85; *Wussow*, NJW 1964, 1259; *Oellers*, JW 1937, 2937, 2938; *Zeigner*, ZVersWiss 1913, 654, 688.

Die Differenzierung zwischen anfänglichen und nachträglichen Bezugsrechtsbestellungen hinsichtlich der Anfechtbarkeit wurde in der Literatur schon lange mit gewichtigen Argumenten kritisiert.[958] In einer Entscheidung vom 23.10.2003[959] hat auch der IX. Senat die mehr als 100 Jahre alte Rechtsprechungstradition audrücklich aufgegeben und entschieden, dass auch der anfänglichen Bezugsrechtsbestellung gläubigerbenachteiligende Wirkung zukommt. Dennoch sind auch heute noch immer Vertreter der Ansicht zu finden, die sich aus den o.g. Gründen weiterhin für eine generelle Unanfechtbarkeit von anfänglichen Bestellungen unwiderruflicher Bezugsrechte aussprechen.[960]

Der Entscheidung des Senats ist jedoch zuzustimmen. Auch anfänglichen Bezugsrechtsbestellungen kommt stets gläubigerbenachteiligende Wirkung zu.[961] Dies gilt unabhängig davon, ob es sich um ein widerrufliches oder um ein unwiderrufliches Bezugsrecht handelt.

Nach einhelliger Auffassung ist die in einem Dreiecksverhältnis durch Zwischenschaltung eines Versprechenden mittelbar gewährte Leistung des Schuldners anfechtungsrechtlich wie eine unmittelbare Leistung zu behandeln, vorausgesetzt für den Leistungsempfänger war erkennbar, dass es sich um eine Leistung des Schuldners handelt.[962] Mittelbare Zuwendungen sind anfechtungsrechtlich also so

958 Bruck/Möller/*Winter*, 8. Aufl., Anm. H 237 und H 226; BK/*Schwintowski*, § 166 Rn. 41; Prölss/Martin/*Kollhosser*, 26. Aufl., § 13 ALB 86 Rn. 43; Braun/*de Bra*, 1. Aufl., § 134 Rn. 21; MüKoInsO/*Kirchhof*, 1. Aufl., § 129 Rn. 52 und § 134 Rn. 16; Jaeger/*Henckel*, KO, § 32 Anm. 41; Staudinger/*Klumpp* (2001), § 330 Rn. 51; *Thiele*, Lebensversicherung und Nachlassgläubiger, S. 26 ff.; *Hasse*, Interessenkonflikte bei der Lebensversicherung zugunsten Dritter, S. 167 f. (bezüglich des widerruflichen Bezugsrechts); *Heilmann*, VersR 1972, 997, 1001; *Heilmann*, KTS 1972, 14, 18 f.; *G. und D. Reinicke*, NJW 1956, 1053, 1054 f.; kritisch auch *Heilmann*, KTS 1969, 40, 41 ff.; *Eckert*, EWiR 1991, 1223 f.; *Behrend*, LZ 1908, 125 ff.

959 BGHZ 156, 350 ff. = NJW 2004, 214 ff.; bestätigt in BGH NJW 2013, 232, 233.

960 FA-InsR/*Dauernheim*, Kap. 7 Rn. 90; Soergel/*Hadding*, § 330 Rn. 16; *Huber*, § 4 Rn. 37; *Menzel*, Vollstreckungsschutz zugunsten privater Altersvorsorge, S. 127; *Hasse*, VersR 2005, 15, 22 ff.; wohl auch *Schmittmann/Zeeck*, in: Haarmeyer/Wutzke/Förster, Insolvenzordnung, § 134 Rn. 30.

961 Für eine anfechtungsrechtliche Gleichbehandlung anfänglicher und nachträglicher Bezugsrechtsbestellungen auch Langheid/Wandt/*Heiss*, § 159 Rn. 125 (Fn. 397); FK-InsO/*Dauernheim*, § 134 Rn. 26; HambKomm/*Rogge/Leptien*, § 134 Rn. 11; MüKoInsO/*Kayser*, § 13 Rn. 16b; Braun/*de Bra*, § 134 Rn. 21; *Henckel*, in: Jaeger, § 134 Rn. 50 ff.; Uhlenbruck/*Ede/Hirte*, § 134 Rn. 88; Graf-Schlicker/*Huber*, § 129 Rn. 7 und § 134 Rn. 15; *Henckel*, Insolvenzanfechtung, § 134 Rn. 50 ff.; *Dietzel*, Der Pfändungsschutz der privaten Altersvorsorge nach den §§ 851c und 851d ZPO, S. 220; *Kayser*, Die Lebensversicherung in der Insolvenz des Arbeitgebers, S. 67 ff.; *Bork*, in: FS Kollhosser, 57, 66; *Kayser*, in: FS Kreft, 341, 350 f.; *Kayser*, ZInsO 2004, 1321, 1324; *Elfring*, NJW 2004, 483, 484; *Armbrüster/Pilz*, KTS 2004, 481, 500.

962 BGH ZInsO 2011, 782; BGH NZI 2009, 381, 382; BGH ZInsO 2008, 106, 108; BGH ZIP 2008, 2183, 2185; BGH NZI 2008, 733, 734; BGH NJW 2008, 3780, 3781; BGH ZIP 2004,

zu behandeln, als habe die zwischengeschaltete Person an den Schuldner und dieser sodann – unmittelbar – an den Dritten geleistet.[963] Dies gilt auch bei Verträgen zu Gunsten Dritter.[964]

Es ist kein Grund ersichtlich, warum bei Lebensversicherungsverträgen etwas anderes gelten sollte, handelt es sich doch gerade bei der Lebensversicherung mit bestehender Bezugsberechtigung um einen der Klassiker des echten Vertrages zu Gunsten Dritter. Bei einer Lebensversicherung mit bestehendem Bezugsrecht erbringt der Versicherungsnehmer während der Vertragslaufzeit eine mittelbare Zuwendung an den Bezugsberechtigten, die anfechtungsrechtlich einer unmittelbaren Leistung gleichsteht. Mittelbare Zuwendungen zeichnen sich dadurch aus, dass ein Vermögenswert unmittelbar einem bestimmten Empfänger, etwa dem Versicherer, zugewandt wird, dieser Vermögensvorteil aber bei wirtschaftlicher Betrachtung einem Dritten, etwa dem Bezugsberechtigten, zugute kommt.[965]

Eine mittelbare Leistung ist dann anzunehmen, wenn der spätere Insolvenzschuldner mit seiner Leistung an den unmittelbaren Empfänger die Gegenleistung für dessen Zuwendung an den Dritten erbringt.[966] Der Versicherungsnehmer leistet über die gesamte Vertragslaufzeit hinweg Prämien an den Versicherer, damit dieser bei Eintritt des Versicherungsfalls die Versicherungsleistung auszahlt. Dadurch, dass er mittels der Prämienzahlung die Gegenleistung erbringt, „erkauft" er die Versicherungsleistung. Bestellt der Versicherungsnehmer ein Bezugsrecht, so wendet er diese von ihm „erkaufte", also auf seiner Prämienzahlung basierende Versicherungssumme dem Bezugsberechtigten zu. Zwar leistet der Versicherer nicht erst an den Versicherungsnehmer und dieser sodann an den Drittbegünstigten. Vielmehr

---

917, 918; BGH NJW 1999, 3636 f.; BGH NJW 1996, 2231, 2233; BGH NJW 1996, 2231, 2233; BGH NJW 1995, 1093; BGH NJW 1980, 1795; *Henckel*, in: Jaeger, § 134 Rn. 42; *Henckel*, Insolvenzanfechtung, § 134 Rn. 42; KPB/*Ehricke*, § 129 Rn. 58; HambKomm/*Rogge/Leptien*, § 129 Rn. 29; Uhlenbruck/*Hirte/Ede*, § 129 Rn. 265 ff.; FK-InsO/*Dauernheim*, § 129 Rn. 35; HK/*Kreft*, § 129 Rn. 28; K/S/W/*Schäfer*, § 134 Rn. G105; *Hess*, Insolvenzrecht, § 129 Rn. 59; Braun/*de Bra*, § 129 Rn. 19; MüKoInsO/*Kayser*, § 129 Rn. 35; A/G/R-*Gehrlein*, § 129 Rn. 54; Bork/*Ehricke*, Handbuch des Insolvenzanfechtungsrechts, Kap. 3 Rn. 23; Andres/Leithaus/*Leithaus*, § 129 Rn. 7c; Graf-Schlicker/*Huber*, § 129 Rn. 7 und § 134 Rn. 15; *Schmittmann/Zeeck*, in: Haarmeyer/Wutzke/Förster, Insolvenzordnung, § 134 Rn. 8; K.Schmidt/*Ganter/Weinland*, § 134 Rn. 10.

963 BGH ZInsO 2008, 106, 108; BGH ZIP 2004, 917, 918; BGHZ 142, 284, 288 = NJW 1999, 3636 f.; HambKomm/*Rogge/Leptien*, § 129 Rn. 29; Uhlenbruck/*Hirte/Ede*, § 129 Rn. 265; Braun/*de Bra*, § 129 Rn. 19; KPB/*Ehricke*, § 129 Rn. 58; HK/*Kreft*, § 129 Rn. 28; K/S/W/*Schäfer*, § 134 Rn. G105; Bork/*Ehricke*, Handbuch des Insolvenzanfechtungsrechts, Kap. 3 Rn. 23.

964 K/S/W/*Schäfer*, § 134 Rn. G107; Bork/*Brinkmann*, Handbuch des Insolvenzanfechtungsrechts, Kap. 17 Rn. 109; Uhlenbruck/*Ede/Hirte*, § 134 Rn. 83; *Henckel*, in: Jaeger, § 134 Rn. 42; *Henckel*, Insolvenzanfechtung, § 134 Rn. 42; MüKoInsO/*Kayser*, § 129 Rn. 52.

965 *Runge*, NZI 2013, 261, m.w.N.

966 *Runge*, NZI 2013, 261, m.w.N.

zahlt der Versicherer unmittelbar an den Bezugsberechtigten. Weil diese Leistung aber vom Versicherungsnehmer während der Vertragslaufzeit durch dessen Prämienzahlungen „erkauft" und mittels eines Vertrages zu Gunsten Dritter dem Bezugsberechtigten zugewendet wurde, stammt die Leistung, die der Bezugsberechtigte vom Versicherer erhält, mittelbar aus dem Vermögen des Versicherungsnehmers.

Dies ist bei jeder Lebensversicherung mit bestehender Bezugsberechtigung der Fall, d.h. unabhängig davon, ob das Bezugsrecht anfänglich oder nachträglich bestellt wurde. Unerheblich ist auch, ob es sich um eine widerrufliche oder unwiderrufliche Bezugsberechtigung handelt. Die Leistung des Versicherers an den Bezugsberechtigten stammt aufgrund der Prämienzahlungen während der Vertragslaufzeit immer mittelbar aus dem Vermögen des Versicherungsnehmers. Somit liegt stets eine mittelbare Leistung des Versicherungsnehmers während der Vertragslaufzeit vor, die anfechtungsrechtlich einer unmittelbaren Leistung gleichsteht. Erfolgte diese mittelbare Leistung im Valutaverhältnis unentgeltlich, ist sie nach Maßgabe des § 134 Abs. 1 InsO anfechtbar.

(III.) Änderung eines widerruflichen in ein unwiderrufliches Bezugsrecht

Der Versicherungsnehmer kann ein widerrufliches Bezugsrecht während der Vertragslaufzeit jederzeit in ein unwiderrufliches Bezugsrecht umwandeln. Durch die Bestellung des unwiderruflichen Bezugsrechts wird der Dritte, dem zuvor aufgrund des widerruflichen Bezugsrechts nur eine Erwerbsaussicht in Form einer vagen Hoffnung zustand, mit sofortiger Wirkung alleiniger Rechtsinhaber, § 159 Abs. 3 VVG. Ab der Umwandlung ist der Leistungsanspruch vollständig dem Zugriff der Gläubiger des Versicherungsnehmers entzogen.

Für die gläubigerbenachteiligende Wirkung ist es irrelevant, ob vor der Bestellung des unwiderruflichen Bezugsrechts bereits ein widerrufliches Bezugsrecht bestand oder nicht. In beiden Fällen hätten die Gläubiger des Versicherungsnehmers bis zur Bestellung des unwiderruflichen Bezugsrechts (zumindest bis zum Eintritt des Versicherungsfalls) auf die Versicherungsforderung zugreifen können. In beiden Fällen handelt es sich um die nachträgliche Bestellung einer unwiderruflichen Bezugsberechtigung, der eindeutig gläubigerbenachteiligende Wirkung zukommt. Zum einen hätten sich die Befriedigungsmöglichkeiten der Insolvenzgläubiger ohne die nachträgliche Bezugsrechtsbestellung bei wirtschaftlicher Betrachtungsweise günstiger gestaltet. Zum anderen liegt eine mittelbare Leistung im Valutaverhältnis vor, weil der Versicherungsnehmer die Leistung an den Bezugsberechtigten mittels der Prämienzahlungen „erkauft" hat.

(IV.) Änderung des unwiderruflich Bezugsberechtigten

Besteht ein unwiderrufliches Bezugsrecht, kann der Versicherungsnehmer dieses nicht mehr einseitig beseitigen. Er kann das unwiderrufliche Bezugsrecht nur noch mit Zustimmung des ursprünglich Begünstigten aufheben und / oder abändern.[967]

967 BGH NZI 2016, 35, 36.

Wechselt der Versicherungsnehmer den unwiderruflich Bezugsberechtigten durch Erklärung gegenüber dem Versicherer aus, ohne dass der ursprünglich Begünstigte zustimmt, ist die Änderung der Bezugsberechtigung unwirksam.[968] Vielmehr bleibt der ursprünglich Begünstigte bezugsberechtigt. Maßgebliche Rechtshandlung für die Insolvenzanfechtung ist dann weiterhin die ursprüngliche Bezugsrechtsbestellung.

Anders verhält es sich, wenn der ursprünglich Begünstigte dem Wechsel zustimmt. Dann wird die unwiderruflich bezugsberechtigte Person ausgewechselt. Dies hat Auswirkungen auf die Frage, welche Rechtshandlung für die Insolvenzanfechtung maßgeblich ist, denn der Austausch des unwiderruflich Bezugsberechtigten erfolgt nicht auf dem Wege, dass das ursprünglich eingeräumte unwiderrufliche Bezugsrecht bestehen bleibt und lediglich die berechtigte Person ausgetauscht wird. Vielmehr wird das unwiderrufliche Bezugsrecht bezüglich des ursprünglich Begünstigten aufgehoben und zugleich wird ein eigenständiges unwiderrufliches Bezugsrecht zugunsten des neuen Berechtigten begründet. Dabei fällt der Leistungsanspruch zumindest für eine juristische Sekunde in das Vermögen des Versicherungsnehmers, wo er dem Zugriff seiner Gläubiger ausgesetzt ist.[969] Mit der Bestellung des neuen unwiderruflichen Bezugsrechts wird der Leistungsanspruch dem Zugriff der Gläubiger (erneut) entzogen. Maßgebliche Rechtshandlung für die Insolvenzanfechtung ist damit die Bestellung des neuen unwiderruflichen Bezugsrechts.

ccc) Maßgeblicher Zeitpunkt für den Fristbeginn

Der Insolvenzverwalter kann eine unentgeltliche Leistung über § 134 Abs. 1 InsO nur anfechten, wenn sie innerhalb der letzten vier Jahre vor der Verfahrenseröffnung vorgenommen wurde. Wann eine Rechtshandlung als vorgenommen gilt und somit die Frist zu laufen beginnt, bemisst sich nach § 140 Abs. 1 InsO. Danach ist nicht die Vornahme der Rechtshandlung an sich maßgebend, sondern der Zeitpunkt, in dem ihre rechtlichen Wirkungen eintreten. Besteht eine Rechtshandlung aus mehreren Teilakten, gilt sie erst in dem Zeitpunkt als vorgenommen, in dem der letzte Teilakt rechtlich wirksam geworden ist.[970]

(I.) Grundsatz

Die Einräumung einer unwiderruflichen Bezugsberechtigung führt gemäß § 159 Abs. 3 VVG zu einem sofortigen Rechtserwerb des Dritten. Damit fallen die Vornahme der Rechtshandlung und der Eintritt ihrer rechtlichen Wirkungen zeitlich zusammen. Ein unwiderrufliches Bezugsrecht ist also anfechtbar, wenn die

---

968 BGH NZI 2016, 35, 36.

969 BGH NZI 2016, 35, 36.

970 *Braun/Riggert/Herzig*, Schwerpunkte des Insolvenzverfahrens, S. 138.

Bezugsrechtsbestellung innerhalb der letzten vier Jahre vor dem Antrag auf Eröffnung des Insolvenzverfahrens erfolgt ist.[971]

(II.) Sonderfall: Unwiderrufliches Bezugsrecht zugunsten des aktuellen Ehepartners

Es kann vorkommen, dass der Versicherungsnehmer ein unwiderrufliches Bezugsrecht bestellt, ohne den Berechtigten namentlich zu benennen. Dies ist zulässig, solange der Berechtigte bestimmbar ist.[972] So werden etwa Ehepartner häufig nicht namentlich erwähnt. Das Bezugsrecht wird vielmehr dem „Ehepartner" eingeräumt.

Zulässig ist es auch, ein unwiderrufliches Bezugsrecht zugunsten des Ehepartners mit folgender Formulierung zu bestellen: Leistungsempfänger ist „im Todesfall der Ehegatte, mit dem der Versicherte im Zeitpunkt seines Todes verheiratet ist".[973] Beinhaltet der Lebensversicherungsvertrag eine derartige Formulierung und hat der Versicherungsnehmer nach der Bezugsrechtsbestellung (erneut) geheiratet, hängt die Anfechtbarkeit der unwiderruflichen Bezugsberechtigung entscheidend davon ab, wann die vierjährige Anfechtungsfrist des § 134 Abs. 1 InsO angelaufen ist.

Der IX. Zivilsenat des BGH hat in einer Entscheidung vom 27.9.2012[974] zu Recht den Zeitpunkt der Eheschließung als das fristauslösende Ereignis angesehen.[975] Nach der o.g. Bezugsrechtsklausel steht immer dem aktuellen Ehepartner des Versicherungsnehmers ein unwiderrufliches Bezugsrecht zu, welches sich dadurch auszeichnet, dass der Berechtigte mit sofortiger Wirkung Anspruchsinhaber wird, § 159 Abs. 3 VVG. Mit der Eheschließung wird der Partner des Versicherungsnehmers aktueller Ehepartner i.S.d o.g. Klausel, so dass der Leistungsanspruch ab diesem Zeitpunkt dem Vermögen des neuen Ehepartners zugeordnet ist. Wie

---

971 BGH NJW 2013, 232, 233; OLG Frankfurt a.M. ZVI 2012, 112, 114; *Schmittmann/Zeeck*, in: Haarmeyer/Wutzke/Förster, Insolvenzordnung, § 134 Rn. 30; K.Schmidt/*Büteröwe*, § 140 Rn. 20; Staudinger/*Klumpp* (2015), § 328 Rn. 351; Prölss/Martin/*Schneider*, § 159 Rn. 24; *Brox/Walker*, Erbrecht, § 43 Rn. 769; *Dietzel*, Der Pfändungsschutz der privaten Altersvorsorge nach den §§ 851c und 851d ZPO, S. 220; *Neyses*, Die Insolvenzanfechtung im Mehrpersonenverhältnis, S. 191; *Kirchner*, jurisPR-InsR 3/2015 Anm. 2; *Elfring*, NJW 2004, 483, 484; zur Parallelvorschrift aus dem Anfechtungsrecht in der Einzelvollstreckung: *Huber*, § 4 Rn. 38; *Menzel*, Vollstreckungsschutz zugunsten privater Altersvorsorge, S. 127; *Müller*, Die Lebensversicherung in der Zwangsvollstreckung, S. 170; *Leithaus*, NZI 2016, 37, 38; siehe auch *Ganter*, NZI 2013, 209, 225.

972 BGH NJW 2013, 232, 234; Bruck/Möller/*Winter*, § 159 Rn. 99; Langheid/Wandt/*Heiss*, § 159 Rn. 33.

973 So die Formulierung eines unwiderruflichen Bezugsrechts, das einem Urteil des IX. Zivilsenats des BGH vom 27.9.2012 zugrunde lag: BGH NJW 2013, 232; Vorinstanz: OLG Frankfurt a.M. DZWiR 2013, 122.

974 BGH NJW 2013, 232 ff.

975 Zustimmend *Buchholz*, VIA 2013, 3; *Henkel*, EWiR 2013, 83, 84; *Krings*, GWR 2013, 24; *Keller*, WuB VI A. § 140 InsO 1.13; zur Vorinstanz: *Wegener*, VIA 2012, 45 f.

der IX. Senat zutreffend ausführt gilt dies selbstverständlich auch dann, wenn der Versicherungsnehmer zuvor mit einer anderen Person verheiratet war, die bereits von der Bezugsrechtsklausel erfasst wurde. Der aktuelle Ehepartner wird zwar im Zeitpunkt der Eheschließung über § 159 Abs. 3 VVG alleiniger Rechtsinhaber. Der sofortige Rechtserwerb ist aber durch die Scheidung der Ehe auflösend bedingt. Das Bestehen einer auflösenden Bedingung steht einem sofortigen Rechtserwerb nicht entgegen.[976] Hat also ein Ehepartner über die o.g. Klausel den Leistungsanspruch erworben und wird die Ehe später geschieden, tritt die auflösende Bedingung ein, so dass der einst berechtigte Ehepartner den Leistungsanspruch wieder verliert. Heiratet der Versicherungsnehmer sodann erneut, wird der neue Ehepartner im Zeitpunkt der Eheschließung über § 159 Abs. 3 VVG alleiniger Rechtsinhaber, wobei der Rechtserwerb erneut durch die Scheidung der Ehe auflösend bedingt ist.

Die Bezugsrechtsbestellung ist gemäß § 134 Abs. 1 InsO anfechtbar, wenn die Eheschließung innerhalb der letzten vier Jahre vor dem Antrag auf Eröffnung des Insolvenzverfahrens erfolgt ist. Liegt die Heirat länger als vier Jahre zurück, scheidet eine Anfechtung der Bezugsrechtsbestellung aus. In Betracht kommt dann nur eine Anfechtung der Prämienzahlungen der letzten vier Jahre.[977]

Der Vollständigkeit halber sei noch auf Folgendes hingewiesen: In dem vom IX. Senat entschiedenen Fall führte die Revision an, dass sich der Versicherungsnehmer das Recht vorbehalten habe, im Falle einer Kündigung des Vertrages den dann fällig werdenden Rückkaufswert zu vereinnahmen.[978] Weil diese Behauptung im konkreten Fall nicht zutraf, konnte der Senat die Frage offen lassen, ob es sich tatsächlich um ein unwiderrufliches Bezugsrecht handelt, wenn sich der Versicherungsnehmer ein solches Recht vorbehält.

Sollte diese Frage einmal relevant werden, so ist sie deutlich zu verneinen.[979] Ein unwiderrufliches Bezugsrecht zeichnet sich dadurch aus, dass der Berechtigte eine gesicherte Rechtsposition erwirbt, die vom Versicherungsnehmer nicht mehr einseitig aufgehoben werden kann.[980] Ohne seine Zustimmung kann der Anspruch auf die Versicherungsleistung dem Bezugsberechtigten nicht mehr entzogen werden. Dies gilt auch für den Anspruch auf den Rückkaufswert.[981] Behält sich der

---

976 BGH NJW 2013, 232, 234.

977 Zur Frage, ob der Insolvenzverwalter zumindest die Prämienzahlungen der letzten vier Jahre anfechten kann, wenn die Vornahme der Rechtshandlung außerhalb des kritischen Zeitraums erfolgt ist: § 5, A, I., 11., a) – S. 270 f.

978 BGH NJW 2013, 232, 233.

979 So auch *Keller*, WuB VI A. § 140 InsO 1.13.

980 Bruck/Möller/*Winter*, § 159 Rn. 164; Looschelders/Pohlmann/*Peters*, § 159 Rn. 22; Langheid/Wandt/*Heiss*, § 159 Rn. 72 f.; FAKomm-VersR/*Höra/Leithoff*, § 159 VVG Rn. 12.

981 Bruck/Möller/*Winter*, § 159 Rn. 168; Prölss/Martin/*Schneider*, § 159 Rn. 21; Langheid/Wandt/*Heiss*, § 159 Rn. 74; FAKomm-VersR/*Höra/Leithoff*, § 159 VVG Rn. 12.

Versicherungsnehmer das Recht vor, im Falle einer Kündigung den Rückkaufswert einzuziehen, hat er die Möglichkeit, dem Bezugsberechtigten den Leistungsanspruch durch die Ausübung des Kündigungsrechts einseitig zu entziehen. Der Kündigung kommt damit die gleiche Wirkung zu wie einem Widerruf der Bezugsberechtigung. Durch eine Kündigung könnte der Versicherungsnehmer die unwiderrufliche Bezugsberechtigung jederzeit aushöhlen oder gegenstandslos machen.[982] Daher ist ein solcher Vorbehalt des Versicherungsnehmers ersichtlich nicht mit dem Wesen des unwiderruflichen Bezugsrechts vereinbar.

Behält sich der Versicherungsnehmer vor, im Falle einer Kündigung den Rückkaufswert zu vereinnahmen, handelt es sich bei einem als „unwiderruflich" bezeichneten Bezugsrecht lediglich um ein widerrufliches Bezugsrecht. Der Bezugsberechtigte wird nicht mit sofortiger Wirkung Inhaber des Leistungsanspruchs, sondern erst mit dem Eintritt des Versicherungsfalls, § 159 Abs. 2 VVG. Solange der Versicherungsfall nicht eingetreten ist, bedarf es keiner Insolvenzanfechtung.[983] Der Insolvenzverwalter kann das Bezugsrecht widerrufen, den Vertrag kündigen und den im Schuldnervermögen stehenden Leistungsanspruch zur Masse ziehen.

ddd) Rechtsfolge

Gemäß § 143 Abs. 1 InsO hat der Anfechtungsgegner das zurückzugewähren, was dem Vermögen des Insolvenzschuldners durch die unentgeltliche Leistung entzogen wurde. Die Insolvenzmasse ist so zu stellen, wie sie stehen würde, wäre die Rechtshandlung unterblieben.[984]

Entgegen einer in der Literatur vertretenen Auffassung[985] kann der Insolvenzverwalter vom Bezugsberechtigten nicht die Gesamtheit der vom Versicherungsnehmer entrichteten Prämien verlangen.[986] Vielmehr ist der Rückgewähranspruch des § 143 Abs. 1 InsO im Falle der wirksamen Anfechtung einer Bezugsrechtsbestellung auf den im Zeitpunkt der Anfechtung aktuellen Rückkaufswert beschränkt.[987] Im Falle

---

982 Bruck/Möller/*Winter*, § 159 Rn. 168.

983 § 5, A., I., 8., a) – S. 244.

984 A/G/R-*Gehrlein*, § 143 Rn. 1; *Lind/Stegmann*, ZInsO 2004, 413, 418.

985 Staudinger/*Jagmann* (2004), § 330 Rn. 52, m.w.N.

986 Staudinger/*Jagmann* (2004), § 330 Rn. 52, m.w.N.

987 BGHZ 156, 350, 355 = NJW 2004, 214, 215; OLG Schleswig ZInsO 2014, 2376, 2377; *Huber*, § 4 Rn. 38; Langheid/Wandt/*Heiss*, § 159 Rn. 131; Prölss/Martin/*Reiff/Schneider*, 28. Aufl., § 13 ALB 86 Rn. 49; Prölss/Martin/*Kollhosser*, 27. Aufl., § 13 ALB 86 Rn. 46; Bruck/Möller/*Winter*, § 159 Rn. 458; Schwintowski/Brömmelmeyer/*Ortmann*, § 159 Rn. 41; *Benkel/Hirschberg*, § 13 ALB 2008 Rn. 396; A/G/R-*Gehrlein*, § 134 Rn. 3; MükoInsO/*Kayser*, § 134 Rn. 14b; MüKoInsO/*Kirchhof*, 2. Aufl., § 134 Rn. 14; HambKomm/*Rogge/Leptien*, § 129 Rn. 32; HK/*Kreft*, § 129 Rn. 28; HK/*Thole*, § 134 Rn. 6; *Hess*, Insolvenzrecht, § 134 Rn. 115; MüKoBGB/*Gottwald*, 5. Aufl., § 330 Rn. 29; Palandt/*Grüneberg*, 67. Aufl., § 330 Rn. 6; *Wollmann*, Private Altersvorsorge und Gläubigerschutz, S. 100; *Hasse*, Interessenkonflikte bei der Lebensversicherung

einer Anfechtung ist die Insolvenzmasse so zu stellen, wie sie stehen würde, wäre die Rechtshandlung des Insolvenzschuldners unterblieben.[988] Hätte der Versicherungsnehmer kein unwiderrufliches Bezugsrecht bestellt, könnte der Insolvenzverwalter den Vertrag kündigen und die dadurch fällig werdende Versicherungsleistung zur Masse ziehen. Dabei könnte er nicht die Gesamtheit der bis dahin vom Versicherungsnehmer an den Versicherer entrichteten Bruttoprämien verlangen, sondern allein den (geringeren) Rückkaufswert.

Für die Höhe des Rückgewähranspruchs ist also nicht entscheidend, welche Mittel der Versicherungsnehmer aufgebracht hat, sondern welche Zuwendung an den Dritten mit den aufgewendeten Vermögenswerten „erkauft" wurde.[989] Es kommt allein darauf an, was dem Bezugsberechtigten im Valutaverhältnis (mittelbar) zugewendet wurde. Dies ist nicht die Gesamtheit der bis dahin entrichteten Bruttoprämien. Diese erhält der Versicherer, nicht der Berechtigte. Der Bezugsberechtigte erlangt vielmehr (nur) die mittelbar durch die Prämienzahlung an den Versicherer eingetretene Wertsteigerung des Leistungsanspruchs. Weil nicht die gesamte Bruttoprämie der Wertsteigerung des Leistungsanspruchs dient, ist dieser Betrag vor dem Eintritt des Versicherungsfalls geringer als die Gesamtheit der erbrachten Bruttoprämien. Für die Höhe des Rückgewähranspruchs ist daher der Wert der Versicherungsforderung im Zeitpunkt der Anfechtung maßgebend, d.h. der aktuelle Rückkaufswert nebst Überschussbeteiligung.

Nach einer erfolgreichen Anfechtung hat der Bezugsberechtigte seinen Anspruch gegen den Versicherer an den Insolvenzverwalter abzutreten. Alternativ kann er das Bezugsrecht nach § 333 BGB zurückweisen. In der Folge gilt das dem Bezugsberechtigten zustehende Recht auf die Versicherungsleistung von diesem als von Anfang an nicht erworben, so dass es an den Versicherungsnehmer zurückfällt.[990] Hat der Versicherer die Leistung bereits an den Bezugsberechtigten erbracht, hat er diese herauszugeben. In der Insolvenz des Anfechtungsschuldners kommt dem Rückgewähranspruch aus § 143 Abs. 1 InsO die Qualität eines Aussonderungsrechts nach § 47 InsO zu.[991]

---

zugunsten Dritter, S. 15 ff., S. 51 ff.; *Armbrüster*, in: Liber amicorum für Gerrit Winter, S. 534; *Hasse*, VersR 2005, 15, 25; *Elfring*, NJW 2004, 483, 484; *Lind/Stegmann*, ZInsO 2004, 413, 418; *Schuschke*, BGH-Report 2004, 198, 199; *Thiel*, ZIP 2002, 1232, 1236; *Müller-Feldhammer*, NZI 2001, 343 f.; *Heilmann*, KTS 1972, 14, 19; *Heilmann*, VersR 1972, 997, 1001; *Hoffmann*, AcP 158, 178, 189; *G. und D. Reinicke*, NJW 1956, 1053, 1054 f.

988 A/G/R-*Gehrlein*, § 143 Rn. 1; *Lind/Stegmann*, ZInsO 2004, 413, 418.

989 BGHZ 156, 350, 355 = NJW 2004, 214, 215; *Benkel/Hirschberg*, § 13 ALB 2008 Rn. 396.

990 *Lind/Stegmann*, ZInsO 2004, 413, 418.

991 BGHZ 156, 350, 358 = NJW 2004, 214, 216; *Benkel/Hirschberg*, § 13 ALB 2008 Rn. 399.

9. *Insolvenzanfechtung der Abtretung, §§ 129 ff. InsO*

Die Abtretung des Leistungsanspruchs ist als Rechtshandlung i.S.d. § 129 InsO grds. anfechtbar. Dies gilt sowohl für die Voll- als auch für die Sicherungszession.

a) §§ 130–132 InsO

Bei Abtretungen von Leistungsansprüchen kann zwar durchaus eine Deckungsanfechtung nach Maßgabe der §§ 130, 131 InsO in Betracht kommen. Wie bei der Anfechtung von Bezugsrechtsbestellungen[992] wird aber auch bei Abtretungen eine Anfechtung über die §§ 130 bis 132 InsO im Regelfall aus zeitlichen Gründen ausscheiden, weil die jeweiligen Anfechtungsfristen sehr kurz sind. Die Anfechtungstatbestände der §§ 130–132 InsO sollen daher an dieser Stelle nicht weiter vertieft werden.

b) § 133 InsO

Versicherungsnehmern ist es auch durch Abtretungen möglich, den Leistungsanspruch bewusst dem Zugriff der eigenen Gläubiger zu entziehen. Versicherungsnehmer können daher im Einzelfall dazu neigen, Versicherungsforderungen allein deshalb abzutreten, um die eigenen Gläubiger vorsätzlich zu benachteiligen.

Allerdings ist auch hier der Insolvenzverwalter in Hinblick auf den Gläubigerbenachteiligungsvorsatz des Schuldners beweisbelastet. Auch wenn die Rechtsprechung insoweit zugunsten des Insolvenzverwalters mehrere Beweiserleichterungen entwickelt hat,[993] so wird es zumindest außerhalb der Beweiserleichterungen schwer, den Gläubigerbenachteiligungsvorsatz nachzuweisen.[994] Eine Beweiserleichterung in Form einer Vermutung zu Lasten des Schuldners besteht insbesondere dann, wenn der Schuldner seine drohende Zahlungsunfähigkeit im Zeitpunkt der Rechtshandlung kannte.[995] Allerdings ist es sodann wiederum Aufgabe des Verwalters, diese Kenntnis nachzuweisen. Ein weiteres Beweiszeichen für den Benachteiligungsvorsatz bildet die Gewährung einer inkongruenten Deckung, insbesondere eine Leistung ohne Rechtsgrund, zu einem Zeitpunkt, in dem der Schuldner bereits zahlungsschwach war und er dies erkannt hat.[996] Ist der Schuldner zum Zeitpunkt der Rechtshandlung zweifelsfrei liquide, greift die Beweiserleichterung nicht ein.[997]

---

992 § 5, A., I., 8., b), aa) – S. 245.

993 A/G/R-*Gehrlein*, § 133 Rn. 13 ff.; K.Schmidt/*Ganter/Weinland*, § 133 Rn. 45 ff.; FK-InsO/*Dauernheim*, § 133 Rn. 14 ff.; Uhlenbruck/*Ede/Hirte*, § 133 Rn. 60 ff.; HK/*Thole*, § 133 Rn. 15 ff.

994 Hierzu bspw. OLG Düsseldorf ZIP 2016, 381, 382 f.

995 A/G/R-*Gehrlein*, § 133 Rn. 14; FK-InsO/*Dauernheim*, § 133 Rn. 14; HK/*Thole*, § 133 Rn. 16.

996 A/G/R-*Gehrlein*, § 133 Rn. 15; K.Schmidt/*Ganter/Weinland*, § 133 Rn. 45; FK-InsO/*Dauernheim*, § 133 Rn. 15; HK/*Thole*, § 133 Rn. 20 ff.

997 HK/*Thole*, § 133 Rn. 22.

Auch hier muss aber wiederum der Insolvenzverwalter das Vorliegen der o.g. Umstände nachweisen.

Sollte dem Verwalter der Nachweis des Gläubigerbenachteiligungsvorsatzes gelingen, so muss er zudem auch noch nachweisen, dass der andere Teil, d.h. der Zessionar, im Zeitpunkt der Abtretung positive Kenntnis vom Gläubigerbenachteiligungsvorsatz des Schuldners hatte. Aufgrund der Vermutungswirkung des § 133 Abs. 1 S. 2 InsO müsste er zumindest nachweisen, dass der Zessionar positive Kenntnis von der drohenden Zahlungsunfähigkeit des Schuldners hatte. Anders als bei Bezugsrechtsbestellungen setzt eine Abtretung zwar eine vertragliche Vereinbarung zwischen Zedent und Zessionar voraus, so dass der Zessionar immer in dem für § 133 InsO maßgeblichen Zeitpunkt (Abtretung) Kenntnis von der Vornahme der Rechtshandlung hat. Eine andere Frage ist aber, ob er dabei auch Kenntnis von einem etwaigen Gläubigerbenachteiligungsvorsatz hatte. Es bestehen zwar auch insoweit Beweiserleichterungen für den Insolvenzverwalter. Aber zumindest außerhalb der Beweiserleichterungen wird es für den Insolvenzverwalter auch insoweit schwierig, den entsprechenden Vorsatz nachzuweisen.[998] Eine Beweiserleichterung kommt insbesondere im Falle der Gewährung einer inkongruenten Deckung, bspw. bei einer Leistung seitens des Insolvenzschuldners ohne Rechtsgrund, in Betracht.[999] Dies aber nur dann, wenn die Rechtshandlung zu einem Zeitpunkt erfolgt ist, in dem bereits ernsthafte Zweifel an der Liquidität des Schuldners bestanden.[1000] Bestanden solche Zweifel zu dem Zeitpunkt noch nicht, greift auch die indizielle Wirkung nicht.[1001] Sie greift insbesondere dann nicht, wenn der nicht liquide Schuldner aus Sicht des Gläubigers liquide zu sein scheint.[1002] Ein weiteres Beweisanzeichen für die positive Kenntnis des Zessionars liegt vor, wenn zwischen Schuldner und Zessionar ein Näheverhältnis i.S.d. § 138 InsO besteht.[1003]

Auch wenn im Bereich des § 133 InsO sowohl hinsichtlich des Gläubigerbenachteiligungsvorsatzes als auch hinsichtlich der positiven Kenntnis des Zessionars Beweiserleichterungen seitens der Rechtsprechung entwickelt wurden, wird dem Insolvenzverwalter eine Beweisführung im Bereich der Abtretung von Leistungsansprüchen aus Lebensversicherungen dennoch häufig nicht gelingen. Die Abtretung von Leistungsansprüchen aus Lebensversicherungen erfolgt in aller Regel an Kreditinstitute zur Kreditsicherung. Die Beweiserleichterungen werden häufig nicht greifen. Abseits der Kreditsicherung werden Leistungsansprüche in aller Regel durch die Bestellung unwiderruflicher Bezugsrechte aus dem Schuldnervermögen in Drittvermögen übertragen.

998 Hierzu bspw. OLG Düsseldorf ZIP 2016, 381, 382 f.

999 A/G/R-*Gehrlein*, § 133 Rn. 15; K.Schmidt/*Ganter/Weinland*, § 133 Rn. 74; FK-InsO/*Dauernheim*, § 133 Rn. 21; HK/*Thole*, § 133 Rn. 29.

1000 K.Schmidt/*Ganter/Weinland*, § 133 Rn. 75; HK/*Thole*, § 133 Rn. 29.

1001 K.Schmidt/*Ganter/Weinland*, § 133 Rn. 75.

1002 FK-InsO/*Dauernheim*, § 133 Rn. 16.

1003 K.Schmidt/*Ganter/Weinland*, § 133 Rn. 74.

Auch wenn eine Anfechtung von Abtretungen über § 133 InsO durchaus in Betracht kommt, wird sie in den meisten Fällen scheitern. In der Regel wird weder der Gläubigerbenachteiligungsvorsatz seitens des Schuldners noch die positive Kenntnis des Zessionars nachzuweisen sein.

c) § 134 Abs. 1 InsO

Abtretungen von Leistungsansprüchen aus Lebensversicherungen können zudem über § 134 Abs. 1 InsO anfechtbar sein.

aa) Unentgeltliche Leistung

Grundvoraussetzung für eine Anfechtung nach § 134 Abs. 1 InsO ist eine unentgeltliche Leistung des Versicherungsnehmers an den Zessionar. Für die Beantwortung der Frage, ob die Abtretung eines Leistungsanspruchs entgeltlich oder unentgeltlich erfolgt, wird im Folgenden zwischen Sicherungs- und Vollzessionen differenziert.

aaa) Sicherungszession

Ob es sich bei einer Sicherungsabtretung um eine entgeltliche oder um eine unentgeltliche Leistung handelt, hängt entscheidend davon ab, ob die Besicherung anfänglich oder nachträglich erfolgt ist.[1004] Eine anfängliche Besicherung liegt vor, wenn der Leistungsanspruch vor bzw. spätestens Zug-um-Zug mit der Darlehensauszahlung abgetreten wird. Die Besicherung erfolgt hingegen nachträglich, wenn sie erst nach der Ausreichung des Darlehens erfolgt.

Die anfängliche Besicherung einer Darlehensverbindlichkeit ist in der Regel als entgeltlich zu qualifizieren und damit nicht über § 134 Abs. 1 InsO anfechtbar, weil der Sicherungsnehmer für die Zuwendung des Sicherungsgebers eine ausgleichende Gegenleistung in Form der Darlehensgewährung verspricht bzw. erbringt.[1005] Dabei ist es unerheblich, ob das Darlehen an den Sicherungsgeber selbst oder vereinbarungsgemäß an einen Dritten ausgereicht wird. Für die Frage der Unentgeltlichkeit kommt es nicht darauf an, ob der Schuldner selbst einen Ausgleich für seine Leistung erhält, sondern vielmehr darauf, ob der Zuwendungsempfänger seinerseits eine Gegenleistung zu erbringen hat.[1006] Ob er diese an den Sicherungsgeber selbst oder an einen Dritten zu leisten hat, ist unerheblich. Wird das Darlehen vereinbarungsgemäß an einen Dritten gewährt, hängt die Entgeltlichkeit der

---

1004 BGH NJW-RR 2013, 990 ff.

1005 BGH NJW-RR 2013, 990, 991 f.; *Runge*, NZI 2013, 261, 262; *Vallender*, NJW 2013, 1348, 1352; BGH NJW-RR 2009, 340, 341; A/G/R-*Gehrlein*, § 134 Rn. 13; K.Schmidt/*Ganter/Weinland*, § 134 Rn. 59; MüKoInsO/*Kayser*, § 134 Rn. 33a; HambKomm/*Rogge/Leptien*, § 134 Rn. 27.

1006 BGH NJW-RR 2009, 340, 341.

Sicherungsabtretung nicht davon ab, ob hierzu eine vertragliche Verpflichtung des Sicherungsnehmers gegenüber dem Sicherungsgeber besteht.[1007]

Entgeltlich ist nicht nur die anfängliche Besicherung einer eigenen, sondern auch die anfängliche Besicherung einer fremden Schuld. Dies gilt auch dann, wenn der Schuldner dem Drittschuldner gegenüber nicht zur Leistung verpflichtet war.[1008] Die Frage der Entgeltlichkeit einer Sicherungszession hängt allein davon ab, ob der Sicherungsnehmer für die Leistung des Sicherungsgebers eine Gegenleistung erbringt. Sowohl bei der anfänglichen Besicherung einer eigenen als auch bei der anfänglichen Besicherung einer fremden Schuld verspricht der Sicherungsnehmer als Gegenleistung die Darlehensgewährung. Die anfängliche Bestellung einer Sicherheit erfolgt also in der Regel entgeltlich, selbst dann, wenn eine fremde Schuld besichert wird und der Sicherungsgeber dem Drittschuldner nicht zur Leistung verpflichtet ist.

Anders verhält es sich bei der nachträglichen Besicherung einer eigenen oder einen fremden Schuld. Wird die Sicherheit erst bestellt, nach dem das Darlehen ausbezahlt wurde, erfolgt die Sicherungsabtretung in der Regel unentgeltlich, so dass sie über § 134 Abs. 1 InsO angefochten werden kann.[1009] Das Stehenlassen eines (durchsetzbaren) Rückforderungsanspruchs ist für die Annahme der Entgeltlichkeit nicht ausreichend, weil das bloße Unterlassen der Rückforderung keine Zuführung neuen Vermögens bedeutet.[1010] Ob der Sicherungsnehmer dem Sicherungsgeber zu einem früheren Zeitpunkt eine Leistung erbracht hat, die dieser im Zeitpunkt der Sicherungsabtretung häufig bereits verbraucht hat, ist für die Schenkungsanfechtung ohne Bedeutung.[1011] Die nachträgliche Besicherung einer fremden Schuld erfolgt nur dann entgeltlich, wenn der Sicherungsgeber auf Grund einer entgeltlich begründeten Verpflichtung zur Bestellung der Sicherheit verpflichtet ist.[1012]

bbb) Vollzession

Hat der Versicherungsnehmer den Leistungsanspruch nicht zur Kreditsicherung, sondern aus sonstigen Gründen abgetreten, erfolgt die Leistung meist unentgeltlich. An der Unentgeltlichkeit kann es ausnahmsweise fehlen, wenn die Abtretung in der Erfüllung einer Unterhaltspflicht erfolgt. Hier gilt das zur Anfechtbarkeit von

---

1007 BGH NJW-RR 2013, 990, 991; *Runge*, NZI 2013, 261, 262; *Vallender*, NJW 2013, 1348, 1352; BGH NJW-RR 2009, 340, 341; K.Schmidt/*Ganter/Weinland*, § 134 Rn. 59.

1008 BGH NJW-RR 2013, 990, 991; BGH NZI 2009, 435.

1009 BGH NJW-RR 2013, 990, 992; K.Schmidt/*Ganter/Weinland*, § 134 Rn. 47 und Rn. 55.

1010 BGH NJW-RR 2013, 990, 992; A/G/R-*Gehrlein*, § 134 Rn. 13; K.Schmidt/*Ganter/Weinland*, § 134 Rn. 55; MüKoInsO/*Kayser*, § 134 Rn. 33a; Uhlenbruck/*Ede/Hirte*, § 134 Rn. 105; Braun/*de Bra*, § 134 Rn. 28.

1011 BGH NJW-RR 2006, 1281, 1282.

1012 BGH NJW-RR 2006, 1281, 1282; HambKomm/*Rogge/Leptien*, § 134 Rn. 27.

Bezugsrechtsbestellungen Gesagte entsprechend.[1013] Eine Vollzession ist auch dann entgeltlich, wenn sie erfüllungshalber oder an Erfüllungs statt erfolgt, bspw. zur Rückzahlung eines zuvor gewährten Darlehens.[1014]

bb) Gläubigerbenachteiligung

Wie Bezugsrechtsbestellungen haben auch Abtretungen stets gläubigerbenachteiligende Wirkung.

Zum einen erhält der Zessionar die Versicherungsleistung immer mittelbar aus dem Vermögen des Versicherungsnehmers, weil dieser die Leistung mittels seiner Prämienzahlung „erkauft". Insoweit gilt das zur Bezugsrechtsbestellung Gesagte entsprechend.[1015] Die mittelbare Zuwendung ist anfechtungsrechtlich wie eine unmittelbare Leistung des Versicherungsnehmers an den Zessionar zu behandeln.

Zum anderen erfolgt die Abtretung in der Regel während der Vertragslaufzeit. Vor der Abtretung konnten die Gläubiger des Versicherungsnehmers – zumindest für einen kurzen Moment – auf den Leistungsanspruch zugreifen. Mit der Abtretung wird die Versicherungsforderung auf den Zessionar übertragen und damit dem Gläubigerzugriff entzogen. Auch aus diesem Grunde hat die Abtretung stets gläubigerbenachteiligende Wirkung.

cc) Maßgeblicher Zeitpunkt für den Fristbeginn

Die vierjährige Anfechtungsfrist des § 134 Abs. 1 InsO beginnt in dem Zeitpunkt, in dem die rechtlichen Wirkungen der anfechtbaren Rechtshandlung eintreten, § 140 Abs. 1 InsO. Der Zessionar wird mit sofortiger Wirkung Inhaber des Leistungsanspruchs, so dass die Vornahme der Rechtshandlung und der Eintritt ihrer rechtlichen Wirkung zeitlich zusammenfallen. Die Rechtslage entspricht derjenigen bei der Bestellung eines unwiderruflichen Bezugsrechts.[1016] Die vierjährige Anfechtungsfrist beginnt somit im Zeitpunkt der Abtretung.[1017]

dd) Rechtsfolge

Hinsichtlich der Rechtsfolge wird auf die Ausführungen zur Anfechtung von Bezugsrechtsbestellungen verwiesen.[1018] Die dortigen Ausführungen gelten für die Anfechtung einer Abtretung entsprechend. Für die Höhe des Rückgewähranspruchs ist nicht entscheidend, welche Mittel der Versicherungsnehmer aufgebracht hat, sondern welche Zuwendung an den Zessionar mit den aufgewendeten Vermögenswerten „erkauft" wurde. Für die Höhe des Rückgewähranspruchs ist daher der Wert

---

1013 § 5, A., I., 8., b), cc), aaa), (III.) – S. 249 ff.
1014 OLG Hamm, Urt. v. 7.2.2012 – I-7 U 59/10, BeckRS 2012, 10994.
1015 § 5, A., I., 8., b), cc), bbb), (II.) = S. 256 ff.
1016 § 5, A., I., 8., b), cc), ccc), (I.) – S. 260 f.
1017 BGH NJW-RR 2013, 990; Beck/Depré/*Exner*, Praxis der Insolvenz, § 16 Rn. 35.
1018 § 5, A., I., 8., b), cc), ddd) – S. 263 f.

der Versicherungsforderung im Zeitpunkt der Anfechtung maßgebend, d.h. der aktuelle Rückkaufswert nebst Überschussbeteiligung. Dies ist der Betrag, auf den der Insolvenzverwalter zugreifen könnte, wäre die anfechtbare Rechtshandlung unterblieben.

10. Insolvenzanfechtung der Verpfändung, §§ 129 ff. InsO

Auch bei der Verpfändung handelt es sich um eine grds. anfechtbare Rechtshandlung i.S.d. §§ 129 ff. InsO, wobei in der Regel nur eine Anfechtbarkeit gemäß § 134 Abs. 1 InsO in Betracht kommen dürfte. Die §§ 130–132 InsO werden meist aus zeitlichen Gründen ausscheiden. Für eine Anfechtung über § 133 InsO gilt das zur Abtretung Gesagte entsprechend.[1019]

Hinsichtlich der Unentgeltlichkeit der Leistung[1020] und der gläubigerbenachteiligenden Wirkung[1021] wird auf die Anfechtung einer Abtretung verwiesen. Die dortigen Ausführungen gelten für die Verpfändung entsprechend. Dies gilt insbesondere für die Ausführungen zur Sicherungszession, denn die Verpfändung des Leistungsanspruchs dient in der Regel der Sicherung.

Auch hinsichtlich der Rechtsfolge[1022] wird auf die Ausführungen zur Abtretung verwiesen. Die vierjährige Anfechtungsfrist des § 134 Abs. 1 InsO beginnt im Zeitpunkt der Verpfändung.

11. Insolvenzanfechtung der Prämienzahlungen, §§ 129 ff. InsO

a) Bei Bezugsrechtsbestellungen

Erfolgte die Bestellung des unwiderruflichen Bezugsrechts außerhalb des kritischen Zeitraums, scheidet eine Anfechtung der Bezugsrechtsbestellung aus. Allerdings erbringt der Versicherungsnehmer bis zur Anfechtung in der Regel Prämienzahlungen an den Versicherer.

Entgegen einer in der Literatur vertretenen Auffassung[1023] kann der Insolvenzverwalter in diesem Fall die Prämienzahlungen nach Maßgabe der §§ 129 ff. InsO anfechten.[1024] Auch wenn eine Anfechtung gemäß §§ 130–133 InsO durchaus möglich

---

1019 § 5, A., I., 9., b) – S. 265 ff.

1020 § 5, A., I., 9., c), aa) – S. 267 ff.

1021 § 5, A., I., 9., c), bb) – S. 269.

1022 § 5, A., I., 9., c), dd) – S. 269 f.

1023 *Neyses*, Die Insolvenzanfechtung im Mehrpersonenverhältnis, S. 193 ff.; *Elfring*, NJW 2004, 483, 484; *Westhelle/Miksch*, ZIP 2003, 2054, 2059.

1024 BGH NJW-RR 2013, 990 f.; BGH NJW 2013, 232; OLG Frankfurt a.M. ZVI 2012, 112, 115; FK-InsO/*Dauernheim*, § 134 Rn. 26; Braun/*de Bra*, § 134 Rn. 21; HambKomm/*Rogge/Leptien*, § 134 Rn. 11; K.Schmidt/*Ganter/Weinland*, § 134 Rn. 65; *Schmittmann/Zeeck*, in: Haarmeyer/Wutzke/Förster, Insolvenzordnung, § 134 Rn. 30; Vallender/Undritz/*Schäfer*, Kap. 7 Rn. 315; Graf-Schlicker/*Huber*, § 134 Rn. 15; MüKoInsO/*Kayser*, § 134 Rn. 16a; Uhlenbruck/*Ede/Hirte*, § 134 Rn. 95; KPB/*Bork*,

sein kann, wird im Regelfall eine Anfechtung der Prämienzahlungen der letzten vier Jahre vor dem Antrag auf Eröffnung des Insolvenzverfahrens gemäß § 134 InsO in Betracht kommen. Auf die §§ 130–133 InsO soll daher an dieser Stelle nicht weiter eingegangen werden.

Durch die Prämienzahlungen erhält und erhöht der Versicherungsnehmer stetig den Wert der dem Bezugsberechtigten zustehenden Versicherungsleistung. Hätte der Schuldner die Versicherung vor der Anfechtung beitragsfrei gestellt, würde der Leistungsanspruch im Zeitpunkt des Gläubigerzugriffs geringer ausfallen.[1025] Die unmittelbare Leistung des Versicherungsnehmers an den Versicherer in Form der Prämienzahlung stellt zugleich eine anfechtbare mittelbare Leistung des Versicherungsnehmers an den Bezugsberechtigten dar.[1026]

Nach einer erfolgreichen Insolvenzanfechtung hat der Bezugsberechtigte immer nur das zurückzugewähren, was ihm im Valutaverhältnis vom Versicherungsnehmer tatsächlich zugewendet wurde. Dies ist im Falle einer Anfechtung nach § 134 InsO nicht die Gesamtheit der in den letzten vier Jahren entrichteten Bruttoprämien, sondern (nur) die durch die Prämienzahlungen eingetretene Wertsteigerung des Leistungsanspruchs.[1027] Herauszugeben ist also die Differenz zwischen dem Rückkaufswert, der bestehen würde, hätte der Schuldner die Versicherung vier Jahre zuvor beitragsfrei gestellt und dem aktuellen Rückkaufswert.

b) *Bei Abtretungen*

Erfolgte die Abtretung außerhalb des kritischen Zeitraums, unterliegt sie nicht der Insolvenzanfechtung. Auch in diesem Fall kann der Insolvenzverwalter aber die Prämienzahlungen anfechten. Auch hier kommt in der Regel eine Anfechtung der Prämienzahlungen der letzten vier Jahre über § 134 InsO in Betracht.[1028]

---

§ 134 Rn. 71; BK/*Schwintowski*, § 166 Rn. 42; *Schäfer*, Insolvenzanfechtung, § 134 Rn. 985; Bork/*Bork*, Handbuch des Insolvenzanfechtungsrechts, Kap. 6 Rn. 71; *Dietzel*, Der Pfändungsschutz der privaten Altersvorsorge nach den §§ 851c und 851d ZPO, S. 223 f.; *Niehus*, Die Insolvenzanfechtung in der Bundesrepublik Deutschland und den Vereinigten Staaten von Amerika, S. 100; *Buchholz*, VIA 2013, 3; *Lange*, ZVI 2012, 403, 411; *Armbrüster/Pilz*, KTS 2004, 481, 500 f.; zur vergleichbaren Situation bei der Gläubigeranfechtung nach § 4 Abs. 1 AnfG: *Nerlich/Niehus*, § 4 Rn. 17; *Menzel*, Vollstreckungsschutz zugunsten privater Altersvorsorge, S. 127; *Kayser*, Die Lebensversicherung in der Insolvenz des Arbeitgebers, S. 71 f.; *Henkel*, EWiR 2013, 83, 84; *Wegener*, VIA 2012, 45, 46; *Huber*, NZI 2004, 81; *Thiel*, ZIP 2002, 1232, 1235; *Zeigner*, ZVersWiss 1913, 654, 692.

1025 BGH ZIP 2013, 223, 224.

1026 *Armbrüster/Pilz*, KTS 2004, 481, 500.

1027 Bruck/Möller/*Winter*, § 159 Rn. 459; Prölss/Martin/*Reiff/Schneider*, 28. Aufl., § 13 ALB 86 Rn. 49; MükoInsO/*Kayser*, § 134 Rn. 16a; MüKoInsO/*Kirchhof*, 2. Aufl., § 134 Rn. 16; *Schäfer*, Insolvenzanfechtung, Rn. 985; *Schuschke*, BGH-Report 2004, 198, 199 f.

1028 BGH NJW-RR 2013, 990 f.; *Runge*, NZI 2013, 261, 262.

Dies gilt unabhängig davon, ob sich der Versicherungsnehmer in der Abtretungsvereinbarung gegenüber dem Zessionar zur Weiterzahlung der Prämien an den Versicherer verpflichtet hat.[1029] Zahlt der Versicherungsnehmer die Prämien weiter, erbringt er in dieser Zeit immer eine mittelbare Leistung an den Zessionar, weil der Wert des dem Zessionar zustehenden Leistungsanspruchs durch die Prämienzahlungen stetig gesteigert wird. Insbesondere hinsichtlich der Rechtsfolge wird insoweit auf die Ausführungen zur Anfechtung von Bezugsrechtsbestellungen verwiesen.[1030]

c) Bei Verpfändungen

Bezüglich der Frage, ob zumindest die Prämienzahlungen angefochten werden können, wenn die Verpfändung außerhalb des kritischen Zeitraums vorgenommen wurde, wird auf die Ausführungen zur Abtretung verwiesen.[1031]

12. *Insolvenzanfechtung der Umwandlungserklärung i.S.d. § 167 VVG, §§ 129 ff. InsO*

Bei dem Unwandlungsrecht aus § 167 VVG handelt es sich um ein Gestaltungsrecht.[1032] Daher hat der Versicherungsnehmer die Möglichkeit, seine Lebensversicherung noch im letzten Moment im Umfang der §§ 36 Abs. 1 S. 1 InsO, 851c ZPO dem Zugriff des Insolvenzverwalters zu entziehen. Dabei drängt sich die Frage auf, ob der Insolvenzverwalter die Umwandlungserklärung über die §§ 129 ff. InsO anfechten kann.

Teilweise werden Umwandlungserklärungen nach § 167 VVG generell für unanfechtbar erklärt.[1033] Die Umwandlung einer Lebens- in eine Altersrentenversicherung sei keine sachlich ungerechtfertigte Vermögensverschiebung i.S.d. Anfechtungsrechts.[1034] Vielmehr sei die Umwandlung vom Gesetzgeber gerade gewünscht und gefördert.[1035] Wäre die Umwandlung anfechtbar, sei ein effektiver Vollstreckungsschutz nicht gewährleistet.[1036] Auch wäre eine Anfechtbarkeit mit den Zielen des Gesetzgebers, insbesondere mit der Entlastung der Sozialkassen, nicht

---

1029 *Runge*, NZI 2013, 261, 262 f.

1030 § 5, A., I., 11., a) – S. 270 f.

1031 § 5, A., I., 11., b) – S. 271 f.

1032 § 4, A., II., 2., f), ff) – S. 122 ff.

1033 Hk-VVG/*Brambach*, § 167 Rn. 20; Bruck/Möller/*Winter*, § 167 Rn. 175; *Frind*, Praxishandbuch Privatinsolvenz, Teil III Rn. 522 und Teil IV Rn. 960; *Wollmann*, Private Altersvorsorge und Gläubigerschutz, S. 324; *Wollmann*, ZInsO 2012, 2061, 2073; *Schwarz/Facius*, ZVI 2009, 188, 189; *Hasse*, VersR 2007, 870, 890; *Flitsch*, ZVI 2007, 161, 165.

1034 *Wollmann*, Private Altersvorsorge und Gläubigerschutz, S. 324.

1035 *Wollmann*, Private Altersvorsorge und Gläubigerschutz, S. 324; *Wollmann*, ZInsO 2012, 2061, 2073; *Flitsch*, ZVI 2007, 161, 165.

1036 Hk-VVG/*Brambach*, § 167 Rn. 20; *Hasse*, VersR 2007, 870, 890.

vereinbar.[1037] *Henning* verneint die Anfechtbarkeit mit Hinweis auf eine fehlende Gläubigerbenachteiligung.[1038] Er meint, Altersrenten hafte wegen der Möglichkeit der Umwandlung bereits von Beginn an eine potentielle Unpfändbarkeit an.[1039] Der durch eine Umwandlung herbeigeführte Pfändungsschutz wirke sodann zurück, was eine Gläubigerbenachteiligung und damit eine Anfechtbarkeit ausschließe.[1040]

Auch wenn dem im Ergebnis zuzustimmen ist, Umwandlungserklärungen i.S.d. § 167 VVG also entgegen einer weit verbreiteten Ansicht[1041] generell unanfechtbar sind, vermag die oben angeführte Argumentation nicht zu überzeugen. Nur weil das Gesetz eine bestimmte Rechtshandlung erlaubt bzw. ausdrücklich ermöglicht, folgt daraus nicht zwangsläufig deren Unanfechtbarkeit.[1042] Die Anfechtungsregeln erfassen gerade eine Vielzahl von zivilrechtlich zulässigen rechtlichen und tatsächlichen Handlungen des Schuldners.[1043] Die Anfechtbarkeit einer gläubigerbenachteiligenden Rechtshandlung ist der Regelfall, der Ausschluss einer Anfechtung hingegen die Ausnahme. Soll die Anfechtung von vornherein ausgeschlossen sein, muss gerade der Ausschluss durch eine ausdrückliche Anordnung im Gesetz erfolgen.[1044] Eine derartige Vorschrift existiert für die Umwandlungserklärung aber nicht. Auch die Entwurfsbegründung enthält keine Hinweise zu einem generellen Anfechtungsausschluss.[1045] Schließt man die Anfechtung von vornherein aus, wird der privaten Altersvorsorge des Schuldners ein genereller Vorrang vor den Gläubigerinteressen eingeräumt. Ein solcher Vorrang lässt sich weder § 167 VVG noch § 851c ZPO entnehmen.[1046]

Entgegen der Auffassung *Hennings* scheitert eine Anfechtung auch nicht an der fehlenden Gläubigerbenachteiligung. Altersrenten haftet nicht von Beginn an eine

---

1037 Hk-VVG/*Brambach*, § 167 Rn. 20; *Schwarz/Facius*, ZVI 2009, 188, 189.

1038 *Henning*, VIA 2009, 17, 18.

1039 *Henning*, VIA 2009, 17, 18.

1040 *Henning*, VIA 2009, 17, 18.

1041 BGH NZI 2011, 937; OLG Stuttgart NZI 2012, 250; KG Berlin ZInsO 2012, 218, 220; OLG Naumburg ZInsO 2011, 677, 679; AG Köln NZI 2012, 615, 616; PG/*Ahrens*, § 851c Rn. 47; *Dietzel*, Der Pfändungsschutz der privaten Altersvorsorge nach den §§ 851c und 851d ZPO, S. 210 f.; *Ernst*, JurBüro 2012, 405, 408; *Henning*, VIA 2009, 17, 18 f.; *Tavakoli*, NJW 2008, 3259, 3261; *Wimmer*, ZInsO 2007, 281, 285; *Smid*, FPR 2007, 443, 446.

1042 KG Berlin ZInsO 2012, 218, 220; OLG Naumburg ZInsO 2011, 677, 679; AG Köln NZI 2012, 615, 616; *Dietzel*, Der Pfändungsschutz der privaten Altersvorsorge nach den §§ 851c und 851d ZPO, S. 211.

1043 OLG Naumburg ZInsO 2011, 677, 679; *Smid*, FPR 2007, 443, 446.

1044 KG Berlin ZInsO 2012, 218, 220; OLG Naumburg ZInsO 2011, 677, 679; *Dietzel*, Der Pfändungsschutz der privaten Altersvorsorge nach den §§ 851c und 851d ZPO, S. 211; *Dietzel*, VIA 2012, 64.

1045 BT-Drucks. 16/886, S. 5 ff.; so auch KG Berlin ZInsO 2012, 218, 220; LG München ZInsO 2013, 352, 353; AG Köln NZI 2012, 615, 616.

1046 *Dietzel*, VIA 2012, 64.

potentielle Unpfändbarkeit an.[1047] Sie sind vor der Umwandlung uneingeschränkt pfändbar.[1048] Der Pfändungsschutz entsteht erst in dem Zeitpunkt, in dem die Umwandlungserklärung wirksam wird und er wirkt nicht zurück. Damit wird der zunächst pfändbare Rückkaufswert durch die Umwandlung dem Schuldnervermögen entzogen. Dies stellt eine unmittelbare Gläubigerbenachteiligung dar.

Dennoch sind Umwandlungserklärungen i.S.d. § 167 VVG im Ergebnis generell unanfechtbar.

Eine Anfechtung nach Maßgabe der §§ 129 ff. InsO kommt immer nur dann in Betracht, wenn ein tauglicher Anfechtungsgegner existiert. Dabei muss es sich um einen Dritten handeln, dem durch die Rechtshandlung ein Gegenstand aus dem Vermögen des Schuldners zugeflossen ist und der im Falle einer wirksamen Anfechtung den erhaltenen Vermögensgegenstand in die Masse zurückzugewähren hat.[1049] Existiert schon kein tauglicher Anfechtungsgegner, scheidet eine Anfechtung von vornherein aus, ohne dass es auf die Frage ankommt, ob ein Anfechtungstatbestand der §§ 130 ff. InsO erfüllt ist.

Wie der IX. Zivilsenat des BGH in einem Beschluss vom 13.10.2011 zutreffend klargestellt hat, erlangt der Insolvenzschuldner zwar durch die Umwandlungserklärung Pfändungsschutz nach § 851c ZPO, wodurch den Gläubigern der Rückkaufswert entzogen wird.[1050] Der Insolvenzschuldner scheidet aber als tauglicher Anfechtungsgegner aus, weil Insolvenzschuldner und Anfechtungsgegner nicht personenidentisch sein können.[1051]

Teilweise wird der Versicherer als tauglicher Anfechtungsgegner qualifiziert.[1052] Nach Auffassung des AG Köln erfolge durch die Umwandlung des Vertrages eine Weggabe des Rückkaufswertes aus dem Vermögen des Versicherungsnehmers, weil die Versicherung nach der Umwandlung gemäß §§ 36 Abs. 1 InsO, 851c ZPO nicht mehr massezugehörig sei. Für die Frage der Anfechtbarkeit sei es unerheblich, dass der Rückkaufswert durch die Umwandlung nicht dem Vermögen des Versicherers zugeflossen, also letztlich kein Vermögenswert aus dem Vermögen des Versicherungsnehmers an den Versicherer geflossen sei.[1053] Nach dem Sinn und Zweck des § 143 Abs. 1 InsO solle infolge der Anfechtung die Insolvenzmasse in die

---

1047 BGH NZI 2011, 937; OLG Naumburg ZInsO 2011, 677, 680; AG Köln NZI 2012, 615, 616; so im Ergebnis auch *Wollmann*, ZInsO 2012, 2061, 2065.

1048 OLG Naumburg ZInsO 2011, 677, 680; AG Köln NZI 2012, 615, 616.

1049 Ähnlich MüKoInsO/*Kirchhof*, § 143 Rn. 5; HK/*Kreft*, § 143 Rn. 1; FK-InsO/*Dauernheim* § 143 Rn. 3; *Hess*, Insolvenzrecht, § 143 Rn. 77; *Lind/Stegmann*, ZInsO 2004, 413, 418; Beck/Depré/*Exner*, Praxis der Insolvenz, § 16 Rn. 17.

1050 BGH NZI 2011, 937.

1051 BGH NZI 2011, 937; gegen eine Anfechtbarkeit gegenüber dem Insolvenzschuldner auch OLG Stuttgart NZI 2012, 250, 253; OLG Naumburg ZInsO 2011, 677, 679; AG Köln NZI 2012, 615, 616; *Lindner*, VIA 2012, 11, 12.

1052 LG München ZInsO 2013, 352 f.; AG Köln NZI 2012, 615, 616; *Dietzel*, Der Pfändungsschutz der privaten Altersvorsorge nach den §§ 851c und 851d ZPO, S. 212.

1053 AG Köln NZI 2012, 615, 616.

Lage zurückversetzt werden, in der sie sich befinden würde, wenn die anfechtbare Rechtshandlung unterblieben wäre.[1054] Dieser Zweck des Gläubigerschutzes lasse sich in den Konstellationen der Anfechtung einer Umwandlungserklärung nach § 167 VVG nur erreichen, wenn statt des Insolvenzschuldners der Versicherer als Anfechtungsgegner angesehen wird.[1055]

Der Hinweis des AG Köln auf den Sinn und Zweck des § 143 Abs. 1 InsO geht fehl, denn die Vorschrift regelt allein die Rechtsfolgen für den Fall einer wirksamen Anfechtung. Zu der Rechtsfolgenvorschrift des § 143 Abs. 1 InsO gelangt man aber nur, wenn tatsächlich wirksam angefochten wurde, was wiederum das Vorliegen eines Anfechtungstatbestandes und das Vorhandensein eines tauglichen Anfechtungsgegners voraussetzt. Als Anfechtungsgegner kommt allein der Versicherer in Betracht. Dieser kann aber nur dann tauglicher Anfechtungsgegner sein, wenn ihm durch die Umwandlung des Lebensversicherungsvertrages ein Gegenstand aus dem Vermögen des Versicherungsnehmers zugeflossen ist. Wie das AG Köln in seiner Entscheidung selbst anführt,[1056] ist dies gerade nicht der Fall.[1057] Die Umwandlung bewirkt allein Pfändungsschutz zugunsten des Versicherungsnehmers. Zwar wird der Vertrag versicherungstechnisch umgestellt, was im Einzelfall aufgrund der neuen Vertragsgestaltung zu einer höheren Prämie führen kann. Aber auch dadurch erlangt der Versicherer keinen für die Anfechtung der Umwandlungserklärung relevanten Gegenstand aus dem Vermögen des Versicherungsnehmers.

Dietzel begründet die Anfechtbarkeit gegenüber dem Versicherungsunternehmen damit, dass der Versicherer durch die Umwandlung einen Vermögensvorteil in Form einer langfristigen Kreditierung erhalte, weil eine vorzeitige Auszahlung des angesparten Vermögens aufgrund des von § 851c Abs. 1 Nr. 2 ZPO vorausgesetzten Ausschlusses des ordentlichen Kündigungsrechts nicht in Betracht komme.[1058] Kehrseite des mit § 167 VVG einhergehenden Kündigungsausschlusses sei die Möglichkeit des Versicherers, rechtssicher mit dem Vorsorgevermögen bis zum Beginn der Auszahlungsphase wirtschaften zu können.[1059] Der mit der Umwandlung erklärte Verzicht des Schuldners auf sein ordentliches Kündigungsrecht stelle somit einen Vermögensvorteil für das Versicherungsunternehmen dar, der diesem aus dem Vermögen des Versicherungsnehmers zugeflossen sei.[1060]

1054 AG Köln NZI 2012, 615, 616.

1055 AG Köln NZI 2012, 615, 616.

1056 AG Köln NZI 2012, 615, 616.

1057 *Lange*, ZVI 2012, 403, 406; *Kemperdick*, ZInsO 2012, 2193, 2195.

1058 *Dietzel*, Der Pfändungsschutz der privaten Altersvorsorge nach den §§ 851c und 851d ZPO, S. 212.

1059 *Dietzel*, Der Pfändungsschutz der privaten Altersvorsorge nach den §§ 851c und 851d ZPO, S. 212.

1060 *Dietzel*, Der Pfändungsschutz der privaten Altersvorsorge nach den §§ 851c und 851d ZPO, S. 212.

Diese Einschätzung kann nicht geteilt werden. Entscheidend ist zunächst, dass das angesparte Altersvorsorgevermögen auch nach der Umwandlung weiterhin dem Vermögen des Versicherungsnehmers zugeordnet ist. Es wechselt lediglich von seinem pfändbaren ins unpfändbare Vermögen. Das angesparte Vermögen geht also nicht auf den Versicherer über, so dass ihm auf diese Weise kein Vermögenswert zufließt. Es ist zwar zutreffend, dass der Versicherer durch den Ausschluss des ordentlichen Kündigungsrechts Planungssicherheit erhält. Planungssicherheit an sich begründet aber keinen Vermögenszuwachs. Durch die mit der Umwandlung eintretende Planungssicherheit steht dem Versicherer im Ergebnis nicht mehr zu als ihm schon vorher zustand. Der Versicherer hatte schon vor der Umwandlung des Vertrages die Möglichkeit, über die gesamte Vertragslaufzeit hinweg mit dem angesparten Vermögen zu arbeiten. Wäre der Vertrag ohne Umwandlung bis zum Ablaufdatum fortgeführt worden, hätte der Versicherer in gleichem Maße über einen vergleichbaren Zeitraum mit dem angesparten Vermögen wirtschaften und am Ende vergleichbare Erträge erzielen können. Ob der Versicherer das angesparte Kapital aufgrund der eingetretenen Planungssicherheit in anderer Weise anlegen und dadurch im Ergebnis höhere Kapitalerträge erwirtschaften wird als er es ohne die Planungssicherheit getan hätte, kann aufgrund zu vieler Ungewissheiten nicht mit in die Betrachtung einbezogen werden.

Nach Auffassung des OLG Naumburg stehe es einer Anfechtbarkeit nicht entgegen, dass kein Dritter etwas durch die Umwandlungserklärung erlangt hat.[1061] Durch die Umwandlung komme es zu einer Vermögensverschiebung dergestalt, dass der Gegenstand vom pfändbaren ins unpfändbare Vermögen des Schuldners überführt wird. Der Träger des pfändbaren, d.h. des durch die Umwandlung abgebenden und der Träger des unpfändbaren, d.h. des durch die Umwandlung begünstigten Teils des Vermögens, stehen sich in der Person des Schuldners selbst gegenüber, weshalb es bei der Anfechtung der Umwandlungserklärung ausnahmsweise keines externen „anderen Teils“ bedürfe.

Dieser Kunstgriff des OLG Naumburg, bei der Anfechtung einer Umwandlungserklärung einfach auf einen Dritten als Anfechtungsgegner zu verzichten, ist schon unter Berücksichtigung des § 143 Abs. 1 InsO, dem eindeutigen Wortlaut der §§ 132 Abs. 1, 133 Abs. 1 InsO und der gesamten Systematik des Anfechtungsrechts nicht haltbar.[1062] Die Anfechtung einer Rechtshandlung des Schuldners setzt zwingend das Vorliegen eines Dritten voraus, der durch die Rechtshandlung einen Vermögenszuwachs erhalten hat, den er im Falle einer wirksamen Anfechtung in die Masse zurückzugewähren hat. Eine solche Person existiert im Falle einer Umwandlungserklärung nach § 167 VVG nicht. Durch die Umwandlung wird zwar der Rückkaufswert dem Zugriff der Gläubiger entzogen. Er wird aber keinem Dritten zugewendet. Vielmehr verbleibt das angesparte Vorsorgevermögen im Vermögen des Versicherungsnehmers und es wechselt dort lediglich vom pfändbaren ins

1061 OLG Naumburg ZInsO 2011, 677, 679; zustimmend *Ernst*, JurBüro 2012, 405, 408.
1062 Ähnlich *Kemperdick*, ZInsO 2012, 2193, 2196.

unfändbare Vermögen. Damit ist kein Vermögenszuwachs bei einem Dritten verbunden. Es kann auf die Voraussetzungen eines tauglichen Anfechtungsgegners nicht einfach verzichtet werden, nur weil ein bestimmtes Ergebnis für angemessen und gerecht gehalten wird.

Umwandlungserklärungen i.S.d. § 167 VVG sind somit mangels eines tauglichen Anfechtungsgegners generell unanfechtbar.[1063]

II. Eröffnung des Insolvenzverfahrens nach Eintritt des Versicherungsfalls

Nach Eintritt des Versicherungsfalls kommt eine Kündigung durch den Verwalter nicht mehr in Betracht. Auch auf die Fragen, ob ihm ein Wahlrecht nach § 103 InsO oder das Widerrufsrecht bezüglich eines Bezugsrechts zusteht, kommt es nicht mehr an. Für den Verwalter wird allein die Frage relevant, ob er vor der Verfahrenseröffnung erfolgte Bezugsrechtsbestellungen, Abtretungen, Verpfändungen, Prämienzahlungen und Umwandlungen i.S.d. § 167 VVG anfechten kann.

1. Insolvenzanfechtung der Bezugsrechtsbestellung, §§ 129 ff. InsO

a) Anfechtung eines unwiderruflichen Bezugsrechts

Besteht ein unwiderrufliches Bezugsrecht, wird eine Anfechtung gemäß §§ 130–132 InsO auch nach dem Eintritt des Versicherungsfalls meist aus zeitlichen Gründen scheitern.

Eine Vorsatzanfechtung gemäß § 133 InsO wird häufig ausscheiden, weil dem Schuldner der Gläubigerbenachteiligungsvorsatz nicht nachgewiesen werden kann.

Auch nach dem Eintritt des Versicherungsfalls ist die Bestellung eines unwiderruflichen Bezugsrechts daher regelmäßig nur unter den Voraussetzungen des § 134 Abs. 1 InsO anfechtbar. Weil der Bezugsberechtigte bereits seit der Bezugsrechtsbestellung Rechtsinhaber ist, § 159 Abs. 3 VVG, ergeben sich keine Unterschiede zur Anfechtung vor dem Eintritt des Versicherungsfalls. Die dortigen Ausführungen gelten daher entsprechend.[1064]

Im Falle einer wirksamen Anfechtung ist die Insolvenzmasse gemäß § 143 Abs. 1 InsO so zu stellen, wie sie stehen würde, wäre die Rechtshandlung unterblieben.[1065] Erfolgt die Anfechtung nach dem Eintritt des Versicherungsfalls, ist der Rückgewähranspruch gegen den Bezugsberechtigten weder auf Auszahlung

1063 Gegen eine Anfechtbarkeit von Umwandlungserklärungen gemäß §§ 129 ff. InsO auch OLG Stuttgart NZI 2012, 250 ff.; *Neuhaus*, Berufsunfähigkeitsversicherung, Kap. S Rn. 35; *Hatwig*, InsbürO 2013, 438, 445; *Buchholz*, VIA 2012, 21, 22; wohl auch PG/*Ahrens*, § 851c Rn. 47.

1064 § 5, A., I., 8., b), cc) – S. 247 ff.

1065 *Lind/Stegmann*, ZInsO 2004, 413, 418.

der vom Schuldner geleisteten Bruttoprämien[1066] noch auf den Rückkaufswert beschränkt.[1067] Vielmehr hat der Bezugsberechtigte die erhaltene Versicherungsleistung in voller Höhe in die Masse zu leisten.[1068] Ohne die Bezugsrechtsbestellung hätte die Versicherungsleistung dem Versicherungsnehmer als Inhaber des Leistungsanspruchs zugestanden bzw. wäre die Bezugsberechtigung im Falle seines Todes zugunsten der Erben entstanden und in den Nachlass gefallen. Hätte der Versicherungsnehmer das Bezugsrecht nicht bestellt, könnte der Insolvenzverwalter nach Eintritt des Versicherungsfalls die volle Versicherungsleistung zur Insolvenzmasse ziehen. Mit der Bezugsrechtsbestellung hat der Versicherungsnehmer den vollen Zukunftswert der Lebensversicherung aus seinem Vermögen weggegeben, nämlich die Aussicht auf die Versicherungssumme mit all ihren Entwicklungsmöglichkeiten.[1069] Der Masse wurde durch die Bezugsrechtsbestellung die gesamte Versicherungsleistung entzogen. Hat der Versicherer bisher noch nicht an den Bezugsberechtigten geleistet, hat dieser seinen Anspruch gegen den Versicherer an den Insolvenzverwalter abzutreten. Alternativ kann er das Bezugsrecht nach § 333 BGB zurückweisen. In der Folge gilt das dem Bezugsberechtigten zustehende Recht auf die Versicherungsleistung von diesem als von Anfang an nicht erworben, so dass es dem Versicherungsnehmer zusteht.[1070] In der Insolvenz des Anfechtungsschuldners kommt dem Anfechtungsanspruch die Qualität eines Aussonderungsrechts nach § 47 InsO zu.[1071]

1066 Staudinger/*Jagmann* (2004), § 330 Rn. 52; Soergel/*Hadding*, § 330 Rn. 17; MüKoBGB/*Gottwald*, 4. Aufl., § 330 Rn. 20; Jauernig/*Stadler*, 12. Aufl., § 330 Rn. 6; Erman/*Westermann*, 11. Aufl., § 330 Rn. 8.

1067 *Bayer*, Der Vertrag zugunsten Dritter, S. 309 ff.

1068 BGHZ 156, 350, 355 = NJW 2004, 214, 215; OLG Düsseldorf NZI 2008, 501; Langheid/Wandt/*Heiss*, § 159 Rn. 131; Prölss/Martin/*Schneider*, § 159 Rn. 44; *Benkel/Hirschberg*, § 13 ALB 2008 Rn. 396; Schwintowski/Brömmelmeyer/*Ortmann*, § 159 Rn. 41; A/G/R-*Gehrlein*, § 134 Rn. 3; K.Schmidt/*Ganter/Weinland*, § 134 Rn. 65; MükoInsO/*Kayser*, § 134 Rn. 14b; MüKoInsO/*Kirchhof*, 2. Aufl., § 134 Rn. 14; Uhlenbruck/*Ede/Hirte*, § 134 Rn. 94; BK-InsO/*Amelung/Wagner*, § 35 Rn. 60a; *Schäfer*, Insolvenzanfechtung, § 134 Rn. 984; MüKoBGB/*Gottwald*, 5. Aufl., § 330 Rn. 29; Palandt/*Grüneberg*, 67. Aufl., § 330 Rn. 6; K/S/W/*Schäfer*, § 134 Rn. G116; *Hasse*, VersR 2005, 15, 25; *Gerhardt*, LMK 2004, 34 f.; *Neußner*, EWiR 2004, 1099, 1100; *Elfring*, NJW 2004, 483, 484; *Lind/Stegmann*, ZInsO 2004, 413, 418; *Thiel*, ZIP 2002, 1232, 1236; *Müller-Feldhammer*, NZI 2001, 343 f.; *Heilmann*, KTS 1972, 14, 19; *Heilmann*, VersR 1972, 997, 1001; *Hoffmann*, AcP 158, 178, 189; *G. und D. Reinicke*, NJW 1956, 1053, 1054 f.

1069 *Thiel*, ZIP 2002, 1232, 1236, m.w.N.

1070 *Lind/Stegmann*, ZInsO 2004, 413, 418.

1071 BGHZ 156, 350, 358 = NJW 2004, 214, 216; *Benkel/Hirschberg*, § 13 ALB 2008 Rn. 399.

b) *Anfechtung eines widerruflichen Bezugsrechts*

Hat der Versicherungsnehmer ein widerrufliches Bezugsrecht bestellt, wird der Berechtigte mit dem Eintritt des Versicherungsfalls Rechtsinhaber, § 159 Abs. 2 VVG. Der Insolvenzverwalter kann somit nur dann eine Leistung zur Masse ziehen, wenn er die Bezugsrechtsbestellung anfechten kann.

aa) §§ 130–133 InsO

Auch die Bestellung einer widerruflichen Bezugsberechtigung wird meist schon aus zeitlichen Gründen nicht gemäß §§ 130–132 InsO anfechtbar sein. Eine Anfechtung nach § 133 InsO wird häufig daran scheitern, dass der Insolvenzverwalter den erforderlichen Gläubigerbenachteiligungsvorsatz nicht nachweisen kann.

bb) § 134 Abs. 1 InsO

Somit kommt auch bei widerruflichen Bezugsrechten in der Regel nur eine Anfechtung gemäß § 134 Abs. 1 InsO in Betracht. Auch sie werden im Valutaverhältnis meist unentgeltlich zugewendet. Zu den Ausnahmen wird auf die Ausführungen zur Anfechtbarkeit des unwiderruflichen Bezugsrechts vor der Eröffnung des Insolvenzverfahrens verwiesen.[1072]

aaa) Gläubigerbenachteiligende Wirkung

Wie die Bestellung eines unwiderruflichen Bezugsrechts hat auch die Bestellung eines widerruflichen Bezugsrechts stets gläubigerbenachteiligende Wirkung, unabhängig davon, ob es anfänglich, d.h. bereits im Zeitpunkt des Vertragsschlusses, oder nachträglich, d.h. während der Vertragslaufzeit, eingeräumt wird.

Zum einen liegt bei jeder Bezugsrechtsbestellung eine mittelbare Zuwendung des Versicherungsnehmers an den Bezugsberechtigten vor, weil der Versicherungsnehmer mit seiner Prämienzahlung immer die Versicherungsleistung „erkauft".[1073]

Zum anderen ist zu bedenken, dass der widerruflich Bezugsberechtigte den Leistungsanspruch erst mit dem Eintritt des Versicherungsfalls erwirbt, § 159 Abs. 2 VVG. Damit besteht sowohl bei der anfänglichen als auch bei der nachträglichen Bestellung eines widerruflichen Bezugsrechts stets ein gewisses Zeitfenster, in dem der Leistungsanspruch dem Vermögen des Versicherungsnehmers zugeordnet und dem Zugriff seiner Gläubiger ausgesetzt ist.

Zwar erwirbt der Bezugsberechtigte den Leistungsanspruch mit Eintritt des Versicherungsfalls originär, d.h. er erwirbt nicht den konkreten Leistungsanspruch, der zuvor im Vermögen des Versicherungsnehmers stand. Vielmehr geht der Leistungsanspruch des Versicherungsnehmers unter und der Anspruch entsteht in der Person des Bezugsberechtigten neu. Die Vorschriften der Insolvenzanfechtung und

---

1072 § 5, A., I., 8., b), cc), aaa) – S. 247 ff.

1073 § 5, A., I., 8., b), cc), bbb), (II.) – S. 256 ff.; BGH NZI 2016, 35, 36.

insbesondere die Frage der Gläubigerbenachteiligung sind aber mehr unter wirtschaftlichen als unter formaljuristischen Gesichtspunkten zu betrachten.[1074] Ebenso wie bei der nachträglichen Bestellung eines unwiderruflichen Bezugsrechts wirken auch die anfängliche und die nachträgliche Bestellung eines widerruflichen Bezugsrechts wirtschaftlich betrachtet stets gläubigerbenachteiligend. Unabhängig davon, wann das widerrufliche Bezugsrecht bestellt wurde, können die Gläubiger des Versicherungsnehmers wegen § 159 Abs. 2 VVG bis zum Eintritt des Versicherungsfalls auf die Versicherungsleistung zugreifen. Durch den Eintritt des Versicherungsfalls und dem damit einhergehenden Rechtserwerb des Bezugsberechtigten wird den Gläubigern des Versicherungsnehmers die Versicherungsleistung als Haftungsobjekt entzogen. Bis zu diesem Zeitpunkt hätten sie ungehindert darauf zugreifen können. Wirtschaftlich betrachtet macht es keinen Unterschied, ob der Bezugsberechtigte mit dem Eintritt des Versicherungsfalls den Anspruch erwirbt, der zuvor im Vermögen des Versicherungsnehmers stand oder ob der dem Versicherungsnehmer bislang zustehende Anspruch erlischt und ein gleichartiges Forderungsrecht im Vermögen des Dritten neu entsteht. In beiden Fällen hätten sich die Befriedigungsmöglichkeiten der Gläubiger bei wirtschaftlicher Betrachtungsweise ohne die Bezugsrechtsbestellung günstiger gestaltet. Schon unter Zugrundelegung der gebotenen wirtschaftlichen statt der formaljuristischen Betrachtung hat sowohl die anfängliche als auch die nachträgliche Bestellung eines widerruflichen Bezugsrechts stets gläubigerbenachteiligende Wirkung.

bbb) Maßgeblicher Zeitpunkt für den Fristbeginn

Teilweise wird für den Fristbeginn auf den Zeitpunkt der Bestellung des widerruflichen Bezugsrechts abgestellt.[1075] *Thiel* gelangt zu diesem Ergebnis über eine Anwendung des gegenüber § 140 Abs. 1 InsO spezielleren § 140 Abs. 3 InsO.[1076] Danach bleibt bei bedingten oder befristeten Rechtshandlungen der Eintritt der Bedingung oder des Termins außer Betracht. Bei der Bestellung eines widerruflichen Bezugsrechts liege die Bedingung im Eintritt des Versicherungsfalls. Weil diese Bedingung für den Fristbeginn unter Heranziehung des § 140 Abs. 3 InsO außer Betracht bleibt, sei der Zeitpunkt der Bezugsrechtsbestellung maßgeblich.

1074 BGH NZI 2006, 700, 701; BGH ZIP 1985, 816, 817 f.; BGH ZIP 1981, 1229, 1231; BGHZ 72, 39, 41 f. = NJW 1978, 1921, 1922; OLG München ZInsO 2004, 1040, 1044; OLG Düsseldorf ZIP 1985, 876, 877; FK-InsO/*Dauernheim*, § 129 Rn. 40; MükoInsO/*Kayser*, § 129 Rn. 101; MüKoInsO/*Kirchhof*, 2. Aufl., § 129 Rn. 101; Uhlenbruck/*Hirte/Ede*, § 129 Rn. 162; Andres/Leithaus/*Leithaus*, § 129 Rn. 8; Braun/*de Bra*, § 129 Rn. 25; *Kirchhof*, ZInsO 2013, 1813, 1815; *Lind/Stegmann*, ZInsO 2004, 413, 415; *Westhelle/Miksch*, ZIP 2003, 2054, 2058.

1075 Prölss/Martin/*Kollhosser*, 27. Aufl., § 13 ALB 86 Rn. 45; BK/*Schwintowski*, § 166 Rn. 42; Staudinger/*Jagmann* (2004), § 330 Rn. 48; *Bork*, in: FS Kollhosser, 57, 67; *Thiel*, ZIP 2002, 1232, 1235.

1076 *Thiel*, ZIP 2002, 1232, 1235.

Es ist zwar zutreffend, dass der Rechtserwerb des widerruflich Bezugsberechtigten durch den Eintritt des Versicherungsfalls aufschiebend bedingt ist. Die Vorschrift des § 140 Abs. 3 InsO greift aber nur, wenn der Inhaber des aufschiebend bedingten Rechts bereits vor dem Bedingungseintritt eine gesicherte Rechtsposition erworben hat.[1077] Dies ist im Falle einer widerruflichen Bezugsberechtigung nicht der Fall.[1078] Zwischen der Bezugsrechtsbestellung und dem Eintritt des Versicherungsfalls ist der Drittbegünstigte lediglich Inhaber einer reinen Erwerbshoffnung, d.h. einer wertlosen Anwartschaft, die der Versicherungsnehmer jederzeit einseitig wieder beseitigen kann. Mangels Anwendbarkeit des spezielleren § 140 Abs. 3 InsO richtet sich der Fristbeginn bei widerruflichen Bezugsrechten somit nach § 140 Abs. 1 InsO.

Nach § 140 Abs. 1 InsO ist für den Beginn der Anfechtungsfrist der Zeitpunkt maßgeblich, in dem die rechtlichen Wirkungen der Rechtshandlung eintreten. Der widerruflich Bezugsberechtigte wird erst mit dem Eintritt des Versicherungsfalls Rechtsinhaber, § 159 Abs. 2 VVG. Weil erst in diesem Zeitpunkt die rechtlichen Wirkungen der Bezugsrechtsbestellung eintreten, ist nicht der Zeitpunkt der Bezugsrechtsbestellung, sondern vielmehr der Eintritt des Versicherungsfalls für den Beginn der vierjährigen Anfechtungsfrist maßgeblich.[1079]

1077 *Pape/Uhlenbruck/Voigt-Salus*, Insolvenzrecht, Kap. 33 Rn. 23.

1078 A/G/R-*Gehrlein*, § 140 Rn. 22.

1079 BGH NZI 2016, 35; BGHZ 156, 350, 357 = NJW 2004, 214, 215; OLG Düsseldorf NZI 2008, 501; Bruck/Möller/*Winter*, 8. Aufl., Anm. H 238; Prölss/Martin/*Schneider*, § 159 Rn. 42; *Brömmelmeyer*, in: Beckmann/Matusche-Beckmann, § 42 Rn. 236a; A/G/R-*Gehrlein*, § 140 Fn. 8; K.Schmidt/*Büteröwe*, § 140 Rn. 20; FK-InsO/*Dauernheim*, § 134 Rn. 27; HK/*Thole*, § 134 Rn. 19; HK/*Kreft*, § 140 Rn. 4; Uhlenbruck/*Ede/Hirte*, § 134 Rn. 90; MüKoInsO/*Kirchhof*, § 140 Rn. 9; *Henckel*, in: Jaeger, § 140 Rn. 30; KPB/*Bork*, § 134 Rn. 70; KPB/*Ehricke*, § 140 Rn. 5; *Schmittmann/Zeeck*, in: Haarmeyer/Wutzke/Förster, Insolvenzordnung, § 134 Rn. 31; Vallender/Undritz/*Schäfer*, Kap. 7 Rn. 315; *Henckel*, Insolvenzanfechtung, § 140 Rn. 30; K/S/W/*Schäfer*, § 134 Rn. G114; MüKoBGB/*Gottwald*, 5. Aufl., § 330 Rn. 29; Staudinger/*Klumpp* (2015), § 328 Rn. 352; *Brox/Walker*, Erbrecht, § 43 Rn. 769; *Dietzel*, Der Pfändungsschutz der privaten Altersvorsorge nach den §§ 851c und 851d ZPO, S. 220; *Neyses*, Die Insolvenzanfechtung im Mehrpersonenverhältnis, S. 191; *Kayser*, Die Lebensversicherung in der Insolvenz des Arbeitgebers, S. 69; *Rupprecht*, Zwangsvollstreckung in Altersvorsorgeansprüche, S. 180 f.; *Kirchner*, jurisPR-InsR 3/2015 Anm. 2; *Grziwotz*, ZIP 2012, 715, 716; *Lange*, ZVI 2012, 403, 410; *Gebert*, NZI 2010, 647; *Floeth*, EWiR 2008, 725, 726; *Hasse*, VersR 2005, 15, 31 und 33; *Lind/Stegmann*, ZInsO 2004, 413, 417; *Elfring*, NJW 2004, 483, 484; *Neußner*, EWiR 2004, 1099, 1100; *Armbrüster/Pilz*, KTS 2004, 481, 497; *Fischer*, ZIP 2004, 1679, 1680; *Schuschke*, BGH-Report 2004, 198, 199; *Müller-Feldhammer*, NZI 2001, 343, 349; zur Parallelvorschrift aus dem Anfechtungsrecht in der Einzelvollstreckung: BGH NJW-RR 2012, 809, 810 f.; *Huber*, § 4 Rn. 38; *Müller*, Die Lebensversicherung in der Zwangsvollstreckung, S. 170 ff.

ccc) Änderung eines unwiderruflichen in ein widerrufliches Bezugsrecht

Hat der Versicherungsnehmer einem Dritten zunächst ein unwiderrufliches Bezugsrecht bestellt, kann er dieses während der Vertragslaufzeit mit Zustimmung des Berechtigten in ein widerrufliches Bezugsrecht umwandeln. Aufgrund eines Urteils des OLG Zweibrücken vom 27.6.2011[1080] ist die Frage aufgekommen, ob und in welcher Frist der Insolvenzverwalter in dieser Konstellation die Bezugsrechtsbestellung anfechten kann.

Nach Auffassung des OLG Zweibrücken habe lediglich die Bestellung des unwiderruflichen, nicht aber die spätere Bestellung des widerruflichen Bezugsrechts gläubigerbenachteiligende Wirkung. Dementsprechend könne die spätere Einräumung des widerruflichen Bezugsrechts nicht angefochten werden. Dies gelte zumindest dann, wenn zwischen dem unwiderruflich und dem widerruflich Berechtigten Personenidentität bestehe.[1081] Durch das im Rahmen der Umwandlung eingeräumte widerrufliche Bezugsrecht sei kein Gegenstand aus dem Vermögen des Schuldners ausgeschieden. Vielmehr habe die Umwandlung sogar dazu geführt, dass der Schuldner einen Vermögensgegenstand hinzugewonnen hat. Durch die Änderung des Bezugsrechts von unwiderruflich in widerruflich könne er plötzlich wieder vollumfänglich über den Leistungsanspruch verfügen. Auch könne man die Umwandlung des Bezugsrechts von unwiderruflich in widerruflich nicht in einen Verzicht auf das unwiderrufliche Bezugsrecht einerseits und die davon getrennt zu behandelnde Einräumung eines widerruflichen Bezugsrechts andererseits aufspalten. Dies würde zumindest bei einer personengleichen Umwandlung eine „unnatürliche Aufspaltung des Vorganges“[1082] darstellen. Vielmehr habe bei Personenidentität eine einheitliche Betrachtung des Vorgangs zu erfolgen. Diese einheitliche Betrachtung führe dazu, dass durch die Umwandlung der Bezugsrechtsbestellung von unwiderruflich in widerruflich keine Gläubigerbenachteiligung eintrete. Denkbar sei lediglich, die ursprüngliche Bestellung des unwiderruflichen Bezugsrechts anzufechten. Dies komme aber nur in Betracht, wenn die Bezugsrechtsbestellung nicht länger als vier Jahre zurück liegt. Hieran wird es – wie im entschiedenen Fall – meist scheitern.

Der Auffassung des OLG Zweibrücken hat der IX. Zivilsenat des BGH mit Urteil vom 26.1.2012 zu Recht eine Absage erteilt.[1083] Unabhängig davon, ob zwischen dem ursprünglich unwiderruflich und dem sodann widerruflich Berechtigten Personenidentität besteht oder nicht, hat auch die spätere Bestellung des widerruflichen Bezugsrechts gläubigerbenachteiligende Wirkung. Zwar gewinnt der Versicherungsnehmer durch die Umwandlung der Bezugsrechtsbestellung von unwiderruflich in widerruflich zunächst einen Vermögensgegenstand hinzu. Mit dem Eintritt des Versicherungsfalls verliert er diesen aber wieder, § 159 Abs. 2 VVG, so

---

1080 OLG Zweibrücken, Urt. v. 27.6.2011 – 7 U 118/10, BeckRS 2012, 05341.

1081 OLG Zweibrücken, Urt. v. 27.6.2011 – 7 U 118/10, BeckRS 2012, 05341.

1082 OLG Zweibrücken, Urt. v. 27.6.2011 – 7 U 118/10, BeckRS 2012, 05341.

1083 BGH NJW-RR 2012, 809 ff.; siehe auch *Ganter*, NZI 2013, 209, 235; zustimmend auch *Brömmelmeyer*, in: Beckmann/Matusche-Beckmann, § 42 Rn. 236a.

dass die Haftungsmasse in diesem Zeitpunkt verkürzt und die Gläubiger, die bis zu diesem Zeitpunkt auf den Leistungsanspruch hätten zugreifen können, (erneut) benachteiligt werden.

Es ist zwar richtig, dass der Leistungsanspruch aufgrund des unwiderruflichen Bezugsrechts zu einem früheren Zeitpunkt bereits einmal dem Gläubigerzugriff entzogen war. In der o.g. Konstellation liegen aber zwei unterschiedliche Rechtshandlungen des Schuldners vor: Zum einen die Bestellung der unwiderruflichen Bezugsberechtigung und zum anderen, nach der Aufhebung des unwiderruflichen Bezugsrechts, die Einräumung der widerruflichen Bezugsberechtigung. Diese beiden Rechtshandlungen sind anfechtungsrechtlich selbständig zu behandeln. Die für die Insolvenzanfechtung maßgebliche Rechtshandlung ist die (nachträgliche) Bestellung der widerruflichen Bezugsberechtigung. Die gläubigerbenachteiligende Wirkung der Bestellung des widerruflichen Bezugsrechts tritt mit dem Versicherungsfall ein.

Mit der Umwandlung stellt der Versicherungsnehmer die Rechtslage her, die bestehen würde, hätte er das Bezugsrecht von Anfang an widerruflich ausgestaltet. Wäre dem so gewesen, hätte die Bezugsrechtsbestellung unstreitig gläubigerbenachteiligende Wirkung, weil der Bezugsberechtigte mit dem Eintritt des Versicherungsfalls den Leistungsanspruch erwirbt. Der Umstand, dass der Widerruf des Bezugsrechts zwischenzeitlich ausgeschlossen war, rechtfertigt keine andere Beurteilung. Demnach hat die Bestellung eines widerruflichen Bezugsrechts auch dann gläubigerbenachteiligende Wirkung, wenn das Bezugsrecht zuvor unwiderruflich ausgestaltet war.

Maßgebliche Rechtshandlung ist in der o.g. Konstellation also die Bestellung der widerruflichen Bezugsberechtigung. Diese gilt unter Heranziehung des § 140 Abs. 1 InsO in dem Zeitpunkt als vorgenommen, in dem ihre rechtlichen Wirkungen eintreten. Dies ist der Zeitpunkt des Versicherungsfalls, § 159 Abs. 2 VVG.

ddd) Rechtsfolge

Hinsichtlich der Rechtsfolge gilt das zur Anfechtung einer unwiderruflichen Bezugsberechtigung Gesagte entsprechend.[1084] Der Rückgewähranspruch ist weder auf Auszahlung der vom Schuldner geleisteten Bruttoprämien[1085] noch auf den Rückkaufswert beschränkt.[1086] Vielmehr hat der Bezugsberechtigte die erhaltene Versicherungsleistung in voller Höhe in die Masse zu leisten.[1087]

1084 § 5, A., I., 8., b), cc), ddd) – S. 263 f.

1085 Staudinger/*Jagmann* (2004), § 330 Rn. 52; Soergel/*Hadding*, § 330 Rn. 17; MüKoBGB/*Gottwald*, 4. Aufl., § 330 Rn. 20; Jauernig/*Stadler*, 12. Aufl., § 330 Rn. 6; Erman/*Westermann*, 11. Aufl., § 330 Rn. 8.

1086 *Bayer*, Der Vertrag zugunsten Dritter, S. 309 ff.

1087 BGHZ 156, 350, 355 = NJW 2004, 214, 215; OLG Schleswig ZInsO 2014, 2376, 2377; OLG Düsseldorf NZI 2008, 501; Langheid/Wandt/*Heiss*, § 159 Rn. 131; Prölss/Martin/*Schneider*, § 159 Rn. 44; *Benkel/Hirschberg*, § 13 ALB 2008 Rn. 396; Schwintowski/Brömmelmeyer/*Ortmann*, § 159 Rn. 41; A/G/R-*Gehrlein*, § 134 Rn. 3; K.Schmidt/*Ganter/Weinland*, § 134 Rn. 66; MüKoInsO/*Kayser*, § 134 Rn. 14b;

2. *Insolvenzanfechtung der Abtretung, §§ 129 ff. InsO*

Hat der Versicherungsnehmer den Leistungsanspruch vor dem Eintritt des Versicherungsfalls wirksam abgetreten, ergeben sich hinsichtlich der Anfechtbarkeit keine Unterschiede zu der Rechtslage vor dem Eintritt des Versicherungsfalls. Sowohl für die Anfechtung einer Voll- als auch für die Anfechtung einer Sicherungszession wird daher auf die entsprechenden Ausführungen verwiesen.[1088] Maßgeblich für den Beginn der Anfechtungsfrist ist der Zeitpunkt der Abtretung. Gegenstand des Rückgewähranspruchs ist die volle Versicherungsleistung.

3. *Insolvenzanfechtung der Verpfändung, §§ 129 ff. InsO*

Gleiches gilt für die Anfechtbarkeit einer Verpfändung. Auch hier ergeben sich keine Unterschiede zur Rechtslage vor dem Eintritt des Versicherungsfalls, so dass auf die entsprechenden Ausführungen verwiesen wird.[1089] Die Anfechtungsfrist beginnt mit der Verpfändung. Gegenstand des Rückgewähranspruchs ist die volle Versicherungsleistung.

4. *Insolvenzanfechtung der Prämienzahlungen, §§ 129 ff. InsO*

a) *Bei Bezugsrechtsbestellungen*

aa) Unwiderrufliches Bezugsrecht

Erfolgte die Bestellung des unwiderruflichen Bezugsrechts außerhalb des kritischen Zeitraums, sind die Prämienzahlungen der letzten vier Jahre vor dem Antrag auf Eröffnung des Insolvenzverfahrens anfechtbar. Auch hier gilt das zur Anfechtung vor dem Eintritt des Versicherungsfalls Gesagte entsprechend.[1090]

bb) Widerrufliches Bezugsrecht

Teilweise wird dem Insolvenzverwalter auch bei widerruflichen Bezugsrechten die Möglichkeit zugesprochen, zumindest die Prämienzahlungen, die innerhalb der

MüKoInsO/*Kirchhof*, 2. Aufl., § 134 Rn. 14; Uhlenbruck/*Ede/Hirte*, § 134 Rn. 90; BK-InsO/*Amelung/Wagner*, § 35 Rn. 60a; Vallender/Undritz/*Schäfer*, Kap. 7 Rn. 315; *Schäfer*, Insolvenzanfechtung, § 134 Rn. 984; MüKoBGB/*Gottwald*, 5. Aufl., § 330 Rn. 29; Palandt/*Grüneberg*, 67. Aufl., § 330 Rn. 6; Staudinger/*Klumpp* (2015), § 328 Rn. 352; K/S/W/*Schäfer*, § 134 Rn. G116; *Hasse*, VersR 2005, 15, 25; *Gerhardt*, LMK 2004, 34 f.; *Neußner*, EWiR 2004, 1099, 1100; *Elfring*, NJW 2004, 483, 484; *Lind/Stegmann*, ZInsO 2004, 413, 418; *Schuschke*, BGH-Report 2004, 198, 199; *Thiel*, ZIP 2002, 1232, 1236; *Müller-Feldhammer*, NZI 2001, 343 f.; *Heilmann*, KTS 1972, 14, 19; *Heilmann*, VersR 1972, 997, 1001; *Hoffmann*, AcP 158, 178, 189; *G. und D. Reinicke*, NJW 1956, 1053, 1054 f.

1088 § 5, A., I., 9. – S. 265 ff.

1089 § 5, A., I., 10. – S. 270.

1090 § 5, A., I., 11., a) – S. 270 f.

kritischen Zeit erbracht wurden, anzufechten, wenn die Frist für die Anfechtung der Bestellung des widerruflichen Bezugsrechts bereits verstrichen ist.[1091]

Dabei wird jedoch übersehen, dass in dieser Konstellation während der kritischen Zeit gar keine Prämienzahlungen erfolgt sind, eine Anfechtung also von vornherein nicht in Betracht kommt. Anders als bei unwiderruflichen Bezugsrechten beginnt die Anfechtungsfrist bei widerruflichen Bezugsrechten nicht im Zeitpunkt der Bezugsrechtsbestellung, sondern erst mit dem Eintritt des Versicherungsfalls.[1092] Mit diesem Ereignis fällt das versicherte Risiko in der Lebensversicherung weg. Nach dem Eintritt des Versicherungsfalls werden also keine Prämien mehr für die Lebensversicherung entrichtet.[1093] Liegt der Eintritt des Versicherungsfalls bei Eröffnung des Insolvenzverfahrens außerhalb des kritischen Zeitraums, sind innerhalb der kritischen Zeit keine Prämienzahlungen erfolgt.

b) Bei Abtretungen

Liegt die Abtretung außerhalb des kritischen Zeitraums, kommt eine Anfechtung der Abtretung nicht mehr in Betracht. Dann sind aber zumindest die Prämienzahlungen aus dem kritischen Zeitraum anfechtbar. Insoweit ergeben sich keine Unterschiede zu der Situation, in der das Insolvenzverfahren vor dem Eintritt des Versicherungsfalls eröffnet wird. Daher wird insoweit auf die dortigen Ausführungen verwiesen.[1094]

c) Bei Verpfändungen

Erfolgte die Verpfändung außerhalb des kritischen Zeitraums, sind zumindest die Prämienzahlungen, die innerhalb des Anfechtungszeitraums erfolgt sind, anfechtbar. Auch hinsichtlich der Verpfändung gilt das zur Anfechtung vor dem Eintritt des Versicherungsfalls Gesagte entsprechend.[1095]

5. Insolvenzanfechtung der Umwandlungserklärung i.S.d. § 167 VVG, §§ 129 ff. InsO

Auch nach dem Eintritt des Versicherungsfalls kann der Insolvenzverwalter eine über § 167 VVG erfolgte Umwandlung des Lebensversicherungsvertrages in eine pfändungsgeschützte Altersrentenversicherung i.S.d. § 851c ZPO nicht gemäß

1091 *Armbrüster/Pilz*, KTS 2004, 481, 499; Prölss/Martin/*Kollhosser*, 27. Aufl., § 13 ALB 86 Rn. 45; *Bork*, in: FS Kollhosser, 57, 67; *Dietzel*, Der Pfändungsschutz der privaten Altersvorsorge nach den §§ 851c und 851d ZPO, S. 223 f.; *Thiel*, ZIP 2002, 1232, 1235.

1092 § 5, A., II., 1., b), bb), bbb) – S. 280 f.

1093 *Menzel*, Vollstreckungsschutz zugunsten privater Altersvorsorge, S. 127.

1094 § 5, A., I., 11., b) – S. 271 f.

1095 § 5, A., I., 11., c) – S. 272.

§§ 129 ff. InsO anfechten. Es gilt das zur Anfechtung vor Eintritt des Versicherungsfalls Gesagte entsprechend.[1096]

III. Eröffnung des Insolvenzverfahrens nach Verkauf des Lebensversicherungsvertrages

Seit geraumer Zeit besteht auch in Deutschland ein Zweitmarkt für Lebensversicherungen, der es kündigungswilligen Versicherungsnehmern ermöglicht, ihre „gebrauchten" Versicherungspolicen zu verkaufen.[1097] Die auf den Ankauf von Lebensversicherungen spezialisierten Unternehmen bieten den stornowilligen Versicherungsnehmern dabei Kaufpreise an, die bis zu 15 % über dem aktuellen Rückkaufswert liegen. Der Käufer der Police führt den Vertrag weiter, übernimmt die Prämienzahlungen und kassiert am Ende die Versicherungssumme nebst Überschussbeteiligung.

Der Verkauf einer Lebensversicherung bringt im Optimalfall für alle Beteiligten wirtschaftliche Vorteile mit sich: Der Versicherungsnehmer erhält einen (teils deutlich) über dem aktuellen Rückkaufswert liegenden Kaufpreis und steht damit wirtschaftlich besser als im Falle einer Kündigung. Der Käufer erzielt durch die Fortzahlung der Prämien eine sog. Fortsetzungsrendite[1098]. Darunter versteht man die hypothetische Effektivverzinsung, die jemand erhält, der die Police zum Rückkaufswert kauft, alle weiteren Prämien bezahlt und dann die Ablaufleistung erhält.[1099] Die Ablaufleistung ist also höher als die Summe der vom Käufer an den Verkäufer (Kaufpreis) und an den Versicherer (Prämienzahlungen) erbrachten Leistungen.

Der Verkauf eines Lebensversicherungsvertrages kann in verschiedenen Varianten vollzogen werden:[1100] Beim „Vertragsübernahme-Modell" kommt es zu einer Übertragung des Lebensversicherungsvertrages im Ganzen, d.h. zu einem Eintritt des Käufers in den Vertrag an die Stelle des Verkäufers.[1101] Der Käufer wird neuer (alleiniger) Vertragspartner des Versicherers und Inhaber sämtlicher Rechte und Pflichten aus dem Vertragsverhältnis. Zwar ist die Vertragsübernahme, d.h. die Auswechslung einer Vertragspartei durch Rechtsgeschäft, gesetzlich nicht ausdrücklich geregelt. Das Gesetz regelt nur den Erwerb einzelner Forderungen, §§ 398 ff. BGB, und die Übernahme einzelner Schulden, §§ 414 ff. BGB. Es ist jedoch einhellig anerkannt, dass auch die gesamte Vertragsposition durch ein einheitliches

---

1096 § 5, A., I., 12. – S. 272 ff.

1097 Ausführlich zum Verkauf von Lebensversicherungen auf dem Zweitmarkt: Bruck/Möller/*Winter*, § 159 Rn. 406 ff.; *Honsel*, in: Liber amicorum für Gerrit Winter, S. 505 ff.; *Hasse*, VersR 2011, 156 ff.; *Sieprath*, DRiZ 2008, 49, 51 f.

1098 *Sieprath*, DRiZ 2008, 49, 51.

1099 *Sieprath*, DRiZ 2008, 49, 51 (Fn. 14).

1100 Bruck/Möller/*Winter*, § 159 Rn. 406 ff.; *Sieprath*, Der Handel mit gebrauchten Lebensversicherungen, S. 70 ff.; *Honsel*, in: Liber amicorum für Gerrit Winter, S. 505 ff.; *Hasse*, VersR 2011, 156, 158 ff.; *Sieprath*, DRiZ 2008, 49, 51 f.

1101 *Hasse*, VersR 2011, 156, 159.

Rechtsgeschäft übertragen werden kann.[1102] Die Vertragsübernahme erfolgt entweder mittels einer dreiseitigen Vereinbarung zwischen den alten Vertragsparteien und dem Übernehmer oder durch einen Vertrag zwischen dem austretenden und dem eintretenden Teil mit Zustimmung der verbleibenden Partei.[1103]

Eine andere Variante ist das „Abtretungs- und Schuldübernahme-Modell". Dabei kommt es zu einer summierten Einzelrechtsnachfolge des Erwerbers durch Abtretung aller Ansprüche und Rechte aus der Lebensversicherung gemäß §§ 398, 413 BGB mit gleichzeitiger Übernahme aller Verbindlichkeiten gemäß § 415 BGB.[1104] Dadurch wird der Verkäufer zwar von seiner Prämienzahlungspflicht befreit und er hat sich sämtlicher Ansprüche und Rechte aus seiner Lebensversicherung begeben. Anders als beim Vertragsübernahme-Modell bleibt der Verkäufer beim Abtretungs- und Schuldübernahme-Modell aber Versicherungsnehmer und damit Vertragspartner des Versicherers.[1105]

Der Verkauf einer Lebensversicherung kann auch im Rahmen des sog. „Treuhand-Modells" vollzogen werden.[1106] Auch bei dieser Konstellation bleibt der Verkäufer Versicherungsnehmer und damit Vertragspartner des Versicherers. Er tritt lediglich den Leistungsanspruch an den Käufer ab und bestellt ihm zusätzlich ein unwiderrufliches Bezugsrecht.[1107] Mit der Hauptforderung überträgt der Verkäufer meist auch sämtliche Gestaltungsrechte auf den Käufer. Der Käufer verpflichtet sich gegenüber dem Verkäufer, alle nach der Veräußerung fällig werdenden Prämien zu zahlen.

1102 BGH NJW-RR 2007, 529, 530; PWW/*Müller*, § 398 Rn. 27; Palandt/*Grüneberg*, § 398 Rn. 41; MüKoBGB/*Roth/Kieninger*, § 398 Rn. 4; Jauernig/*Stürner*, § 398 Rn. 32; Soergel/*Schreiber*, Vor § 398 Rn. 5; Erman/*Röthel*, Vor § 414 Rn. 2 und Rn. 4; Staudinger/*Busche* (2012), Einl zu §§ 398 ff Rn. 196 ff.; Bamberger/Roth/*Rohe*, §§ 414, 415 Rn. 26.

1103 Jauernig/*Stürner*, § 398 Rn. 32; Soergel/*Schreiber*, Vor § 398 Rn. 5; Staudinger/*Busche* (2012), Einl zu §§ 398 ff Rn. 201; *Hasse*, VersR 2011, 156, 159.

1104 *Hasse*, VersR 2011, 156, 159.

1105 *Hasse*, VersR 2011, 156, 159.

1106 *Hasse*, VersR 2011, 156, 159 f.

1107 Auf die Frage, ob diese Konstruktion rechtlich überhaupt möglich ist, soll an dieser Stelle nicht vertieft eingegangen werden. Es ist allerdings zu bedenken, dass der Versicherungsnehmer nach der wirksamen Abtretung des Leistungsanspruchs kein unwiderrufliches Bezugsrecht mehr bestellen kann. Durch die Abtretung hat der Versicherungsnehmer den Leistungsanspruch bereits auf den Zessionar übertragen, so dass er mangels Forderungsinhaberschaft kein unwiderrufliches Bezugsrecht mehr bestellen kann. Ebenso kommt eine Abtretung nach der Bestellung eines unwiderruflichen Bezugsrechts nicht mehr in Betracht, weil der Leistungsanspruch nicht mehr dem Vermögen des Versicherungsnehmers zugeordnet ist, vgl. § 3, A., I., 1., a), bb) – S. 12 ff. Tritt der Versicherungsnehmer den Leistungsanspruch zunächst ab und bestellt er sodann noch ein unwiderrufliches Bezugsrecht, geht die Bezugsrechtsbestellung ins Leere. Ihr kommt nur dann Bedeutung zu, wenn die Abtretung unwirksam sein sollte.

Als vierte Möglichkeit kommt das „Begünstigungsmodell“ in Betracht,[1108] welches in der Praxis aber kaum eine Rolle spielen dürfte, weil der Verkäufer Inhaber des Kündigungsrechts bleibt. Beim Begünstigungsmodell kommt es weder zu einer Vertragsübernahme noch tritt der Verkäufer den Leistungsanspruch an den Käufer ab. Vielmehr räumt der Verkäufer, der auch bei diesem Modell Versicherungsnehmer bleibt, dem Käufer ein unwiderrufliches Bezugsrecht ein. Gleichzeitig verpflichtet sich der Käufer zur Übernahme der Prämienzahlung.

Wird nach dem Verkauf der Lebensversicherung das Insolvenzverfahren über das Vermögen des Verkäufers eröffnet, kommt die Frage auf, ob dem Insolvenzverwalter Handlungsmöglichkeiten hinsichtlich des Vertrages zustehen. Immerhin bleibt der Insolvenzschuldner beim Treuhand-, beim Begünstigungs- und auch beim Abtretungs- und Schuldübernahme-Modell Versicherungsnehmer, so dass er Partei des Lebensversicherungsvertrages ist.

1. *Treuhand-Modell*

a) *Ansicht von Lachner/Lexa*

Lachner/Lexa[1109] haben sich intensiver mit der Frage befasst, wie sich die Eröffnung des Insolvenzverfahrens über das Vermögen des Verkäufers auf den Käufer der Lebensversicherung auswirkt. Dabei beschränken sie ihre Untersuchung auf das Treuhand-Modell.

Nach ihrer Einschätzung soll für Käufer von Lebensversicherungen, bei denen der Kauf mittels des Treuhand-Modells vollzogen wird, eine erhebliche Gefahr bestehen, dass sie trotz der Übernahme der Prämienzahlungen am Ende nicht in den Genuss der vollen Versicherungsleistung kommen und damit im Ergebnis ein Verlustgeschäft erleiden, wenn während der Vertragslaufzeit über das Vermögen des Verkäufers das Insolvenzverfahren eröffnet wird.[1110]

Weil der Verkäufer beim Treuhand-Modell Versicherungsnehmer bleibt, könne der Insolvenzverwalter ab der Verfahrenseröffnung gemäß § 103 InsO zwischen Erfüllung und Nichterfüllung des Vertrages wählen.[1111] Weil der Verwalter mit der rein deklaratorisch wirkenden Erfüllungsablehnung die bereits durch die Verfahrenseröffnung eingetretene Rechtsfolge der Nichtdurchsetzbarkeit bekräftigt, könne der Käufer während des gesamten Insolvenzverfahrens keine Leistung des Versicherers verlangen. Dies gelte selbst dann, wenn der Käufer gemäß § 34 Abs. 1 VVG die Prämienzahlung übernommen hat. Der Erfüllungsanspruch bleibe während des gesamten Verfahrens undurchsetzbar. Damit sei ungewiss, wann der Käufer mit einer Auszahlung rechnen kann. Zahlt der Käufer die Prämien nicht weiter, könne der Versicherer den Vertrag aufgrund des Prämienverzugs kündigen. Durch die Kündigung des Versicherers werde der Vertrag in eine prämienfreie Versicherung

1108 *Hasse*, VersR 2011, 156, 158 f.
1109 *Lachner/Lexa*, NJW 2007, 1176 ff.
1110 *Lachner/Lexa*, NJW 2007, 1176, 1177.
1111 *Lachner/Lexa*, NJW 2007, 1176, 1178 f.

umgewandelt, § 166 VVG, so dass bei Eintritt des Versicherungsfalls ein reduzierter Auszahlungsbetrag anfalle.

Des Weiteren weisen *Lachner/Lexa* auf die Gefahr der Kündigung hin.[1112] Zwar werde das Kündigungsrecht meist mit dem Leistungsanspruch auf den Käufer übertragen. Ist dies aber ausnahmsweise nicht der Fall, gehe das Kündigungsrecht mit der Verfahrenseröffnung gemäß § 80 Abs. 1 InsO auf den Insolvenzverwalter über, so dass dieser in der Folge den Vertrag kündigen könne. Ein durch die Kündigung des Verwalters fällig werdender Rückkaufswert wäre zwar an den Käufer als Inhaber des Leistungsanspruchs zu leisten. Der Rückkaufswert könne aber geringer sein als der Kaufpreis, so dass der Käufer im Ergebnis ein Verlustgeschäft erleiden würde. Zumindest bekomme der Käufer nicht die von ihm angestrebte volle Versicherungssumme nebst Überschussbeteiligung.

b) Bewertung

Richtig ist, dass der Verkäufer beim Treuhand-Modell Versicherungsnehmer und damit Vertragspartner des Versicherers bleibt. Allerdings tritt der Verkäufer den Leistungsanspruch an den Käufer ab und er bestellt ihm zusätzlich ein unwiderrufliches Bezugsrecht. Dadurch wird der Käufer mit sofortiger Wirkung alleiniger Rechtsinhaber. Unabhängig davon, ob man auf die Abtretung oder die Bestellung des unwiderruflichen Bezugsrechts abstellt, ist der Leistungsanspruch nicht mehr dem Vermögen des Verkäufers, sondern allein dem Vermögen des Käufers zugewiesen.

Weil der Käufer alleiniger Rechtsinhaber ist, wird sein Anspruch auf die volle Versicherungssumme nebst Überschussbeteiligung durch die Eröffnung des Insolvenzverfahrens über das Vermögen des Verkäufers nicht gefährdet. Aufgrund der erfolgten Abtretung und / oder der Bestellung des unwiderruflichen Bezugsrechts bestehen die von *Lachner/Lexa* aufgezeigten Risiken für einen Käufer einer Lebensversicherung nicht. Im Einzelnen gilt Folgendes:

aa) Erfüllungswahlrecht des Insolvenzverwalters, § 103 InsO

Hat der Versicherungsnehmer den Leistungsanspruch vor der Verfahrenseröffnung abgetreten und / oder ein unwiderrufliches Bezugsrecht bestellt, ist der Leistungsanspruch ab diesem Zeitpunkt nicht mehr Bestandteil des Schuldnervermögens und fällt damit bei Eröffnung des Insolvenzverfahrens nicht in die Insolvenzmasse. Unabhängig davon, ob man auf die Abtretung oder auf die Bestellung der unwiderruflichen Bezugsberechtigung abstellt, ist der Lebensversicherungsvertrag vollständig als massefrei zu qualifizieren, so dass dem Insolvenzverwalter das Erfüllungswahlrecht aus § 103 InsO nicht zusteht.[1113] Weil der Vertrag vollständig massefrei ist, führt die Verfahrenseröffnung auch nicht zur Undurchsetzbarkeit der Ansprüche.

1112 *Lachner/Lexa*, NJW 2007, 1176, 1179.
1113 § 5, A., I., 4., d), aa) – S. 235 ff.

bb) Kündigungsrecht

Im Regelfall wird das Kündigungsrecht mit der Abtretung der Hauptforderung auf den Käufer übertragen. Aber selbst wenn der Verkäufer das Kündigungsrecht ausnahmsweise nicht auf den Käufer übertragen hat, droht trotzdem keine Kündigung durch den Insolvenzverwalter.

Gemäß § 80 Abs. 1 InsO geht das Kündigungsrecht nur auf den Insolvenzverwalter über, soweit der Leistungsanspruch massezugehörig ist. Hat der Versicherungsnehmer den Leistungsanspruch vor der Verfahrenseröffnung abgetreten und / oder hat er ein unwiderrufliches Bezugsrecht bestellt, ist der Vertrag vollumfänglich massefrei. Damit wird der Verwalter nicht gemäß § 80 Abs. 1 InsO Inhaber des Kündigungsrechts.[1114] Es verbleibt vielmehr beim Versicherungsnehmer. Für diesen wird in der Regel kein Anlass bestehen, den Vertrag zu kündigen. Weder ist sein Vermögen mit der Prämienzahlungspflicht belastet, diese übernimmt der Käufer, noch kann er durch die Kündigung eine Leistung an sich verlangen, weil der Käufer alleiniger Anspruchsinhaber ist.

cc) Anfechtung der Abtretung bzw. Bezugsrechtsbestellung, §§ 129 ff. InsO

Zudem besteht für den Käufer auch nicht die Gefahr, dass der Insolvenzverwalter die Abtretung oder die Bezugsrechtsbestellung gemäß den §§ 129 ff. InsO anficht.

Die Schenkungsanfechtung gemäß § 134 Abs. 1 InsO scheitert schon deshalb, weil der Verkäufer für die Abtretung bzw. für die Bezugsrechtsbestellung eine Gegenleistung in Form des vereinbarten Kaufpreises erhalten hat und somit keine unentgeltliche Leistung vorliegt.

Aber auch eine Anfechtung wegen vorsätzlicher Benachteiligung gemäß § 133 InsO kommt nicht in Betracht. Es mangelt schon an der dafür erforderlichen Gläubigerbenachteiligung. Zwar genügt auch für § 133 InsO bereits eine mittelbare Gläubigerbenachteiligung,[1115] die durch die Bestellung eines Bezugsrechts bzw. durch eine Abtretung des Leistungsanspruchs grds. eintritt. Erhält der Versicherungsnehmer für die Bezugsrechtsbestellung / Abtretung keine Gegenleistung, stehen die Gläubiger nach der Rechtshandlung wirtschaftlich betrachtet schlechter dar als vorher, weil sie bis zu diesem Zeitpunkt auf den Rückkaufswert der Versicherung hätten zugreifen können. Im Falle des Verkaufs eines Lebensversicherungsvertrages erhält der Schuldner aber eine Gegenleistung in Form eines Kaufpreises, der über dem aktuellen Leistungsanspruch (dem Rückkaufswert) liegt. Der erhaltene Kaufpreis fließt in das Vermögen des Schuldners, womit er dem Zugriff seiner Gläubiger ausgesetzt ist. Damit wird den Gläubigern zwar der Zugriff auf den Rückkaufswert der Versicherung entzogen, durch den Erhalt des Kaufpreises fließt aber ein Vermögenswert in das Vermögen des Schuldners, der sogar oberhalb des aktuellen Rückkaufswertes liegt. Weil die Gläubiger auf den im Schuldnervermögen stehenden

---

1114 § 5, A., I., 1., b) – S. 213 ff.

1115 MüKoInsO/*Kayser*, § 133 Rn. 11.

Kaufpreis zugreifen können, stehen sie im Falle einer Bezugsrechtsbestellung bzw. Abtretung, durch die der Verkauf des Lebensversicherungsvertrages vollzogen wird, wirtschaftlich betrachtet nicht schlechter als vorher.

Zudem greift der Anfechtungstatbestand des § 133 InsO nur, wenn der Schuldner mit Gläubigerbenachteiligungsvorsatz handelt und der andere Teil diesen Vorsatz im Zeitpunkt der Rechtshandlung positiv kannte. Anders als bei normalen Bezugsrechtsbestellungen und Abtretungen, bei denen es durchaus nahe liegt, dass der Versicherungsnehmer den Leistungsanspruch durch die vorgenomme Übertragung vor dem Zugriff seiner Gläubiger schützen will, verkauft er eine Lebensversicherung primär, um an Kapital zu kommen. Dieses Kapital in Form des Kaufpreises ist seinem Vermögen zugeordnet und dort dem Zugriff seiner Gläubiger ausgesetzt. Bei Bezugsrechtsbestellungen und Abtretungen im Zusammenhang mit dem Verkauf eines Lebensversicherungsvertrages wird daher in vielen Fällen kein Gläubigerbenachteiligungsvorsatz vorliegen.

Zudem hat der Käufer eines Lebensversicherungsvertrages im Zeitpunkt der Bezugsrechtsbestellung bzw. Abtretung häufig keine positive Kenntnis von der drohenden Zahlungsunfähigkeit des Schuldners.

2. Abtretungs- und Schuldübernahme-Modell

Gleiches gilt, wenn der Verkauf mittels des Abtretungs- und Schuldübernahme-Modells vollzogen wurde. Zwar bleibt auch hier der Verkäufer Versicherungsnehmer. Der Leistungsanspruch wird aber abgetreten, so dass er nicht mehr Bestandteil des Schuldnervermögens ist.

Bei vollständig massefreien Lebensversicherungen steht dem Insolvenzverwalter das Erfüllungswahlrecht aus § 103 InsO nicht zu.[1116] Mit dem Leistungsanspruch überträgt der Verkäufer beim Abtretungs- und Schuldübernahme-Modell auch sämtliche Gestaltungsrechte auf den Käufer, so dass der Insolvenzschuldner nicht mehr Inhaber des Kündigungsrechts ist. Dieses kann somit auch nicht gemäß § 80 Abs. 1 InsO auf den Insolvenzverwalter übergehen. Aber selbst wenn der Verkäufer weiterhin Inhaber des Kündigungsrechts wäre, könnte der Insolvenzverwalter den Vertrag nicht kündigen. Aufgrund der Abtretung des Leistungsanspruchs ist der Vertrag vollständig massefrei, so dass das Kündigungsrecht nicht gemäß § 80 Abs. 1 InsO auf den Verwalter übergeht.

Wie beim Treuhand-Modell scheidet auch hier eine Insolvenzanfechtung gemäß §§ 129 ff. InsO mangels Vorliegens eines Anfechtungsgrundes aus.

3. Begünstigungs-Modell

Dem Insolvenzverwalter stehen auch dann keinerlei Rechte zu, wenn der Verkäufer dem Käufer lediglich ein unwiderrufliches Bezugsrecht bestellt. Durch die Bezugsrechtsbestellung wird der Käufer mit sofortiger Wirkung alleiniger Rechtsinhaber,

1116 § 5, A., I., 4., d), aa) – S. 235 ff.

§ 159 Abs. 3 VVG. Der Lebensversicherungsvertrag ist ab diesem Zeitpunkt vollständig massefrei. Daher steht dem Verwalter weder das Erfüllungswahlrecht aus § 103 InsO zu[1117] noch geht das Kündigungsrecht gemäß § 80 Abs. 1 InsO auf ihn über.[1118] Auch hier scheidet eine Insolvenzanfechtung gemäß §§ 129 ff. InsO mangels Vorliegens eines Anfechtungsgrundes aus.

4. Vertragsübernahme-Modell

Wurde der Verkauf des Lebensversicherungsvertrages vor der Verfahrenseröffnung mittels des Vertragsübernahme-Modells vollzogen, ist der Käufer an die Stelle des Verkäufers gerückt und neuer Vertragspartner des Versicherers geworden. Wird in der Folge über das Vermögen des ehemaligen Versicherungsnehmers das Insolvenzverfahren eröffnet, ergeben sich hinsichtlich des verkauften und übertragenen Versicherungsvertrages keinerlei Probleme. Der Insolvenzschuldner ist seit der Vertragsübernahme durch den Käufer nicht mehr Vertragspartei des Versicherers, er ist folglich nicht mehr Versicherungsnehmer. Demnach steht auch die Massezugehörigkeit des Vertrages von Beginn an nicht in Frage. Auch hier scheidet eine Anfechtung gemäß §§ 129 ff. InsO mangels Vorliegens eines Anfechtungsgrundes aus.

B. Berufsunfähigkeitsversicherungen

I. Kündigungs- und Wahlrecht

Für die Beantwortung der Frage, ob dem Insolvenzverwalter das Kündigungs- und das Wahlrecht zustehen, ist danach zu differenzieren, ob es sich um eine rückkaufsfähige oder um eine nicht rückkaufsfähige Berufsunfähigkeitsversicherung handelt und ob der Versicherungsnehmer ein Bezugsrecht bestellt hat oder nicht.

1. Nicht rückkaufsfähige Berufsunfähigkeitsversicherungen

a) Ohne Bezugsrecht

Bei nicht rückkaufsfähigen Berufsunfähigkeitsversicherungen entsteht ein Leistungsanspruch nur bei Eintritt des Versicherungsfalls. Der dann entstehende Leistungsanspuch ist grds. vollumfänglich dem Zugriff des Insolvenzverwalters entzogen. Der Anspruch auf Beitragsbefreiung gemäß §§ 36 Abs. 1 S. 1 InsO, 851 Abs. 1 ZPO, 399 Alt. 1 BGB, der Anspruch auf Berufsunfähigkeitsrenten gemäß §§ 36 Abs. 1 S. 1 InsO, 850b Abs. 1 Nr. 1 ZPO.

Zwar kann der Insolvenzverwalter nach der höchstrichterlichen Rechtsprechung im Falle einer Billigkeitsentscheidung zu Lasten des Schuldners teilweise auf Berufsunfähigkeitsrenten zugreifen, §§ 36 Abs. 1 S. 2 InsO, 850b Abs. 2 ZPO. Dies

---

1117 § 5, A., I., 4., d), aa) – S. 235 ff.
1118 § 5, A., I., 1., b) – S. 213 ff.

ändert aber nichts an dem Grundsatz der vollständigen Massefreiheit. Die Billigkeitsentscheidung hängt von den Umständen des Einzelfalls ab. Für die Bewertung, ob es sich um einen (teilweise) massezugehörigen oder um einen vollständig massefreien Versicherungsvertrag handelt, kommt es auf den in den §§ 36 Abs. 1 S. 1 InsO, 850b Abs. 1 Nr. 1 ZPO normierten Grundsatz der vollständigen Massefreiheit an. Die Möglichkeit der Billigkeitsentscheidung nach §§ 36 Abs. 1 S. 2 InsO, 850b Abs. 2 ZPO ist insoweit außer Betracht zu lassen. Bei nicht rückkaufsfähigen Berufsunfähigkeitsversicherungen handelt es sich somit um vollständig massefreie Versicherungsverträge.

Ist der Leistungsanspruch eines Versicherungsvertrages vollständig massefrei, geht das Kündigungsrecht nicht gemäß § 80 Abs. 1 InsO auf den Insolvenzverwalter über.[1119] Es ist auch kein Grund ersichtlich, warum dem Verwalter in diesem Fall ein Kündigungsrecht zugesprochen werden sollte. Durch die Kündigung kann er keinen Rückkaufswert zur Masse ziehen. Nach der Verfahrenseröffnung fällig werdende Prämien sind nicht aus der Masse zu erbringen. Dies wäre nur der Fall, würde dem Verwalter das Erfüllungswahlrecht aus § 103 InsO zustehen und würde er sich für die Erfüllungswahl entscheiden, § 55 Abs. 1 Nr. 2 Alt. 1 InsO. Mangels Massezugehörigkeit des Leistungsanspruchs steht dem Verwalter das Erfüllungswahlrecht aus § 103 InsO aber nicht zu.[1120] Bei den nach der Verfahrenseröffnung fällig werdenden Prämien handelt es sich daher um Neuverbindlichkeiten, die der Versicherer nur gegen den Insolvenzschuldner persönlich geltend machen kann. Somit wird die Masse auch nicht mit der Prämienzahlung belastet. Unabhängig davon, dass das Kündigungsrecht aufgrund der grds. Massefreiheit des Leistungsanspruchs schon nicht gemäß § 80 Abs. 1 InsO auf den Verwalter übergeht, ist auch kein Grund ersichtlich, warum dem Verwalter eine Kündigungsmöglichkeit zustehen sollte.

Der Insolvenzverwalter kann nicht rückkaufsfähige Berufsunfähigkeitsversicherungen also nicht kündigen. Auch steht ihm das Erfüllungswahlrecht aus § 103 InsO nicht zu. Er kann lediglich im Falle einer zu Lasten des Schuldners gehenden Billigkeitsentscheidung die vom Versicherer erbrachten Rentenleistungen teilweise zur Masse ziehen.

b) Mit Bezugsrecht

aa) Widerrufliches Bezugsrecht

Das soeben Gesagte gilt auch dann, wenn ein widerrufliches Bezugsrecht bestellt wurde. Weil der Bezugsberechtigte erst mit dem Eintritt des Versicherungsfalls Rechtsinhaber wird, §§ 176, 159 Abs. 2 VVG, gleicht die Rechtslage während der Vertragslaufzeit derjenigen, wenn kein Bezugsrecht bestellt wurde. Weder kann der Verwalter den Vertrag kündigen noch steht ihm das Wahlrecht aus § 103 InsO zu.

1119 § 5, A., I., 1., b) – S. 213 ff.
1120 § 5, A., I., 4., d), aa) – S. 235 ff.

bb) Unwiderrufliches Bezugsrecht

Gleiches gilt, wenn ein unwiderrufliches Bezugsrecht bestellt wurde. In diesem Fall ist der Versicherungsvertrag schon deshalb vollständig massefrei, weil der Leistungsanspruch bereits seit der Bezugsrechtsbestellung dem Vermögen des Bezugsberechtigten zugeordnet ist, §§ 176, 159 Abs. 3 VVG.

2. *Rückkaufsfähige Berufsunfähigkeitsversicherungen*

a) Ohne Bezugsrecht

Anders verhält es sich hingegen bei rückkaufsfähigen Berufsunfähigkeitsversicherungen. Zwar gilt auch hier, dass der Anspruch nach Eintritt des Versicherungsfalls grds. vollumfänglich massefrei ist. Ein durch Kündigung fällig werdender Rückkaufswert ist allerdings nicht vor dem Zugriff des Verwalters geschützt. Dieser ist vielmehr vollumfänglich massezugehörig. Daher geht das Kündigungsrecht vollständig gemäß § 80 Abs. 1 InsO auf den Insolvenzverwalter über. Der Verwalter kann rückkaufsfähige Berufsunfähigkeitsversicherungen kündigen und den dadurch fällig werdenden, nicht dem Schutz der §§ 36 Abs. 1 InsO, 850 ff. ZPO unterliegenden Rückkaufswert zur Masse ziehen. Dem Verwalter steht auch das Wahlrecht aus § 103 InsO zu. Wie bei der Lebensversicherung führt allein die Erfüllungsablehnung gemäß § 103 InsO noch nicht zur Fälligkeit des Rückkaufswertes.[1121] Der Verwalter muss den Vertrag zwingend kündigen, wobei die Erfüllungsablehnung in der Regel konkludent die Kündigungserklärung beinhaltet.

b) Mit Bezugsrecht

aa) Widerrufliches Bezugsrecht

Dies gilt auch dann, wenn der Versicherungsnehmer ein widerrufliches Bezugsrecht bestellt hat. Bis zum Eintritt des Versicherungsfalls gleicht die Rechtslage der, wenn kein Bezugsrecht bestellt wurde. Der Verwalter kann den Vertrag kündigen. Ihm steht auch das Erfüllungswahlrecht aus § 103 InsO zu.

bb) Unwiderrufliches Bezugsrecht

Hat der Versicherungsnehmer vor der Verfahrenseröffnung ein unwiderrufliches Bezugsrecht bestellt, ist der Leistungsanspruch dem Vermögen des Bezugsberechtigten zugeordnet. Der Bezugsberechtigte ist auch Inhaber des Anspruchs auf den Rückkaufswert. Mangels Massezugehörigkeit des Leistungsanspruchs geht das Kündigungsrecht nicht gemäß § 80 Abs. 1 InsO auf den Insolvenzverwalter über. Dem Verwalter steht auch das Erfüllungswahlrecht aus § 103 InsO nicht zu.

1121 § 5, A., I., 4., e) – S. 237 ff.

II. Insolvenzanfechtung der Bezugsrechtsbestellung, §§ 129 ff. InsO

Hat der Versicherungsnehmer ein unwiderrufliches Bezugsrecht bestellt, scheidet ein Zugriff des Insolvenzverwalters sowohl vor als auch nach dem Eintritt des Versicherungfalls aus. Wie bei der Lebensversicherung[1122] kann der Insolvenzverwalter aber auch bei der Berufsunfähigkeitsversicherung unter den Voraussetzungen der §§ 129 ff. InsO die Bezugsrechtsbestellung anfechten. Nach dem Eintritt des Versicherungsfalls erlangt die Frage der Anfechtbarkeit auch bei einem widerruflichen Bezugsrecht Bedeutung. Auch diesbezüglich wird auf die Ausführungen zur Lebensversicherung verwiesen.[1123]

C. Private Krankenversicherungen

I. Versicherung eigener oder fremder Gesundheit für eigene Rechnung

Handelt es sich bei der privaten Krankenversicherung um eine Versicherung eigener oder fremder Gesundheit für eigene Rechnung, ist bezüglich der Handlungsmöglichkeiten des Insolvenzverwalters zwischen den einzelnen Vertragsarten, d.h. zwischen privaten Krankheitskostenvoll-, Krankentagegeld-, Krankenhaustagegeld-, privaten Krankenzusatz-, Auslandsreisekranken- und privaten Pflegeversicherungen zu unterscheiden.

1. Krankheitskostenvollversicherungen

a) Erfüllungswahlrecht des Insolvenzverwalters, § 103 InsO

Bezüglich der einzelnen Voraussetzungen des § 103 InsO und der Rechtsfolgen von Erfüllungswahl und -verweigerung wird auf die Ausführungen zur Lebensversicherung verwiesen.[1124] Dort wurde bereits festgestellt, dass dem Insolvenzverwalter das Erfüllungswahlrecht aus § 103 InsO nur bezüglich solcher Versicherungsverträge zusteht, deren Leistungsansprüche (zumindest teilweise) massezugehörig sind.[1125] Ist die Hauptleistung aus einem Versicherungsvertrag insbesondere wegen Unpfändbarkeit insolvenzfrei, §§ 36 Abs. 1 InsO, 850 ff. ZPO, findet § 103 InsO mangels Vorliegens des ungeschriebenen Tatbestandsmerkmals der Massezugehörigkeit des Leistungsanspruchs keine Anwendung.

1122 § 5, A., I., 8., b) – S. 245 ff.
1123 § 5, A., II., 1., b) – S. 279 ff.
1124 § 5, A., I., 4. – S. 232 ff.
1125 § 5, A., I., 4., d) – S. 235 ff.

Leistungsansprüche aus privaten Krankheitskostenvollversicherungen unterliegen allesamt dem Pfändungsschutz des § 850b Abs. 1 Nr. 4 ZPO.[1126] Sie sind damit zugleich vollständig dem Zugriff des Insolvenzverwalters entzogen, §§ 36 Abs. 1 S. 1 InsO, 850b Abs. 1 Nr. 4 ZPO. Etwas anderes gilt allein für Beitragsrückvergütungs-[1127] und Prämienrückerstattungsansprüche[1128] sowie für freiwillige Bonusleistungen im Falle der Teilnahme an gesundheitsfördernden Behandlungsprogrammen.[1129] Auf diese Leistungen kann der Insolvenzverwalter mangels Anwendbarkeit der §§ 36 Abs. 1 S. 1 InsO, 850b Abs. 1 Nr. 4 ZPO zugreifen. Dabei handelt es sich allerdings um (teils freiwillige) Leistungen, die nicht anlässlich einer medizinisch notwendigen Heilbehandlung oder einer Vorsorgeuntersuchung i.S.d. §§ 192 Abs. 1 VVG, 1 Abs. 2 lit. b MB/KK anfallen, die also nicht anlässlich eines Versicherungsfalls erbracht werden. Nur anhand dieser Leistungen ist jedoch zu bestimmen, ob der Versicherungsvertrag massefrei ist. Dies ist bei privaten Krankheitskostenvollversicherungen aufgrund der §§ 36 Abs. 1 S. 1 InsO, 850b Abs. 1 Nr. 4 ZPO der Fall. Eine Billigkeitsentscheidung zu Lasten des Schuldners nach §§ 36 Abs. 1 S. 2 InsO, 850b Abs. 2 ZPO kommt bei Einmalleistungen nach hier vertretener Ansicht nicht in Betracht.[1130] Mangels Massezugehörigkeit des Leistungsanspruchs findet § 103 InsO auf private Krankheitskostenvollversicherungen keine Anwendung.[1131] Der Insolvenzverwalter kann nicht zwischen Erfüllung und Nichterfüllung des Vertrages wählen.

Entgegen der Auffassung des OLG Frankfurt a.M.[1132] gilt dies auch dann, wenn der privat versicherte Insolvenzschuldner gleichzeitig in der gesetzlichen Krankenversicherung versicherungspflichtig und versichert ist. Allein das Bestehen einer Doppelversicherung ändert nichts an der Tatsache, dass es sich bei privaten Krankheitskostenvollversicherungen aufgrund der §§ 36 Abs. 1 S. 1 InsO, 850b Abs. 1 Nr. 4 ZPO um vollständig insolvenzfreie Versicherungsverträge handelt. Mangels Massezugehörigkeit des Leistungsanspruchs steht dem Verwalter das Erfüllungswahlrecht aus § 103 InsO nicht zu. Auch im Falle einer Doppelversicherung kann allein der Insolvenzschuldner über den Fortgang der privaten Krankheitskostenvollversicherung entscheiden.

1126 § 4, C., I., 4., a) – S. 163 ff.

1127 § 4, C., I., 4., b), cc) – S. 170 ff.

1128 § 4, C., I., 4., b), dd) – S. 172.

1129 § 4, C., I., 4., b), ee) – S. 172 f.

1130 § 4, A., I., 1., d), aa) – S. 71 ff.

1131 BGH VersR 2014, 452; OLG Schleswig ZInsO 2015, 802; OLG Frankfurt a.M. VersR 2013, 990, 992; LG Köln NZI 2014, 29, 30; LG Dortmund RuS 2012, 248, 249; AG Kiel NZI 2012, 30 f.; Graf-Schlicker/*Breitenbücher*, § 103 Rn. 62; *Busch*, VuR 2015, 272, 273; *Dahl*, NJW-Spezial 2014, 407; *Köke*, VIA 2014, 6, 7; *Wittmann*, EWiR 2014, 355, 356; *Koch*, KTS 2013, 80, 83; *Smid*, jurisPR-InsR 21/2013 Anm. 3; *Senger/Finke*, ZinsO 2012, 997, 1000 f.

1132 OLG Frankfurt a.M. ZVI 2013, 310 f.

b) *Kündigungsrecht*

aa) Grundsatz

Weil die Rechte des Schuldners aufgrund des klaren Wortlauts des § 80 Abs. 1 InsO nur bezüglich des zur Insolvenzmasse gehörenden Vermögens auf den Schuldner übergehen, verbleiben die Gestaltungsrechte vollständig massefreier Verträge beim Versicherungsnehmer. Auch diesbezüglich wird auf die Ausführungen zur Lebensversicherung verwiesen.[1133]

Private Krankheitskostenvollversicherungen gehören aufgrund der vollständigen Massefreiheit der Leistungsansprüche, §§ 36 Abs. 1 S. 1 InsO, 850b Abs. 1 Nr. 4 ZPO, nicht zur Insolvenzmasse. Auch wenn der Insolvenzverwalter auf Beitragsrückvergütungs- und Prämienrückerstattungsansprüche sowie auf freiwillige Bonusleistungen im Falle der Teilnahme an gesundheitsfördernden Behandlungsprogrammen zugreifen kann, ist für die Einordnung, ob ein Versicherungsvertrag massezugehörig oder massefrei ist, allein die Frage entscheidend, ob die bei Eintritt des Versicherungsfalls zu erbringende Leistung Bestandteil der Insolvenzmasse wird. Dies ist bei privaten Krankheitskostenvollversicherungen aufgrund der §§ 36 Abs. 1 S. 1 InsO, 850b Abs. 1 Nr. 4 ZPO nicht der Fall. Weil § 80 Abs. 1 InsO auf vollständig massefreie Verträge keine Anwendung findet, geht das Kündigungsrecht einer privaten Krankheitskostenvollversicherung nicht auf den Insolvenzverwalter über.[1134] Es verbleibt vielmehr beim Versicherungsnehmer.

bb) Sonderkündigungsrecht gemäß § 205 Abs. 2 VVG

Wie das LG Köln in einem Urteil vom 15.5.2013 zutreffend klargestellt hat, endet eine private Krankheitskostenvollversicherung nicht ipso iure, wenn die versicherte Person kraft Gesetzes in der gesetzlichen Krankenversicherung versicherungspflichtig wird, § 5 SGB V, oder ein gesetzlicher Anspruch auf Familienversicherung bzw. auf nicht nur vorübergehende Heilfürsorge aus einem beamtenrechtlichen oder ähnlichen Dienstverhältnis entsteht.[1135] Dies ergibt sich schon daraus, dass § 205 Abs. 2 VVG dem Versicherungsnehmer für diese Fälle ein Sonderkündigungsrecht zuspricht.[1136] Eines solchen Sonderkündigungsrechts bedürfte es nicht, wenn der Eintritt der Versicherungspflicht in der gesetzlichen Krankenversicherung bzw. die Entstehung des Anspruchs auf Familienversicherung zu einer automatischen Vertragsbeendigung führen würde. Ohne entsprechende Kündigung gemäß § 205 Abs. 2 VVG besteht die private Krankheitskostenvollversicherung somit unverändert fort, so dass auch weiterhin Prämienansprüche fällig werden.

1133 § 5, A., I., 1., b) – S. 213 ff.

1134 BGH VersR 2014, 452, 453; *Wittmann*, EWiR 2014, 355, 356.

1135 LG Köln NZI 2014, 29, 30; ebenso Prölss/Martin/*Voit*, § 205 Rn. 20; Langheid/Wandt/*Hütt*, § 205 Rn. 14; Schwintowski/Brömmelmeyer/*Brömmelmeyer*, § 205 Rn. 6; BK/*Hohlfeld*, § 178h Rn. 4.

1136 LG Köln NZI 2014, 29, 30.

Ist die versicherte Person einer privaten Krankheitskostenvollversicherung in der gesetzlichen Krankenversicherung versicherungspflichtig geworden und wurde über das Vermögen des Versicherungsnehmers das Insolvenzverfahren eröffnet, steht das Sonderkündigungsrecht aus § 205 Abs. 2 VVG allein dem Versicherungsnehmer zu. Weil Leistungsansprüche aus privaten Krankheitskostenvollversicherungen gemäß §§ 36 Abs. 1 S. 1 InsO, 850b Abs. 1 Nr. 4 ZPO vollumfänglich massefrei sind,[1137] geht das Kündigungsrecht des Versicherungsnehmers nicht gemäß § 80 Abs. 1 InsO auf den Insolvenzverwalter über.[1138] Dies gilt auch für das Sonderkündigungsrecht aus § 205 Abs. 2 VVG.[1139]

Kündigt der Versicherungsnehmer die Krankheitskostenvollversicherung innerhalb von drei Monaten ab dem Eintritt der Versicherungspflicht und erbringt er fristgemäß den Nachweis i.S.d. § 205 Abs. 2 S. 2 VVG, wirkt die Kündigung auf den Zeitpunkt des Eintritts der gesetzlichen Versicherungspflicht zurück, § 205 Abs. 2 S. 1 VVG. Nach Ablauf der Drei-Monats-Frist kann der Versicherungsnehmer den Vertrag zum Ende des Monats kündigen, in dem er den Eintritt der Versicherungspflicht nachweist, § 205 Abs. 2 S. 4 VVG. Die Kündigung hat dann ausschließlich Wirkung für die Zukunft. Das Sonderkündigungsrecht aus § 205 Abs. 2 VVG besteht nicht nur für die private Krankheitskostenvollversicherung, sondern auch für private Krankentagegeld- und private Pflegepflichtversicherungen. Auch sie erlöschen nicht automatisch, wenn die versicherte Person kraft Gesetzes kranken- oder pflegeversicherungspflichtig wird, sondern nur, wenn der Versicherungsnehmer von seinem Sonderkündigungsrecht aus § 205 Abs. 2 VVG Gebrauch gemacht hat.

2. *Krankentagegeldversicherungen*

Leistungen aus Krankentagegeldversicherungen sind grds. in vollem Umfang massefrei, §§ 36 Abs. 1 S. 1 InsO, 850b Abs. 1 Nr. 1 ZPO. Unter Heranziehung der höchstrichterlichen Rechtsprechung kann der Insolvenzverwalter zwar im Falle einer zu Lasten des Schuldners ergehenden Billigkeitsentscheidung nach §§ 36 Abs. 1 S. 2 InsO, 850b Abs. 2 ZPO teilweise auf Krankentagegelder zugreifen. Weil der Leistungsanspruch aus einer Krankentagegeldversicherung aber im Grundsatz vollständig dem insolvenzfreien Vermögen zugeordnet ist, §§ 36 Abs. 1 S. 1 InsO, 850b Abs. 1 Nr. 1 ZPO, und der Ausgang einer Billigkeitsentscheidung von den Umständen des jeweiligen Einzelfalls abhängt bzw. Krankentagegelder teilweise auch die Pfändungsfreibeträge nicht übersteigen und es damit bei dem Grundsatz der vollständigen Massefreiheit verbleiben kann, sind Krankentagegeldversicherungen

1137 § 4, C., I., 4., a) – S. 163 ff.; im Falle einer Versicherung fremder Gesundheit für fremde Rechnung sind die Leistungsansprüche gemäß §§ 194 Abs. 3, 44 Abs. 1 S. 1 VVG dem Vermögen der versicherten Person zugeordnet und im Falle der Eröffnung des Insolvenzverfahrens über das Vermögen des Versicherungsnehmers somit ebenfalls vollständig massefrei: § 3, C., I., 2. – S. 40 ff.

1138 § 5, A., I., 1., b) – S. 213 ff.

1139 A.A. wohl LG Köln NZI 2014, 29, 30.

als massefreie Versicherungsverträge zu qualifizieren. Aufgrund der grds. Massefreiheit des Leistungsanspruchs steht dem Insolvenzverwalter weder das Erfüllungswahlrecht aus § 103 InsO noch das Kündigungsrecht zu.[1140] Es gilt das zur Krankheitskostenvollversicherung Gesagte entsprechend, so dass insoweit auf die dortigen Ausführungen verwiesen wird.[1141]

Sollte eine Billigkeitsentscheidung nach §§ 36 Abs. 1 S. 2 InsO, 850b Abs. 2 ZPO zu Lasten des Schuldners ergehen, verbleibt es dabei, dass der Verwalter weder das Wahlrecht des § 103 InsO noch das Kündigungsrecht ausüben kann. Ihm steht allein das Recht zu, die Krankentagegelder zur Masse zu ziehen, soweit diese die Pfändungsfreibeträge des § 850c ZPO übersteigen.

3. *Krankenhaustagegeldversicherungen*

Auch die Leistungen aus Krankenhaustagegeldversicherungen sind in der Regel vollständig massefrei, §§ 36 Abs. 1 S. 1 InsO, 850b Abs. 1 Nr. 4 ZPO. Etwas anderes gilt unter Heranziehung der höchstrichterlichen Rechtsprechung nur dann, wenn eine Billigkeitsentscheidung zu Lasten des Schuldners ergeht, §§ 36 Abs. 1 S. 2 InsO, 850b Abs. 2 ZPO. In diesem Fall kann der Insolvenzverwalter auf die Krankenhaustagegelder zugreifen, soweit diese die Pfändungsfreibeträge für Arbeitseinkommen übersteigen.

Weil die Leistungen aber grds. vollständig massefrei sind, §§ 36 Abs. 1 S. 1 InsO, 850b Abs. 1 Nr. 4 ZPO, gilt das zur Krankentagegeldversicherung Gesagte entsprechend. Bezüglich der Handlungsmöglichkeiten des Insolvenzverwalters wird auf die dortigen Ausführungen verwiesen.[1142] Dem Verwalter steht weder das Wahlrecht aus § 103 InsO noch das Kündigungsrecht zur Verfügung.[1143] Dies gilt auch für den Fall einer zu Lasten des Schuldners ergehenden Billigkeitsentscheidung. In diesem Fall kann der Verwalter lediglich denjenigen Teil der Tagegelder zur Masse ziehen, der die Pfändungsfreibeträge für Arbeitseinkommen übersteigt.

4. *Private Krankenzusatzversicherungen*

Leistungen aus privaten Krankenzusatzversicherungen sind wie Leistungen aus privaten Krankheitskostenvollversicherungen gemäß §§ 36 Abs. 1 S. 1 InsO, 850b Abs. 1 Nr. 4 ZPO vollständig dem Zugriff des Insolvenzverwalters entzogen. Weil auch private Krankenzusatzversicherer in der Regel Einmalleistungen erbringen,

---

1140 A.A. *Rauscher*, VersR 2014, 295, 298, nach dem Krankentagegeld-, Krankenhaustagegeld- und sonstige Krankenzusatzversicherungen nicht dem Schutz der §§ 36 Abs. 1 S. 1 InsO, 850 ff. ZPO unterliegen, so dass § 103 InsO Anwendung finde.

1141 § 5, C., I., 1. – S. 295 ff.

1142 § 5, C., I., 2. – S. 298 f.

1143 A.A. *Rauscher*, VersR 2014, 295, 298, nach dem Krankentagegeld-, Krankenhaustagegeld- und sonstige Krankenzusatzversicherungen nicht dem Schutz der §§ 36 Abs. 1 S. 1 InsO, 850 ff. ZPO unterliegen, so dass § 103 InsO Anwendung finde.

scheidet nach hier vertretener Auffassung eine Billigkeitsentscheidung zu Lasten des Schuldners gemäß §§ 36 Abs. 1 S. 2 InsO, 850b Abs. 2 ZPO aus.[1144] Auch bei privaten Krankenzusatzversicherungen handelt es sich damit um vollständig massefreie Versicherungsverträge, die dem massefreien Vermögen des Insolvenzschuldners zugeordnet sind. Bezüglich der Handlungsmöglichkeiten des Insolvenzverwalters wird daher vollständig auf die Ausführungen zur privaten Krankheitskostenvollversicherung verwiesen.[1145] Die Ausführungen gelten für private Krankenzusatzversicherungen entsprechend. Mangels Massezugehörigkeit des Leistungsanspruchs kann sich der Verwalter weder auf das Wahlrecht aus § 103 InsO berufen noch kann er eine private Krankenzusatzversicherung kündigen.[1146] Bei privaten Krankenzusatzversicherungen handelt es sich um vollständig massefreie Verträge, die der Insolvenzschuldner nach der Verfahrenseröffnung außerhalb des Insolvenzverfahrens fortführen kann.

5. Auslandsreisekrankenversicherungen

Weil auch die Leistungen aus Auslandsreisekrankenversicherungen gemäß §§ 36 Abs. 1 S. 1 InsO, 850b Abs. 1 Nr. 4 ZPO vollumfänglich massefrei sind, gelten die Ausführungen zur privaten Krankheitskostenvollversicherung bzw. zu den privaten Krankenzusatzversicherungen entsprechend.[1147] Auch bei Auslandsreisekrankenversicherungen steht dem Insolvenzverwalter das Wahlrecht aus § 103 InsO mangels Massezugehörigkeit des Leistungsanspruchs nicht zu. Aus dem gleichen Grund geht das Kündigungsrecht nicht gemäß § 80 Abs. 1 InsO auf den Insolvenzverwalter über. Vielmehr kann der Insolvenzschuldner die Auslandsreisekrankenversicherung nach der Verfahrenseröffnung außerhalb des Insolvenzverfahrens fortführen.

6. Private Pflegeversicherungen

a) Private Pflegepflichtversicherungen

Die Leistungen aus privaten Pflegepflichtversicherungen sind ebenfalls vollständig massefrei, §§ 36 Abs. 1 S. 1 InsO, 850b Abs. 1 Nr. 4 ZPO. Daher gelten auch hier hinsichtlich der Handlungsmöglichkeiten des Verwalters die Ausführungen zur privaten Krankheitskostenvollversicherung entsprechend.[1148]

1144 § 4, A., I., 1., d), aa) – S. 71 ff.
1145 § 5, C., I., 1. – S. 295 ff.
1146 A.A. *Rauscher*, VersR 2014, 295, 298, nach dem Krankentagegeld-, Krankenhaustagegeld- und sonstige Krankenzusatzversicherungen nicht dem Schutz der §§ 36 Abs. 1 S. 1 InsO, 850 ff. ZPO unterliegen, so dass § 103 InsO Anwendung finde.
1147 § 5, C., I., 1. – S. 295 ff.
1148 § 5, C., I., 1. – S. 295 ff.

b) Private Pflegezusatzversicherungen

aa) Private ergänzende Pflegekostenversicherungen

Auch die Leistungen aus privaten ergänzenden Pflegekostenversicherungen sind gemäß §§ 36 Abs. 1 S. 1 InsO, 850b Abs. 1 Nr. 4 ZPO vollständig dem Zugriff des Insolvenzverwalters entzogen. Daher gelten auch hier hinsichtlich der Handlungsmöglichkeiten des Verwalters die Ausführungen zur privaten Krankheitskostenvollversicherung entsprechend.[1149] Weder geht das Kündigungsrecht gemäß § 80 Abs. 1 InsO auf den Insolvenzverwalter über noch kann dieser gemäß § 103 InsO zwischen Erfüllung und Nichterfüllung des Vertrages wählen.

bb) Private Pflegetagegeldversicherungen

Leistungen aus privaten Pflegetagegeldversicherungen sind massefrei, soweit sie tatsächlich zu Unterstützungszwecken gewährt werden, §§ 36 Abs. 1 S. 1 InsO, 850 Abs. 1 Nr. 4 ZPO. Die Situation gleicht derjenigen bei Krankenhaustagegeldversicherungen, so dass hinsichtlich der Handlungsmöglichkeiten des Insolvenzverwalters auf die dortigen Ausführungen verwiesen wird.[1150] Dem Verwalter steht weder das Erfüllungswahlrecht aus § 103 InsO zu noch kann er den Vertrag kündigen.

II. Versicherung fremder Gesundheit für fremde Rechnung

Handelt es sich um eine Krankenversicherung fremder Gesundheit für fremde Rechnung,[1151] ist der Leistungsanspruch ebenfalls vollumfänglich massefrei. Die Versicherungsforderung ist gemäß §§ 194 Abs. 3 S. 1, 44 Abs. 1 S. 1 VVG dem Vermögen der versicherten Person zugeordnet, so dass sie unabhängig von den §§ 36 Abs. 1 S. 1 InsO, 850 ff. ZPO schon mangels Zugehörigkeit zum Schuldnervermögen nicht Bestandteil der Insolvenzmasse wird.

Bezüglich der Handlungsmöglichkeiten des Insolvenzverwalters kann daher hinsichtlich sämtlicher Krankenversicherungsverträge auf die Ausführungen zur Krankheitskostenvollversicherung verwiesen werden,[1152] weil auch dort die Leistungsansprüche, allerdings über die §§ 36 Abs. 1 S. 1 InsO, 850 ff. ZPO, vollständig massefrei sind. Aufgrund der fehlenden Massezugehörigkeit steht dem Insolvenzverwalter weder das Erfüllungswahlrecht aus § 103 InsO zu noch kann er private Krankenversicherungen für fremde Rechnung kündigen.

1149 § 5, C., I., 1. – S. 295 ff.

1150 § 5, C., I., 3. – S. 299.

1151 Zur Abgrenzung zwischen Versicherung fremder Gesundheit für eigene Rechnung und Versicherung fremder Gesundheit für fremde Rechnung bei fehlender Personenidentität zwischen Versicherungsnehmer und versicherter Person: § 3, C., I., 2., a) – S. 41 ff.

1152 § 5, C., I., 1. – S. 295 ff.

D. Private Unfallversicherungen

Für die Beantwortung der Frage, welche Handlungsmöglichkeiten dem Insolvenzverwalter bezüglich eines bestehenden Unfallversicherungsvertrages zustehen, ist zwischen Unfallversicherungen für fremde und Unfallversicherungen für eigene Rechnung zu differenzieren.

I. Unfallversicherung für fremde Rechnung

Handelt es sich um eine Unfallversicherung für fremde Rechnung, was im Falle fehlender Personenidentität zwischen Versicherungsnehmer und versicherter Person die Regel ist, sind sämtliche Leistungsansprüche vollumfänglich massefrei, wenn über das Vermögen des Versicherungsnehmers das Insolvenzverfahren eröffnet wird. Alle Versicherungsforderungen aus dem Unfallversicherungsvertrag sind gemäß §§ 179 Abs. 1 S. 1, 44 Abs. 1 S. 1 VVG dem Vermögen der versicherten Person zugeordnet. Sie werden daher mangels Zugehörigkeit zum Schuldnervermögen nicht über § 35 Abs. 1 InsO Bestandteil der Insolvenzmasse.

Ist die Unfallversicherung rückkaufsfähig, gilt dies auch für den Anspruch auf den Rückkaufswert. Aufgrund der fehlenden Massezugehörigkeit des Vertrages steht dem Insolvenzverwalter weder das Erfüllungswahlrecht aus § 103 InsO zu[1153] noch kann er private Unfallversicherungen für fremde Rechnung kündigen.[1154] Auch ansonsten stehen dem Insolvenzverwalter keinerlei Handlungsmöglichkeiten zur Verfügung. Die Unfallversicherung für fremde Rechnung wird Abseits des Insolvenzverfahrens fortgeführt.

II. Unfallversicherung für eigene Rechnung

Anders verhält es sich hingegen bei Unfallversicherungen für eigene Rechnung, bei denen der Leistungsanspruch grds. dem Vermögen des Versicherungsnehmers zugeordnet ist. Für die Beantwortung der Frage, welche Handlungsmöglichkeiten dem Insolvenzverwalter bei Unfallversicherungen für eigene Rechnung zustehen, ist zwischen vollständig massefreien und (zumindest teilweise) massezugehörigen Verträgen zu differenzieren.

1. Kündigungs-, Erfüllungswahl- und Widerrufsrecht

a) Vollständig massefreie Verträge

Ist der Unfallversicherungsvertrag vollständig massefrei, geht weder das Kündigungsrecht noch das Widerrufsrecht bezüglich eines Bezugsrechts gemäß § 80 Abs. 1 InsO auf den Insolvenzverwalter über. Er kann sich auch nicht auf das Erfüllungswahlrecht aus § 103 InsO berufen.

1153 § 5, A., I., 4., d), aa) – S. 235 ff.
1154 § 5, A., I., 1., b) – S. 213 ff.

Allerdings ist die vollständige Massefreiheit die Ausnahme, weil ein Versicherungsnehmer in der Regel in einem Unfallversicherungsvertrag mehrere Leistungsarten versichert hat und somit mehrere Leistungsansprüche bestehen, die hinsichtlich ihrer Massezugehörigkeit unterschiedlich zu bewerten sind. So ist etwa die Anwendbarkeit der §§ 36 Abs. 1 InsO, 850 ff. ZPO hinsichtlich jeder Leistungsart anders zu beurteilen, was dazu führen kann, dass der Anspruch hinsichtlich einer Leistungsart vollständig massefrei ist, andere Leistungen hingegen (teilweise) massezugehörig sind. Die Massefreiheit eines Leistungsanspruchs kann auch auf der Bestellung eines unwiderruflichen Bezugsrechts oder auf einer Abtretung basieren. Der Vertrag ist aber nur dann vollständig massefrei, wenn hinsichtlich aller Leistungsarten unwiderrufliche Bezugsrechte bestellt bzw. die Ansprüche aller Leistungsarten abgetreten wurden. Dies ist meist nicht der Fall, insbesondere können Bezugsrechte nur hinsichtlich solcher Leistungsarten vereinbart werden, die einmalige Kapitalleistungen vorsehen. Ist der Vertrag rückkaufsfähig kommt erschwerend die Frage hinzu, ob auch der Rückkaufswert von der Bezugsrechtsbestellung bzw. der Abtretung erfasst wurde. Nur wenn dies der Fall ist, kann der Vertrag als vollständig massefrei qualifiziert werden.

b) Vollständig oder teilweise massezugehörige Verträge

In der Regel ist der Unfallversicherungsvertrag zumindest teilweise massezugehörig, weil nicht hinsichtlich aller Leistungsarten unwiderrufliche Bezugsrechte bestehen, nicht alle Leistungsansprüche abgetreten wurden und nicht alle Forderungen vollumfänglich dem Schutz der §§ 36 Abs. 1 InsO, 850 ff. ZPO unterliegen.

Ist der Vertrag zumindest teilweise massezugehörig, steht dem Insolvenzverwalter das Erfüllungswahlrecht aus § 103 InsO zu. In der Regel kann er bei einer Unfallversicherung für eigene Rechnung also gemäß § 103 InsO zwischen Erfüllung und Nichterfüllung wählen. Zudem geht auch das Kündigungs- und das Widerrufsrecht bezüglich eines Bezugsrechts gemäß § 80 Abs. 1 InsO auf den Insolvenzverwalter über. Der Verwalter kann Unfallversicherungen für eigene Rechnung also in der Regel kündigen. Bei der Unfallversicherung geht das Kündigungsrecht auch im Falle nur teilweiser Massezugehörigkeit vollumfänglich auf den Insolvenzverwalter über. Anders als bei der Lebensversicherung besteht bei der Unfallversicherung nicht nur ein Leistungsanspruch, der teilweise massezugehörig und teilweise massefrei ist. Vielmehr basiert die teilweise Massefreiheit des Vertrages auf dem Umstand, dass der Versicherungsnehmer verschiedene Leistungsarten versichert hat, also mehrere Leistungsansprüche bestehen, von denen einige (teilweise) in die Masse fallen und andere (zum Teil) geschützt sind. Der für die Lebensversicherung aufgestellte Grundsatz, dass das Kündigungsrecht nur übergeht, soweit der (eine) Leistungsanspruch in die Masse fällt, ist bei Unfallversicherungen nicht anwendbar. Das Kündigungsrecht geht somit immer vollständig auf den Verwalter über.

Die Kündigungsmöglichkeit wird für den Verwalter insbesondere dann wichtig, wenn der Unfallversicherungsvertrag rückkaufsfähig ist. Durch die Kündigung wird der Rückkaufswert fällig, den der Verwalter sodann zur Masse ziehen kann. Wie bei der Lebensversicherung führt allein die Erfüllungsablehnung gemäß § 103 InsO noch nicht zur Fälligkeit des Rückkaufswertes.[1155] Der Verwalter muss den Vertrag zwingend kündigen, wobei die Erfüllungsablehnung in der Regel konkludent die Kündigungserklärung beinhaltet.

2. *Freigabe des Unfallversicherungsvertrags*

Der Insolvenzverwalter kann einen (teilweise) massezugehörigen Unfallversicherungsvertrag auch freigeben. Dabei ist allerdings Folgendes zu beachten: Erleidet der Insolvenzschuldner nach der Freigabe einen Unfall und entstehen deshalb Zahlungsansprüche gegen den privaten Unfallversicherer, kann der Insolvenzverwalter aufgrund der zuvor erfolgten Freigabe auch dann keine Leistungen aus dem Unfallversicherungsvertrag zur Masse ziehen, wenn die Leistungsansprüche eigentlich (teilweise) massezugehörig wären. Mit der Freigabe überträgt der Insolvenzverwalter den Versicherungsvertrag dauerhaft und in vollem Unfang auf das insolvenzfreie Vermögen des Insolvenzschuldners. Damit sind sämtliche Leistungsansprüche, die auf dem freigegebenen Vertrag beruhen, vollständig massefrei.[1156]

3. *Insolvenzanfechtung der Bezugsrechtsbestellung, §§ 129 ff. InsO*

Wurde für eine Leistungsart ein Bezugsrecht bestellt, kann der Insolvenzverwalter nach dem Eintritt des Versicherungsfalls nicht auf den Leistungsanspruch zugreifen. Dies gilt unabhängig davon, ob das Bezugsrecht widerruflich, §§ 185, 159 Abs. 2 VVG, oder unwiderruflich, §§ 185, 159 Abs. 3 VVG, ausgestaltet wurde.

Der Verwalter kann aber dennoch eine Leistung zur Masse ziehen, sollte er die Bezugsrechtsbestellung gemäß §§ 129 ff. InsO anfechten können. In der Regel wird nur eine Schenkungsanfechtung gemäß § 134 Abs. 1 InsO in Betracht kommen. Hinsichtlich der Anfechtungsfrist ist unter Berücksichtigung des § 140 Abs. 1 InsO zu differenzieren: Im Falle eines unwiderruflichen Bezugsrechts beginnt die Frist bereits im Zeitpunkt der Bezugsrechtsbestellung. Wurde ein widerrufliches Bezugsrecht bestellt, beginnt die Frist mit dem Eintritt des Versicherungsfalls, weil die rechtlichen Wirkungen erst zu diesem Zeitpunkt eintreten.

Ist die Unfallversicherung rückkaufsfähig und will der Insolvenzverwalter auf den Rückkaufswert zugreifen, steht eine widerrufliche Bezugsberechtigung dem nicht entgegen. Etwas anderes kann im Falle einer unwiderruflichen Bezugsberechtigung gelten. Hier ist in jedem Einzelfall zu ermitteln, ob der Bezugsberechtigte auch Inhaber des Anspruchs auf den Rückkaufswert werden sollte. Im Zweifel ist dies nicht der Fall. Sollte der Anspruch auf den Rückkaufswert aber ausnahmsweise dem Vermögen des unwiderruflich Bezugsberechtigten zugeordnet sein, kann der Verwalter nur dann eine Leistung zur Masse ziehen, wenn er die

---

1155 § 5, A., I., 4., e) – S. 237 ff.

1156 OLG Koblenz VersR 2012, 765, 766.

Bezugsrechtsbestellung gemäß §§ 129 ff. InsO anfechten kann. Die Frist beginnt im Zeitpunkt der Bezugsrechtsbestellung.

4. *Insolvenzanfechtung der Abtretung, §§ 129 ff. InsO*

Hat der Versicherungsnehmer den Anspruch einer Leistungsart abgetreten, scheidet ein Zugriff des Insolvenzverwalters aus, weil die Versicherungsforderung dem Vermögen des Zessionars zugeordnet ist.

Der Insolvenzverwalter kann aber dennoch eine Leistung zur Masse ziehen, sollte er die Abtretung gemäß §§ 129 ff. InsO anfechten können. Die Anfechtungsfrist beginnt im Zeitpunkt der Abtretung, weil bereits zu diesem Zeitpunkt die rechtlichen Wirkungen eintreten, § 140 Abs. 1 InsO. Die Möglichkeit der Anfechtung gemäß §§ 129 ff. InsO wird auch dann relevant, wenn der Vertrag rückkaufsfähig ist und der Insolvenzverwalter vor dem Eintritt des Versicherungsfalls auf den Rückkaufswert zugreifen will, dieser aber ausnahmsweise von der Abtretung erfasst wurde.

5. *Insolvenzanfechtung der Verpfändung, §§ 129 ff. InsO*

Auch wenn der Versicherungsnehmer den Anspruch einer Leistungsart verpfändet hat, kann der Verwalter nur dann eine Leistung zur Masse ziehen, sollte er die Verpfändung gemäß §§ 129 ff. InsO anfechten können. Die Anfechtungsfrist beginnt im Zeitpunkt der Verpfändung. Die Möglichkeit der Anfechtung wird auch dann relevant, wenn der Anspruch auf den Rückkaufswert mit verpfändet wurde und der Verwalter vor dem Eintritt des Versicherungsfalls auf den Rückkaufswert zugreifen will.

E. Zusammenfassung der Ergebnisse

Die Handlungsmöglichkeiten des Insolvenzverwalters hängen maßgeblich davon ab, ob es sich bei der konkret betroffenen Versicherung um einen (teilweise) massezugehörigen oder um einen massefreien Versicherungsvertrag handelt.

Soweit der Vertrag massezugehörig ist, geht mit der Eröffnung des Insolvenzverfahrens das Kündigungsrecht gemäß § 80 Abs. 1 InsO auf den Insolvenzverwalter über.

Sofern ein widerrufliches Bezugsrecht besteht, wird der Insolvenzverwalter mit der Verfahrenseröffnung über § 80 Abs. 1 InsO auch Inhaber des Widerrufsrechts, soweit der Vertrag massezugehörig ist.

Mit der Eröffnung des Insolvenzverfahrens entsteht zudem das Erfüllungswahlrecht des Verwalters aus § 103 InsO. Auch dieses setzt aber voraus, dass der konkret betroffene Versicherungsvertrag (zumindest teilweise) massezugehörig ist.

Dem Insolvenzverwalter ist es möglich, (teilweise) massezugehörige Versicherungsverträge freizugeben. In der Folge werden die Verträge außerhalb des Insolvenzverfahrens durch den Schuldner fortgeführt.

Hat der Versicherungsnehmer Bezugsrechte bestellt, so kann der Insolvenzverwalter die Bezugsrechtsbestellung nach Maßgabe der §§ 129 ff. InsO anfechten. In der Regel kommt eine Anfechtung gemäß § 134 InsO in Betracht. Dabei ist zwischen unwiderruflichen und widerruflichen Bezugsrechten zu differenzieren. Der unwiderruflich Bezugsberechtigte wird mit sofortiger Wirkung Rechtsinhaber, weshalb der Zeitpunkt der Bezugsrechtsbestellung für den Fristbeginn maßgeblich ist. Die Bezugsrechtsbestellung ist anfechtbar, wenn sie innerhalb der letzten vier Jahre vor dem Antrag auf Eröffnung des Insolvenzverfahrens erfolgt ist. Erfolgte die Bezugsrechtsbestellung außerhalb des Vierjahreszeitraums, können zumindest die Prämienzahlungen der letzten vier Jahre angefochten werden. Der widerruflich Bezugsberechtigte wird erst mit dem Eintritt des Versicherungsfalls Rechtsinhaber. Maßgeblich ist somit der Zeitpunkt des Eintritts des Versicherungsfalls. Die Bezugsrechtsbestellung ist daher anfechtbar, wenn der Versicherungsfall innerhalb der letzten vier Jahre vor dem Antrag auf Eröffnung des Insolvenzverfahrens eingetreten ist. Erfolgt die Anfechtung vor dem Eintritt des Versicherungsfalls, ist der zu diesem Zeitpunkt aktuelle Rückkaufswert in die Masse zu leisten. Im Falle der Anfechtung nach Eintritt des Versicherungsfalls ist die volle Versicherungsleistung in die Masse zurückzugewähren.

Auch Abtretungen und Verpfändungen sind nach Maßgabe der §§ 129 ff. InsO anfechtbar. Fristauslösendes Ereignis ist dabei der Zeitpunkt der Abtretung bzw. der Verpfändung.

Bei Lebensversicherungen kann der Insolvenzverwalter den Vertrag zudem in eine prämienfreie Versicherung umwandeln. Das Umwandlungsrecht aus § 165 VVG geht mit der Verfahrenseröffnung gemäß § 80 Abs. 1 InsO auf den Insolvenzverwalter über.

Hat der Versicherungsnehmer seine Lebensversicherung gemäß § 167 VVG in eine Altersrentenversicherung i.S.d. § 851c ZPO umgewandelt, kann der Insolvenzverwalter diese Umwandlung nicht gemäß §§ 129 ff. InsO anfechten. Mangels eines tauglichen Anfechtungsgegners sind Umwandlungserklärungen i.S.d. § 167 VVG von vornherein nicht anfechtbar.

Hat der Versicherungsnehmer einen Verbraucherdarlehensvertrag i.S.d. § 491 Abs. 1 BGB und zugleich eine Restschuldversicherung abgeschlossen, geht das Widerrufsrecht hinsichtlich des Verbraucherdarlehensvertrages aus den §§ 495 Abs. 1, 355 BGB mit der Verfahrenseröffnung gemäß § 80 Abs. 1 InsO auf den Insolvenzverwalter über. Bei den beiden Verträgen handelt es sich um verbundene Verträge i.S.d. § 358 BGB. Widerruft der Insolvenzverwalter den Verbraucherdarlehensvertrag, ist der Verbraucher gemäß § 358 Abs. 2 BGB auch an seine auf den Abschluss des Restschuldversicherungsvertrages gerichtete Willenserklärung nicht mehr gebunden. Gemäß § 358 Abs. 4 S. 1 BGB ist der mit dem Darlehensvertrag verbundene Restschuldversicherungsvertrag ebenfalls nach Maßgabe der §§ 355 Abs. 3 S. 1, 357 ff. BGB rückabzuwickeln. Die Rückabwicklung erfolgt wegen § 358 Abs. 4 S. 5 BGB insgesamt, d.h. auch bezüglich des Versicherungsvertrages, zwischen Darlehensgeber und Darlehensnehmer. Dennoch entstehen zwei eigenständige Rückabwicklungsverhältnisse. Es kommt nicht zu einer automatischen Verrechnung der zurückzugewährenden Beträge. Eine Aufrechnung scheitert an § 96 Abs. 1 Nr. 1 InsO. Der Insolvenzverwalter kann die im Falle eines Widerrufs zurückzugewährende Versicherungsprämie zur Masse ziehen.

Wird das Insolvenzverfahren eröffnet, nachdem der Lebensversicherungsvertrag auf dem Zweitmarkt verkauft wurde und erfolgte der Verkauf nach einem Modell, bei dem der Verkäufer Versicherungsnehmer bleibt, bestehen im Falle der Insolvenz des Versicherungsnehmers (Verkäufers) keine Gefahren für den Käufer des Vertrages. Im Falle des Verkaufs der Lebensversicherung wird der Käufer immer mit sofortiger Wirkung Rechtsinhaber. Dies erfolgt entweder durch die Abtretung des Leistungsanspruchs oder durch die Bestellung eines unwiderruflichen Bezugsrechts. Weil der Vertrag damit vollständig massefrei ist, geht weder das Kündigungsrecht auf den Insolvenzverwalter über noch steht dem Verwalter das Erfüllungswahlrecht aus § 103 InsO zu. Eine Anfechtung der Bezugsrechtsbestellung oder Abtretung nach Maßgabe der §§ 129 ff. InsO kommt nicht in Betracht. Eine Anfechtung nach § 134 InsO scheitert an der Unentgeltlichkeit, weil der Versicherungsnehmer den vereinbarten Kaufpreis erhalten hat. Eine Anfechtung nach § 133 InsO scheitert an der fehlenden Gläubigerbenachteiligung. Der Versicherungsnehmer erhält eine Gegenleistung in Form eines Kaufpreises, der über dem aktuellen Leistungsanspruch (dem Rückkaufswert) liegt. Der erhaltene Kaufpreis fließt in das Vermögen des Schuldners, womit er dem Zugriff seiner Gläubiger ausgesetzt ist. Der Verkauf führt also dazu, dass das Vermögen, welches dem Gläubigerzugriff ausgesetzt ist, sogar erhöht wird.

§ 6 Handlungsmöglichkeiten sonstiger Berechtigter

Wird über das Vermögen des Versicherungsnehmers das Insolvenzverfahren eröffnet, können dadurch Interessen Bezugsberechtigter oder Angehöriger beeinträchtigt werden. Im Folgenden wird für die einzelnen Personenversicherungen der Frage nachgegangen, ob diesen Personenkreisen Handlungsmöglichkeiten zustehen, um etwaige Nachteile, die ihnen durch die Eröffnung des Insolvenzverfahrens drohen, zu vermeiden.

A. Lebensversicherungen

I. Handlungsmöglichkeiten der Bezugsberechtigten

Für den Bezugsberechtigten kommt im Falle der Eröffnung des Insolvenzverfahrens über das Vermögen des Versicherungsnehmers sowohl die Übernahme der Prämienzahlungen gemäß § 34 VVG als auch das Eintrittsrecht aus § 170 VVG in Betracht. Bei der Untersuchung ist zwischen widerruflich und unwiderruflich Bezugsberechtigten zu differenzieren.

1. Widerrufliche Bezugsberechtigung

a) Übernahme der Prämienzahlung, § 34 VVG

Werden nach der Verfahrenseröffnung Prämien fällig und werden diese weder vom Insolvenzverwalter noch vom Versicherungsnehmer erbracht, kommt die Frage auf, ob der Bezugsberechtigte die ausbleibenden Prämienzahlungen übernehmen kann und ob der Versicherer zur Annahme verpflichtet ist.

Hat der Schuldner nicht in Person zu leisten, ist es Dritten zwar grds. möglich die Leistung des Schuldners zu bewirken, § 267 Abs. 1 BGB. Daher kann der Bezugsberechtigte durchaus die Prämienzahlungen des Versicherungsnehmers übernehmen. Widerspricht der Schuldner, ist der Gläubiger aber nicht zur Annahme der Leistungen verpflichtet, § 267 Abs. 2 BGB. Etwas anderes gilt allerdings im Falle des § 34 Abs. 1 VVG, der § 267 BGB teilweise abändert.[1157] Nach § 34 Abs. 1 VVG ist der Versicherer verpflichtet, fällige Prämien von einem Bezugsberechtigten selbst dann anzunehmen, wenn er die Zahlungen nach den Vorschriften des Bürgerlichen Gesetzbuchs zurückweisen könnte, vorausgesetzt der Bezugsberechtigte hat das Recht auf die Leistung in dem Zeitpunkt, in dem er die Prämien entrichtet, bereits erworben.

1157 Prölss/Martin/*Knappmann*, § 34 Rn. 1; MüKoBGB/*Krüger*, § 267 Rn. 16.

Widerruflich Bezugsberechtigte werden erst mit dem Eintritt des Versicherungsfalls Rechtsinhaber, § 159 Abs. 2 VVG, so dass sie das Recht auf die Leistung im Zeitpunkt der Prämienzahlung noch nicht erworben haben. Sie können sich daher nicht auf das Ablösungsrecht des § 34 Abs. 1 VVG berufen. Dieses Recht steht ausschließlich unwiderruflich Bezugsberechtigten zu.[1158] Bei widerruflich Begünstigten verbleibt es somit bei der allgemeinen Regelung des § 267 BGB. Sie können die Prämienzahlungen zwar grds. übernehmen, § 267 Abs. 1 BGB. Der Versicherer kann die Leistung aber ablehnen, sollte der Versicherungsnehmer widersprechen, § 267 Abs. 2 BGB.

b) Eintrittsrecht, § 170 Abs. 1 S. 1 VVG

Selbst wenn der Versicherer die Prämienzahlungen des Bezugsberechtigten annimmt, hat dieser keinen Einfluss darauf, ob der Lebensversicherungsvertrag fortgeführt oder beendet wird. Diese Entscheidung trifft bei massezugehörigen Verträgen allein der Insolvenzverwalter im Interesse der Insolvenzmasse.[1159] Die Vertragserfüllung wird er dabei nur wählen, wenn der Versicherungsfall vor Abschluss des Insolvenzverfahrens sicher eintreten wird und er dadurch die volle Versicherungssumme zur Masse ziehen kann.[1160] Ist der Eintritt des Versicherungsfalls hingegen nicht zu erwarten, wird sich der Verwalter gegen die Vertragserfüllung entscheiden. Ist die Versicherung rückkaufsfähig, wird er den Vertrag in der Regel kündigen und die Bezugsberechtigung widerrufen, um die Masse um den Rückkaufswert zu erweitern. Ist die Versicherung nicht rückkaufsfähig, wird es der Verwalter bei der Nichtdurchsetzbarkeit der Ansprüche belassen. An einer Kündigung dürfte er mangels Rückkaufsfähigkeit kein Interesse haben. Alternativ wird er den Vertrag freigeben. Im Falle einer Freigabe droht eine Kündigung durch den Insolvenzschuldner, weil dieser die fällig werdenden Prämien u.U. nicht aus seinem ohnehin schon geringen insolvenzfreien Vermögen aufbringen kann oder will. Gleiches gilt bei vollständig massefreien Lebensversicherungen.

Eine vorzeitige Vertragsbeendigung seitens des Insolvenzverwalters oder des Insolvenzschuldners, die mittels Übernahme der Prämienzahlung nicht verhindert werden kann, kollidiert erheblich mit dem Interesse des Bezugsberechtigten am Erhalt der vollen Versicherungsleistung bei Eintritt des Versicherungsfalls. Zum Schutz des Bezugsberechtigten hat der Gesetzgeber u.a. für den Fall der Insolvenz des Versicherungsnehmers in § 170 VVG ein Eintrittsrecht normiert.

1158 Bruck/Möller/*Winter*, § 159 Rn. 149; Hk-VVG/*Karczewski*, § 34 Rn. 2.

1159 Gottwald/*Huber*, Insolvenzrechts-Handbuch, § 35 Rn. 17.

1160 *Prahl*, VersR 2006, 884; *Hasse*, VersR 2005, 15, 20; weitere Motive für die Wahl der Erfüllung des Lebensversicherungsvertrages bei *Eitelberg*, Lebensversicherung und Drittrechte, S. 151.

aa) Grundsatz

§ 170 Abs. 1 S. 1 VVG ermöglicht dem namentlich bezeichneten Bezugsberechtigten, mit Zustimmung des Versicherungsnehmers innerhalb eines Monats ab der Eröffnung des Insolvenzverfahrens durch formlose Anzeige gegenüber dem Versicherer in den Lebensversicherungsvertrag einzutreten.[1161] Tritt der Berechtigte ein, hat er gemäß § 170 Abs. 1 S. 2 VVG den Betrag in die Masse zu leisten, dessen Zahlung der Versicherungsnehmer im Falle der Kündigung vom Versicherer verlangen könnte, d.h. den aktuellen Rückkaufswert.[1162]

Besteht ein Bezugsrecht, ist der Bezugsberechtigte aber nicht namentlich benannt (etwa „meinem Kind" oder „meinem Ehepartner"), steht ihm das Eintrittsrecht aufgrund des klaren Wortlauts des § 170 Abs. 1 S. 1 VVG nicht zu. Der Bezugsberechtigte muss zwingend namentlich benannt sein, eine bloße Bestimmbarkeit des Berechtigten genügt für das Eintrittsrecht aus § 170 Abs. 1 S. 1 VVG nicht.[1163] Ein Eintrittsrecht kann sich in diesem Fall aber über § 170 Abs. 2 VVG ergeben.[1164] Das Eintrittsrecht besteht nur, solange der Versicherungsfall noch nicht eingetreten ist.[1165]

1161 Für den Beginn der einmonatigen Eintrittsfrist ist es irrelevant, ob der Bezugsberechtigte Kenntnis von der Eröffnung des Insolvenzverfahrens hat: Bruck/Möller/*Winter*, § 170 Rn. 47; Langheid/Wandt/*Mönnich*, § 170 Rn. 19; Schwintowski/Brömmelmeyer/*Ortmann*, § 170 Rn. 12; Römer/Langheid/*Langheid*, § 170 Rn. 11.

1162 Umstritten ist, ob die Zahlungspflicht des § 170 Abs. 1 S. 2 VVG Voraussetzung oder Folge des Eintritts ist. Handelt es sich um eine Voraussetzung, ist der Eintritt nur wirksam, wenn der Bezugsberechtigte den Rückkaufswert innerhalb der einmonatigen Eintrittsfrist entrichtet. Ist die Zahlungspflicht hingegen nur Folge des Eintritts, muss sie nicht innerhalb der einmonatigen Eintrittsfrist erfüllt werden. Für eine Wirksamkeitsvoraussetzung: Prölss/Martin/*Reiff*, § 170 Rn. 10 f.; Prölss/Martin/*Kollhosser*, 27. Aufl., § 177 Rn. 2; Bruck/Möller/*Winter*, § 170 Rn. 48; Römer/Langheid/*Langheid*, § 170 Rn. 13 f.; Römer/Langheid/*Römer*, 3. Aufl., § 170 Rn. 12 f.; FAKomm-VersR/*Höra/Leithoff*, § 170 VVG Rn. 7; *Hasse*, VersR 2005, 15, 33; *Ehrenzweig*, VersR 1951, 25 f.; für eine Folge: Schwintowski/Brömmelmeyer/*Ortmann*, § 170 Rn. 18; Hk-VVG/*Brambach*, § 170 Rn. 12; BK/Schwintowski, § 177 Rn. 19; Looschelders/Pohlmann/*Peters*, § 170 Rn. 11; Langheid/Wandt/*Mönnich*, § 170 Rn. 22; *Brömmelmeyer*, in: Beckmann/Matusche-Beckmann, § 42 Rn. 238; *Elfring*, BB 2004, 617, 620.

1163 Langheid/Wandt/*Mönnich*, § 170 Rn. 7; Prölss/Martin/*Reiff*, § 170 Rn. 5; Looschelders/Pohlmann/*Peters*, § 170 Rn. 6; Hk-VVG/*Brambach*, § 170 Rn. 6; Schwintowski/Brömmelmeyer/*Ortmann*, § 170 Rn. 8; Römer/Langheid/*Langheid*, § 170 Rn. 7; *Brömmelmeyer*, in: Beckmann/Matusche-Beckmann, § 42 Rn. 238; BK/*Schwintowski*, § 177 Rn. 8; Bruck/Möller/*Winter*, 8. Aufl., Anm. H 180.

1164 Zum Eintrittsrecht des Ehegatten, Lebenspartners und der Kinder des Versicherungsnehmers nach § 170 Abs. 2 VVG: § 6, A., II. – S. 323 ff.

1165 MüKoInsO/*Peters*, § 35 Rn. 417.

bb) Anwendbarkeit des § 170 VVG auf nicht rückkaufsfähige Versicherungen?

Der Anwendungsbereich des § 170 VVG ist entgegen einer teilweise vertretenen Auffassung[1166] nicht auf rückkaufsfähige Lebensversicherungen beschränkt.[1167]

Der Bezugsberechtigte eines nicht rückkaufsfähigen Vertrages wäre ansonsten erheblich benachteiligt. Er hätte keine Möglichkeit, seine Rechte durch den Eintritt in den Versicherungsvertrag zu wahren.[1168] Für ihn wäre ein Neuabschluss aufgrund des höheren Alters und des u.U. schlechteren Gesundheitszustandes der versicherten Person aber ebenso nachteilig wie für den Bezugsberechtigten eines rückkaufsfähigen Vertrages.[1169]

Auch steht die Zahlungspflicht des § 170 Abs. 1 S. 2 VVG einem Eintrittsrecht bei nicht rückkaufsfähigen Verträgen nicht entgegen. Im Falle des Eintritts hat der Bezugsberechtigte den Betrag in die Masse zu leisten, dessen Zahlung der Versicherungsnehmer im Falle der Kündigung vom Versicherer verlangen könnte. Wird eine nicht rückkaufsfähige Lebensversicherung gekündigt, hat der Versicherer keine Leistung an den Versicherungsnehmer zu erbringen. Gleiches gilt, wenn eine rückkaufsfähige Lebensversicherung gekündigt wird, für die noch kein positiver Rückkaufswert besteht. Weil der Versicherungsnehmer im Falle der Kündigung einer nicht rückkaufsfähigen Versicherung keine Leistung verlangen kann, läuft die Zahlungspflicht des Eintretenden nach § 170 Abs. 1 S. 2 VVG in diesen Fällen leer.[1170]

cc) Zustimmungserfordernis

Die Eintrittserklärung des Bezugsberechtigten ist nur wirksam, wenn der Versicherungsnehmer dem Eintritt zustimmt. Die Zustimmung muss innerhalb der einmonatigen Eintrittsfrist des § 170 Abs. 3 S. 2 VVG nachgewiesen werden.[1171]

1166 Prölss/Martin/*Reiff*, § 170 Rn. 3; Prölss/Martin/*Kollhosser*, 27. Aufl., § 177 Rn. 2; FAKomm-VersR/*Höra/Leithoff*, § 170 VVG Rn. 2; BK/*Schwintowski*, § 177 Rn. 3; Schwintowski/Brömmelmeyer/*Ortmann*, § 170 Rn. 3 f.; *Bruns*, Privatversicherungsrecht, § 26 Rn. 72; *Hatwig*, InsbürO 2013, 438; *Prahl*, VersR 2005, 1036, 1037; *Hasse*, VersR 2005, 15, 33; *Prölss*, DR 1940, 772.

1167 Römer/Langheid/*Langheid*, § 170 Rn. 2; Römer/Langheid/*Römer*, 3. Aufl., § 170 Rn. 2; Langheid/Wandt/*Mönnich*, § 170 Rn. 4; Hk-VVG/*Brambach*, § 170 Rn. 2; Bruck/Möller/*Winter*, § 170 Rn. 14.

1168 Bruck/Möller/*Winter*, 8. Aufl., Anm. H 176.

1169 Hk-VVG/*Brambach*, § 170 Rn. 2.

1170 So im Ergebnis auch Langheid/Wandt/*Mönnich*, § 170 Rn. 4.

1171 *Benkel/Hirschberg*, § 13 ALB 2008 Rn. 403; Römer/Langheid/*Langheid*, § 170 Rn. 6; Prölss/Martin/*Reiff*, § 170 Rn. 8; Prölss/Martin/*Kollhosser*, 27. Aufl., § 177 Rn. 2; Bruck/Möller/*Winter*, § 170 Rn. 48; Langheid/Wandt/*Mönnich*, § 170 Rn. 19; Hk-VVG/*Brambach*, § 170 Rn. 5; *Hasse*, VersR 2005, 15, 33; *Ehrenzweig*, VersR 1951, 25 f.; a.A. Schwintowski/Brömmelmeyer/*Ortmann*, § 170 Rn. 7; BK/*Schwintowski*, § 177 Rn. 5; Looschelders/Pohlmann/*Peters*, § 170 Rn. 4.

Die Zustimmung kann immer nur vom Versicherungsnehmer selbst erklärt und verweigert werden, nicht hingegen vom Insolvenzverwalter.[1172] Das Recht auf Zustimmung geht nicht mit der Verfahrenseröffnung gemäß § 80 Abs. 1 InsO auf den Insolvenzverwalter über.[1173]

Dies folgt insbesondere aus der Funktion des Verwaltungs- und Verfügungsrechts des § 80 Abs. 1 InsO. Mit dem gesetzlich angeordneten Übergang der Verwaltungs- und Verfügungsbefugnis nach Verfahrenseröffnung und der durch den Insolvenzverwalter erfolgten Beschlagnahme der Vermögensmasse soll die Haftungsmasse für die Insolvenzgläubiger ungeschmälert erhalten und masseschädigende Handlungen des Schuldners verhindert werden.[1174] Der Übergang des Verwaltungs- und Verfügungsrechts dient also dem Gläubigerschutz und der Sicherung der Insolvenzmasse. Masseschädigende Handlungen seitens des Schuldners, d.h. seitens des Versicherungsnehmers, drohen aber nicht, wenn dieser dem Eintritt eines Dritten nach § 170 VVG zustimmt. Der Eintretende hat den aktuellen Rückkaufswert in die Masse zu leisten, weshalb die Masse im Falle einer Zustimmung des Schuldners keine Verluste erleidet. Das Recht auf Zustimmung wird daher aufgrund des Sinn und Zwecks der Norm von § 80 Abs. 1 InsO nicht erfasst.

Zudem folgt der fehlende Übergang auf den Insolvenzverwalter draraus, dass das Recht auf Zustimmung nicht pfändbar ist.[1175] Zu beachten ist auch, dass der Wortlaut der Norm dieses Ergebnis voraussetzt, denn dort wird das Zustimmungsrecht auch nach der Eröffnung des Insolvenzverfahrens allein dem Versicherungsnehmer zugesprochen. Des Weiteren besteht das Eintrittsrecht – und damit das Recht auf Zustimmung – vor der Verfahrenseröffnung noch nicht, sondern es entsteht erst mit der Verfahrenseröffnung. Abschließend ist zu berücksichtigen, dass der Verwalter das Eintrittsrecht willkürlich vereiteln könnte, würde das Zustimmungsrecht auf ihn übergehen. Es ist kein Grund ersichtlich, warum dem Verwalter ein solches Recht zugestanden werden sollte, hat der Eintritt doch aufgrund der Leistungspflicht des Eintretenden keine negativen Auswirkungen auf die Insolvenzmasse.

Zustimmungs- oder Verweigerungserklärungen des Verwalters entfalten daher keinerlei Rechtswirkungen.[1176]

Zudem bedarf es auch neben der Zustimmung des Versicherungsnehmers nicht noch zusätzlich einer Zustimmung des Insolvenzverwalters.[1177] Dies ergibt sich schon aus dem Gesetzeswortlaut, der trotz des Bezuges zum Insolvenzverfahren ausdrücklich nur die Zustimmung des Versicherungsnehmers verlangt. Auch hier

---

1172 Bruck/Möller/*Winter*, § 170 Rn. 30; *Hatwig*, InsbürO 2013, 438, 439.

1173 Langheid/Wandt/*Mönnich*, § 170 Rn. 17; Schwintowski/Brömmelmeyer/*Ortmann*, § 170 Rn. 7.

1174 FK-InsO/*Wimmer-Amend*, § 80 Rn. 1.

1175 Bruck/Möller/*Winter*, § 170 Rn. 38; Langheid/Wandt/*Mönnich*, § 170 Rn. 17; Prölss/Martin/*Reiff*, § 170 Rn. 9.

1176 Prölss/Martin/*Reiff*, § 170 Rn. 9; Römer/Langheid/*Langheid*, § 170 Rn. 5.

1177 A.A. *Müller*, Die Lebensversicherung in der Zwangsvollstreckung, S. 193 f. (Fn. 950); *Janca*, ZInsO 2003, 449.

gilt, dass kein Grund zu erkennen ist, weshalb dem Verwalter ein Recht zugestanden werden sollte, den Eintritt durch die Verweigerung der Zustimmung vereiteln zu können, obwohl die Insolvenzmasse den aktuellen Rückkaufswert erhält.

dd) Eintrittsrecht bei vollständiger Massefreiheit des Leistungsanspruchs?

§ 170 Abs. 1 S. 1 VVG setzt für das Eintrittsrecht lediglich voraus, dass über das Vermögen des Versicherungsnehmers das Insolvenzverfahren eröffnet wurde. Damit würde ein Eintrittsrecht grds. auch dann bestehen, wenn der Leistungsanspruch gemäß §§ 36 Abs. 1 InsO, 850 ff. ZPO vollumfänglich massefrei ist.

Ein Eintrittsrecht bei vollständiger Massefreiheit des Leistungsanspruchs würde aber dem Sinn und Zweck des § 170 VVG zuwiderlaufen. Durch § 170 VVG soll dem Bezugsberechtigten ermöglicht werden, die durch eine vorzeitige Kündigung des Insolvenzverwalters eintretenden Verluste zu vermeiden, in dem er an die Stelle des Versicherungsnehmers in den Vertrag eintritt.[1178] Ist der Leistungsanspruch aus dem Lebensversicherungsvertrag aber aufgrund der §§ 36 Abs. 1 InsO, 850 ff. ZPO vollständig massefrei, scheidet eine Kündigung durch den Insolvenzverwalter von vornherein aus. Weil es sich um einen vollständig massefreien Versicherungsvertrag handelt, geht das Kündigungsrecht nicht gemäß § 80 Abs. 1 InsO auf den Verwalter über.[1179] Es droht zwar eine Kündigung durch den Versicherungsnehmer, denn dieser bleibt bei vollständig massefreien Versicherungsverträgen zur Kündigung berechtigt. Diese Gefahr besteht aber während der gesamten Vertragslaufzeit, unabhängig von der Eröffnung des Insolvenzverfahrens. Der Bezugsberechtigte ist dauerhaft der Gefahr ausgesetzt, dass der Versicherungsnehmer den Vertrag vorzeitig beendet. Vor Verlusten, die durch eine Kündigung des Versicherungsnehmers eintreten, will § 170 VVG aber nicht schützen.[1180] Weil eine Kündigung durch den Insolvenzverwalter nicht in Betracht kommt, wenn der Leistungsanspruch vollständig massefrei ist, steht dem widerruflich Bezugsberechtigen das Eintrittsrecht in diesem Fall nicht zu.[1181]

Ist der Leistungsanspruch teilweise massezugehörig, wie etwa bei einer reinen Todesfallversicherung i.S.d. § 850b Abs. 1 Nr. 4 ZPO mit einem aktuellen Rückkaufswert von 5.000,– EUR, geht das Kündigungsrecht teilweise über § 80 Abs. 1 InsO auf

---

1178 Langheid/Wandt/*Mönnich*, § 170 Rn. 2; *v. Laun*, Das Eintrittsrecht in der Lebensversicherung (§ 177 VVG n.F.), S. 37 und S. 71; *König*, NVersZ 2002, 481.

1179 § 5, A., I., 1., b) – S. 213 ff.

1180 *v. Laun*, Das Eintrittsrecht in der Lebensversicherung (§ 177 VVG n.F.), S. 37.

1181 Gegen ein Eintrittsrecht bei Unpfändbarkeit des Leistungsanspruchs auch Bruck/Möller/*Winter*, § 170 Rn. 19; Schwintowski/Brömmelmeyer/*Ortmann*, § 170 Rn. 6; Langheid/Wandt/*Mönnich*, § 170 Rn. 6; FAKomm-VersR/*Höra/Leithoff*, § 170 VVG Rn. 3; Römer/Langheid/*Langheid*, § 170 Rn. 3; Prölss/Martin/*Reiff*, § 170 Rn. 4; Prölss/Martin/*Kollhosser*, 27. Aufl., § 177 Rn. 2; BK/*Schwintowski*, § 177 Rn. 4; *v. Laun*, Das Eintrittsrecht in der Lebensversicherung (§ 177 VVG n.F.), S. 37 ff. und S. 40; *Hasse*, VersR 2005, 15, 33.

den Verwalter über. In diesem Fall greift der Sinn und Zweck des § 170 VVG ein, weil eine Teilkündigung durch den Verwalter in Betracht kommt. Dem Bezugsberechtigten steht das Eintrittsrecht also immer dann zu, wenn der Leistungsanspruch zumindest teilweise massezugehörig ist.

ee) Rechtsfolgen des Eintritts

Durch den Eintritt wird der namentlich bezeichnete Bezugsberechtigte neuer Vertragspartner.[1182] Er übernimmt den Vertrag in dem Zustand, in dem er sich zum Eintrittszeitpunkt befindet.[1183] Die Gläubiger des insolventen Versicherungsnehmers erleiden hierdurch keine Nachteile, denn gemäß § 170 Abs. 1 S. 2 VVG hat der Eintretende die Forderungen der Insolvenzmasse bis zur Höhe des Betrages zu befriedigen, dessen Zahlung der Versicherungsnehmer im Falle der Kündigung des Versicherungsverhältnisses vom Versicherer verlangen kann. Der Bezugsberechtigte hat also den zum Zeitpunkt des Eintritts aktuellen Rückkaufswert in die Masse zu leisten. Die Masse wird im Falle eines Eintritts nach § 170 VVG in dem gleichen Umfang erweitert wie im Falle einer Kündigung durch den Verwalter.

ff) Konkurrenzverhältnisse

Gemäß § 170 Abs. 3 S. 2 VVG kann das Eintrittsrecht innerhalb eines Monats ab der Eröffnung des Insolvenzverfahrens ausgeübt werden. Innerhalb dieses Monats kann es mit den Rechten des Insolvenzverwalters konkurrieren, d.h. mit dem Erfüllungswahl-, dem Kündigungs- und dem Widerrufsrecht. Im Folgenden wird der Frage nachgegangen, wie diese Konkurrenzverhältnisse aufzulösen sind.

aaa) Konkurrenzverhältnis zwischen § 170 VVG und § 103 InsO

Innerhalb der einmonatigen Eintrittsfrist konkurriert das Eintrittsrecht aus § 170 VVG insbesondere mit dem Erfüllungswahlrecht des Insolvenzverwalters aus § 103 InsO.

Das Erfüllungswahlrecht des Insolvenzverwalters aus § 103 InsO setzt einen wirksamen Vertrag zwischen Insolvenzschuldner und einem Dritten voraus, im Versicherungsbereich also einen Versicherungsvertrag zwischen Insolvenzschuldner als Versicherungsnehmer und einem Versicherer. Mit dem Eintritt nach § 170 VVG wird der Bezugsberechtigte neuer Vertragspartner des Versicherers. Ab diesem Zeitpunkt existiert kein Vertrag zwischen Insolvenzschuldner (Versicherungsnehmer) und Versicherer mehr, weshalb dem Verwalter dann auch insoweit kein Erfüllungswahlrecht aus § 103 InsO mehr zusteht.

1182 *Brömmelmeyer*, in: Beckmann/Matusche-Beckmann, § 42 Rn. 237; Römer/Langheid/*Langheid*, § 170 Rn. 15; *Stegmann/Lind*, NVersZ 2002, 193, 196; *Hagemann*, ZVersWiss 1940, 19, 35.

1183 *v. Laun*, Das Eintrittsrecht in der Lebensversicherung (§ 177 VVG n.F.), S. 69.

Ähnlich verhält es sich mit dem Eintrittsrecht aus § 170 VVG. Nach dem Wortlaut des § 170 Abs. 1 S. 1 VVG kann der namentlich bezeichnete Bezugsberechtigte mit Zustimmung des Versicherungsnehmers „an seiner Stelle“ in den Versicherungsvertrag eintreten. Das Eintrittsrecht besteht also nur, solange ein ungestörters Vertragsverhältnis zwischen dem Versicherungsnehmer und dem Versicherer besteht. Entscheidet sich der Insolvenzverwalter im Rahmen des § 103 InsO für die Vertragserfüllung, wird der Vertrag in der Folge zwischen dem Verwalter und dem Vertragspartner fortgesetzt.[1184] Ab der Erfüllungswahl durch den Verwalter nach § 103 InsO kommt ein Eintritt nach § 170 VVG daher nicht mehr in Betracht.

Im Folgenden wird der Frage nachgegangen, wie diese Kollision der beiden Rechte aufzulösen ist, insbesbesondere, ob einem Recht der Vorrang vor dem anderen zu gewähren ist.

Die Gesetzeshistorie spricht für einen Vorrang des Eintrittsrechts aus § 170 VVG gegenüber dem Erfüllungswahlrecht des Verwalters aus § 103 InsO.[1185] Das Wahlrecht des Insolvenzverwalters war in § 15 KO bereits Bestandteil der Konkursordnung vom 10.2.1877.[1186] Es erfasste schon immer ausnahmslos alle gegenseitigen Verträge. Das auf Lebensversicherungsverträge beschränkte Eintrittsrecht des Bezugsberechtigten wurde erst im Zuge der Verordnung zur Vereinheitlichung des Rechts der Vertragsversicherung vom 19.12.1939[1187] in § 177 VVG a.F. aufgenommen und ist am 1.7.1940 in Kraft getreten. Obwohl das Erfüllungswahlrecht des Insolvenzverwalters bekannt war, wurde für den Bereich der Lebensversicherung ein bedingungsloses, auf einen Monat ab der Verfahrenseröffnung beschränktes Eintrittsrecht normiert. Mit § 170 VVG wurde eine Sondervorschrift geschaffen, die insoweit dem heutigen § 103 InsO vorgeht.

Für den Vorrang des Eintrittsrechts aus § 170 VVG spricht auch dessen zeitliche Begrenzung auf einen Monat ab der Verfahrenseröffnung.[1188] Mit dem Ablauf der einmonatigen Frist erlischt das Eintrittsrecht des § 170 VVG, während das zeitlich unbegrenzte Erfüllungswahlrecht des Verwalters nach § 103 InsO weiterhin besteht.

Auch ist zu bedenken, dass der Insolvenzverwalter immer vor dem Bezugsberechtigten Kenntnis von der Verfahrenseröffnung erlangt. Weder er noch der Versicherungsnehmer bzw. der Versicherer sind verpflichtet, den Eintrittsberechtigten von der Eröffnung des Insolvenzverfahrens bzw. vom Bestehen des Eintrittsrechts zu unterrichten.[1189] Aber auch wenn der Bezugsberechtigte zeitnah Kenntnis erlangt, würde ein „Wettlauf der Rechtsinhaber“ am Ende nahezu immer zugunsten des

1184 BGH NJW 2006, 2919, 2920; FK-InsO/*Wegener*, § 103 Rn. 87; Andres/Leithaus/*Andres*, § 103 Rn. 28; MüKoInsO/*Huber*, § 103 Rn. 164; Uhlenbruck/*Wegener*, § 103 Rn. 105.

1185 *König*, NVersZ 2002, 481, 483.

1186 RGBl., Jahrgang 1877, Nr. 10, S. 315 ff.

1187 RGBl. Teil I, Jahrgang 1939, Nr. 252, S. 2443 ff.

1188 Prölss/Martin/*Reiff*, § 170 Rn. 20; *König*, NVersZ 2002, 481, 483.

1189 Römer/Langheid/*Langheid*, § 170 Rn. 12; Looschelders/Pohlmann/*Peters*, § 170 Rn. 9; *Hagemann*, ZVersWiss 1940, 19, 35 f.

Verwalters ausgehen. Das Eintrittsrecht des Bezugsberechtigten wäre im Falle der Insolvenz praktisch gegenstandslos.

Ein Vorrang des Eintrittsrechts des Bezugsberechtigten aus § 170 VVG kann allerdings zu folgendem Nachteil führen:[1190] Schon aus haftungsrechtlichen Erwägungen wird sich der Insolvenzverwalter im Rahmen des § 103 InsO nur dann für die Erfüllung des Vertrages entscheiden, wenn der Versicherungsfall während des Verfahrens eintreten wird. Ansonsten würde er die Masse um die während des Verfahrens fällig werdenden Versicherungsprämien reduzieren, ohne dass sie um eine Gegenleistung erweitert wird. Bei Eintritt des Versicherungsfalls hätte der Versicherer die volle Versicherungssumme in die Masse zu leisten. Durch den Eintritt des Bezugsberechtigten erhält die Masse lediglich den aktuellen Rückkaufswert. Ein Vorrang des Eintrittsrechts des Bezugsberechtigten aus § 170 VVG kann somit zu Vermögenseinbußen der Gläubiger in Höhe der Differenz zwischen Rückkaufswert und Versicherungssumme führen. Mit dem Rückkaufswert durch den Eintrittsberechtigten, § 170 Abs. 1 S. 2 VVG, erhält die Masse weniger als sie mit der vollen Versicherungssumme bei Eintritt des Versicherungsfalls selbst erlösen kann.

Solche Vermögenseinbußen treten aber nur ein, wenn der Versicherungfall auch tatsächlich während des Insolvenzverfahrens eintritt. Entscheidet sich der Verwalter im Rahmen des § 103 InsO für die Vertragserfüllung und tritt der Versicherungsfall entgegen aller Prognosen nicht ein, muss der Verwalter den Vertrag gemäß §§ 168 Abs. 1 VVG, 80 Abs. 1 InsO kündigen um den Rückkaufswert zur Masse zu ziehen. Diesen hätte er jedoch gemäß § 170 Abs. 1 S. 2 VVG auch bei Eintritt des Bezugsberechtigten erhalten. Im Ergebnis wäre dem Bezugsberechtigten das Eintrittsrecht genommen worden, obwohl der Verwalter am Ende doch nicht die volle Versicherungssumme, sondern nur den Rückkaufswert realisiert. Auch könnte der Insolvenzverwalter das Eintrittsrecht des Bezugsberechtigten aushebeln, in dem er unmittelbar nach der Verfahrenseröffnung über § 103 InsO die Vertragserfüllung wählt und den Vertrag wenig später kündigt.

Auch wenn die Möglichkeit besteht, dass die Insolvenzmasse Verluste in Form der Differenz zwischen Rückkaufswert und Versicherungssumme erleidet, ist im Ergebnis dem Eintrittsrecht aus § 170 VVG als speziellere Vorschrift gegenüber dem allgemeineren Erfüllungswahlrecht aus § 103 InsO der Vorrang einzuräumen.[1191]

Der Verwalter kann erst nach Ablauf der Eintrittsfrist des § 170 Abs. 3 S. 2 VVG von seinem Erfüllungswahlrecht Gebrauch machen. Hat er das Wahlrecht schon vorher ausgeübt, wird seine Erklärung nur und erst wirksam, wenn die Eintrittsfrist

---

1190 Hierzu auch *König*, NVersZ 2002, 481, 482.

1191 Prölss/Martin/*Reiff*, § 170 Rn. 20; Bruck/Möller/*Winter*, § 170 Rn. 55 und Rn. 63; Langheid/Wandt/*Heiss*, § 159 Rn. 121; Schwintowski/Brömmelmeyer/*Ortmann*, § 170 Rn. 16; Uhlenbruck/*Ede/Hirte*, § 134 Rn. 98; K/S/W/*Schäfer*, § 134 Rn. G115; Staudinger/*Klumpp* (2015), § 328 Rn. 350; *Prahl*, VersR 2005, 1036, 1037; *Hasse*, VersR 2005, 15, 34; *Armbrüster/Pilz*, KTS 2004, 481, 503; *König*, NVersZ 2002, 481, 483; *Stegmann/Lind*, NVersZ 2002, 193, 196.

ungenutzt verstrichen ist. Übt der Bezugsberechtigte sein Eintrittsrecht hingegen aus, geht die vorherige Erklärung des Verwalters ins Leere.

bbb) Konkurrenzverhältnis zwischen § 170 VVG und §§ 168 VVG, 80 Abs. 1 InsO

Das Eintrittsrecht des Bezugsberechtigten aus § 170 VVG hat auch Vorrang vor dem Kündigungsrecht des Insolvenzverwalters aus §§ 168 Abs. 1 VVG, 80 Abs. 1 InsO.[1192] Der Verwalter kann den Vertrag erst und nur dann kündigen, wenn die einmonatige Eintrittsfrist des § 170 Abs. 3 S. 2 VVG ungenutzt verstrichen ist bzw. wird eine vom Verwalter zuvor erklärte Kündigung erst mit dem ungenutzten Ablauf der Eintrittsfrist wirksam. Anderenfalls würde die Gefahr drohen, dass der Bezugsberechtigte in den bereits zuvor vom Insolvenzverwalter gekündigten Vertrag eintritt. Gerade hiervor soll § 170 VVG aber schützen. Es ist Sinn und Zweck des Eintrittsrechts, eine Kündigung durch den Insolvenzverwalter und damit einhergehende finanzielle Verluste zu verhindern.[1193] Dies setzt zwingend einen Vorrang des Eintrittsrechts vor dem Kündigungsrecht voraus.

Gläubigerinteressen stehen einem Vorrang des Eintrittsrechts nicht entgegen. Es wirkt sich auf den Umfang der Insolvenzmasse nicht aus, ob der Vertrag gekündigt wird oder der Bezugsberechtigte in den Vertrag eintritt. In beiden Fällen wird die Insolvenzmasse um den aktuellen Rückkaufswert erweitert. Wird der Vertrag gekündigt, leistet der Versicherer den Rückkaufswert in die Masse. Tritt der Bezugsberechtigte in den Vertrag ein, hat er den Rückkaufswert aufzubringen, dessen Zahlung der Versicherungsnehmer, bzw. aufgrund des Insolvenzverfahrens der Insolvenzverwalter, im Fall der Kündigung des Versicherungsverhältnisses vom Versicherer verlangen könnte, § 170 Abs. 1 S. 2 VVG.

Erklärt der Insolvenzverwalter vor dem Ablauf der Eintrittsfrist die Kündigung des Vertrages, wird diese erst und nur dann wirksam, wenn die Eintrittsfrist ungenutzt verstrichen ist.[1194] Der Lebensversicherungsvertrag besteht bis zum Ablauf der

---

1192 FK-InsO/*Busch*, § 314 Rn. 8; MüKoInsO/*Lwowski/Peters*, § 35 Rn. 417; *Henckel*, in: Jaeger, § 35 Rn. 75; Prölss/Martin/*Reiff*, § 170 Rn. 19; Langheid/Wandt/*Mönnich*, § 170 Rn. 19; Langheid/Wandt/*Heiss*, § 159 Rn. 121; BK/*Schwintowski*, § 177 Rn. 14; Looschelders/Pohlmann/*Peters*, § 170 Rn. 10; Bruck/Möller/*Winter*, § 170 Rn. 53; Staudinger/*Klumpp* (2015), § 328 Rn. 350; *v. Laun*, Das Eintrittsrecht in der Lebensversicherung (§ 177 VVG n.F.), S. 71; *Menzel*, Vollstreckungsschutz und private Altersvorsorge, S. 90; *Hatwig*, InsbürO 2013, 438, 439; *Hasse*, VersR 2005, 15, 33 f.; *Elfring*, BB 2004, 617, 620; *Heilmann*, KTS 1966, 79, 82; *Gilbert*, DR 1941, 2356, 2368; wohl auch Schwintowski/Brömmelmeyer/*Ortmann*, § 170 Rn. 2 (widersprüchlich in Rn. 15); a.A. Prölss/Martin/*Kollhosser*, 27. Aufl., § 177 Rn. 2.

1193 Bruck/Möller/*Winter*, § 170 Rn. 3 und Rn. 53; Langheid/Wandt/*Mönnich*, § 170 Rn. 1; BK/*Schwintowski*, § 177 Rn. 2; Schwintowski/Brömmelmeyer/*Ortmann*, § 170 Rn. 1; *v. Laun*, Das Eintrittsrecht in der Lebensversicherung (§ 177 VVG n.F.), S. 71.

1194 Bruck/Möller/*Winter*, § 170 Rn. 53.

Eintrittsfrist bedingt wirksam fort.[1195] Übt der Bezugsberechtigte sein Eintrittsrecht fristgemäß aus, ist eine zuvor vom Insolvenzverwalter erklärte Kündigung unwirksam. Der Bezugsberechtigte tritt dann in den Vertrag in ungekündigtem Zustand ein. Das Eintrittsrecht steht dem Bezugsberechtigten selbst dann noch zu, wenn der Versicherer vor dem Ablauf der Eintrittsfrist bereits die Versicherungsleistung ausgezahlt hat.[1196] Bis zum Ablauf der einmonatigen Eintrittsfrist hat der Versicherer Auszahlungen zu verweigern.[1197] Kommt es dennoch zur Leistung vor Fristablauf, ist die Zahlung dem Eintrittsberechtigten gegenüber unwirksam.[1198]

ccc) Konkurrenzverhältnis zwischen § 170 VVG und dem Widerrufsrecht

Das Eintrittsrecht des Bezugsberechtigten hat auch Vorrang vor dem Recht des Insolvenzverwalters zum Widerruf eines bestehenden Bezugsrechts.[1199] Auch der Widerruf wird also erst und nur dann wirksam, wenn die einmonatige Eintrittsfrist des § 170 Abs. 3 S. 2 VVG ungenutzt verstrichen ist. Könnte der Insolvenzverwalter das Bezugsrecht sofort widerrufen, würde es ab dem Zeitpunkt des Widerrufs nicht mehr bestehen. Damit würde dem ehemals Begünstigten kein Eintrittsrecht mehr zustehen, weil er nicht mehr namentlich bezeichneter Bezugsberechtigter i.S.d. § 170 Abs. 1 VVG ist. Durch den sofortigen Widerruf könnte der Insolvenzverwalter das Eintrittsrecht also praktisch gegenstandslos werden lassen.

ddd) Konkurrenzverhältnis zwischen § 170 VVG und der Insolvenzanfechtung

Unter den Voraussetzungen der §§ 129 ff. InsO kann der Insolvenzverwalter eine erfolgte Bezugsberechtsbestellung anfechten. In der Literatur ist der Hinweis zu finden, dass innerhalb des ersten Monats ab der Verfahrenseröffnung ein

---

1195 BK/*Schwintowski*, § 177 Rn. 14.

1196 FK-InsO/*Busch*, § 314 Rn. 8; *v. Laun*, Das Eintrittsrecht in der Lebensversicherung (§ 177 VVG n.F.), S. 71.

1197 FK-InsO/*Busch*, § 314 Rn. 8; *v. Laun*, Das Eintrittsrecht in der Lebensversicherung (§ 177 VVG n.F.), S. 77 f.; *Hasse*, VersR 2005, 15, 34.

1198 FK-InsO/*Busch*, § 314 Rn. 8; Bruck/Möller/*Winter*, § 170 Rn. 54; *v. Laun*, Das Eintrittsrecht in der Lebensversicherung (§ 177 VVG n.F.), S. 71; *Hasse*, VersR 2005, 15, 34; wohl auch Schwintowski/Brömmelmeyer/*Ortmann*, § 170 Rn. 2 (widersprüchlich in Rn. 15).

1199 BGH VersR 2012, 425, 426; *Steder*, in: Keller, Handbuch Zwangsvollstreckungsrecht, Kap. 3 Rn. 92; Bruck/Möller/*Winter*, § 170 Rn. 53; Langheid/Wandt/*Heiss*, § 159 Rn. 121; BK/*Schwintowski*, § 177 Rn. 6; Schwintowski/Brömmelmeyer/*Ortmann*, § 170 Rn. 7; Prölss/Martin/*Reiff*, § 170 Rn. 19; Prölss/Martin/*Kollhosser*, 27. Aufl., § 177 Rn. 8; *Henckel*, in: Jaeger, § 35 Rn. 75 (a.A. noch Jaeger/*Henckel*, KO, § 1 Anm. 50); *Armbrüster*, Privatversicherungsrecht, § 30 Rn. 1613; *v. Laun*, Das Eintrittsrecht in der Lebensversicherung (§ 177 VVG n.F.), S. 27; *Ponath*, ZEV 2006, 242, 247; *Hasse*, VersR 2005, 15, 34; *Armbrüster/Pilz*, KTS 2004, 481, 503; *Elfring*, BB 2004, 617, 620; *Heilmann*, KTS 1966, 79, 84.

Spannungsverhältnis zwischen dem Anfechtungsrecht des Verwalters und dem Eintrittsrecht des Bezugsberechtigten aus § 170 Abs. 1 VVG bestehe.[1200] Unter Zugrundelegung der hier vertretenen Auffassung, nach der das Eintrittsrecht ausschließlich widerruflich Bezugsberechtigten zusteht,[1201] besteht ein solches Spannungsverhältnis allerdings nicht.

Der widerruflich Bezugsberechtigte wird erst mit dem Eintritt des Versicherungsfalls Rechtsinhaber, § 159 Abs. 2 VVG, so dass die Rechtshandlung auch erst zu diesem Zeitpunkt als vorgenommen gilt, § 140 Abs. 1 InsO. Eine Anfechtung der Bezugsrechtsbestellung über die §§ 129 ff. InsO kommt also erst ab diesem Zeitpunkt in Betracht. Vorher kann der Verwalter das Bezugsrecht widerrufen, wobei der Widerruf erst dann möglich wird, wenn die einmonatige Eintrittsfrist ungenutzt verstrichen ist.[1202] Zu einer Kollision von Anfechtungsrecht des Verwalters und Eintrittsrecht aus § 170 Abs. 1 VVG kommt es nicht, weil dem Bezugsberechtigten ab dem Eintritt des Versicherungsfalls kein Eintrittsrecht mehr zusteht. Der Bezugsberechtigte kann sich nur auf das Eintrittsrecht berufen, solange der Lebensversicherungsvertrag noch als beitragspflichtig oder beitragsfrei besteht.[1203] Mit dem Eintritt des Versicherungsfalls endet die Beitragspflicht des Versicherungsnehmers, so dass ab diesem Zeitpunkt kein eintrittsfähiger Versicherungsvertrag mehr existiert. Ob der Versicherer aufgrund des eingetretenen Versicherungsfalls bereits geleistet hat, kann für den Bestand des Eintrittsrechts nicht maßgeblich sein. Entscheidend ist allein der Eintritt des Versicherungsfalls. Weil der Insolvenzverwalter erst ab dem Eintritt des Versicherungsfalls anfechten kann, dem Bezugsberechtigten ab diesem Zeitpunkt aber kein Eintrittsrecht mehr zusteht, kommt es nicht zur Kollision von Anfechtungs- und Eintrittsrecht.

2. Unwiderrufliche Bezugsberechtigung

Auch für einen unwiderruflich Bezugsberechtigten wird die Frage relevant, ob ihm im Falle der Eröffnung des Insolvenzverfahrens über das Vermögen des Versicherungsnehmers Handlungsmöglichkeiten zustehen, durch die er seine Aussicht auf die volle Versicherungsleistung aufrechterhalten kann.

a) Übernahme der Prämienzahlung, § 34 VVG

Aufgrund der unwiderruflichen Bezugsberechtigung ist der Lebensversicherungsvertrag vollständig massefrei. Der Versicherungsnehmer hat sich daher selbst um die Zahlung fällig werdender Prämien zu kümmern. Dabei droht die Gefahr, dass

---

1200 Prölss/Martin/*Reiff*, § 170 Rn. 19; *Bruns*, Privatversicherungsrecht, § 26 Rn. 73; *Armbrüster/Pilz*, KTS 2004, 481, 503.

1201 § 6, A., I., 2., b) – S. 321 ff.

1202 § 6, A., I., 1., b), ff), ccc) – S. 319.

1203 Römer/Langheid/*Langheid*, § 170 Rn. 2; *Benkel/Hirschberg*, 2. Aufl., § 13 ALB 2008 Rn. 401.

er den Vertrag kündigt, weil ihm die finanziellen Mittel für die Entrichtung der Prämien fehlen oder er keine Leistungen für den Versicherungsvertrag mehr erbringen will. Bleiben die Prämien aus, droht auch die Gefahr einer Kündigung des Versicherers, § 166 VVG.

Eine vorzeitige Vertragsbeendigung läuft auch hier ersichtlich dem Interesse des Bezugsberechtigten am ungestörten Fortgang des Vertrages zuwider. Schutz gebietet hier in gewissem Maße das qualifizierte Ablösungsrecht aus § 34 Abs. 1 VVG, das die allgemeine Regel des § 267 BGB abändert. Nach § 34 Abs. 1 VVG ist der Versicherer verpflichtet, fällig werdende Prämien vom Bezugsberechtigten anzunehmen. Der unwiderruflich Bezugsberechtigte kann sich auf § 34 Abs. 1 VVG berufen, weil er den Leistungsanspruch sofort im Zeitpunkt der Bezugsrechtsbestellung erwirbt, § 159 Abs. 3 VVG. Das Ablösungsrecht besteht unabhängig von einem etwaigen Einverständnis oder Widerruf des Versicherungsnehmers.[1204] Verweigert der Versicherer die Annahme, gerät er in Annahmeverzug und kann sich nicht auf Zahlungsverzug des Versicherungsnehmers berufen.[1205]

b) *Eintrittsrecht, § 170 Abs. 1 S. 1 VVG*

Das Ablösungsrecht schützt den unwiderruflich Bezugsberechtigten zwar vor einer auf Zahlungsverzug des Versicherungsnehmers basierenden Kündigung des Versicherers bzw. vor Verlusten beim Deckungskapital aufgrund ausbleibender Prämienzahlungen. Durch die Übernahme der Prämienzahlungen kann er aber nicht verhindern, dass der Versicherungsnehmer den Vertrag vorzeitig beendet. Die Übernahme der Prämienzahlungen nach § 34 Abs. 1 VVG hat keine Auswirkungen auf die Vertragsparteien. Formelle und materielle Berechtigung aus dem Lebensversicherungsvertrag fallen auch künftig auseinander. Weiterhin kann allein der formell berechtigte Versicherungsnehmer den Vertrag kündigen. Das Kündigungsrecht geht nicht mit der Verfahrenseröffnung gemäß § 80 Abs. 1 InsO auf den Insolvenzverwalter über.[1206] Sollte der Versicherungsnehmer eine Schmälerung seines ohnehin geringen insolvenzfreien Vermögens verhindern wollen, wird er sich für die Kündigung des Vertrages entscheiden. Zu bedenken ist auch, dass der Bezugsberechtigte gemäß § 34 Abs. 1 VVG übernommene Prämienzahlungen beim Versicherungsnehmer regressieren kann.[1207]

Schutz vor einer vorzeitigen Vertragsbeendigung kann nur das Eintrittsrecht des § 170 VVG bieten. Es ist allerdings umstritten, ob sich auch der unwiderruflich

1204 Langheid/Wandt/*Staudinger*, § 34 Rn. 1.
1205 Römer/Langheid/*Rixecker*, § 34 Rn. 1.
1206 § 5, A., I., 1., b) – S. 213 ff.
1207 Für einen Rückgriff gemäß §§ 683, 670 BGB: Langheid/Wandt/*Staudinger*, § 34 Rn. 10; für einen Rückgriff analog § 268 Abs. 3 BGB: Römer/Langheid/*Rixecker*, § 34 Rn. 1; Looschelders/Pohlmann/*Stagl*, § 34 Rn. 6; Bruck/Möller/*Beckmann*, § 34 Rn. 16.

Bezugsberechtigte auf das Eintrittsrecht berufen kann oder ob dieses allein dem widerruflich Berechtigten zusteht.

Die weit überwiegende Ansicht gewährt auch dem unwiderruflich Bezugsberechtigten ein Eintrittsrecht nach § 170 VVG.[1208] Auch der unwiderruflich Berechtigte könne ein erhebliches Interesse daran haben, das Vertragsverhältnis ungekündigt bis zum Eintritt des Versicherungsfalles fortzusetzen.[1209] Dies gelte insbesondere dann, wenn er selbst nur zu wesentlich schlechteren Konditionen einen neuen Lebensversicherungsvertrag abschließen könnte.[1210] Außerdem habe der unwiderruflich Bezugsberechtigte ein Interesse daran, durch den Eintritt einer Gläubigeranfechtung zu entgehen.[1211] Auch die Zahlungspflicht des § 170 Abs. 1 S. 2 VVG stehe einem Eintrittsrecht nicht entgegen. Die Norm finde zwar auch auf den unwiderruflich Bezugsberechtigten Anwendung. Im Ergebnis habe er aber keine Leistungen in die Masse zu erbringen,[1212] denn im Falle einer Kündigung könne der Versicherungsnehmer keine Leistung an sich verlangen, weil der Rückkaufswert an den unwiderruflich Bezugsberechtigten als Inhaber des Leistungsanspruchs zu erbringen sei.[1213]

Eine grammatikalische Auslegung des § 170 VVG streitet zwar für eine Anwendung auf alle Bezugsrechtsarten. Wie die Vorgängernorm, § 177 VVG a.F., spricht auch § 170 VVG ohne Einschränkungen von dem „Bezugsberechtigten". Auch aus der Zahlungspflicht des § 170 Abs. 1 S. 2 VVG folgt keine Einschränkung der Anwendbarkeit auf widerrufliche Bezugsrechte. § 170 Abs. 1 S. 2 VVG verpflichtet den

---

1208 OLG Düsseldorf VersR 1998, 1559, 1560; Bruck/Möller/*Winter*, § 159 Rn. 179; Prölss/Martin/*Reiff*, § 170 Rn. 5; Prölss/Martin/*Kollhosser*, 27. Aufl., § 177 Rn. 3; Schwintowski/Brömmelmeyer/*Ortmann*, § 170 Rn. 8; Looschelders/Pohlmann/*Peters*, § 170 Rn. 6; Römer/Langheid/*Langheid*, § 170 Rn. 7; Römer/Langheid/*Römer*, 3. Aufl., § 170 Rn. 7; FAKomm-VersR/*Höra/Leithoff*, § 170 VVG Rn. 4; BK/*Schwintowski*, § 177 Rn. 8; Uhlenbruck/*Ede/Hirte*, § 134 Rn. 98; Staudinger/*Klumpp* (2015), § 328 Rn. 351; *Bruns*, Privatversicherungsrecht, § 26 Rn. 72; *Menzel*, Vollstreckungsschutz und private Altersvorsorge, S. 91; *Müller*, Die Lebensversicherung in der Zwangsvollstreckung, S. 199 f.; *Winter*, Interessenkonflikte bei der Lebensversicherung zugunsten Angehöriger, S. 12; *Ponath*, ZEV 2006, 242, 247; *Hasse*, VersR 2005, 15, 36; *Hasse*, VersR 2005, 1176, 1190 f.; *Elfring*, BB 2004, 617, 620; *Armbrüster/Pilz*, KTS 2004, 481, 502; *Prölss*, DR 1940, 772.

1209 OLG Düsseldorf VersR 1998, 1559, 1560; Prölss/Martin/*Reiff*, § 170 Rn. 5; Prölss/Martin/*Kollhosser*, 27. Aufl., § 177 Rn. 3; Looschelders/Pohlmann/*Peters*, § 170 Rn. 6; Römer/Langheid/*Langheid*, § 170 Rn. 7; Römer/Langheid/*Römer*, 3. Aufl., § 170 Rn. 7; Schwintowski/Brömmelmeyer/*Ortmann*, § 170 Rn. 8; BK/*Schwintowski*, § 177 Rn. 8; *Hasse*, VersR 2005, 15, 36; *Elfring*, BB 2004, 617, 620.

1210 *Prahl*, VersR 2005, 1036, 1040.

1211 Prölss/Martin/*Kollhosser*, 27. Aufl., § 177 Rn. 3; Bruck/Möller/*Winter*, § 159 Rn. 179; *Frels*, VersR 1970, 984, 985.

1212 Prölss/Martin/*Reiff*, § 170 Rn. 12; Staudinger/*Klumpp* (2015), § 328 Rn. 351; *Elfring*, BB 2004, 617, 620.

1213 Prölss/Martin/*Reiff*, § 170 Rn. 5 und Rn. 12; *Elfring*, BB 2004, 617, 620.

Eintretenden zur Zahlung des Betrages, den „der Versicherungsnehmer" im Falle der Kündigung vom Versicherer verlangen kann. Wird der Versicherungsvertrag bei Bestehen eines unwiderruflichen Bezugsrechts gekündigt, kann der Versicherungsnehmer keine Zahlung an sich verlangen, weil der Rückkaufswert an den unwiderruflich Bezugsberechtigten als Inhaber des Leistungsanspruchs zu erbringen ist. Weil der Wortlaut des § 170 Abs. 1 S. 2 VVG aber unmissverständlich auf die Leistung abstellt, die „der Versicherungsnehmer" erhält, würde den unwiderruflich Bezugsberechtigten im Falle des Eintritts keine Zahlungspflicht treffen. Die Insolvenzmasse würde dadurch keine Nachteile erleiden, denn mangels Zugehörigkeit des Leistungsanspruchs zum Schuldnervermögen könnte der Insolvenzverwalter ohnehin nicht auf die Versicherungsleistung zugreifen.

Die Vorschrift des § 170 VVG ist aber dennoch dahingehend teleologisch zu reduzieren, dass das Eintrittsrecht ausschließlich widerruflich Bezugsberechtigten zusteht.[1214]

Durch § 170 VVG soll dem Bezugsberechtigten ermöglicht werden, die auf einer vorzeitigen Kündigung durch den Insolvenzverwalter basierenden Verluste zu verhindern, in dem er an die Stelle des Versicherungsnehmers in den Vertrag eintritt.[1215] Hat der Versicherungsnehmer aber vor der Eröffnung des Insolvenzverfahrens ein unwiderrufliches Bezugsrecht bestellt, scheidet eine Kündigung durch den Insolvenzverwalter von vornherein aus. Weil es sich um einen vollständig massefreien Versicherungsvertrag handelt, geht das Kündigungsrecht nicht gemäß § 80 Abs. 1 InsO auf den Insolvenzverwalter über.[1216] Es droht zwar eine Kündigung durch den Versicherungsnehmer, so dass der unwiderruflich Bezugsberechtigte statt der vollen Versicherungssumme lediglich den (teils wesentlich) geringeren Rückkaufswert erhält. Dieser Gefahr ist der Bezugsberechtigte aber während der gesamten Vertragslaufzeit ausgesetzt, unabhängig von der Eröffnung des Insolvenzverfahrens. Hiervor soll das Eintrittsrecht nicht schützen.[1217] Es dient auch nicht dem Zweck, eine Insolvenzanfechtung der Bezugsrechtsbestellung zu verhindern. Durch das Eintrittsrecht soll dem Bezugsberechtigten allein ermöglicht werden, auf einer Kündigung des Insolvenzverwalters basierende Verluste zu verhindern. Das Eintrittsrecht kann daher nur Anwendung finden, wenn eine Kündigung durch den Verwalter auch in Betracht kommt.

II. Handlungsmöglichkeiten der Angehörigen

Hat der Versicherungsnehmer einen Bezugsberechtigten nicht oder nicht namentlich benannt, können der Ehegatte oder der Lebenspartner und die Kinder des

---

1214 Langheid/Wandt/*Mönnich*, § 170 Rn. 14; *v. Laun*, Das Eintrittsrecht in der Lebensversicherung (§ 177 VVG n.F.), S. 25; *Sieg*, in: FS Klingmüller, 447, 458 f.

1215 Langheid/Wandt/*Mönnich*, § 170 Rn. 2; *v. Laun*, Das Eintrittsrecht in der Lebensversicherung (§ 177 VVG n.F.), S. 37, S. 71; *König*, NVersZ 2002, 481.

1216 § 5, A., I., 1., b) – S. 213 ff.

1217 *v. Laun*, Das Eintrittsrecht in der Lebensversicherung (§ 177 VVG n.F.), S. 37.

Versicherungsnehmers gemäß § 170 Abs. 2 VVG in den Vertrag eintreten. Zu den Voraussetzungen (Zustimmung des Versicherungsnehmers, Zahlung des Rückkaufswertes gemäß § 170 Abs. 1 S. 2 VVG, Verhältnis zwischen Kündigungs-, Wahl- und Eintrittsrecht, etc.) wird auf die Ausführungen zum Eintrittsrecht des Bezugsberechtigten nach § 170 Abs. 1 S. 1 VVG verwiesen.[1218] Die dortigen Ausführungen gelten für das Eintrittsrecht nach § 170 Abs. 2 VVG entsprechend.

1. *Kreis der Eintrittsberechtigten*

Über § 170 Abs. 2 VVG ist nur der aktuelle Ehepartner des Versicherungsnehmers bzw. der aktuelle Lebenspartner i.S.d. Lebenspartnerschaftsgesetzes zum Eintritt berechtigt.[1219] Wird die Ehe geschieden oder die Lebenspartnerschaft aufgehoben, erlischt das Eintrittsrecht.[1220] Partner einer nicht-ehelichen Lebensgemeinschaft können sich nicht auf § 170 Abs. 2 VVG berufen.

Unter den Begriff „Kinder" fallen die leiblichen Kinder des Versicherungsnehmers.[1221] Adoptierte Kinder werden den eigenen leiblichen Kindern rechtlich gleichgestellt, § 1754 BGB. Auch ihnen steht das Eintrittsrecht aus § 170 Abs. 2 VVG zu.[1222] Das Alter des Kindes ist dabei unerheblich.[1223] Gleiches gilt für die Versorgungsbedürftigkeit.[1224]

Entferntere Abkömmlinge als die eigenen Kinder, bspw. Enkel, sind nicht dem Kreis der Eintrittsberechtigten zuzurechnen.[1225] Dies gilt auch dann, wenn das eigene Kind bereits verstorben ist.[1226]

1218 § 6, A., I., 1., b) – S. 310 ff.

1219 Langheid/Wandt/*Mönnich*, § 170 Rn. 8; Hk-VVG/*Brambach*, § 170 Rn. 8; Bruck/Möller/*Winter*, 8. Aufl., Anm. H 181.

1220 Hk-VVG/*Brambach*, § 170 Rn. 8; BK/*Schwintowski*, § 177 Rn. 10; Prölss/Martin/*Reiff*, § 170 Rn. 6.

1221 Langheid/Wandt/*Mönnich*, § 170 Rn. 8; Hk-VVG/*Brambach*, § 170 Rn. 8; BK/*Schwintowski*, § 177 Rn. 10.

1222 Langheid/Wandt/*Mönnich*, § 170 Rn. 8; Hk-VVG/*Brambach*, § 170 Rn. 8; BK/*Schwintowski*, § 177 Rn. 10; Schwintowski/Brömmelmeyer/*Ortmann*, § 170 Rn. 8; Römer/Langheid/*Langheid*, § 170 Rn. 9; Prölss/Martin/*Reiff*, § 170 Rn. 6; Prölss/Martin/*Kollhosser*, 27. Aufl., § 177 Rn. 3; Bruck/Möller/*Winter*, 8. Aufl., Anm. H 181; *Hasse*, VersR 2005, 15, 33; *Winter*, ZVersWiss 1970, 17, 54; *Prölss*, DR 1940, 772, 773.

1223 Langheid/Wandt/*Mönnich*, § 170 Rn. 8; Schwintowski/Brömmelmeyer/*Ortmann*, § 170 Rn. 8; Prölss/Martin/*Kollhosser*, 27. Aufl., § 177 Rn. 3; Bruck/Möller/*Winter*, 8. Aufl., Anm. H 181; *Hasse*, Interessenkonflikte bei der Lebensversicherung zugunsten Dritter, S. 196; *Hasse*, VersR 2005, 15, 33.

1224 BK/*Schwintowski*, § 177 Rn. 10; Prölss/Martin/*Kollhosser*, 27. Aufl., § 177 Rn. 3; Bruck/Möller/*Winter*, 8. Aufl., Anm. H 181; *Hasse*, Interessenkonflikte bei der Lebensversicherung zugunsten Dritter, S. 196; *Hasse*, VersR 2005, 15, 33.

1225 Langheid/Wandt/*Mönnich*, § 170 Rn. 8; Hk-VVG/*Brambach*, § 170 Rn. 8; Prölss/Martin/*Reiff*, § 170 Rn. 6; Prölss/Martin/*Kollhosser*, 27. Aufl., § 177 Rn. 3; *Hasse*, VersR 2005, 15, 33.

1226 BK/*Schwintowski*, § 177 Rn. 10; Prölss/Martin/*Kollhosser*, 27. Aufl., § 177 Rn. 3.

Pflegekinder und Kinder des aktuellen Ehe- bzw. Lebenspartners aus anderen Beziehungen können sich nicht auf das Eintrittsrecht aus § 170 Abs. 2 VVG berufen.[1227]

2. *Verhältnis von § 170 Abs. 1 S. 1 VVG und § 170 Abs. 2 VVG*

Verzichtet ein namentlich bezeichneter Bezugsberechtigter auf sein Eintrittsrecht aus § 170 Abs. 1 S. 1 VVG, versäumt er die Eintrittsfrist oder verweigert der Versicherungsnehmer die für den Eintritt erforderliche Zustimmung, kommt die Frage auf, ob dann ein nach § 170 Abs. 2 VVG Berechtigter in den Vertrag eintreten kann.

Eins ist klar: Ein Eintritt gemäß § 170 Abs. 2 VVG kommt zumindest dann nicht in Betracht, wenn der nach § 170 Abs. 1 S. 1 VVG Berechtigte die Eintrittsfrist versäumt hat.[1228] Das Eintrittsrecht kann gemäß § 170 Abs. 3 S. 2 VVG nur innerhalb eines Monats ab der Eröffnung des Insolvenzverfahrens ausgeübt werden. Die Frist gilt sowohl für die Berechtigten nach § 170 Abs. 1 S. 1 VVG als auch für die Berechtigten nach § 170 Abs. 2 VVG.[1229] Ist der Monat abgelaufen, scheidet ein Eintritt aus.

Etwas anderes gilt aber, wenn der namentlich benannte Bezugsberechtigte vor dem Ablauf der einmonatigen Eintrittsfrist auf sein Eintrittsrecht verzichtet oder der Versicherungsnehmer dem Bezugsberechtigten die für den Eintritt erforderliche Zustimmung verweigert hat. Im Ergebnis scheidet aber auch in diesem Fall ein Eintritt gemäß § 170 Abs. 2 VVG aus.

Entgegen einer in der Literatur vertretenen Auffassung[1230] schließt bereits das Vorhandensein eines namentlich bezeichneten Bezugsberechtigten i.S.d. § 170 Abs. 1 S. 1 VVG das Eintrittsrecht von Ehe- bzw. Lebenspartnern und Kindern des Versicherungsnehmers aus.[1231] Dies ergibt sich insbesondere aus dem klaren Wortlaut des § 170 Abs. 2 VVG. Danach steht das gleiche Recht dem Ehegatten oder Lebenspartner und den Kindern des Versicherungsnehmers zu, wenn ein Bezugsberechtigter nicht oder nicht namentlich bezeichnet ist. Im Umkehrschluss bedeutet dies: Hat der Versicherungsnehmer einen Bezugsberechtigten namentlich bezeichnet, steht den in § 170 Abs. 2 VVG genannten Personen kein Eintrittsrecht zu. Die Absätze 1 und

1227 Langheid/Wandt/*Mönnich*, § 170 Rn. 8; Schwintowski/Brömmelmeyer/*Ortmann*, § 170 Rn. 8; Römer/Langheid/*Langheid*, § 170 Rn. 9; BK/*Schwintowski*, § 177 Rn. 10; Bruck/Möller/*Winter*, 8. Aufl., Anm. H 181; *Prölss*, DR 1940, 772, 773.

1228 A.A. *Hagemann*, ZVersWiss 1940, 19, 34.

1229 Langheid/Wandt/*Mönnich*, § 170 Rn. 19.

1230 *Sieg*, in: FS Klingmüller, 447, 455; FAKomm-VersR/*Höra/Leithoff*, § 170 VVG Rn. 5; *Müller*, Die Lebensversicherung in der Zwangsvollstreckung, S. 198 f.

1231 Langheid/Wandt/*Mönnich*, § 170 Rn. 8; Looschelders/Pohlmann/*Peters*, § 170 Rn. 7; Hk-VVG/*Brambach*, § 170 Rn. 8; Schwintowski/Brömmelmeyer/*Ortmann*, § 170 Rn. 9; Römer/Langheid/*Langheid*, § 170 Rn. 9; Römer/Langheid/*Römer*, 3. Aufl., § 170 Rn. 8; Prölss/Martin/*Reiff*, § 170 Rn. 6; Prölss/Martin/*Kollhosser*, 27. Aufl., § 177 Rn. 3; BK/*Schwintowski*, § 177 Rn. 9; Bruck/Möller/*Winter*, 8. Aufl., Anm. H 177 und H 181; *v. Laun*, Das Eintrittsrecht in der Lebensversicherung (§ 177 VVG n.F.), S. 25; *Hasse*, Interessenkonflikte bei der Lebensversicherung zugunsten Dritter, S. 196; *Hasse*, VersR 2005, 15, 33; *Prölss*, DR 1940, 772 f.

2 des § 170 VVG stehen also in einem Alternativitätsverhältnis. Entweder existiert ein namentlich bezeichneter Bezugsberechtigter. In diesem Fall ist er – und nur er – Inhaber des Eintrittsrechts, § 170 Abs. 1 S. 1 VVG, weil § 170 Abs. 2 VVG aufgrund des klaren Wortlauts keine Anwendung findet. Oder der Versicherungsnehmer hat von der Bestellung eines Bezugsrechts bzw. von der namentlichen Bezeichnung des Bezugsberechtigten abgesehen. Dann – und nur dann – greift § 170 Abs. 2 VVG und die dort genannten Personen können in den Vertrag eintreten.

B. Berufsunfähigkeitsversicherungen

Auch bei Berufsunfähigkeitsversicherungen kommt die Frage auf, ob Bezugsberechtigten und Angehörigen Handlungsmöglichkeiten zustehen, wenn über das Vermögen des Versicherungsnehmers das Insolvenzverfahren eröffnet wird.

I. Handlungsmöglichkeiten der Bezugsberechtigten

1. Widerrufliches Bezugsrecht

a) Übernahme der Prämienzahlung, § 34 VVG

Wie bei der Lebensversicherung kann der widerruflich Bezugsberechtigte auch bei der Berufsunfähigkeitsversicherung zwar die Prämienzahlung übernehmen. Mangels Anwendbarkeit des § 34 Abs. 1 VVG kann der Versicherer die Leistung aber ablehnen, sollte der Versicherungsnehmer widersprechen, § 267 Abs. 2 BGB.

b) Eintrittsrecht des Bezugsberechtigten, §§ 176, 170 Abs. 1 VVG

Gemäß §§ 176, 170 Abs. 1 S. 1 VVG kann der namentlich bezeichnete Bezugsberechtigte einer Berufsunfähigkeitsversicherung mit Zustimmung des Versicherungsnehmers an seiner Stelle in den Versicherungsvertrag eintreten, wenn über das Vermögen des Versicherungsnehmers das Insolvenzverfahren eröffnet wird.

Weil das Eintrittsrecht aus § 170 VVG den Bezugsberechtigten vor Verlusten schützen soll, die mit einer Kündigung durch den Insolvenzverwalter einhergehen, erlangt es nur bei solchen Verträgen Bedeutung, bei denen das Kündigungsrecht gemäß § 80 Abs. 1 InsO auf den Verwalter übergeht. Dies ist bei nicht rückkaufsfähigen Berufsunfähigkeitsversicherungen nicht der Fall, weil der Leistungsanspruch gemäß §§ 36 Abs. 1 S. 1 InsO, 850b Abs. 1 Nr. 1 ZPO grds. vollständig massefrei ist.[1232] Das Eintrittsrecht des Bezugsberechtigten besteht daher ausschließlich bei rückkaufsfähigen Berufsunfähigkeitsversicherungen, weil das Kündigungsrecht dort aufgrund der Massezugehörigkeit des Rückkaufswertes gemäß § 80 Abs. 1 InsO auf den Insolvenzverwalter übergeht.

Tritt der Bezugsberechtigte in den Vertrag ein, hat er im Gegenzug die Forderungen der Insolvenzmasse bis zur Höhe des Betrages zu befriedigen, dessen Zahlung

---

1232 § 4, B., I., 2. – S. 140 ff.

der Versicherungsnehmer im Fall der Kündigung des Versicherungsverhältnisses vom Versicherer verlangen könnte, §§ 176, 170 Abs. 1 S. 2 VVG, d.h. den aktuellen Rückkaufswert. Hinsichtlich der Einzelheiten des Eintrittsrechts (Zustimmung des Versicherungsnehmers, Zahlung des Rückkaufswertes, Verhältnis zwischen Kündigungs-, Erfüllungswahl-, Widerrufs- und Eintrittsrecht) wird auf die Ausführungen zur Lebensversicherung verwiesen.[1233] Diese gelten für das Eintrittsrecht bei der Berufsunfähigkeitsversicherung entsprechend.

2. *Unwiderrufliches Bezugsrecht*

a) Übernahme der Prämienzahlung, § 34 VVG

Dem unwiderruflich Bezugsberechtigten steht das Ablösungsrecht aus § 34 Abs. 1 VVG hingegen zu, weil er den Anspruch auf die Versicherungsleistung bereits mit der Bezugsrechtsbestellung erworben hat. Der Versicherer ist zur Annahme der vom Bezugsberechtigten erbrachten Prämien verpflichtet. Verweigert der Versicherer die Annahme, gerät er in Annahmeverzug und kann sich nicht auf Zahlungsverzug des Versicherungsnehmers berufen.[1234]

b) Eintrittsrecht des Bezugsberechtigten, §§ 176, 170 Abs. 1 VVG

Wie bei der Lebensversicherung steht dem unwiderruflich Bezugsberechtigten auch bei der Berufsunfähigkeitsversicherung kein Eintrittsrecht zu. Die Ausführungen zur Lebensversicherung gelten für die Berufsunfähigkeitsversicherung entsprechend.[1235] Der Leistungsanspruch ist vollständig dem Vermögen des Bezugsberechtigten zugeordnet, so dass das Kündigungsrecht nicht gemäß § 80 Abs. 1 InsO auf den Insolvenzverwalter übergeht. Weil das Eintrittsrecht nur vor Verlusten schützen soll, die auf der Kündigung des Insolvenzverwalters basieren, dieser Fall aber mangels Übergangs des Kündigungsrechts gerade nicht eintreten kann, ist die Vorschrift aufgrund ihres Sinn und Zwecks nicht auf unwiderrufliche Bezugsrechte anwendbar. Das Eintrittsrecht soll weder vor einer Kündigung des Versicherungsnehmers schützen, die unabhängig von der Eröffnung des Insolvenzverfahrens während der gesamten Vertragslaufzeit droht, noch vor einer Gläubigeranfechtung.

II. Handlungsmöglichkeiten der Angehörigen

Ist ein Bezugsberechtigter nicht oder nicht namentlich bezeichnet, steht das Eintrittsrecht dem Ehegatten oder Lebenspartner und den Kindern des Versicherungsnehmers zu, §§ 176, 170 Abs. 2 VVG. Hier gelten die Ausführungen zur

1233 § 6, A., I., 1., b) – S. 310 ff.
1234 Römer/Langheid/*Rixecker*, § 34 Rn. 1.
1235 § 6, A., I., 2., b) – S. 321 ff.

Lebensversicherung entsprechend.[1236] Wie das Eintrittsecht des Bezugsberechtigten[1237] besteht auch das Eintrittsrecht der Angehörigen nur bei rückkaufsfähigen Berufsunfähigkeitsversicherungen, weil § 170 VVG seinem Sinn und Zweck nach keine Anwendung findet, wenn der Verwalter aufgrund der vollständigen Massefreiheit des Leistungsanspruchs nicht gemäß § 80 Abs. 1 InsO Inhaber des Kündigungsrechts wird.

C. Private Krankenversicherungen

Handelt es sich bei einem privaten Krankenversicherungsvertrag um eine Versicherung für fremde Rechnung i.S.d. §§ 43 ff. VVG,[1238] steht dem Versicherten hinsichtlich der Prämienzahlungspflicht das Ablösungsrecht aus § 34 Abs. 1 VVG zu. Der Versicherer ist zur Annahme der vom Versicherten erbrachten Prämien verpflichtet. Verweigert der Versicherer die Annahme, gerät er in Annahmeverzug und kann sich nicht auf Zahlungsverzug des Versicherungsnehmers berufen.[1239]

Handelt es sich bei einer privaten Krankenversicherung trotz fehlender Personenidentität zwischen Versicherungsnehmer und versicherter Person um eine Versicherung für eigene Rechnung,[1240] steht dem Versicherten das Ablösungsrecht aus § 34 Abs. 1 VVG nicht zu.

Das Eintrittsrecht des § 170 VVG erlangt im Bereich der privaten Krankenversicherungen keine Bedeutung. In dem Abschnitt über private Krankenversicherungen existiert keine Vorschrift, die § 170 VVG, eine Norm aus dem Abschnitt über Lebensversicherungen, für entsprechend anwendbar erklärt.

D. Private Unfallversicherungen

Hat der Versicherungsnehmer ein Bezugsrecht bestellt, steht einem unwiderruflich Bezugsberechtigten die Möglichkeit offen, gemäß § 34 Abs. 1 VVG die Prämienzahlung zu übernehmen.

Das Ablösungsrecht aus § 34 Abs. 1 VVG steht auch dem Versicherten bei einer privaten Unfallversicherung für fremde Rechnung zu.

Das Eintrittsrecht aus § 170 VVG steht den Bezugsberechtigten und Angehörigen bei der privaten Unfallversicherung nicht zu, weil § 185 VVG ausschließlich die §§ 159, 160 VVG für entsprechend anwendbar erklärt, nicht hingegen § 170 VVG.

1236 § 6, A., II. – S. 323 ff.
1237 § 6, A., I., 1., b), bb) – S. 312.
1238 § 3, C., I. – S. 40 ff.
1239 Römer/Langheid/*Rixecker*, § 34 Rn. 1.
1240 § 3, C., I. – S. 40 ff.

E. Zusammenfassung der Ergebnisse

Sowohl bei Lebens- als auch bei Berufsunfähigkeits- und privaten Unfallversicherungen haben unwiderruflich Bezugsberechtigte nach § 34 Abs. 1 VVG die Möglichkeit, fällige Prämien an den Versicherer zu zahlen, ohne dass dieser die Leistungen zurückweisen kann. Das Ablösungsrecht aus § 34 Abs. 1 VVG steht bei einer privaten Kranken- und einer privaten Unfallversicherung im Falle fehlender Personenidentität zwischen Versicherungsnehmer und versicherter Person auch der versicherten Person zu, wenn es sich um eine Versicherung für fremde Rechnung i.S.d. §§ 43 ff. VVG handelt.

Bei Lebens- und Berufsunfähigkeitsversicherungen haben widerruflich Bezugsberechtigte gemäß § 170 Abs. 1 VVG (bei der Berufsunfähigkeitsversicherung: §§ 176, 170 Abs. 1 VVG) ein Eintrittsrecht, vorausgesetzt sie wurden namentlich bezeichnet. Unwiderruflich Bezugsberechtigten steht das Eintrittsrecht aus § 170 Abs. 1 VVG nicht zu. Der widerruflich Bezugsberechtigte muss das Eintrittsrecht innerhalb eines Monats ab Eröffnung des Insolvenzverfahrens ausüben. Der Eintretende hat den aktuellen Rückkaufswert in die Masse zu leisten. Der Eintretende wird neuer Vertragspartner des Versicherers. Existiert kein namentlich bezeichneter Bezugsberechtigter, steht das Eintrittsrecht gemäß § 170 Abs. 2 VVG dem Ehe- oder Lebenspartner und den Kindern des Versicherungsnehmers zu. Übt ein namentlich benannter Bezugsberechtigter sein Eintrittsrecht aus § 170 Abs. 1 VVG nicht aus oder verzichtet er darauf, steht dem Ehe- oder Lebenspartner und den Kindern ein Eintrittsrecht aus § 170 Abs. 2 VVG nicht zu. Dieses besteht nur, wenn kein Bezugsrecht bestellt oder der Bezugsberechtigte nicht namentlich benannt wurde.

Das Eintrittsrecht aus § 170 VVG kollidiert in dem ersten Monat ab Eröffnung des Insolvenzverfahrens mit Rechten des Insolvenzverwalters, insbesondere mit dem Erfüllungswahlrecht aus § 103 InsO, dem Kündigungs- und dem Widerrufsrecht bezüglich bestehender Bezugsrechte. Innerhalb dieses Monats verdrängt § 170 VVG als speziellere Vorschrift sämtliche Rechte des Insolvenzverwalters. Erklärungen im Rahmen des § 103 InsO, Kündigungen und Widerrufe seitens des Insolvenzverwalters erlangen nur und erst Wirkung, wenn die Einmonatsfrist des § 170 VVG abgelaufen ist, ohne dass der Berechtigte sein Eintrittsrecht ausgeübt hat.

Im Bereich der privaten Kranken- und Unfallversicherungen kommt dem Eintrittsrecht des § 170 VVG keine Bedeutung zu.

§ 7 Versicherungsprämien in der Insolvenz des Versicherungsnehmers

Wird über das Vermögen des Versicherungsnehmers das Insolvenzverfahren eröffnet, kommt für den Versicherer die Frage auf, von wem er ab der Verfahrenseröffnung fällig werdende Versicherungsprämien verlangen kann. Gleiches gilt für aufgelaufene Prämienrückstände aus der Zeit vor der Verfahrenseröffnung.

Zudem ist fraglich, ob und inwieweit das massefreie Vermögen des Schuldners um Beiträge erhöht wird, die er für Personenversicherungen aufzubringen hat.

A. Prämienschuldner

I. Grundsatz

Hinsichtlich der Frage des Prämienschuldners ist zunächst zwischen vollständig / teilweise massezugehörigen und vollständig massefreien Versicherungsverträgen zu differenzieren. Die Einordnung, ob ein Vertrag als (teilweise) massezugehörig oder als massefrei zu qualifizieren ist, hängt von der Massezugehörigkeit des Leistungsanspruchs ab.

1. Vollständig / teilweise massezugehörige Versicherungsverträge

Von wem der Versicherer bei vollständig oder zumindest teilweise massezugehörigen Versicherungen die Prämienzahlung verlangen kann, hängt zum einen davon ab, ob und in welcher Form der Insolvenzverwalter von seinem Erfüllungswahlrecht aus § 103 InsO Gebrauch gemacht hat. Zum anderen ist entscheidend, ob Prämienrückstände aus der Zeit vor der Verfahrenseröffnung geltend gemacht werden oder Prämienansprüche, die erst nach der Verfahrenseröffnung entstanden sind.

a) Erfüllungswahl gemäß § 103 InsO

aa) Nach der Verfahrenseröffnung entstehende Prämienansprüche

Entscheidet sich der Insolvenzverwalter im Rahmen des § 103 InsO für die Erfüllung des Vertrages, wird die Gegenleistungspflicht des Insolvenzschuldners gemäß § 55 Abs. 1 Nr. 2 Alt. 1 InsO zur Masseschuld aufgewertet. Der Versicherer ist im Falle der Erfüllungswahl also zumindest hinsichtlich derjenigen Prämienansprüche, die ab der Verfahrenseröffnung entstehen, Massegläubiger, so dass er insoweit vollständige Leistung vom Insolvenzverwalter aus der Masse verlangen kann.

bb) Prämienrückstände aus der Zeit vor der Verfahrenseröffnung

Fraglich ist, ob dies auch für rückständige Versicherungsprämien gilt, die vor der Verfahrenseröffnung entstanden sind. Zwar wird die Gegenleistungspflicht des

Insolvenzschuldners über § 55 Abs. 1 Nr. 2 Alt. 1 InsO grds. zu einer Masseschuld. Etwas anderes gilt gemäß § 105 S. 1 InsO aber dann, wenn die Hauptleistungspflichten der Vertragsparteien teilbar sind und eine Vertragspartei vor der Verfahrenseröffnung bereits teilweise erfüllt hat. In diesem Fall ist derjenige, der teilweise erfüllt hat, mit dem der Teilleistung entsprechenden Betrag seines Anspruchs auf die Gegenleistung lediglich Insolvenzgläubiger, auch wenn der Insolvenzverwalter wegen der noch ausstehenden Leistung Erfüllung verlangt. Die durch die Erfüllungswahl über § 55 Abs. 1 Nr. 2 Alt. 1 InsO eintretende Aufwertung zur Masseschuld erfasst im Falle der Teilbarkeit also nur den Teil der Gegenleistung, der noch nicht erfüllt wurde.

aaa) Anwendbarkeit des § 105 S. 1 InsO auf Versicherungsverträge

Fraglich ist, ob § 105 S. 1 InsO auf Versicherungsverträge anwendbar ist. Sollte dies der Fall sein wird die Frage relevant, ob und inwieweit ein Versicherer vor der Verfahrenseröffnung bereits seine Leistungspflicht erfüllt hat, so dass er hinsichtlich der Gegenleistung, also hinsichtlich des Prämienanspruchs, trotz Erfüllungswahl gemäß § 105 S. 1 InsO nur Insolvenzgläubiger ist. Soweit noch keine (teilweise) Erfüllung durch den Versicherer eingetreten ist, würde es hinsichtlich des noch offenen Prämienanspruchs mangels Anwendbarkeit des § 105 S. 1 InsO bei § 55 Abs. 1 Nr. 2 Alt. 1 InsO, d.h. der Aufwertung zu einer Masseschuld, verbleiben.

Grundvoraussetzung für die Anwendbarkeit des § 105 S. 1 InsO ist die Teilbarkeit der Hauptleistungen. Ob dies der Fall ist hängt entscheidend davon ab, worin die Hauptleistungspflichten bei Versicherungsverträgen bestehen.

(I.) Die Hauptleistungspflicht des Versicherungsnehmers

Die Hauptleistungspflicht des Versicherungsnehmers ergibt sich unmissverständlich aus § 1 S. 2 VVG. Danach hat der Versicherungsnehmer die vereinbarte Versicherungsprämie an den Versicherer zu entrichten.

(II.) Die Hauptleistungspflicht des Versicherers

Gemäß § 1 S. 1 VVG verpflichtet sich der Versicherer mit dem Abschluss des Versicherungsvertrages, ein bestimmtes Risiko des Versicherungsnehmers oder eines Dritten durch eine Leistung abzusichern, die er bei Eintritt des vereinbarten Versicherungsfalles zu erbringen hat.

Seit jeher besteht Streit über den genauen Inhalt der in § 1 S. 1 VVG angeordneten Hauptleistungspflicht des Versicherers.[1241] Die einzelnen Theorien haben unterschiedliche Auswirkungen auf die Frage, ob die Hauptleistungspflicht teilbar und § 105 S. 1 InsO anwendbar ist.[1242]

1241 Zum Diskussionsstand: *Bruns*, Privatversicherungsrecht, § 14 Rn. 3 ff.

1242 Langheid/Wandt/*Looschelders*, § 1 Rn. 73.

Nach den Vertretern der Geldleistungstheorie soll die Hauptleistungspflicht in einer durch den Eintritt des Versicherungsfalls bedingten Geldleistung bestehen, nicht hingegen in der Gefahrtragung.[1243] Nach der Gefahrtragungstheorie schulde der Versicherer als Hauptleistung die Gewährung von Versicherungsschutz ab dem materiellen[1244] Versicherungsbeginn und die organisatorische Tätigkeit, wie etwa die Organisation der Gefahrengemeinschaft und den Abschluss von Rückversicherungen.[1245] Die Vertreter der modifizierten Gefahrtragungstheorie beschränken die Hauptleistungspflicht auf die Gewährung von Versicherungsschutz während der Vertragslaufzeit, ohne sie zudem auf organisatorische Tätigkeiten zu erstrecken.[1246] *Schünemann* qualifiziert Versicherungsverträge unter Heranziehung der Geschäftsbesorgungstheorie als Geschäftsbesorgungsverträge mit dienstvertraglichem Kern, bei denen die Versicherer Vermögensinteressen der Versicherungsnehmer treuhänderisch wahrnehmen.[1247] Nach der kombinierten Theorie schulde der Versicherer während der Vertragslaufzeit Sicherung und bei Eintritt des Versicherungsfalls Ausgleich, wobei bereits die Sicherungsleistung während der Vertragslaufzeit eine wirtschaftlich bewertbare Leistung i.S.d. § 241 Abs. 1 BGB sei.[1248]

Zumindest seit der VVG-Reform 2008 verdient die modifizierte Gefahrtragungstheorie Zustimmung. Nach dem Wortlaut des im Zuge der VVG-Reform neu gefassten § 1 S. 1 VVG verpflichtet sich der Versicherer mit dem Versicherungsvertrag, ein bestimmtes Risiko durch eine Leistung abzusichern, die er bei Eintritt des

---

1243 Prölss/Martin/*Armbrüster*, § 1 Rn. 120 ff.; Hk-VVG/*Brömmelmeyer*, § 1 Rn. 34 ff.; *Kisch*, Handbuch des Privatversicherungsrechts, § 10 S. 87 f.; *Bley/Mohrbutter*, § 36 Rn. 48; *Hofmann*, Privatversicherungsrecht, § 2 Rn. 20; *Richter*, Privatversicherungsrecht, S. 82; *Dreher*, Die Versicherung als Rechtsprodukt, S. 89 ff.; *Haymann*, Leistung und Gegenleistung im Versicherungsvertrag, S. 30 und S. 103; *Schmidt-Rimpler*, Die Gegenseitigkeit bei einseitig bedingten Verträgen, S. 52 ff. und S. 66 f.; *Prahl*, ZInsO 2015, 2565, 2568; wohl auch *Holzhauser*, Versicherungsvertragsrecht, S. 1 Rn. 1 f.; wohl auch *Armbrüster*, Privatversicherungsrecht, § 22 Rn. 1109.

1244 Der materielle Versicherungsbeginn ist der Beginn des Haftungszeitraums. Er ist vom formellen Versicherungsbeginn (Zeitpunkt des Vertragsschlusses) und vom technischen Versicherungsbeginn (Beginn des prämienbelasteten Zeitraums) zu unterscheiden; zum Versicherungsbeginn statt vieler: *Wandt*, Versicherungsrecht, Rn. 434 ff.

1245 Bruck/Möller/*Möller*, 8. Aufl., § 1 Rn. 41; *Bruck*, Das Privatversicherungsrecht, § 31 S. 364 ff.; *Möller*, Versicherungsvertragsrecht, S. 17 ff.; *Sieg*, Allgemeines Versicherungsvertragsrecht, S. 27; *Deutsch/Iversen*, Versicherungsvertragsrecht, § 19 Rn. 173 f.; *Eichler*, Versicherungsrecht, S. 26 ff.; *Werber/Winter*, Grundzüge des Versicherungsvertragsrechts, § 5 Rn. 43; *Reichert-Facilides*, in: FS Sieg, 421 ff.; *Büchner*, ZVersWiss 1965, 435 f.; *Möller*, ZVersWiss 1962, 269, 281 f.

1246 Langheid/Wandt/*Looschelders*, § 1 Rn. 40 ff.; Looschelders/Pohlmann/*Pohlmann*, § 1 Rn. 17 ff.; *Lorenz*, in: Beckmann/Matusche-Beckmann, § 1 Rn. 133 ff.; *Wendt*, Zum Widerruf im Versicherungsvertragsrecht, S. 170 ff.

1247 *Schünemann*, JZ 1995, 430 ff.

1248 Bruck/Möller/*Baumann*, § 1 Rn. 30 ff.

vereinbarten Versicherungsfalles zu erbringen hat. Dem Wortlaut nach schuldet der Versicherer also zwei Leistungen: Zum einen ist er zur Absicherung eines bestimmten Risikos verpflichtet, m.a.W.: zur Gefahrtragung bzw. zur Gewährung von Versicherungsschutz. Zum anderen hat er die Versicherungsleistung zu erbringen, sollte sich die Gefahr realisieren. Der Pflicht zur Gefahrtragung kommt dabei besondere Bedeutung zu. In der Entwurfsbegründung zur Neuformulierung des § 1 VVG heißt es ausdrücklich, dass in Satz 1 als entscheidendes Merkmal die Absicherung eines bestimmten Risikos des Versicherungsnehmers durch den Versicherer festgelegt wird.[1249] Die Hauptleistungspflicht des Versicherers kann damit nicht auf die Geldleistung bei Eintritt des Versicherungsfalls beschränkt werden. Sie erfasst zumindest auch die Gefahrtragung.

Dies ergibt sich auch aus folgendem Gedanken: Versicherungsverhältnisse können enden, ohne dass sich das versicherte Risiko realisiert hat, der Versicherungsfall also nicht eingetreten ist. Obwohl der Versicherer selbst keine Geldleistung erbracht hat, kann er die vom Versicherungsnehmer entrichteten Prämien vollumfänglich behalten. Wenn der Versicherer aber mangels Eintritts des Versicherungsfalls während der gesamten Vertragslaufzeit keine Geldleistung an den Versicherungsnehmer erbracht hat, was rechtfertigt dann ein Behaltendürfen der vereinnahmten Prämien? Die Antwort kann nur lauten: die während der Vertragslaufzeit erfolgte Gefahrtragung, also die dauerhafte Aufrechterhaltung des Leistungsversprechens bzw. die Gewährung von Versicherungsschutz. Diese Argumentation ist den Vertretern der Geldleistungstheorie jedoch versperrt, versagen sie der Gefahrtragung während der Vertragslaufzeit gerade den Charakter einer Hauptleistungspflicht und qualifizieren das Leistungsversprechen des Versicherers vielmehr als reine Vorbereitungshandlung. Ein Entgeltanspruch für reine Vorbereitungshandlungen kann aber allenfalls auf eine angemessene Geschäftsgebühr beschränkt sein und sich nicht auf die Gesamtheit der vereinnahmten Versicherungsprämien erstrecken. Nachvollziehbare Ergebnisse können in dieser Konstellation allein durch die Heranziehung der Gefahrtragungstheorie erzielt werden. Kommt es nicht zum Eintritt des Versicherungsfalls, hat der Versicherer gleichwohl seine Hauptleistungspflicht erfüllt, in dem er über die gesamte Vertragslaufzeit hinweg die Gefahr getragen, d.h. Versicherungsschutz gewährt hat. Dies rechtfertigt das Behaltendürfen der Prämien für die gesamte Vertragslaufzeit, da sie als Gegenleistung für die Gewährung von Versicherungsschutz erbracht wurden.

Für die Gefahrtragungstheorie spricht seit der VVG-Reform 2008 ein weiteres Argument. Für den Fall der vorzeitigen Vertragsbeendigung wurde der Grundsatz der Unteilbarkeit der Prämie, § 40 VVG a.F., aufgegeben und die Prämienabrechnung nach dem Grundsatz „pro rata temporis“ als Regelfall eingeführt. Danach gebührt dem Versicherer die Jahresprämie im Falle einer vorzeitigen Vertragsbeendigung grds. nur anteilig für die Zeit der tatsächlich erfolgten Gefahrtragung. Dieser Grundsatz hat seinen Niederschlag bspw. in § 9 Abs. 1 S. 1 VVG und in § 39 Abs. 1 S. 1 VVG

1249 BT-Drucks. 16/3945, S. 56.

gefunden. Dem Versicherer gebührt also nur der Teil der vereinbarten Prämie, der dem vom Versicherer zeitanteilig getragenen Risiko entspricht. Aus dem Grundsatz der Abrechnung „pro rata temporis" ergibt sich, dass die Versicherungsprämie als Gegenleistung (zumindest auch) für die Gefahrtragung erbracht wird. Auch dies zeigt, dass die Gefahrtragung nicht als reine Vorbereitungshandlung, sondern vielmehr als Hauptleistung des Versicherers zu qualifizieren ist.

Unter Zugrundelegung der ursprünglichen Gefahrtragungstheorie würde jedem einzelnen Versicherungsnehmer die Möglichkeit offenstehen, im Rahmen einer Leistungsklage den Versicherer auf den Abschluss von Rückversicherungsverträgen oder bezüglich der genauen Ausgestaltung der Risikogemeinschaft zu veranlassen. Hierbei handelt es sich jedoch um unternehmensinterne Entscheidungen, die dem Einfluss des einzelnen Versicherungsnehmers zwingend entzogen sein müssen. Ob und wie der Versicherer die Gefahrengemeinschaft organisiert und wie er die dauerhafte Erfüllbarkeit der Versicherungsverträge sicherstellt, insbesondere Entscheidungen über den Abschluss etwaiger Rückversicherungsverträge, obliegt ausschließlich der Geschäftsleitung des jeweiligen Versicherungsunternehmens. Des Weiteren unterliegen die Fragestellungen der Organisation der Risikogemeinschaft und der Sicherstellung der dauerhaften Erfüllbarkeit der Verträge der Versicherungsaufsicht. Dadurch ist den Belangen der Versicherungsnehmer hinreichend Rechnung getragen.

Gegen die Geschäftsbesorgungstheorie ist einzuwenden, dass sie dem Versicherer konsequenterweise einen Nachschussanspruch gemäß §§ 675 Abs. 1, 670 BGB gewähren müsste, sollten sich die von den Versicherungsnehmern erbrachten Prämien für die betreffende Versicherungsperiode als nicht ausreichend erwiesen haben, um die vom Versicherer vertragsgemäß zu erbringenden Leistungen zu decken.[1250] Ohne Nachschusspflicht der Versicherungsnehmer würde eine Leistungspflicht des Versicherers ausscheiden, sobald die von der Gefahrengemeinschaft aufgebrachten Gelder nicht mehr ausreichen sollten um einen Versicherungsfall abzudecken, weil in diesem Falle nichts mehr vorhanden wäre, was umverteilt werden konnte.[1251] Eine Nachschusspflicht liefe jedoch erheblich dem Interesse des Versicherungsnehmers an Planungssicherheit zuwider.[1252]

Unter Zugrundelegung der modifizierten Gefahrtragungstheorie besteht die Hauptleistungspflicht des Versicherers also in der Gewährung von Versicherungsschutz während der Vertragslaufzeit, ohne dass diese Pflicht auch organisatorische Tätigkeiten umfasst. Der Versicherer verpflichtet sich mit dem Abschluss des Versicherungsvertrages zur Abgabe eines bedingten Leistungsversprechens und gibt dieses zugleich ab. Außerdem erhält er es während der gesamten Vertragslaufzeit

1250 Prölss/Martin/*Armbrüster*, § 1 Rn. 130; *Armbrüster*, Privatversicherungsrecht, § 22 Rn 1109; *Hartwig/Möhrle*, VersR 2001, 35, 37.

1251 *Schimikowski*, Versicherungsvertragsrecht, Rn. 289.

1252 *Armbrüster*, Privatversicherungsrecht, § 22 Rn. 1109; *Hartwig/Möhrle*, VersR 2001, 35, 37.

aufrecht. Die Pflicht zur Erbringung der Versicherungsleistung bei Eintritt des Versicherungsfalls basiert sodann auf dem zuvor abgegebenen und aufrechterhaltenen Leistungsversprechen. Sie ist nicht die Gegenleistung für die erhaltenen Versicherungsprämien, sondern eine Leistung aufgrund der Gegenleistung.

(III.) Teilbarkeit der Hauptleistungen

Sowohl die Prämienzahlungspflicht des Versicherungsnehmers als auch die Hauptleistungspflicht des Versicherers in Form der Gefahrtragung stellen teilbare Leistungen i.S.d. § 105 S. 1 InsO dar, denn ein beliebiger Prämienanteil entspricht einem bestimmten Zeitraum der Risikoübernahme durch den Versicherer.[1253] Damit findet § 105 S. 1 InsO auch auf Versicherungsverträge Anwendung.[1254]

Bestehen Prämienrückstände aus der Zeit vor der Verfahrenseröffnung, hat der Versicherer die dafür zu erbringende Gegenleistung in Form der Gefahrtragung bereits erfüllt. Weil die Gegenleistung für die Zeit vor der Verfahrenseröffnung bereits erbracht wurde, ist der Versicherer hinsichtlich der Prämienrückstände aus dieser Zeit wegen § 105 S. 1 InsO auch dann nur Insolvenzgläubiger, wenn der Insolvenzverwalter gemäß § 103 InsO die Erfüllung des Vertrages wählt.

bbb) Prämie der laufenden Versicherungsperiode

Das Insolvenzverfahren wird in der Regel während einer laufenden Versicherungsperiode eröffnet. Sollte der Versicherungsnehmer die Prämie für die laufende Versicherungsperiode noch nicht entrichtet haben, kommt die Frage auf, ob der Versicherer nach der Erfüllungswahl durch den Insolvenzverwalter hinsichtlich der noch ausstehenden Prämie Insolvenz- oder Massegläubiger ist.

In dieser Konstellation hat eine Aufsplittung des Betrages zu erfolgen, der Versicherer ist also für einen Teilbetrag der Jahresprämie Insolvenz- und für einen Teilbetrag Massegläubiger. Zwar wird der noch offene Prämienanspruch mit der Erfüllungswahl gemäß § 55 Abs. 1 Nr. 2 Alt. 1 InsO zu einer Masseschuld aufgewertet. Dies aber wegen § 105 S. 1 InsO nur, soweit der Versicherer vor der Verfahrenseröffnung die von ihm geschuldete Gegenleistung noch nicht erbracht hat. Der Versicherer hat vor der Verfahrenseröffnung bereits die Gefahr getragen und damit die Gegenleistung für den noch offenen Prämienanspruch teilweise erfüllt. Jedem Tag erfolgter Gefahrtragung entspricht ein bestimmter Anteil der Jahresprämie. Soweit der Versicherer bereits die Gefahr getragen hat, wird der noch offene

---

1253 OLG Düsseldorf NZI 2006, 297, 298; Uhlenbruck/*Wegener*, § 105 Rn. 24; *Jacoby*, in: Jaeger, § 105 Rn. 51.

1254 OLG Düsseldorf NZI 2006, 297, 298; *Jacoby*, in: Jaeger, § 105 Rn. 51; Uhlenbruck/*Wegener*, § 105 Rn. 24; FK-Inso/*Wegener*, § 105 Rn. 14; Andres/Leithaus/*Andres*, § 105 Rn. 4; HambKomm/*Ahrendt*, § 105 Rn. 5; Graf-Schlicker/*Breitenbücher*, § 105 Rn. 6; KPB/*Titelnot*, § 105 Rn. 12; *Hess*, Insolvenzrecht, § 105 Rn. 7; *Benkel/Hirschberg*, 2. Aufl., § 13 ALB 2008 Rn. 329; *Bork*, in: FS Kollhosser, 57, 69; *Thiel*, VersR 2015, 946, 949; *Lange*, RuS 2014, 261, 268; a.A. *Prahl*, ZInsO 2015, 2565, 2568.

Prämienanspruch für die Zeit vor der Verfahrenseröffnung wegen § 105 S. 1 InsO nicht gemäß § 55 Abs. 1 Nr. 2 Alt. 1 InsO zur Masseschuld aufgewertet. Für die Zeit ab der Verfahrenseröffnung verbleibt es mangels Anwendbarkeit des § 105 S. 1 InsO bei der allgemeinen Regel der Aufwertung der Prämienverbindlichkeit zu einer Masseschuld über § 55 Abs. 1 Nr. 2 Alt. 1 InsO. Im Ergebnis ist der Versicherer somit bezüglich des Jahresprämienanteils, der auf die Zeit vor der Verfahrenseröffnung entfällt, aufgrund der Anwendbarkeit des § 105 S. 1 InsO lediglich Insolvenzgläubiger. Bezüglich des restlichen Jahresprämienanteils, der auf die Zeit ab der Verfahrenseröffnung entfällt, ist er hingegen aufgrund des § 55 Abs. 1 Nr. 2 Alt. 1 InsO Massegläubiger.

b) Erfüllungsablehnung gemäß § 103 InsO

aa) Nach der Verfahrenseröffnung entstehende Prämienansprüche

Lehnt der Insolvenzverwalter die Vertragserfüllung ab, beinhaltet dies in der Regel zugleich konkludent die Kündigung des Vertrages. Damit entstehen nach der Verfahrenseröffnung keine neuen Prämienansprüche.

bb) Prämienrückstände aus der Zeit vor der Verfahrenseröffnung

Hinsichtlich der vor der Verfahrenseröffnung entstandenen Prämienansprüche, die der Versicherungsnehmer noch nicht erfüllt hat, ist der Versicherer Insolvenzgläubiger. Er kann die offenen Prämienansprüche zur Tabelle anmelden.[1255]

c) Keine Ausübung des Erfüllungswahlrechts

aa) Prämienrückstände aus der Zeit vor der Verfahrenseröffnung

Übt der Insolvenzverwalter das Erfüllungswahlrecht nicht aus, handelt es sich bei den Prämienrückständen aus der Zeit vor der Verfahrenseröffnung um Insolvenzforderungen, § 38 InsO.

bb) Nach der Verfahrenseröffnung entstehende Prämienansprüche

Hinsichtlich der nach der Verfahrenseröffnung entstehenden Prämienansprüche ist der Versicherer nicht Insolvenzgläubiger. Insolvenzforderungen sind die zur Zeit der Eröffnung des Insolvenzverfahrens gegen den Schuldner begründeten Vermögensansprüche, § 38 InsO. Bei Prämienforderungen aus Versicherungsverträgen handelt es sich um wiederkehrende Ansprüche. Bei wiederkehrenden Ansprüchen, die nach der Eröffnung des Insolvenzverfahrens auflaufen, ist hinsichtlich der Frage, ob es sich um Insolvenzforderungen handelt, zu differenzieren, ob die Ansprüche aus einem einheitlichen Stammrecht folgen, welches vor der Verfahrenseröffnung

1255 *Prahl*, VersR 2006, 884, 891.

begründet worden ist, oder ob der Grund der Forderung als Gegenleistung für künftige Leistungen des anderen Teils stets von neuem zur Entstehung gelangt.[1256]

Handelt es sich um jeweils neu entstehende Einzelforderungen, sind nur die bis zur Eröffnung des Insolvenzverfahrens begründeten Ansprüche Insolvenzforderungen.[1257] Die nach der Verfahrenseröffnung entstehenden Ansprüche sind hingegen, je nach den Umständen des Einzelfalls, als Masse- oder Neuforderungen zu qualifizieren.[1258] Resultieren die Ansprüche hingegen aus einem einheitlichen, vor der Verfahrenseröffnung begründeten Stammrecht, sind sämtliche hieraus folgenden Ansprüche, auch soweit sie erst nach der Verfahrenseröffnung entstehen, Insolvenzforderungen.[1259]

Wiederkehrende Ansprüche stammen allerdings nur dann aus einem einheitlichen Stammrecht, wenn die Gegenleistung für die künftig entstehenden Ansprüche bereits vor der Verfahrenseröffnung vollständig erbracht wurde.[1260] Dies ist bei Versicherungsverträgen nicht der Fall, denn die Gegenleistung des Versicherers liegt in der Gefahrtragung während der Vertragslaufzeit.[1261] Damit erbringt der Versicherer für nach der Verfahrenseröffnung entstehende Prämienforderungen auch erst nach der Verfahrenseröffnung die Gegenleistung. Der Grund der Forderung gelangt also stets von neuem zur Entstehung, so dass Prämienansprüche aus Versicherungsverträgen in Ansprüche, die vor und in Ansprüche die nach der Verfahrenseröffnung entstehen, zu trennen sind. Allein bei den Ansprüchen aus der Zeit vor der Verfahrenseröffnung handelt es sich um Insolvenzforderungen.

Die nach der Verfahrenseröffnung entstehenden Ansprüche sind also keine Insolvenzforderungen. Sie sind aber im Falle der Nichtausübung des Erfüllungswahlrechts mangels Anwendbarkeit des § 55 Abs. 1 Nr. 2 Alt. 1 InsO auch keine Masseverbindlichkeiten. Bei den nach der Verfahrenseröffnung entstehenden Prämienansprüchen handelt es sich vielmehr um Neuforderungen, die der Versicherer nur gegenüber dem Insolvenzschuldner persönlich geltend machen kann.

2. Vollständig massefreie Versicherungen

a) Prämienrückstände aus der Zeit vor der Verfahrenseröffnung

Der Insolvenzverwalter kann nur dann vollständige Befriedigung aus der Insolvenzmasse verlangen, wenn es sich bei den Prämienrückständen um Masseverbindlichkeiten handelt. Für die Begründung einer Masseschuld kommt allein § 55 Abs. 1 Nr. 2

1256 OLG Frankfurt a.M. ZVI 2013, 312, 313; MüKoInsO/*Ehricke*, § 38 Rn. 19; Uhlenbruck/*Sinz*, § 38 Rn. 58; HambKomm/*Lüdtke*, § 38 Rn. 35 f.; *Busch*, ZVI 2013, 303, 304.

1257 OLG Frankfurt a.M. ZVI 2013, 312, 313; MüKoInsO/*Ehricke*, § 38 Rn. 21; HambKomm/*Lüdtke*, § 38 Rn. 35; Uhlenbruck/*Sinz*, § 38 Rn. 58; *Busch*, ZVI 2013, 303, 304.

1258 OLG Frankfurt a.M. ZVI 2013, 312, 313; MüKoInsO/*Ehricke*, § 38 Rn. 21; HambKomm/*Lüdtke*, § 38 Rn. 35; Uhlenbruck/*Sinz*, § 38 Rn. 58; *Busch*, ZVI 2013, 303, 304.

1259 Uhlenbruck/*Sinz*, § 38 Rn. 58; HambKomm/*Lüdtke*, § 38 Rn. 36.

1260 MüKoInsO/*Ehricke*, § 38 Rn. 20; Uhlenbruck/*Sinz*, § 38 Rn. 58.

1261 § 7, A., I., 1., a), bb), aaa), (II.) – S. 332 ff.

Alt. 1 InsO in Betracht. Unabhängig davon, dass hinsichtlich der vor Verfahrenseröffnung aufgelaufenen Prämienrückstände § 105 S. 1 InsO einschlägig wäre,[1262] würde § 55 Abs. 1 Nr. 2 Alt. 1 InsO voraussetzen, dass der Verwalter gemäß § 103 InsO die Vertragserfüllung wählen kann. Bei vollständig massefreien Versicherungen steht dem Insolvenzverwalter das Erfüllungswahlrecht aus § 103 InsO allerdings nicht zu.[1263] Schon aus diesem Grund kommt eine Aufwertung der Versicherungsprämien zu Masseschulden über § 55 Abs. 1 Nr. 2 Alt. 1 InsO nicht in Betracht.

Die Prämienrückstände aus der Zeit vor der Verfahrenseröffnung sind vielmehr als Insolvenzforderungen zu qualifizieren. Es handelt sich um Vermögensansprüche, die bereits zur Zeit der Verfahrenseröffnung gegen den Schuldner begründet waren. Daher hat der Versicherer hinsichtlich der Prämienrückstände aus der Zeit vor der Verfahrenseröffnung auch bei vollständig massefreien Versicherungen lediglich Aussicht auf quotenweise Befriedigung.

b) Nach der Verfahrenseröffnung entstehende Prämienansprüche

Anders als bei Prämienrückständen aus der Zeit vor der Verfahrenseröffnung handelt es sich bei Prämienansprüchen, die erst nach der Verfahrenseröffnung entstehen, nicht um Insolvenzforderungen.

Bei Prämienforderungen aus Versicherungsverträgen handelt es sich um wiederkehrende Ansprüche, bei denen, sollten sie nach der Verfahrenseröffnung auflaufen, für die Einordnung, ob es sich um Insolvenzforderungen handelt, entscheidend ist, ob sie aus einem einheitlichen Stammrecht folgen oder ob der Grund der Forderung als Gegenleistung für künftige Leistungen des anderen Teils stets von neuem zur Entstehung gelangt. Bei Prämienforderungen aus Versicherungsverträgen gelangt der Grund der Forderung stets von neuem zur Entstehung, weil der Versicherer die Gegenleistung für nach der Verfahrenseröffnung fällig werdende Prämien auch erst nach der Verfahrenseröffnung erbringt. Daher handelt es sich allein bei den Ansprüchen aus der Zeit vor der Verfahrenseröffnung um Insolvenzforderungen. Die nach der Verfahrenseröffnung entstehenden Ansprüche sind keine Insolvenzforderungen. Sie sind aber auch nicht als Masseverbindlichkeiten zu qualifizieren, weil für die Begründung einer Masseschuld allein § 55 Abs. 1 Nr. 2 Alt. 1 InsO in Betracht kommt. Dies würde voraussetzen, dass der Insolvenzverwalter gemäß § 103 InsO die Vertragserfüllung wählen kann. Bei vollständig massefreien Versicherungsverträgen steht dem Insolvenzverwalter das Erfüllungswahlrecht aus § 103 InsO allerdings nicht zu.[1264] Somit kommt eine Aufwertung der nach der Verfahrenseröffnung fällig werdenden Versicherungsprämien zu Masseschulden über § 55 Abs. 1 Nr. 2 Alt. 1 InsO nicht in Betracht.[1265]

1262 § 7, A., I., 1., a), bb), aaa) – S. 332 ff.

1263 § 5, A., I., 4., d), aa) – S. 235 ff.

1264 § 5, A., I., 4., d), aa) – S. 235 ff.

1265 Jeweils zur privaten Krankenversicherung: OLG Frankfurt a.M. ZVI 2013, 312, 313; *Busch*, ZVI 2013, 303, 304 f.; *Koch*, KTS 2013, 80, 83.

Bei den nach der Verfahrenseröffnung entstehenden Prämienansprüchen aus vollständig massefreien Versicherungsverträgen handelt es sich vielmehr um Neuforderungen, die der Versicherer nur außerhalb des Insolvenzverfahrens gegenüber dem Insolvenzschuldner persönlich geltend machen kann,[1266] denn der Insolvenzschuldner führt vollständig massefreie Versicherungsverträge außerhalb des Insolvenzverfahrens fort.

II. Auswirkungen auf die einzelnen Personenversicherungen

Aus den o.g. Grundsätzen ergibt sich Folgendes für die einzelnen Personenversicherungen:

1. Lebensversicherungen

Bestehen Prämienrückstände aus der Zeit vor der Verfahrenseröffnung, kann der Lebensversicherer diese Forderungen immer nur als Insolvenzgläubiger geltend machen.

Bei den nach der Verfahrenseröffnung entstehenden Prämienansprüchen handelt es sich um Masseverbindlichkeiten, wenn dem Insolvenzverwalter bezüglich der konkreten Lebensversicherung das Erfüllungswahlrecht aus § 103 InsO zusteht und er die Vertragserfüllung gewählt hat. In diesem Fall wird die Prämienschuld über § 55 Abs. 1 Nr. 2 Alt. 1 InsO zu einer Masseverbindlichkeit aufgewertet.

Anderenfalls, d.h. wenn dem Verwalter das Recht aus § 103 InsO nicht zusteht oder er keinen Gebrauch davon macht, handelt es sich um Neuverbindlichkeiten, die sich allein und unmittelbar gegen den Insolvenzschuldner persönlich richten.

2. Berufsunfähigkeitsversicherungen

Prämienrückstände aus der Zeit vor der Verfahrenseröffnung kann der Berufsunfähigkeitsversicherer immer nur als Insolvenzgläubiger geltend machen.

Die nach der Verfahrenseröffnung fällig werdenden Prämien sind Masseverbindlichkeiten, wenn dem Insolvenzverwalter bezüglich des konkreten Berufsunfähigkeitsversicherungsvertrages das Erfüllungswahlrecht aus § 103 InsO zusteht und er die Vertragserfüllung gewählt hat. Hierbei dürfte es sich um die Ausnahme handeln.

Anderenfalls, d.h. wenn dem Verwalter das Recht aus § 103 InsO nicht zusteht oder er keinen Gebrauch davon macht, handelt es sich um Neuverbindlichkeiten, die sich allein und unmittelbar gegen den Insolvenzschuldner persönlich richten.

1266 OLG Frankfurt a.M. ZVI 2013, 312, zur privaten Krankenversicherung.

3. *Private Krankenversicherungen*

a) *Prämienrückstände aus der Zeit vor der Verfahrenseröffnung*

aa) Grundsatz

Hinsichtlich der Prämienrückstände aus der Zeit vor der Verfahrenseröffnung ist der Versicherer lediglich Insolvenzgläubiger.[1267]

bb) Aufrechnung des privaten Krankenversicherers mit offenen Prämienansprüchen?

Köke weist im Zusammenhang mit den Prämien für die private Krankenversicherung auf folgendes Praxisproblem hin:[1268] Verlangen Schuldner nach der Eröffnung des Insolvenzverfahrens Leistungen aus ihren privaten Krankheitskostenvollversicherungen soll es häufiger dazu kommen, dass die Versicherer mit Prämienrückständen aus der Zeit vor der Verfahrenseröffnung aufrechnen. Die Versicherer sollen dabei die Auffassung vertreten, dass eine Aufrechnung nicht an den §§ 394 S. 1 BGB, 850b Abs. 1 Nr. 4 ZPO scheitere, weil § 35 VVG eine solche Aufrechnung ausdrücklich ermögliche und § 394 S. 1 BGB durch den spezielleren § 35 VVG verdrängt werde.

Köke stellt sich gegen die Praxis der Krankenversicherer und spricht sich gegen eine Aufrechnungsbefugnis aus.[1269] Dabei beruft er sich zum einen auf einen Beschluss des LSG Nordrhein-Westfalen vom 16.10.2009[1270], in dem das Gericht festgestellt hat, dass die allgemeine Vorschrift des § 35 VVG auf private Krankenversicherungen keine Anwendung finde, weil sie von den Sondervorschriften der §§ 192 ff. VVG verdrängt werde. Mangels Anwendbarkeit des § 35 VVG sei § 394 S. 1 BGB somit uneingeschränkt auch auf private Krankenversicherungen anwendbar.[1271] Zum anderen zieht er einen Beschluss des VII. Zivilsenats des BGH vom 4.7.2007[1272] heran, in dem dieser Leistungen aus privaten Krankheitskostenvollversicherungen über § 850b Abs. 1 Nr. 4 ZPO für unpfändbar erklärt hat. Im Ergebnis scheitere eine Aufrechnung durch den Krankenversicherer daher an den §§ 394 S. 1 BGB, 850b Abs. 1 Nr. 4 ZPO.

1267 OLG Hamm NZI 2012, 922; MüKoInsO/*Ehricke*, § 38 Rn. 105; *Busch*, VuR 2015, 272, 273; *Rauscher*, VersR 2014, 295; *Koch*, KTS 2013, 80, 82 und 84; *Busch*, ZVI 2013, 303, 304; im Hinblick auf die Prämienrückstände aus der Zeit vor der Verfahrenseröffnung unzutreffend und nicht überzeugend: OLG Schleswig ZInsO 2015, 802 (überzeugend hierzu die Anmerkung von *Busch*, VuR 2015, 272 ff.)

1268 *Köke*, VIA 2014, 6, 7.

1269 *Köke*, VIA 2014, 6, 7.

1270 LSG Nordrhein-Westfalen, Beschl. v. 16.10.2009 – L 20 B 56/09 SO ER, BeckRS 2009, 73630.

1271 Gegen eine Anwendbarkeit des § 35 VVG auf private Krankenversicherungen auch Langheid/Wandt/*Staudinger*, § 35 Rn. 3.

1272 BGH NJW-RR 2007, 1510 f.

Entgegen der von *Köke* vertretenen Auffassung ist hinsichtlich der Frage, ob private Krankenversicherer nach der Eröffnung des Insolvenzverfahrens mit rückständigen Prämienforderungen aus der Zeit vor der Verfahrenseröffnung gegen Leistungsansprüche aufrechnen können, im Ergebnis den Krankenversicherungsunternehmen zuzustimmen. Dies ist allerdings nicht auf die versicherungsrechtliche Spezialregelung des § 35 VVG zurückzuführen, sondern auf § 394 S. 2 BGB. Auch die §§ 94 ff. InsO stehen einer solchen Aufrechnung nicht entgegen.[1273]

Die Systematik des Versicherungsvertragsgesetzes ähnelt derjenigen des Bürgerlichen Gesetzbuchs. Am Anfang steht ein „Allgemeiner Teil", §§ 1–73 VVG, dessen Vorschriften für sämtliche Versicherungszweige gelten.[1274] Dem schließt sich ein Teil an, der Vorschriften für die Schadensversicherung beinhaltet, §§ 74–99 VVG, wobei dieser Bereich in einen „Allgemeinen Teil für die Schadensversicherung", §§ 74–87 VVG, und einen „Besonderen Teil für die Sachversicherung", §§ 88–99 VVG, untergliedert ist. Es folgt ein „Besonderer Teil" mit Sondervorschriften für einzelne Versicherungszweige, §§ 100–208 VVG. Am Ende stehen die „Schlussvorschriften", §§ 209–216 VVG.

Nur soweit im „Besonderen Teil" etwas Abweichendes geregelt ist, werden die Vorschriften des „Allgemeinen Teils" verdrängt. Die besonderen Vorschriften für die private Krankenversicherung, §§ 192–208 VVG, beinhalten keine Regelung zur Aufrechnung. Daher gilt mit § 35 VVG die Vorschrift des „Allgemeinen Teils". § 35 VVG ist somit auch auf private Krankenversicherungen anwendbar.[1275] Dies führt entgegen der von den Versicherungsunternehmen vertretenen Auffassung aber nicht dazu, dass § 394 S. 1 BGB verdrängt wird. § 35 VVG ist nicht lex specialis zu § 394 S. 1 BGB.

Es ist zwar zutreffend, dass es sich bei § 35 VVG um eine versicherungsrechtliche Spezialvorschrift handelt. Sie verdrängt aber allein § 387 BGB und dies auch nur für den in § 35 VVG geregelten Fall. § 387 BGB setzt voraus, dass sich die gegenüberstehenden Personen „einander" gleichartige Leistungen schulden. Eine Aufrechnung ist also nur im Falle der Gegenseitigkeit von Forderung und Gegenforderung möglich. Der Aufrechnende muss Schuldner der Hauptforderung und Gläubiger der Gegenforderung sein, der Aufrechnungsgegner Gläubiger der Hauptforderung und Schuldner der Gegenforderung.[1276] Besteht ein Dreiecksverhältnis, kommt eine Aufrechnung mangels Gegenseitigkeit der Forderungen grds. nicht in Betracht. So müsste eine Aufrechnung insbesondere dann ausscheiden, wenn die

---

1273 Für eine Vereinbarkeit der Aufrechnung des Versicherers mit rückständigen Prämienforderungen aus der Zeit vor der Verfahrenseröffnung gegen Leistungsansprüche mit den §§ 94 ff. InsO auch *Prahl*, ZInsO 2015, 2565, 2567.

1274 *Schimikowski*, Versicherungsvertragsrecht, Rn. 5; *Meixner/Steinbeck*, Allgemeines Versicherungsvertragsrecht, § 1 Rn. 34.

1275 Bruck/Möller/*Beckmann*, § 35 Rn. 6; Römer/Langheid/*Rixecker*, § 35 Rn. 3; FA-Komm-VersR/*Thessinga*, § 35 VVG Rn. 1.

1276 Bamberger/Roth/*Dennhardt*, § 387 Rn. 17; PWW/*Pfeiffer*, § 387 Rn. 11; MüKoBGB/*Schlüter*, § 387 Rn. 6; Palandt/*Grüneberg*, § 387 Rn. 4; Jauernig/*Stürner*, § 387 Rn. 3.

Versicherungsforderung nicht dem Versicherungsnehmer, sondern einem Dritten zusteht, bspw. der versicherten Person im Falle einer Versicherung fremder Gesundheit für fremde Rechnung, §§ 194 Abs. 3, 44 Abs. 1 S. 1 VVG. In dieser Konstellation ist zwar der Versicherungsnehmer Prämienschuldner des Versicherers und der Versicherer hinsichtlich der Prämien Gläubiger des Versicherungsnehmers. Auch ist der Versicherer Schuldner der Versicherungsleistung. Gläubiger der Versicherungsforderung ist aber nicht der Versicherungsnehmer, sondern der Dritte. Es mangelt also an der von § 387 BGB vorausgesetzten Gegenseitigkeit der Forderungen.

Hier – und nur hier – setzt § 35 VVG an, in dem er zum Schutz des Versicherers ausnahmsweise von dem Gegenseitigkeitserfordernis des § 387 BGB eine Ausnahme zulässt. Durch § 35 VVG wird dem Versicherer die Aufrechnung auch für den Fall ermöglicht, dass nicht der Versicherungsnehmer, sondern ein Dritter Inhaber des Leistungsanspruchs ist, bspw. die versicherte Person im Falle einer Versicherung fremder Gesundheit für fremde Rechnung oder ein Bezugsberechtigter.[1277] Beide Forderungen, d.h. der Prämienanspruch des Versicherers und der Leistungsanspruch des Dritten, müssen allerdings auf demselben Versicherungsvertrag beruhen (qualifizierte Konnexität).[1278] Eine weitere Regelung beinhaltet § 35 VVG nicht. Sie ermöglicht allein zugunsten des Versicherers eine Aufrechnung für den Fall fehlender Gegenseitigkeit der Forderungen.

Ist der Versicherungsnehmer Inhaber des Leistungsanspruchs, findet § 35 VVG keine Anwendung, weil der dort geregelte Fall nicht einschlägig ist. Damit ist § 35 VVG nur gegenüber dem in § 387 BGB enthaltenen Gegenseitigkeitserfordernis lex specialis.[1279] Auf die sonstigen Vorschriften der §§ 387 ff. BGB hat § 35 VVG keine Auswirkungen,[1280] insbesondere nicht auf § 394 S. 1 BGB. Unabhängig davon, ob der Versicherer gegenüber dem Versicherungsnehmer oder, was § 35 VVG ausnahmsweise ermöglicht, gegenüber dem Inhaber des Leistungsanspruchs die Aufrechnung erklärt, ist diese also wegen § 394 S. 1 BGB grds. unwirksam, soweit die Versicherungsforderung unpfändbar ist. Weil Ansprüche aus privaten Krankheitskostenvollversicherungen gemäß § 850b Abs. 1 Nr. 4 ZPO vollständig unpfändbar sind,[1281] kommt eine Aufrechnung des Versicherers somit eigentlich nicht in Betracht.

Es ist allerdings zu beachten, dass § 394 S. 2 BGB eine entscheidende Ausnahme zu dem in § 394 S. 1 BGB normierten Grundsatz vorsieht. Gemäß § 394 S. 2 BGB können geschuldete Beiträge gegen die aus Kranken-, Hilfs- oder Sterbekassen zu beziehenden Hebungen aufgerechnet werden. Wie bei § 850b Abs. 1 Nr. 4

1277 Bruck/Möller/*Beckmann*, § 35 Rn. 8 f.; Hk-VVG/*Karczewski*, § 35 Rn. 2; Römer/Langheid/*Rixecker*, § 35 Rn. 1; Prölss/Martin/*Knappmann*, § 35 Rn. 2; Schwintowski/Brömmelmeyer/*Michaelis*, § 35 Rn. 2; Looschelders/Pohlmann/*Stagl*, § 35 Rn. 3; Langheid/Wandt/*Staudinger*, § 35 Rn. 10; FAKomm-VersR/*Thessinga*, § 35 Rn. 5.

1278 Bruck/Möller/*Beckmann*, § 35 Rn. 11; Prölss/Martin/*Knappmann*, § 35 Rn. 1; FAKomm-VersR/*Thessinga*, § 35 VVG Rn. 2; Langheid/Wandt/*Staudinger*, § 35 Rn. 5.

1279 Langheid/Wandt/*Staudinger*, § 35 Rn. 1.

1280 Langheid/Wandt/*Staudinger*, § 35 Rn. 2.

1281 § 4, C., I., 4, a) – S. 163 ff.

ZPO werden auch bei § 394 S. 2 BGB insbesondere private Krankenversicherungen vom Begriff der „Krankenkasse" erfasst.[1282] Unter „Hebungen" fallen die Leistungsansprüche gegen den Versicherer.[1283] Obwohl Leistungen aus privaten Krankheitskostenvollversicherungen gemäß § 850b Abs. 1 Nr. 4 ZPO unpfändbar sind,[1284] kann der Krankenversicherer wegen § 394 S. 2 BGB in Ausnahme zu § 394 S. 1 BGB mit Prämienrückständen gegen bestehende Leistungsansprüche aufrechnen.[1285]

Dem steht nach der Eröffnung des Insolvenzverfahrens auch das Aufrechnungsverbot des § 96 Abs. 1 InsO nicht entgegen. Die in den § 96 Abs. 1 Nr. 1 und Nr. 4 InsO enthaltenen Aufrechnungsverbote sind nicht einschlägig, weil der Versicherer aufgrund der vollständigen Massefreiheit des Leistungsanspruchs nichts zur Insolvenzmasse schuldet. Auch die § 96 Abs. 1 Nr. 2 und Nr. 3 InsO sind auf diese Fallkonstellation nicht anwendbar. Der Krankenversicherer kann somit auch nach der Eröffnung des Insolvenzverfahrens mit offenen Prämienansprüchen gegen bestehende Leistungsansprüche aufrechnen.

b) Nach der Verfahrenseröffnung entstehende Prämienansprüche

Bei den nach der Verfahrenseröffnung entstehenden Prämienansprüchen handelt es sich um Neuverbindlichkeiten, die der Versicherer nur außerhalb des Insolvenzverfahrens gegenüber dem Insolvenzschuldner persönlich geltend machen kann.[1286]

Diese Prämienansprüche sind nicht als Masseverbindlichkeiten zu qualifizieren, weil für die Begründung einer Masseschuld allein § 55 Abs. 1 Nr. 2 Alt. 1 InsO in Betracht kommt. Weil dem Insolvenzverwalter das Erfüllungswahlrecht aus § 103 InsO bei privaten Krankenversicherungen aber nicht zusteht, kommt eine Aufwertung der Prämienschuld über § 55 Abs. 1 Nr. 2 Alt. 1 InsO von vornherein nicht in Betracht.[1287]

1282 MüKoBGB/*Schlüter*, § 394 Rn. 18; Staudinger/*Gursky* (2011), § 394 Rn. 68; Soergel/*Schreiber*, § 394 Rn. 7; Bamberger/Roth/*Dennhardt*, § 394 Rn. 16; NK-BGB/*Wermeckes*, § 394 Rn. 8; *Rüßmann*, in: jurisPK-BGB, § 394 Rn. 15.

1283 MüKoBGB/*Schlüter*, § 394 Rn. 18.

1284 § 4, C., I., 4., a) – S. 163 ff.

1285 Staudinger/*Gursky* (2011), § 394 Rn. 68; Bamberger/Roth/*Dennhardt*, § 394 Rn. 16; Soergel/*Schreiber*, § 394 Rn. 7; NK-BGB/*Wermeckes*, § 394 Rn. 8; *Rüßmann*, in: jurisPK-BGB, § 394 Rn. 15.

1286 OLG Frankfurt a.M. ZVI 2013, 312; LG Köln NZI 2014, 29, 30; *Busch*, VuR 2015, 272, 273; *Dahl*, NJW-Spezial 2014, 407; *Smid*, jurisPR-InsR 21/2013 Anm. 3; so im Ergebnis auch *Rauscher*, VersR 2014, 295, 298.

1287 Frankfurt a.M. ZVI 2013, 312, 313; *Busch*, ZVI 2013, 303, 304 f.; *Koch*, KTS 2013, 80, 83.

4. *Private Unfallversicherungen*

Hinsichtlich bestehender Prämienrückstände aus der Zeit vor der Verfahrenseröffnung ist der Unfallversicherer lediglich Insolvenzgläubiger.

Die nach der Verfahrenseröffnung fällig werdenden Prämien sind Masseverbindlichkeiten, wenn dem Insolvenzverwalter das Wahlrecht aus § 103 InsO zusteht und er die Vertragserfüllung wählt. Anderenfalls handelt es sich um Neuverbindlichkeiten, die sich allein und unmittelbar gegen den Insolvenzschuldner persönlich richten.

B. Schutz der laufenden Beiträge

Muss der Insolvenzschuldner die Prämienleistungen selbst erbringen, kommt die Frage auf, ob er die Beiträge aus seinem normalen massefreien Vermögen zu leisten hat oder ob dieses um die Beiträge, die er zu erbringen hat, erhöht wird. Relevanz erlangt diese Frage insbesondere bei Renten- und bei Krankenversicherungen.

I. Rentenversicherungen

1. *Altersrentenversicherungen, §§ 36 Abs. 1 InsO, 851c ZPO*

Für Riester-Verträge i.S.d. § 851d ZPO sieht das Gesetz ausdrücklich einen Pfändungsschutz für die laufenden, noch nicht eingezahlten Beiträge in der Ansparphase vor, §§ 97 EStG, 851 Abs. 1 ZPO, der über § 36 Abs. 1 InsO auch im Insolvenzverfahren zur Anwendung kommt. Aber gibt es einen vergleichbaren Schutz bei Altersrentenverträgen i.S.d. § 851c ZPO?

a) Schutz über § 851c ZPO?

§ 851c Abs. 1 ZPO scheidet als Anknüpfungspunkt aus, weil der Anwendungsbereich auf die Auszahlungsphase beschränkt ist. Zwar greift § 851c Abs. 2 ZPO in der Ansparphase. Der Beginn der Schutzwirkung ist aber durch die Einzahlung auf den Vorsorgevertrag bedingt.[1288] § 851c Abs. 2 ZPO schützt ausschließlich das bereits angesparte Vorsorgevermögen. Es besteht keine Vorwirkung für die noch nicht geleisteten Beiträge.[1289]

1288 BGH VersR 2011, 1160 f.; LG Lüneburg NZI 2011, 25, 26; PG/*Ahrens*, § 851c Rn. 40; Zöller/*Stöber*, § 851c Rn. 9; Musielak/Voit/*Becker*, § 851c Rn. 1b und Rn. 4a; BeckOK ZPO/*Riedel*, § 851c Rn. 14; *Dietzel*, Der Pfändungsschutz der privaten Altersvorsorge nach den §§ 851c und 851d ZPO, S. 101; *Wollmann*, Private Altersvorsorge und Gläubigerschutz, S. 236 f.; *Flitsch*, ZVI 2007, 161, 163; im Ergebnis wohl auch *Schwarz/Facius*, ZVI 2009, 188, 190 f.

1289 LAG Mecklenburg-Vorpommern NZA-RR 2011, 484, 487; LG Lüneburg NZI 2011, 25, 26; PG/*Ahrens*, § 851c Rn. 40; Zöller/*Stöber*, § 851c Rn. 9; BeckOK ZPO/*Riedel*, § 851c Rn. 14; *Prang*, in: van Bühren, Handbuch Versicherungsrecht, § 14 Rn. 546;

Die Beschränkung auf das bereits angesparte Vorsorgevermögen ergibt sich aus einem Vergleich mit dem gleichzeitig eingeführten § 851d ZPO und aus der Entwurfsbegründung zu § 851c ZPO. Bei Riester-Rentenverträgen i.S.d. § 851d ZPO ist der Schutz in der Ansparphase nicht auf das angesparte Vorsorgevermögen beschränkt. Vielmehr sind auch die noch nicht eingezahlten Beiträge ausdrücklich geschützt, §§ 97 EStG, 851 Abs. 1 ZPO. Im Wortlaut des § 851c Abs. 2 ZPO ist eine solche Erweiterung nicht enthalten. Zwar ist dem Wortlaut nicht eindeutig zu entnehmen, ob der Anwendungsbereich auf das bereits angesparte Kapital beschränkt ist.[1290] Eine solche Begrenzung ergibt sich aber aus der Entwurfsbegründung, in der es ausdrücklich heißt, dass mit § 851c ZPO lediglich ein „zweifacher Pfändungsschutz" geschaffen werden sollte.[1291] § 851c ZPO schützt also (nur) das bereits angesammelte Vorsorgevermögen in der Ansparphase und die Rentenleistungen in der Auszahlungsphase.[1292] Wären bereits die zur Altersvorsorge vorgesehenen Beiträge geschützt, die noch nicht eingezahlt wurden, würde es sich um einen „dreistufigen Vollstreckungsschutz"[1293] handeln (noch nicht eingezahlte Beträge / bereits angesammeltes Vermögen in der Ansparphase / Rentenleistungen in der Auszahlungsphase). Hiervon ist aber an keiner Stelle der Entwurfsbegründung die Rede.[1294] Des Weiteren ergibt sich aus der Begründung zu § 851c ZPO ausdrücklich, dass sich der Schutz (nur) auf das bereits „angesparte Vorsorgevermögen"[1295] erstreckt. An anderer Stelle spricht die Begründung von dem bereits „angesammelten Deckungskapital"[1296] bzw. von dem nach § 851c Abs. 2 ZPO „pfändungsfreien Deckungskapital"[1297].

b) Schutz über § 850f ZPO?

Busch hält einen Schutz noch nicht eingezahlter Beiträge über eine entsprechende Anwendung des § 850f Abs. 1 lit. a ZPO für diskussionswürdig.[1298] Anders hingegen der IX. Zivilsenat des BGH, der § 850f ZPO in der Ansparphase insgesamt für unanwendbar hält, weil § 851c Abs. 3 ZPO ausschließlich die entsprechende

---

Salten/Gräve, Gerichtliches Mahnverfahren und Zwangsvollstreckung, S. 277; *Wollmann*, Private Altersvorsorge und Gläubigerschutz, S. 236 f.; *Wollmann*, ZInsO 2013, 902 (Fn. 3); *Schrehardt*, DStR 2013, 472, 473; *Könnecke*, DGVZ 2012, 17, 22; *Perleberg-Kölbel*, FuR 2012, 171, 174.

1290 *Wollmann*, Private Altersvorsorge und Gläubigerschutz, S. 235.

1291 BT-Drucks. 16/886, S. 7; den Wortlaut der Begründung zieht auch der IX. Zivilsenat des BGH heran: BGH VersR 2011, 1160.

1292 BGH VersR 2011, 1160.

1293 *Busch*, VuR 2011, 371, 375.

1294 BGH VersR 2011, 1160; LG Bonn ZVI 2009, 214, 215; ähnlich LG Lüneburg NZI 2011, 25, 26.

1295 BT-Drucks. 16/886, S. 7.

1296 BT-Drucks. 16/886, S. 10.

1297 BT-Drucks. 16/886, S. 10.

1298 *Busch*, VuR 2011, 371, 376 f.

Anwendbarkeit von § 850e Nr. 2 und Nr. 2a ZPO anordne und nicht auf § 850f ZPO verweise.[1299]

Dem Verweis in § 851c Abs. 3 ZPO kommt allerdings nur Bedeutung zu, wenn der Schuldner Inhaber mehrerer Altersrentenverträge ist. Für diesen Fall soll § 851c Abs. 3 ZPO auch bezüglich des Vorsorgevermögens in der Ansparphase eine Zusammenrechnung anhand der § 850e Nr. 2 und Nr. 2a ZPO ermöglichen.[1300] Ein Umkehrschluss, dass wegen § 851c Abs. 3 ZPO andere Vorschriften der §§ 850 ff. ZPO in der Ansparphase vollständig unanwendbar sind, ist nicht berechtigt.[1301] Allerdings scheidet eine Anwendung des § 850f Abs. 1 lit. a ZPO aus, weil Beitragszahlungen zu Lebens- und Rentenversicherungen nicht von § 850f ZPO erfasst werden.[1302] Eine analoge Anwendung des § 850f Abs. 1 ZPO scheitert an der fehlenden planwidrigen Regelungslücke.[1303] Für Riester-Rentenverträge wurde mit den §§ 97 EStG, 851 Abs. 1 ZPO eine Schutzvorschrift für die laufenden Beiträge geschaffen. Für Altersrentenverträge i.S.d. § 851c ZPO wurde auf eine entsprechende Regelung verzichtet. Weil dem Gesetzgeber die Frage um den Schutz noch ausstehender Beiträge bewusst war, muss davon ausgegangen werden, dass er keinen Anlass gesehen hat, die für Altersrentenverträge i.S.d. § 851c ZPO vorgesehenen Beiträge gesondert zu schützen.[1304]

c) Schutz über § 850e ZPO (analog)?

Für gesetzlich Rentenversicherte gilt § 850e Nr. 1 ZPO, wonach u.a. Beträge, die unmittelbar auf Grund sozialrechtlicher Vorschriften zur Erfüllung gesetzlicher Verpflichtungen des Schuldners abzuführen sind, bei der Berechnung des pfändbaren Arbeitseinkommens nicht mitzurechnen sind. Dazu gehören insbesondere die laufenden Pflichtbeiträge zur gesetzlichen Rentenversicherung.[1305] Bei gesetzlich Versicherten ist also bei der Berechnung des Grundfreibetrages der Arbeitnehmeranteil zur gesetzlichen Rentenversicherung außer Acht zu lassen.[1306] Darauf ist der Schutz für laufende Vorsorgeaufwendungen gesetzlich Rentenversicherter begrenzt, denn Vorsorgeaufwendungen für Altersrentenverträge i.S.d. § 851c ZPO werden von § 850e Nr. 1 ZPO nicht erfasst.

Eine analoge Anwendung des § 850e Nr. 1 ZPO auf die Beiträge zu allen Altersrentenversicherungen i.S.d. § 851c ZPO kommt mangels planwidriger Regelungslücke

---

1299 BGH VersR 2011, 1160, 1161.
1300 PG/*Ahrens*, § 851c Rn. 44; *Busch*, VuR 2011, 371, 376.
1301 PG/*Ahrens*, § 851c Rn. 44.
1302 BGH VersR 2011, 1160, 1161 (§ 850f Abs. 1 lit. b ZPO); gegen einen Schutz noch nicht eingezahlter Beträge über § 850f Abs. 1 lit. b ZPO auch *Wollmann*, ZInsO 2013, 902 (Fn. 3).
1303 BGH VersR 2011, 1160, 1161.
1304 BGH VersR 2011, 1160, 1161.
1305 Zöller/*Stöber*, § 850e Rn. 1c; *Schmidt*, RVaktuell 2009, 13, 16.
1306 Zöller/*Stöber*, § 850e Rn. 1c.

nicht in Betracht.[1307] Wie § 97 EStG zeigt, wurden die laufenden Beiträge zu Riester-Rentenverträgen durch das Zusammenspiel mit § 851 Abs. 1 ZPO ausdrücklich dem Gläubigerzugriff entzogen. Für Altersrentenverträge i.S.d. § 851c ZPO wurde bewusst auf eine entsprechende Schutzvorschrift verzichtet, so dass es an der Grundvoraussetzung für eine Analogie fehlt.

Gesetzlich Rentenversicherten steht somit allein der Schutz des § 850e Nr. 1 ZPO in Hinblick auf ihre Beiträge zur gesetzlichen Rentenversicherung zu. Ihre Beiträge zu daneben bestehenden privaten Altersvorsorgeverträgen i.S.d. § 851c ZPO sind nicht geschützt.

d) Schutz bei Selbständigen / Freiberuflern über § 850i ZPO?

Selbständige und Freiberufler entrichten keine Pflichtbeiträge zur gesetzlichen Rentenversicherung. Sie leisten zwar teilweise Pflichtbeiträge zu Versorgungswerken. Dies führt aber ebenfalls nicht zur unmittelbaren Anwendung des § 850e Nr. 1 ZPO.

Allerdings unterliegen die Einkünfte Selbständiger und Freiberufler als sonstige Einkünfte dem Schutz des § 850i ZPO. Die Höhe des nach § 850i ZPO vor dem Gläubigerzugriff geschützten Betrages bemisst sich grds. danach, was dem Schuldner zu belassen wäre, wenn seine Einkünfte aus laufendem Arbeits- oder Dienstlohn bestünden. Daher ist der pfändungsfreie Betrag in Anlehnung an die §§ 850a, c, d, e und f ZPO zu bemessen.[1308] Auch der Rechtsgedanke des § 850e Nr. 1 ZPO findet im Rahmen des § 850i ZPO Anwendung.[1309] Explizit wurde dies für Pflichtbeiträge zu Versorgungswerken entschieden. Der VII. Zivilsenat des BGH hat die Pflichtbeiträge zu Versorgungswerken über §§ 850i, 850e Nr. 1 ZPO den Pflichtbeiträgen zur gesetzlichen Rentenversicherung gleichgestellt.[1310] Bei der Ermittlung des pfändungsfreien Betrages nach § 850i ZPO sind die Pflichtbeiträge zu Versorgungswerken aufgrund des Rechtsgedankens des § 850e Nr. 1 ZPO nicht mitzurechnen.

Um einen Gleichlauf beim Schutz laufender Beiträge zu erreichen, ist der Pflichtbeitrag zum Versorgungswerk allerdings nur in der Höhe zu berücksichtigen, in der für einen sozialversicherungspflichtigen Arbeitnehmer bezogen auf ein entsprechendes Einkommen Beiträge zur gesetzlichen Rentenversicherung zu entrichten wären.[1311] Entsprechend der Situation bei gesetzlich Rentenversicherten gilt auch hier: Als laufende Vorsorgeaufwendungen sind ausschließlich die Pflichtbeiträge zu den Versorgungswerken in der o.g. Höhe über die §§ 850i, 850e Nr. 1 ZPO geschützt. Ein weitergehender Schutz von Vorsorgeaufwendungen durch eine analoge

---

1307 Gegen eine pauschale Abzugsfähigkeit der Beiträge für freiwillige Vorsorge wie Soziallasten gemäß § 850e Nr. 1 ZPO auch Musielak/Voit/*Becker*, § 851c Rn. 4a.

1308 BGH NJW-RR 2009, 410, 411; *Schmidt*, RVaktuell 2009, 13, 16 f.

1309 BGH NJW-RR 2009, 410, 411; PG/*Ahrens*, § 850i Rn. 39; *Ahrens*, NJW-Spezial 2011, 341; *Ahrens*, ZInsO 2010, 2357, 2361 f.;

1310 BGH NJW-RR 2009, 410, 411.

1311 BGH NJW-RR 2009, 410, 411; PG/*Ahrens*, § 850i Rn. 39; *Ahrens*, NJW-Spezial 2011, 341 f.; *Ahrens*, ZInsO 2010, 2357, 2362.

Anwendung des § 850e Nr. 1 ZPO auf Beiträge zu Altersrentenverträgen i.S.d. § 851c ZPO scheidet mangels planwidriger Regelungslücke aus. Haben Selbständige und Freiberufler, die Pflichtbeiträge zu Versorgungswerken entrichten, auch private Altersrentenverträge i.S.d. § 851c ZPO, sind die dafür anfallenden Beiträge nicht geschützt.

Die Erwägungen des VII. Senats bezüglich der Gleichstellung von Pflichtbeiträgen zu Versorgungswerken und Pflichtbeiträgen zur gesetzlichen Rentenversicherung müssen auf Selbständige und Freiberufler, die keine Pflichtmitglieder in Versorgungswerken sind, entsprechend übertragen werden.[1312] Auch auf ihre Einkünfte findet über § 850i ZPO der Rechtsgedanke des § 850e Nr. 1 ZPO entsprechende Anwendung.[1313] Weil sie weder Pflichtbeiträge zur gesetzlichen Rentenversicherung noch Pflichtbeiträge zu Versorgungswerken entrichten, werden bei ihnen die Vorsorgeaufwendungen für private Altersrentenverträge, bspw. Verträge i.S.d. § 851c ZPO, über §§ 850i, 850e Nr. 1 ZPO erfasst.[1314] Alles andere würde zu einer ungerechtfertigten Ungleichbehandlung bezüglich laufender Vorsorgeaufwendungen führen.

Allerdings gilt auch hier die vom VII. Senat vorgenommene Beschränkung: Die laufenden Vorsorgeaufwendungen sind nur in der Höhe zu berücksichtigen, in der für einen sozialversicherungspflichtigen Arbeitnehmer bezogen auf ein entsprechendes Einkommen Beiträge zur gesetzlichen Rentenversicherung zu entrichten wären.[1315] Dadurch wird ein Gleichlauf zwischen den einzelnen Personengruppen hergestellt. Ist ein Schuldner Inhaber mehrerer Altersrentenverträge i.S.d. § 851c ZPO, wird über §§ 850i, 850e Nr. 1 ZPO für die Ermittlung des pfändungsfreien Betrages nur einmalig der Betrag abgezogen, der dem Pflichtbeitrag für die gesetzliche Rentenversicherung entspricht.

2. Staatlich geförderte Altersrentenversicherungen, §§ 36 Abs. 1 InsO, 851d ZPO

a) Riester-Rente

Bei Riester-Rentenverträgen erklärt § 97 EStG die laufenden Beiträge bis zur Grenze der steuerlich förderbaren Höchstbeträge für unübertragbar und damit im Zusammenspiel mit § 851 Abs. 1 ZPO für unpfändbar.[1316]

1312 PG/*Ahrens*, § 850i Rn. 39; *Dietzel*, Der Pfändungsschutz der privaten Altersvorsorge nach den §§ 851c und 851d ZPO, S. 101 f.; *Ahrens*, ZInsO 2010, 2357, 2362.

1313 PG/*Ahrens*, § 851c Rn. 40 und § 850i Rn. 39; *Ahrens*, VIA 2010, 93, 94.

1314 PG/*Ahrens*, § 850i Rn. 39; *Busch*, VuR 2011, 371, 376; *Ahrens*, VIA 2010, 93, 94.

1315 *Ahrens*, VIA 2010, 93, 94.

1316 LAG Rheinland-Pfalz VuR 2007, 395; *Busch/Kothe*, VuR 2007, 396, 397; *Kohte/Busch*, jurisPR-ArbR 40/2007 Anm. 4.

Der Beitrag zur Riester-Rente ist daher aus dem pfändbaren Einkommen heraus zu rechnen.[1317] Dies ergibt sich unmittelbar aus § 97 EStG, der zwischen dem Altersvorsorgevermögen und den laufenden Altersvorsorgebeiträgen differenziert.[1318] Das Altersvorsorgevermögen ist das bereits angesammelte Kapital aufgrund der erfolgten Beitragsleistungen. Die Beitragszahlungen kennzeichnen hingegen die regelmäßig wiederkehrenden Zahlungspflichten. Wären die Beiträge erst unpfändbar, wenn sie an das Versicherungsunternehmen gezahlt wurden, hätte es der Erwähnung der laufenden Beitragszahlungen neben dem Altersvorsorgevermögen nicht bedurft.

b) Basis-Rente

In der Regel wird nicht diskutiert, ob neben den laufenden Beiträgen zu Riester- auch die zu Basis-Verträgen geschützt sind. *Riedel* bejaht diese Frage zwar, eine Begründung lässt er aber vermissen.[1319]

Die §§ 97 EStG, 851 Abs. 1 ZPO finden aufgrund des eindeutigen Wortlauts nur auf Riester-Verträge Anwendung. Auch stellt die Begründung zu § 851d ZPO ausdrücklich klar, dass für die Basis-Rente derzeit keine Vorschrift existiert, die den §§ 97 EStG, 851 Abs. 1 ZPO entspricht.[1320] Weil bei der Konzeption der §§ 851c, 851d ZPO die gesamte Problematik bekannt war, wie die ausdrückliche Differenzierung zwischen Altersvorsorgevermögen und Altersvorsorgebeiträgen in § 97 EStG und der Hinweis in der Entwurfsbegründung auf die fehlende Vorschrift für Basis-Renten zeigt, kommt auch eine analoge Anwendung nicht in Betracht. Wäre ein Schutz der laufenden Altersvorsorgebeiträge zu Basis-Renten gewollt gewesen, wäre eine entsprechende Vorschrift geschaffen oder § 97 EStG insoweit ausgedehnt worden. Anders als die laufenden Altersvorsorgebeiträge zu Riester-Renten sind die entsprechenden Beiträge zu Basis-Renten (jedenfalls derzeit) nicht vor dem Gläubigerzugriff geschützt.

Etwas anderes gilt nur für selbständige und freiberuflich tätige Schuldner, die weder Pflichtbeiträge zur gesetzlichen Rentenversicherung noch zu Versorgungswerken entrichten und die nicht Inhaber einer Altersrentenversicherung i.S.d. § 851c ZPO sind, sondern ausschließlich in eine Basis-Rentenversicherung einzahlen. Die o.g. Grundsätze zum Schutz von Beiträgen für Altersrentenversicherungen i.S.d. § 851c ZPO gelten insoweit entsprechend.[1321] Die laufenden Vorsorgeaufwendungen für die Basis-Rentenversicherung sind dann über §§ 850i, 850e Nr. 1 ZPO in der Höhe pfändungsfrei, in der für einen sozialversicherungspflichtigen Arbeitnehmer bezogen auf ein entsprechendes Einkommen Beiträge zur gesetzlichen Rentenversicherung geschützt wären.

1317 PG/*Ahrens*, § 851d Rn. 7.

1318 LAG Rheinland-Pfalz VuR 2007, 395.

1319 BeckOK ZPO/*Riedel*, § 851c Rn. 14.

1320 BT-Drucks. 16/886, S. 10 f.

1321 § 7, B., I., 1., d) – S. 348 f.

II. Private Krankenversicherungen

Ist der Insolvenzschuldner Inhaber einer privaten Krankenversicherung erhöht sich das ihm aufgrund der §§ 36 Abs. 1 S. 1 InsO, 850, 850c ZPO zu belassene insolvenzfreie Vermögen, in dem die Beiträge zu privaten Krankenversicherungen bei der Ermittlung des Nettoarbeitseinkommens, welches im Rahmen des § 850c ZPO als Grundlage für die Berechnung des pfändbaren Betrages dient, gemäß § 850e Nr. 1 lit. b ZPO vom Bruttoeinkommen abzuziehen sind. Dies allerdings nur, soweit sie den Rahmen des Üblichen nicht übersteigen. Bei Selbständigen und Freiberuflern kommt § 850e Nr. 1 lit. b ZPO über § 850i ZPO zur Anwendung.

Ob die Beiträge den Rahmen des Üblichen übersteigen, ist nicht primär anhand der Höhe des Beitrags zu bemessen. Muss ein Versicherungsnehmer bspw. aufgrund von Risikozuschlägen in der privaten Krankenversicherung einen Beitrag entrichten, der weit über dem Beitrag zur gesetzlichen Krankenversicherung für einen vergleichbaren Versicherungsschutz liegt, übersteigt er nicht das Maß des Üblichen.[1322] Entscheidend ist allein, inwieweit die gewählten Leistungen dem Standardleistungskatalog der Versicherungen entsprechen.[1323] Der Beitrag übersteigt das Maß des Üblichen, wenn erheblich bessere Leistungen versichert sind, als ein gesetzlich Versicherter erwarten kann.[1324] Zu beachten ist, dass von § 850e Nr. 1 S. 2 lit. b ZPO nur solche Beiträge erfasst werden, die der Schuldner zur Erlangung eigenen Versicherungsschutzes einsetzt, nicht hingegen Beiträge für Versicherungsschutz seiner Angehörigen.[1325] Diese können im Einzelfall aber über § 850f Abs. 1 ZPO zu berücksichtigen sein.[1326]

§ 850e Nr. 1 lit. b ZPO erfasst nicht nur die Prämien für private Krankheitskostenvollversicherungen, sondern in gleichem Maße auch die Beiträge für Krankentagegeld- und Krankenhaustagegeldversicherungen.[1327] Weil vom Wortlaut des § 850e Nr. 1 lit. b ZPO alle Prämien erfasst werden, die der Schuldner an Unternehmen der privaten Krankenversicherung leistet, sind auch die Beiträge zu privaten Krankenzusatz- und zu Auslandsreisekrankenversicherungen zu berücksichtigen. Gleiches gilt für die Beiträge zur privaten Pflegeversicherung, weil auch diese von privaten Krankenversicherungsunternehmen betrieben werden. Dies muss auch schon deshalb gelten, weil die Beiträge zur gesetzlichen Pflegeversicherung über § 850e Nr. 1 lit. a ZPO zu berücksichtigen sind.

1322 Hk-ZV/*Meller-Hannich*, § 850e Rn. 6; Hk-ZPO/*Kemper*, § 850e Rn. 7.

1323 Hk-ZV/*Meller-Hannich*, § 850e Rn. 6; Hk-ZPO/*Kemper*, § 850e Rn. 7; Musielak/Voit/*Becker*, § 850e Rn. 4; Wieczorek/Schütze/*Lüke*, § 850e Rn. 11.

1324 Hk-ZPO/*Kemper*, § 850e Rn. 7; Wieczorek/Schütze/*Lüke*, § 850e Rn. 11.

1325 VG Sigmaringen NJOZ 2005, 3514, 3516 f.; Hk-ZV/*Meller-Hannich*, § 850e Rn. 6; PG/*Ahrens*, § 850e Rn. 10.

1326 PG/*Ahrens*, § 850e Rn. 10.

1327 LG Berlin Rpfleger 1962, 217 f.; Musielak/Voit/*Becker*, § 850e Rn. 4; Hk-ZPO/*Kemper*, § 850e Rn. 7; Zöller/*Stöber*, § 850e Rn. 1c; MüKoZPO/*Smid*, § 850e Rn. 4; Stein/Jonas/*Brehm*, § 850e Rn. 8 (Fn. 11); *Stöber*, Forderungspfändung, Rn. 1135a.

§ 8 Analoge Anwendung des § 110 VVG auf private Krankheitskostenversicherungen?

Leistungsansprüche gegen private Krankheitskostenversicherer, d.h. gegen private Krankheitskostenvoll-, Krankenzusatz- und Auslandsreisekrankenversicherer, sind zwar über §§ 36 Abs. 1 S. 1 InsO, 850b Abs. 1 Nr. 4 ZPO vor dem Zugriff des Insolvenzverwalters geschützt. Dies bedeutet aber nicht zugleich, dass der jeweilige Leistungserbringer, dem ein Anspruch aus dem Behandlungsvertrag zusteht, auch tatsächlich eine Leistung erhält. Hintergrund ist, dass dem Leistungserbringer in der Regel kein Direktanspruch gegen den privaten Krankheitskostenversicherer zusteht. Etwas anderes gilt nur im Rahmen des Basistarifs, § 192 Abs. 7 VVG.[1328] Der Leistungserbringer ist vielmehr darauf angewiesen, dass der Versicherungsnehmer die vom Krankenversicherer erhaltene Leistung an ihn weiterleitet. Weil der Zahlungsanspruch gegen den privaten Krankenversicherer nicht erst entsteht, wenn der Versicherungsnehmer den behandelnden Arzt befriedigt hat, sondern bereits dann, wenn alle erforderlichen Unterlagen eingereicht wurden, § 6 Abs. 6 MB/KK, droht insbesondere im Falle eines eröffneten Insolvenzverfahrens die Gefahr, dass der insolvente Versicherungsnehmer die vom Krankenversicherer erhaltene Leistung für andere Zwecke verwendet und sein noch vorhandenes insolvenzfreies Vermögen nicht zur Befriedigung des Leistungserbringers ausreicht.

Fraglich ist, ob der Leistungserbringer im Falle der Insolvenz des Versicherungsnehmers durch eine analoge Anwendung des § 110 VVG, eine Schutzvorschrift aus dem Bereich des Haftpflichtversicherungsrechts, geschützt werden kann. Wird über das Vermögen des Versicherungsnehmers einer Haftpflichtversicherung das Insolvenzverfahren eröffnet, kann der geschädigte Dritte wegen des ihm gegen den Versicherungsnehmer zustehenden Haftpflichtanspruchs gemäß § 110 VVG abgesonderte Befriedigung aus dem Freistellungsanspruch des Versicherungsnehmers gegen den Haftpflichtversicherer verlangen.[1329]

Wie bei einem Haftpflichtversicherungsfall, bei dem der Geschädigte einen Anspruch gegen den Versicherungsnehmer und dieser einen Freistellungsanspruch gegen seinen Haftpflichtversicherer hat, besteht auch bei einem Versicherungsfall in der privaten Krankheitskostenversicherung ein gewisses Dreiecksverhältnis. Der Leistungserbringer hat einen Zahlungsanspruch gegen den Versicherungsnehmer.

1328 Zu Einzelheiten des Direktanspruchs nach § 192 Abs. 7 VVG im Basistarif: *Boetius*, § 192 Rn. 200 ff.; Bach/Moser/*Kalis*, § 192 Rn. 223 ff.; Langheid/Wandt/*Kalis*, § 192 Rn. 221 ff.

1329 Zu § 110 VVG: BGH NZI 2013, 886 f.; *Ganter*, WuB 2015, 87 f.; *Mokhtari*, VersR 2014, 665 ff.; *Thole*, NZI 2013, 665 ff.; *Schnepp*, NZI 2013, 887 f.; *Becker*, VP 2013, 47 ff.

Diesem wiederum steht ein Anspruch gegen seinen Krankenversicherer auf Ausgleich der ihm im Verhältnis zum Leistungserbringer entstandenen Kosten zu.

Auch wenn in beiden Fallkonstellationen jeweils ein gewisses Dreiecksverhältnis besteht, ist die Schutzvorschrift des § 110 VVG aus mehreren Gründen nicht auf private Krankheitskostenversicherungen analog anwendbar.

A. Fehlende Massezugehörigkeit des Leistungsanpruchs

§ 110 VVG spricht einem Gläubiger des Insolvenzschuldners ein Absonderungsrecht zu. Im Gegensatz zu Aussonderungsrechten, mit denen die Massefremdheit eines Gegenstandes geltend gemacht wird, gewährt ein Absonderungsrecht dem Gläubiger lediglich eine vorzugsweise Befriedigung aus dem Wert eines zur Insolvenzmasse gehörenden Gegenstandes.[1330] An einer Versicherungsforderung kann also nur dann ein Absonderungsrecht bestehen, wenn die Forderung an sich massezugehörig ist.

Dies trifft zwar auf Freistellungsansprüche aus Haftpflichtversicherungsverträgen in der Regel zu, nicht aber auf Leistungsansprüche aus privaten Krankheitskostenversicherungen. Diese sind gemäß §§ 36 Abs. 1 S. 1 InsO, 850b Abs. 1 Nr. 4 ZPO vollumfänglich massefrei.[1331] Schon aus diesem Grunde kommt ein Absonderungsrecht zugunsten des Leistungserbringers analog § 110 VVG nicht in Betracht.

B. Voraussetzungen der Analogie

Unabhängig davon liegen auch die für eine Analogiebildung erforderlichen Voraussetzungen nicht vor. Weder besteht eine planwidrige Regelungslücke noch sind die Interessenlagen vergleichbar.

I. Planwidrige Regelungslücke

Aufgrund der Tatsache, dass die §§ 192 ff. VVG, d.h. die Vorschriften über die private Krankenversicherung, eine dem § 110 VVG vergleichbare Vorschrift zugunsten des Leistungserbringers nicht enthalten, lässt sich eine Regelungslücke zwar noch bejahen. Spätestens seit der VVG-Reform 2008 kann diese Regelungslücke aber nicht mehr als planwidrig eingestuft werden.

1330 *Breuer*, Insolvenzrecht, Rn. 511; *Häsemeyer*, Insolvenzrecht, Rn. 11.07; *Jauernig/Berger*, Zwangsvollstreckungs- und Insolvenzrecht, § 45 Rn. 1 f.; Gottwald/*Adolphsen*, Insolvenzrechts-Handbuch, § 42 Rn. 1; Looschelders/Pohlmann/*Schulze Schwienhorst*, § 110 Rn. 8; *Wimmer/Stenner*, Lexikon des Insolvenzrechts, S. 29; *Foerste*, Insolvenzrecht, § 24 Rn. 368.

1331 § 4, C., I., 4., a) – S. 163 ff. (Krankheitskostenvollversicherungen); § 4, C., IV. – S. 183 f. (private Krankenzusatzversicherungen); § 4, C., V. – S. 184 f. (Auslandsreisekrankenversicherungen).

Bis zur VVG-Reform 2008 war in § 157 VVG a.F. ein Absonderungsrecht des Geschädigten für den Fall der Insolvenz des Versicherungsnehmers vorgesehen. Der Anwendungsbereich der Vorschrift war seinerzeit auf Haftpflichtversicherungen begrenzt. Für andere Versicherungszweige existierte eine entsprechende Schutzvorschrift nicht. Im Zuge der VVG-Reform wurde § 157 VVG a.F. in § 110 VVG übernommen. § 110 VVG befindet sich in Teil 2, Kapitel 1 des Versicherungsvertragsgesetzes. Kapitel 1 trägt die Überschrift „Haftpflichtversicherung". In der Regierungsbegründung heißt es zu § 110 VVG, dass die insolvenzrechtliche Sonderregelung des § 157 VVG a.F. in § 110 VVG beibehalten und lediglich der Wortlaut angepasst wird, indem der Begriff „Entschädigungsforderung" durch den Begriff „Freistellungsanspruch" ersetzt wird.[1332] Damit wurde die Beschränkung der insolvenzrechtlichen Sonderregelung auf Haftpflichtversicherungen beibehalten. Es wurde bewusst davon abgesehen, auch im Rahmen anderer Versicherungszweige, wie etwa der Rechtsschutzversicherung,[1333] für den Fall der Insolvenz des Versicherungsnehmers weitere Absonderungsrechte zugunsten bestimmter Gläubiger zu normieren. Eine Analogie scheitert daher bereits an der fehlenden Planwidrigkeit der bestehenden Regelungslücke.[1334]

II. Vergleichbare Interessenlage

Auch mangelt es an einer vergleichbaren Interessenlage. In § 110 VVG kommt neben dem sozialen Gedanken der Haftpflichtversicherung auch – und gerade – der Opferschutzgedanke zugunsten des Geschädigten zum Tragen, der das Haftpflichtversicherungsrecht insgesamt maßgeblich prägt.[1335] § 110 VVG dient also insbesondere dem sozialen Schutz des durch einen Haftpflichtfall Geschädigten. Dieser soll auch im Falle der Insolvenz des Versicherungsnehmers vollständigen Ersatz seines erlittenen Schadens erlangen können. Die anderen Gläubiger sollen keine finanziellen Vorteile aus dem ihm durch den Insolvenzschuldner zugefügten Haftpflichtschaden ziehen. Damit ist die Norm speziell auf das System der Haftpflichtversicherung zugeschnitten.

Der Opferschutzgedanke lässt sich auf die private Krankenversicherung nicht übertragen. Vielmehr liegt der Sinn und Zweck der privaten Krankenversicherung

1332 BT-Drucks. 16/3945, S. 87.

1333 Gegen eine analoge Anwendung des § 110 VVG auf Rechtsschutzversicherungen auch Langheid/Wandt/*Obarowski*, Anh. zu § 125 ARB, Rn. 332 *Kurzka*, VersR 1980, 12, 14; gegen eine analoge Anwendung des § 157 VersVG, der entsprechenden Vorschrift aus dem österreichischen Recht, auf Rechtsschutzversicherungen OGH VersR 2015, 778 ff.

1334 Uhlenbruck/*Hirte*, § 35 Rn. 163.

1335 Langheid/Wandt/*Littbarski*, § 110 Rn. 5; Hk-VVG/*Schimikowski*, § 110 Rn. 1.

allein in dem Schutz des Versicherungsnehmers vor Vermögensnachteilen, die im Zusammenhang mit medizinisch notwendigen Heilbehandlungen und Vorsorgeuntersuchungen i.S.d. §§ 192 Abs. 1 VVG, 1 Abs. 2 lit. b MB/KK stehen. Die Versicherung dient allein dem Schutz des Versicherten, nicht auch dem Schutz des Leistungserbringers.[1336]

1336 Gleiches gilt für die Rechtsschutzversicherung. Auch ihr liegt weder ein sozialer noch ein Opferschutzgedanke zugrunde. Vielmehr liegt der Sinn und Zweck der Rechtsschutzversicherung allein in dem Schutz des Versicherten vor Vermögensnachteilen, die im Falle eines Rechtskonflikts in Form von Rechtsverfolgungskosten (Anwalts- und Gerichtskosten etc.) auf ihn zukommen: Langheid/Wandt/*Obarowski*, Anh. zu § 125 ARB Rn. 1. Die Versicherung dient nicht (auch) dem Schutz der (Kosten-)Gläubiger des Versicherungsnehmers.

§ 9 Sonderkündigungsrecht des Versicherers gemäß § 14 VVG a.F.

Bis zur VVG-Reform 2008 sah § 14 Abs. 1 VVG a.F. vor, dass sich Versicherer in den Versicherungsbedingungen ein Sonderkündigungsrecht für den Fall der Insolvenz des Versicherungsnehmers einräumen können.

Im Zuge der VVG-Reform 2008 wurde § 14 VVG a.F. ersatzlos gestrichen. In der Begründung heißt es hierzu recht knapp, dass auf die bisherige Sonderregelung des § 14 VVG a.F. für den Fall der Insolvenz des Versicherungsnehmers verzichtet werde, da für ein besonderes Kündigungsrecht des Versicherers kein hinreichendes Bedürfnis bestehe.[1337]

Entgegen einer von *Wirth/Mintas*[1338] vertretenen Auffassung hat der ersatzlose Wegfall des § 14 VVG a.F. dazu geführt, dass sich Versicherer seit dem Jahre 2008 kein Lösungsrecht mehr für den Fall der Insolvenz des Versicherungsnehmers ausbedingen können.[1339]

Ein solches Kündigungsrecht ist nichts anderes als eine insolvenzabhängige vertragliche Lösungsklausel, weil allein die Eröffnung des Insolvenzverfahrens ein Recht zur Kündigung begründen würde.[1340] Bei insolvenzabhängigen vertraglichen Lösungsklauseln besteht die Gefahr, dass der Vertragspartner des Insolvenzschuldners einen für die Masse günstigen Vertrag beendet und dadurch das Erfüllungswahlrecht des Verwalters aus § 103 InsO unterläuft.[1341] Dies läuft ersichtlich § 119 InsO zuwider, wonach Vereinbarungen unwirksam sind, durch die im Voraus die Anwendbarkeit der §§ 103 bis 118 InsO ausgeschlossen oder beschränkt werden. Insolvenzabhängige Lösungsklauseln sind nur dann zulässig, wenn sie einer gesetzlich vorgesehenen Lösungsmöglichkeit entsprechen,[1342] mithin eine Sondervorschrift existiert, welche die vertragliche Vereinbarung einer insolvenzabhängigen Vertragsbeendigung ausdrücklich ermöglicht und damit den insolvenzrechtlichen

---

1337 BT-Drucks. 16/3945, S. 64.

1338 *Wirth/Mintas*, ZInsO 2012, 1002, 1007 f.

1339 Bruck/Möller/*Johannsen*, Anhang zu § 16 Rn. 3; *Foerste*, ZInsO 2015, 601, 611; *Lange*, RuS 2014, 209, 215; *Werner*, ZInsO 2014, 1940, 1943; *Knof*, DB 2013, 1769, 1774; wohl auch BGH NZI 2013, 178, 179; *Rauscher*, VersR 2014, 295; a.A. Bork/Hölzle/*Höpfner*, Kap. 7 Rn. 15 (Fn. 11), der auch heute noch auf die „Spezialvorschrift des § 14 VVG" und die dort angeordnete Möglichkeit des Versicherers hinweist, sich für den Fall der Insolvenz des Versicherungsnehmers ein Kündigungsrecht auszubedingen. Dabei scheint *Höpfner* übersehen zu haben, dass § 14 VVG a.F. im Zuge der VVG-Reform 2008 ersatzlos gestrichen wurde.

1340 Zum Begriff der „insolvenzabhängigen Lösungsklausel": BGH NZI 2013, 178; FA-InsR/*Wagner*, Kap. 6 Rn. 215 ff.

1341 *Foerste*, ZInsO 2015, 601; *Lenger/Schmitz*, NZI 2015, 396, 397.

1342 BGH NZI 2013, 178, 179, m.w.N., auch zur Gegenansicht.

Bestimmungen vorgeht. Bis zur VVG-Reform 2008 hat § 14 VVG a.F. die vertragliche Vereinbarung einer solchen insolvenzabhängigen Lösungsmöglichkeit ausdrücklich für zulässig erklärt. Es handelte sich dabei um eine versicherungsrechtliche Spezialregelung, welche den allgemeinen insolvenzrechtlichen Bestimmungen vorrangig war.[1343] Seit dem ersatzlosen Wegfall des § 14 VVG a.F. existiert eine entsprechende Vorschrift für Versicherungsverträge nicht mehr, so dass die allgemeinen insolvenzrechtlichen Vorschriften nicht mehr durch eine versicherungsrechtliche Spezialregelung verdrängt werden. Insolvenzabhängige Lösungsklauseln in Versicherungsbedingungen verstoßen damit seit dem Wegfall des § 14 VVG a.F. zumindest bei Versicherungsverträgen, auf die § 103 InsO anwendbar ist, gegen § 119 InsO und sind damit unwirksam.[1344]

Wie sich auch der Begründung zur VVG-Reform entnehmen lässt, wurde § 14 VVG a.F. bewusst ersatzlos gestrichen.[1345] Es besteht keine Notwendigkeit, Versicherungsunternehmen die Möglichkeit zu geben, sich für den Fall der Insolvenz des Versicherungsnehmers ein Sonderkündigungsrecht auszubedingen. Versicherungsunternehmen sind auf ein solches Kündigungsrecht nicht angewiesen. Es besteht letztlich nur ein plausibler Grund, warum der Versicherer im Falle der Insolvenz des Versicherungsnehmers an einer Kündigung interessiert ist. Er befürchtet, aufgrund des eröffneten Insolvenzverfahrens keine Prämienzahlungen mehr vom Versicherungsnehmer zu erhalten. Hinsichtlich der Versicherungsprämien ist der Versicherer aber auch ohne ein Sonderkündigungsrecht hinreichend geschützt. Wählt der Insolvenzverwalter im Rahmen des § 103 InsO die Erfüllung des Vertrages, kann der Versicherer die Zahlung zukünftig fällig werdender Prämien aus der Masse verlangen, § 55 Abs. 1 Nr. 2 Alt. 1 InsO. Entscheidet sich der Verwalter gegen die Erfüllung, wird er den Vertrag zugleich kündigen. Der Vertrag ist dann beendet, so dass keine neuen Prämien fällig werden. Findet § 103 InsO keine Anwendung, weil der Vertrag massefrei ist, und kommt der insolvente Versicherungsnehmer seiner Zahlungspflicht nicht nach, stehen dem Versicherer die Kündigungsmöglichkeiten der §§ 37, 38 VVG zu.

Unabhängig davon, ob § 103 InsO auf den konkreten Versicherungsvertrag anwendbar ist, kann sich ein Versicherer seit dem ersatzlosen Wegfall des § 14 VVG a.F. für den Fall der Eröffnung des Insolvenzverfahrens über das Vermögen des Versicherungsnehmers nicht mehr die Befugnis ausbedingen, das Versicherungsverhältnis zu kündigen. Beinhalten die Versicherungsbedingungen dennoch ein solches Sonderkündigungsrecht, ist diese insolvenzabhängige Lösungsklausel, die keiner gesetzlich vorgesehenen Lösungsmöglichkeit entspricht, unwirksam.

1343 BGH VersR 2004, 858, 859.

1344 *Foerste*, ZInsO 2015, 601, 611; *Lange*, RuS 2014, 209, 215; *Werner*, ZInsO 2014, 1940, 1943; *Knof*, DB 2013, 1769, 1774; zur Frage der Wirksamkeit insolvenzabhängiger Lösungsklauseln bei Versicherungsverträgen, die § 103 InsO unterfallen, seit dem Wegfall des § 14 VVG a.F. auch *Jacoby*, ZIP 2014, 649, 656.

1345 BT-Drucks. 16/3945, S. 64.

§ 10 Ergebnisse

Die Untersuchung hat ergeben, dass Insolvenzschuldner in Hinblick auf ihre Personenversicherungen weitreichend geschützt sind. Ein Zugriff des Insolvenzverwalters ist nur möglich, wenn und soweit der Leistungsanspruch dem Vermögen des Versicherungsnehmers zugeordnet ist und soweit er nicht dem Pfändungsschutz unterliegt.

Zum einen können Versicherungsnehmer schon durch bestimmte Vertragsgestaltungen, wie Bezugsrechtsbestellungen, Abtretungen und der Ausgestaltung des Vertrages als Versicherung für fremde Rechnung i.S.d. §§ 43 ff. VVG, selbständig dafür sorgen, dass Ansprüche aus ihren Personenversicherungen dem Vermögen anderer Personen zugewiesen sind und ein Zugriff des Insolvenzverwalters deshalb ausscheidet. Zum anderen unterliegen Leistungen aus Personenversicherungen einem umfangreichen Schutz über die §§ 36 Abs. 1 S. 1, S. 2 InsO, 850 ff. ZPO.

Dies gilt insbesondere für sämtliche Rentenleistungen in der Auszahlungsphase, seien es Zahlungen aus (Alters-)Rentenversicherungen, §§ 36 Abs. 1 S. 1 InsO, 850 Abs. 3 lit. b, 851c Abs. 1, 851 d ZPO, aus Berufsunfähigkeits- oder aus Unfallversicherungen, §§ 36 Abs. 1 S. 1 InsO, 850b Abs. 1 Nr. 1 ZPO. Auch in der Ansparphase sind Altersrentenversicherungen hinreichend geschützt, wenn der Vertrag endgültig und unwiderruflich der Altersvorsorge gewidmet ist, §§ 36 Abs. 1 S. 1 InsO, 851c Abs. 2 ZPO und §§ 36 Abs. 1 S. 1 InsO, 851 Abs. 1 ZPO, 97 EStG bzw. bei der Basis-Rente aufgrund des fehlenden Auszahlungsanspruchs während der Vertragslaufzeit.

Der weitreichende Schutz im Bereich von Personenversicherungen gilt auch – und gerade – für alle Leistungen aus privaten Krankheitskostenvoll-, Krankenzusatz- und Auslandsreisekrankenversicherungen. Dieser Schutz ergibt sich aus den §§ 36 Abs. 1 S. 1 InsO, 850b Abs. 1 Nr. 4 ZPO. Eine Billigkeitsentscheidung zu Lasten des Insolvenzschuldners kommt hier nicht in Betracht, weil § 850b Abs. 2 ZPO in Hinblick auf Einmalleistungen teleologisch zu reduzieren ist. Vom Schutz der §§ 36 Abs. 1 S. 1 InsO, 850b Abs. 1 Nr. 4 ZPO werden auch Leistungen aus Krankenhaustagegeldversicherungen erfasst, soweit sie zu Unterstützungszwecken gewährt werden. Auch Leistungen aus Krankentagegeldversicherungen sind hinreichend geschützt, §§ 36 Abs. 1 S. 1 InsO, 850b Abs. 1 Nr. 1 ZPO.

Leistungen aus Kapitallebensversicherungen werden grds. nur geschützt, wenn es sich um reine Todesfallleistungen im Sinne des § 850b Abs. 1 Nr. 4 ZPO handelt, §§ 36 Abs. 1 S. 1 InsO, 850b Abs. 1 Nr. 4 ZPO. Derartige Leistungen sind immer bis zu einem Betrag i.H.v. 3.579,– EUR geschützt, auch wenn die Versicherungssumme diesen Betrag übersteigt. § 850b Abs. 1 Nr. 4 ZPO beinhaltet insoweit einen Freibetrag. Ist der Schuldner Inhaber mehrerer Todesfallversicherungen, deren Versicherungssummen in ihrer Gesamtheit oberhalb des Freibetrages liegen, sind die einzelnen Versicherungssummen auf Antrag analog § 850e Nr. 2 ZPO zusammenzurechnen. Wird ein rückkaufsfähiger Vertrag vorzeitig beendet, ist im Rahmen des § 850b Abs. 1 Nr. 4 ZPO nicht auf die Versicherungssumme, sondern auf den Rückkaufswert als tatsächliche Leistung des Versicherers abzustellen. Der Rückkaufswert ist immer bis zu einem Betrag i.H.v. 3.579,– EUR geschützt. Eine Billigkeitsentscheidung zu Lasten des Schuldners kommt aufgrund einer teleologischen Reduktion des § 850b Abs. 1 Nr. 4 ZPO nicht in Betracht.

Mittlerweile können auch Einmalleistungen aus sonstigen Kapitallebensversicherungen dem antragsabhängigen Schutz der §§ 36 Abs. 1 S. 2 InsO, 850i Abs. 1 S. 1 Alt. 2 ZPO unterfallen. Dies muss aufgrund der Wertungen der §§ 851c, 851d ZPO aber auf Ausnahmefälle begrenzt bleiben, in denen der Versicherungsnehmer zur Sicherstellung seiner Existenz tatsächlich auf einen Teil der Leistung aus der Kapitallebensversicherung angewiesen ist. Ein genereller Pfändungsschutz für Leistungen aus Kapitallebensversicherungen besteht nicht.

Der weitreichende Schutz in Hinblick auf die Massezugehörigkeit der Leistungsansprüche setzt sich fort bei den Handlungsmöglichkeiten, die dem Insolvenzverwalter zustehen. Diese sind von der Massezugehörigkeit der Leistungsansprüche abhängig. Ist der Leistungsanspruch massefrei, steht dem Verwalter weder das Erfüllungswahlrecht aus § 103 InsO zu noch kann er den Vertrag kündigen. Der Vertrag ist massefrei, wenn der Versicherungsnehmer ein unwiderrufliches Bezugsrecht bestellt oder den Leistungsanspruch im Rahmen einer Vollzession abgetreten hat, soweit es sich um eine Versicherung für fremde Rechnung i.S.d. §§ 43 ff. VVG handelt oder wenn der Leistungsanspruch vollumfänglich dem Schutz der §§ 36 Abs. 1 S. 1, S. 2 InsO, 850 ff. ZPO unterliegt.

Daraus ergibt sich u.a., dass demjenigen, der eine Lebensversicherung auf dem Zweitmarkt erwirbt, selbst dann keine Nachteile drohen, wenn der Verkäufer des Lebensversicherungsvertrages Versicherungsnehmer bleibt und über sein Vermögen das Insolvenzverfahren eröffnet wird. Der Verkauf wird in der Regel durch die Abtretung des Leistungsanspruchs und / oder die Bestellung eines unwiderruflichen Bezugsrechts vollzogen, so dass der Vertrag aus Sicht des dann insolventen Versicherungsnehmers massefrei ist.

Dem Insolvenzverwalter steht die Möglichkeit zu, in der kritischen Zeit erfolgte Rechtshandlungen des Versicherungsnehmers nach Maßgabe der §§ 129 ff. InsO anzufechten.

Bestellungen unwiderruflicher Bezugsrechte und Vollzessionen können insbesondere über § 134 Abs. 1 InsO angefochten werden, vorausgesetzt die Bezugsrechtsbestellung bzw. Abtretung ist innerhalb der letzten vier Jahre vor dem Antrag auf Eröffnung des Insolvenzverfahrens erfolgt. Die Anfechtung eines widerruflichen Bezugsrechts wird erst relevant, wenn der Versicherungsfall eingetreten ist. Eine Anfechtung ist dann möglich, wenn der Versicherungsfall innerhalb der letzten vier Jahre vor dem Antrag auf Eröffnung des Insolvenzverfahrens eingetreten ist. Erfolgt die Anfechtung vor dem Eintritt des Versicherungsfalls, ist der Rückkaufswert in die Masse zu leisten, im Falle einer Anfechtung nach Eintritt des Versicherungsfalls die Versicherungssumme. Liegt die Bestellung des unwiderruflichen Bezugsrechts oder die Abtretung länger als vier Jahre zurück, können zumindest die Prämienzahlungen der letzten vier Jahre angefochten werden.

Eine Umwandlungserklärung i.S.d. § 167 VVG, bei der es sich um ein Gestaltungsrecht handelt, so dass der Pfändungsschutz bereits mit dem Zugang der Erklärung beim Versicherer eintritt, § 130 Abs. 1 S. 1 BGB, ist mangels Vorliegens eines tauglichen Anfechtungsgegners nicht über die §§ 129 ff. InsO anfechtbar.

Ist eine Restschuldversicherung mit einem Verbraucherdarlehensvertrag i.S.d. § 491 BGB verbunden, handelt es sich um verbundene Verträge i.S.d. § 358 Abs. 3 S. 1 BGB. Widerruft der Insolvenzverwalter gemäß §§ 495 Abs. 1, 355 BGB, 80 Abs. 1 InsO den Verbraucherdarlehensvertrag, ist der Verbraucher gemäß § 358 Abs. 2 BGB auch an seine auf den Abschluss des Restschuldversicherungsvertrages gerichtete Willenserklärung nicht mehr gebunden. Über § 358 Abs. 4 S. 1 BGB ist der Restschuldversicherungsvertrag nach Maßgabe der §§ 355 Abs. 3 S. 1, 357 ff. BGB rückabzuwickeln. Die Rückabwicklung erfolgt vollständig durch den Darlehensgeber, der Versicherer wird herausgehalten, § 358 Abs. 4 S. 5 BGB. Der Insolvenzverwalter kann die vom Darlehensgeber zurückzugewährende Versicherungsprämie zur Masse ziehen. Eine Aufrechnung des Darlehensgebers mit seinem Rückgewähranspruch scheitert an § 96 Abs. 1 Nr. 1 InsO, weil der Darlehensgeber insoweit nur Insolvenzgläubiger ist. Eine automatische Saldierung der gegenseitigen Rückgewähransprüche kommt nicht in Betracht, weil das Aufrechnungsverbot dadurch in unzulässiger Weise umgangen werden würde.

Hat der Versicherungsnehmer einer Lebens- oder einer Berufsunfähigkeitsversicherung vor der Verfahrenseröffnung ein widerrufliches Bezugsrecht bestellt, kann der Bezugsberechtigte innerhalb eines Monats nach Eröffnung des Insolvenzverfahrens gegen Zahlung des aktuellen Rückkaufswertes über § 170 Abs. 1 VVG, bzw. §§ 176, 170 Abs. 1 VVG, in den Versicherungsvertrag eintreten.

Das Eintrittsrecht aus § 170 Abs. 1 VVG hat Vorrang vor dem Kündigungs-, Widerrufs- und Erfüllungswahlrecht des Insolvenzverwalters.

Einem unwiderruflich Bezugsberechtigten steht das Eintrittsrecht aus § 170 Abs. 1 VVG nicht zu.

Hat der Versicherungsnehmer keinen Bezugsberechtigten namentlich benannt, steht das Eintrittsrecht den in § 170 Abs. 2 VVG genannten Personen zu.

Wurde hingegen ein Bezugsberechtigter namentlich benannt, verzichtet dieser aber auf sein Eintrittsrecht aus § 170 Abs. 1 VVG, greift das Eintrittsrecht des § 170 Abs. 2 VVG nicht ein. Dieses kommt nur zur Anwendung, wenn kein Bezugsberechtigter namentlich benannt wurde. Besteht ein Eintrittsrecht nach § 170 Abs. 1 VVG, ist ein Recht nach § 170 Abs. 2 VVG ausgeschlossen.

Offene Prämienforderungen von Personenversicherern aus der Zeit vor der Verfahrenseröffnung können Versicherungsunternehmen nur als Insolvenzgläubiger geltend machen. Dies gilt unabhängig davon, ob der Versicherungsvertrag massezugehörig oder massefrei ist.

Private Krankenversicherer können mit offenen Prämienforderungen aus der Zeit vor der Verfahrenseröffnung gegen Leistungsansprüche des Insolvenzschuldners aufrechnen. Wegen § 394 S. 2 BGB steht die Unpfändbarkeit der Leistungen aus privaten Krankenversicherungen gemäß § 850b Abs. 1 Nr. 4 ZPO einer solchen Aufrechnung nicht entgegen.

Nach der Verfahrenseröffnung entstehende Prämienforderungen aus massezugehörigen Versicherungsverträgen sind gemäß § 55 Abs. 1 Nr. 2 Alt. 1 InsO Masseverbindlichkeiten, wenn der Insolvenzverwalter gemäß § 103 InsO die Vertragserfüllung wählt. Entscheidet sich der Verwalter im Rahmen des § 103 InsO gegen die Vertragserfüllung, beinhaltet dies zugleich eine konkludente Kündigung, weshalb keine neuen Prämienansprüche entstehen. Übt der Verwalter sein Wahlrecht aus § 103 InsO nicht aus, handelt es sich bei nach der Verfahrenseröffnung entstehenden Prämienansprüchen um Neuverbindlichkeiten, die der Versicherer nur gegenüber dem Insolvenzschuldner persönlich geltend machen kann.

Bei massefreien Versicherungsverträgen sind die nach der Verfahrenseröffnung entstehenden Prämienansprüche stets Neuverbindlichkeiten, die der Versicherer nur außerhalb des Insolvenzverfahrens gegenüber dem Insolvenzschuldner geltend machen kann, denn der Insolvenzschuldner führt vollständig massefreie Versicherungsverträge außerhalb des Insolvenzverfahrens fort.

Ist der Versicherungsnehmer selbst Prämienschuldner, sind seine laufenden Beiträge zu Riester-Rentenverträgen gemäß §§ 36 Abs. 1 S. 1 InsO, 851 Abs. 1 ZPO, 97 EStG geschützt. Die Beiträge zu Altersrentenverträgen i.S.d. §§ 36 Abs. 1 S. 1 InsO, 851c ZPO sind nur dann geschützt, wenn der Versicherungsnehmer weder Pflichtbeiträge zur gesetzlichen Rentenversicherung noch zu Versorgungswerken entrichtet. Gleiches gilt für Prämien für Basis-Renten. In beiden Fällen sind die laufenden Beiträge nur in der Höhe zu berücksichtigen, in der für einen sozialversicherungspflichtigen Arbeitnehmer bezogen auf ein entsprechendes Einkommen Beiträge zur gesetzlichen Rentenversicherung zu entrichten wären.

Beiträge zu sämtlichen Formen der privaten Krankenversicherung unterliegen dem Schutz des § 850e Nr. 1 lit. b ZPO, der bei Selbständigen und Freiberuflern über § 850i Abs. 1 S. 1 ZPO anwendbar ist.

Wird über das Vermögen des Versicherungsnehmers einer Haftpflichtversicherung das Insolvenzverfahren eröffnet, ist der geschädigte Dritte durch das Absonderungsrecht des § 110 VVG geschützt. Diese auf dem Opferschutzgedanken basierende Vorschrift ist mangels einer planwidrigen Regelungslücke und vergleichbarer Interessenlage nicht auf private Krankenversicherungsverträge analog anwendbar.

Die in § 14 VVG a.F. enthaltene Möglichkeit des Versicherers, sich im Rahmen der Versicherungsbedingungen ein Sonderkündigungsrecht für den Fall der Insolvenz des Versicherungsnehmers auszubedingen, wurde im Zuge der VVG-Reform 2008 bewusst ersatzlos gestrichen. Dies hat dazu geführt, dass sich Versicherer ein solches Sonderkündigungsrecht nun nicht mehr ausbedingen können.

Schriften zum Zivilverfahrensrecht und Insolvenzrecht

Herausgegeben von Martin Ahrens

Band 1 Christoph Renger: Wege zur Restschuldbefreiung nach dem Insolvency Act 1986. Mit Bezügen zum deutschen Recht und unter Berücksichtigung anerkennungsrechtlicher Probleme nach der EuInsVO. 2012.

Band 2 Alexander Dietzel: Der Pfändungsschutz der privaten Altersvorsorge nach den §§ 851c und 851d ZPO. 2014.

Band 3 Gabriele Janlewing: Familienrechtliche Ansprüche gegen den Selbständigen in der Insolvenz. 2014.

Band 4 Sven Schulze: Die Beweislastregel des § 22 AGG. 2014.

Band 5 Steffen Gotter: Die selbstständige Tätigkeit im Insolvenzverfahren und die Negativerklärung gemäß § 35 II 1 InsO. 2015.

Band 6 Markus Johannes Huber: Die Anfechtung vertraglich vereinbarter Aufrechnungen innerhalb und außerhalb der Insolvenz. 2016.

Band 7 Christoph Buchholz: Personenversicherungen in der Insolvenz des Versicherungsnehmers. Schwerpunkt Lebensversicherung. 2016.

www.peterlang.com

www.ingramcontent.com/pod-product-compliance
Ingram Content Group UK Ltd.
Pitfield, Milton Keynes, MK11 3LW, UK
UKHW041827290926
8980IPUK00002B/120

9 783631 674314